MARK TWAIN

AUSGEWÄHLTE WERKE IN ZWÖLF BÄNDEN

Band VII

Herausgegeben
von Karl-Heinz Schönfelder

MARK TWAIN

LEBEN AUF DEM MISSISSIPPI

Deutsch
von Lore Krüger

Aufbau-Verlag

Titel der amerikanischen Originalausgabe
Life on the Mississippi

Mit einer Karte
auf der Innenseite des Schutzumschlages

3. Auflage 1988

Einbandgestaltung Elizabeth Shaw/Erich Rohde
Karl-Marx-Werk, Graphischer Großbetrieb, Pößneck V 15/30
Printed in the German Democratic Republic
Lizenznummer 301. 120/225/88
Bestellnummer 611 263 0
00960

Mark Twain, Ausgew. Werke 1–12
ISBN 3-351-00966-6
Band 7
ISBN 3-351-00967-4

1. Kapitel

DER FLUSS UND SEINE GESCHICHTE

Über den Mississippi nachzulesen lohnt sich gewiß. Er ist kein alltäglicher Fluß, sondern im Gegenteil in jeder Beziehung bemerkenswert. Betrachtet man den Missouri als seinen Hauptarm, dann ist er der längste Strom der Welt – viertausenddreihundert Meilen lang. Man kann durchaus sagen, daß er auch der gewundenste Fluß der Welt ist, denn in einem Abschnitt seines Laufs braucht er tausenddreihundert Meilen, um eine Strecke zurückzulegen, die im Vogelflug sechshundertfünfundsiebzig Meilen beträgt. Er führt dreimal soviel Wasser wie der Sankt-Lorenz-Strom, fünfundzwanzigmal soviel wie der Rhein und dreihundertachtunddreißigmal soviel wie die Themse. Kein anderer Strom hat ein so ausgedehntes Einzugsgebiet; er entwässert achtundzwanzig Bundesstaaten und Territorien, von Delaware an der Atlantikküste bis hin nach Idaho zu den Hängen am Pazifik – eine Weite von fünfundvierzig Längengraden. Der Mississippi empfängt sein Wasser aus vierundfünfzig mit Dampfschiffen befahrbaren und aus etlichen Hundert für Kielboote und Prahme schiffbaren Nebenflüssen und befördert es in den Golf von Mexiko. Sein Einzugsgebiet ist so groß wie England, Wales, Schottland, Irland, Frankreich, Spanien, Portugal, Deutschland, Österreich, Italien und die Türkei zusammengenommen, und fast diese gesamte weite Fläche ist fruchtbar – das eigentliche Tal des Mississippi sogar in außergewöhnlichem Maße.

Der Strom ist auch deshalb bemerkenswert, weil sein Bett zur Mündung hin nicht breiter, sondern schmaler wird – schmaler und tiefer. Von der Mündung des Ohio bis zu einem Punkt auf halbem Weg zum Meer beträgt seine Breite bei hohem Wasserstand durchschnittlich eine Meile; danach nimmt sie ab, bis sie bei den „Pässen“ oberhalb der Mündung kaum mehr als eine halbe Meile erreicht. Am Zusammenfluß mit dem Ohio hat der

Mississippi eine Tiefe von siebenundachtzig Fuß; allmählich nimmt sie immer mehr zu und erreicht unmittelbar vor der Mündung hundertneunundzwanzig Fuß.

Auch der Unterschied zwischen Hoch- und Niedrigwasser ist bemerkenswert – nicht am Oberlauf, wohl aber am Unterlauf. Bis hinunter nach Natchez (dreihundertsechzig Meilen oberhalb der Mündung) steigt das Wasser einigermaßen gleichmäßig um etwa fünfzig Fuß. Am Bayou la Fourche aber nur um vierundzwanzig Fuß, in New Orleans um fünfzehn und unmittelbar oberhalb der Mündung nur um zweieinhalb Fuß.

Ein Artikel des „Times-Democrat" von New Orleans, der sich auf fähige Wasserbau-Ingenieure stützt, sagt aus, daß der Fluß jährlich vierhundertsechs Millionen Tonnen Schlamm in den Golf von Mexiko schwemmt, und dabei fällt einem Kapitän Marryats unhöfliche Bezeichnung für den Mississippi ein: „die große Kloake". Verdichtet würde dieser Schlamm eine Masse von einer Quadratmeile Fläche und zweihunderteinundvierzig Fuß Höhe bedeuten.

Die Schlammablagerungen lassen das Land allmählich wachsen – aber nur ganz allmählich; es hat sich in den zweihundert Jahren, seit der Strom seinen Platz in der Geschichte einnimmt, nicht ganz um eine Drittelmeile ausgedehnt.

Die Wissenschaftler vermuten, daß die Mündung einst bei Baton Rouge lag, wo das Hügelland endet, und daß der Strom das zweihundert Meilen große Gebiet von dort bis zum Golf abgelagert hat. Hiermit erfahren wir auch ganz mühelos das Alter dieses Gebietes: hundertzwanzigtausend Jahre. Dabei ist es aber bei weitem das jüngste Stück Land in der ganzen Gegend dort.

Und noch in anderer Hinsicht ist der Mississippi bemerkenswert: durch seine Neigung, gewaltige Sprünge zu machen, indem er schmale Landzungen durchbricht und sich auf diese Weise begradigt und verkürzt. Mehr als einmal hat er sich mit einem einzigen Sprung um dreißig Meilen verkürzt! Diese Durchbrüche hatten eigentümliche Auswirkungen: Sie versetzten mehrere am Fluß gelegene Städte ins Landesinnere und bauten Sanddünen und Wälder vor ihnen auf. Die Stadt Delta lag früher drei Meilen flußabwärts von Vicksburg; ein kürzlich erfolgter Durchbruch hat aber die Lage gründlich verändert, und Delta befindet sich jetzt zwei Meilen flußaufwärts von Vicksburg.

Er hat diese beiden am Flußufer gelegenen Städte ins Land zurückgedrängt. Ein Durchbruch wirkt sich auch auf Grenzlinien und Zuständigkeiten aus; lebt heute jemand zum Beispiel im

Staat Mississippi, und während der Nacht ereignet sich ein Durchbruch, dann findet sich dieser Mensch morgen mit seinem Grundbesitz auf der anderen Seite des Stroms wieder, innerhalb der Grenzen des Staates Louisiana und dessen Gesetzen unterworfen! Wenn in früheren Zeiten so etwas am Oberlauf des Flusses geschah, konnte es einen Sklaven aus Missouri nach Illinois versetzen und einen freien Mann aus ihm machen.

Der Mississippi verändert seinen Lauf nicht nur mit Hilfe dieser Durchbrüche: Er wechselt auch tatsächlich fortwährend seine Lage – verlegt sein Bett ständig seitwärts. Bei Hard Times, Louisiana, fließt der Strom zwei Meilen westlich von dem Gebiet, das er früher einnahm. Infolgedessen liegt der ursprüngliche Standort dieser Siedlung jetzt gar nicht mehr in Louisiana, sondern auf der anderen Flußseite, im Staat Mississippi. *Fast die gesamten tausenddreihundert Meilen des alten Mississippi, den La Salle vor zweihundert Jahren mit seinen Kanus hinabfuhr, sind heute guter, trockener, fester Boden.* Der Fluß verläuft an manchen Stellen rechts und an anderen links davon.

Obwohl der Schlamm des Mississippi unten an der Mündung, wo die Brandung des Golfs seiner Wirkung entgegenarbeitet, nur langsam Land aufbaut, geschieht das in den geschützten Regionen weiter oben recht schnell; zum Beispiel war Prophet's Island vor dreißig Jahren tausendfünfhundert Acre groß, und seitdem hat der Fluß siebenhundert Acre hinzugefügt.

Aber fürs erste genug von diesen Beispielen für die Absonderlichkeiten des gewaltigen Stroms – später werde ich noch weitere anführen.

Lassen wir nun die physikalische Geschichte des Mississippi und sagen wir ein paar Worte über seine „historische Geschichte" – wenn wir es so nennen wollen. In zwei kurzen Kapiteln können wir einen raschen Blick auf seine erste, noch im Schlummer befangene Epoche werfen, in zwei weiteren auf seine schon wachere Zeit, in vielen darauf folgenden Kapiteln seine blühendste und hellwachste Epoche betrachten und schließlich in dem noch verbleibenden Teil des Buches von seiner verhältnismäßig ruhigen Gegenwart sprechen.

Die Welt und die Literatur haben sich so daran gewöhnt, in Verbindung mit unserem Land das Wort „neu" zu benutzen und abzunutzen, daß wir schon bald den Eindruck bekommen, es gäbe hier überhaupt nichts Altes. Natürlich wissen wir, daß es etliche verhältnismäßig frühe Daten in der amerikanischen Geschichte gibt, aber die bloßen Zahlen vermitteln unserer Vorstellung kein richtiges Bild, keinen klaren Begriff des Zeitabschnitts, für den sie stehen. Zu sagen, De Soto, der erste weiße Mann, der jemals den Mississippi zu sehen bekam, erblickte ihn im Jahre 1542, ist eine Bemerkung, die eine Tatsache feststellt, ohne sie lebendig zu machen: etwa als gebe man die gigantische Schönheit eines Sonnenuntergangs durch astronomische Messungen an und seine Farben durch ein Verzeichnis ihrer wissenschaftlichen Namen – im Ergebnis erhält man zwar die nackte Tatsache des Sonnenunterganges, sieht ihn aber nicht vor sich. Man sollte besser ein Bild davon malen.

Das Datum 1542 für sich allein sagt uns wenig oder gar nichts; umgibt man es aber mit ein paar benachbarten historischen Daten und Ereignissen, dann gewinnt es Perspektive und Farbe, und man begreift, daß es zu jenen Daten der Geschichte gehört, die ein recht beachtliches Alter aufweisen.

Zum Beispiel: Als zum ersten Mal ein weißer Mann den Mississippi erblickte, war seit der Niederlage Franz' I. vor Pavia, dem Tod Raffaels, dem Bayards, des Ritters „sans peur et sans reproche", der Vertreibung der Johanniter von Rhodos durch die Türken sowie seit dem Anschlag der fünfundneunzig Thesen – der Tat, mit der die Reformation begann, – kaum ein Vierteljahrhundert vergangen. Als De Soto seinen flüchtigen Blick auf den Strom warf, war Ignatius von Loyola ein unbekannter Name, der Jesuitenorden noch kein Jahr alt, waren Michelangelos Farben des „Jüngsten Gerichts" in der Sixtinischen Kapelle noch nicht getrocknet, war Maria Stuart, Königin der Schotten, noch nicht auf der Welt, wurde aber geboren, bevor das Jahr zu Ende ging. Katharina von Medici war ein Kind, Elisabeth von England noch nicht im Backfischalter, Calvin, Benvenuto Cellini und Kaiser Karl V. befanden sich auf dem Gipfel ihres Ruhms, und jeder von ihnen machte auf seine eigene besondere Weise Geschichte; Margarete von Navarra schrieb das „Heptameron" und einige religiöse Bücher – jenes hat überlebt, diese sind vergessen, denn Witz und Taktlosigkeit sind für die Literatur zuweilen bessere Konservierungsmittel als die Frömmigkeit. Eine lockere Moral an den Höfen und das absurde Ritterlichkeitsgetue standen in voller Blüte, adlige Herren, die besser zu kämpfen als zu buchstabieren wußten, vertrieben sich die Zeit mit Turnieren und Reiterkämpfen, während die Religion eine Leidenschaft ihrer Damen war und sie sich die Zeit damit vertrieben, ihre Nachkommen in Kinder von vollem Rang und solche von Titularrang einzuteilen. Tatsächlich entfaltete sich die Religion ringsum auf besonders üppige Weise: Das Konzil von Trient wurde einberufen, die spanische Inquisition briet und verrenkte und verbrannte in großzügigem Maße, anderswo auf dem Kontinent wurden die Völker durch Feuer und Schwert zu einem Leben in Frömmigkeit bekehrt, in England hatte Heinrich VIII. die Klöster aufgehoben, Fisher und ein, zwei weitere Bischöfe verbrannt und war im Begriff, seine Englische Reformation und seinen Harem wirkungsvoll zu organisieren. Als De Soto an den Ufern des Mississippi stand, sollten noch zwei Jahre bis zu Luthers Tod vergehen, elf Jahre bis zur Verbrennung des Servetus, dreißig Jahre bis zur Metzelei der Bartholomäusnacht. Rabelais hatte noch nichts veröffentlicht, „Don Quichotte" war noch nicht geschrieben, Shakespeare noch nicht geboren und hundert lange Jahre mußten noch vergehen, bevor die Engländer den Namen Oliver Cromwell vernahmen.

Zweifellos ist die Entdeckung des Mississippi eine zeitlich feststellbare Tatsache, welche die blitzblanke Neuheit unseres Landes erheblich stumpfer und blinder macht und ihm eine durchaus Achtung erweckende Patina von Rost und Altertümlichkeit verleiht.

De Soto warf nur einen flüchtigen Blick auf den Strom, dann starb er und wurde von seinen Priestern und Soldaten darin bestattet. Man sollte erwarten, daß die Priester und Soldaten die Größe des Stroms zehnfach übertrieben – wie es in jener Zeit spanischer Brauch war – und so weitere Abenteurer dazu angeregt hätten, sich unverzüglich auf den Weg zu machen und ihn zu erforschen. Aber ganz im Gegenteil: Ihre Berichte erweckten nach ihrer Heimkehr durchaus nicht diese Neugier. Der Mississippi erhielt so viele Jahre lang keinen Besuch mehr von Weißen, wie man sich in unserer tatkräftigen Zeit kaum vorstellen kann. Man mag sich den Zeitabstand ungefähr vergegenwärtigen, indem man ihn auf folgende Weise einteilt: Nachdem De Soto den Fluß erblickt hatte, verging beinahe ein Vierteljahrhundert, bis Shakespeare geboren wurde; er lebte an die fünfzig Jahre und starb, und als er schon beträchtlich über ein halbes Jahrhundert im Grabe lag, sah der *zweite* weiße Mann den Mississippi. Heutzutage lassen wir nicht zu, daß von einem Blick auf ein Wunder bis zum nächsten hundertdreißig Jahre vergehen. Sollte jemand in einer Provinz in der Nähe des Nordpols einen Wasserlauf entdeken, würden Europa und Amerika fünfzehn kostspielige Expeditionen dorthin entsenden: eine, um den Wasserlauf zu erforschen, und vierzehn, um sich gegenseitig zu suchen.

Schon seit über hundertfünfzig Jahren gab es an unserer Atlantikküste Siedlungen von Weißen. Diese Leute hatten enge Beziehungen zu den Indianern: Im Süden beraubten, metzelten, versklavten und bekehrten die Spanier sie, weiter oben verhökerten ihnen die Engländer Glasperlen und Wolldecken gegen Entgelt und taten als „Lagniappe", als Zugabe, noch Zivilisation und Whisky hinzu; in Kanada erteilten ihnen die Franzosen Elementarunterricht, betrieben ihre Missionstätigkeit und lockten ganze Stämmc auf einmal nach Quebec und später nach Montreal, um ihnen Pelze abzukaufen. Diese verschiedenen Gruppen von Weißen mußten zwangsläufig etwas über den großen Strom im Fernen Westen gehört haben, und tatsächlich hörten sie auch etwas Ungefähres über ihn – so ungefähr und verschwommen, daß man gerade noch erraten konnte, wie und wo er verlief und wie groß er war. Schon allein das Geheimnisvolle hätte die Neugier entzünden und eine Erforschung des Flusses nach sich ziehen müssen, das war jedoch nicht der Fall. Anscheinend wollte gerade niemand einen solchen Fluß haben, keiner brauchte ihn, keiner war neugierig auf ihn, und so kam der Mississippi anderthalb Jahrhunderte lang nicht auf den Markt und blieb ungestört. Als De Soto ihn fand, suchte er nicht nach einem Fluß und hatte auch gerade keine Verwendung dafür; infolgedessen maß er ihm keinen Wert bei und nahm nicht einmal besonders Notiz von ihm.

Endlich aber kam dem Franzosen La Salle der Gedanke, diesen Strom ausfindig zu machen und ihn zu erforschen. Immer dann, wenn ein Mensch einen vernachlässigten und wichtigen Gedanken aufnimmt, stellen sich plötzlich überall Leute ein, die von derselben Idee entflammt sind. So geschah es auch in diesem Fall.

Natürlich drängt sich einem die Frage auf: Warum verlangten die Leute jetzt nach dem Fluß, nachdem ihn vorher fünf Generationen lang keiner hatte haben wollen? Anscheinend, weil sie zu diesem späten Zeitpunkt dachten, sie hätten einen Weg entdeckt, wie sie ihn nutzbar machen könnten, denn man glaubte jetzt, der Mississippi münde in den Golf von Kalifornien und ermögliche daher einen kurzen Verbindungsweg von Kanada nach China. Zuvor hatte die Annahme geherrscht, er münde in den Atlantischen Ozean oder in das Virginische Meer.

2. Kapitel

DER FLUSS UND SEINE ENTDECKER

La Salle bewarb sich persönlich um gewisse bedeutende Privilegien, und Ludwig XIV. hochtrabenden Angedenkens gewährte sie ihm gnädigst. Das wichtigste war das Vorrecht, allenthalben zu forschen, Forts zu errichten, ganze Kontinente abzugrenzen, sie dem König zu überlassen und die Unkosten selbst zu tragen, wofür er als Gegenleistung diesen oder jenen kleinen Vorteil erhielt, darunter das Monopol für Büffelhäute. Es kostete La Salle mehrere Jahre und so ziemlich sein ganzes Vermögen, gefährliche und beschwerliche Reisen zwischen Montreal und einem Fort zu unternehmen, das er am Fluß Illinois gebaut hatte, bevor er seine Expedition endlich soweit in Form bekommen hatte, daß er zum Mississippi aufbrechen konnte.

Und inzwischen hatten andere Gruppen mehr Glück. Im Jahre 1673 durchquerten der Kaufmann Joliet und der Priester Marquette das Land und erreichten die Ufer des Mississippi. Sie nahmen ihren Weg über die großen Seen und von der Green Bay aus mit Kanus über den Fox River und den Wisconsin. Marquette hatte während des Fests der Unbefleckten Empfängnis feierlich gelobt, falls die Heilige Jungfrau ihn den großen Strom entdekken ließ, wolle er ihn ihr zu Ehren „Conception", Empfängnis, nennen. Er hielt Wort. In jenen Tagen reisten alle Forscher mit einem Gefolge von Priestern. De Soto führte vierundzwanzig mit sich. Den Expeditionen fehlte es häufig an Fleisch und Kleidung, aber immer hatten sie die nötigen Gerätschaften und anderes Zubehör für die Messe; sie waren stets bereit, wie einer der drolligen zeitgenössischen Chronisten sich ausdrückte, „den Wilden die Hölle zu erklären".

Am 17. Juni 1673 erreichten die Kanus Joliets, Marquettes und ihrer fünf Untergebenen die Mündung des Wisconsin in den Mississippi. Mr. Parkman schreibt: „Vor ihnen floß ein breiter, reißender Strom quer zu ihrem Weg am Fuß stattlicher, in dichte Wälder gehüllter Höhen." Er fährt fort: „Sie wandten sich nach Süden und paddelten stromabwärts durch eine Einsamkeit, die auch nicht die kleinste Spur des Menschen unterbrach."

Ein großer Katzenwels stieß mit Marquettes Kanu zusammen und erschreckte ihn sehr, verständlicherweise, denn die Indianer hatten ihn gewarnt, er wage eine kühne und sogar verhängnisvolle Fahrt, weil sich im Fluß ein Dämon aufhalte, „dessen Gebrüll schon von weitem zu hören sei und der sie in den Abgrund reißen werde, in dem er hauste". Ich habe im Mississippi einen Katzenwels gesehen, der über sechs Fuß lang war und zweihundertfünfzig Pfund wog; und wenn Marquettes Fisch ihm ebenbürtig war, hatte jener durchaus ein Recht, anzunehmen, der brüllende Dämon des Flusses sei erschienen.

„Endlich tauchten Büffel auf; sie weideten in Herden auf den weiten Prärien, die damals den Fluß säumten, und Marquette beschreibt den stumpfsinnig-grimmigen Blick der alten Bullen, die durch ihre Zottelmähnen, die sie fast blind machten, die Eindringlinge anglotzten."

Die Reisenden bewegten sich vorsichtig weiter: „Sie landeten nachts und zündeten ein Feuer an, um ihr Abendessen zu kochen, löschten es dann aus, kehrten an Bord zurück, paddelten wieder ein Stück und gingen im Strom vor Anker, während ein Mann bis zum Morgengrauen Wache hielt."

Dies taten sie Tag für Tag und Nacht für Nacht, und als zwei Wochen herum waren, hatten sie noch kein menschliches Wesen zu Gesicht bekommen. Der Fluß war damals eine schreckliche Einöde. Und er ist es auch jetzt noch auf dem größten Teil seines Laufs.

Nach diesen zwei Wochen aber stießen sie eines Tages im Schlamm des Westufers auf die Fußspuren von Menschen – ein Erlebnis wie das Robinson Crusoes, das einem wohl noch immer einen Schauer über den Rücken jagt, selbst wenn man auf seine gedruckte Beschreibung stößt. Man hatte sie vor den Flußindianern gewarnt, die ebenso wild und grausam seien wie der Dämon und alle Ankommenden töteten, ohne erst auf eine Herausforderung zu warten; trotzdem machten sich Joliet und Marquette auf den Weg ins Land, um die Urheber der Spuren zu suchen. Sie fanden sie schließlich auch und wurden gastfreundlich empfangen und gut behandelt – wenn man den Empfang durch einen Indianerhäuptling, der sich jeden Fetzens seiner Kleidung entledigt hat, um den bestmöglichen Eindruck zu machen, als gastfreundliche Aufnahme ansieht, und als gute Behandlung die reichliche Bewirtung mit Fisch, Brei und Wild, darunter Hundefleisch, all das den Besuchern von Indianern mit unbehandschuhten Fingern in den Mund geschaufelt. Am Morgen geleiteten der Häuptling und sechshundert seiner Stammesangehörigen die Franzosen zum Fluß und sagten ihnen freundlich Lebewohl.

Auf dem Felsen oberhalb der heutigen Stadt Alton fanden sie etliche primitive und phantastische indianische Malereien, die sie beschreiben. Nicht weit davon stromabwärts „schoß ungestüm ein Strom gelben Schlamms quer durch den ruhigen Lauf des blauen Mississippi, brandete und brodelte und riß Stämme, Äste und entwurzelte Bäume mit sich". Das war die Mündung des Missouri, „jenes wilden Stroms, der sich nach seinem rasenden Lauf durch eine unbekannte barbarische Weite mit seinen trüben Fluten an den Busen seines sanfteren Bruders ergießt".

Schließlich ließen sie die Mündung des Ohio hinter sich, kamen an Rohrdickichten vorbei, bekämpften Moskitos, trieben Tag um Tag weiter durch das tiefe Schweigen und die Einsamkeit des Stroms, dösten im spärlichen Schatten improvisierter Sonnenzelte und brieten in der Hitze; sie trafen auf eine weitere Gruppe Indianer, tauschten Höflichkeiten mit ihnen aus und erreichten endlich die Mündung des Arkansas (etwa einen Monat nach ihrem Aufbruch), wo ein Stamm von Wilden unter Kriegsgeschrei ausschwärmte, um sie anzugreifen und zu ermorden, aber sie flehten die Heilige Jungfrau um Hilfe an, und so gab es anstelle eines Kampfes ein Fest mit viel freundlichem Palaver und Getue.

Sie hatten zu ihrer Zufriedenheit bewiesen, daß der Mississippi weder in den Golf von Kalifornien noch in den Atlantik mündet. Sie glaubten, er münde in den Golf von Mexiko. So kehrten sie nun zurück und brachten ihre große Neuigkeit nach Kanada.

Glaube ist jedoch noch kein Beweis. Ihn zu liefern blieb La Salle vorbehalten. Ein Mißgeschick nach dem anderen hatte ihn auf ärgerliche Weise zurückgehalten; endlich aber konnte er Ende 1681 zu seiner Expedition aufbrechen. Mitten im Winter machten er und sein Leutnant Henri de Tonty, der Sohn des Lorenzo Tonty, des Erfinders der Tontine, sich mit einem Gefolge von achtzehn aus Neuengland mitgebrachten Indianern und dreiundzwanzig Franzosen den Illinois hinab auf den Weg. Sie bewegten sich in einer Prozession den zugefrorenen Fluß hinunter und zogen ihre Kanus auf Schlitten hinter sich her.

Am Peoria Lake stießen sie auf offenes Wasser, paddelten von dort zum Mississippi und wandten ihre Boote nach Süden. Sie bahnten sich ihren Weg durch die Treibeisfelder, vorbei an der Mündung des Missouri und des Ohio, „glitten an Sumpfeinöden vorüber und landeten am 24. Februar in der Nähe der Third Chickasaw Bluffs", wo sie haltmachten und das Fort Prudhomme erbauten.

„Dann schifften sie sich wieder ein", schreibt Mr. Parkman, „und mit jeder Etappe ihres abenteuerlichen Vordringens entschleierte sich mehr und mehr das Geheimnis dieser gewaltigen neuen Welt. Immer weiter gelangten sie ins Reich des Frühlings. Das dunstige Sonnenlicht, die warme, einschläfernde Luft, das zartgrüne Blattwerk, die sich öffnenden Blumen verkündeten das erwachende Leben der Natur."

Tag um Tag trieben sie im Schatten dichter Wälder die großen Flußschleifen hinab und erreichten schließlich die Mündung des Arkansas. Zuerst begrüßten die Eingeborenen dieses Gebietes sie auf die gleiche Weise wie zuvor Marquette – mit dem Dröhnen der Kriegstrommeln und dem Schwingen ihrer Waffen. In Marquettes Fall hatte die Jungfrau die Schwierigkeiten behoben, für La Salle tat die Friedenspfeife den gleichen Dienst. Der weiße Mann und der rote Mann schüttelten sich die Hände und bewirteten einander drei Tage lang. Danach errichtete La Salle ein Kreuz mit dem Wappen Frankreichs, das von den Wilden bewundert wurde, und nahm auf die unverfrorene Art jener Zeit das ganze Land für den König in Besitz, während der Priester den Raub mit einer frommen Hymne weihte. Dann erklärte er den Wilden „mittels Zeichen" zu ihrer Rettung die Geheimnisse des Glaubens und entschädigte sie auf diese Weise mit möglichen Besitztümern im Himmel für die Güter auf Erden, die man ihnen soeben geraubt hatte. Und gleichfalls mittels Zeichen entlockte La Salle diesen naiven Kindern des Waldes einen Treueschwur gegenüber Ludwig dem Fauligen jenseits des Wassers. Niemand lächelte angesichts dieses ungeheuren Hohns.

All das geschah an der Stelle, wo die künftige Stadt Napoleon, Arkansas, liegen sollte. Dort wurde das erste Kreuz als Zeichen der Beschlagnahme an den Ufern des großen Stroms errichtet. Marquettes und Joliets Entdeckungsreise endete am selben Punkt – am Standort der künftigen Stadt Napoleon, Arkansas. Als De Soto seinen flüchtigen Blick auf den Fluß warf – in nebelig ferner Vergangenheit – geschah es von eben diesem Fleck aus – der Stätte der künftigen Stadt Napoleon, Arkansas. So fanden also drei der vier denkwürdigen Ereignisse, die mit der Entdeckung und Erforschung des mächtigen Stroms verbunden sind, zufällig an ein und demselben Ort statt. Das ist eine höchst eigentümliche Auszeichnung, wenn man die Sache näher betrachtet und darüber nachdenkt. Frankreich raubte das riesige Land an diesem Punkt, dem künftigen Napoleon, und schließlich gab Napoleon selbst das Land wieder zurück – eine Rückerstattung nicht an die Eigentümer, sondern an ihre weißen amerikanischen Erben.

Die Reisenden fuhren weiter, legten hier und da an, gelangten

„vorbei an den inzwischen historisch gewordenen Stätten von Vicksburg und Grand Golf“ und besuchten einen beeindruckenden indianischen Monarchen im Lande Tèche, mit einer ansehnlichen Hauptstadt, die aus sonnengetrockneten und mit Stroh untermischten Ziegeln erbaut war – mit besseren Häusern als viele, die jetzt dort stehen. Das Haus des Häuptlings enthielt einen vierzig Quadratfuß großen Audienzsaal, und dort empfing er Tonty mit großem Pomp, umgeben von sechzig alten Männern, die in weiße Umhänge gehüllt waren. In der Stadt gab es einen Tempel mit einer Lehmmauer, welche die Schädel der Sonne geopferter Feinde zierten.

Die Reisenden besuchten die Natchez-Indianer nahe der heutigen Stadt dieses Namens, wo sie eine „religiöse und politische Despotie, eine bevorrechtete Klasse, die von der Sonne abstammte, einen Tempel und ein heiliges Feuer“ antrafen. Es muß ihnen wie eine Heimkehr vorgekommen sein – es war tatsächlich wie zu Hause – mit einem Vorteil freilich, denn dort fehlte Ludwig XIV.

Ein paar weitere Tage vergingen rasch, und dann stand La Salle im Schatten seines Kreuzes, Zeichen der Beschlagnahme, am Zusammenfluß der Wasser aus dem Delaware, dem Itasca-See und aus den Bergketten nahe am Pazifik mit den Wassern des Golfs von Mexiko; seine Aufgabe war beendet, das Wunder vollbracht. Mr. Parkman faßt am Schluß seines fesselnden Berichts zusammen:

„An jenem Tag erhielt das Königreich Frankreich auf dem Pergament einen gewaltigen Zuwachs. Die fruchtbaren Ebenen von Texas, das riesige Becken des Mississippi von seiner eisigen Quelle bis zur schwülen Golfküste, von den bewaldeten Rücken der Alleghenies bis zu den kahlen Gipfeln der Rocky Mountains – ein Gebiet der Savannen und Wälder, von der Sonnenhitze rissiger Wüsten und grasiger Prärien, entwässert durch tausend Flüsse, durchstreift von tausend kriegerischen Stämmen, gelangte unter das Zepter des Sultans von Versailles, und das dank einer schwachen Menschenstimme, die schon in einer Entfernung von einer halben Meile nicht mehr zu hören war.“

3. Kapitel

BILDER AUS DER VERGANGENHEIT

Scheinbar war der Fluß jetzt geschäftsbereit. Aber nein – die Ausbreitung einer Bevölkerung längs seiner Ufer ging ebenso gemächlich, bedachtsam und zeitaufwendig vonstatten wie seine Erforschung.

Siebzig Jahre vergingen nach der Erforschung des Flusses, bevor seine Ufer eine nennenswerte weiße Bevölkerung aufzuweisen hatten, und fast noch einmal fünfzig, bis sich dort eine Handelstätigkeit entfaltete. Zwischen La Salles Erschließung des Flusses und der Zeit, da man sagen kann, es habe dort ein auch nur annähernd regelmäßiger, aktiver Handel stattgefunden, hatten sieben Herrscher auf dem Thron von England gesessen, war Amerika ein unabhängiger Nationalstaat geworden, waren Ludwig XIV. und Ludwig XV. gestorben und verrottet, die Französische Monarchie im Feuersturm der Revolution untergegangen, und Napoleon hatte begonnen, sich einen Namen zu machen. Tatsächlich bewegte man sich in jenen Tagen im Schneckengang.

In der Frühzeit des Stroms besorgten große Treidelkähne – Kiel- und Flachboote – den Handel. Von den oberen Flüssen trieben oder segelten sie hinunter nach New Orleans, schlugen dort ihre Ladung um und wurden in mühsamer Handarbeit wieder zurückgeschleppt oder gestakt. Eine Fahrt flußabwärts und zurück dauerte manchmal neun Monate. Mit der Zeit entfaltete sich dieser Handelsverkehr, bis er ganzen Horden von rauhen, abgehärteten Männern Arbeit bot – derben, ungebildeten, tapferen Männern, die mit seemännischem Gleichmut schreckliche Härten ertrugen, gewaltig tranken, in Lasterhöhlen wie dem Natchez-under-the-hill jener Tage ihre groben Späße trieben und sich wüst prügelten – tollkühne Burschen allesamt von plumper Fröhlichkeit, die zotige Witze erzählten, fluchten, ihr Geld verschwendeten und am Ende der Fahrt zahlungsunfähig waren, barbarischen Putz liebten – maßlose Prahlhänse, dabei aber im großen und ganzen ehrlich, vertrauenswürdig, ihr Wort haltend, pflichtgetreu und häufig auf spektakuläre Weise großherzig.

Nach und nach drängte sich das Dampfschiff ins Geschäft. Nun lenkten diese Männer fünfzehn oder zwanzig Jahre lang ihre Kielboote auch weiterhin stromabwärts, und die Dampfer besorgten den ganzen Handel stromaufwärts; die Kielbootschiffer verkauften ihre Fahrzeuge in New Orleans und fuhren als Deckpassagiere mit dem Dampfer nach Hause.

Im Lauf der Zeit aber stieg die Zahl der Dampfer und deren Geschwindigkeit derartig, daß sie den gesamten Handel an sich ziehen konnten, und da ging der Kielbootbetrieb endgültig ein. Der Kielbootschiffer wurde einfacher Matrose, Steuermann oder Lotse auf dem Dampfer, und wenn er nicht auf einem Dampfschiff anmustern konnte, fuhr er auf einem Pittsburgher Kohlenprahm oder auf einem flußaufwärts in den Wäldern nahe der Mississippiquellen zusammengestellten Floß aus Kiefernstämmen.

In der Blütezeit der Dampfschiffahrt war der Strom von einem Ende zum anderen mit Kohleprahmen und Holzflößen wie mit Schuppen übersät, die alle mit der Hand gelenkt wurden und auf denen ganze Heerscharen jener rauhen Gesellen beschäftigt waren, die ich zu beschreiben versucht habe. Ich erinnere mich an die alljährlichen Prozessionen mächtiger Flöße, die in meiner Knabenzeit an Hannibal vorbeitrieben – jedes Floß etwa ein Acre weißer, süß duftender Bohlen mit einer Mannschaft von zwei Dutzend Leuten oder mehr; drei oder vier Unterkünfte als Wetterschutz über die weite Fläche des Floßes verteilt, und ich erinnere mich auch an das grobe Benehmen und die kolossale Aufschneiderei ihrer großen Mannschaften aus ehemaligen Kielbootschiffern und ihren bewundernswert originalgetreuen Nachfolgern, denn wir schwammen gewöhnlich eine Viertel- oder Drittelmeile weit hinaus, kletterten auf diese Flöße und fuhren ein Stück mit.

Um Gespräche und Sitten auf den Kielbooten und das jetzt entschwundene und schon halb vergessene Leben auf den Flößen zu beschreiben, will ich hier ein Kapitel aus einem Buch einfügen, an dem ich seit fünf, sechs Jahren immer wieder einmal arbeite und das ich möglicherweise im Laufe weiterer fünf, sechs Jahre beenden werde. Das Buch behandelt einzelne Begebenheiten aus dem Leben Huck Finns, eines unwissenden Dorfjungen, des Sohns unseres örtlichen Trunkenbolds aus der Zeit, die ich dort im Westen verbrachte. Er ist seinem Vater, der ihn drangsaliert, davongelaufen sowie einer braven Witwe, die ihn ebenfalls drangsaliert, weil sie einen netten, die Wahrheit sagenden, gesitteten Knaben aus ihm machen möchte; und zusammen mit ihm ist ein Sklave der Witwe entflohen. Sie haben ein Stück von einem Holzfloß gefunden (es ist die Zeit des Hochwassers mitten im Sommer); sie treiben nachts den Fluß hinunter und verbergen sich tagsüber zwischen den Weiden – auf dem Weg nach Cairo, von wo aus der Neger im Herzen der freien Bundesstaaten die Freiheit finden will. Aber sie treiben im Nebel an Cairo vorbei, ohne es zu bemerken. Nach und nach beginnen sie die Wahrheit zu ahnen, und Huck Finn läßt sich überreden, der scheußlichen Ungewißheit ein Ende zu machen. Er schwimmt zu einem riesigen Floß, das sie vor sich in der Ferne gesichtet haben, klettert unter dem Schutz der Dunkelheit an Bord und will sich durch Lauschen die nötige Information holen.

Aber ihr wißt ja, 'n junger Mensch kann schlecht warten, wenn er drauf brennt, was ausfindig zu machen. Wir sprachen die Sache durch, und schließlich sagte Jim, die Nacht wär jetzt so schwarz, daß kein Risiko nich dabei wär, zu dem großen Floß rüberzuschwimmen, an Bord zu kriechen und zu lauschen – sie würden über Cairo reden, denn sie hätten vielleicht die Absicht, dort an Land zu gehn, um sich zu amüsieren; jedenfalls aber würden sie Boote rüber schicken, um Whisky oder frisches Fleisch oder sonst was einzukaufen. Jim war für 'nen Neger ziemlich helle: Er konnte meist immer einen guten Plan aushecken, wenn man einen brauchte.

Ich stand auf, warf meine Klamotten ab, sprang in den Fluß und hielt auf das Licht von dem Floß zu. Schließlich, als ich beinah dran war, ließ ich mit dem Tempo nach und schwamm langsam und vorsichtig ran. Aber alles war in Ordnung – niemand an den langen Riemen. So schwamm ich am Floß entlang bis fast zum Lagerfeuer in der Mitte; dann hievte ich mich an Bord, kroch zollweise weiter und versteckte mich zwischen 'n paar Bündeln von Schindeln auf der Windseite vom Feuer. Dort saßen dreizehn Mann – das war natürlich die Deckswache. Und sie warn 'n mächtig wilder Haufen. Sie hatten einen Krug und Zinnbecher und ließen den Krug rumgehen. Einer sang – grölte, könnte man sagen, und 'n feines Lied war's nicht grade – jedenfalls nicht für 'n Salon geeignet. Er grölte durch die Nase und zog immer das letzte Wort von jeder Zeile sehr lang. Als er fertig war, stießen alle 'ne Art Injanergeheul aus, und dann wurde 'n andres Lied gesungen. Es fing an:

„Es war mal 'n Weib in unsrer Sta-hadt,
In unsrer Stadt ein Weib,
die liebte ihren Mann gar se-her,
ein' andern aber noch viel me-her,

ritu, rilu, rile-heh,
sie liebte ihren Mann gar se-her,
ein' andern aber noch viel me-her!"

Und so fort – vierzehn Strophen. Es war ziemlich mäßig, und als er mit der nächsten Strophe anfangen wollte, sagte einer, das wär die reinste Katzenmusik, und 'n andrer sagte: „Ach, gönn uns doch mal 'n bißchen Ruhe!", und 'n dritter sagte, er sollte lieber 'n Stück spazierengehn. Sie machten sich über ihn lustig, bis er wütend wurde, aufsprang und anfing, alle zu beschimpfen, und sagte, er könnte jeden aus dieser Bande von Dieben verdreschen.

Sie wollten sich alle auf ihn stürzen, aber der Längste unter ihnen sprang hoch und sagte: „Bleibt ruhig auf eurem Platz, Gentlemen. Überlaßt mir den – der is für mich."

Dann sprang er dreimal in die Luft und knallte dabei jedesmal die Hacken zusammen. Er warf seine Wildlederjacke ab, die von oben bis unten mit Fransen behangen war, und sagte: „Da bleibste liegen, bis ich den zu Kleinholz verarbeitet hab", feuerte seinen Hut hin, der voller Bänder war, und sagte: „Da bleibste liegen, bis er ausgelitten hat."

Dann sprang er in die Luft, knallte noch mal die Hacken zusammen und schrie: „Ho, ho! Ich bin der alte berühmte Leichenmacher mit den Eisenzähnen, messingbeschlagen und mit dem Bauch aus Kupfer, von der Wildnis in Arkansas. Seht mich an! Ich bin der Mann, den sie den Blitztod und General Verwüstung nennen! Gezeugt von 'nem Hurrikan, geworfen von 'nem Erdbeben, der Cholera ihr Halbbruder, von Mutters Seite nahe mit den Pocken verwandt! Seht mich an! Ich frühstücke neunzehn Alligatoren und 'n Faß Whisky, wenn ich gesund bin, und wenn's mir schlecht geht, 'n Scheffel Klapperschlangen und 'ne Leiche. Mein Blick zerspaltet die zeitlosen Felsen und meine Stimme übertönt den Donner! Ho, ho! Tretet zurück und macht Platz, wie's meiner Kraft zusteht. Blut is mein Lieblingsgetränk und das Gestöhne von Sterbenden klingt wie Musik in meinen Ohren! Richtet eure Blicke auf mich, Gentlemen, rührt euch nich und haltet den Atem an, denn gleich leg ich los!"

Die ganze Zeit über, wo er das runterrasselte, warf er den Kopf hin und her und machte 'n grimmiges Gesicht und stolzierte im Kreis rum und krempelte sich die Manschetten hoch und streckte sich ab und zu und schlug sich mit der Faust auf die Brust; dabei rief er: „Seht mich an, Gentlemen!" Als er damit fertig war, sprang er dreimal hoch und knallte die Hacken zusammen und brüllte: „Ho, ho! Ich bin der mörderischste Teufelskerl auf der Welt!“

Nun schob sich der Mann, der den Streit angefangen hatte, seinen alten Schlapphut übers rechte Auge, dann beugte er sich mit durchgedrücktem Kreuz und weit ausgestrecktem Hinterteil vor, stieß die Fäuste ’n paarmal in die Luft und stapfte so an die dreimal im Kreise rum, blähte sich auf und schnaufte. Dann streckte er sich, sprang in die Höhe und knallte die Hacken dreimal zusammen, bevor er wieder runterkam (Beifallsgebrüll der anderen), und dann fing er an zu röhren.

„Ho, ho! Beugt den Kopf und geht auseinander, denn jetzt kommt das Reich des Grauens! Haltet mich am Boden fest, denn ich fühle, wie meine Kraft in mir rumort! Ho, ho! Ich bin ein Kind der Sünde – laßt mich nich loslegen! Gebt allen hier gerußtes Glas! Versucht nich, mich mit nacktem Auge anzusehen, Gentlemen! Wenn ich zum Spielen aufgelegt bin, nehme ich die Längen- und Breitengrade als Schleppnetz und fange Wale im Atlantischen Ozean! Mit dem Blitz kratze ich mir den Kopf und mit dem Donner singe ich mich in Schlaf! Is mir kalt, dann laß ich den Golf von Mexiko kochen und bade drin, und is mir heiß, dann fächle ich mich mit ’nem Äquinoktialsturm; hab ich Durst, dann lang ich rauf und sauge ’ne Wolke aus wie ’nen Schwamm, und streif ich hungrig über die Erde, dann folgt mir ’ne Hungersnot! Ho, ho! Beugt den Kopf und geht auseinander! Ich lege meine Hände auf das Antlitz der Sonne und lasse Nacht werden auf Erden; ich beiße ’n Stück vom Mond ab und treibe die Jahreszeiten zur Eile an, ich schüttle mich, und die Berge zerbröckeln! Haltet euch Leder vor die Augen – schaut mich ja nich mit bloßem Auge an! Ich bin der Mann mit dem versteinerten Herzen und den stählernen Eingeweiden. Einsame Ortschaften massakrieren is Zeitvertreib in meinen Mußestunden und die Ausrottung von ganzen Völkern meine ernsthafte Lebensarbeit! Die grenzenlose Weite der großen amerikanischen Wüste is mein eingezäunter Grundbesitz, und ich begrabe meine Toten auf meinem eignen Grund und Boden!“ Er sprang in die Höhe und schlug dreimal die Hacken zusammen, bevor er runterkam (die andren brachen wieder in Beifallsrufe aus), und als er unten landete, rief er: „Ho, ho! Beugt den Kopf und geht auseinander, denn hier kommt das Lieblingskind des Unheils!“

Dann plusterte sich der andre noch mal auf – der erste, den sie Bob nannten; doch das Kind des Unheils fiel ihm ins Wort, noch großspuriger als vorhin, darauf legten beide gleichzeitig los, blähten sich auf und stolzierten immerzu umeinander rum, stießen sich gegenseitig die Fäuste fast ins Gesicht und kreischten und johlten wie die Injaner; dann warf Bob dem Kind Schimpfnamen an den Kopf, und das Kind warf Bob Schimpfnamen an den Kopf, als nächstes hatte Bob noch viel saftigere auf Lager, und das Kind gab ihm die allerschlimmsten zurück. Als nächstes schlug Bob dem Kind den Hut vom Schädel; und das Kind hob ihn auf und versetzte Bobs bebändertem Deckel einen Tritt, daß er ungefähr sechs Fuß weit flog, Bob ging hin und holte ihn sich und sagte, das würde noch was nach sich ziehn, denn er wär 'n Mensch, der nie was vergißt und nie was vergibt, und das Kind sollte sich lieber vorsehn, denn so wahr er 'n lebendiger Mensch wär, die Zeit würde kommen, wo er's ihm mit seinem Lebensblut bezahlen müßte. Das Kind sagte, niemand warte mehr darauf als er, und er wollte Bob gleich rechtzeitig davor warnen, ihm je wieder über den Weg zu laufen, denn er würde keine Ruhe finden, bis er in seinem Blut gewatet wär, denn so sei er nun mal, wenn er ihn auch jetzt schonen wollte, von wegen seiner Familie, falls er eine hätte.

Beide zogen knurrend und kopfschüttelnd Leine in verschiedene Richtungen und prahlten weiter damit, was sie alles tun wollten, aber da sprang ein kleiner Kerl mit schwarzem Schnurrbart auf und sagte: „Kommt mal wieder her, ihr zwei feigen Köter, und ich verprügle euch alle beide!“

Und er tat's auch. Er griff sie sich, schüttelte sie hin und her, trieb sie mit Fußtritten im Kreis rum und schlug sie schneller zu Boden, als sie wieder aufstehen konnten. Tatsächlich, 's dauerte nicht mal zwei Minuten, bis sie wie Hunde bettelten. Da brüllte die übrige Bande vielleicht und lachte und klatschte immerzu in die Hände und rief: „Nur mutig ran, Leichenmacher!“ – „Los, auf ihn, Kind des Unheils!“ – „Bravo, kleiner Davy!“ Na, das war vielleicht 'ne Festveranstaltung, und zum Schluß hatten Bob und das Kind rote Nasen und blaue Augen. Der kleine Davy zwang sie zuzugeben, daß sie Kriecher und Feiglinge waren und nicht verdienten, mit 'nem Köter zu fressen und 'nem Nigger zu saufen; dann schüttelten Bob und das Kind sich feierlich die Hände und sagten, sie hätten sich immer geachtet, und Schwamm über das, was vergangen wär. Dann wuschen sie sich das Gesicht im Fluß, und in dem Moment kam der laute Befehl: „Klar zum Kreuzen!“, und 'n paar gingen nach vorn, um dort die Ruder zu bedienen, und die anderen nach achtern, an die Achterruder.

Ich lag still und wartete 'ne Viertelstunde lang und rauchte die

Pfeife, die einer von ihnen in Reichweite hatte liegen lassen; dann war das Kreuzen vorbei, und sie stapften zurück, tranken 'ne Runde und fingen wieder an zu schwatzen und zu singen. Als nächstes holten sie 'ne alte Fiedel raus, und einer spielte und 'n anderer stampfte Juba dazu, und die übrigen legten 'nen richtigen altmodischen Kielboot-Breakdown hin. Das konnten sie nicht lange durchhalten, ohne daß ihnen die Puste ausging, und so setzten sie sich schließlich wieder um den Krug.

Sie sangen:

„Das fröhliche, fröhliche Flößerleben
ist das richtige Leben für mich",

in schallendem Chor, und dann unterhielten sie sich über die Unterschiede bei Schweinen und über ihre verschiedenen Gewohnheiten, und als nächstes über Frauen und ihre verschiedenen Manieren, und als nächstes darüber, wie man am besten brennende Häuser löschen kann, und als nächstes, was man mit den Injanern machen müßte, und als nächstes, was 'n König alles zu machen hat und wieviel er bekommt, und als nächstes, wie man Katzen dazu kriegen kann, aufeinander loszugehen, und als nächstes, was man tun muß, wenn einer Krämpfe hat, und als nächstes über den Unterschied zwischen Flüssen mit klarem Wasser und welchen mit schlammigem. Der Mann, den sie Eddy nannten, sagte, das schlammige Mississippiwasser wäre gesünder zum Trinken als dem klaren Ohio seins; er sagte, wenn man 'nen halben Liter von diesem gelben Mississippiwasser sich setzen läßt, hat man am Boden 'nen halben bis dreiviertel Zoll Schlamm, je nachdem, wie hoch der Fluß steht, und dann wär's auch nicht besser als Ohiowasser – das Richtige wär, wenn man's in einem fort umrührt, und bei niedrigem Wasserstand sollte man Schlamm bei der Hand haben, damit man ihn reintut und das Wasser verdicken kann, so wie's sein muß.

Das Kind des Unheils sagte, das stimmte, Schlamm wär nahrhaft, und ein Mensch, der Mississippiwasser getrunken hätte, könnte Mais in seinem Magen wachsen lassen, wenn er wollte. Er sagte: „Guckt euch doch die Friedhöfe an, die sprechen Bände. Die Bäume auf 'nem Friedhof in Cincinnati sind nicht der Rede wert, aber auf jedem Friedhof in St. Louis werden sie über achthundert Fuß hoch. Alles nur von wegen dem Wasser, was die Leute getrunken haben, bevor sie alle viere von sich streckten. 'ne Leiche aus Cincinnati macht den Boden überhaupt nicht fruchtbar."

Und sie redeten davon, daß sich das Ohiowasser nich gern mit Mississippiwasser vermischt. Ed sagte, man brauchte nur den Mississippi bei Hochwasser nehmen, wenn der Ohio Niedrigwaser hat, dann könnte man an der Ostseite vom Mississippi noch hundert Meilen weit oder länger 'nen breiten Streifen klares Wasser sehen, und sowie man 'ne Viertelmeile vom Ufer über die Linie weg fahren würde, wär alles dick und gelb bis rüber zum andren Ufer. Dann unterhielten sie sich, wie man verhindern kann, daß Tabak schimmlig wird, und davon kamen sie auf Geister und erzählten, daß andre Leute 'ne Menge gesehn hätten, aber Ed sagte:

„Warum beschreibt ihr denn nich was, was ihr selbst gesehn habt? Na, laßt mich mal. Vor fünf Jahren fuhr ich auch auf so 'nem großen Floß, und genau hier in der Gegend hatten wir 'ne schöne helle Mondnacht, 's war meine Wache, und ich hatte das vordere Steuerbordruder unter mir, und einer von meinen Kumpanen, er hieß Dick Allbright, kam nach vorn, wo ich saß – gähnte und streckte sich und beugte sich runter zum Floßrand und wusch sich das Gesicht im Fluß; dann kam er und setzte sich neben mich und holte seine Pfeife raus, und kaum hat er sie gestopft, da hebt er den Kopf und sagt: ‚Na, guck doch mal, ist das nich Buck Miller sein Haus da drüben in der Biegung?'

‚Stimmt', sagte ich. ‚Warum?'

Er legt seine Pfeife hin, stützt den Kopf in die Hand und sagt: ‚Ich dachte, wir wärn schon weiter unten.'

Ich sage: ‚Hab ich auch gedacht, als meine Freiwache zu Ende war' – wir hatten abwechselnd sechs Stunden Wache und sechs Stunden Freiwache – ‚aber die Jungs haben mir erklärt', sage ich, ‚daß sich das Floß seit 'ner Stunde fast nich bewegt hat', sag ich, ‚wenn's auch jetzt ordentlich flott vorankommt', sag ich. Er stöhnt 'n bißchen und sagt: ‚Ich hab schon mal 'n Floß erlebt, das sich hier in der Gegend so benommen hat', sagt er. ‚Mir kommt es so vor, als wenn die Strömung hier vor der Biegung in den letzten beiden Jahren fast weggeblieben is', sagt er.

Dann stand er 'n paarmal auf und guckte so übers Wasser. Da fing ich ebenfalls damit an. Man macht immer nach, was 'n andrer einem vormacht, und wenn's auch gar keinen Sinn hat. Kurz darauf seh ich so 'n schwarzes Ding steuerbord schräg hinter uns auf dem Wasser treiben. Ich seh, daß er auch hinguckt. Ich sage: ‚Was 'n das?'

Er ziemlich verdrießlich: ‚Is weiter nichts als 'n altes leeres Faß.'

‚'n leeres Faß?' sag ich. ‚Na weißte', sag ich, ‚gegen deine

Augen is 'n Fernglas gar nichts. Wie kannste denn wissen, daß es 'n leeres Faß is?' Er sagt: ,Weiß ich nich, is wohl doch kein Faß, ich dachte mir nur, könnte eins sein', sagt er.

,Ja', sage ich, ,könnte sein, könnte auch irgendwas andres sein, das läßt sich aus so 'ner Entfernung gar nich feststellen', sag ich.

Wir hatten sonst nichts zu tun, und so beobachteten wir's weiter. Schließlich sag ich: ,Na, guck dir das an, Dick Allbright, das Ding holt uns ein, glaub ich.'

Er sagte nichts weiter. Das Ding schwamm immer schneller und schneller, und ich dachte, könnte 'n Hund sein, der mit seinen Kräften ziemlich am Ende war. Also wir kreuzten auf die andre Stromseite, und das Ding trieb durch den hellen Streifen Mondlicht, und's war tatsächlich 'n Faß. Ich sage: ,Dick Allbright, wieso konnteste 'n wissen, daß das Ding da 'n Faß is, wo's doch 'ne halbe Meile weg war?' sag ich.

Sagt er: ,Ich weiß nich!'

Sag ich: ,Raus mit der Sprache, Dick Allbright!'

Sagt er: ,Na, ich hab gewußt, daß es 'n Faß is, ich hab's schon öfters gesehn – viele haben's gesehn, sie sagen, 's wär 'n Spukfaß.'

Ich rief die übrigen Leute von der Wache, und sie kamen rüber, und ich erzählte ihnen, was Dick gesagt hatte. Das Faß schwamm jetzt genau neben uns her, überholte uns aber nich. 's war etwa zwanzig Fuß weit von uns weg. 'n paar waren dafür, 's an Bord zu nehmen, aber die übrigen wollten nich. Dick Allbright sagte, Flößern, die sich damit zu schaffen gemacht hätten, hätte's Unglück gebracht. Der Kapitän von der Wache sagte, daran glaubte er nich. Er sagte, wahrscheinlich hätte uns das Faß nur deshalb eingeholt, weil die Strömung, in der's schwamm, 'n bißchen stärker wär als unsre. Er sagte, mit der Zeit würde's schon zurückbleiben.

So fingen wir also an, von andren Dingen zu reden, und wir sangen 'n Lied und tanzten dann 'nen Breakdown, und danach verlangte der Kapitän noch 'n Lied, aber jetzt wurde's wolkig, und das Faß blieb genau am selben Fleck, und das Lied hatte irgendwie nich den richtigen Schwung, und so sangen sie's nich zu Ende, und's gab auch kein Beifallsgeschrei, sondern verlief irgendwie im Sande, und 'ne Minute lang sagte keiner was. Dann versuchten alle auf einmal zu reden, und einer machte 'nen Witz, aber das half auch nichts, keiner lachte, nich mal der Bursche, der den Witz gemacht hatte, und das is ganz was Ungewöhnliches. Wir setzten uns bloß alle trübsinnig hin und beobachteten das Faß und waren unruhig und uns war mulmig zumute. Na, Sir, dann wurde's stockfinster und ganz still und danach fing der

Wind an zu heulen, und Blitze zuckten und Donner grollte. Und bald gab's 'nen richtigen Sturm, und mittendrin stolperte 'n Mann, der nach achtern rannte, fiel hin und verstauchte sich so den Knöchel, daß er sich hinlegen mußte. Da gab's Kopfschütteln bei den Jungs – und jedesmal, wenn 'n Blitz kam, war dieses Faß da, und das blaue Licht zuckte drum rum. Wir ließen es nich aus den Augen. Schließlich aber gegen Morgen war's fort. Als es hell wurde, konnten wir's nirgendwo entdecken, und leid tat's uns auch nich.

Aber in der nächsten Nacht gegen halb zehn, als wir sangen und lustig warn, kam's wieder und nahm seinen alten Platz steuerbord ein. Die übermütige Laune war wie weggeblasen. Alle wurden ernst, keiner sprach, man konnte niemand dazu kriegen, irgendwas andres zu tun, als nur finster rumzuhocken und das Faß anzustieren. 's fing wieder an wolkig zu werden. Nach der Wachablösung blieb die Freiwache auf, statt sich aufs Ohr zu hauen. Der Sturm tobte und brauste die ganze Nacht, und mittendrin stolperte wieder einer und verstauchte sich den Knöchel und fiel aus. Das Faß verließ uns gegen Morgen, und keiner sah's verschwinden.

Den ganzen Tag über waren alle nüchtern und niedergeschlagen. Ich meine nich nüchtern, weil sie keinen Schnaps getrunken hatten – so nich. Sie waren still, aber alle tranken mehr als gewöhnlich – nich gemeinsam, sondern jeder schlich sich fort und hob insgeheim einen.

Nach Anbruch der Dunkelheit legte sich die Freiwache nich schlafen; keiner sang, keiner sprach, und die Jungs verteilten sich auch nich, sie hockten vielmehr vorn alle beieinander und saßen zwei Stunden lang still rum, stierten immerzu in die eine Richtung und stießen hin und wieder 'nen Seufzer aus. Und da erschien doch das Faß wieder. Nahm seinen alten Platz ein. Blieb dort die ganze Nacht. Keiner ging schlafen. Nach Mitternacht kam wieder Sturm auf. 's wurde schrecklich finster, der Regen prasselte nur so runter, und 's hagelte auch, der Donner dröhnte und krachte und knallte, der Wind wurde zum Orkan. Blitze breiteten große Lichtflatschen über alles und ließen das ganze Floß so deutlich sichtbar werden wie am Tag, und der Fluß war, soweit man sehen konnte, milchweiß gepeitscht, und dieses Faß tänzelte neben uns her, genau wie immer. Der Kapitän befahl die Wache zum Kreuzen achtern an die langen Riemen, und keiner wollte hin – sie hätten die Nase voll von verstauchten Knöcheln, sagten sie. Nich mal im Schritt wollten sie nach achtern gehn. Na, und genau in dem Moment teilte sich der Himmel mit lautem

Krach, und der Blitz erschlug zwei Mann von der Achternwache und verletzte zwei andere. Wie, fragt ihr? Nun, er *verstauchte ihnen die Knöchel!*

Das Faß verschwand kurz vor Tagesanbruch in der Dunkelheit zwischen zwei Blitzen. An dem Morgen aß keiner zum Frühstück auch nur 'nen Bissen. Dann lungerten die Leute zu zweit oder dritt rum und redeten leise miteinander. Aber keiner ging zu Dick Allbright. Alle zeigten ihm die kalte Schulter. Wenn er sich irgendwo blicken ließ, wo Leute standen, gingen sie auseinander und verzogen sich. Sie wollten mit ihm auch nich an die Ruder. Der Kapitän ließ alle Boote an Bord hieven, neben seine Unterkunft, und erlaubte nich, daß die Toten an Land gebracht wurden, damit sie unter die Erde kamen; er glaubte nich, daß sich auch nur ein Mann wieder sehen lassen würde, wenn er mal an Land wär, und recht hatte er.

Als es Nacht wurde, war's ziemlich offensichtlich, daß es Krach geben würde, falls dieses Faß wieder erscheinen sollte, so ein Gemurre war zu hören. 'ne ganze Menge wollten Dick Allbright umbringen, weil er das Faß schon bei andren Fahrten gesichtet hatte, und das sah nach was Schlimmem aus. Manche wollten ihn an Land setzen, 'n paar sagten: ‚Gehn wir doch allesamt an Land, wenn das Faß wieder auftaucht.'

Und als die Leute noch so tuschelten und vorn in einem Haufen zusammenhockten, um nach dem Faß Ausschau zu halten, was meint ihr wohl, da kam's glatt wieder an. Kam ran, langsam und beharrlich und hielt sich in seiner alten Spur. Man hätte 'ne Menge Stecknadeln runterfallen hören können. Da kam der Kapitän und sagte: ‚Jungs, seid nich kindisch, seid keine Narren; ich will nich, daß dieses Faß den ganzen Weg bis New Orleans hinter uns herzieht, und ihr wollt's auch nich, also, wie kann man's am besten dran hindern? Es verbrennen – das is das Richtige. Ich hol's an Bord', sagte er. Und bevor einer auch nur 'n Wort rausbringen konnte, sprang er auch schon ins Wasser.

Er schwamm hin, und als er's vor sich her zum Floß stieß, wichen die Männer zur andren Seite. Aber der Alte kriegte es an Bord und schlug ihm den Deckel ein, und drin war 'n Säugling! Jawohl, Sir, 'n splitternackter Säugling, 's war Dick Allbright seiner, er gab's zu und gestand.

‚Ja', sagte er und beugte sich über ihn, ‚ja, 's is mein eigener tiefbetrauerter Liebling, mein armer, verlorener, verblichener Charles William Allbright', sagte er – denn wenn er Lust hatte, konnte seine Zunge mit den dollsten Wörtern, die's gibt, ohne irgendwo 'ne Fuge zu lassen, klarkommen. Ja, sagte er, früher hätte er hier oben an dieser Flußbiegung gewohnt, und eines Abends hätte er sein Kind erstickt, weil's weinte – umbringen wollte er's nich, das war aber vermutlich 'ne Lüge – und dann hätte er's mit der Angst bekommen und's in 'nem Faß begraben, bevor seine Frau nach Hause kam, und wär losgezogen, immer nach Norden, und hätte sich aufs Flößen gelegt, und dies wär das dritte Jahr, daß das Faß hinter ihm herjagte. Er sagte, das Pech hätte immer leicht angefangen und gedauert, bis vier Leute umgekommen wärn, und dann hätte sich das Faß nich mehr gezeigt. Er sagte, wenn die Leute noch eine Nacht aushalten würden – und so quatschte er weiter – aber die Männer hatten's satt. Sie wollten grade 'n Boot zu Wasser lassen, um ihn an Land zu bringen und zu lynchen, aber da schnappte er sich ganz plötzlich den Kleinen und sprang mit ihm über Bord; dabei preßte er 'n in Tränen aufgelöst an die Brust, und wir haben ihn nie wiedergesehn, die arme, alte, leidende Seele, und Charles William ebenfalls nich!"

„Wer war in Tränen aufgelöst?" fragte Bob. „Allbright oder der Säugling?"

„Na, Allbright, natürlich. Hab ich euch nich erzahlt, daß der Säugling tot war? Schon seit drei Jahren tot. Wie hätte er 'n da weinen können?"

„Na, egal, wie er hätte weinen können – wie hat er sich 'n die ganze Zeit über *halten* können?" sagte Davy. „Das erklär mir mal."

„Weiß ich nich, wie er's gemacht hat", sagte Ed. „Gemacht hat er's aber – das is alles, was ich drüber weiß."

„Sag mal, was haben sie 'n mit dem Faß angestellt?" fragte das Kind des Unheils.

„Na, sie haben's über Bord gehievt, und 's is abgesackt wie 'n Klumpen Blei."

„Edward, sah das Kind aus, als wär's erstickt worden?" fragte einer.

„Hatte's das Haar gescheitelt?" wollte 'n andrer wissen.

„Was war 'n das Firmenzeichen auf dem Faß, Eddy?" fragte einer, den sie Bill nannten.

„Haste auch die Papiere von der Statistik, Edmund?" sagte Jimmy.

„Hör mal, Edwin – warste einer von den Männern, die der Blitz erschlagen hat?" sagte Davy.

„Der? O nein – der war beide!" sagte Bob.

Da kicherten alle los.

„Hör mal, Edward – glaubste nich, du solltest lieber 'ne Pille nehmen? Schlecht siehste aus – fühlste dich schwach?" sagte das Kind des Unheils.

„Mach schon, Eddy", sagte Jimmy, „zeig mal her, du mußt doch 'n Stück von dem Faß aufgehoben haben, als Beweis. Zeig uns mal das Spundloch – los –, dann glauben wir dir's alle!"

„Hört zu, Jungs", sagte Bill, „teilen wir doch. Wir sind hier dreizehn. 'n Dreizehntel von dem Garn könnt ich schon schlukken, wenn ihr den Rest runterwürgt."

Ed stand wütend auf und sagte, sie könnten sich alle mal an ein' bestimmten Ort scheren, den er ihnen ziemlich brutal zuschrie, dann zog er nach achtern und fluchte vor sich hin, während sie hinter ihm her schrien und spotteten und vor Lachen so brüllten, daß man's 'ne Meile weit hören konnte.

„Jungs, darauf schlachten wir 'ne Wassermelone", sagte das Kind des Unheils und kam und wühlte in der Dunkelheit unter den Bündeln mit den Schindeln rum, wo ich war, und legte die Hand auf mich. Ich war warm und weich und nackt, und so sagte er: „Aua!" und sprang zurück.

„Holt mal 'ne Laterne oder 'n brennendes Scheit her, Jungs – hier is 'ne Schlange, so groß wie 'ne Kuh!"

Da kamen sie also mit 'ner Laterne angerannt, drängten sich um mich rum und guckten zu mir rein.

„Komm mal da raus, du Nichtsnutz!" sagte einer.

„Wer biste denn?" fragte ein andrer.

„Was willste hier? Spuck's rasch aus, sonst gehste über Bord!"

„Zieht 'n mal raus, Jungs. Schleift ihn bei 'n Füßen raus!"

Ich fing an zu bitten und kroch zitternd zu ihnen raus.

Sie beguckten mich, überlegten, und dann sagte das Kind des Unheils: „Ein verdammter Dieb! Faßt mal mit an und über Bord mit ihm!"

„Nein", sagte der lange Bob, „holen wir den Farbtopf raus und streichen wir 'n von Kopf bis Fuß himmelblau an; dann hieven wir 'n über Bord."

„Fein! Richtig! Hol mal die Farbe, Jimmy."

Als die Farbe da war und Bob den Pinsel nahm und gerade anfangen wollte und die andren lachten und sich die Hände rieben, fing ich an zu flennen, und das hatte irgendwie 'ne Wirkung auf Davy, und er sagte: „Nu langt's. Is ja man bloß 'n Bengel. Wer'n was tut, den streiche ich an!"

Da guckte ich ringsum, und 'n paar brummten und knurrten, und Bob stellte die Farbe hin, und die anderen nahmen sie nicht auf.

„Komm her ans Feuer und laß mal hören, was du hier im Schilde führst!“ sagte Davy. „Jetzt setz dich da hin und pack mal aus. Wie lange biste schon an Bord?“

„Kaum 'ne Viertelminute, Sir“, sagte ich.

„Wie biste 'n da so schnell trocken geworden?“

„Weiß ich nicht, Sir. Das is bei mir immer so, meistens!“

„So, so, tatsächlich? Wie heißte denn?“

Meinen Namen wollte ich nicht verraten. Ich wußte nicht, was ich sagen sollte, und so sagte ich einfach: „Charles William Allbright, Sir.“

Jetzt brüllten sie vor Lachen – alle miteinander, und ich war mächtig froh, daß ich das gesagt hatte, denn vielleicht würden sie durch ihr Gelächter beßre Laune kriegen.

Als sie genug gelacht hatten, sagte Davy: „Das wird wohl kaum hinhauen, Charles William. So schnell hättste in fünf Jahren nich wachsen können, und du warst doch 'n Säugling, als du aus dem Faß rauskamst, nich wahr, und noch dazu tot. Los jetzt, sag die Wahrheit, und keiner wird dir was tun, wenn du nichts Böses im Schilde führst. Wie heißte nun?“

„Aleck Hopkins, Sir. Aleck James Hopkins.“

„Nun, Aleck, von wo biste 'n hergekommen?“

„Von 'nem Handelsprahm. Liegt dort hinter der Flußbiegung. Ich bin drauf geboren. Paps treibt hier flußauf und flußab schon sein ganzes Leben lang Handel und hat zu mir gesagt, ich soll herschwimmen, denn als Sie vorbeikamen, hat er gesagt, er wollte gern, daß einer von Ihnen mit 'nem gewissen Mr. Jonas Turner in Cairo redet und ihm bestellt ...“

„Ach geh!“

„Doch, Sir, das ist die reine Wahrheit. Paps sagt ...“

„Das kannste deiner Großmutter erzählen.“

Alle lachten, und ich versuchte weiterzusprechen, aber sie unterbrachen mich und ließen mich nicht zu Wort kommen.

„Nun hör mal zu“, sagte Davy, „du hast Angst und darum redste dummes Zeug. Jetzt mal ehrlich, wohnste wirklich auf 'nem Prahm, oder ist das Schwindel?“

„Ja, Sir, auf 'nem Handelsprahm. Er liegt dort oben an der Biegung vor Anker. Aber geboren bin ich nicht drauf. Das hier ist meine erste Fahrt.“

„Jetzt klingt's schon besser. Wozu biste 'n hier an Bord gekommen? Zum Stehlen?“

„Nein, Sir, dazu nicht. Wollte mal 'n Stück auf 'nem Floß mitfahren. Machen doch alle Jungs.“

„Na, das weiß ich. Aber warum haste dich versteckt?“

„Manchmal jagen sie die Jungs runter.“

„Allerdings. Sie könnten ja was stehlen. Hör mal zu, wenn wir dich diesmal laufen lassen, hältste dich dann von jetzt ab aus so was raus?“

„Ganz bestimmt, Boß. Probieren Sie's aus.“

„Also gut. Du bist ja nich weit vom Ufer. Über Bord mit dir, und mach dich das nächste Mal nich wieder so lächerlich. Verdammt noch mal, Junge, manche Flößer würden dich verdreschen, bis du grün und blau bist!“

Ich hielt mich nicht erst mit 'nem Abschiedskuß auf, sondern sprang in den Fluß und schoß aufs Ufer zu. Als Jim nach 'ner Weile rankam, war das große Floß schon hinter der Landzunge und außer Sicht. Ich schwamm raus und kletterte an Bord und war mächtig froh, wieder zu Hause zu sein.

Der Junge hatte also die gewünschte Auskunft nicht erhalten, aber sein Abenteuer vermittelt das Bild von den verschwundenen Flößern und Kielbootschiffern, das ich an dieser Stelle geben wollte.

Ich komme nun zu einer Phase des Lebens auf dem Mississippi aus der Blütezeit der Dampfschiffahrt, die, wie mir scheint, eine eingehende Betrachtung verdient – die dort so wunderbar entwickelte Wissenschaft der Lotsentätigkeit. Ich glaube, daß es nirgendwo auf der Welt etwas Ähnliches gegeben hat.

4. Kapitel

DER EHRGEIZ DER JUNGEN

In meiner Kindheit hatten alle Jungen in unserem Ort* am Westufer des Mississippi nur einen einzigen Ehrgeiz, der ständig anhielt: Dampfschiffer zu werden. Vorübergehend hatten wir auch andere Ziele, aber eben nur vorübergehend. Stellte sich ein Zirkus ein und zog dann wieder fort, ließ er uns sämtlich mit dem brennenden Wunsch zurück, Clown zu werden; die erste Truppe von Negerkomödianten, die je in unserer Gegend auftrat, erfüllte uns mit der Sehnsucht, dieses Leben auszuprobieren; hin und wieder hofften wir, Gott würde uns, wenn wir immer anständig blieben, erlauben, Piraten zu werden. Alle diese Ambitionen ver-

* Hannibal, Missouri

blaßten eine nach der anderen; der Ehrgeiz, Dampfschiffer zu werden, aber blieb.

Täglich einmal kam stromaufwärts ein billiger, grellbunter Postdampfer aus St. Louis und stromabwärts einer aus Keokuk. Vor diesen Ereignissen war der Tag voll strahlender Erwartung, danach war er tot und leer. Nicht nur den Jungen ging es so, sondern dem ganzen Ort. Nach all den vielen Jahren kann ich mir jene Zeit noch immer vorstellen, genau, wie sie damals war: Die im Sonnenschein eines Sommermorgens vor sich hin dösende weiße Stadt, die leeren oder beinahe leeren Straßen, vor den Läden in der Water Street schlafen ein paar Kaufmannsgehilfen, ihre Stühle mit den Flechtsitzen nach hinten gegen die Mauer gekippt, das Kinn auf der Brust, den Hut übers Gesicht geschoben, ringsherum genügend Hobelspäne, die erklären, was sie so erschöpft hat; eine Sau und ein Wurf Ferkel trotten gemächlich über den Bürgersteig und tun sich gütlich an Schalen und Kernen von Wassermelonen, auf der Anlegestelle verteilt ein paar einsame kleine Frachtguthaufen, auf der Schräge des gepflasterten Kais ein Stapel Ladebalken, in dessen Schatten der nach Fusel duftende Trunkenbold der Ortschaft schläft, vorn am Ufer vertäut zwei, drei Holzschuten, aber keine Menschenseele, die den friedlich gegen sie plätschernden kleinen Wellen lauschte. Der große Mississippi, der majestätische, gewaltige Mississippi wälzt seine meilenbreiten Fluten vorüber und glänzt in der Sonne, dichter Wald drüben am jenseitigen Ufer, die Landzunge oberhalb und die andre unterhalb der Stadt, die den Blick auf den Fluß begrenzen und ihn in eine Art Meer verwandeln – ein sehr ruhiges, funkelndes, einsames Meer. Plötzlich erscheint über einer der beiden fernen Landzungen ein dunkler Rauchschleier; sogleich läßt ein schwarzer Rollkutscher, der berühmt ist wegen seines scharfen Blicks und seiner erstaunlichen Stimme, den Ruf ertönen: „Daaampfer kooomt!“, und die Szene wechselt! Der Trunkenbold rührt sich, die Kaufmannsgehilfen erwachen, ein heftiges Rumpeln von Lastwagen folgt, jedes Haus und jedes Geschäft speit seinen Beitrag an Menschen aus, und im Handumdrehen ist die tote Stadt voller Leben und Bewegung. Rollwagen, Karren, Männer, Jungen – alle eilen aus vielen Richtungen einem gemeinsamen Mittelpunkt zu, dem Kai. Dort versammelt, heften die Leute ihre Blicke auf den ankommenden Dampfer, als wäre er ein Wunder, das sie zum erstenmal sehen. Und der Dampfer bietet auch tatsächlich einen recht hübschen Anblick. Er ist lang und schnittig und sauber und schmuck; er hat zwei hohe, phantasievoll verzierte Schornsteine, zwischen ihnen schwingt ein vergoldetes Ornament, hinter ihnen, über dem Texasdeck, thront ein prunkvolles Steuerhaus, ganz aus Glas und „Zuckerguß", auf den Radkästen prangt über dem Schiffsnamen ein Bild oder ein goldener Kranz, sauber gestrichene weiße Geländer umgeben und schmücken das Boilerdeck, das Hurrikandeck und das Texasdeck, vom Göschstock weht stolz eine Fahne, die Kesseltüren stehen offen, und die Feuer flackern prächtig, die oberen Decks sind schwarz von Passagieren, neben der großen Glocke steht der Kapitän, ruhig, imposant, von allen beneidet, aus den Schornsteinen quellen große Massen tiefschwarzen Rauches – eine billig erzeugte Pracht, unmittelbar vor Ankunft in einer Stadt mit einem bißchen Pechtanne zuwege gebracht –, auf dem Vorderdeck steht die Mannschaft versammelt, die breite Laufplanke wird backbord voraus weit hinausgeschoben, und auf ihrem Ende steht malerisch ein vielbeneideter Leichtmatrose mit einer aufgeschossenen Festmacherleine in der Hand, der gedrosselte Dampf schießt zischend durch die Druckventile, der Kapitän hebt die Hand, eine Glocke ertönt, die Schaufelräder stehen still, dann drehen sie sich rückwärts, zerstampfen das Wasser zu Schaum, und der Dampfer hält. Nun beginnt ein Gehaste, um an Bord zu kommen und um an Land zu kommen, um Fracht aufzunehmen und Fracht zu löschen – alles auf einmal; und dann das Geschrei und Gefluche, mit dem die Maate das alles erleichtern! Zehn Minuten später ist der Dampfer wieder auf Fahrt, ohne Flagge am Göschstock und ohne schwarzen Rauch aus den Schornsteinen. Nach zehn weiteren Minuten liegt die Stadt von neuem wie tot da, und der Trunkenbold des Orts ist neben den Ladebalken wieder eingeschlafen.

Mein Vater war Friedensrichter, und ich nahm an, er besitze Macht über Leben und Tod aller Menschen und könne jeden hängen, der ihn beleidigte. Das schien mir im allgemeinen ausreichend Würde zu sein, trotzdem kam immer wieder der Wunsch in mir auf, Dampfschiffer zu werden. Zuerst wollte ich gern Kajütenjunge werden, um, angetan mit einer weißen Schürze, herauszukommen und ein Tischtuch über der Bordwand auszuschütteln, wo mich alle meine früheren Kameraden sehen könnten; später hielt ich es für besser, der Leichtmatrose zu sein, der mit der aufgeschossenen Leine in der Hand am Ende der Laufplanke stand, denn der fiel besonders auf. Das waren jedoch nur Wunschträume, allzu himmlisch, um sie als echte Möglichkeiten ins Auge zu fassen. Nach einiger Zeit ging einer von uns Jungen fort. Lange hörte man nichts von ihm. Schließlich tauchte er als „Striker“, der Lehrling des Maschinisten, auf einem Dampfschiff wieder auf. Das machte alles zunichte, was ich in der Sonntagsschule gelernt hatte. Dieser Junge war allgemein als weltlich bekannt gewesen und ich gerade als das Gegenteil, doch war er zu diesem hohen Rang aufgestiegen, während ich in Dunkel und Elend blieb. In seiner Größe zeigte dieser Bursche keinerlei Großmut. Immer richtete er es so ein, daß er einen rostigen Bolzen blank zu reiben hatte, wenn sein Schiff bei unserer Stadt anlegte, und dann saß er auf dem Seitenvorsprung des Decks und schmirgelte den Bolzen, wo wir ihn alle sehen, ihn beneiden und hassen konnten. Und jedesmal, wenn sein Schiff aufgelegt war, kam er nach Hause und protzte mit seiner schwärzesten und ölbeschmiertesten Kleidung in der Stadt, damit auch ja alle bemerkten, daß er ein Dampfschiffer war, und in seinen Gesprächen benutzte er allerlei Fachausdrücke der Dampfschiffahrt, als wäre er es nie anders gewöhnt gewesen und habe ganz vergessen, daß gewöhnliche Menschen sie nicht verstehen konnten. Er sprach von der „Backbordseite“ eines Pferdes ganz ungezwungen und natürlich – man hätte ihn umbringen können. Und von „St. Lui“ redete er immer wie ein Alteingesessener; ganz nebenbei erwähnte er, wie er die „Fourth Street hinuntergekommen“ oder am „Planter's House vorbeigegangen“ sei oder wie ein Feuer ausbrach und er den Pumpenschwengel am alten „Big Missouri“ mit bedient habe, und dann log er uns weiter etwas vor, wie viele Orte von der Größe unserer Stadt an jenem Tag niedergebrannt seien. Ein paar Jungen hatten lange Zeit großes Ansehen unter uns genossen, weil sie einmal in St. Louis gewesen waren und eine ungefähre oberflächliche Kenntnis von seinen Wundern hatten; jetzt aber waren die Tage ihres Glanzes vorüber. Sie fielen in bescheidenes Schweigen und lernten, sich zu verdrücken, wenn der erbarmungslose Maschinistenlehrling sich näherte. Geld besaß dieser Bursche auch, und Haaröl. Ebenfalls eine unwissende silberne Uhr und eine protzige Uhrkette aus Messing. Er trug einen Ledergürtel und benutzte keine Hosenträger. Wenn je ein junger Mensch von seinen Kameraden aus tiefstem Herzen bewundert und gehaßt wurde, dann dieser. Kein Mädchen konnte seinen Reizen widerstehen. Er stach jeden Jungen im Ort aus. Als sein Schiff schließlich explodierte, ergriff uns eine solch gelassene Zufriedenheit, wie wir sie schon seit Monaten nicht gekannt hatten. Als er aber die Woche darauf lebend und ruhmbeladen nach Hause kam und böse zugerichtet und mit Binden umwickelt in der Kirche erschien, als strahlender Held, den alle angafften und bestaunten, schien uns, die Parteinahme der Vorsehung für ein unwürdiges Reptil habe einen Punkt erreicht, an dem sie Kritik herausforderte.

Die Karriere dieses Burschen konnte nur ein Ergebnis haben, und es folgte auf dem Fuße. Ein Junge nach dem anderen schaffte es, auf den Fluß zu gelangen. Der Sohn des Pfarrers wurde Maschinist. Der Sohn des Arztes und der des Postvorstehers wurden Zahlmeistergehilfen, der Sprößling des Schnapsgroßhändlers wurde Barmann auf einem Schiff, vier Söhne des größten Kaufmanns und zwei des Bezirksrichters wurden Lotsen. Die Lotsenstellung war die großartigste von allen. Der Lotse bekam schon in jenen Tagen der geringen Löhne ein fürstliches Gehalt – hundertfünfzig bis zweihundertfünfzig Dollar im Monat und freie Kost. Zwei seiner Monatslöhne machten das Jahresgehalt eines Pfarrers aus. Ein paar von uns blieben untröstlich zurück. Wir konnten nicht auf den Fluß kommen – wenigstens erlaubten unsere Eltern es uns nicht.

So lief ich schließlich davon. Ich sagte mir, ich wolle nicht wieder nach Hause zurückkehren, bis ich Lotse geworden sei und in vollem Glanze erscheinen könne. Irgendwie aber gelang es mir nicht. Ich ging demütig an Bord einiger der Schiffe, die dichtgedrängt wie Sardinen am langen Kai von St. Louis lagen, und fragte bescheiden nach dem Lotsen, aber Maate und Zahlmeister zeigten mir nur die kalte Schulter und gaben mir barsche Antworten. Für den Augenblick mußte ich diese Behandlung hinnehmen, aber ich tröstete mich mit Träumereien von einer Zukunft, in der ich als großer, geehrter Lotse eine Menge Geld haben würde und ein paar von diesen Maaten und Zahlmeistern umbringen und für sie bezahlen könnte.

5. Kapitel

ICH MÖCHTE LOTSENLEHRLING WERDEN

Monate später war die Hoffnung in meinem Innern widerstrebend erstorben, und ich hatte keinen Ehrgeiz mehr. Ich schämte mich jedoch, nach Hause zurückzukehren. Ich befand mich in Cincinnati und machte mich daran, eine neue Laufbahn für mich zu entwerfen. Ich hatte über die Erforschung des Amazonasstroms gelesen, die eine von unserer Regierung ausgesandte Expedition kürzlich unternommen hatte. Es hieß, die Expedition habe infolge von Schwierigkeiten einen im Quellgebiet liegenden Landesteil, etwa viertausend Meilen von der Mündung des Stroms entfernt, nicht gründlich erforscht. Von Cincinnati bis New Orleans waren es nur ungefähr fünfzehnhundert Meilen, und dort konnte ich zweifellos ein Schiff bekommen. Ich hatte noch dreißig Dollar übrig; ich wollte hinfahren und die Erforschung des Amazonas vollenden. Mehr dachte ich nicht über die Sache nach. Detailfragen sind nie meine besondere Stärke gewesen. Ich packte meinen Koffer und schiffte mich auf einem alten Kasten namens „Paul Jones“ nach New Orleans ein. Für die Summe von sechzehn Dollar hatte ich die zerkratzte und erblindete Pracht seiner großen Kajüte ganz für mich allein zur Verfügung, denn die „Paul Jones“ war kein Objekt, das den Blick klügerer Reisender auf sich gelenkt hätte.

Als die Fahrt schon bald begann und wir uns den breiten Ohio flußabwärts tasteten, wurde ich ein anderer Mensch und Gegenstand meiner eigenen Bewunderung. Ich war Reisender! Noch nie hatte ein Wort meiner Zunge so behagt. Mich erfüllte ein Gefühl des Frohlockens, zu geheimnisvollen Ländern und fernen Klimazonen aufgebrochen zu sein, wie ich es seitdem nie wieder so erhebend verspürt habe. Ich war so verklärt, daß mich alle unedlen Empfindungen verließen und ich mich imstande fühlte, voller Mitleid und fast ohne eine Spur von Verachtung auf die Nichtgereisten hinabzusehen und sie zu bedauern. Wenn wir bei Ortschaften und Holzplätzen anlegten, konnte ich es mir aber trotz alledem nicht versagen, mich lässig auf die Reling des Boilerdecks zu lehnen, um den Neid der Bauernjungen am Ufer zu genießen. Schienen sie mich nicht zu entdecken, dann nieste ich unvermittelt, um ihre Aufmerksamkeit auf mich zu lenken, oder ich ging woandershin, wo sie mich unbedingt sehen mußten. Und sobald ich merkte, daß sie zu mir herüberblickten, gähnte ich und streckte mich und ließ noch durch andere Anzeichen erkennen, wie mich das Reisen langweilte.

Ich trug die ganze Zeit über keinen Hut und hielt mich stets dort auf, wo ich Wind und Sonne ausgesetzt war, denn ich wollte das gebräunte, wetterharte Aussehen eines alten Fahrensmannes annehmen. Noch bevor der zweite Tag halb vergangen war, erlebte ich eine Freude, die mich mit reinster Dankbarkeit erfüllte, als ich sah, daß meine Haut begonnen hatte, Blasen zu bilden und sich im Gesicht und am Hals zu schälen. Ich wünschte, die Jungen und Mädchen zu Hause hätten mich jetzt sehen können.

Wir erreichten schließlich Louisville – zumindest die Umgebung der Stadt. Wir saßen, ohne uns zu rühren, auf den Felsen in der Mitte des Flusses fest und lagen dort vier Tage. Ich bekam langsam das sichere Gefühl, zur Schiffsfamilie zu gehören, als eine Art kleiner Sohn des Kapitäns und jüngerer Bruder der Offiziere. Der Stolz auf diese Würde und die Zuneigung zu diesen Menschen, die in mir zu wachsen und sich zu entfalten begann, waren gar nicht zu ermessen. Ich konnte ja nicht ahnen, wie sehr der hochmütige Dampfschiffer diese Art Anmaßung einer bloßen Landratte verachtet. Besonders sehnte ich mich danach, ein wenig die Aufmerksamkeit des hochgewachsenen, temperamentvollen Ersten Offiziers auf mich zu lenken, und deshalb hielt ich wachsam nach einer Gelegenheit Ausschau, ihm einen Gefallen zu tun. Endlich war sie gekommen: Unten auf dem Vorderdeck erhob sich der lärmende Tumult, der mit dem Setzen einer Spiere verbunden ist, und ich ging hinunter und stand dort im Weg – oder sprang vielmehr meistens aus dem Weg –, bis der Erste endlich einen an die Allgemeinheit gerichteten Befehl brüllte, irgend jemand solle ihm eine Gangspillspake bringen. Ich stürzte an seine Seite und sagte: „Sagen Sie mir, wo sie liegt – ich hole sie!"

Hätte sich ein Lumpensammler dem Kaiser von Rußland für einen diplomatischen Dienst angeboten, dann hätte der Monarch nicht verblüffter sein können als jetzt der Erste Offizier. Er hörte sogar auf zu fluchen. Er stand da und starrte auf mich hinab. Er brauchte glatte zehn Sekunden, um seine zerstreuten Einzelteile wieder zusammenzuklauben. Dann sagte er gewichtig: „Na, das schlägt doch jeden Höllenfurz!" und wandte sich darauf mit der Miene eines Mannes, der sich einem unlösbaren Problem gegenübersieht, seiner Arbeit zu.

Ich schlich mich davon und suchte für den Rest des Tages die Einsamkeit. Ich ging nicht zum Mittagessen, ich blieb dem Abendbrot fern, bis alle gegessen hatten. Ich fühlte mich nun nicht mehr so sehr als Mitglied der Schiffsfamilie wie zuvor. Während unserer Weiterfahrt flußabwärts hob sich meine Stimmung jedoch allmählich wieder. Es tat mir leid, daß ich den Ersten Offizier so haßte, denn es lag nicht in der Natur eines (jungen) Menschen, ihn nicht zu bewundern. Er war riesig und muskulös, sein Gesicht über und über von Schnurr- und Backenbart bewachsen, auf dem rechten Arm hatte er eine rote und eine blaue Frau tätowiert – zu beiden Seiten eines blauen Ankers mit roter Leine, und was das Fluchen betraf, so war er einfach unübertrefflich. Nahm er an einer Landestelle Ladung an Bord, hielt ich mich stets dort auf, wo ich zusehen und zuhören konnte. Er war sich der ganzen Majestät seiner hohen Stellung bewußt und sorgte dafür, daß auch die Welt es empfand. Selbst den einfachsten Befehl schoß er wie einen Blitz ab und ließ ein langes, donnerndes Flüchegepolter nachhallen. Ich konnte mich nicht enthalten, die Art, wie eine durchschnittliche Landratte einen Befehl erteilen würde, mit der des Ersten Offiziers zu vergleichen. Wenn eine Landratte die Laufplanke einen Fuß weiter vorgeschoben haben wollte, sagte sie vermutlich: „James oder William, stoß doch bitte mal einer von euch die Planke da vor." Der Erste Offizier aber brüllte an dieser Stelle: „Los jetzt, vor mit der Laufplanke! Bewegt euch. Was *macht* ihr denn! Mal dalli! *Dalli!* Na also! Na also! Wieder nach achtern! Nach achtern! Seid ihr denn taub? Himmelkreuzdonnersakrament! Wollt ihr dabei einschlafen? Vorsichtig hieven! Vorsichtig hieven, hab ich gesagt. Wollt ihr sie bis zum Heck hieven? Wo willste denn mit dem Faß da hin? Vorwärts damit, bevor ich's dir in den Hals stopfe, du gottverdammte Kreuzung zwischen 'ner müden Sumpfschildkröte und 'ner krüppeligen Leichenwagenmähre!"

Ich wünschte, ich könnte so reden.

Als mein Erlebnis mit dem Steuermann nicht mehr ganz so schmerzte, begann ich schüchtern, mich an den Bescheidensten unter den Dienstgraden auf dem Schiff heranzumachen – den Nachtwachmann. Zuerst wies er meine Annäherungsversuche zurück, aber schließlich wagte ich, ihm eine neue Tonpfeife anzubieten, und da wurde er weich. Er gestattete mir, neben ihm auf dem Hurrikandeck bei der großen Glocke zu sitzen, und mit der Zeit ließ er sich sogar zu Gesprächen erweichen. Er hätte kaum anders können, ich hing ja mit so großer Inbrunst an seinen Lippen und zeigte so deutlich, daß ich mich durch seine Beachtung geehrt fühlte. Er nannte mir die Namen von undeutlich sichtbaren Landzungen und schattenhaften Inseln, an denen wir in der feierlichen Stille der Nacht und unter dem Sternengefunkel vorüberglitten, und allmählich kam er auf sich selbst zu sprechen. Er schien für einen Mann, dessen Heuer sechs Dollar die Woche betrug, allzu gefühlsduselig zu sein – oder hätte vielmehr einem älteren Menschen, als ich es war, so scheinen können. Ich aber sog seine Worte begierig in mich hinein, erfüllt von einem Glauben, der bei vernünftiger Anwendung Berge hätte versetzen können. Was machte es mir schon aus, daß er schmutzig und schäbig war und nach Gin duftete? Was machte es mir aus, daß seine Grammatik schlecht, sein Satzbau noch schlechter und sein Gefluche kunstlos war und seine Gespräche eher abschwächte als bekräftigte? Ich sah einen Menschen, der Unrecht erlitten, der Schweres durchlebt hatte, das genügte mir. Als er sich doch herbeiließ, mir seine beklagenswerte Geschichte zu erzählen, tropften ihm Tränen auf die Laterne in seinem Schoß, und vor Mitleid weinte ich ebenfalls. Er sagte, er sei der Sohn eines englischen Adligen – entweder eines Grafen oder eines Ratsherrn, er konnte sich nicht mehr genau darauf besinnen, glaubte aber, er sei beides gewesen; sein Vater, der Adlige, habe ihn geliebt, aber seiner Mutter sei er von der Wiege an verhaßt gewesen, und so habe man ihn schon als kleinen Knaben in „eins von die uralten Colleges" geschickt – er konnte sich nicht mehr erinnern, in welches –, und nach einiger Zeit sei sein Vater gestorben, und seine Mutter habe das Vermögen an sich gerissen und „ihn sitzengelassen", wie er es ausdrückte. Nachdem seine Mutter ihn hatte sitzenlassen, verschafften ihm einflußreiche Mitglieder des Adels, die er kannte, die Stellung eines Arzthelfers auf einem Schiff, und von diesem Punkt an ließ sich mein Wachmann durch keinerlei Zeit- oder Ortsangaben mehr Fesseln anlegen und verlor sich in eine Erzählung, die in ihrem gesamten Verlauf von unglaublichen Abenteuern strotzte – eine Erzählung, die so nach vergossenem Blut stank und so vollgestopft war mit Rettungen, welche um Haaresbreite gelangen, sowie mit den fesselndsten unbeabsichtigten persönlichen Schuftigkeiten, daß ich sprachlos, genießend, schaudernd, staunend und anbetend dasaß.

Es war ein schlimmer Schlag für mich, als ich hinterher erfuhr, daß er ein gewöhnlicher, gemeiner, unwissender, gefühlsduseliger, halbverblödeter Schwindler war, der aus dem hintersten Illinois stammte und noch nie weit gereist war, kitschige Räuberpistolen verschlungen, sich die Knalleffekte daraus angeeignet und schließlich die zusammenhangslosen Fetzen zu seinem Lügengarn versponnen hatte, das er dann Grünschnäbeln wie mir so lange auftischte, bis er es am Ende selbst glaubte.

6. Kapitel

ERFAHRUNGEN EINES LOTSENLEHRLINGS

Da die arme alte „Paul Jones" vier Tage auf den Felsen bei Louisville festgesessen und auch auf andere Weise noch Zeit verloren hatte, vertrödelte sie etwa zwei Wochen mit der Fahrt von Cincinnati nach New Orleans. So bot sich mir die Gelegenheit, mit einem der Lotsen Bekanntschaft zu schließen; er lehrte mich, das Schiff zu steuern, und ließ den Zauber, den das Leben auf dem Fluß für mich hatte, noch machtvoller werden.

Ich hatte dadurch gleichfalls Gelegenheit, einen jungen Mann, der als Zwischendeckpassagier fuhr, kennenzulernen, und das war schade, denn er borgte sich mühelos sechs Dollar von mir, auf das Versprechen hin, am Tag nach unserer Ankunft aufs Schiff zurückzukommen und mir das Geld wiederzugeben. Vermutlich starb er aber oder vergaß es, denn er kam nicht mehr. Zweifellos traf jenes zu, er hatte nämlich gesagt, seine Eltern seien wohlhabend, und er fahre nur deshalb im Zwischendeck, weil es dort kühler sei.

Ich stellte bald zwei Tatsachen fest. Die eine war, daß in den nächsten zehn oder zwölf Jahren wohl kein Schiff zur Mündung des Amazonas auslaufen würde, und die zweite, daß die neun oder zehn Dollar, die ich noch in der Tasche hatte, für eine so unmögliche Forschungsreise, wie ich sie geplant hatte, nicht ausreichen würden, selbst dann nicht, wenn ich es mir leisten könnte, ein Schiff abzuwarten. Folglich mußte ich mir eine neue Laufbahn ausdenken. Die „Paul Jones" fuhr jetzt nach St. Louis. Ich plante eine Belagerung meines Lotsen, und nach drei schweren Tagen kapitulierte er. Er erklärte sich bereit, mir alles über den Strom Mississippi von New Orleans bis St. Louis beizubringen, gegen fünfhundert Dollar – zahlbar von den ersten Heuern, die ich nach Abschluß meiner Schulung erhalten würde. Mit dem sorglosen Selbstvertrauen meiner Jahre machte ich mich an das unbedeutende Unternehmen, zwölf- bis dreizehnhundert Meilen des großen Mississippi zu „lernen". Hätte ich wirklich gewußt, worauf ich mich einließ, hätte ich nicht den Mut aufgebracht, damit anzufangen. Ich nahm an, ein Lotse habe nichts anderes zu tun, als sein Schiff auf dem Fluß zu halten, und ich glaubte, dies sei kein besonderes Kunststück, da er ja so breit war.

Das Schiff lief um vier Uhr nachmittags über den Achtersteven aus New Orleans aus, und „unsere Wache" dauerte bis acht Uhr. Mr. Bixby, mein Chef, manövrierte es auf einen geraden Kurs, arbeitete sich an den Hecks der anderen Schiffe, die am Ufer lagen, vorbei und sagte dann: „Hier, übernimm mal; streif die Dampfer da so haarscharf, als wolltest du einen Apfel schälen." Ich übernahm das Ruder, und mein Puls schnellte auf hundert, denn mir schien, wir würden im nächsten Moment jedem Schiff in der Reihe die Wand aufreißen, so dicht waren wir dran. Ich hielt den Atem an und drehte von der Gefahr ab zur Flußmitte hin; ich hatte so meine eigene Meinung über diesen Lotsen, dem nichts

Besseres einfiel, als uns in eine so bedrohliche Lage zu bringen, war aber schlau genug, sie für mich zu behalten. In einer halben Minute hatte ich zwischen der „Paul Jones“ und den anderen Schiffen einen breiten Sicherheitsabstand hergestellt, und nach zehn weiteren Sekunden war ich in Ungnade gefallen und beiseite geschoben; Mr. Bixby begab sich wieder in Gefahr und putzte mich wegen meiner Feigheit mit scharfen Scheltworten herunter. Ich war gekränkt, mußte jedoch die mühelose Sicherheit bewundern, mit der mein Chef gelassen von einer Seite des Ruders zur anderen wechselte und so dicht an den Schiffen vorbeifuhr, daß ständig eine Katastrophe bevorzustehen schien. Als sein Ärger sich ein bißchen gelegt hatte, erklärte er mir, das ruhige Fahrwasser verlaufe dicht beim Ufer und die Strömung draußen, und um jenes auszunutzen, müßten wir uns flußaufwärts nahe beim Land halten, flußabwärts dagegen hinaus zur Mitte steuern, damit uns die Strömung zugute komme. Insgeheim beschloß ich, ein flußabwärts fahrender Lotse zu werden und das Stromaufwärtssteuern Leuten zu überlassen, denen jeder Sinn für Vorsicht abging.

Hin und wieder lenkte Mr. Bixby meine Aufmerksamkeit auf bestimmte Dinge. So sagte er: „Das hier ist die Sechsmeilen-Landzunge.“ Ich hatte nichts dagegen einzuwenden. Es war eine recht angenehme Information, aber ich sah nicht ein, wofür sie gut sein sollte. Mir wurde nicht bewußt, daß sie für mich von irgendwelchem Interesse war. Ein andermal sagte er: „Das hier ist die Neunmeilen-Landzunge.“ Danach erklärte er: „Das hier ist die Zwölfmeilen-Landzunge.“ Alle waren etwa ebenso hoch wie das Ufer und sahen, wie mir schien, eine wie die andere aus, langweilig und reizlos. Ich hoffte, Mr. Bixby werde das Thema wechseln – aber nein, der drängte sich liebevoll dicht am Ufer entlang um eine Landspitze herum und sagte dann: „Hier querab von dieser Gruppe von Chinabäumen endet das Stillwasser; jetzt kreuzen wir zur anderen Seite hinüber.“ Er kreuzte also hinüber. Ein-, zweimal übergab er mir das Ruder, aber ich hatte kein Glück. Entweder stieß ich beinah den Rand einer Zuckerrohrplantage ab, oder ich gierte zu weit vom Ufer fort, fiel deshalb wieder in Ungnade und wurde von neuem beschimpft.

Endlich war unsere Wache zu Ende; wir aßen zu Abend und gingen schlafen. Um Mitternacht schien mir das grelle Licht einer Laterne in die Augen, und der Nachtwachmann sagte: „Los, aufstehen.“

Dann ging er fort. Ich konnte mir dieses seltsame Benehmen nicht erklären, deshalb versuchte ich es auch gar nicht lange und schlief wieder ein. Es dauerte nur kurze Zeit, bis der Wachmann von neuem da war, und diesmal zeigte er sich barsch. Ich war ärgerlich und sagte: „Was belästigen Sie einen denn hier mitten in der Nacht? Jetzt kann ich wahrscheinlich nicht wieder einschlafen.“

Der Wachmann sagte: „Na, wenn das kein Witz ist, soll mich doch gleich der und jener holen!“

Die Freiwache kam gerade herein, und ich hörte ihr brutales Gelächter und ihre Bemerkungen, wie: „Hallo, Wachmann! Ist der neue Lehrling noch nicht auf? Ist vermutlich zart besaitet. Gib ihm ’n bißchen Zucker in ’nem Lappen zu lutschen und ruf das Zimmermädchen, sie soll ihm ’n Wiegenlied singen.“

Nun erschien auch Mr. Bixby auf dem Schauplatz. Etwa eine Minute später kletterte ich die Stufen zum Steuerhaus hinauf, halb angezogen und den Rest meiner Sachen über dem Arm. Mr. Bixby hielt sich dicht hinter mir und ließ seinen Kommentar dazu hören. Dies war etwas Neues – so mitten in der Nacht aufzustehen und an die Arbeit zu gehen, ein Detail der Lotsentätigkeit, das ich nicht bedacht hatte. Ich wußte wohl, daß die Dampfer die ganze Nacht über fuhren, hatte aber nicht überlegt, daß zu diesem Zweck jemand aus einem warmen Bett aufstehen mußte. Ich fing an zu befürchten, die Lotsentätigkeit sei nicht ganz so romantisch, wie ich sie mir vorgestellt hatte – diese neue Phase hatte etwas recht Wirkliches und sah sehr nach Arbeit aus.

Die Nacht war ziemlich dunkel, obwohl eine Menge Sterne leuchteten. Der lange Erste Offizier stand am Ruder; er hielt mit dem alten Kahn auf einen Stern zu und fuhr genau in der Mitte des Stroms flußaufwärts. Die Ufer zu beiden Seiten lagen kaum mehr als eine halbe Meile voneinander entfernt, aber sie schienen erstaunlich weit weg und ganz verschwommen und unbestimmt. Der Erste sagte: „Wir müssen an Jones’ Plantage anlegen, Sir.“

Der Rachegeist in mir frohlockte. Ich dachte: Ich wünsche Ihnen viel Freude bei Ihrer Arbeit, Mr. Bixby; Sie werden Ihren Spaß haben bei dem Versuch, Mr. Jones’ Plantage in so einer Nacht zu finden, und ich hoffe, Sie werden sie Ihr Lebtag nicht finden. Mr. Bixby fragte den Ersten Offizier: „Oben oder unten an der Plantage?“

„Oben.“

„Geht nicht. Beim jetzigen Wasserstand ragen die Snags heraus. Bis zum unteren Ende ist es nicht sehr weit, und damit müssen Sie zufrieden sein.“

„In Ordnung, Sir. Wenn's Jones nicht paßt, muß er's eben bleibenlassen, denke ich."

Und dann ging der Erste Offizier fort. Mein Jubel ließ nach, und ich begann zu staunen.

Hier also war ein Mann, der sich nicht nur zutraute, in solch einer Nacht diese Plantage zu finden, sondern sogar eine beliebige Ecke von ihr. Ich brannte darauf, eine Frage zu stellen, war aber schon mit einer solchen Fracht von kurzen Antworten eingedeckt, wie mein Laderaum fassen konnte, und so hielt ich den Mund. Was ich Mr. Bixby hatte fragen wollen, war lediglich, ob er so töricht sei, sich tatsächlich einzubilden, er werde diese Pflanzung in einer Nacht finden, in der eine Plantage wie die andere aussah und alle dieselbe Farbe hatten. Aber ich hielt an mich. Ich hatte damals recht erfreuliche Eingebungen von Vorsicht.

Mr. Bixby steuerte aufs Ufer zu und fuhr bald genau so haarscharf an ihm entlang, als wäre es hellichter Tag. Und nicht nur das, er sang noch dabei:

„Vater im Himmel,
der Tag geht zur Neige ..."

und so fort.

Mir schien, ich hätte mein Leben den Händen eines besonders waghalsigen Frevlers anvertraut. Gleich darauf wandte er sich zu mir um und fragte: „Wie heißt die erste Landzunge oberhalb von New Orleans?"

Ich war froh, auf Anhieb antworten zu können, und tat es. Ich sagte, das wüßte ich nicht.

„Das *weißt* du nicht?"

Dieser Ton rüttelte mich auf. Einen Augenblick später war ich aber wieder unten. Ich konnte nur wiederholen, was ich schon gesagt hatte.

„Na, du bist vielleicht ein Schlaukopf!" erklärte Mr. Bixby. „Wie heißt denn die *nächste* Landzunge?"

Ich wußte es wieder nicht.

„Na, das ist ja die Höhe. Sag mir den Namen von *irgendeiner* Landzunge oder einer Stelle, die ich dir genannt habe."

Ich überlegte eine Weile und stellte fest, daß ich es nicht konnte.

„Hör mal, wo fängst du denn nach der Zwölfmeilen-Landzunge an hinüberzukreuzen?"

„Ich – ich weiß nicht."

„Du – du weißt nicht?“ äffte er mein Zögern nach. „Was weißt du denn *überhaupt*?“

„Ich – ich – bestimmt nichts.“

„Beim Geist des großen Cäsar – das glaube ich dir. Du bist der dämlichste Schafskopf, der mir je vor Augen gekommen ist und von dem ich je gehört habe – grundgütiger Moses! Der Gedanke, *du* könntest einmal Lotse sein, *du*! Du weißt ja nicht mal genug, um 'ne Kuh einen Pfad hinunterzulotsen!“

Oh, wie hatte ihn der Zorn gepackt! Er war ordentlich nervös und trat von einer Seite des Ruders an die andere, als wäre der Fußboden heiß. Eine Weile kochte er vor sich hin, dann lief er wieder über und fiel von neuem brühheiß über mich her.

„Hör mal! Wozu, glaubst du, habe ich dir wohl die Namen von all den Landzungen genannt?“

Zitternd überlegte ich eine Weile, und dann ritt mich der Teufel, und ich sagte: „Na, zur – zur Unterhaltung, dachte ich.“

Dies wirkte wie das rote Tuch auf den Stier. Er tobte und raste derartig (er war gerade im Begriff, über den Strom zu kreuzen), daß ich dachte, es mache ihn blind, denn er fuhr über das Steuerruder einer Handelsschute. Naturlich feuerten die Händler eine Salve von saftigen Flüchen zu uns hinauf. Noch nie war jemand so dankbar dafür wie Mr. Bixby, denn er platzte beinahe, und hier hatte er Subjekte, die ihm *widersprechen durften.* Er riß ein Fenster auf, steckte den Kopf hinaus, und dann erfolgte ein Ausbruch, wie ich noch keinen gehört hatte. Je leiser und entfernter das Gefluche der Leute von der Schute klang, um so lauter wurde Mr. Bixbys Stimme und um so wuchtiger wurden seine Adjektive. Als er das Fenster schloß, war er ausgeleert. Hätte jemand ein Schleppnetz durch ihn gezogen, dann hätte er nicht einmal genügend Flüche gefischt, um seine Mutter zu beunruhigen. Nach einer Weile sagte Mr. Bixby im sanftesten Ton zu mir: „Du mußt dir ein kleines Merkheft zulegen, Junge, und jedesmal, wenn ich dir etwas sage, schreibst du's gleich auf. Man kann nur auf eine Art Lotse werden – nämlich indem man den ganzen Fluß auswendig lernt. Du mußt ihn beherrschen wie das ABC.“

Dies war eine betrübliche Eröffnung, denn mein Gedächtnis war noch nie mit etwas anderem geladen gewesen als mit Platzpatronen. Ich fühlte mich aber nicht lange entmutigt. Ich hielt es für das beste, ein paar Zugeständnisse zu machen, denn gewiß trug Mr. Bixby dick auf. Kurz darauf zog er an einer Leine und ließ ein paar Schläge der großen Glocke ertönen. Alle Sterne waren jetzt verschwunden, und die Nacht war tintenschwarz. Ich konnte die Schaufelräder dicht am Ufer entlangstampfen hören, war aber nicht ganz sicher, ob ich das Ufer auch sah. Die Stimme des unsichtbaren Wachmanns erklang vom Hurrikandeck.

„Wo sind wir, Sir?“

„Bei Jones’ Plantage.“

Ich dachte bei mir: Ich würde gern eine kleine Wette abschließen, daß wir nicht dort sind. Aber ich gab keinen Mucks von mir und wartete nur ab.

Mr. Bixby ließ die Glocken zum Maschinenraum ertönen, und nach der entsprechenden Zeit berührte der Schiffsbug das Ufer; auf dem Vorderdeck leuchtete eine Fackel auf, ein Mann sprang an Land, am Ufer sagte die Stimme eines Schwarzen: „Gehmse mir die Reisetasche, Massa Jones“, und im nächsten Augenblick hielten wir wieder in aller Ruhe flußaufwärts. Ich dachte eine Weile gründlich nach und sagte dann – aber nicht laut: „Na, daß wir diese Plantage gefunden haben, war ein äußerst glücklicher Zufall – so was kommt aber alle hundert Jahre nur einmal vor.“ Und ich glaubte fest, daß es tatsächlich Zufall gewesen war.

Nachdem wir sieben- oder achthundert Meilen weit stromaufwärts gefahren waren, hatte ich gelernt, bei Tageslicht stromaufwärts ein einigermaßen beherzter Rudergänger zu sein, und bevor wir nach St. Louis kamen, hatte ich auch ein paar Fortschritte in der Nachtarbeit gemacht, freilich bloß ein paar. Ich besaß ein Notizbuch, das nur so gespickt war mit den Namen von Städten, Landzungen, Sandbänken, Inseln, Biegungen, geraden Strecken und dergleichen; diese Informationen standen jedoch nur im Notizbuch – keineswegs in meinem Kopf. Mir wurde schwer ums Herz, wenn ich daran dachte, daß ich erst den halben Flußverlauf aufgeschrieben hatte, denn da wir Tag und Nacht abwechselnd vier Stunden Freizeit hatten, gab es seit Beginn der Fahrt jedesmal, wenn ich geschlafen hatte, eine lange, vierstündige Lücke in meinem Notizbuch.

Mein Chef musterte bald danach auf einem großen Dampfer nach New Orleans an, und ich packte meine Reisetasche und ging mit ihm. Das Schiff war große Klasse. Wenn ich im Steuerhaus stand, befand ich mich so hoch über dem Wasser, daß ich mir wie auf einem Berg vorkam, und unter mir erstreckten sich die Decks so weit nach vorn und nach achtern, daß ich mich fragte, wie ich die kleine „Paul Jones“ jemals für ein großes Fahrzeug hatte halten können. Es gab auch noch andere Unterschiede. Das Steuerhaus der „Paul Jones“ war eine billige, schäbige, abgenutzte Rattenfalle mit viel zu wenig Platz; hier aber war es ein prächtiger gläserner Tempel, groß genug, um darin zu tanzen, mit prunkvollen Vorhängen in Rot und Gold vor den Fenstern, einem imposanten Sofa, einer hohen Bank mit Lederpolster und Rükkenlehne, auf der die als Besucher mitfahrenden Lotsen sitzen, ihr Garn spinnen und „sich den Fluß ansehen“, mit glänzenden, vornehmen Spucknäpfen anstelle der breiten, mit Sägespänen gefüllten Holzkiste, schönem neuem Linoleum auf dem Fußboden, einem gastfreundlichen großen Ofen für den Winter, einem Steuerruder, das bis zu meinem Kopf reichte und mit kostbaren Einlegearbeiten verziert war, einer Steuerleine aus Draht, blanken Messingknäufen für die Glocken, mit einem adretten, schwarzen „Texassteward“, der eine weiße Schürze trug und, wenn die Hälfte der Wache um war, Tag und Nacht Torte, Eis und Kaffee heraufbrachte. Ja, das war „eine Wucht“, und so faßte ich wieder Mut zu glauben, Lotse sei am Ende doch eine romantische Beschäftigung. Sobald wir abgelegt hatten, begann ich auf dem großen Dampfer umherzustreifen und mein Herz zu erfreuen. Er war so sauber und schmuck wie ein Empfangssalon; als ich den langen, mit Gold verzierten Barraum hinunterblickte, kam es mir vor, als schaute ich durch einen prunkvollen Tunnel – an der Tür jeder Schlafkajüte war ein von einem begabten Schildermaler geschaffenes Ölbild, es glitzerte von zahllosen Kristallüstern, die Kajüte des Zahlmeisters war elegant, die Bar einfach wundervoll und der Barmann mit unglaublichen Kosten barbiert und ausstaffiert worden. Das Boilerdeck (sozusagen das zweite Stockwerk des Schiffes) kam mir so geräumig wie eine Kirche vor, ebenso auch das Vorderdeck, und dort unten in der Back befanden sich nicht nur eine klägliche Handvoll Leichtmatrosen, Heizer und Schiffsarbeiter, sondern ein ganzes Bataillon von Leuten. Die Feuer loderten wütend in einer langen Reihe von Öfen, und darüber standen acht riesige Kessel! Eine unaussprechliche Pracht. Die mächtigen Maschinen – aber genug davon. Ich hatte mich noch nie zuvor so großartig gefühlt. Und als ich feststellte, daß mich das Regiment der wie geleckt aussehenden Bediensteten respektvoll mit „Sir“ anredete, war meine Befriedigung vollkommen.

7. Kapitel

EINE KÜHNE TAT

Als ich ins Steuerhaus zurückkam, lag St. Louis schon hinter uns, und ich kannte mich nicht mehr aus. Über diese Stromstrecke hatte ich alles in meinem Buch notiert, aber ich wurde nicht klug daraus – jetzt war nämlich alles umgekehrt. Ich hatte sie gesehen, als wir stromaufwärts fuhren, mich aber nie umgewandt, um festzustellen, wie sie aussah, wenn sie hinter mir lag. Das Herz wurde mir wieder schwer, denn offensichtlich mußte ich diesen lästigen Fluß in *beiden Richtungen* auswendig lernen.

Das Steuerhaus war voller Lotsen, die stromabwärts fuhren, um „sich den Fluß anzusehen". Der sogenannte „obere Fluß" (die zweihundert Meilen zwischen St. Louis und Cairo, wo der Ohio einmündet) führte Niedrigwasser, und da der Mississippi ständig seine Fahrrinne verändert, hielten die Lotsen es stets für notwendig, nach Cairo hinunterzufahren, um sich ein neues Bild von ihm zu machen, während ihre Schiffe bei niedrigem Pegelstand eine Woche lang im Hafen liegen mußten. Ein Teil der Lotsen, die sich so „den Fluß ansahen", waren arme Teufel, die selten angeheuert wurden, und deren einzige Hoffnung, es zu werden, darin bestand, sich stets auf dem laufenden und jederzeit bereit zu halten, um einen der angesehenen Lotsen für eine einzige Fahrt zu vertreten, wenn dieser plötzlich erkrankte oder sonst eine Notlage eintrat. Und recht viele von ihnen fuhren immerfort stromauf- und stromabwärts, den Fluß zu begutachten, nicht, weil sie wirklich hofften anzumustern, sondern weil es billiger kam (denn sie waren ja zu Gast auf dem Schiff), als an Land zu bleiben und ihren Unterhalt zu bezahlen. Mit der Zeit entwickelten diese Burschen einen wählerischen Geschmack und suchten nur Dampfer heim, die im Ruf einer guten Küche standen. Alle diese Lotsen machten sich nützlich, denn sie waren stets bereit – im Winter wie im Sommer, in der Nacht wie am Tage –, mit dem Ewer hinauszufahren und bei der Markierung der Fahrrinne durch Bojen zu helfen oder den Lotsen des Schiffs anderweitig zur Hand zu gehen, wo sie konnten. Sie waren auch deshalb willkommen, weil alle Lotsen unermüdlich reden, wenn sie zusammensitzen, und da der Strom ihr einziger Gesprächsstoff ist, finden sie immer Verständnis und Interesse. Den echten Lotsen kümmert nichts in der Welt als der Fluß, und auf seinen Beruf ist er stolzer als ein König.

Wir führten auf dieser Fahrt eine ganze Kompagnie von solchen Flußbegutachtern mit uns. Es waren acht oder zehn, und sie fanden genügend Platz in unserem großen Steuerhaus. Ein paar von ihnen trugen auf Hochglanz gebürstete Seidenzylinder, kunstvoll gearbeitete Hemdbrüste, Brillantkrawattennadeln, Glacéhandschuhe und Lackstiefel. Sie sprachen ein gewähltes Englisch und gaben sich mit einer Würde, wie sie sich für Männer mit gediegenem Einkommen und einem hervorragenden Ruf als Lotsen geziemte. Die übrigen waren mehr oder weniger lässig gekleidet, und auf dem Kopf trugen sie hohe, kegelförmige Filzhüte, die an die Tage des Commonwealth erinnerten.

Ich war eine Null in dieser erlauchten Gesellschaft und fühlte mich überwältigt, um nicht zu sagen betäubt. Ich war nicht einmal wichtig genug, um beim Steuern zu helfen, wenn die Ruderpinne plötzlich scharf herumgeholt werden mußte; das besorgte der am nächsten stehende Gast, wenn es nötig wurde – und das geschah fast pausenlos, weil die Fahrrinne so gewunden und das Wasser so niedrig war. Ich stand in einer Ecke, und die Gespräche, denen ich zuhörte, nahmen mir alle Hoffnung. Einer der Besucher sagte zu einem anderen: „Jim, wie bist du denn stromaufwärts um Plum Point herumgekommen?"

„Das war nachts, und ich fuhr so, wie es mir einer von der ‚Diana' gesagt hatte: ich hielt etwa fünfzig Yard oberhalb des Holzstoßes auf der falschen Landzunge zur Strommitte hin und nahm dann Kurs auf die Hütte unterhalb von Plum Point, bis ich zum Riff kam – eindreiviertel Faden –, dann steuerte ich gerade auf die mittlere Barre zu, bis ich in der Biegung genau bis zu der alten Baumwollpappel mit dem einen Ast gelangt war, dann richtete ich mein Heck auf den Baum aus, hielt mit dem Bug auf die flache Stelle oberhalb der Landzunge zu und kam in voller Fahrt durch – neuneinhalb."

„Ziemlich rechtwinklig gekreuzt, nicht wahr?"

„Ja, aber die obere Barre verlagert sich rasch."

Ein anderer Lotse äußerte sich dazu und sagte: „Ich hatte einen besseren Pegelstand und kreuzte weiter unten; fing bei der falschen Landzunge an – zwei Faden Wassertiefe –, kam zur zweiten Sandbank bei dem großen Snag in der Biegung und hatte eindreiviertel Faden."

Einer der Glanzvollen machte die Bemerkung: „Ich will ja nichts gegen deine Lotgasten sagen, aber mir scheint, für Plum Point ist das eine Menge Wasser."

Dieser leise Verweis für den Prahlhans rief ringsum zustimmendes Nicken hervor und „duckte" ihn. Und so redeten und redeten und redeten sie immer weiter. Mir aber ging unterdessen durch den Kopf: Wenn meine Ohren mich nicht täuschen, muß ich nicht nur alle Städte und Inseln und Biegungen und so fort auswendig lernen, sondern sogar enge persönliche Bekanntschaft mit jedem alten Snag, jeder einästigen Baumwollpappel und jedem unbedeutenden Holzstoß schließen, der diesen Strom auf zwölfhundert Meilen Länge ziert, und darüber hinaus muß ich auch noch im Dunkeln wissen, wo sich alle diese Dinge befinden, es sei denn, die Gäste hier haben Augen, die die schwärzeste Nacht zwei Meilen weit durchdringen können. Ich wünschte, diese Lotserei wäre da, wo der Pfeffer wächst, und mir nie in den Kopf gekommen.

Als die Dämmerung hereinbrach, läutete Mr. Bixby dreimal die große Glocke (das Signal zum Landen); der Kapitän erschien vor seiner Kajüte am vorderen Ende des Texasdecks und blickte fragend herauf. Mr. Bixby sagte: „Wir bleiben die ganze Nacht hier liegen, Kapitän."

„In Ordnung, Sir."

Das war alles. Das Schiff legte an und wurde für die Nacht vertäut. Ich fand es großartig, daß der Lotse tun konnte, was er wollte, ohne einen so erhabenen Kapitän um Erlaubnis zu fragen. Ich aß zu Abend und ging sofort ins Bett, entmutigt durch die Beobachtungen und Erfahrungen des Tages. Die Eintragungen in meinem Notizbuch von der letzten Reise bestanden nur aus einem Wirrwarr bedeutungsloser Namen. Jedesmal wenn ich am Tage hineingesehen hatte, war ich völlig durcheinandergeraten. Jetzt hoffte ich, im Schlaf Ruhe vor ihnen zu finden, aber nein, sie schwirrten mir wieder durch den Kopf, bis die Sonne aufging – ein wirbelnder unaufhörlicher Alptraum.

Am nächsten Morgen fühlte ich mich ziemlich zerschlagen und bedrückt. Wir fuhren flott dahin und gingen dabei allerlei Risiken ein, denn wir wollten gern „aus dem Fluß rauskommen" (was bedeutete, nach Cairo zu gelangen), bevor uns die Nacht einholte. Aber Mr. Bixbys Partner, der andere Lotse, ließ das Schiff schon bald auf Grund laufen, und wir verloren so viel Zeit, es wieder flott zu machen, daß uns die Dunkelheit ganz offensichtlich weit oberhalb der Mündung überraschen würde. Dies war großes Pech, besonders für einige der mitfahrenden Lotsen, deren Schiffe auf ihre Rückkehr warten mußten, wie lange das auch dauern mochte. Es ernüchterte die Gespräche im Steuerhaus beträchtlich. Stromaufwärts kümmerte die Lotsen kein niedriger Wasserstand oder noch so große Dunkelheit – nichts hielt sie auf außer Nebel. Stromabwärts aber sah das anders aus, ein Dampfer war fast hilflos, wenn ihn achtern eine starke Strömung schob, und deshalb fuhr man bei niedrigem Pegelstand nachts nicht stromabwärts.

Eine kleine Hoffnung schien jedoch zu bestehen: Wenn wir die schwierige, gefährliche Stelle bei Hat Island, wo gekreuzt werden mußte, vor Einbruch der Nacht bewältigen konnten, durften wir das übrige wagen, denn dann hätten wir freiere Fahrt und günstigeres Fahrwasser. Zu versuchen, nachts an Hat Island vorbeizukommen, wäre jedoch Wahnsinn gewesen. So wurde den restlichen Teil des Tages viel auf die Uhr geschaut und immerfort berechnet, wieviel Fahrt wir machten; die Gespräche drehten sich um nichts anderes als um Hat Island; manchmal lebte Hoffnung auf, manchmal, wenn schwieriges Kreuzen unsere Fahrt verzögerte, sank sie wieder. Stundenlang lastete diese unterdrückte Erregung auf der ganzen Mannschaft; sogar mir teilte sie sich mit, und ich begann mich so um Hat Island zu sorgen und einen so furchtbaren Druck der Verantwortung zu spüren, daß ich wünschte, ich könnte fünf Minuten an Land gehen, so richtig tief und befreiend Atem holen und dann wieder von neuem anfangen. Wir hielten uns nicht an die regulären Wachen. Jeder unserer beiden Lotsen fuhr auf den Flußstrecken, auf denen er auch stromaufwärts gefahren war, weil sie ihm vertraut waren, beide aber blieben ständig im Steuerhaus.

Eine Stunde vor Sonnenuntergang übernahm Mr. Bixby das Ruder, und Mr. W. trat beiseite. Die nächsten dreißig Minuten lang behielt jeder Mann seine Taschenuhr in der Hand, und alle waren kribbelig, schweigsam und beunruhigt. Schließlich sagte jemand mit einem Seufzer der Entsagung: „Tja, da drüben liegt Hat Island – und wir schaffen es nicht."

Alle Uhren schnappten zu, alle seufzten und murmelten etwas wie: „Jammerschade – ach, bloß eine halbe Stunde hätten wir eher hier sein müssen!" und Enttäuschung stand im Raum. Einige wollten hinausgehen, zögerten aber noch, da sie kein Glokkenzeichen hörten, das eine Landung ankündigte. Die Sonne tauchte hinter den Horizont, das Schiff fuhr weiter. Die Gäste warfen einander fragende Blicke zu, und einer, dessen Hand auf dem Türknauf lag und ihn schon gedreht hatte, wartete, nahm sie dann wieder herunter und ließ den Knauf zurückschnappen. Wir fuhren unentwegt die Biegung hinunter. Wieder wurden Blicke getauscht, überraschtes, bewunderndes Nicken – aber kein Wort fiel. Unwillkürlich drängten sich die Männer hinter Mr. Bixby zusammen, während der Himmel dunkler wurde und ein paar matte Sterne erschienen. Die Totenstille und das Bewußtsein des Wartens wurden bedrückend. Mr. Bixby zog die Leine, und zwei tiefe, klangvolle Töne der großen Glocke schwangen in die Nacht hinaus. Dann erfolgte eine Pause, und wieder ertönte ein Glockenschlag. Nun ließ sich vom Hurrikandeck die Stimme des Wachmanns hören: „Klar zum Loten an Backbord! Klar zum Loten an Steuerbord!"

Von weither kamen nun die Rufe der Lotgasten, und die rauhen Stimmen der Melder auf dem Hurrikandeck wiederholten sie: „Drei Faaden! Drei Faaaden! Zweidreiviertel! Zwei Faaaden! Eindreiviertel . . ."

Mr. Bixby zog an zwei Glockensträngen; tief unten im Maschinenraum antwortete ihm ein leises Läuten, und unsere Geschwindigkeit verminderte sich. Der Dampf begann durch die Ventile des Druckmessers zu pfeifen. Die Rufe der Lotgasten dauerten an, – und nachts klingt das immer geisterhaft. Sämtliche Lotsen sahen jetzt zu, ohne den Blick von Mr. Bixby zu wenden, und flüsterten. Niemand außer Mr. Bixby war ruhig und entspannt. Er drehte sein Ruder herunter und stellte sich auf eine Speiche; und während der Dampfer in seine (für mich) völlig unsichtbaren Markierungszeichen schwenkte – denn es war, als befänden wir uns mitten auf einem weiten dunklen Meer –, brachte er das Ruder in Richtung und hielt gegen. Aus dem Gemurmel der nur halb verständlichen Gespräche ließ sich hin und wieder ein zusammenhängender Satz heraushören.

„Da – über die erste Barre sind wir rüber!"

Nach einer Pause eine andere gedämpfte Stimme.

„Das Heck kommt *genau* richtig – Donnerwetter noch mal!"

„Jetzt sind wir in den Markierungszeichen – und rüber!"

Ein anderer sagte leise vor sich hin: „Junge, Junge – erstklassig gemacht, *erstklassig*!"

Jetzt wurden die Maschinen gänzlich gestoppt, und wir trieben mit der Strömung. Nicht, daß ich das Schiff hätte treiben sehen, das konnte ich nicht – denn die Sterne waren inzwischen alle verschwunden. Dieses Treiben war eine elende Sache – das Herz stand einem dabei still. Kurz darauf entdeckte ich etwas noch Schwärzeres als die Dunkelheit, die uns umgab. Es war die Spitze der Insel. Wir bewegten uns direkt auf sie zu. Wir gelangten in ihren dunkleren Schatten, und so unmittelbar schien die Gefahr, daß ich fast erstickte; ich empfand das starke Bedürfnis, etwas zu unternehmen – irgend etwas, um das Schiff zu retten. Aber Mr. Bixby stand noch immer an seinem Ruder, schweigend, so voll gespannter Aufmerksamkeit wie eine Katze, und hinter ihm standen Schulter an Schulter alle Lotsen.

„Wir schaffen's nicht", flüsterte jemand.

Das Wasser wurde seichter und seichter, nach den Rufen des Lotgasts zu urteilen; schließlich waren es nur noch: „Achteinhalb! A-aach-t Fuß! Aaacht Fuß! Siebenein ..."

Mr. Bixby sagte durch das Sprachrohr warnend zum Maschinisten: „Bereithalten jetzt!"

„Ay, ay, Sir!"

„Siebeneinhalb! Sieben Fuß! *Sechs*ein ..."

Wir streiften den Grund! Sofort brachte Mr. Bixby eine Menge Glocken zum Läuten, rief durch das Rohr: „*Jetzt* voraus – mit voller Kraft, gib ihm!" Und zu seinem Partner: „Runter damit! Pack zu, pack zu!" Das Schiff schrammte und mahlte seinen Weg durch den Sand, hing einen einzigen schrecklichen Augenblick lang auf dem Scheitelpunkt der Katastrophe und glitt dann darüber hinweg! Und ein solches Gebrüll, wie es jetzt hinter Mr. Bixbys Rücken aufstieg, hatte noch nie fast das Dach eines Steuerhauses in die Höhe gehoben.

Danach gab es keine Schwierigkeiten mehr. Mr. Bixby wurde in dieser Nacht zum Helden, und es dauerte sogar eine ganze Weile, bis die Leute vom Fluß aufhörten, von seiner Tat zu sprechen.

Um richtig zu beurteilen, welch wunderbare Präzisionsarbeit notwendig war, um den großen Dampfer auf dieser dunklen Wasserwüste in seine Markierungszeichen zu führen, muß man wissen, daß er seinen komplizierten Weg zwischen Snags und nicht erkennbaren Sandbänken hindurch und danach so hart an der Inselspitze vorbeizufinden hatte, daß sein Heck das überhängende Laub streifte, und darüber hinaus an einer Stelle auch fast in Armeslänge an einem gesunkenen und unsichtbaren Schiffswrack vorüberfahren mußte, das ihm, wenn er es rammte, die Rumpfspanten aufgerissen und innerhalb von fünf Minuten einen Dampfer samt Ladung im Wert von einer Viertelmillion Dollar vernichtet hätte und dazu vielleicht auch noch hundertfünfzig Menschenleben.

Die letzte Bemerkung, die ich in jener Nacht hörte, war ein Kompliment für Mr. Bixby, das einer unserer Gäste im Selbstgespräch voller Inbrunst äußerte. Er sagte: „Der Schlag soll mich treffen – wenn das nicht ein Blitzkerl von einem Lotsen ist!"

8. Kapitel

VERWIRRENDE BELEHRUNGEN

Nach einer Zeit, die mir ermüdend lang vorkam, hatte ich es geschafft, meinen Kopf mit Inseln, Städten, Sandbarren, Landzungen und Biegungen vollzustopfen, und was für eine erstaunlich leblose Menge Ballast bildeten sie doch. Da ich aber die Augen schließen und eine schöne lange Kette herunterrasseln konnte, ohne mehr als zehn Meilen des Flusses von jeweils fünfzig auszulassen, begann ich mir einzubilden, ich wäre in der Lage, ein Schiff nach New Orleans hinunterzuführen, wenn ich es dazu bewegen könnte, diese kleinen Lücken auszulassen. Aber kaum hatte meine Selbstgefälligkeit sich genügend entfaltet, und ich begann meine Nase ein kleines bißchen in die Luft zu heben, da dachte sich Mr. Bixby schon etwas aus, sie wieder hinunterzustoßen. Eines Tages drehte er sich plötzlich zu mir um und erledigte mich mit folgender Frage: „Welche Form hat die Walnut Bend?"

Ebensogut hätte er mich fragen können, wie meine Großmutter über das Protoplasma denkt. Ich überlegte respektvoll und erklärte dann, meines Wissens habe sie keine besondere Form. Mein wie mit Schießpulver geladener Chef ging natürlich mit einem Knall in die Luft, und dann lud er wieder und feuerte weiter, bis ihm die Adjektive ausgingen.

Ich hatte schon lange die Erfahrung gemacht, daß er immer nur eine bestimmte Menge Munition mit sich führte, und sobald er die verschossen hatte, stets nur noch eine versöhnliche und sogar reuige alte Schrotbüchse war. Das Wort „alt" ist nur als Kosewort gemeint – er war erst vierunddreißig. Ich wartete ab. Nach einiger Zeit sagte er: „Junge, du mußt die *Form* des Flusses vollständig beherrschen. Sie ist das einzige, wonach du dich in einer stockfinsteren Nacht beim Steuern richten kannst. Alles andere ist dann ausgelöscht. Aber paß auf – nachts hat sie nicht dieselbe Form wie am Tag."

„Wie in aller Welt soll ich's dann jemals lernen?"

„Warum findest du dich denn zu Hause im Dunkeln auf dem Flur zurecht? Weil du seine Form kennst. Sehen kannst du ihn nicht."

„Wollen Sie damit sagen, daß ich all die Millionen belanglosen Unterschiede in der Form der Ufer dieses endlosen Flusses ebensogut kennen muß wie die Form des Flurs zu Hause?"

„Mein Ehrenwort – du mußt sie *besser* kennen, als je ein Mensch die Form der Flure in seinem eigenen Haus gekannt hat."

„Ach, wenn ich doch schon gestorben wär!"

„Na, ich will dich nicht entmutigen, aber . . ."

„Also gut, laden Sie mir nur den ganzen Packen auf. Es ist ja gleich, ob jetzt oder ein andermal."

„Siehst du, lernen muß man es, da hilft nichts. In einer sternenklaren Nacht sind die Schatten so tiefschwarz, daß du vor jeder Baumgruppe vom Land weg steuern würdest, wenn du die Form eines Ufers nicht ganz genau kennst, weil du ihre schwarzen Schatten für ein festes Kap hieltest; und du müßtest dich alle Viertelstunden zu Tode erschrecken, verstehst du? Wenn du dich dem Ufer auf fünfzig Fuß nähern solltest, wärst du fünfzig Yard davon entfernt. In einem solchen Schatten kannst du einen Snag nicht sehen, aber du weißt ganz genau, wo er steckt, und die Form des Flusses sagt dir, wann du ihn erreichst. Und dann gibt es die pechschwarzen Nächte – in einer pechschwarzen Nacht hat der Fluß eine ganz andere Form als in einer sternenklaren. Alle Ufer scheinen aus geraden Linien zu bestehen, und dazu noch aus sehr undeutlichen, und du würdest daran entlang fahren, als wären es gerade Linien, aber du weißt es besser. Kühn lenkst du dein Schiff in eine scheinbar kompakte gerade Wand hinein (du weißt ganz genau, daß dort in Wirklichkeit eine Kurve ist), und da weicht die Wand zurück und macht dir Platz. Dann wieder gibt's den grauen Nebel. Nimm eine Nacht, in der so ein scheußlicher feuchter, grauer Nebel herrscht – da hat das Ufer überhaupt keine besondere Form. Ein grauer Nebel würde auch den ältesten Mann der Welt durcheinanderbringen. Na, und die verschiedenen Arten von Mondlicht lassen die Form des Ufers immer verschieden aussehen. Verstehst du . . ."

„Ach bitte, reden Sie nicht weiter! Muß ich denn die Form des Flusses auf all diese fünfhunderttausend verschiedenen Arten lernen? Wenn ich all dies Gepäck im Kopf mit mir rumschleppen wollte, kriegte ich ja Hängeschultern!"

„*Nein!* Du lernst immer nur *die* Form des Flusses, und zwar mit so absoluter Sicherheit, daß du immer nach der Form, die du im *Kopf* hast, steuern kannst, ohne dich um die zu kümmern, die du vor Augen hast."

„Na schön, ich werd's versuchen, aber wenn ich es mal gelernt habe, kann ich mich dann auch drauf verlassen? Wird er dieselbe Form behalten und keinen Unsinn damit treiben?"

Bevor Mr. Bixby antworten konnte, kam Mr. W. herein, um die

Wache zu übernehmen, und sagte: „Bixby, bei President's Island und in der ganzen Gegend bis weit oberhalb von Old Hen and Chickens müssen Sie aufpassen. Die Ufer stürzen ein, und ihre Form verändert sich sehr rasch. Die Landzunge stromaufwärts von 40 erkennen Sie überhaupt nicht mehr wieder. Sie können jetzt auf der Innenseite des Snags der alten Sykomore stromauf halten."*

Damit war also diese Frage beantwortet. Hier veränderte das Ufer gleich meilenweit seine Form. Mein Mut sank wieder bis hinab in den Schlamm. Zwei Dinge schienen mir ganz offensichtlich zu sein. Das eine war, daß ein Mann, um Lotse zu werden, mehr lernen mußte, als man einem einzelnen Menschen überhaupt erlauben dürfte, und das zweite, daß er es alle vierundzwanzig Stunden auf eine andere Weise wieder von neuem lernen mußte.

In jener Nacht hatten wir die Wache bis zwölf. Nun war es auf dem Fluß ein alter Brauch, daß die beiden Lotsen bei der Wachablösung ein bißchen miteinander schwatzten. Während der ablösende Lotse sich die Handschuhe anzog und die Zigarre anzündete, sagte sein Partner, der abtretende Lotse, etwa folgendes: „Ich glaube, die obere Barre bei Hale's Point breitet sich ein bißchen flußabwärts aus; habe mit dem unteren Lot zweieinviertel Faden gehabt und zwei Faden** mit dem anderen."

„Ja, dachte ich mir schon bei der letzten Fahrt, daß sie sich ein bißchen ausbreitet. Sind Ihnen irgendwelche Schiffe begegnet?"

„Habe eins an der Spitze von 21 getroffen, es hielt sich aber drüben dicht bei der Barre, so daß ich's nicht genau ausmachen konnte. Muß wohl die ‚Sunny South' gewesen sein – hatte vor dem Schornstein keine Oberlichter."

Und so fort. Wenn der ablösende Lotse dann das Ruder übernahm, erwähnte sein Partner***, wir befänden uns in der und der Biegung und führen eben am Holzplatz oder auch an der Pflanzung von dem und dem vorbei. Das geschah aus Höflichkeit; ich glaubte, es sei eine *Notwendigkeit.* In dieser Nacht aber übernahm Mr. W. seine Wache ganze zwölf Minuten zu spät – ein schwerwiegender Bruch der Etikette und unter Lotsen tatsächlich die unverzeihlichste Sünde. Deshalb grüßte ihn Mr. Bixby überhaupt

* Vielleicht ist es nicht nötig, kann aber nicht schaden, zu erklären; „Innenseite" bedeutet: zwischen Snag und Ufer.

** Zwei Faden. Quarter Twain heißt $2^1/_4$ Faden = $13^1/_2$ Fuß. Mark Three heißt drei Faden.

*** „Partner" ist der technische Ausdruck für den „anderen Lotsen".

nicht, sondern überließ ihm einfach das Ruder und stolzierte wortlos aus dem Steuerhaus. Ich war entsetzt; die Nacht war scheußlich finster, wir befanden uns auf einem besonders breiten und in undurchdringliche Dunkelheit gehüllten Teil des Stroms, wo nichts Form oder Festigkeit hatte, und es schien mir unglaublich, daß Mr. Bixby den armen Kerl das Schiff zugrunde richten ließ bei dem Versuch, seinen Standort herauszufinden. Ich aber beschloß, ihm auf jeden Fall beizustehen. Er sollte erleben, daß er nicht ganz ohne Freund dastand. Ich blieb also und wartete darauf, gefragt zu werden, wo wir uns befänden. Mr. W. jedoch zog gelassen durch das kompakte Firmament aus rabenschwarzer Tinte, das die Stelle einer Atmosphäre einnahm, und machte kein einziges Mal den Mund auf. Was für ein hochmütiger Pinsel, dachte ich. Dieser Satanskerl will uns lieber alle untergehen lassen, als sich mir verpflichtet zu fühlen, weil ich noch nicht zu den Auserwählten dieser Erde gehöre, die das Recht haben, Kapitäne kurz abzufertigen und sich als Herren und Meister über alles tote und lebende Inventar eines Dampfers aufzuspielen. Dann kletterte ich auf die Bank. Schlafen zu gehen, während dieser Verrückte Wache hatte, hielt ich für zu riskant.

Mit der Zeit muß ich aber doch eingeschlafen sein, denn als nächstes bemerkte ich, daß der Tag anbrach, Mr. W. fort war und Mr. Bixby wieder am Ruder stand. Also war es vier Uhr und alles in Ordnung – bis auf mich; ich fühlte mich wie ein Hautsack voller trockener Knochen, die sich alle gleichzeitig Mühe gaben, weh zu tun.

Mr. Bixby fragte mich, wozu ich denn oben geblieben sei. Ich gestand, daß ich Mr. W. einen Gefallen hatte tun wollen – ihm sagen, wo er sich befand. Es dauerte fünf Minuten, bis die ganze Lächerlichkeit der Sache in Mr. Bixby eingedrungen war, und dann schien er bis zum Kinn davon erfüllt zu sein, denn er machte mir ein Kompliment, aber kein sehr schmeichelhaftes. Er sagte: „Na, alles in allem bist du wohl in jeder Hinsicht ein solcher Esel, wie mir noch keiner vor Augen gekommen ist. Wozu, hast du geglaubt, hätte er das wissen wollen?“

Ich sagte, ich hätte gedacht, es wär vielleicht von Vorteil für ihn gewesen.

„Von Vorteil! Daß dich der . . . Habe ich dir nicht erklärt, daß man den Fluß in der Nacht kennen muß wie seinen eigenen Hausflur?“

„Na ja, ich kann mich in einem Hausflur zurechtfinden, wenn ich weiß, daß es der Hausflur ist – aber nehmen wir an, Sie setzen mich im Dunkeln mitten rein und sagen mir nicht, welcher Flur es ist – wie soll ich das denn wissen?"

„Na, du *mußt* es eben – auf dem Fluß!"

„Schön. Dann bin ich froh, daß ich zu Mr. W. nichts gesagt habe."

„Das will ich meinen! Der hätte dich durchs Fenster gepfeffert und es dabei mit Rahmen und allem Zubehör im Wert von hundert Dollar völlig ruiniert!"

Ich war froh, daß dieser Schaden nicht entstanden war, denn es hätte mich bei den Reedern unbeliebt gemacht. Die konnten nie jemand leiden, der im Ruf stand, unachtsam zu sein und Sachen zu beschädigen.

Ich machte mich nun daran, mir die Form des Flusses einzuprägen, und von allen trügerischen und nicht zu fassenden Dingen, die ich jemals mit Kopf oder Händen festzuhalten versuchte, war sie das schlimmste. Ich heftete meinen Blick auf eine sich scharf abhebende, bewaldete Halbinsel, die ein paar Meilen vor mir weit in den Fluß hineinragte, und bemühte mich eifrig, ihre Form photographisch genau in meinem Gehirn festzuhalten, und gerade als es mir zu meiner Zufriedenheit gelingen wollte, kamen wir auf ihre Höhe, und das niederträchtige Ding begann sich in nichts aufzulösen und sich ins Ufer zurückzuziehen! Hatte ein auffälliger, abgestorbener Baum genau an der Spitze des Kaps gestanden, dann stellte ich, dort angelangt, fest, daß er sich unauffällig im allgemeinen Wald verlor und mitten auf einem geraden Ufer stand! Kein hervorragender Hügel behielt seine Form lange genug, damit ich entscheiden konnte, wie sie nun eigentlich aussah, vielmehr zerrann und veränderte sie sich so, als wäre er ein Butterberg im heißesten Winkel der Tropen. Wenn ich flußabwärts fuhr, hatte nichts jemals dieselbe Gestalt, die es gehabt hatte, als ich flußaufwärts kam. Ich erwähnte Mr. Bixby gegenüber diese kleinen Schwierigkeiten. Er sagte: „Das ist ja gerade der Hauptvorteil daran. Wenn die Formen sich nicht alle drei Sekunden verändern würden, hätten wir keinerlei Nutzen von ihnen. Nimm mal zum Beispiel die Stelle, an der wir jetzt sind. Solange der Hügel dort drüben nur ein Hügel ist, kann ich drauflosfahren wie gerade jetzt. Sowie er sich aber oben spaltet und ein V bildet, weiß ich, daß ich schleunigst nach Steuerbord ausweichen muß, wenn ich das Schiff nicht gegen einen Felsen wuchten will – und dann, in dem Augenblick, wo der eine Schenkel des V's hinter dem anderen verschwindet, muß ich wieder nach Backbord hinüberrauschen, sonst habe ich eine Meinungsverschiedenheit mit einem

Snag, der dem Schiff das Kielschwein so sauber rausreißen würde, als wär's ein Splitter in deiner Hand. Wenn der Hügel dort drüben in schlimmen Nächten nicht seine Gestalt verändern würde, hättest du hier innerhalb von einem Jahr einen gewaltigen Dampferfriedhof."

Es war offensichtlich, ich mußte die Form des Flusses auf jede nur erdenkliche unterschiedliche Weise lernen: das oberste zuunterst, das falsche Ende zuerst, das Innere nach außen gestülpt, längsschiffs und querschiffs – um dann zu wissen, was ich in grauen Nächten tun sollte, wenn er überhaupt keine Form hatte. So machte ich mich also an die Arbeit. Mit der Zeit begann ich den größten Teil dieser kniffligen Aufgabe zu bewältigen, und meine Selbstgefälligkeit bekam von neuem die Oberhand. Mr. Bixby war gerüstet und bereit, sie wieder in den Hintergrund zu scheuchen. Er eröffnete den Angriff gegen mich folgendermaßen: „Wieviel Wasser hatten wir beim mittleren Kreuzen am Hole-in-the-Wall auf der vorletzten Fahrt?"

Ich betrachtete dies als eine Beleidigung. Ich sagte: „Auf jeder Fahrt, flußauf- und flußabwärts, singen die Lotgasten auf dieser ganzen vertrackten Strecke eine dreiviertel Stunde lang ununterbrochen ihre Meldungen. Wie, stellen Sie sich vor, soll ich so ein Durcheinander behalten?"

„Junge, du mußt es eben behalten. Du mußt den genauen Punkt und die genauen Markierungszeichen behalten, in denen das Schiff lag, als es das seichteste Wasser durchfuhr, bei jeder einzelnen von den fünfhundert Untiefen zwischen St. Louis und New Orleans, und du darfst auch die Lotungen und Markierungen der Untiefen bei einer Fahrt nicht mit den Lotungen und Markierungen bei einer anderen Fahrt verwechseln, denn sie sind nur selten zweimal ganz gleich. Du mußt sie auseinanderhalten."

Als ich wieder zu mir kam, sagte ich: „Wenn ich das kann, bin ich auch imstande, Tote auferstehen zu lassen, und dann brauche ich mir nicht als Lotse auf einem Dampfer meinen Lebensunterhalt zu verdienen. Ich will aus diesem Geschäft aussteigen. Ich will einen Eimer und einen Schrubber haben. Ich tauge nur zum Schiffsarbeiter. Ich habe nicht genügend Grips für einen Lotsen, und hätte ich ihn, dann wäre ich nicht stark genug, ihn mit mir herumzuschleppen, es sei denn auf Krücken."

„Jetzt hör aber auf damit! Wenn ich sage, ich lerne* einem den Fluß, dann ist das mein voller Ernst. Und darauf kannst du dich verlassen: Ich lerne ihn ihm, und wenn er dabei krepiert."

* „Lehren" gehört nicht zum Wortschatz des Flusses.

9. Kapitel

NOCH MEHR VERWIRRENDES

Mit so einem Menschen zu streiten war nutzlos. Ich strengte mein Gedächtnis bald derartig an, daß ich mit der Zeit sogar die Untiefen und die zahllosen Kreuzungsmarken zu behalten anfing. Das Ergebnis war aber genau das gleiche. Denn kaum hatte ich mir auch nur eine knifflige Sache in meinen Schädel eingehämmert, als schon wieder eine neue auftauchte. Nun hatte ich oft Lotsen ins Wasser starren und so tun sehen, als läsen sie darin wie in einem Buch, für mich aber war es ein Buch mit sieben Siegeln. Endlich kam jedoch eine Zeit, in der Mr. Bixby zu denken schien, ich sei nun weit genug fortgeschritten, um eine Lektion im „Wasserlesen" zu ertragen. Er begann also.

„Siehst du die lange schräge Linie da auf der Wasseroberfläche? Das ist eine Sandbank. Und zwar eine steil abfallende Sandbank. Darunter liegt eine feste Sandbarre, die fast ebenso senkrecht aufsteigt und abfällt wie ein Haus. Dicht neben ihr ist genügend Wasser, aber obendrauf äußerst wenig. Wenn du sie rammst, fährst du das Schiff zu Bruch. Siehst du, wo die Linie am oberen Ende ausfranst und anfängt zu verschwinden?"

„Ja, Sir."

„Nun, das ist eine Untiefe, dort ist die Spitze der Sandbank. Da kannst du hinüber, ohne etwas kaputtzumachen. Kreuze jetzt zur anderen Seite und halte dich dicht unterhalb der Barre – da hast du ruhiges Wasser – wenig Strömung."

Ich folgte der Sandbank, bis ich mich dem ausgefransten Ende näherte. Dann sagte Mr. Bixby: „Jetzt halt dich bereit. Warte, bis ich's dir sage. Das Schiff wird nicht auf die Sandbank hinauf wollen – Schiffe hassen flaches Wasser. Paß auf, warte – *warte* – halt es fest in der Hand. *Jetzt* zwing das Ruderrad hinunter. Greif es! Greif es!"

Er packte die andere Seite des Ruders und half mir, es herumzuholen, bis es ganz unten war, und dann hielten wir es so. Das Schiff leistete Widerstand und weigerte sich eine Weile zu reagieren, dann aber schwang es nach Steuerbord, schob sich auf die Sandbank und sandte ärgerlich einen langen, schäumenden Wasserstreifen von seinem Bug fort.

„Jetzt aufpassen – aufpassen wie die Katze auf die Maus, sonst bricht es dir aus! Wenn es sich kräftig wehrt und die Ruderpinne ein bißchen schlippt, ruckhaft und wie geölt, laß etwas nach – so sagt es dir nachts, daß das Wasser zu flach ist – dräng es aber allmählich heran, auf die Landzunge zu. Jetzt bist du genau über der Sandbank; unterhalb von jeder Landzunge liegt eine Sandbank, weil das Wasser dort einen Strudel bildet und den Bodensatz nach unten sinken läßt. Siehst du die feinen Linien auf der Wasseroberfläche, die sich wie die Rippen eines Fächers ausbreiten? Das sind kleine Sandbarren; du mußt ihren Spitzen ausweichen, aber haarscharf daran vorbeifahren. Jetzt gib acht! Gib acht! Komm nicht zu nah an die glatte, ölig aussehende Stelle da – sie hat keine neun Fuß Tiefe –, das schafft das Schiff nicht! Es fängt schon an, sie zu riechen – aufgepaßt, sag ich dir! Ach, zum Kuckuck – da hast du's schon! Stopp die Steuerbordmaschine. Rasch! Beide Maschinen stopp zum Rückwärtslauf! Volle Kraft zurück!"

Die Signalglocken für die Maschinen läuteten; diese reagierten prompt und ließen weiße Dampfsäulen aus den Ventilen schießen, aber es war schon zu spät. Das Schiff hatte allen Ernstes die Sandbank „gerochen", die Schaumstreifen, die von seinem Bug ausstrahlten, verschwanden plötzlich, eine große träge Welle wälzte sich nach vorn und fegte vor dem Schiff her, es legte sich weit nach Backbord hinüber und schoß, als wäre es zu Tode erschrocken, aufs Ufer zu. Wir befanden uns eine gute Meile von der Stelle entfernt, an der wir uns hätten befinden sollen, als wir es schließlich wieder in unsere Gewalt bekamen.

Während der Nachmittagswache des anderen Tags fragte mich Mr. Bixby, ob ich wisse, wie ich die nächsten paar Meilen zu steuern habe. Ich sagte: „Auf der Innenseite vom ersten Snag oberhalb der Landzunge halten, auf der Außenseite beim nächsten, vom unteren Ende von Higgins' Holzplatz ausgehend rechtwinklig kreuzen und ..."

„Ganz richtig. Bis du zur nächsten Landzunge kommst, bin ich wieder da."

War er aber nicht. Er steckte noch unten, als ich sie schon umfuhr und in einen Flußteil kam, bei dem ich einige Bedenken hatte. Ich wußte ja nicht, daß er sich hinter einem Schornstein versteckt hatte, um zu beobachten, wie ich mich anstellte. Ich fuhr munter drauflos und wurde immer stolzer, denn noch nie zuvor hatte er mir das Schiff so lange allein anvertraut. Ich ging sogar so weit, das Ruder „festzusetzen" und es ganz loszulassen, während ich mich großtuerisch umwandte, die Heckmarkierungen prüfte und ein Liedchen vor mich hin summte – Ausdruck meiner gelassenen Gleichgültigkeit, wie ich sie bei Bixby und anderen großen Lotsen so überaus bewundert hatte. Einmal prüfte ich ziemlich lange, und als ich wieder nach vorn blickte, klopfte mir das Herz so plötzlich bis zum Hals, daß es herausgesprungen wäre, wenn ich nicht die Zähne zusammengebissen hätte. Eine dieser fürchterlichen steilen Sandbarren erstreckte sich in ihrer ganzen todbringenden Länge quer vor unserem Bug! Ich verlor sofort den Kopf – ich wußte weder aus noch ein, sperrte den Mund auf und bekam keine Luft; ich drehte das Ruderrad mit solcher Geschwindigkeit, daß sich die Speichen wie zu einem Spinnennetz miteinander zu verweben schienen; das Schiff gehorchte und hielt rechtwinklig von der Sandbarre ab, die Sandbarre folgte ihm jedoch. Ich floh, aber sie verfolgte mich weiter – lag immer quer vor unserem Bug! Ich sah gar nicht auf, wohin ich fuhr, ich floh nur. Gleich würde es schrecklich krachen! Warum kam dieser Schurke nicht? Wenn ich das Verbrechen beging, eine Glocke zu läuten, würde ich vielleicht über Bord geworfen. Aber besser das, als das Schiff zu versenken. So veranstaltete ich in blinder Verzweiflung unter Deck einen solchen Heidenspektakel, wie er wohl in dieser Welt noch nie einen Maschinisten in Bestürzung versetzt hatte. Während des wahnsinnigen Geläutes liefen die Maschinen auf seltsame Weise mal rückwärts und mal wieder vorwärts, und mein Verstand dankte völlig ab – wir waren eben im Begriff, in den Wald auf der anderen Stromseite zu donnern. Gerade in dem Augenblick erschien Mr. Bixby seelenruhig auf dem Hurrikandeck. Mein Herz flog ihm voller Dankbarkeit entgegen. Meine Angst legte sich. Mit Mr. Bixby auf dem Hurrikandeck hätte ich mich sogar am Rand der Niagarafälle sicher gefühlt. Er nahm, ganz Sanftmut und Freundlichkeit, den Zahnstocher aus dem Mund, hielt ihn zwischen den Fingern wie eine Zigarre – wir waren gerade im Begriff, auf einen überhängenden großen Baum zu klettern, und die Passagiere flohen wie die Ratten zum Heck – und rief mit äußerster Milde folgende Befehle zu mir herauf: „Steuerbord stopp! Backbord stopp! Beide Maschinen rückwärts!"

Das Schiff zögerte, stand still, drängte einen kritischen Augenblick lang seine Nase zwischen die Zweige und begann dann widerstrebend zurückzuweichen.

„Backbord stopp! Backbord voraus! Steuerbord stopp! Steuerbord voraus! Auf die Barre zu halten!"

Heiter wie ein Sommermorgen zog ich von dannen. Mr. Bixby trat ein und sagte scheinheilig: „Wenn dich von Land jemand anruft, mein Junge, solltest du die große Glocke dreimal läuten, bevor du anlegst, damit sich die Maschinisten bereithalten können."

Ich errötete angesichts dieses Sarkasmus und sagte, niemand habe mich angerufen.

„Ach, dann war's vermutlich, um Holz zu laden. Der Offizier der Wache wird dir mitteilen, wenn er Feuerholz aufnehmen will."

Ich glühte weiter und sagte, ich sei nicht auf Holz ausgewesen.

„Tatsächlich? Tja, was kannst du denn sonst in der Biegung hier drüben gewollt haben? Hast du schon mal von einem Schiff gehört, das bei diesem Wasserstand stromaufwärts eine Biegung am Ufer nimmt?"

„Nein, Sir – und ich hab sie auch nicht am Ufer nehmen wollen. Ich bin einer steilen Sandbarre ausgewichen."

„Nein, das war keine steile Sandbarre – in drei Meilen Umkreis gibt es hier gar keine."

„Ich hab sie aber gesehen. Sie war so steil wie die da drüben."

„Genau! Fahr drüber weg."

„Ist das Ihr Befehl?"

„Ja. Fahr drüber weg."

„Ich mach's und wenn ich dabei hops gehe."

„In Ordnung, ich übernehme die Verantwortung."

Ich war jetzt ebenso darauf erpicht, das Schiff zu versenken, wie zuvor, es zu retten. Ich prägte meinem Gedächtnis genau ein, wie mein Befehl gelautet hatte, damit ich mich vor Gericht darauf berufen konnte, und schoß direkt auf die Sandbarre zu. Als sie unter unserem Bug verschwand, hielt ich den Atem an, aber wir glitten wie auf Öl darüber hinweg.

„Na, siehst du nun den Unterschied? Es war weiter nichts als eine Windbarre. Der Wind macht das."

„Das merke ich. Aber sie sieht genau so aus wie eine steile Sandbank. Wie soll ich das auseinanderhalten?"

„Das kann ich dir nicht sagen. Es ist ein Instinkt. Mit der Zeit wirst du die beiden ganz von selbst unterscheiden, aber nie erklären können, woran oder weshalb."

Dies sollte sich bestätigen. Mit der Zeit wurde die Wasseroberfläche zu einem wunderbaren Buch – ein Buch, das für den uneingeweihten Fahrgast in einer toten Sprache geschrieben war, sich mir aber rückhaltlos eröffnete und mir wie mit einer Stimme auch seine verborgensten Geheimnisse deutlich preisgab. Und es war auch kein Buch, das man nur einmal liest und dann beiseite legt, denn es hatte jeden Tag eine neue Geschichte zu erzählen. Die langen zwölfhundert Meilen hindurch gab es nicht eine uninteressante Seite, nicht eine, die man hätte ungelesen lassen können, ohne etwas zu versäumen, nicht eine, die man hätte überblättern wollen mit dem Gedanken, etwas anderes könnte unterhaltsamer sein. Keine Menschenhand hat je ein so wunderbares Buch geschrieben, das einen immer wieder bei jeder Lektüre so gefangennahm, das so gleichbleibend spannend, so funkelnd neu erschienen wäre. Den Passagier, der es nicht zu lesen verstand, erfreute ein eigentümlich flaches Grübchen auf der Flußoberfläche (in den seltenen Fällen, wenn er es nicht gänzlich übersah); für den Lotsen aber war das ein kursiv hervorgehobener Absatz, ja sogar noch mehr; es war eine Inschrift in riesigen Versalien mit einer Reihe von fettgedruckten Ausrufungszeichen dahinter, denn es bedeutete, daß unter dieser Stelle ein Wrack oder ein Felsen begraben lag, der auch dem stärksten Schiff, das jemals zu Wasser fuhr, den Rumpf aufreißen konnte. Es ist das leiseste und einfachste Zeichen, welches das Wasser überhaupt aufweist, und dabei für das Auge des Lotsen das schrecklichste. In diesem Buch sah der Fahrgast, der es nicht lesen konnte, tatsächlich weiter nichts als allerlei hübsche Bilder, von der Sonne gemalt und von den Wolken schattiert, während es für das geübte Auge keinerlei Bilder waren, sondern vielmehr ein gefährlicher, todernster Lesestoff.

Jetzt, da ich gelernt hatte, die Sprache dieses Wassers zu beherrschen, und mir schließlich jedes unbedeutende Merkmal am Rande des großen Stromes so vertraut war wie die Buchstaben des Alphabets, hatte ich etwas sehr Wertvolles erworben. Aber ich hatte auch etwas verloren – etwas, was mir, solange ich lebe, niemand zurückerstatten kann. Alle Anmut, alle Schönheit und Poesie waren von dem majestätischen Fluß gewichen! Ich erinnerte mich noch an einen wunderbaren Sonnenuntergang, den ich erlebte, als die Dampfschiffahrt für mich noch neu war. Ein breites Stück des Stromes hatte sich in Blut verwandelt, zur Mitte hin ging das Rot strahlend in Gold über, durch das ein einsamer Baumstamm, schwarz und scharf umrissen, angetrieben kam; an einer Stelle lag funkelnd ein langer, schräger Streifen auf dem Wasser, an einer anderen unterbrachen brodelnde, in sich zusammenstürzende Ringe, vielfarbig schimmernd wie Opale, seine Oberfläche, und wo die rubinfarbene Glut am mattesten war, dehnte sich ein glatter Fleck, verziert mit graziösen Kreisen, von denen zart gestrichelte Linien ausstrahlten. Das Ufer zu unserer Linken bedeckte dichter Wald, dessen dunklen Schatten an einer Stelle eine lange, gekräuselte Spur unterbrach, die wie Silber glänzte, und hoch oben über der Waldwand winkte ein rindenloser, toter Baum mit einem einzigen belaubten Ast, wie eine Flamme lodernd in der ungehindert der Sonne entströmenden Pracht. Da waren anmutige Kurven, im Fluß widergespiegelte Bilder, bewaldete Höhen, sanft gezeichnete Fernen, und über die ganze Szene hinweg streiften allgegenwärtig die sich auflösenden Lichter dahin und erfüllten sie in jedem flüchtigen Augenblick mit neuen Farbwundern.

Ich stand wie verzaubert. In sprachlosem Entzücken trank ich das Bild in mich hinein. Die Welt war neu für mich, zu Hause hatte ich nie etwas Ähnliches gesehen. Aber wie gesagt, der Tag kam, an dem ich den Glanz und die Anmut, die Mond, Sonne und Dämmerung um das Antlitz des Flusses woben, nicht mehr zu beachten anfing, und dann kam der Tag, an dem ich sie überhaupt nicht mehr wahrnahm. Hätte sich dann jener Sonnenuntergang wiederholt, hätte ich ihn ohne jedes Entzücken betrachtet und in Gedanken folgendermaßen kommentiert: Diese Sonne bedeutet, daß wir morgen Wind haben werden, der treibende Baumstamm da heißt: Das Wasser steigt – kein Grund zur Freude –, dieser schräge Streifen auf der Oberfläche bezeichnet eine steile Sandbarre, und wenn die sich weiter so ausbreitet, wird sie irgend jemandem eines Nachts seinen Dampfer zuschanden machen; diese turbulenten Wirbel deuten auf eine sich auflösende Sandbank und eine sich verändernde Fahrrinne, die Linien und Kreise auf der ölglatten Fläche dort drüben sind ein Warnzeichen, daß diese unangenehme Stelle gefährlich seicht wird, der silberne Strich dort im Waldschatten ist der Wirbel von einem neuen Snag, und er hat sich genau an die beste Stelle gesetzt, die er zum Angeln von Dampfern hätte finden können, der große tote Baum mit dem einzigen lebendigen Ast wird nicht mehr lange stehen, und wie soll man dann ohne den freundlichen alten Richtungsweiser nachts über diese dunkle Stelle kommen?

Nein, Romantik und Schönheit besaß der Fluß nun gar nicht mehr. Jede seiner Eigenheiten hatte für mich jetzt nur noch den einen Wert, wie weit sie mir für das sichere Lotsen eines Dampfschiffes nützen konnte. Seit jener Zeit tun mir die Ärzte von Herzen leid. Was bedeutet die liebliche Röte auf der Wange einer Schönen für den Doktor schon anderes als ein „Wirbel" über einer tödlichen Krankheit? Sind für ihn nicht alle ihre sichtbaren Reize dicht besät mit Zeichen und Symptomen verborgenen Verfalls? Nimmt er ihre Lieblichkeit überhaupt je wahr, oder betrachtet er sie einfach vom beruflichen Standpunkt und macht sich im stillen seine Gedanken über ihren unbefriedigenden Gesundheitszustand? Und fragt er sich nicht manchmal, ob er wohl mit dem Erlernen seines Berufs mehr gewonnen oder mehr verloren hat?

10. Kapitel

MEINE AUSBILDUNG WIRD VOLLENDET

Alle, die mir die Güte erwiesen, die vorhergehenden Kapitel zu lesen, mögen sich vielleicht darüber wundern, daß ich die Lotsentätigkeit so ausführlich als Wissenschaft behandele. Es war der Hauptzweck dieser Kapitel, und ich bin noch nicht ganz damit fertig. Ich möchte geduldig und gewissenhaft zeigen, was für eine wunderbare Wissenschaft das ist. Schiffahrtswege sind mit Bojen und Leuchtfeuern gekennzeichnet, und es ist deshalb verhältnismäßig leicht, sie befahren zu lernen; Flüsse mit klarem Wasser und Kiesgrund verändern ihr Bett nur allmählich, und deshalb braucht man sie bloß ein einziges Mal kennenzulernen; etwas ganz anderes aber ist die Tätigkeit des Lotsen auf so gewaltigen Strömen wie dem Mississippi und dem Missouri, deren Schwemmufer ständig einbrechen und sich verändern, wo im Flußgrund steckende Snags sich immerfort neue Standorte suchen, wo Sandbänke nie zur Ruhe kommen, wo die Fahrrinnen dauernd ausweichen und verschwinden, und mit deren Hindernissen man es in allerlei Nächten und bei jedem Wetter ohne die Hilfe auch nur eines einzigen Leuchtturms oder einer einzigen Boje aufnehmen muß, denn auf den gesamten drei- bis viertausend Meilen dieses schurkischen Flusses ist weder ein Leuchtfeuer noch eine Boje zu finden.* Ich fühle mich berechtigt, weitschweifig über diese große Wissenschaft zu berichten, weil ich sicher bin, daß noch nie jemand, der selbst als Lotse ein Dampfschiff gesteuert hat und somit über praktische Kenntnisse des Gegenstandes verfügt, auch nur einen Abschnitt darüber geschrieben hat. Wäre das Thema abgegriffen, müßte ich den Leser schonend behandeln, da es aber gänzlich neu ist, erlaube ich mir, beträchtlich viel Raum darauf zu verwenden.

Nachdem ich mir Namen und Lage jedes sichtbaren Merkmals des Stroms eingeprägt hatte, nachdem ich seinen Verlauf so genau kannte, daß ich ihn von St. Louis bis New Orleans mit geschlossenen Augen nachzeichnen konnte, nachdem ich gelernt hatte, die Wasseroberfläche zu lesen, wie man der Morgenzeitung

* In der beschriebenen Zeit zutreffend; heute (1882) nicht mehr.

die Nachrichten entnimmt, und nachdem ich schließlich mein widerstrebendes Gedächtnis trainiert hatte, eine endlose Reihe von Lotungen und Kreuzungsmarken zu speichern und nicht mehr loszulassen, war ich der Meinung, meine Ausbildung sei nun vollendet; also ging ich dazu über, meine Mütze schräg aufzusetzen und mit einem Zahnstocher im Mund am Ruder zu stehen. Mr. Bixby beobachtete diese Faxen. Eines Tages sagte er: „Wie hoch ist denn das Ufer da an der Burgess-Plantage?"

„Wie kann ich das wissen, Sir? Es ist ja eine Dreiviertelmeile weit fort."

„Schlechte Augen hast du – ganz schlechte. Nimm das Fernglas."

Ich nahm das Fernglas und sagte dann: „Ich kann es nicht sagen. Ich schätze, das Ufer ist ungefähr anderthalb Fuß hoch."

„Anderthalb Fuß! Das ist ein sechs Fuß hohes Ufer! Wie hoch war das Ufer hier bei der letzten Fahrt?"

„Das weiß ich nicht, ich habe gar nicht darauf geachtet."

„Hast du nicht? Nun, von jetzt ab mußt du immer darauf achten."

„Warum?"

„Weil du eine Menge Dinge wissen mußt, die es dir sagen kann. Zum einen sagt es dir den Wasserstand – sagt dir, ob der Fluß hier mehr oder weniger Wasser führt als bei unserer letzten Fahrt."

„Das sagen mir doch die Lote." Ich war ziemlich überzeugt, ihm in diesem Punkt eine Nasenlänge voraus zu sein.

„Ja, aber gesetzt, die Lote lügen? Das Ufer würde es dir mitteilen, und dann könntest du diese Lotgasten ein bißchen zusammenstauchen. Bei der letzten Fahrt war das Ufer hier zehn Fuß hoch, und jetzt ist es nur noch sechs Fuß hoch. Was bedeutet das?"

„Daß der Wasserstand vier Fuß höher ist als bei der letzten Fahrt."

„Sehr gut. Steigt der Fluß, oder fällt er?"

„Er steigt."

„Nein, das tut er nicht."

„Ich glaube, ich habe recht, Sir. Dort drüben kommt Treibholz den Strom hinuntergeschwommen."

„Ansteigendes Wasser bringt das Holz zum Treiben, dann schwimmt es aber noch eine Weile weiter, wenn der Fluß nicht mehr steigt. Darüber wird dir das Ufer Auskunft geben. Warte, bis wir an eine Stelle kommen, wo es ein bißchen schräg verläuft.

Hier: Siehst du diesen schmalen Streifen feiner Ablagerungen? Die haben sich abgesetzt, als das Wasser höher stand. Schau, das Treibholz fängt auch an zu stranden. Das Ufer hilft noch auf andere Weise. Siehst du den Baumstumpf da auf der falschen Landzunge?"

„Ay, ay, Sir."

„Das Wasser reicht genau bis zu seinen Wurzeln. Das mußt du dir notieren."

„Warum?"

„Weil es bedeutet, daß der Wasserstand im Durchbruch 103 sieben Fuß ist."

„Aber 103 ist doch noch weit flußaufwärts."

„Das ist ja gerade der Vorteil, den dir das Ufer bringt. Jetzt ist in 103 noch genügend Wasser, aber vielleicht schon nicht mehr, wenn wir hinkommen; doch das Ufer wird uns die ganze Zeit über auf dem laufenden halten. Bei fallendem Wasser fährt man flußaufwärts nicht durch einen engen Durchbruch, und flußabwärts gibt es verflixt wenige, die du überhaupt befahren darfst. Dagegen gibt es ein Bundesgesetz. Möglicherweise steigt der Fluß, bis wir zu 103 kommen, und in dem Fall nehmen wir ihn. Wie ist unser Tiefgang?"

„Sechs Fuß achtern, sechseinhalb vorn."

„Na, etwas scheinst du ja zu wissen."

„Ich möchte aber vor allem gern wissen, ob ich ewig die Ufer von diesem Strom hier ausmessen muß, zwölfhundert Meilen lang, Monat für Monat?"

„Selbstverständlich!"

Eine Zeitlang fehlten mir wegen meiner lebhaften Gefühle die Worte. Nach einer Weile sagte ich: „Und wie steht's mit diesen Durchbrüchen? Gibt's da viele?"

„Das will ich meinen! Ich denke, auf dieser Fahrt werden wir nicht eine Strecke so fahren, wie du's sonst gewohnt bist. Wenn der Fluß wieder steigt, werden wir Sandbänke von hinten nehmen, die du immer hoch und trocken wie ein Hausdach aus dem Wasser hast ragen sehen; wir werden über seichte Stellen fahren, die du überhaupt nie bemerkt hast, genau durch die Mitte von Sandbänken, die sich über dreihundert Acre im Fluß ausbreiten; wir werden durch Spalten schlüpfen, wo du stets geglaubt hast, dort sei Festland, wir werden durch die Wälder flitzen und fünfundzwanzig Meilen des Stromes seitlich liegenlassen, wir werden jede Insel zwischen New Orleans und Cairo von hinten zu sehen bekommen."

„Dann muß ich mich an die Arbeit machen und genau noch mal soviel über den Fluß lernen, wie ich schon weiß."

„Ungefähr noch doppelt soviel, dann bist du nahe dran."

„Hm, Erfahrung macht klug. Ich muß ein Narr gewesen sein, als ich mich auf dieses Geschäft eingelassen habe."

„Ja, das stimmt, und du bist noch immer einer. Aber du wirst keiner mehr sein, wenn du es gelernt hast."

„Ach, das werde ich nie alles lernen können!"

„Ich sorge schon dafür, daß du es lernen *wirst*!"

Nach einer Weile wagte ich mich von neuem vor.

„Muß ich das genauso lernen, wie ich alles übrige vom Fluß weiß – Formen und all das –, damit ich nachts fahren kann?"

„Ja. Und du mußt von einem Ende des Stroms bis zum anderen gute, verläßliche Merkzeichen haben, die dir dabei helfen, vom Ufer zu erahnen, wann die Wassertiefe an jeder dieser zahllosen Stellen ausreicht – wie der Baumstumpf dort, verstehst du. Zuerst, wenn der Fluß anfängt zu steigen, kannst du ein halbes Dutzend von den tiefsten Stellen befahren, steigt er noch einen Fuß, ein Dutzend mehr, beim nächsten Fuß kommen wieder zwei Dutzend dazu und so fort: Du siehst also, daß du deine Ufer und Merkzeichen todsicher kennen mußt und sie nie verwechseln darfst, denn wenn du einmal in eine dieser Spalten hineinfährst, kannst du nicht mehr zurück wie im großen Fluß – du mußt durch oder sechs Monate drin bleiben, wenn dich das fallende Wasser dort überrascht. Durch etwa fünfzig dieser Spalten kannst du überhaupt nicht fahren, außer wenn der Fluß randvoll ist und über die Ufer tritt."

„Diese neue Lektion ist ja äußerst ermunternd."

„Durchaus. Und denk an das, was ich dir eben gesagt habe: Wenn du in eine dieser Stellen einläufst, mußt du durch. Sie sind zu schmal, um drin zu wenden, zu gewunden, um achteraus hinauszufahren, und das seichte Wasser ist immer an ihrem oberen Ende, nie woanders. Und das obere Ende füllt sich meistens nach und nach auf, so daß die Merkzeichen, nach denen du ihre Tiefe in dieser Saison schätzt, in der nächsten vielleicht gar nicht mehr gelten."

„Dann muß man sich also jedes Jahr eine neue Serie merken?"

„Genau. Halt dich dicht an der Sandbank. Was treibst du dich denn ständig auf der Flußmitte rum?"

In den nächsten Monaten erfuhr ich merkwürdige Dinge. Noch am selben Tag, an dem wir das oben erwähnte Gespräch führten, trafen wir auf eine große Hochwasserflut, die den Fluß herunterkam. Die ganze weite Fläche des Stroms war schwarz von treibenden toten Stämmen, abgebrochenen Ästen und großen Bäumen, die das Wasser unterspült und fortgeschwemmt hatte. Man mußte sogar am Tage sehr sorgfältig steuern, um beim Kreuzen von einer Landzunge zur anderen den Weg durch dieses herabschießende Treibholz zu finden, und nachts war es noch viel schwieriger; hin und wieder tauchte plötzlich ein tief im Wasser liegender riesiger Baumstamm unmittelbar vor unserem Bug auf und kam mit der Spitze genau auf uns zu. Ihm auszuweichen hatte keinen Zweck, wir konnten nur die Maschinen stoppen, und dann ging ein Schaufelrad mit Donnergetöse über die ganze Länge des Stammes, wobei das Schiff auf eine für die Passagiere unangenehme Weise krängte. Von Zeit zu Zeit stießen wir mit Volldampf und lautem Gerumpel mitten auf so einen versunkenen Stamm, und das erschütterte das Schiff, als hätte es einen Kontinent gerammt.

Manchmal setzte sich der Baumstamm quer vor unseren Bug, blieb dort hängen und zog vor ihm den Mississippi wieder stromaufwärts; dann mußten wir uns ein bißchen im Krebsgang bewegen, um von dem Hindernis fortzukommen. Oft stießen wir im Dunkeln auf *weiße* Stämme, weil wir sie nicht sehen konnten, bis wir direkt darauf waren, ein schwarzer Stamm dagegen hebt sich auch nachts ziemlich deutlich ab. Ein weißer Snag ist nach Einbruch der Dunkelheit ein häßlicher Kunde.

Natürlich kam mit der großen Hochwasserflut ein Schwarm gewaltiger Holzflöße vom Oberlauf des Mississippi herab, Kohlenschuten aus Pittsburgh, kleine Handelsleichter von überallher und Lastkähne aus Posey County, Indiana, die „Obst und Haushaltswaren" geladen hatten – wie es genannt wurde, obwohl die so geadelte Ladung auf gut Englisch nur aus Schößlingen für Faßreifen und Kürbissen bestand. Die Lotsen haßten diese Kähne von ganzem Herzen, und die zahlten es ihnen mit Wucherzinsen zurück. Das Gesetz verpflichtete alle diese hilflosen Handelsfahrzeuge, ein Licht brennen zu lassen; das Gesetz wurde jedoch oft verletzt. Plötzlich leuchtete dann in einer finsteren Nacht genau unter unserem Bug ein Licht auf, und eine gequälte Stimme beklagte sich mit hinterwäldlerischem Tonfall: „Wo in drei T. . . Namen fährst'n du hin! Biste vielleicht blind, du vermaledeiter Eierräuber, du Schafsdieb, du einäugiger Abkömmling von 'nem ausgestopften Affen!"

Während wir dann vorbeischossen, ließ der rote Schein unserer Kesselfeuer den Leichter und die Gestalt des gestikulierenden

Redners für einen Augenblick wie im Licht eines Blitzes auftauchen, und in diesem Augenblick schleuderten und empfingen unsere Heizer und Leichtmatrosen einen Hagel von Wurfgeschossen und Flüchen; eines unserer Schaufelräder ließ die krachenden Bruchstücke eines Steuerruders mitgehen, und dahinter schloß sich wieder die schwarze Finsternis. Und gewiß würde dieser Leichterführer nach New Orleans hinunterfahren, unser Schiff verklagen und Stein und Bein schwören, er habe die ganze Zeit über Licht gehabt, obwohl seine Mannschaft in Wirklichkeit die Laterne mit unter Deck genommen hatte, um bei ihrem Schein zu singen, sich herumzufläzen, zu trinken und zu würfeln, ohne eine Wache an Deck zurückzulassen. Eines Nachts hätten wir uns in einer dieser vom Wald gesäumten Spalten (hinter einer Insel), die von den Dampfschiffern drastisch mit dem Ausdruck „so duster wie im Bauch einer Kuh" beschrieben werden, beinahe eine Familie aus Posey County mitsamt dem Obst und den Haushaltswaren einverleibt, wenn sie nicht zufällig unter Deck gefiedelt hätten und wir die Musik gerade noch rechtzeitig hörten, um abzugieren, so daß wir leider keinen ernsthaften Schaden bei ihnen anrichteten – da wir aber so dicht daran waren, hatten wir einen Moment lang große Hoffnung. Die Leute brachten nun natürlich ihre Laterne nach oben, und während wir achteraus fuhren und Kurs wechselten, um von ihnen fortzukommen, stand die liebenswürdige Familie – bestehend aus beiderlei Geschlecht und verschiedenen Altersstufen – in ihrem Schein und fluchte auf uns, daß sich die Balken bogen. Einmal jagte ein Kohlenschiffer eine Kugel durch unser Steuerhaus, nachdem wir uns an einer sehr schmalen Stelle ein Steuerruder von ihm ausgeborgt hatten.

11. Kapitel

DER FLUSS STEIGT

Während des großen Hochwassers war dieses Kroppzeug von Schiffen eine unerträgliche Plage. Wir passierten einen Durchbruch nach dem anderen – eine neue Welt für mich –, und wenn es da eine besonders schmale Stelle gab, konnten wir sicher sein, dort auf einen Lastkahn zu stoßen, und wenn nicht dort, dann an einem noch ungünstigeren Fleck, nämlich am oberen Ende des Durchbruchs, im Seichtwasser. Und dann wollte der Austausch gefluchter Herzlichkeiten kein Ende nehmen.

Zuweilen, wenn wir uns auf dem großen Strom vorsichtig durch den Nebel tasteten, unterbrachen auf einmal Geschrei und das Dröhnen von aneinandergeschlagenen Blechpfannen die tiefe Stille, und urplötzlich tauchte dicht vor uns, in dem Schleiergespinst undeutlich sichtbar, ein Holzfloß auf, und dann hielten wir uns nicht erst lange mit der Vorrede auf, sondern rissen unsere Maschinenglocken fast ab, gaben allen Dampf, den wir hatten, und trollten uns schleunigst aus dem Weg. Man fährt nicht mit einem Dampfer auf einen Felsen oder auf ein solides Holzfloß auf, wenn man sich höflich empfehlen kann.

Der Leser wird es kaum glauben, aber in jenen frühen, längst vergangenen Tagen der Dampfschiffahrt führten auf vielen Dampfern die Zahlmeister stets eine große Auswahl religiöser Traktate mit sich. Wirklich, das taten sie! Zwanzigmal am Tag zwängten wir uns an einer Sandbank vorbei, während zwei Meilen vor und hinter uns eine Kette von diesen schuftigen kleinen Fahrzeugen in den oberen Teil der Biegung trieb. Dann stieß ein Beiboot von einem der Flöße ab und erkämpfte sich mühsam einen Weg über die Wasserwüste. Im Schatten unseres Vorderdecks tauchten sie die Riemen langsamer ein, und während das Boot rasch nach achtern trieb, riefen die schnaufenden Ruderer: „Habt ihr mal 'ne Zeitung?" Der Zahlmeister warf ein Bündel Zeitungen aus New Orleans über Bord. Wurden sie *kommentarlos* aufgefischt, konnten wir feststellen, daß jetzt ein Dutzend weiterer kleiner Boote wortlos stromabwärts auf uns zu trieb. Sie hatten nämlich abgewartet, wie es Nummer eins erginge. Da Nummer eins keinen Kommentar von sich gab, legten sich alle übrigen in die Riemen und kamen nun heran, und genauso schnell, wie sie anlangten, hievte der Zahlmeister sauber gebündelte, an Brettchen befestigte religiöse Traktate über Bord. Welche Menge unflätiger Flüche zwölf Pakete mit religiöser Literatur herausfordern, wenn sie gerecht unter zwölf Floßbesatzungen verteilt werden, die mit einem schweren Beiboot an einem heißen Tag zwei Meilen weit gerudert sind, um sie zu holen, ist einfach unglaublich.

Wie gesagt, das große Hochwasser ließ eine neue Welt vor meinen Augen erstehen. Als der Fluß über die Ufer getreten war, hatten wir unsere alten Pfade verlassen und glitten nun stündlich über Sandbarren, die zuvor zehn Fuß aus dem Wasser geragt hatten. Wir zogen haarscharf an Ufern voller Baumstümpfe vorbei, wie jenem am Beginn von Madrid Bend, das, wie ich gesehen hatte, vorher immer gemieden wurde; wir rasselten Durchbrüche hinauf, wie den von Nummer 82, dessen untere Einfahrt eine kompakte Wand von Baumstämmen schien, bis unser Bug schon fast drauf stieß. Einige dieser Durchbrüche waren regelrechte Inseln der Verlassenheit. Der dichte, unberührte Wald überwölbte beide Ufer des gewundenen kleinen Einschnitts, und man hätte glauben können, dort sei noch nie ein menschliches Wesen eingedrungen. Im Vorbeigleiten sahen wir schaukelnde Weinranken, grasbewachsene Winkel und Baumgruppen; die blühenden Schlingpflanzen winkten mit ihren roten Blüten von der Spitze toter Baumstümpfe, und die ganze verschwenderische Üppigkeit des Waldgrüns war hier vertan und vergeudet. In den Durchbrüchen steuerte es sich ausgezeichnet, sie hatten mit Ausnahme des oberen Endes tiefes Fahrwasser, die Strömung war sanft, unter den Landzungen stand das Wasser völlig still und die unsichtbaren Ufer waren so steil, daß man dort, wo das zarte Weidendikkicht überhing, im Vorbeifahren die Breitseite seines Schiffs darin vergraben konnte – dann schien es geradezu, als beginne man zu fliegen.

Hinter anderen Inseln bemerkten wir armselige kleine Farmen und noch armseligere kleine Blockhütten, schiefe Holzzäune ragten ein, zwei Fuß aus dem Wasser hervor, und ein paar mit Baumwollhosen bekleidete, gelbgesichtige, vom Fieber geschüttelte männliche Elendsfiguren hockten auf dem oberen Querbalken, die Ellbogen auf den Knien und das Kinn in die Hand gestützt, kauten Tabak und schossen die Ausbeute durch die von ausgefallenen Zähnen hinterlassenen Lücken auf treibende Holzstücke, während sich die übrige Familie mit dem bißchen Vieh der Farm auf einem daneben vertäuten, leeren Holzprahm zusammendrängte. Auf diesem Prahm mußte die Familie viele Tage oder vielleicht Wochen kochen, essen und schlafen, bis der Fluß ein paar Fuß gefallen war und sie zu ihrer Blockhütte und ihrem Schüttelfrost zurückkehren konnten – wobei der Schüttelfrost eine barmherzige Einrichtung der allwissenden Vorsehung war, der ihnen ohne große Anstrengung zu Bewegung verhalf. Und solch einen feuchten Aufenthalt im Freien genossen diese Leute meistens zweimal im Jahr: durch das Dezemberhochwasser des Ohio und das Junihochwasser des Mississippi. Dabei waren es wohltuende Gaben, denn sie versetzten die Ärmsten wenigstens in die Lage, sich hin und wieder von den Toten zu erheben und das Leben zu betrachten, wenn ein Dampfer vorbeifuhr. Sie wußten den Segen auch zu schätzen, denn sie rissen Mund und Augen weit auf und nahmen die Gelegenheit gründlich wahr. Womit in aller Welt mochten sich diese verbannten Geschöpfe wohl in der

Jahreszeit des Niedrigwassers beschäftigen, um nicht vor Schwermut zu sterben!

Einmal fanden wir unseren Weg in einem dieser reizvollen Inseldurchbrüche von einem umgestürzten großen Baum völlig überbrückt. Das zeigt, wie schmal einige dieser Durchbrüche waren. Den Passagieren wurde eine einstündige Erholungspause in jungfräulicher Wildnis zuteil, während die Leichtmatrosen die Brücke weghackten, denn ein Zurück gab es natürlich nicht.

Von Cairo bis Baton Rouge hat man, wenn der Strom über die Ufer getreten ist, nachts keine besonderen Schwierigkeiten, denn in der tausend Meilen langen Wand aus dichtem Wald, die den ganzen Weg über beide Ufer beschützt, klafft nur hin und wieder eine Lücke mit einer Farm oder einem Holzplatz, und so läuft man ebensowenig Gefahr, „vom Fluß abzukommen" wie von einem eingezäunten Weg; von Baton Rouge bis New Orleans aber sieht es ganz anders aus. Der Strom ist über eine Meile breit und sehr tief – an manchen Stellen bis zu zweihundert Fuß. Beide Ufer sind auf einer Länge von über hundert Meilen ihres Waldes beraubt und von einer Zuckerrohrplantage nach der anderen gesäumt; nur hier und da steht ein vereinzelter junger Baum oder eine Reihe dekorativer chinesischer Zedrachbäume. Der Wald ist bis zum hintersten Rand der Pflanzungen zwei bis vier Meilen weit abgeholzt. Wenn der erste Frost droht, holen die Farmer Hals über Kopf ihre Ernte ein. Sind sie mit dem Zermahlen des Zuckerrohrs fertig, schichten sie die Rückstände der Stengel, die sie Bagasse nennen, zu großen Haufen auf und zünden sie an, während man diese Rückstände in anderen zuckerproduzierenden Ländern in den Öfen der Zuckerfabriken als Brennstoff verheizt. Diese Haufen feuchter Bagasse brennen langsam und qualmen wie Satans Küche.

Ein zehn bis fünfzehn Fuß hoher Deich schützt das Ufergelände des Mississippi auf beiden Seiten an seinem ganzen Unterlauf, und dieser Deich ist, den Umständen entsprechend, zehn bis hundert Fuß – sagen wir, im allgemeinen dreißig bis vierzig Fuß – weit vom Uferrand zurückgesetzt. Füllt man, wenn der Fluß über die Ufer getreten ist, dieses ganze Gebiet mit dem undurchdringlichen schwarzen Rauch von hundert Meilen brennender Bagassehaufen, und schickt dann um Mitternacht einen Dampfer dorthin, dann wird man sehen, wie einem zumute ist. Auch der Leser würde sehen, wie ihm da zumute wäre! Du befindest dich weit draußen, mitten auf einem ungewissen, undeutlichen Meer, das uferlos in der trüben Ferne verschwimmt, denn du kannst den schmalen Streifen Deich nicht erkennen, und immer bildest du dir ein, du sähest einen abseits stehenden Baum, wo gar keiner ist. Die Plantagen selbst sind durch den Rauch verwandelt und scheinen ein Teil des Meeres zu sein. Deine ganze Wache über peinigt dich diese ungeheure Qual der Ungewißheit. Du hoffst, du hältst dich im Fluß, aber du weißt es nicht. Gewiß ist nur eins: daß du dich vermutlich sechs Fuß vom Ufer *und* von der Zerstörung entfernt befindest, wenn du glaubst, du seist eine gute halbe Meile weit weg. Und gewiß ist dir auch, falls du zufällig den Deich rammst und deine Schornsteine über Bord gehen, der klägliche Trost, daß du ungefähr so etwas erwartet hast. Einmal schoß einer der großen Postdampfer aus Vicksburg zu dieser Jahreszeit nachts in eine Zuckerrohrplantage und mußte eine Woche lang dort bleiben. Das war jedoch nichts Neues, das hatten andere schon oft fertiggebracht.

Ich dachte, ich hätte dieses Kapitel abgeschlossen, aber ich möchte noch etwas Merkwürdiges hinzufügen, was mir gerade einfällt. Es gehört nur insofern hierher, als es sich auf die Lotsentätigkeit bezieht. Es gab früher einen ausgezeichneten Lotsen auf dem Strom, einen Mr. X., der Schlafwandler war. Wenn er sich über eine schwierige Strecke Gedanken machte, so hieß es, könne man sicher sein, daß er im Schlaf aufstand, umherging und seltsame Dinge tat. Einmal fuhr er ein, zwei Fahrten zusammen mit George Ealer als Lotse auf einem großen Passagier-Postdampfer aus New Orleans. Während der ersten Fahrt war George Ealer eine Zeitlang unruhig; das legte sich dann aber nach und nach, denn X. schien sich beim Schlafen mit seinem Bett begnügen zu wollen. Eines Nachts näherte sich das Schiff spät der Stadt Helena in Arkansas; der Wasserstand war niedrig und die Stelle zum Kreuzen oberhalb der Stadt sehr unübersichtlich und verwirrend. X. hatte die Stelle kürzlich gesehen, später als Ealer, und da es nieselte und die Nacht besonders trübe und finster war, überlegte Ealer, ob er nicht lieber X. rufen lassen sollte, damit der ihm beim Durchfahren der Strecke half, als schon die Tür aufging und X. hereinkam. Nun ist in sehr dunklen Nächten das Licht ein Todfeind der Lotsen. Wie jeder weiß, kann man von einem beleuchteten Zimmer aus in solch einer Nacht auf der Straße nichts erkennen, löscht man jedoch das Licht und steht im Dunkeln, lassen sich die Gegenstände draußen recht gut unterscheiden. Deshalb rauchen Lotsen in sehr dunklen Nächten nicht, sie dulden kein Feuer im Ofen des Steuerhauses, falls er auch nur eine einzige Ritze hat, durch die sich der geringste Schimmer hindurchdrängt, sie lassen die Kesseltüren mit riesigen Persennings verhängen und die Oberlichter verdunkeln. Dann dringt kein einziger Lichtstrahl aus dem Schiff. Die undefinierbare Gestalt, die jetzt das Steuerhaus betrat, hatte Mr. X.s Stimme. Sie sagte: „Laß mich übernehmen, George, ich habe die Strecke hier erst vor kurzem gesehen, und sie ist so vertrackt, daß es für mich wahrscheinlich leichter ist, das Schiff selbst zu führen, als dir zu erklären, wie du's machen sollst."

„Das ist nett von dir, und mir ist's mehr als recht, das kannst du mir glauben. Ich habe schon keinen Tropfen Schweiß mehr in mir. Ich bin nur immerfort um das Ruderrad herumgehüpft wie ein Eichhörnchen. Es ist so finster, daß ich nicht mal sagen kann, wohin das Schiff schwenkt, bis es sich dreht wie ein Karussell."

So setzte Ealer sich also schnaufend und keuchend auf die Bank. Die schwarze Erscheinung übernahm wortlos das Ruder, brachte den tänzelnden Dampfer mit ein, zwei Drehungen auf einen ruhigen Kurs, stand dann lässig da und führte ihn mal ein bißchen zur einen, mal zur anderen Seite, so sanft und leicht, als wäre es heller Mittag. Während Ealer dieses Wunder der Lotsenkunst beobachtete, wünschte er, er hätte nichts zugegeben! Er wandte kein Auge von ihm und staunte; schließlich sagte er: „Da dachte ich nun, ich wüßte, wie man einen Dampfer steuert, habe mich aber wieder mal geirrt!"

X. sagte nichts, setzte jedoch seine Arbeit gleichmütig fort. Er läutete zum Loten, läutete zum Drosseln des Dampfs, brachte das Schiff sorgfältig und sauber zwischen unsichtbare Marken, stand dann vor dem Ruder und blickte unerschütterlich hinaus in die Finsternis, voraus und achteraus, um die Schiffsposition zu überprüfen; als die Lotungen immer flacheres Wasser anzeigten, ließ er die Maschinen gänzlich stoppen, und nun folgten lautlose Stille und die gespannte Erwartung des „Treibens". Als das seichteste Wasser erreicht war, ließ er rasch Dampf geben, brachte das Fahrzeug sicher hinüber und begann es dann vorsichtig in das nächste System von Untiefenmarken zu führen; der gleiche geduldige, achtsame Umgang mit den Lotungen und Maschinen folgte, das Schiff glitt hindurch, ohne den Grund zu berühren, und gelangte in den dritten und letzten komplizierten Teil des Kreuzens; unmerklich bewegte es sich durch die Dunkelheit, glitt Zoll um Zoll in seine Markierungen, trieb gemächlich, bis das seichteste Wasser ausgerufen wurde, und schwang dann mit einem gewaltigen Dampfstoß über die Barre ins tiefe Wasser und in die Sicherheit!

Ealer ließ seinen lange zurückgehaltenen Atem in einem tiefen, erleichternden Seufzer ausströmen und sagte: „Das war das sauberste Stück Lotsenarbeit, das je einer auf dem Mississippi geleistet hat! Ich würde es nicht für möglich halten, wenn ich's nicht gesehen hätte!"

Er erhielt keine Antwort und setzte hinzu: „Bleib noch fünf Minuten am Ruder, Partner, laß mich rasch mal runterrennen und eine Tasse Kaffee trinken."

Eine Minute darauf biß Ealer in der Texaskajüte in ein Stück Kuchen und labte sich an einem Kaffee. In diesem Augenblick sah der Nachtwachmann nur mal eben hinein, und als er gerade wieder hinauswollte, bemerkte er Ealer und rief:

„Wer ist denn am Ruder, Sir?"

„X."

„Rennen Sie ins Steuerhaus – aber wie 'n geölter Blitz!"

Im nächsten Augenblick rasten die beiden Männer den Niedergang zum Steuerhaus hinauf, immer drei Stufen auf einmal. Niemand da! Der große Dampfer schoß ganz nach eigenem Belieben die Mitte des Stroms hinunter! Der Wachmann lief wieder hinaus, Ealer ergriff das Ruder, ließ eine Maschine mit Volldampf rückwärts laufen und hielt den Atem an, während das Schiff zögernd von einem „Flachskopf" abdrehte, den es gerade mitten in den Golf von Mexiko hatte befördern wollen!

Nach einer Weile kam der Wachmann zurück und fragte:

„Hat Ihnen dieser Mondsüchtige nicht gesagt, daß er schlief, als er hier heraufkam?"

„Nein."

„Es war aber so. Ich sah ihn oben auf der Reling spazieren, so unbekümmert wie andere Leute auf dem Pflaster, und ich brachte ihn zu Bett; eben in dieser Minute war er schon wieder da, weit achtern, und bei derselben teuflischen Seiltänzerei wie vorhin."

„Wenn er wieder mal einen von diesen Anfällen hat, werde ich wohl lieber dableiben. Aber hoffentlich bekommt er sie oft. Sie hätten bloß mal sehen sollen, wie er das Schiff beim Kreuzen von Helena hinübergebracht hat. So was ist mir einfach noch nicht vorgekommen. Und wenn er sogar im Schlaf eine solch piekfeine, geschniegelte Pfundsarbeit als Lotse zustande bringt – was könnte er dann erst zustande bringen, wenn er tot wäre?"

12. Kapitel

LOTEN

Wenn der Fluß sehr wenig Wasser führt und der Dampfer „alles Wasser verdrängt“, das in der Fahrrinne vorhanden ist – oder auch ein paar Zoll mehr, wie es in alten Zeiten oft vorkam –, muß man beim Steuern peinlich genau und behutsam vorgehen. Eine Anzahl besonders böser Stellen hatten wir fast bei jeder Fahrt auszuloten, wenn der Fluß Niedrigwasser führte.

Gelotet wird folgendermaßen: Das Schiff macht am Ufer fest, gleich oberhalb der seichten Stelle, an der man kreuzen muß; der Lotse, der gerade keine Wache hat, nimmt seinen Lehrling oder Rudergänger und eine ausgesuchte Mannschaft (manchmal auch einen Offizier), fährt mit dem Ewer hinaus – es sei denn, das Schiff verfügt über jenen seltenen und kostbaren Luxus eines richtigen Lotbootes – und begibt sich auf die Suche nach dem günstigsten Wasser, während der wachhabende Lotse seine Bewegungen mit dem Fernglas verfolgt und ihm ab und zu durch Signale der Dampfpfeife, die bedeuten: „versucht es weiter oben“ oder „versucht es weiter unten“, weiterhilft, denn aus einiger Entfernung betrachtet, ist die Wasseroberfläche wie ein Ölgemälde ausdrucksvoller und verständlicher als aus unmittelbarer Nähe. Die Signale der Dampfpfeife sind jedoch selten notwendig – vielleicht nur, wenn der Wind die bedeutsamen Kräuselwellen auf der Wasseroberfläche durcheinanderbringt. Wenn der Ewer die seichte Stelle erreicht hat, wird die Fahrt verringert; der Lotse beginnt die Tiefe mit einer zehn oder zwölf Fuß langen Stange auszuloten, und der Rudergänger an der Ruderpinne folgt dem Kommando: „Hart Steuerbord!“ oder „Halb Backbord!“ oder „Kurs halten!“

Ergeben die Messungen, daß der Ewer sich der flachsten Stelle der Barre nähert, ertönt der Befehl: „Riemen stopp!“ Dann hören die Leute auf zu rudern, und der Ewer treibt mit der Strömung. Das nächste Kommando lautet: „Klarmachen zum Bojesetzen!“ Sobald der flachste Punkt erreicht ist, befiehlt der Lotse: „Setzt Boje!“, und sie geht über Bord. Wenn der Lotse nicht zufrieden ist, lotet er die Stelle noch einmal aus; findet er weiter stromauf oder stromab besseres Wasser, versetzt er die Boje an diesen Platz. Ist er endlich zufrieden, gibt er den Matrosen das Kommando, alle Riemen in einer Reihe senkrecht in die Höhe zu halten, ein Stoß aus der Dampfpfeife des Schiffs zeigt an, daß das Signal verstanden wurde, dann legen sich die Leute in die Riemen und halten den Ewer längsseits der Boje, der Dampfer kommt vorsichtig heran, hält direkt auf die Boje zu, spart seine Kraft für den kommenden Kampf, gibt dann im kritischen Augenblick Volldampf und schleift und wälzt sich über Boje und Sand in das dahinter liegende tiefe Wasser. Oder vielleicht auch nicht – vielleicht „läuft er auf und schwojt". Dann braucht er mehrere Stunden (oder Tage), sich wieder flott zu staken.

Manchmal wird überhaupt keine Boje gesetzt, sondern der Ewer fährt voraus, sucht die günstigste Stelle, und der Dampfer folgt in seinem Kielwasser. Häufig bereitet das Loten viel Vergnügen und Aufregung, besonders an strahlenden Sommertagen oder in stürmischen Nächten. Im Winter aber macht es wegen der Kälte und der Gefahr wenig Spaß.

Eine Boje ist weiter nichts als ein vier oder fünf Fuß langes Brett mit einem in die Höhe ragenden Ende – eine umgekehrte Schulbank, an der man ein Bein stehenlassen und das andere entfernt hat. Sie wird mit einem Tau, an dessen Ende ein schwerer Stein befestigt ist, auf der flachsten Stelle der Barre verankert. Wäre nicht der Widerstand des aufwärts gerichteten Endes der umgedrehten Schulbank, würde die Strömung die Boje unter Wasser ziehen. Nachts wird eine Papierlaterne mit einer Kerze darin auf der Boje festgemacht, und sie ist über eine Meile weit sichtbar – ein kleiner, glimmender Funke inmitten der schwarzen Einöde.

Es gibt nichts Schöneres für einen Lehrjungen, als zum Loten hinauszufahren. Das hat so etwas Abenteuerliches, häufig auch Gefährliches; man fühlt sich so großartig, fast wie auf einem Kriegsschiff, während man aufrecht im Heck sitzt und einen schnellen Ewer steuert; herrlich ist das frohlockende Dahinschnellen des Boots, wenn sich eine Mannschaft erfahrener alter Matrosen mit ganzer Seele in die Riemen legt, und faszinierend anzuschauen, wie der weiße Schaum vom Bug fortströmt, im Rauschen des Wassers liegt Musik, und im Sommer macht es einen unsagbar froh, über die luftige Weite des Stroms dahinzuschießen, wenn die unzähligen kleinen Wellen in der Sonne tanzen. Für den Lehrling ist es darüber hinaus ein erhebendes Gefühl, auch einmal einen Befehl geben zu können, denn häufig sagt der Lotse nur: „Ree!" und überläßt das übrige dem Lehrjungen, der sofort im strengsten Kommandoton ruft: „Halb Steuerbord! Backbord kräftig durchziehen! Steuerbord stopp! Mit Schwung, Leute!" Dem Lehrjungen macht das Loten auch deshalb Spaß, weil die Passagiere, wenn es bei Tage geschieht, jede Bewegung des Ewers mit äußerstem Interesse verfolgen, und bei Nacht weiß er, daß dieselben staunenden Blicke auf die Laterne des Ewers geheftet sind, der in die Dunkelheit hinausgleitet und sich immer matter glimmend in der Ferne verliert.

Auf einer Fahrt hielt sich eine hübsche Sechzehnjährige zusammen mit ihrem Onkel und ihrer Tante die ganze Zeit täglich und stündlich in unserem Steuerhaus auf. Ich verliebte mich in sie. Und ebenso Mr. Thornburgs Lehrjunge Tom G. Bis dahin waren Tom und ich Busenfreunde gewesen, jetzt aber begann Kühle zwischen uns zu herrschen. Ich erzählte dem Mädchen viel von meinen Abenteuern auf dem Fluß und machte mich dabei zum Helden; auch Tom bemühte sich, als Held dazustehen, und es gelang ihm in einem gewissen Grad – aber er schmückte ja auch immer alles aus. Die Tugend jedoch wird um ihrer selbst willen belohnt, und so war ich ihm in diesem Wettbewerb eine kaum merkliche Winzigkeit voraus. Ungefähr um diese Zeit geschah etwas, was sehr verheißungsvoll für mich aussah. Die Lotsen beschlossen, die Kreuzungsstelle am oberen Ende von 21 auszuloten. Das sollte abends gegen neun oder zehn Uhr geschehen, wenn die Passagiere noch auf waren. Dies war Mr. Thornburgs Wache am Ruder, also mußte mein Chef die Lotungen vornehmen. Wir hatten ein bildhübsches Lotboot: lang, schlank, schnittig und so flink wie ein Windhund; die Duchten waren gepolstert, und zwölf Mann saßen an den Riemen; einer der Offiziere wurde immer mitgeschickt, um die Befehle an die Mannschaft weiterzugeben, denn auf unserem Dampfer wurde sehr viel Wert auf „Stil“ gelegt.

Wir machten oberhalb von 21 am Ufer fest und hielten uns bereit. Es war eine finstere Nacht und der Fluß so breit, daß das ungeübte Auge einer Landratte in der Dunkelheit das gegenüberliegende Ufer nicht erkennen konnte. Aufmerksam und gespannt verfolgten die Passagiere das Geschehen – alles verlief zu meiner Zufriedenheit. Als ich, malerisch in Ölzeug aufgetakelt, durch den Maschinenraum lief, traf ich auf Tom und konnte mir nicht verkneifen, eine boshafte Bemerkung zu machen.

„Bist du nicht froh, daß nicht du zum Loten raus mußt?“

Tom ging weiter, drehte sich aber rasch um und sagte: „Na, dafür kannste jetzt den Lotstab allein holen. Ich wollte's für dich tun, aber jetzt kannste lange warten!“

„Wer will denn, daß du ihn holst? Ich jedenfalls nicht. Er liegt ja im Lotboot.“

„Eben nicht. Er ist frisch gestrichen und liegt seit zwei Tagen zum Trocknen auf dem Decksvorsprung über den Damenkajüten."

Ich raste zurück und kam bald darauf noch rechtzeitig an, um inmitten der zuschauenden und staunenden Damen das Kommando zu hören: „Ablegen, Leute!"

Ich blickte hinüber, und da schoß das stattliche Lotboot davon; der gewissenlose Tom saß hoheitsvoll an der Ruderpinne und neben ihm mein Chef mit dem Lotstab, mit dem ich mich an der Nase hatte herumführen lassen. Da sagte das junge Mädchen zu mir: „Oh, wie schrecklich, in so einer Nacht in dem kleinen Boot hinausfahren zu müssen. Ist das nicht gefährlich?"

Ein Dolchstoß ins Herz wäre mir lieber gewesen. Voller Gift und Galle ging ich davon, um im Steuerhaus zu helfen. Allmählich verschwand die Bootslaterne, und nach einiger Zeit schimmerte eine Meile weit entfernt ein schwacher Lichtfunke auf der Wasseroberfläche. Mr. Thornburg ließ zur Bestätigung die Dampfpfeife aufschrillen, legte achteraus ab und hielt auf das Licht zu. Eine Weile fuhren wir rasch, nahmen den Dampf weg und glitten vorsichtig zu dem Funken hin. Dann rief Mr. Thornburg: „Nanu, die Laterne auf der Boje ist aus!"

Er stoppte die Maschinen. Einen Augenblick darauf sagte er: „Ach, da ist sie ja wieder."

Er ließ also die Maschinen von neuem anlaufen und läutete zum Loten. Nach und nach wurde das Wasser seichter, dann aber wieder tiefer! Mr. Thornburg brummte: „Na, das verstehe ich nicht. Ich glaube, die Boje ist von der Barre abgetrieben. Scheint mir ein bißchen zu weit links. Macht nichts. Drüberfahren ist auf jeden Fall das sicherste."

So bewegten wir uns also durch die undurchdringliche Finsternis langsam auf das Licht zu. Und als unser Bug gerade im Begriff war, darüber hinweg zu pflügen, packte Mr. Thornburg die Leinen der Glocken, ließ ein erschreckendes Geläute ertönen und rief: „Du meine Güte – es ist das Lotboot!"

Von weit unten drangen plötzlich laute Angstrufe herauf – eine Pause –, und dann folgte ein Knirschen und Krachen. Mr. Thornburg rief: „Da! Das Schaufelrad hat das Lotboot zu Kleinholz gemacht! Lauf! Sieh nach, wer umgekommen ist!"

Im Nu war ich auf dem Hauptdeck. Mein Chef, der Dritte Offizier und fast alle Matrosen waren gerettet. Sie hatten die Gefahr erst bemerkt, als es zum Ausweichen schon zu spät war; als dann einen Moment später die hohen Schutzgitter des Radkastens über ihnen aufragten, waren sie darauf vorbereitet und wußten, was zu tun war. Auf das Kommando meines Chefs sprangen sie im richtigen Augenblick empor, griffen nach dem Schutzgitter und wurden an Bord gehievt. Gleich darauf schoß das Lotboot nach achtern zum Rad hin, wurde erfaßt und in Atome zersplittert. Zwei Mann und der Lehrjunge Tom fehlten – was sich wie ein Lauffeuer auf dem Dampfer verbreitete. Alle Passagiere, auch die Damen, strömten mit besorgten Blicken und bleichem Gesicht zum vorderen Fallreep und sprachen in ängstlichem Ton über die schreckliche Sache. Immer wieder hörte ich sie sagen: „Die armen Kerle! Der arme Junge, der arme Junge!"

Inzwischen war der Schiffsewer bemannt worden und schon unterwegs, nach den Vermißten zu suchen. Jetzt ertönte von links ein schwacher Ruf. Der Ewer war in die entgegengesetzte Richtung verschwunden. Die Hälfte der Leute eilte zur einen Seite, um den Schwimmer mit ihren Rufen zu ermutigen, die andere Hälfte zur entgegengesetzten Seite, um dem Ewer zuzuschreien, er solle umkehren. Den Rufen nach kam der Schwimmer näher, aber einige sagten, der Ton zeige ein Nachlassen seiner Kräfte an. Die Menschen drängten sich an die Reling des Boilerdecks, lehnten sich darüber und starrten in die Finsternis; jeder schwach und schwächer werdende Ruf entrang ihnen Worte wie: „Ach, der Ärmste, der Ärmste! Gibt es denn gar keine Möglichkeit, ihn zu retten?"

Die Rufe hielten jedoch an und kamen näher, und bald sagte eine resolute Stimme: „Ich schaff's schon. Leine klar!"

Was ihn da für ein donnernder Beifall begrüßte! Der Erste Offizier bezog im blendenden Schein eines Fackelkorbs Stellung, eine aufgeschossene Leine in der Hand, seine Leute rings um sich versammelt. Im nächsten Moment erschien das Gesicht des Schwimmers im Lichtkreis, und einen Augenblick später wurde sein Besitzer schlaff und triefend unter Beifallsstürmen an Bord gehievt. Es war dieser Teufel Tom.

Die Mannschaft des Ewers suchte alles ab, fand jedoch keine Spur von den beiden Männern. Vermutlich hatten sie das Gitter des Radkastens verfehlt, waren hinabgefallen und vom Schaufelrad erschlagen worden. Tom war überhaupt nicht zum Schutzgitter, sondern kopfüber in den Fluß gesprungen und unter das Rad getaucht. Eine kinderleichte Sache, ich hätte es ohne weiteres fertiggebracht und sagte das auch; trotzdem aber machten alle mächtig viel Wesens um diesen Esel, als hätte er wunder was Großartiges geleistet. Das Mädchen schien den Rest der Fahrt über von diesem kläglichen Helden gar nicht genug bekommen zu können. Aber was scherte das mich, ich konnte sie sowieso nicht ausstehen.

Daß wir die Laterne des Lotbootes für das Bojenlicht gehalten hatten, war folgendermaßen gekommen:

Wie mein Chef berichtete, war er nach dem Setzen der Boje zurückgefallen und hatte sie beobachtet, bis sie fest zu sein schien; dann hatte er hundert Yard weiter flußabwärts ein wenig seitlich vom Kurs des Dampfers Stellung genommen, den Bug des Lotbootes stromaufwärts gerichtet, und gewartet. Da das eine Weile dauerte, waren er und die Offiziere ins Plaudern gekommen; als er dachte, der Dampfer müsse nun wohl über der Barre sein, hatte er aufgeblickt und gesehen, daß die Boje verschwunden war, hatte aber angenommen, der Dampfer sei schon darüber hinweggefahren, und sein Gespräch fortgesetzt. Er hatte zwar bemerkt, daß das Schiff sehr dicht auf ihn zu hielt, aber das war richtig so, es mußte hart an ihm vorbeifahren, um ihn bequem an Bord nehmen zu können; er hatte bis zum letzten Augenblick erwartet, es werde abgieren, und dann blitzartig begriffen, daß es ihn überfahren wollte, weil es seine Laterne für das Bojenlicht hielt, deshalb hatte er gerufen: „Klar zum Sprung an das Schutzgitter, Leute!", und im nächsten Moment waren sie gesprungen.

13. Kapitel

ANFORDERUNGEN AN DEN LOTSEN

Ich schweife jedoch von meiner Absicht ab, einiges Unerläßliche bei der Wissenschaft des Lotsens etwas deutlicher als in den vorhergehenden Kapiteln zu erklären. Vor allem ist da eine Fähigkeit, die ein Lotse ständig weiterentwickeln muß, bis er es zur absoluten Vollendung gebracht hat. Nichts als Vollendung reicht da aus. Diese Fähigkeit ist das Gedächtnis. Er kann sich nicht damit begnügen, zu glauben, eine Sache sei soundso, er muß es *wissen*, denn es handelt sich insbesondere um eine der „exakten" Wissenschaften. Mit welcher Geringschätzung wurde früher ein Lotse angesehen, der es jemals wagte, den schwächlichen Ausdruck „Ich glaube" anstelle des starken „Ich weiß" zu verwenden. Man kann sich kaum vorstellen, welche ungeheure Anstrengung es kostet, jede geringfügige Einzelheit von zwölfhundert Meilen Stromverlauf zu kennen, und das mit absoluter Genauigkeit. Der

Leser nehme die längste Straße von New York, fahre sie auf und ab und büffle geduldig all ihre Merkmale, bis er jedes Haus, jedes Fenster, jede Straßenlaterne und jedes große oder kleine Schild auswendig kennt, so genau, daß er augenblicklich angeben kann, vor welchem er sich befindet, falls ihn jemand mitten in einer stockfinstren Nacht auf dieser Straße absetzt – das gibt ihm eine ungefähre Vorstellung vom Umfang und der Genauigkeit des Wissens eines Lotsen, der den Mississippi sozusagen im Kopf mit sich herumträgt. Und wenn der Leser dann noch weiterlernt, bis er jede Straßenkreuzung, die Beschaffenheit, Größe und Lage aller Trittsteine an den Straßenübergängen sowie die unterschiedliche Tiefe des Schlamms an jedem dieser zahllosen Orte kennt, hat er eine Ahnung von dem, was der Lotse wissen muß, um einen Mississippidampfer vor Unheil zu bewahren. Danach nehme der Leser die Hälfte aller Schilder dieser Straße und *bringe sie* jeden Monat einmal *woanders an*, und wenn er dann in dunklen Nächten immer noch genau ihren neuen Platz kennt und diese ständigen Veränderungen im Kopf behält, ohne sich zu irren, dann wird er verstehen, welche Anforderungen der launische Mississippi an das unvergleichliche Gedächtnis eines Lotsen stellt.

Meiner Meinung nach ist das Lotsengedächtnis wohl so ziemlich das Wunderbarste auf der Welt. Das Alte und das Neue Testament auswendig zu kennen und fließend vorwärts und rückwärts aufsagen zu können oder an einer beliebigen Stelle des Buches anzufangen und es nach hinten und vorn herzusagen, ohne einmal zu stottern oder sich zu versprechen, bedeutet keine besondere Anhäufung von Wissen und keine erstaunliche Fähigkeit, verglichen mit dem umfangreichen Wissen eines Lotsen über den Mississippi und seiner erstaunlichen Fähigkeit, es anzuwenden. Ich wähle diesen Vergleich absichtlich und glaube nicht, daß ich dabei die Wahrheit strapaziere. Viele werden der Meinung sein, er sei übertrieben, Lotsen jedoch nicht.

Und wie leicht und ungezwungen arbeitet das Lotsengedächtnis, wie rührig und mühelos funktioniert es, wie *unwillkürlich* speichert es Stunde um Stunde, Tag für Tag seine riesigen Vorräte, und nie verliert oder verlegt es auch nur einen einzigen wertvollen Posten! Nehmen wir ein Beispiel. Sagen wir, ein Lotgast ruft: „Eineinhalb! Eineinhalb! Eineinhalb! Eineinhalb! Eineinhalb!", bis der Ruf so monoton wie das Ticken einer Uhr wird, und dabei geht das Gespräch die ganze Zeit über weiter; der Lotse beteiligt sich daran und hört dem Lotgast nicht mehr bewußt zu, aber mitten in dieser endlosen Kette von „Eineinhalb!" ertönt ohne jede besondere Betonung ein einziges „Eineinviertel!", und danach setzt sich der Ruf „Eineinhalb" wieder fort wie zuvor: Zwei bis drei Wochen darauf kann jener Lotse exakt die Schiffsposition während dieses „Eineinviertel!" beschreiben und einem zur Orientierung so viele Bug-, Heck- und Seitenmarkierungen nennen, daß man selbst in der Lage sein dürfte, das Schiff dorthin auf genau dieselbe Stelle zu bringen! Der Ruf „Eineinviertel!" lenkte ihn überhaupt nicht von seinem Gespräch ab, aber sein geübtes Wahrnehmungsvermögen photographierte sogleich die Peilung, stellte die Veränderung der Tiefe fest und bewahrte die wichtigen Einzelheiten für künftigen Bedarf auf, ohne daß er selbst etwas dazutun mußte! Ginge der Leser mit einem Freund ins Gespräch vertieft spazieren, während neben ihnen ein anderer Freund zwei Häuserblocks lang eintönig immerfort den Laut A wiederholte und dann plötzlich ein R dazwischensetzte, etwa: A, A, A, A, A, R, A, A, A, ohne das R zu betonen, so wäre jener zwei, drei Wochen danach nicht in der Lage, zu sagen, daß ein R dazwischen war, noch woran er in jenem Augenblick vorbeiging. Er könnte es jedoch, wenn er sein Gedächtnis fleißig und geduldig trainiert hätte, so etwas mechanisch zu tun.

Wenn ein Mensch von Natur aus ein einigermaßen gutes Gedächtnis hat, wird die Lotsentätigkeit es zu einem Koloß an Fassungsvermögen entwickeln. *Allerdings nur für die Dinge, in denen es täglich gedrillt wird.* Dann kommt eine Zeit, in der seine Beobachtungsgabe ganz unwillkürlich Landmarken und Lotungen registriert und sein Gedächtnis sie ebenso unwillkürlich mit der Kraft eines Schraubstocks festhält; fragte man aber denselben Mann mittags, was er zum Frühstück gegessen hat, stände es zehn zu eins, daß er es nicht sagen könnte. Das menschliche Gedächtnis kann Erstaunliches leisten, wenn man es beharrlich auf eine bestimmte Tätigkeit richtet.

Zu der Zeit, als die Gehälter auf dem Missouri in die Höhe schnellten, ging mein Chef, Mr. Bixby, dorthinauf und prägte sich über tausend Meilen dieses Flusses mit geradezu erstaunlicher Leichtigkeit und Geschwindigkeit ein. Nachdem er jeden Abschnitt *einmal* am Tag und *einmal* bei Nacht gesehen hatte, war seine Ausbildung fast vollendet, so daß er ein Lotsenpatent „für Tageslicht" erwarb; nach ein paar weiteren Fahrten erhielt er ein Vollpatent und übte seine Lotsentätigkeit ebenso am Tag wie in der Nacht aus – und galt als erstklassig.

Mr. Bixby teilte mich eine Zeitlang als Rudergänger einem Lotsen zu, dessen Gedächtniskunststücke mich ständig in Erstaunen setzten. Sein Gedächtnis war ihm aber, glaube ich, angeboren und nicht erarbeitet. Erwähnte zum Beispiel jemand einen Namen, fiel ihm Mr. Brown sogleich ins Wort.

„Ach ja, *den* hab ich gekannt. So ein Rotfuchs mit blassem Gesicht und einer kleinen Narbe neben der Kehle, wie ein Splitter unter der Haut. Er ist nur sechs Monate lang im Süden gefahren. Das war vor dreizehn Jahren. Ich hab mal eine Fahrt mit ihm zusammen gemacht. Damals war der Pegelstand im Oberlauf fünf Fuß; die ‚Henry Blake' fuhr bei Tower Island auf Grund, denn sie hatte viereinhalb Tiefgang, die ‚George Elliott' verlor ihr Ruderblatt auf dem Wrack der ‚Sunflower' . . ."

„Wieso, die ‚Sunflower' sank doch erst . . ."

„*Ich* weiß, wann die ‚Sunflower' gesunken ist: drei Jahre zuvor, am 2. Dezember; der Kapitän war Asa Hardy und sein Bruder John Erster Zahlmeister, und der fuhr noch dazu zum ersten Mal auf ihr. Tom Jones hat mir das alles eine Woche später in New Orleans erzählt, er war Erster Offizier auf der ‚Sunflower'. Kapitän Hardy trat sich am 6. Juli des nächsten Jahres einen Nagel in den Fuß und starb am 15. am Starrkrampf. Sein Bruder John starb zwei Jahre darauf – am 3. März – an der Rose. Ich habe keinen von den Hardys je gesehen – sie fuhren auf dem Allegheny –, aber Leute, die sie kannten, haben mir das alles erzählt. Und sie sagten, Kapitän Hardy sei im Winter wie im Sommer mit gestrickten Socken herumgelaufen, und seine erste Frau hieß Jane Shook – stammte aus Neuengland –, und seine zweite ist im Irrenhaus gestorben. Lag bei ihr im Blut. Sie kam aus Lexington in Kentucky. Ihr Mädchenname war Horton."

Und so bewegte sich die Zunge dieses Mannes stundenlang weiter. Er konnte nichts vergessen. Es war ihm einfach unmöglich. Die nebensächlichsten Einzelheiten blieben ihm, nachdem sie jahrelang in seinem Kopf geruht hatten, ebenso scharf und deutlich gegenwärtig wie die denkwürdigsten Ereignisse. Er hatte nicht nur ein Lotsengedächtnis, sondern eins mit universellem Fassungsvermögen. Sprach er von einem unbedeutenden Brief, den er vor sieben Jahren erhalten hatte, zitierte er einem todsicher die ganze Epistel aus dem Gedächtnis. Und ohne zu bemerken, daß er vom eigentlichen Thema abwich, gab er dann höchstwahrscheinlich noch einen langatmigen Lebenslauf des Briefschreibers zum besten, und man hatte wirklich Glück, wenn er nicht auch der Reihe nach auf dessen sämtliche Verwandte zu sprechen kam und deren Lebensläufe ebenfalls einflocht.

Ein solches Gedächtnis ist geradezu ein Verhängnis. Alle Ereignisse sind ihm von gleicher Wichtigkeit. Sein Besitzer kann einen interessanten Umstand nicht von einem uninteressanten unterscheiden. Als Erzähler stopft er seine Schilderungen mit ermüdenden Einzelheiten voll und verbreitet unerträgliche Langeweile. Und außerdem kann er nicht beim Thema bleiben. Er liest das kleinste Körnchen Erinnerung auf, das er an seinem Weg entdeckt, und läßt sich auf diese Weise ablenken. So begann Mr. Brown etwa in der redlichen Absicht, einem eine sehr lustige Anekdote über einen Hund zu erzählen. Er platzte fast vor Lachen, so daß er kaum damit anfangen konnte; nun gab ihm sein Gedächtnis zunächst einmal die Rasse und das Aussehen des Hundes ein, trieb danach in die Geschichte seines Besitzers und dessen Familie ab, mit einer Beschreibung aller Hochzeiten und Beerdigungen, die es dort gegeben hatte, samt Zitaten aus Glückwunschgedichten und Nachrufen in Versen; dann besann sich sein Gedächtnis darauf, daß eins dieser Ereignisse während des berüchtigten „strengen Winters" im Jahre soundso stattgefunden hatte, worauf eine genaue Beschreibung des Winters folgte, zusammen mit den Namen der Leute, die erfroren waren, und mit statistischen Angaben über die hohen Preise für Schweinefleisch und Heu. Schweinefleisch und Heu brachten ihn auf Mais und Trockenfutter, Mais und Trockenfutter auf Kühe und Pferde, Kühe und Pferde auf den Zirkus und gewisse bekannte Kunstreiter, der Übergang vom Zirkus zur Menagerie vollzog sich ganz natürlich, vom Elefanten zu Äquatorialafrika war nur ein Schritt, dann erinnerten die heidnischen Wilden selbstverständlich an die Religion, und nach drei oder vier Stunden ermüdenden Geschwätzes wechselte die Wache, und Brown murmelte, während er das Steuerhaus verließ, Auszüge aus Predigten, die er vor Jahren über die Kraft des Gebets zur Erlangung der Gnade gehört hatte. Und die ursprüngliche erste Erwähnung des Hundes war alles, was man nach so viel Warten und Spannung über ihn erfahren hatte.

Ein Lotse muß ein Gedächtnis haben, gleichfalls aber zwei höhere Eigenschaften, nämlich eine verläßliche schnelle Urteils- und Entschlußkraft und kühlen, besonnenen Mut, den keine Gefahr erschüttern kann. Hat ein Mann von Natur aus auch nur die geringste Spur von Schneid, wird er sich als Lotse von keiner Gefahr, in die ein Dampfer geraten kann, mehr entnerven lassen; auf die Urteilskraft trifft das jedoch in gleichem Maße zu. Urteilskraft ist eine Frage der Intelligenz, und man muß schon einen guten Vorrat dieser Substanz mitbringen, sonst wird man als Lotse nie Erfolg haben.

Im Steuerhaus wächst einem ständig der Mut; eine zufriedenstellende Höhe erreicht der junge Lotse aber erst dann, wenn er eine Zeitlang allein „seine Wache durchgestanden“ hat, unter der erdrückenden Last der Verantwortung, die mit dieser Aufgabe verbunden ist. Wenn der Lehrling einigermaßen gründlich mit dem Strom vertraut ist, fährt er bei Tag wie bei Nacht mit seinem Dampfer munter drauflos, und bildet sich bald ein, es sei *sein* Mut, der ihn beseelt; kaum aber geht der Lotse zum erstenmal hinaus und überläßt ihn sich selbst, stellt er fest, daß es der Mut des anderen gewesen ist. Er entdeckt, daß dieser Posten in seiner Ladung völlig fehlt. Im Nu strotzt der ganze Fluß nur so von Gefahrenstellen, auf die er nicht vorbereitet ist, er weiß nicht, wie er ihnen begegnen soll, und innerhalb einer Viertelstunde ist er so weiß wie ein Laken und ängstigt sich fast zu Tode. Darum trainieren die Lotsen ihre Lehrjungen mit Hilfe verschiedener strategischer Kniffe, der Gefahr ein bißchen ruhiger ins Auge zu sehen. Zu ihren Lieblingsmethoden gehört, den Kandidaten in aller Freundschaft auf den Leim zu führen.

Mr. Bixby legte mich einmal auf diese Weise herein, und noch Jahre danach errötete ich sogar im Schlaf, wenn ich daran dachte. Ich war ein guter Rudergänger geworden, ja, ein so guter, daß ich in unserer Wache die ganze Arbeit machen mußte, Tag und Nacht. Mr. Bixby gab mir nur selten einen Wink; alles, was er tat, war, in besonders schlimmen Nächten oder bei besonders schwierigem Kreuzen das Ruder zu übernehmen, das Schiff anlegen zu lassen, wenn angelegt werden mußte, neun Zehntel der Wache über den vornehmen Müßiggänger zu spielen und die Heuer einzustreichen. Der Unterlauf des Flusses war fast bis zum Uferrand voll, und hätte jemand meine Fähigkeit angezweifelt, ohne jede Hilfe und Anweisung alle Stellen zwischen Cairo und New Orleans, an denen wir kreuzen mußten, zu bewältigen, dann wäre ich tödlich beleidigt gewesen. Die Vorstellung, *bei Tage* vor irgendeinem dieser Punkte Angst zu haben, war zu lächerlich, um auch nur einen Gedanken darauf zu verwenden. Ich dampfte also an einem wunderschönen Sommertag die Biegung oberhalb der Insel 66 hinunter, vor Selbstgefälligkeit fast platzend und die Nase so hoch wie eine Giraffe, als Mr. Bixby sagte: „Ich geh mal eine Weile nach unten. Ich nehme an, du weißt Bescheid, wie du das nächstemal kreuzen mußt?“

Das war fast eine Beleidigung. An der Stelle war das Kreuzen so ziemlich am unkompliziertesten und leichtesten auf dem ganzen Strom. Man konnte überhaupt nicht zu Schaden kommen, ob man nun richtig steuerte oder nicht, und was die Tiefe betraf, so war dort noch nie jemand auf Grund gelaufen. Das wußte ich alles ganz genau.

„Ob ich weiß, wie ich da *kreuzen* muß? Na, kann ich doch mit geschlossenen Augen!"

„Wie hoch ist dort das Wasser?"

„Das ist aber eine komische Frage. Nicht mal mit 'nem Kirchturm könnte ich da auf Grund kommen."

„So, meinst du?"

Schon allein der Ton seiner Frage erschütterte mein Selbstvertrauen. Das eben hatte Mr. Bixby erwartet. Er ging fort, ohne noch etwas zu sagen. Ich fing an mir alles mögliche einzubilden. Mr. Bixby schickte, natürlich ohne mein Wissen, jemand mit ein paar geheimnisvollen Anweisungen für die Lotgasten zur Back hinunter; ein weiterer Bote wurde zu den Offizieren gesandt, um ihnen etwas zuzuflüstern, und dann versteckte sich Mr. Bixby hinter einem Schornstein, von wo aus er das Weitere beobachten konnte.

Bald darauf trat der Kapitän auf das Hurrikandeck hinaus, als nächstes erschien der Erste Offizier, danach ein Zahlmeister. Alle paar Augenblicke erweiterte sich mein Publikum um einen Nachzügler, und bevor ich die Spitze der Insel erreicht hatte, waren dort unten vor meiner Nase fünfzehn bis zwanzig Mann versammelt. Ich fing an mich zu fragen, was los war. Als ich zu kreuzen begann, blickte der Kapitän zu mir herauf und fragte mit scheinbar sorgenvoller Stimme: „Wo ist denn Mr. Bixby?"

„Nach unten gegangen, Sir."

Das aber gab mir den Rest. Meine Phantasie begann aus dem Nichts Gefahren aufzubauen, und sie vermehrten sich rascher, als ich vor ihnen weglaufen konnte. Plötzlich bildete ich mir ein, ich sähe voraus eine Untiefe! Die Woge feiger Todesangst, die mich durchflutete, zerrupfte mir fast die Glieder. Mein ganzes Vertrauen auf diesen Kreuzpunkt schwand dahin. Ich ergriff die Leine zu den Glocken, ließ sie beschämt wieder los, packte sie zitternd noch einmal und zog so zögernd daran, daß ich den Anschlag der Glocke selbst kaum hören konnte. Sofort riefen der Kapitän und der Erste Offizier gleichzeitig: „Steuerbordlot, aber rasch!"

Das war ein weiterer Schock. Ich fing an wie ein Eichhörnchen am Ruderrad herumzuturnen, aber kaum hatte ich begonnen, nach Backbord abzudrehen, als ich Schreckliches auf dieser Seite erblickte, und schon wirbelte ich das Rad wieder zurück zur anderen, nur um festzustellen, daß sich steuerbord neue Gefahren anhäuften, so daß ich kaum erwarten konnte, wieder nach Backbord zu kommen. Dann erfolgte mit Grabesstimme der Ruf des Lotgastes: „Vier Faden!"

Vier Faden Tiefe an einem Kreuzpunkt ohne Grund! Vor Schreck darüber stockte mir der Atem.

„Drei Faaaden! Drei Faaaden! Zweidreiviertel! Zweieinhalb!"

Das war ja entsetzlich! Ich packte die Glockenleinen und ließ die Maschinen stoppen.

„Zweieinviertel! Zweieinviertel! Zwei Faden!"

Ich war ratlos. Ich wußte nicht, was in aller Welt ich tun sollte. Ich zitterte am ganzen Körper, und die Augen quollen mir so weit aus dem Kopf, daß ich meinen Hut daran hätte aufhängen können.

„Ein*dreiviertel*! Neunein*halb*!"

Wir hatten aber neun Fuß Tiefgang! Meine Hände flogen nervös. Ich konnte mit ihnen keine Glocken verständlich läuten. So rannte ich zum Sprachrohr und schrie dem Maschinisten zu: „Ach, Ben, wenn du mir gut bist, volle Kraft zurück! Schnell, Ben, zurück – bis alles kracht!"

Ich hörte, wie sich die Tür leise schloß, und sah mich um: Dort stand Mr. Bixby und lächelte einschmeichelnd und liebenswürdig. Da brach das Publikum auf dem Hurrikandeck in einen Orkan demütigenden Gelächters aus. Jetzt begriff ich alles und fühlte mich erbärmlicher als der erbärmlichste Mensch in der Geschichte. Ich ließ das Lot einholen, brachte das Schiff auf seinen Kurs, ließ die Maschinen mit voller Kraft laufen und sagte: „Da haben Sie einer armen Waise aber einen fabelhaften Streich gespielt, was? Vermutlich werde ich mein Lebtag zu hören bekommen, wie ich so ein Esel sein konnte, an der Spitze von 66 loten zu lassen."

„Tja, wird wohl so sein. Ich hoffe es sogar, denn du sollst aus dieser Erfahrung etwas lernen. Hast du nicht *gewußt*, daß man beim Kreuzen an dieser Stelle auf keine lotbare Tiefe stößt?"

„Doch, Sir, ich habe es gewußt."

„Na also. Du hättest nicht zulassen dürfen, daß ich oder sonst jemand dein Vertrauen in dieses Wissen erschütterte. Versuch dir das zu merken. Und noch eins! Wenn du an eine gefährliche Stelle kommst, werde nicht feige. Das hilft dir überhaupt nicht!"

Das war eine recht gute Lektion, aber auf ziemlich harte Weise gelernt. Am härtesten jedoch war, daß ich monatelang immer wieder einen Satz zu hören bekam, gegen den ich eine besondere Abneigung gefaßt hatte. Er lautete: „Ach, Ben, wenn du mir gut bist, volle Kraft zurück!"

14. Kapitel

RANG UND WÜRDE DES LOTSEN

In den vorhergehenden Kapiteln habe ich mich bemüht, mit Hilfe einer bis ins einzelne gehenden Beschreibung der Wissenschaft des Lotsens dem Leser Schritt für Schritt das Wesen dieser Wissenschaft verständlich zu machen und ihm zu zeigen, daß es sich um eine ganz einzigartige und großartige Wissenschaft handelt, die seine Aufmerksamkeit durchaus verdient. Wenn der Eindruck entsteht, ich sei in mein Thema vernarrt, dann ist das kein Wunder, denn ich liebte diesen Beruf weit mehr als jeden anderen, den ich seither ausgeübt habe, und war maßlos stolz auf ihn. Der Grund dafür liegt auf der Hand: In jenen Tagen war der Lotse das einzig ungebundene und gänzlich unabhängige menschliche Wesen auf Erden. Könige sind nur die Diener von Parlament und Volk, die sie behindern, Parlamente tragen von ihren Wählern geschmiedete Ketten, ein Zeitungsredakteur kann nicht unabhängig sein, sondern muß sich bei seiner Arbeit, eine Hand durch Partei und Geldgeber gebunden, damit begnügen, nur die Hälfte oder zwei Drittel seiner Meinung zu äußern; kein Prediger ist ein freier Mensch und kann, ohne auf die Ansichten seiner Gemeinde zu achten, die ganze Wahrheit verkünden; Schriftsteller jeden Genres sind geknebelte Knechte ihrer Leserschaft. Wir schreiben offen und furchtlos, dann aber „mäßigen" wir das Geschriebene, bevor wir es in Druck geben. In Wahrheit hat jeder Mann, jede Frau und jedes Kind einen Herrn über sich und sorgt und grämt sich unter seinem Joch, nicht aber der Mississippilotse aus der Zeit, die ich beschreibe. Der Kapitän durfte im Glanz einer sehr kurz bemessenen Autorität auf dem Hurrikandeck stehen und dem Lotsen fünf oder sechs Befehle erteilen, während das Schiff über den Achtersteven auslief – dann war seine Herrschaft aber auch schon vorüber. Sobald das Schiff auf dem Fluß war, unterstand es allein der unbestrittenen Befehlsgewalt des Lotsen. Er konnte damit tun und lassen, was ihm beliebte, fahren, wann und wohin er wollte, und am Ufer festmachen, sobald er es selbst für richtig hielt. Er handelte völlig ungebunden, zog niemanden zu Rate, erhielt von keinem Befehle und nahm sogar den leisesten Vorschlag sogleich übel. Tatsächlich verbot ihm ein Bundesgesetz, auf Befehle oder Vorschläge zu hören, in der richtigen Überlegung, der Lotse müsse selbstverständlich das Schiff besser lenken können als ihm irgend jemand zu raten vermochte. So gab es hier etwas Neues – einen König ohne Aufpasser, einen absoluten Monarchen, der wirklich und wahrhaftig absolut war, und nicht nur dem Namen nach. Ich habe erlebt, wie ein achtzehnjähriger Knabe gelassen einen großen Dampfer in den fast sicher scheinenden Untergang steuerte, während der bejahrte Kapitän voller Befürchtungen, aber machtlos, stumm daneben stand. Hätte er sich in diesem besonderen Fall eingemischt, wäre das vielleicht sogar sehr günstig gewesen, es zuzulassen aber hätte einen äußerst schädlichen Präzedenzfall geschaffen. Wie sich leicht erraten läßt, war der Lotse angesichts seiner grenzenlosen Autorität in der Frühzeit der Dampfschiffahrt ein bedeutender Mann. Der Kapitän behandelte ihn mit ausgesuchter Höflichkeit, alle Offiziere und Mannschaften mit ausgesuchter Ehrerbietung, und dieser ehrfurchtsvolle Geist übertrug sich auch auf die Passagiere. Ich glaube, Lotsen waren so ziemlich die einzigen Leute, die ich je kennengelernt habe, welche in Gegenwart reisender ausländischer Fürsten keinerlei Verlegenheit zeigten. Aber Leute von gleichem Rang versetzen einen ja nicht in Verlegenheit.

Infolge der langen Gewohnheit kleideten Lotsen schließlich alle Wünsche in die Form von Befehlen. Es geht mir bis zum heutigen Tag gegen den Strich, meinen Willen in der schwachen Gestalt einer Bitte zu äußern anstatt in der eines forschen Befehls.

In jener vergangenen Zeit dauerte es durchschnittlich fünfundzwanzig Tage, einen Dampfer in St. Louis zu beladen, ihn nach New Orleans und wieder zurückzufahren und seine Ladung zu löschen. Sieben bis acht Tage hiervon verbrachte das Schiff an den Kais von St. Louis und New Orleans, und jedermann an Bord mußte schwer arbeiten, bis auf die beiden Lotsen; die spielten im vornehmen Stadtviertel lediglich den feinen Herrn und erhielten dafür die gleiche Heuer, als wären sie im Dienst. Kaum hatte das Schiff in einer der beiden Städte den Kai berührt, waren sie auch schon an Land und ließen sich im allgemeinen nicht wieder blikken, bis das letzte Glockenzeichen ertönte und alles für die nächste Fahrt bereit war.

Wenn ein Kapitän einen Lotsen von besonders gutem Ruf erwischt hatte, gab er sich Mühe, ihn zu halten. Als die Heuern am Oberlauf des Mississippi vierhundert Dollar betrugen, kannte ich einen Kapitän, der einem solchen Lotsen drei Monate lang in Untätigkeit seine volle Heuer weiterzahlte, obwohl der Fluß zugefroren war. Und man bedenke, daß vierhundert Dollar in jenen billigen Zeiten ein fast unvorstellbar glänzendes Gehalt waren. An Land erhielten nur wenige eine solche Bezahlung, und wenn, dann wurden sie hoch geachtet. Kamen Lotsen vom einen oder anderen Ende des Flusses in unseren kleinen Ort am Missouri, rissen sich die angesehensten Männer und die schönsten Frauen um sie und behandelten sie mit ausgesuchter Höflichkeit. Viele Lotsen schätzten und genossen es, bei voller Heuer im Hafen zu liegen, besonders wenn sie dort in den besten Tagen der Missourischiffahrt (zur Kansaszeit) fuhren und neunhundert Dollar für eine Fahrt erhielten, was ein Monatsgehalt von etwa achtzehnhundert Dollar ausmachte. Hier ein Gespräch aus dieser Zeit: Ein Mann vom Fluß Illinois, der eine kleine Heckradnußschale fährt, spricht zwei piekfeine und goldglitzernde Lotsen vom Missouri an.

„Gentlemen, ich habe eine recht vorteilhafte Fahrt ins Hinterland und brauche Sie für etwa einen Monat. Wieviel würde das machen?"

„Achtzehnhundert Dollar pro Nase."

„Du lieber Himmel! Dann nehmen Sie lieber gleich mein Schiff, überlassen mir Ihre Heuern, und ich teile mit Ihnen!"

Ich will nebenbei noch erwähnen, daß das Ansehen der Dampfschiffleute vom Mississippi in den Augen der Landratten (und in gewissem Grade auch in ihren eigenen) der Würde des Schiffs entsprach, auf dem sie fuhren. Zum Beispiel war es schon erhebend, zur Mannschaft eines so stolzen Schiffs wie der „Aleck Scott" oder der „Grand Turc" zu gehören. Schwarze Heizer, Leichtmatrosen und Barbiere, die auf diesen Fahrzeugen fuhren, galten unter ihresgleichen als vornehme Persönlichkeiten und waren sich dieser Tatsache auch wohl bewußt. Auf einem Negerball in New Orleans fiel einmal ein kräftiger Schwarzer durch sein großspuriges Benehmen unangenehm auf. Schließlich kam einer der Veranstalter auf ihn zu und sagte: „Wer biste'n? Wer biste'n überhaupt, möcht ich mal wissen!"

Der Übeltäter geriet nicht ein bißchen aus der Fassung, sondern warf sich in die Brust und sagte mit einer Stimme, die deutlich zeigte, daß er sich nicht ohne Kapitalseinlage so hochtrabend benahm: „Wer ich bin? Wer ich bin? Werd ich euch gleich mal sagen. Hört zu, ihr Nigger, ich heize den mittlern Kessel von der ‚Aleck Scott'!" Das genügte.

Der Barbier der „Grand Turc“ war ein geschniegelter junger Neger, der seine Wichtigkeit mit milder Selbstgefälligkeit zur Schau trug und dem man in den Kreisen, in denen er verkehrte, sehr den Hof machte. Die jungen Farbigen von New Orleans flirteten gern in der Dämmerung auf den Bürgersteigen der Nebenstraßen. Eines Abends beobachtete man dort folgendes: Eine Negerin mittleren Alters steckte den Kopf durch eine zerbrochene Fensterscheibe und rief (sehr darauf bedacht, daß die Nachbarn es auch hörten und neidisch waren): „Du, Mary Ann, komm mal sofort rein! Was stehste'n da rum und gibst dich mit so'm Lumpenpack ab, wo doch der Barbier vonner ‚Gran' Turc‘ mit dir Konfersazion haben will!“

Meine eben gemachte Bemerkung über die offizielle besondere Stellung eines Lotsen, die ihn außerhalb der Reichweite jeder Kritik und aller Befehle stellte, erinnert mich unwillkürlich an Stephen W. Er war ein begabter Lotse, ein feiner Kerl und ein unermüdlicher Unterhalter mit viel Witz und Humor. Dazu besaß er ein höchst respektloses Unabhängigkeitsbewußtsein und war köstlich lässig und freimütig gegenüber dem Alter, amtlicher Würde und sogar gegenüber dem erhabensten Reichtum. Er hatte stets Arbeit, sparte nie einen Penny, borgte mit großer Überredungskunst und schuldete jedem Lotsen auf dem Fluß sowie den meisten Kapitänen Geld. Er verstand es, einem Stück verwegenen, halsbrecherischen Lotsens einen gewissen Glanz zu verleihen, der es beinahe faszinierend machte, freilich nicht für jedermann. Einmal fuhr er mit dem guten alten Kapitän Y., und sobald das Schiff in New Orleans anlegte, wurde er vom Dienst „entbunden“. Jemand drückte sein Erstaunen über diese Entlassung aus. Kapitän Y. schauderte beim bloßen Erwähnen von Stephens Namen. Dann piepste er mit seiner dünnen, schwachen Greisenstimme etwa folgendes: „Um Himmels willen! Nicht um die Welt möchte ich einen solchen Wilden an Bord haben! Nicht um die ganze Welt! Er flucht, er singt, er brüllt – noch nie hab ich so ein Injanergebrüll erlebt. Zu jeder Nachtzeit – war ihm ganz egal. Er brüllte einfach so los – nicht aus irgendeinem besonderen Grund, sondern nur weil er teuflisches Vergnügen daran hatte. Kaum war ich fest eingeschlafen, da holte er mich mit gräßlichem Kriegsgeschrei aus der Koje – ich war ganz in kaltem Schweiß gebadet. Ein merkwürdiger Bursche – ein ganz merkwürdiger Bursche, vor nichts und niemand hat er Respekt. Manchmal redete er mich mit ‚Johnny‘ an. Und er hatte eine Fiedel und eine Katze mit. Spielte jämmerlich. Das schien die Katze zu ärgern, und sie fing an zu schreien. Niemand konnte schlafen, wo sich dieser Mensch mit seinem Anhang aufhielt. Und leichtsinnig! So was Leichtsinniges hat's noch nicht gegeben. Ob Sie's glauben oder nicht, aber so wahr ich hier sitze: Er ratterte mit meinem Schiff in Schräglage mit Volldampf durch diese scheußlichen Snags bei Chicot, und das bei hundsföttischem Wind. Meine Offiziere werden es Ihnen bestätigen. Die haben's erlebt. Und Sir, während er mitten durch diese Snags raste und ich vor Angst nur so schlotterte und ein Gebet sprach – ich will auf der Stelle die Sprache verlieren, wenn er da nicht die Lippen spitzte und anfing zu *pfeifen*!

Ja, Sir – zu pfeifen: ‚Ihr Mädchen von Buffalo, geht doch heut nacht mit mir aus, heut nacht mit mir aus', und das so seelenruhig, als wären wir auf einer Beerdigung und mit der Leiche nicht verwandt. Und als ich ihm deshalb Vorwürfe machte, lächelte er zu mir herunter, als wäre ich sein Kind, und sagte zu mir, ich sollte schön artig sein und hineingehen, anstatt mich in die Angelegenheiten meiner Vorgesetzten einzumischen!"*

Einmal erwischte ein ziemlich geiziger Kapitän Stephen in New Orleans, als er gerade keine Arbeit und wie gewöhnlich kein Geld hatte. Er belagerte Stephen, der arg „in der Klemme" saß, bis er ihn schließlich überreden konnte, für hundertfünfundzwanzig Dollar im Monat, für die halbe Heuer, bei ihm anzumustern, wobei der Kapitän sich verpflichtete, das Geheimnis nicht zu verraten und den armen Kerl nicht der Verachtung der Gilde auszuliefern. Aber als das Schiff kaum einen Tag von New Orleans ausgelaufen war, entdeckte Stephen, daß der Kapitän mit seinem Erfolg prahlte und alle Offiziere Bescheid wußten. Stephen zuckte zusammen, sagte aber nichts. Am Nachmittag dann trat der Kapitän aufs Hurrikandeck hinaus, ließ seinen Blick umherschweifen und machte ein ziemlich erstauntes Gesicht. Er schaute fragend zu Stephen hinauf, aber der pfiff ruhig vor sich hin und war in seine Arbeit vertieft. Der Kapitän stand eine Weile sichtlich beunruhigt herum und schien ein paarmal einen Vorschlag machen zu wollen; die Etikette des Stroms aber hatte ihn gelehrt, solche Voreiligkeit zu unterlassen, deshalb beherrschte er sich und hielt den Mund. Er kochte innerlich und rätselte noch ein paar Minuten weiter vor sich hin, dann zog er sich in seine Gemächer zurück. Bald aber war er wieder draußen, und anscheinend

* Angesichts der zur Schau gestellten, jedoch nur äußerlichen Häuptlingsgewalt eines Kapitäns und der wirklichen Autorität eines Lotsen lag etwas frech Treffendes in seiner Ausdrucksweise.

verwirrter als je. Nach einiger Zeit wagte er achtungsvoll eine Bemerkung:

„Ziemlich guter Wasserstand jetzt im Fluß, wie, Sir?“

„Na, will ich meinen! Randvoll ist ja 'n recht guter Wasserstand!“

„Scheint 'ne mächtige Strömung hier zu sein.“

„Mächtig ist gar kein Ausdruck. Schlimmer als ein Mühlgraben.“

„Wär's nicht leichter näher beim Ufer als hier draußen in der Mitte?“

„Ja, mag wohl sein, aber man kann mit 'nem Dampfer nicht vorsichtig genug umgehen. Hier draußen ist er ziemlich sicher, hier kann er nicht auf Grund laufen, darauf können Sie sich verlassen.“

Der Kapitän ging fort und sah recht kläglich drein. Bei dieser Geschwindigkeit würde er vermutlich an Altersschwäche sterben, bevor sein Schiff St. Louis erreichte. Am nächsten Tag erschien er an Deck und sah, wie Stephen wieder gewissenhaft in der Mitte des Stroms flußaufwärts fuhr, im Kampf mit der ganzen gewaltigen Kraft des Mississippi, wobei er dieselbe gemessene Melodie pfiff. Die Sache wurde ernst. In der Nähe des Ufers glitt ein langsames Schiff im leichten Fahrwasser dahin und holte rasch auf; es nahm Kurs auf einen Inseldurchbruch, während Stephen sich weiter in der Strommitte hielt. Dem Kapitän entrangen sich geradezu die Worte: „Mr. W., schneidet dieser Durchbruch da nicht ein ganzes Stück Weg ab?“

„Ich glaube schon, aber ich weiß es nicht.“

„Sie wissen es nicht! Ist denn jetzt nicht genügend Wasser drin zum Durchfahren?“

„Ich nehme es an, aber ich bin nicht sicher.“

„Das ist aber merkwürdig, Ehrenwort! Die Lotsen auf dem Schiff da drüben versuchen es jedenfalls. Wollen Sie damit sagen, daß Sie nicht soviel wissen wie die?“

„Die? Na, das sind ja auch Lotsen zu zweihundertfünfzig Dollar! Aber haben Sie keine Angst, soviel wie einer für hundertfünfundzwanzig wissen muß, weiß ich.“

Der Kapitän ergab sich.

Fünf Minuten später brauste Stephen durch den Durchbruch und zeigte dem rivalisierenden Schiff eine Kehrseite von zweihundertfünfzig Dollar.

15. Kapitel

MONOPOL DER LOTSEN

Eines Tages schob sich mein Chef, Mr. Bixby, mit der „Aleck Scott“ vorsichtig durch eine schmale Stelle bei Cat Island; beide Lote waren draußen, und alles hielt den Atem an. Der Kapitän, ein nervöser, furchtsamer Mensch, schwieg, solange er sich beherrschen konnte; schließlich aber überwältigte es ihn, und er rief vom Hurrikandeck: „Um alles in der Welt, geben Sie Dampf, Mr. Bixby! Geben Sie Dampf! Bei diesem Tempo kommen wir nie über die Barre!“

Nach der Wirkung, die dies bei Mr. Bixby auslöste, hätte man annehmen können, kein Wort sei gefallen. Fünf Minuten später aber, als alle Gefahren vorüber und die Lote eingeholt waren, brach Mr. Bixby sogleich in schäumende Wut aus und überschüttete den Kapitän mit den saftigsten Flüchen, die ich je gehört hatte. Ein Blutvergießen gab es nur deshalb nicht, weil die Sache des Kapitäns auf schwachen Füßen stand, denn an sich war er nicht der Mann, der einen Tadel ruhig hinnahm.

Nachdem ich nun in allen Einzelheiten das Wesen der Lotsenwissenschaft erklärt und gleichfalls den Rang beschrieben habe, den der Lotse in der Gemeinschaft der Dampfschiffleute einnahm, scheint mir dies die erste geeignete Stelle zu sein, ein paar Worte über eine Organisation zu sagen, welche die Lotsen einst zum Schutz ihrer Gilde gründeten. Sie war insofern eigenartig und bemerkenswert, als sie vielleicht die geschlossenste und stärkste Berufsorganisation war, die Menschen je geschaffen haben.

Lange Zeit hatte die Heuer zweihundertfünfzig Dollar im Monat betragen, merkwürdigerweise aber begann sie, als die Dampfer zahlreicher wurden und das Geschäft an Umfang wuchs, nach und nach zu fallen. Der Grund dafür war leicht festzustellen. Es wurden zu viele Lotsen „gemacht“. Wie angenehm war es, einen Lehrjungen zu haben, einen Rudergänger, der ein paar Jahre lang unentgeltlich alle harte Arbeit tat, während sein Meister auf der hohen Bank saß und rauchte; denn alle Lotsen und Kapitäne hatten ja Söhne oder Neffen, die gern Lotsen werden wollten. Nach und nach kam es so weit, daß fast jeder Lotse auf dem Fluß über einen Rudergänger verfügte. Hatte der genügend Fortschritte gemacht, daß zwei beliebige aktive Lotsen mit ihm zufrieden waren, konnten sie ihm ein Lotsenpatent besorgen, indem sie einen Antrag an den Bundesinspektor unterschrieben; weiter war nichts nötig, Fragen wurden gewöhnlich nicht gestellt und auch kein Fähigkeitsnachweis gefordert.

Gut und schön, aber dieser wachsende Schwarm von neuen Lotsen begann schon bald die Heuer zu drücken, nur um eine Anstellung zu bekommen. Zu spät – wie es schien – bemerkten die Ritter von der Ruderpinne ihren Fehler. Offensichtlich mußte etwas getan werden, und zwar rasch, aber was? Eine geschlossene Organisation mußte her. Sie zustande zu bringen schien jedoch unmöglich; so sprach und sprach man davon und ließ es dann fallen. Die Wahrscheinlichkeit, daß jeder, der etwas in dieser Sache zu unternehmen wagte, daran zugrunde ginge, war allzu groß. Endlich aber riskierten etwa ein Dutzend der kühnsten – darunter auch einige der besten – Lotsen, die es auf dem Fluß gab, das Vorhaben und nahmen alle Gefahren auf sich. Sie erwarben von der gesetzgebenden Versammlung eine Stiftungsurkunde unter dem Namen „Gemeinnütziger Lotsenverband“, mit weitgehenden Vollmachten, wählten ihren Vorstand, bauten ihre Organisation aus, gründeten einen Geldfonds, hoben die „Verbandsheuern“ sogleich auf zweihundertfünfzig Dollar an und – setzten sich dann zu Hause zur Ruhe, denn sie wurden unverzüglich aus dem Dienst entlassen. Unter ihren Satzungen aber gab es zwei, drei unbemerkt gebliebene Kleinigkeiten, die den Samen einer Ausweitung in sich trugen. Zum Beispiel hatten alle unbeschäftigten Verbandsmitglieder von gutem Ruf Anspruch auf eine monatliche Zahlung von fünfundzwanzig Dollar. Dies zog in der Zeit der Flaute (d. h. im Sommer) einen Nachzügler nach dem anderen aus den Reihen der frischgebackenen Lotsen in den Verband. Lieber fünfundzwanzig Dollar haben als verhungern; der Beitritt kostete nur zwölf Dollar, und Arbeitslose brauchten keinen Beitrag zu zahlen.

Auch die Witwen verstorbener Mitglieder von gutem Ruf konnten fünfundzwanzig Dollar im Monat sowie eine gewisse Summe für jedes ihrer Kinder beziehen. Außerdem zahlte der Verband die Beerdigungskosten für die Verstorbenen. Diese Bestimmungen ließen alle überalterten und schon vergessenen Lotsen im Tal des Mississippi wiederauferstehen. Sie kamen von den Farmen, aus den Dörfern des Landesinneren – sie kamen von überallher. Sie kamen auf Krücken, auf Karren und in Krankenwagen – irgendwie, nur um hinzugelangen. Sie zahlten ihre zwölf Dollar ein, bezogen sogleich ihre monatlichen fünfundzwanzig Dollar und rechneten sich ihre Beerdigungskosten aus.

Nach einiger Zeit waren alle nutzlosen, hilflosen Lotsen sowie auch ein Dutzend erstklassige dem Verband beigetreten, während neun Zehntel der besten Lotsen draußen blieben und über ihn lachten. Auf dem ganzen Fluß war er die Zielscheibe des Spotts. Alle machten sich über die Satzung lustig, die sämtliche Mitglieder verpflichtete, jeden Monat zehn Prozent ihrer Heuer zur Erhaltung des Verbandes in dessen Kasse einzuzahlen, wo doch alle Mitglieder ausgestoßen und geächtet waren und niemand sie beschäftigen wollte. Jedermann sagte dem Verband höhnend dafür Dank, daß er alle unfähigen Lotsen aus dem Weg geräumt und den Ausgezeichneten und Verdienstvollen das gesamte Feld überlassen hatte, und darüber hinaus bedankten sich alle scherzend auch noch für etwas, was sich ganz natürlich daraus ergab, nämlich das allmähliche Ansteigen der Heuern, als die Saison einsetzte. Von nur hundert Dollar im Monat hatten sie sich auf hundertfünfundzwanzig erhöht, in einigen Fällen auf hundertfünfzig, und es war ein beliebter Spaß, sich darüber auszulassen, daß diese feine Sache eine Anzahl Leute erreicht hatte, von denen kein einziger auch nur den geringsten Nutzen daraus zog. Ein paar dieser Spaßvögel kamen auch häufig in die Verbandsräume und erheiterten sich damit, die Mitglieder zu foppen und ihnen aus Barmherzigkeit anzubieten, sie als Rudergänger auf eine Fahrt mitzunehmen, damit sie sich den vergessenen Fluß mal wieder ansehen könnten. Der Verband jedoch war zufrieden oder ließ sich jedenfalls das Gegenteil nicht anmerken. Hin und wieder fing er einen Lotsen ein, der „Pech hatte“, und setzte ihn auf seine Mitgliederliste, und diese später Hinzugekommenen waren sehr wertvoll, denn es waren gute Lotsen; die Stümper hatten sich alle schon aufnehmen lassen. Als das Geschäft lebhafter wurde, stiegen die Heuern allmählich auf zweihundertfünfzig Dollar – auf den Verbandstarif – und hielten sich auf dieser Höhe, auch jetzt noch ohne einem einzigen Angehörigen dieser Körperschaft zugute zu kommen, denn ihre Mitglieder wurden nicht angeheuert. Nun kannte die Heiterkeit auf Kosten des Verbands keine Grenzen mehr. Die Späße, die dieser arme Märtyrer über sich ergehen lassen mußte, nahmen kein Ende.

Aber auch der längste Weg kommt schließlich an einen Wendepunkt. Der Winter war im Anzug, das Geschäft verdoppelte und verdreifachte sich, und eine Lawine von Schiffen vom Missouri, vom Illinois und vom Oberlauf des Mississippi ergoß sich stromabwärts, um beim Handel mit New Orleans ihr Glück zu versuchen. Ganz plötzlich waren Lotsen sehr begehrt und entsprechend rar. Die Zeit der Vergeltung war gekommen. Eine bittere Pille, nun endlich doch Verbandslotsen einstellen zu müssen. Kapitäne und Reeder stimmten jedoch darin überein, daß es keinen anderen Ausweg gab. Aber von diesen Verfemten bot sich nicht einer an! So mußten jene eine noch bitterere Pille schlucken: Sie waren gezwungen, sie aufzusuchen und um ihre Dienste zu bitten. Kapitän . . . hielt es als erster für notwendig, die Dosis einzunehmen, und dabei hatte er am lautesten über die Organisation gespottet. Er paßte einen der besten Verbandslotsen ab und sagte: „Na, jetzt habt ihr Burschen ja mal für 'ne Weile Oberwasser gewonnen, und da will ich mit soviel Anstand wie möglich einlenken. Ich bin gekommen, Sie anzuheuern, bringen Sie gleich Ihren Koffer an Bord. Ich will um zwölf Uhr ablegen."

„Ich weiß nicht, ob das was wird. Wer ist denn Ihr anderer Lotse?"

„I. S. Warum?"

„Mit dem kann ich nicht fahren. Er gehört nicht zum Verband."

„Was?"

„Es ist so."

„Wollen Sie damit sagen, Sie lehnen es ab, zusammen mit einem der besten und ältesten Lotsen auf dem Fluß das Ruder zu bedienen, weil er Ihrem Verband nicht angehört?"

„Ja, das will ich."

„Na, wenn das kein Dünkel ist! Ich hatte gedacht, ich täte Ihnen einen Liebesdienst, aber jetzt fange ich an zu glauben, daß ich derjenige bin, der um einen Gefallen bittet. Handeln Sie nach einer Satzung des Vereins?"

„Ja."

„Zeigen Sie sie mir."

So traten sie also in die Verbandsräume, und der Kapitän ließ sich bald vom Sekretär überzeugen. Er sagte: „Tja, was soll ich da machen? Ich habe Mr. S. für die ganze Saison angeheuert."

„Ich werde Ihnen jemand beschaffen", sagte der Sekretär. „Ich schicke Ihnen einen Lotsen, um zwölf Uhr ist er an Bord."

„Aber wenn ich S. entlasse, macht er mich für die Heuer der ganzen Saison haftbar."

„Das ist natürlich eine Sache, die Sie mit Mr. S. austragen müssen, Kapitän. In Ihre Privatangelegenheiten können wir uns nicht einmischen."

Der Kapitän tobte, aber ohne Erfolg. Am Ende mußte er S. entlassen, ihm etwa tausend Dollar zahlen und statt seiner einen Lotsen des Verbandes anheuern. Jetzt waren die Lacher allmählich auf der anderen Seite. Von nun an fiel jeden Tag ein neues Opfer, jeden Tag entließ irgendein empörter Kapitän unter Tränen und Flüchen einen nichtorganisierten Liebling und wies dessen Koje einem verhaßten Angehörigen des Verbands zu. Schon nach sehr kurzer Zeit gab es eine Menge arbeitsloser Nichtmitglieder, so lebhaft die Geschäfte und so erwünscht ihre Dienste auch waren. Jetzt wurde ihr Lachen sehr säuerlich. Diesen Opfern sowie den Kapitänen und Reedern aber verging das Lachen bald ganz und gar, und sie fingen an, sich zornerfüllt auszumalen, wie sie Rache nehmen wollten, wenn die zeitweilige Konjunktur zu Ende ginge.

Bald lachten nur noch die Reeder und Besatzungen von Schiffen, die zwei nicht dem Verband angehörende Lotsen hatten. Ihr Triumph aber war nicht von langer Lebensdauer. Und zwar deshalb nicht: Es gehörte zu den eisernen Regeln des Verbands, daß seine Mitglieder nie und unter keinen Umständen an „Außenseiter“ Auskünfte über die Fahrrinne geben durften. Mittlerweile fuhr die Hälfte aller Schiffe ausschließlich mit Verbandslotsen und die andere Hälfte ausschließlich mit Außenseitern. Auf den ersten Blick sollte man annehmen, beide Parteien könnten, was das Verbot von Auskünften über den Strom betraf, in diesem Spiel gleichziehen; so war es aber nicht. Auf der ganzen Länge des Stroms lag an jedem größeren Ort anstelle eines Kais oder einer Mole ein „Ladeschiff“ als Löschplatz. Darauf wurde für den Transport bestimmte Ladung verstaut, und wartende Passagiere übernachteten in seinen Kajüten. Auf jedem dieser Ladeschiffe stellten die Angestellten des Verbands eine Kassette auf, die mit einem besonderen Schloß versehen war, das einzig und allein die Post der Vereinigten Staaten benutzte. Es war das Schloß der Postsäcke – eine geheiligte Regierungssache. Mittels zahlreicher Gesuche hatte der Verband die Regierung bewogen, ihm den Gebrauch dieses Schlosses zu gestatten. Jedes Verbandsmitglied trug einen Schlüssel zum Öffnen dieser Kassetten bei sich. Der Schlüssel oder vielmehr die besondere Art, ihn in der Hand zu halten, wenn ein Fremder den Eigentümer um Auskünfte über den Fluß bat – denn der Erfolg des Verbandes von St. Louis und New Orleans hatte jetzt einigermaßen gut gehende Zweigorganisationen in einem Dutzend benachbarter Dampfschiffunternehmen hervorgebracht –, war Zeichen und Mitgliedsausweis des Verbandsangehörigen; und wenn der Fremde nicht darauf reagierte, indem er den gleichen Schlüssel vorzeigte und auf eine bestimmte vorgeschriebene Weise hielt, wurde seine Frage höflich überhört.

Jedes Mitglied erhielt vom Sekretär des Verbands einen Stoß mehr oder weniger prunkvoller Blankoformulare, die, mit einem Kopf ähnlich wie bei einer Rechnung versehen und auf schönem Papier gedruckt, säuberlich in Spalten geteilt waren; der Kopf sah etwa so aus:

DAMPFER „GREAT REPUBLIC"

JOHN SMITH, KAPITÄN

Lotsen: John Jones und Thomas Brown

Kreuzpunkt	Lotungen	Marken	Bemerkungen

Diese Formulare wurden im Lauf der Fahrt Tag für Tag ausgefüllt und in den jeweiligen Kassetten auf den Ladeschiffen abgelegt. Sobald zum Beispiel ein Schiff gleich hinter St. Louis zum erstenmal gekreuzt hatte, notierte der Lotse die Einzelheiten in der entsprechenden Spalte des Formulars folgendermaßen:

„St. Louis. Neuneinhalb (Fuß). Heck auf Gerichtsgebäude, Bug auf abgestorbene Balsampappel oberhalb Holzplatz, bis zur ersten Barre, dann rechtwinklig rüber." Danach unter Bemerkungen: „Außen an Wracks vorbei. Wichtig! Neuer Snag genau dort, wo Kurs begradigt wird. Von oben nehmen."

Der Lotse, der dieses Formular in der Kassette von Cairo ablegte (nachdem er die Einzelheiten sämtlicher Kreuzpunkte von St. Louis an hinzugefügt hatte), entnahm ihr ein halbes Dutzend neuer Berichte (von stromaufwärts fahrenden Dampfern), die den Fluß zwischen Cairo und Memphis betrafen, studierte sie gründlich, legte sie wieder in die Kassette und kehrte dann gegen Unfälle gewappnet an Bord seines Schiffs zurück, so daß er sein Fahrzeug beim besten Willen nicht mehr in Gefahr bringen konnte, es sei denn durch ausgesuchtesten Leichtsinn.

Man stelle sich die Vorzüge eines so vortrefflichen Systems auf einem zwölf- bis dreizehnhundert Meilen langen Abschnitt eines Stroms vor, dessen Fahrrinne sich täglich veränderte! Hatte sich der Lotse früher damit begnügen müssen, eine Untiefe ein- oder höchstens zweimal im Monat zu sehen, standen ihm nun hundert scharfe Augen zur Verfügung, die sie für ihn überwachten, und eine Menge intelligenter Hirne, die ihm mitteilten, wie er sie angehen mußte. Auskünfte über den Fluß waren meistens keine vierundzwanzig Stunden alt. Blieben ihm trotz der Berichte in der letzten Kassette noch irgendwelche Befürchtungen über einen heimtückischen Kreuzpunkt, dann hatte er sein Hilfsmittel: Sobald er ein entgegenkommendes Schiff sah, ließ er ein bestimmtes Dampfsignal ertönen; wenn die Lotsen jenes Schiffs Verbandsmitglieder waren, wurde es ebenso beantwortet, darauf kamen die beiden Dampfer längsseits, und jede Ungewißheit wurde mündlich und in allen Einzelheiten durch die neuesten Auskünfte beseitigt.

Wenn ein Lotse New Orleans oder St. Louis erreicht hatte, brachte er als erstes seinen ausführlichen Schlußbericht in das Sprechzimmer des Verbands und hängte ihn dort aus – erst dann konnte er seine Familie aufsuchen. In diesen Sprechzimmern war immer eine große Anzahl Lotsen versammelt, die sich über die Veränderungen der Fahrrinne unterhielten, und sobald ein Neuankömmling eintraf, hörten alle Gespräche auf, bis dieser Zeuge die neusten Nachrichten mitgeteilt und die letzten Unklarheiten beseitigt hatte. Leute aus anderen Berufen können zuweilen mit dem Fachsimpeln aufhören und sich für andere Dinge interessieren. Nicht so ein Lotse, er muß sich ganz und gar seinem Beruf widmen und darf von nichts anderem sprechen, denn er hat nichts gewonnen, wenn er an einem Tag vollkommen ist, am nächsten aber nicht. Er darf weder Zeit noch Worte vergeuden, will er auf dem laufenden bleiben.

Der Außenseiter aber hatte es schwer. Für ihn gab es keinen besonderen Ort, wo er andere treffen und Nachrichten mit ihnen austauschen konnte, keine Kassette auf einem Ladeschiff, nichts als zufällige und unbefriedigende Auskunftsmöglichkeiten. Die Folge war, daß dieser Mann zuweilen fünfhundert Meilen des Stroms mit Informationen befahren mußte, die acht bis zehn Tage alt waren. Bei gutem Wasserstand mochte das angehen, aber bei flauem Niedrigwasser wurde es verhängnisvoll.

Nun ergab sich eine weitere, völlig logische Folge. Die Außenseiter ließen die Dampfer auf Grund laufen, brachten sie zum Sinken und verursachten alle möglichen Havarien, während die Verbandsmitglieder anscheinend von Unfällen verschont blieben. Das erschütterte selbst Reeder und Kapitäne von Schiffen, die ausschließlich mit Außenseitern fuhren und die bisher geglaubt hatten, gänzlich unabhängig vom Verband zu sein und prahlen und lachen zu können. Sie gaben sich aber auch weiterhin großspurig bis zu jenem schwarzen Tag, an dem alle Kapitäne den ausdrücklichen Befehl erhielten, ihre Außenseiter unverzüglich zu entlassen und statt dessen Verbandsmitglieder anzuheuern. Und wer war so kühn und vermessen, diesen Befehl zu erlassen? Ach, er stammte von einer Macht, die hinter dem Thron stand und stärker war als dieser – von den Versicherungsgesellschaften.

Nun blieb keine Zeit, sich noch lange mit Zeremonien aufzuhalten. Alle Außenseiter mußten sofort ihre Koffer an Land bringen. Natürlich hielt man es für ein abgekartetes Spiel zwischen dem Verband und den Versicherungsgesellschaften, aber das stimmte nicht. Diese hatten schließlich eingesehen, wie hervorragend das „Berichtsystem" des Verbands war und welche Sicherheit es gewährleistete, und so hatten sie ihre Entscheidung von sich aus und aus rein geschäftlichen Gründen getroffen.

Jetzt herrschte im Lager der Außenseiter Jammern, Heulen und Zähneknirschen. Trotz alledem aber stand ihnen nur noch ein Weg offen, und sie gingen ihn. Zu zweit und gruppenweise kamen sie, boten ihre zwölf Dollar an und baten um Aufnahme. Zu ihrer Überraschung erfuhren sie, daß schon seit langem etliche neue Satzungen galten. Zum Beispiel hatte man die Beitrittsgebühr auf fünfzig Dollar erhöht; diese Summe mußte eingezahlt werden und darüber hinaus zehn Prozent jeder Monatsheuer, die der Antragsteller seit Gründung des Verbands erhalten hatte. In manchen Fällen betrug dies drei- oder vierhundert Dollar. Der Verband behandelte den Antrag erst, wenn das Geld eingegangen war. Auch dann noch genügte eine einzige ablehnende Stimme, den Antrag zu Fall zu bringen. Jedes Mitglied mußte persönlich und vor Zeugen mit „ja" oder „nein" stimmen, und deshalb dauerte es Wochen bis zur Entscheidung über eine Bewerbung, da viele Lotsen ja lange auf Fahrt waren. Die reuigen Sünder aber kratzten ihre Ersparnisse zusammen, und einer nach dem anderen wurden sie durch unser umständliches Abstimmungsverfahren in die Gemeinde aufgenommen. Schließlich kam ein Zeitpunkt, an dem es nur noch etwa zehn Außenstehende gab. Sie erklärten, sie wollten lieber verhungern als einen Antrag stellen. Sie blieben lange Zeit arbeitslos, denn natürlich konnte niemand wagen, sie anzuheuern.

Nach einiger Zeit gab der Verband öffentlich bekannt, von einem bestimmten Datum an werde die Heuer auf fünfhundert Dollar monatlich erhöht. Alle Verbandszweige waren jetzt stark geworden, und der vom Red River hatte die Heuer auf siebenhundert Dollar monatlich angehoben. Angesichts dieser Tatsachen gaben die zehn Außenseiter widerstrebend nach und beantragten ihre Aufnahme. Inzwischen aber war wieder ein neuer Satzungspunkt gültig geworden, der bestimmte, daß sie nicht nur für die gesamte Heuer, die sie seit der Gründung des Verbandes erhalten hatten, Beiträge nachzahlen mußten, sondern auch für jene, die sie erhalten hätten, wenn sie bis zur Zeit ihres Antrags weitergearbeitet hätten, anstatt müßig im Schmollwinkel zu sitzen. Es erwies sich als ein schwieriges Unterfangen, sie aufzunehmen, schließlich aber war es doch geschafft. Der verstockteste Sünder in diesem Klüngel war so lange draußen geblieben und hatte seine „fälligen Beiträge“ derartig anwachsen lassen, daß er mit seinem Antrag sechshundertfünfundzwanzig Dollar einsenden mußte.

Der Verband besaß nun ein beträchtliches Bankkonto und war sehr stark. Es gab keinen Außenseiter mehr. Ein anderer neuer Satzungspunkt untersagte für fünf Jahre die Einstellung von weiteren Lehrjungen; danach sollte eine begrenzte Anzahl zugelassen werden, aber nicht durch Einzelpersonen, sondern durch den Verband, unter folgenden Bedingungen: Der Antragsteller mußte mindestens achtzehn Jahre alt sein, aus einer angesehenen Familie stammen und einen guten Ruf haben; er hatte eine Prüfung seines Wissensstandes abzulegen, mußte für das Vorrecht, Lehrling zu werden, im voraus tausend Dollar zahlen und blieb der Befehlsgewalt des Verbandes unterstellt, bis ein großer Teil der Mitgliedschaft (über die Hälfte, glaube ich) bereit war, seinen Antrag auf ein Lotsenpatent zu befürworten.

Alle bis dahin kontraktlich gebundenen Lehrlinge wurden jetzt ihren Meistern entzogen und vom Verband übernommen. Der Präsident und der Sekretär schickten sie ihrem Gutdünken entsprechend zum Dienst auf dieses oder jenes Schiff und ließen sie nach bestimmten Regeln von einem Fahrzeug zum anderen wechseln. Wenn ein Lotse nachweisen konnte, daß er eine schwache Gesundheit hatte und Hilfe brauchte, erhielt einer der Lehrjungen den Befehl, mit ihm zu fahren.

Die Liste der Witwen und Waisen wuchs, ebenso aber auch die Finanzkraft des Verbandes. Er richtete für seine Mitglieder pompöse Beerdigungen aus und trug die Kosten. Wenn es erforderlich war, entsandte er Mitglieder den Fluß hinab, um die Leichen von Verbandsbrüdern zu suchen, die nach Dampferunfällen vermißt wurden; eine solche Suche kostete manchmal tausend Dollar.

Der Verband beschaffte sich eine Zulassung und stieg ins Versicherungsgeschäft ein. Er schloß nicht nur Lebensversicherungen mit seinen Mitgliedern ab, sondern versicherte auch Dampfschiffe gegen Gefahren.

Die Organisation schien unzerstörbar. Sie war der straffste Monopolverband der Welt. Nach Bundesgesetz konnte niemand

Lotse werden, wenn nicht zwei Lotsen mit ordentlichem Patent seinen Antrag befürworteten, und es gab außerhalb des Verbandes keinen mehr, der befugt war zu unterschreiben. Deshalb nahm das Lotsenmachen ein Ende. Jedes Jahr würden einige sterben und andere infolge von Alter und Krankheit arbeitsunfähig werden; es würde keine neuen geben, die ihren Platz einnahmen. Mit der Zeit könnte der Verband die Heuern so hoch schrauben, wie er wollte, und solange er so weise blieb, die Sache nicht zu weit zu treiben und die Regierung herauszufordern, das System der Patente zu ändern, müßten sich die Dampfschiffreeder beugen, denn sie hatten keine Wahl.

Die Reeder und die Kapitäne waren das einzige Hindernis auf dem Weg des Verbands zur absoluten Macht, und schließlich wurde auch das beseitigt. So unglaublich es scheint – Reeder und Kapitäne taten dies vorsätzlich selbst. Als der Lotsenverband Monate im voraus bekanntgab, die Heuern würden ab 1. September 1861 auf fünfhundert Dollar im Monat steigen, erhöhten Reeder und Kapitäne unverzüglich die Frachtgebühren um ein paar Cent und erklärten den längs des Stroms ansässigen Farmern die Notwendigkeit dieses Schritts, indem sie ihre Aufmerksamkeit auf die drückende Höhe der Heuern lenkten, die von nun an gezahlt werden sollten. Das war zwar kein sehr stichhaltiges Argument, aber die Farmer schienen es nicht zu bemerken. Sie glaubten, eine Erhöhung der Frachtgebühren um fünf Cent auf den Scheffel Mais sei unter diesen Umständen gerechtfertigt, und übersahen die Tatsache, daß der Aufschlag bei einer Fracht von vierzigtausend Sack bedeutend mehr ausmachte, als nötig gewesen wäre, die neuen Heuern zu decken.

Deshalb schufen sich Kapitäne und Reeder nun schleunigst einen eigenen Verband und nahmen sich vor, die Kapitänsgehälter auf ebenfalls fünfhundert Dollar zu erhöhen sowie eine weitere Steigerung der Frachtgebühren zu beantragen. Das war etwas ganz Neues, aber ein solches Ergebnis ließ sich gewiß auch ein zweites Mal erzielen. Der neue Verband ordnete an (dies geschah, bevor sämtliche Außenseiter dem Lotsenverband beigetreten waren), daß jeder Kapitän, der einen nicht der Organisation angehörenden Lotsen beschäftigte, ihn entlassen und darüber hinaus fünftausend Dollar Strafe zahlen müsse. Mehrfach wurde diese hohe Strafe entrichtet, bevor die Organisation der Kapitäne stark genug wurde, volle Autorität über ihre Mitglieder auszuüben; all das hörte jedoch bald auf. Die Kapitäne bemühten sich, die Lotsen zu der Bestimmung zu überreden, wonach kein Mitglied ihrer

Körperschaft unter einem nicht dem Verband angehörenden Kapitän fahren dürfe; der Antrag wurde jedoch abgelehnt. Die Lotsen erkannten, daß Kapitäne und Versicherungsgesellschaften auf jeden Fall hinter ihnen stehen würden, und verzichteten daher gescheiterweise darauf, sich in verfängliche Bündnisse einzulassen.

Wie schon gesagt: Der Lotsenverband besaß jetzt vielleicht das straffste Monopol der Welt und schien einfach unzerstörbar. Und doch waren die Tage seines Glanzes gezählt. Zuerst begann die neue Eisenbahnlinie durch die Staaten Mississippi, Tennessee und Kentucky zu den nördlichen Eisenbahn-Knotenpunkten den Reiseverkehr von den Dampfschiffen abzuziehen; als nächstes kam der Krieg und legte für mehrere Jahre die Dampfschiffahrt fast gänzlich lahm, wodurch die meisten Lotsen arbeitslos wurden, während die Lebenshaltungskosten fortwährend stiegen; danach vergriff sich der Schatzmeister der Organisation von St. Louis an der Verbandskasse und ging mit dem gesamten beträchtlichen Vermögen bis auf den letzten Dollar auf und davon, und als schließlich die Eisenbahnen überallhin vordrangen, blieb nach Kriegsende für die Dampfer wenig mehr zu tun, als Frachten zu befördern. Bald legte irgendein Genie von der atlantischen Küste auch noch den Plan vor, ein paar Dutzend Dampfschiffsladungen Fracht mit einem gewöhnlichen kleinen Bugsierdampfer nach New Orleans hinunterzuschleppen, und siehe da, sozusagen im Handumdrehen gehörten der Verband und die edle Wissenschaft des Lotsens der Vergangenheit an.

16. Kapitel

ZEIT DER WETTFAHRTEN

Gewöhnlich verließen die Schiffe New Orleans zwischen vier und fünf Uhr nachmittags. Ab drei feuerten sie Kolophonium und Pechtanne (das Zeichen der Vorbereitung), und so boten sie das malerische Schauspiel einer zuweilen zwei, drei Meilen langen Reihe hoch aufsteigender Säulen kohlschwarzen Rauchs, eine Kolonnade mit einem tiefdunklen Dach aus diesem Rauch, der sich vermischte und weithin über die Stadt ausbreitete. Jedes ausfahrende Schiff führte seine Flagge am Göschstock und zuweilen eine zweite am Achtersteven. Eine zwei, drei Meilen lange Kette von Offizieren gab mit größerem Nachdruck als sonst Kommandos und Flüche von sich, zahllose Prozessionen von Fässern und

Kisten mit Frachtgut rollten quer über den Uferdamm und flogen auf die Laufplanken, verspätete Passagiere drückten sich beiseite und sprangen diesen wild gewordenen Gegenständen aus dem Weg, in der von Zweifeln begleiteten Hoffnung, den Niedergang des Vorderdecks lebendig zu erreichen. Frauen mit Pompadouren und Hutschachteln bemühten sich, neben ihren mit Reisesäcken und schreienden Säuglingen beladenen Ehemännern zu bleiben, ohne daß es ihnen gelang, da sie inmitten des Wirbels und Lärms und des allgemeinen Trubels den Kopf verloren. Rollwagen und Gepäckkarren rumpelten in wilder Hast hierhin und dorthin, blockierten einander alle Augenblicke, keilten sich fest und waren dann zehn Sekunden lang in einer Wolke von Flüchen nur noch undeutlich und verschwommen zu sehen. Jede Winde einer jeden Vorderluke in dieser ganzen langen Reihe von Dampfern gab beim Herablassen der Fracht in die Laderäume ein ohrenbetäubendes Quietschen und Schwirren von sich, und die Mannschaften halbnackter schwitzender Neger, die sie bedienten, brüllten im Singsang: „Dah letzte Sack! Dah letzte Sack!“, angefeuert zu maßloser Begeisterung durch das Chaos von Trubel und Lärm, das alle übrigen zum Wahnsinn trieb. Jetzt waren Hurrikandeck und Boilerdeck der Dampfer schwarz von Fahrgästen. Die ganze Reihe hinab ertönte das „letzte Glockenzeichen“, und nun schien sich das Durcheinander zu verdoppeln; wenig später erklang das endgültige Warnzeichen – ein Getöse chinesischer Gongs und gleichzeitig der Ruf: „Alles, was nicht mitfährt, bitte von Bord!“, und siehe da, das Durcheinander vervierfachte sich! Menschen schwärmten ans Ufer und rannten aufgeregte Nachzügler um, die sich bemühten, noch an Bord zu kommen; kurz darauf wurde eine lange Reihe Laufplanken eingeholt, jede mit dem üblichen letzten Passagier, der sich mit Zähnen, Nägeln und allem sonstwie Verfügbarem anklammerte, während der übliche letzte Saumselige mit wildem Satz über seinen Kopf hinweg uferwärts sprang.

Nun gleitet eine Anzahl Schiffe achteraus in den Strom und hinterläßt breite Lücken in der dichten Dampferreihe. Stadtbewohner drängen sich an Deck der nicht auslaufenden Schiffe, um sich das Schauspiel anzusehen: Ein Dampfer nach dem anderen richtet sich stromaufwärts aus, geht auf volle Kraft und zieht dann flott vorbei, unter einer riesigen Dampfwolke, mit wehender Flagge, schwarz hervorquellendem Rauch, während sich die gesamte Mannschaft von Heizern und Leichtmatrosen (gewöhnlich schwarzbraune Neger) auf dem Vorderdeck zusammendrängt; „die beste Stimme“ unter ihnen überragt, auf dem Gangspill stehend, die übrigen und schwenkt den Hut oder eine Fahne, und alle brüllen in einem gewaltigen Chor, während die Kanonen eine Abschiedssalve dröhnen und die zahlreichen Zuschauer die Hüte schwenken und hurra schreien. Ein Dampfer nach dem anderen reiht sich ein, und die stattliche Prozession zieht, wie von Flügeln getragen, stromaufwärts.

Wenn in früheren Zeiten zwei schnelle Schiffe unter einer großen Zuschauermenge zu einer Wettfahrt ausliefen, war es erhebend, ihre Mannschaften singen zu hören, besonders bei Einbruch der Nacht, wenn der rote Schein der Fackelkörbe das Vorderdeck erhellte. Diese Wettfahrten waren ein königliches Vergnügen. Das Publikum stellte sich stets vor, sie seien gefährlich, doch das Gegenteil war der Fall – das heißt, nachdem man Gesetze erlassen hatte, die den Dampfdruck aller Schiffe auf einen Höchststand pro Quadratzoll beschränkte. Kein Maschinist verhielt sich jemals schlafmützig oder nachlässig, wenn er mit ganzer Seele an einer Wettfahrt teilnahm. Vielmehr war er ständig auf dem Posten, überprüfte die Absperrventile und hatte die Augen überall. Gefährlich konnte es auf langsamen, schwerfälligen Schiffen werden, wo die Maschinisten herumdösten und zuließen, daß Späne in die Pumpanlage gerieten und die Wasserversorgung der Kessel sperrten.

In der Blütezeit der Dampfschiffahrt war ein Rennen zwischen zwei berühmten schnellen Dampfern ein höchst bedeutsames Ereignis. Das Datum wurde mehrere Wochen im voraus festgesetzt, und von da an befand sich das ganze Mississippital in höchster Erregung. Politik und Wetter spielten keine Rolle mehr, die Menschen sprachen nur noch von der bevorstehenden Wettfahrt. Nahte dann die Abfahrtszeit, wurden die beiden Schiffe „abgetakelt“ und bereit gemacht. Alles Belastende, das zusätzliches Gewicht bedeutete oder Wind und Wasser Widerstand bot, wurde entfernt, wenn das Fahrzeug nur irgendwie ohne es auskommen konnte. Spiere und manchmal sogar die sie stützenden Ladebäume wurden an Land gebracht und keine Geräte übriggelassen, womit man das Schiff hätte wieder flott machen können, falls es auf Grund lief. Als die „Eclipse“ und die „A. L. Shotwell“ vor vielen Jahren ihre große Wettfahrt veranstalteten, hieß es, man habe sich die Mühe gemacht, die Vergoldung von der prunkvollen Verzierung zu kratzen, die zwischen den Schornsteinen der „Eclipse“ hing, und für diese Fahrt habe der Kapitän sogar seine Glacéhandschuhe ausgezogen und sich den Kopf rasieren lassen. Was ich freilich nie so recht geglaubt habe.

War bekannt, daß das Schiff bei fünfeinhalb Fuß Tiefgang vorn und fünf Fuß achtern die größte Geschwindigkeit erreichte, wurde es sorgfältig genau zu dieser Höhe beladen; danach hätte es nicht mal mehr eine Dosis homöopathischer Pillen auf seine Frachtliste gesetzt. Passagiere wurden kaum mitgenommen, denn sie bedeuten nicht nur zusätzliches Gewicht, sondern halten auch nie eine richtige „Staulage" ein. Immer rennen sie auf die Seite, wo es etwas zu sehen gibt, während ein gewissenhafter und erfahrener Dampfschiffer im Zentrum des Fahrzeugs bleibt und sich mit der Wasserwaage das Haar in der Mitte scheitelt.

Für Zwischenstationen bestimmte Fracht oder Passagiere wurden nicht zugelassen, da die Schiffe auf der Wettfahrt nur in den größten Städten anlegten und auch das bloß im Fluge. Kohlefrachter und Holzprahme wurden im voraus gechartert und hielten sich bereit, auf Anruf an dem vorbeischießenden Dampfer festzumachen. Die Schiffe hatten doppelte Besatzung, damit jede Arbeit rasch getan werden konnte.

Ist dann der vorherbestimmte Tag gekommen und alles bereit, laufen die beiden großen Dampfer über den Achtersteven in den Strom aus, und manövrieren dort einen Augenblick, wobei sie wie lebendige Wesen einer des anderen leiseste Bewegung zu überwachen scheinen; die Flaggen hängen schlaff, der verhaltene Dampf strömt pfeifend durch die Sicherheitsventile, schwarzer Rauch wälzt sich aus den Schornsteinen und verdunkelt die ganze Atmosphäre. Ringsum Menschen über Menschen, dichtgedrängt stehen sie an den Ufern, auf den Hausdächern, den Dampfern, den Kähnen, und man weiß, daß der breite Mississippi zwölfhundert Meilen lang nordwärts von Zuschauern eingefaßt sein wird, die alle die Wettfahrer begrüßen wollen.

Schon bald schießen hohe Dampfsäulen aus den Auslaßventilen beider Dampfer, zwei Kanonen lassen ein Lebewohl erdröhnen, zwei auf dem Gangspill stehende Helden in roten Hemden schwenken ihre Fähnchen über den auf der Back versammelten Schiffsmannschaften, zwei klagende Solos hängen ein paar Sekunden abwartend in der Luft, zwei mächtige Chöre erschallen – und da kommen sie! Blaskapellen schmettern „Hail Columbia", ein Hurra nach dem anderen steigt donnernd von den Ufern empor, und mit Windeseile brausen die stattlichen Schiffe vorüber.

Zwischen New Orleans und St. Louis werden sie keinen einzigen Augenblick haltmachen, außer für ein, zwei Sekunden in großen Städten oder um Prahme mit dreißig Klafter Holz längsseits anlegen zu lassen. Man muß an Bord gewesen sein, wenn sie zwei dieser Holzkähne ins Schlepptau nehmen und ihre Leute in sie ausschwärmen lassen; ehe man sich die Brille geputzt und wieder aufgesetzt hat, fragt man sich, wo denn das Holz geblieben ist.

Zwei ebenbürtige Dampfer fahren Tag für Tag in Sichtweite voneinander. Sie könnten sogar nebeneinander bleiben, aber nicht alle Lotsen sind gleich, und so werden die Geschicktesten die Wettfahrt gewinnen. Hat eins der Schiffe einen „Blitzkerl" von einem Lotsen, dessen Partner ihm ein bißchen unterlegen ist, dann ist zu erkennen, welcher von beiden Wache hat, wenn man beobachtet, ob das Schiff auf der jeweils in vier Stunden zurückgelegten Strecke aufgeholt hat oder zurückgefallen ist. Der geschickteste Lotse kann ein Schiff aufhalten, wenn er kein begnadeter Steuermann ist. Das Steuern ist eine große Kunst. Man darf das Ruder nicht quer zum Heck eines Schiffes dreggen lassen, wenn man rasch flußaufwärts gelangen will.

Natürlich sind die Schiffe sehr unterschiedlich. Lange Zeit fuhr ich auf einem, das war so langsam, daß wir immer vergaßen, in welchem Jahr wir aus dem Hafen ausgelaufen waren. Freilich geschah das ganz selten. Fährschiffe verloren gewinnbringende Fahrten, weil ihre Passagiere alt wurden und starben, während sie darauf warteten, daß wir vorbeikämen. Das geschah noch seltener. Ich habe die schriftlichen Unterlagen über diese Vorfälle besessen, sie aber aus Nachlässigkeit verlegt. Dieses Schiff, die „John J. Roe", war so langsam, daß die Reeder, nachdem es schließlich in der Biegung von Madrid gesunken war, erst fünf Jahre später davon erfuhren. Das ist mir stets sehr merkwürdig vorgekommen, aber es ist immerhin aktenkundig. Das Schiff war entsetzlich langsam, trotzdem aber hatten wir häufig recht aufregende Erlebnisse, wenn wir mit Inseln, Flößen und ähnlichem um die Wette fuhren. Auf einer Fahrt jedoch kamen wir ganz gut voran. Wir schafften es in sechzehn Tagen bis St. Louis. Aber sogar bei diesem schneidigen Tempo wechselten wir, glaube ich, auf der Stromstrecke von Fort Adams dreimal die Wache, und sie ist fünf Meilen lang. Eine „Stromstrecke" ist ein gerades Stück Fluß, und natürlich fließt die Strömung ziemlich lebhaft durch einen solchen Abschnitt.

Bei dieser Fahrt fuhren wir von New Orleans aus in vier Tagen bis Grand Gulf (dreihundertvierzig Meilen); die „Eclipse" und die „Shotwell" brauchten dazu einen Tag. Wir bewältigten den Durchbruch 63 in neun Tagen (siebenhundert Meilen), die

„Eclipse" und die „Shotwell" in zwei. Vor etwas mehr als einem Menschenalter fuhr ein Schiff namens „J. M. White" in drei Tagen, sechs Stunden und vierundvierzig Minuten von New Orleans nach Cairo. Im Jahre 1853 bewältigte die „Eclipse" dieselbe Strecke in drei Tagen, drei Stunden und zwanzig Minuten.* 1870 schaffte es die „R. E. Lee" in drei Tagen, *einer* Stunde. Dies gilt als die schnellste registrierte Fahrt. Ich will zu begründen versuchen, weshalb sie es nicht war. Deshalb nicht: Als die „J. M. White" ihre Fahrt machte, betrug die Entfernung zwischen New Orleans und Cairo ungefähr elfhundertsechs Meilen; folglich fuhr das Schiff mit einer Durchschnittsgeschwindigkeit von gut vierzehn Meilen die Stunde. In den Tagen der „Eclipse" hatte sich der Abstand zwischen den beiden Häfen auf tausendachtzig Meilen vermindert; folglich betrug ihre Durchschnittsgeschwindigkeit knapp vierzehndreiachtel Meilen in der Stunde. Zur Zeit der „R. E. Lee" hatte sich die Entfernung auf etwa tausenddreißig Meilen verkürzt, folglich betrug ihre Geschwindigkeit durchschnittlich ungefähr vierzehneinachtel Meilen in der Stunde. Also war offensichtlich die schnellste Fahrt, die je gemacht wurde, die der „Eclipse".

PROTOKOLL EINIGER BERÜHMTER FAHRTEN

(Aus Kommodore Rollingpins Almanach)

SCHNELLE FAHRTEN AUF DEN WESTLICHEN GEWÄSSERN

		Fahrzeit Tage	Stunden	Minuten
	Von New Orleans bis Natchez – 268 Meilen			
1814	Orleans	6	6	40
1814	Comet	5	10	0
1815	Enterprise	4	11	20
1817	Washington	4	0	0
1817	Shelby	3	20	0
1819	Paragon	3	8	0
1828	Tecumseh	3	1	20
1834	Tuscarora	1	21	0
1838	Natchez	1	17	0
1840	Ed. Shippen	1	8	0
1842	Belle of the West	1	18	0

* Zeit umstritten. Einige maßgebende Leute fügen eine Stunde, sechzehn Minuten hinzu.

		Fahrzeit Tage	Stunden	Minuten
1844	Sultana		19	45
1851	Magnolia		19	50
1853	A. L. Shotwell		19	49
1853	Southern Belle		20	3
1853	Princess (No. 4)		20	26
1853	Eclipse		19	47
1855	Princess (Neu)		18	53
1855	Natchez (Neu)		17	30
1856	Princess (Neu)		17	30
1870	Natchez		17	17
1870	R. E. Lee		17	11

Von New Orleans bis Cairo – 1024 Meilen

1844	J. M. White	3	6	44
1852	Reindeer	3	12	25
1853	Eclipse	3	4	4
1853	A. L. Shotwell	3	3	40
1869	Dexter	3	6	20
1870	Natchez	3	4	34
1870	R. E. Lee	3	1	0

Von New Orleans bis Louisville – 1440 Meilen

1815	Enterprise	25	2	40
1817	Washington	25	0	0
1817	Shelby	20	4	20
1819	Paragon	18	10	0
1828	Tecumseh	8	4	0
1834	Tuscarora	7	16	0
1837	Gen. Brown	6	22	0
1837	Randolph	6	22	0
1837	Empress	6	17	0
1837	Sultana	6	15	0
1840	Ed. Shippen	5	14	0
1842	Belle of the West	6	14	0
1843	Duke of Orleans	5	23	0
1844	Sultana	5	12	0
1849	Bostona	5	8	0
1851	Belle Key	4	23	0

		Fahrzeit Tage	Stunden	Minuten
1852	Reindeer	4	20	45
1852	Eclipse	4	19	0
1853	A. L. Shotwell	4	10	20
1853	Eclipse	4	9	30

Von New Orleans bis Donaldsonville – 78 Meilen

1852	A. L. Shotwell		5	42
1853	Eclipse		5	42
1854	Sultana		5	12
1856	Princess		4	51
1860	Atlantic		5	11
1860	Gen. Quitman		5	6
1865	Ruth		4	43
1870	R. E. Lee		4	59

Von New Orleans bis St. Louis – 1218 Meilen

1844	J. M. White	3	23	9
1849	Missouri	4	19	0
1869	Dexter	4	9	0
1870	Natchez	3	21	57
1870	R. E. Lee	3	18	14

Von Louisville bis Cincinnati – 141 Meilen

1819	Gen. Pike	1	16	0
1819	Paragon	1	14	20
1822	Wheeling Packed	1	10	0
1837	Moselle		12	0
1843	Duke of Orleans		12	0
1843	Congress		12	20
1846	Ben. Franklin (No. 6)		11	45
1852	Alleghaney		10	38
1852	Pittsburgh		10	23
1853	Telegraph (No. 3)		9	52

Von Louisville bis St. Louis – 750 Meilen

		Fahrzeit Tage	Stunden	Minuten
1842	Congress	2	1	0
1854	Pike	1	23	0
1854	Northerner	1	22	30
1855	Southerner	1	19	0

Von Cincinnati bis Pittsburgh – 490 Meilen

		Fahrzeit Tage	Stunden	Minuten
1850	Telegraph (No. 2)		1	17
1851	Buckeye State		1	16
1852	Pittsburgh		1	15

Von St. Louis bis Alton – 30 Meilen

		Fahrzeit Tage	Stunden	Minuten
1853	Altona		1	35
1876	Golden Eagle		1	37
1876	War Eagle		1	37

Sonstige Fahrzeiten

Im Juni 1859 legte das Postschiff zwischen St. Louis und Keokuk, die „City of Louisiana“, diese Strecke (214 Meilen) in 16 Stunden 20 Minuten zurück, der besten registrierten Zeit.

1868 fuhr der Dampfer „Hawkeye State“ der Northern Line Packet Company von St. Louis bis St. Paul (800 Meilen) in 2 Tagen 20 Stunden. Wurde nie unterboten.

1853 machte der Dampfer „Polar Star“ die Fahrt auf dem Missouri von St. Louis nach St. Joseph in 64 Stunden. Im Juli 1856 schaffte der Dampfer „Jas. H. Lucas“, Kapitän Andy Wineland, dieselbe Strecke in 60 Stunden 57 Minuten. Die Entfernung zwischen beiden Häfen beträgt 600 Meilen, und angesichts der schwierigen Schiffahrtbedingungen auf dem reißenden Missouri verdient die Leistung der „Lucas“ besondere Erwähnung.

Die Fahrt der „Robert E. Lee“

Die Zeit, in der die „R. E. Lee“ im Jahre 1870 die Strecke von New Orleans bis St. Louis auf ihrer berühmten Wettfahrt mit der „Natchez“ bewältigte, ist die beste, die je registriert wurde, und da diese Wettfahrt landesweit Interesse hervorrief, geben wir ihren Zeitplan von Hafen zu Hafen wieder.

Legte am Donnerstag, dem 30. Juni 1870, um vier Uhr 55 Minuten nachmittags von New Orleans ab und erreichte:

	Fahrzeit Tage	Stunden	Minuten
Carrollton			27½
Harry Hills		1	½
Red Church		1	39
Bonnet Carre		2	38
College Point		3	50½
Donaldsonville		4	59
Plaquemine		7	5½
Baton Rouge		8	25
Bayou Sara		10	26
Red River		12	56
Stamps		13	56
Bryaro		15	51½
Hinderson-Pflanzung		16	29
Natchez		17	11
Cole's Creek		18	53
Waterproof		19	21
Rodney		20	45
St. Joseph		21	2
Grand Gulf		22	6
Hard Times		22	18
Halbe Meile unterhalb von Warrenton	1	0	0
Vicksburg	1	0	38
Milliken's Bend	1	2	37
Bailey-Pflanzung	1	3	48
Lake Providence	1	5	47
Greenville	1	10	55
Napoleon	1	16	22
White River	1	16	56
Australia	1	19	0
Helena	1	23	25
Halbe Meile unterhalb von St. Francis	2	0	0
Memphis	2	6	9
Untere Spitze der Insel 37	2	9	0
Untere Spitze der Insel 26	2	13	30
Flachskopf, Insel 14	2	17	23

	Fahrzeit Tage	Stunden	Minuten
New Madrid	2	19	50
Trockenbarre No. 10	2	20	37
Untere Spitze der Insel 8	2	21	25
Oberer Flachskopf – Lucas Bend	3	0	0
Cairo	3	1	0
St. Louis	3	18	14

Die „Lee“ legte am 4. Juli 1870 um 11.25 Uhr vormittags in St. Louis an – sechs Stunden sechsunddreißig Minuten vor der „Natchez“. Die Offiziere der „Natchez“ beriefen sich darauf, sie hätten sieben Stunden und eine Minute Aufenthalt infolge von Nebel und einer Maschinenreparatur gehabt. Die „R. E. Lee“ wurde von Kapitän John W. Cannon geführt, und die „Natchez“ stand unter dem Kommando des erfahrenen Schiffers aus dem Süden, Kapitän Thomas P. Leathers.

17. Kapitel

DURCHBRÜCHE. ETWAS ÜBER STEPHEN

Diese trockenen Einzelheiten sind in einer Hinsicht von Bedeutung. Sie geben mir Gelegenheit, eine der merkwürdigsten Eigentümlichkeiten des Mississippi ins Gespräch zu bringen, nämlich die, von Zeit zu Zeit seinen Lauf zu verkürzen. Wirft man sich eine lange, geringelte Apfelschale über die Schulter, dann wird sie so ziemlich die Form einer durchschnittlichen Strecke des Mississippi annehmen, das heißt einer Strecke der neunhundert oder tausend Meilen von Cairo in Illinois südwärts bis New Orleans, die außerordentlich gewunden sind, und nur hin und wieder in großen Intervallen einmal eine gerade Strecke haben. Die zweihundert Meilen nordwärts von Cairo bis St. Louis sind keineswegs so gewunden, denn dort ist felsiger Grund, in den sich der Strom nicht so leicht einschneiden kann.

Das Wasser zerschneidet die Schwemmufer des Unterlaufs in tiefe, hufeisenförmige Einbuchtungen, die so tief sind, daß man an manchen Stellen tatsächlich an einem Ende des Hufeisens an Land gehen, die eine halbe oder dreiviertel Meile breite Landenge zu Fuß überqueren und sich dann niedersetzen und ein paar Stunden ausruhen könnte, bis der Dampfer mit einer Geschwindigkeit von zehn Meilen die Stunde um die lange Biegung käme und einen wieder an Bord nähme. Wenn der Fluß rasch steigt, braucht irgendein Schurke, dessen Plantage weit drinnen im Lande liegt und deshalb ziemlich wertlos ist, bei günstiger Gelegenheit in einer dunklen Nacht nur eine kleine Rinne durch die schmale Landzunge zu graben und das Wasser hineinzuleiten, dann ist in erstaunlich kurzer Zeit ein Wunder geschehen: Der ganze Mississippi hat sich dieses kleinen Grabens bemächtigt und die Plantage des Mannes vom Landesinnern an sein Ufer versetzt (wodurch sich ihr Wert vervierfacht hat), und die einst wertvolle Pflanzung eines anderen liegt nun weit drüben auf einer großen Insel; der alte Wasserlauf, der sie umgibt, wird bald seicht werden, Schiffe können sich ihr auf zehn Meilen nicht mehr nähern, und schon fällt ihr Wert auf ein Viertel des vorherigen. In gefährlichen Zeiten wird auf diesen schmalen Landzungen Wache gehalten, und läßt sich ein Mensch beim Stechen einer Rinne erwischen, hat er wenig Aussicht, jemals wieder einen Graben anlegen zu können.

Werfen wir einen Blick auf einige Auswirkungen dieses Grabenziehens. Es gab einmal gegenüber von Port Hudson in Louisiana eine Landenge, die an ihrer schmalsten Stelle nur eine halbe Meile breit war. Man konnte sie in fünfzehn Minuten zu Fuß überqueren; umfuhr man das Kap aber mit einem Floß, waren fünfunddreißig Meilen zurückzulegen. Im Jahre 1722 durchbrach der Fluß diese Landzunge, gab sein altes Bett auf und verkürzte so seinen Lauf um fünfunddreißig Meilen. Auf die gleiche Weise hatte er seine Länge 1699 bei der Landzunge Black Hawk um fünfundzwanzig Meilen verkürzt. Unterhalb von Red River Landing entstand (vor vierzig oder fünfzig Jahren, glaube ich) der Durchbruch Raccourci. Er verkürzte den Fluß um achtundzwanzig Meilen. Reist man heutzutage mit dem Schiff vom südlichsten dieser drei Durchbrüche zum nördlichsten, fährt man nur siebzig Meilen. Vor hundertsechsundsiebzig Jahren war die gleiche Reise hundertachtundfünfzig Meilen lang – auf dieser geringfügigen Entfernung also eine Abkürzung von achtundachtzig Meilen. In einer längst vergessenen Zeit gab es oberhalb von Vidalia in Louisiana Durchbrüche bei Insel 92, Insel 84 und Hale's Point. Sie verkürzten den Fluß in diesem Abschnitt um siebenundsiebzig Meilen.

Seit der Zeit, als ich auf dem Mississippi fuhr, hat es Durchbrüche bei Hurricane Island, der Insel 100, bei Napoleon in Arkansas, der Walnut Bend und der Council Bend gegeben. Sie verkürzten den Strom in diesem Abschnitt um siebenundsechzig Meilen. Zu meiner Zeit gab es einen Durchbruch bei American Bend, der den Fluß um zehn Meilen oder mehr kürzer machte.

Daher hatte der Mississippi vor hundertsechsundsiebzig Jahren zwischen Cairo und New Orleans eine Länge von zwölfhundertfünfzehn Meilen. Nach dem Durchbruch von 1722 waren es elfhundertachtzig Meilen. Nach dem bei American Bend tausendvierzig. Seitdem hat er siebenundsechzig Meilen verloren. Infolgedessen beträgt seine Länge gegenwärtig nur noch neunhundertdreiundsiebzig Meilen.

Wollte ich mich nun zu jenen ernsthaften Wissenschaftlern zählen, die uns einreden wollen, Geschehnisse aus der fernen Vergangenheit ließen sich durch solche aus einem Abschnitt der jüngsten Vergangenheit beweisen, oder aber Ereignisse in ferner Zukunft durch solche aus den letzten Jahren – was für eine Gelegenheit hätte ich hier! Eine solche Chance und so genaue Datenangaben, um Schlüsse daraus zu ziehen, hat die Geologie noch nie gehabt! Und ebensowenig die „Entstehung der Arten"! Eiszeiten sind etwas Großartiges, aber sie sind vage – vage. Man beachte:

Im Zeitraum von hundertsechsundsiebzig Jahren hat sich der Unterlauf des Mississippi um zweihundertzweiundvierzig Meilen verkürzt. Das ergibt einen Durchschnitt von gut eineindrittel Meile im Jahr. Deshalb kann jeder Mensch, der nicht gerade blind oder schwachsinnig ist, erkennen, daß der Unterlauf des Mississippi während der Älteren Oölith-Silurischen Epoche im kommenden November vor genau einer Million Jahren über eine Million dreihunderttausend Meilen lang war und wie eine Angelrute über den Golf von Mexiko hinausragte. Und anhand derselben Beweise kann auch jeder erkennen, daß der Unterlauf des Mississippi in siebenhundertzweiundvierzig Jahren nur noch eindreiviertel Meilen lang sein wird, Cairo und New Orleans ihre Straßen zusammengelegt haben und sich gemütlich unter einem einzigen Bürgermeister und einem gemeinsamen Stadtrat abrakkern werden. Die Wissenschaft hat doch etwas Faszinierendes. Man erhält eine solche Menge von Mutmaßungen aus einer so geringen Anlage von Fakten.

Wenn das Wasser durch einen dieser Gräben, von denen ich gesprochen habe, zu fließen beginnt, müssen die Leute aus der Umgebung schleunigst wegziehen. Wie ein Messer spaltet es die Ufer ab. Ist der Graben dann erst zwölf oder fünfzehn Fuß breit, ist das Unheil so gut wie geschehen, denn keine Macht der Welt vermag es dann noch aufzuhalten. Wenn eine Breite von hundert Yard erreicht ist, beginnen die Ufer sich in Scheiben von einem halben Acre Größe abzuschälen. Solange die Strömung um die Biegung floß, war die Geschwindigkeit nur fünf Meilen in der Stunde; jetzt hat sie durch die Verkürzung der Strecke gewaltig zugenommen. Ich befand mich an Bord des ersten Schiffes, das versuchte, den Durchbruch bei American Bend zu durchfahren, aber wir schafften es nicht. Das war gegen Mitternacht, in einer stürmischen Nacht – es donnerte, blitzte und goß in Strömen. Die Wassermassen bewegten sich schätzungsweise mit einer Geschwindigkeit von fünfzehn bis zwanzig Meilen in der Stunde durch den Durchbruch; zwölf bis dreizehn waren das äußerste, womit es unser Schiff sogar in einigermaßen ruhigem Wasser aufnehmen konnte, daher war es vielleicht töricht von uns, die Durchfahrt überhaupt zu versuchen. Mr. Brown hatte jedoch den Ehrgeiz, es immer wieder zu versuchen. Die Gegenströmung am Ufer unterhalb der Landzunge war fast ebenso reißend wie die Strömung draußen in der Flußmitte, und so sausten wir blitzschnell wie ein D-Zug am Ufer entlang, gaben Volldampf und standen „klar für einen Brecher", als wir auf die Strömung stießen, die an der Landzunge vorbeitoste. Aber alle unsere Vorbereitungen waren nutzlos. Sobald wir auf die Strömung trafen, wirbelte sie uns herum wie einen Kreisel, das Wasser überflutete das Vorderdeck, und das Schiff legte sich so stark über, daß man sich kaum auf den Beinen halten konnte. Im nächsten Moment befanden wir uns weit unten flußabwärts und bemühten uns mit ganzer Kraft, vom Ufer ab, anstatt in den Wald hinein zu halten. Viermal unternahmen wir das Experiment. Ich stand auf dem Niedergang der Back, um zu beobachten. Es war erstaunlich, wie plötzlich sich das Schiff herumdrehte, das Heck nach vorn, sobald es aus der Gegenströmung gelangte und der Stromlauf seinen Bug erfaßte. Die krachende Erschütterung und das Beben waren fast so stark, als wäre das Schiff mit Volldampf auf eine Sandbank aufgelaufen. Beim Aufzucken der Blitze konnten wir die Hütten der Plantagen und die fruchtbaren Felder in den Fluß stürzen sehen, und der Lärm, den sie dabei machten, schien den Donner ziemlich natürlich nachzuahmen. Einmal verfehlten wir bei einer Drehung nur um zwanzig Fuß ein Haus mit einem brennenden Licht im Fenster, und im selben Moment ging das Haus auch schon über Bord. Niemand konnte auf unserem Vorderdeck bleiben, denn jedesmal, wenn wir quer zur Strömung hinabtauchten, ergoß sich eine Sturzflut darüber hinweg. Nach unserem vierten Versuch gingen wir zwei Meilen unterhalb des Durchbruchs im Wald vor Anker; natürlich war dort das ganze Land überschwemmt. Ein, zwei Tage darauf hatte der Durchbruch eine Breite von einer dreiviertel Meile; Schiffe durchfuhren ihn stromaufwärts ohne besondere Schwierigkeiten und sparten auf diese Weise zehn Meilen.

Der alte Durchbruch von Raccourci verkürzte die Flußlänge um achtundzwanzig Meilen. Über ihn erzählte man sich eine Legende. Eines Nachts sei ein Schiff dort durchgekommen und wie gewöhnlich um die riesige Biegung gefahren, da die Lotsen von dem Durchbruch noch nichts wußten. Es war eine schaurige, unheimliche Nacht – alle Formen verschwommen und verzerrt. Die alte Biegung fing schon an zu versanden, und das Schiff mußte schließlich vor geheimnisvollen Sandbänken ausweichen und lief gelegentlich auch auf eine Barre. Die bestürzten Lotsen begannen zu fluchen und äußerten schließlich den gänzlich unnötigen Wunsch, niemals mehr von diesem Ort wegzukommen. Wie es in solchen Fällen immer geschieht, wurde ausgerechnet dieses Gebet erhört, und die übrigen blieben unbeachtet. So kreuzt dieses Gespensterschiff bis zum heutigen Tag in dem verlassenen Flußarm und bemüht sich, die Ausfahrt zu finden. Mehr als ein ernsthafter Wachmann hat mir geschworen, in feuchten, finsteren Nächten habe er im Vorbeifahren an der Inselspitze furchtsam jenen vergessenen Flußarm hinabgeblickt, die schwach schimmernden Lichter des Spukdampfers durch die dunkle Ferne gleiten sehen und das gedämpfte Tuckern seiner Abzugsrohre und den klagenden Ruf seiner Lotgasten gehört.

In Ermangelung weiterer Statistiken möge es mir gestattet sein, dieses Kapitel mit noch einer Erinnerung an „Stephen" abzuschließen.

Die meisten Kapitäne und Lotsen besaßen Schuldscheine von Stephen über geborgte Geldsummen von zweihundertfünfzig Dollar an aufwärts. Stephen löste nie einen dieser Schuldscheine ein, erneuerte sie jedoch sehr pünktlich und gewissenhaft alle zwölf Monate.

Natürlich kam schließlich die Zeit, da Stephen von seinen alten Gläubigern nichts mehr borgen konnte; so war er gezwungen, neuen aufzulauern, die ihn noch nicht kannten. Ein solches Opfer war der gutmütige, einfältige junge Yates (ich benutze einen falschen Namen, aber der richtige Name begann wie dieser mit Y). Der junge Yates hatte sein Lotsenpatent erhalten und angemustert, und als der Monat zu Ende war, und er ins Büro des Zahlmeisters trat und seine zweihundertfünfzig Dollar in knisternden neuen Scheinen entgegennahm, war Stephen zur Stelle! Er bediente sich seiner redegewandten Zunge, und in kürzester Zeit hatten Yates' zweihundertfünfzig Dollar den Besitzer gewechselt. Die Tatsache wurde schon bald im Hauptquartier der Lotsen bekannt, zur allgemeinen und großherzigen Belustigung und Zufriedenheit der alten Gläubiger. Dem unschuldigen Yates aber kam gar nicht der Gedanke, Stephens Zusicherung, pünktlich am Wochenende zurückzuzahlen, könnte ein leeres Versprechen sein. Zur vereinbarten Zeit kam Yates, sein Geld zu holen. Stephen schmierte ihm Honig ums Maul und vertröstete ihn auf die nächste Woche. Wie verabredet, stellte sich Yates von neuem ein, und wieder zog er von Schmeicheleien betört, aber durch einen neuen Aufschub gequält, davon. So ging das immer weiter. Yates suchte Stephen Woche für Woche umsonst heim und gab es schließlich auf. Und sogleich begann Stephen nun Yates heimzusuchen! Wo immer Yates auftauchte, war unvermeidlich auch Stephen. Und er war nicht nur dort, sondern strahlte vor Zuneigung und floß über von Entschuldigungen für seine Zahlungsunfähigkeit. Schließlich drehte sich der arme Yates jedesmal um, wenn er ihn kommen sah, und floh, und war er in Gesellschaft, zog er den anderen mit sich, aber es nützte alles nichts, sein Schuldner holte ihn ein und trieb ihn in die Enge. Schnaufend und hochrot im Gesicht kam Stephen mit ausgestreckten Händen und eifervollem Blick angelaufen, unterbrach Yates' Gespräch, schüttelte ihm fast die Arme aus den Gelenken und begann: „Du meine Güte, was bin ich gerannt! Ich merkte, daß du mich nicht gesehen hast, und so drehte ich Volldampf auf, vor lauter Angst, ich würde dich noch verpassen! Da bist du nun endlich! Bleib einfach mal stehen und laß dich anschauen! Genau dasselbe noble Gesicht wie immer!" (Zu Yates' Freund:) „Sehen Sie ihn sich doch an! *Sehen* Sie ihn bloß mal an! Tut's einem nicht einfach *gut*, ihn anzusehen! Was? Ist er nicht ein Bild von einem Menschen? *Manche* sagen, er wär ein Bild. *Ich* nenne ihn ein Panorama. Das ist er – ein ganzes Panorama. Und dabei fällt mir ein! Wie sehr wünschte ich, ich hätte dich vor einer Stunde getroffen. Vierundzwanzig Stunden lang hab ich die zweihundertfünfzig Dollar für dich zurückgelegt, hab dich überall gesucht. Von gestern abend sechs Uhr bis heute früh um zwei hab ich im ‚Planter' auf dich gewartet, ohne Schlaf und ohne Essen. Meine Frau sagt: ‚Wo bist du denn bloß die ganze Nacht gewesen?' Ich sage: ‚Diese Schuld iegt mir schwer auf der Seele.' Sagt sie: ,Mein Lebtag hab ich noch keinen gesehen, der sich eine Schuld so zu Herzen genommen hätte wie du.' Sage ich: ,So bin ich nun mal – wie soll ich's ändern?' Sie sagt: ,Na gut, aber geh jetzt zu Bett und ruh dich ein bißchen aus.' Ich sage: ,Nicht, bis dieser arme, noble junge Mann sein Geld zurück hat.' So bin ich denn die ganze Nacht über aufgeblieben und heute morgen wieder losgesaust, und der erste Mann, auf den ich stoße, erzählt mir, du hättest dich an Bord der ,Grand Turc' eingeschifft und wärst auf dem Weg nach New Orleans. Na, Sir, ich mußte mich an ein Haus lehnen und weinen. So wahr mir dieser und jener helfe, ich konnte nicht anders. Da kommt doch der Mann raus, dem das Haus gehört, und wischt mit 'nem Scheuerlappen auf und sagt, er mag es nicht, wenn Leute gegen sein Haus weinen, und mir war, als hätt ich die ganze Welt gegen mich, und es lohnte sich nicht mehr zu leben; und als ich vor 'ner Stunde hier vorbeiging und Qualen litt, wie sie sich überhaupt keiner vorstellen kann, lief mir Jim Wilson über den Weg, und ich gab ihm die zweihundertfünfzig Dollar als Anzahlung; und zu denken, daß du jetzt hier bist und ich nicht einen Cent besitze! Aber so wahr ich auf dieser Stelle, auf diesem Stein hier stehe – da, ich habe ein Zeichen auf den Stein gekratzt, damit ich ihn wiedererkenne –, ich borg mir das Geld und zahl es morgen Punkt zwölf Uhr an dich weiter. Nun bleib nur so stehen – ich will dich noch mal anschauen."

Und so fort. Yates wurde das Leben zur Last. Es war ihm unmöglich, seinem Schuldner und dessen schrecklichem Leid, weil er nicht zahlen konnte, zu entkommen. Er traute sich kaum noch auf die Straße, aus Angst, Stephen könnte ihm an der Ecke auflauern.

Bogarts Billardlokal war damals ein sehr beliebter Aufenthaltsort der Lotsen. Sie trafen sich dort nicht nur, um Billard zu spielen, sondern auch, um Nachrichten über den Fluß auszutauschen. Eines Morgens war Yates da; Stephen gleichfalls; er stand aber abseits. Nach einiger Zeit, als sich so ziemlich alle in der Stadt anwesenden Lotsen eingefunden hatten, erschien Stephen plötzlich in ihrer Mitte und stürzte auf Yates zu wie auf einen lange verloren geglaubten Bruder.

„Ach, ich freue mich ja so, dich zu sehen! Du meine Güte, dein bloßer Anblick ist mir eine Augenweide! Gentlemen, Ihnen allen schulde ich Geld; insgesamt beträgt meine Schuld wohl an die vierzigtausend Dollar. Ich möchte sie zurückzahlen – ich beabsichtige, sie zurückzuzahlen, bis zum letzten Cent. Sie alle wissen ja, ohne daß ich es Ihnen sagen muß, welchen Kummer es mir bereitet hat, so lange bei solch geduldigen und großherzigen Freunden so tief in der Kreide zu stehen, aber am schmerzlichsten – bei weitem am schmerzlichsten – ist mir meine Verpflichtung gegenüber diesem noblen jungen Mann hier, und ich bin heute morgen extra hergekommen, um zu erklären, daß ich endlich eine Methode gefunden habe, wie ich alle meine Schulden abzahlen kann! Und ganz besonders wollte ich *ihn* dabei haben, wenn ich sie bekanntgebe. Jawohl, mein treuer Freund, mein Wohltäter, ich habe die Methode gefunden! Ich habe die Methode gefunden, *alle* meine Schulden zu bezahlen, und du wirst dein Geld bekommen!“

In Yates’ Augen begann Hoffnung aufzuleuchten; da setzte Stephen, gütig lächelnd die Hand auf Yates’ Scheitel, hinzu: „Ich werde sie in alphabetischer Reihenfolge abzahlen!“

Dann drehte er sich um und verschwand. Die ganze Bedeutung von Stephens „Methode“ wurde der verdutzten und grübelnden Menge erst zwei Minuten später klar, und da murmelte Yates seufzend: „Hm, die mit Y anfangen, haben ja großartige Aussichten. In *dieser* Welt wird er nicht weiter als bis zum C kommen, und ich schätze, in der nächsten Welt wird noch eine Ewigkeit vergehen, und man wird von mir immer noch als dem ‚armen verspotteten Lotsen‘ sprechen, ‚der in längst vergangenen Zeiten aus St. Louis hierhergekommen ist‘.“

18. Kapitel

ICH BEKOMME EIN PAAR EXTRASTUNDEN

Während der zwei oder zweieinhalb Jahre meiner Lehrlingszeit diente ich unter zahlreichen Lotsen und lernte viele Arten von Dampfschiffern und viele Sorten von Dampfern kennen, denn Mr. Bixby konnte mich nicht immer gebrauchen, und in solchen Fällen schickte er mich zu einem anderen. Ich ziehe bis zum heutigen Tag einen gewissen Nutzen aus dieser Erfahrung, denn in jener kurzen, harten Unterrichtszeit schloß ich persönliche und intime Bekanntschaft mit so ziemlich allen Arten der menschlichen Natur, die in Romanen, Biographien oder in der Geschichte zu finden sind. Täglich bin ich von neuem davon überzeugt, daß bei einer durchschnittlichen Beschäftigung an Land ganze vierzig Jahre nötig sind, um einem Menschen eine solche Ausbildung mitzugeben. Wenn ich sage, daß ich noch immer daraus Nutzen ziehe, dann meine ich nicht, sie habe mich zum Menschenkenner gemacht – nein, das hat sie nicht, denn Menschenkenner werden geboren und nicht gemacht. Mein Nutzen ist sehr verschiedenartig, aber am meisten schätze ich daran den Genuß, den meine frühe Erfahrung mir bei späterer Lektüre vermittelt hat. Wenn ich in einem Roman oder einer Biographie auf einen gut gezeichneten Charakter stoße, weckt er im allgemeinen ein warmes persönliches Interesse in mir, denn ich kenne ihn ja bereits von damals her – bin ihm auf dem Fluß begegnet.

Die Gestalt, die aus den Schatten der vergangenen Zeit am häufigsten vor mir auftaucht, ist Brown vom Dampfer „Pennsylvania" – der bereits in einem früheren Kapitel erwähnte Mann, dessen Gedächtnis so gut und so nervtötend war. Er stand im mittleren Alter, war lang, dürr, knochig, glattrasiert, pferdegesichtig – ein unwissender, geiziger, boshafter, bissiger, ewig Fehler suchender Tyrann, der aus einer Mücke einen Elefanten machte. Schon bald hatte ich mich daran gewöhnt, mit angstvollem Herzen meine Wache anzutreten. Wie vergnügt ich auch unten mit den Leuten von der Freiwache gewesen sein mochte und wie gutgelaunt ich mich auf den Weg nach oben machte – mein Herz verwandelte sich in meinem Körper zu Blei, sobald ich mich dem Steuerhaus näherte.

Ich erinnere mich noch des Tages, als ich diesem Mann zum erstenmal gegenübertrat. Das Schiff war achteraus von St. Louis ausgelaufen und hatte flußabwärts Kurs genommen. Ich stieg hochgemut zum Steuerhaus hinauf, sehr stolz, halboffizielles Mitglied der Führungsfamilie eines so schnellen und berühmten Dampfers zu sein. Brown stand am Ruder. Ich blieb in der Mitte des Raums stehen, bereit, meine Verbeugung zu machen, aber Brown blickte sich gar nicht um. Ich glaubte, er werfe einen flüchtigen Seitenblick auf mich; da sich aber nicht einmal dieses Notiznehmen wiederholte, dachte ich, ich hätte mich wohl geirrt. Inzwischen suchte er seinen Weg durch etliche gefährliche „Lükken" vor den Holzplätzen, und darum wäre es nicht angebracht gewesen, ihn zu stören; so ging ich leise zur hohen Bank und setzte mich hin.

Zehn Minuten lang herrschte Schweigen; dann drehte sich mein neuer Chef um und begutachtete mich bedächtig und sorgfältig von Kopf bis Fuß, etwa eine Viertelstunde lang, wie mir schien. Dann wandte er sein Antlitz ab, und ich sah es einige Sekunden lang nicht mehr; darauf zeigte es sich wieder, und ich wurde mit der Frage begrüßt: „Bist du Horace Bigsby sein Lehrjunge?"

„Ja, Sir."

Hierauf folgte eine Pause und eine weitere Begutachtung. Danach: „Wie heißte?"

Ich sagte es ihm. Er sprach mir meinen Namen nach. Es war wahrscheinlich das einzige, was er jemals vergaß, denn obgleich ich viele Monate bei ihm blieb, sprach er mich nie anders als mit „He!" an, und dann folgte sein Befehl.

„Wo biste geboren?"

„In Florida, Missouri."

Eine Pause. Darauf: „Da hättste, verflixt und zugenäht, besser bleiben sollen!"

Mit Hilfe einer Reihe ziemlich unverblümter Fragen holte er meine Familiengeschichte aus mir heraus.

Jetzt wurde an der Stelle des ersten Kreuzens gelotet. Das unterbrach das Verhör. Als die Lote eingeholt waren, nahm er es wieder auf.

„Wie lange fährste schon auf dem Fluß?"

Ich sagte es ihm. Nach einer Pause: „Wo haste 'n die Schuhe da her?"

Ich gab ihm Auskunft.

„Halt mal den Fuß hoch!"

Ich tat es. Er trat zurück, betrachtete den Schuh genau und verächtlich, kratzte sich gedankenvoll den Schädel, schob, um die Operation zu erleichtern, seine hohe, zuckerhutförmige Kopfbedeckung weit nach vorn und gab dann ein: „Verflixt und zugenäht, da schlag doch einer lang hin!" von sich, worauf er sich wieder dem Ruder zuwandte.

Warum er deshalb lang hinschlagen wollte, ist für mich bis heute ein Geheimnis geblieben. Es müssen ganze fünfzehn Minuten vergangen sein – fünfzehn Minuten trostlosen, heimwehherfüllten Schweigens –, bevor das lange Pferdegesicht sich wieder zu mir herumdrehte – und welch eine Veränderung war da mit ihm vor sich gegangen! Es war puterrot, und jeder Muskel darin arbeitete. Jetzt brach ein Geschrei los.

„He! Willste den ganzen Tag da hocken?"

Ich landete mitten auf dem Fußboden, wie durch einen elektrischen Schlag vor plötzlicher Überraschung dorthin geschnellt. Sobald ich meiner Stimme mächtig war, sagte ich entschuldigend: „Ich habe keine Befehle erhalten, Sir."

„Keine *Befehle* haste erhalten! Du meine Güte, was sind wir doch für'n feiner Pinkel! Wir brauchen *Befehle*! Unser Vater war'n *Gentleman*, hat Sklaven besessen – und *wir* sind zur *Schule* gegangen! Ja, *wir* sind *auch* ein Gentleman und brauchen *Befehle*! BEFEHLE, tatsächlich! BEFEHLE willste! Verflixt und zugenäht – ich werd dir schön lernen, dich hier dicke zu tun und dich aufzupusten mit deinen verflixten *Befehlen*! Geh weg vons Ruder!" (Ich hatte mich ihm unwillkürlich genähert.)

Ich trat ein, zwei Schritte zurück und stand da wie im Traum, alle Sinne betäubt von diesem rasenden Angriff.

„Was stehste da? Bring die Eiskaraffe runter zum Texassteward! Los, beweg dich, und bleib nicht den ganzen Tag weg!"

Sowie ich zum Steuerhaus zurückkam, sagte Brown: „He! Was haste 'n die ganze Zeit da unten gemacht?"

„Ich habe den Texassteward nicht finden können, ich mußte bis zum Anrichteraum gehen."

„'ne verflixt fadenscheinige Geschichte! Leg im Ofen nach."

Ich machte mich an die Arbeit. Er beobachtete mich so gespannt wie eine Katze. Gleich darauf brüllte er: „Leg die Schaufel hin! So 'nen verflixten Idioten hab ich noch nie gesehn – hat nicht mal genug Verstand, 'nen Ofen zu heizen!"

Die ganze Wache über ging das so weiter. Ja, und die folgenden Wachen verliefen etliche Monate lang ganz ähnlich. Wie gesagt, schon bald trat ich stets angstvoll meine Wache an. Sobald ich ihm gegenüberstand, konnte ich selbst in den dunkelsten Nächten den Blick seiner gelben Augen auf mir fühlen und wußte, daß ihr Besitzer auf einen Vorwand lauerte, irgendwie sein Gift auf mich zu verspritzen. Zur Einleitung sagte er dann: „He! Übernimm das Ruder."

Zwei Minuten später: „*Wo*, zum Kuckuck, fährste'n hin? Drück's nach unten! Nach unten drücken!"

Kurze Zeit danach: „Sag mal, willste's den ganzen Tag festhalten? Locker lassen – gegenhalten, gegenhalten!"

Dann sprang er von der Bank, entriß mir das Ruder und hielt es selbst gegen, wobei er die ganze Zeit über seinen Zorn an mir ausließ.

George Ritchie war der Lehrjunge des anderen Lotsen. Er hatte es jetzt gut, denn sein Chef, George Ealer, war ebenso gutherzig, wie Brown bösartig war. Ritchie hatte in der vorigen Saison für Brown gesteuert; daher wußte er genau, wie er mich zu seiner Unterhaltung hänseln konnte. Sobald ich während Ealers Wache für einen Augenblick das Ruder übernahm, setzte sich Ritchie nach hinten auf die Bank und spielte Brown, indem er mir pausenlos zurief: „Reiß es rum! Rumreißen! Dämlichster Katzenwelskopf, der mir je begegnet ist!" – „He! Wo fährste 'n *jetzt* hin? Willste den Snag da überfahren?" – „Drück nach *unten*! Hörste nicht? Nach *unten* drücken!" – „Schon passiert! Genau, wie ich's erwartet habe. Ich hab dir doch *gesagt*, du sollst nicht zu nah an der Sandbank vorbeifahren. Weg vons Ruder!"

So ging es mir also immer schlecht – gleichgültig, wessen Wache es war, und manchmal erschien mir Ritchies gutmütige Hänselei fast ebenso zermürbend wie Browns todernste Nörgelei.

Oft wollte ich Brown am liebsten umbringen, aber das kam nicht in Frage. Ein Lehrjunge mußte alles hinnehmen, was sein Chef ihm an saftigen Kraftausdrücken und Kritiken zuteilte, und wir alle glaubten, es gebe ein Bundesgesetz, wonach es ein Kapitalverbrechen war, einen Lotsen im Dienst zu schlagen oder zu bedrohen. Ich durfte mir jedoch vorstellen, Brown umzubringen, dagegen gab es kein Gesetz, und das tat ich auch, sobald ich in meiner Koje lag. Anstatt meinen Fluß in Gedanken noch einmal an mir vorüberziehen zu lassen, wie es meine Pflicht war, vernachlässigte ich den Dienst zugunsten des Vergnügens und brachte Brown um. Monatelang brachte ich Brown jede Nacht um – nicht auf althergebrachte, abgeschmackte, gewöhnliche Weise, sondern auf ausgefallene phantasievolle Art, die, was Umstände und Tatort betraf, manchmal überraschend neuartig erdacht und scheußlich war.

Immer hielt Brown Ausschau nach einem Vorwand zum Tadeln, und wenn er keinen glaubhaften Vorwand fand, dachte er sich einen aus. Er schalt, weil man zu dicht am Ufer vorbeifuhr, und auch, weil man nicht dicht genug daran vorbeifuhr, weil man sich neben einer Sandbank hielt und weil man sich nicht neben ihr hielt, weil man das Ruder ohne Aufforderung „herunterdrückte" und weil man es *nicht* ohne Aufforderung herunterdrückte, weil man ohne Befehl Dampf geben ließ und weil man auf einen Befehl wartete. Mit einem Wort, er hatte es sich zur eisernen Regel gemacht, an *allem*, was man auch tat, etwas auszusetzen, und zu einer zweiten eisernen Regel, einem jede Bemerkung in Form einer Beleidigung an den Kopf zu werfen.

Eines Tages näherten wir uns New Madrid, flußabwärts fahrend und schwer beladen. Brown stand an einer Seite des Ruders und steuerte, ich an der anderen, bereit, „es nach unten zu drükken" oder „nach oben zu schieben". Hin und wieder warf er mir einen hinterhältigen Blick zu. Ich hatte schon längst gelernt, was das bedeutete, daß er bemüht war, sich eine Falle für mich auszutüfteln. Ich fragte mich, wie sie wohl aussehen würde. Nach einiger Zeit trat er vom Ruder zurück und sagte auf seine übliche bissige Weise: „He! Wolln doch mal sehen, ob du Schneid genug hast beizudrehen."

Das mußte zwangsläufig zum Erfolg führen – nichts konnte ihn verhindern, denn er hatte mir noch nie erlaubt beizudrehen; also mochte ich die Sache anpacken, wie ich wollte, er würde nach Belieben etwas daran auszusetzen finden. Er stand hinten und hielt die Augen gierig auf mich gerichtet, und es kam, wie es kommen mußte. Ich verlor nach einer Viertelminute den Kopf und wußte nicht, was ich tun sollte; ich begann zu früh, das Schiff zu drehen, entdeckte aber einen grünlichen Freudenschimmer in Browns Augen und berichtigte meinen Fehler. Ich begann von neuem zu drehen, während ich noch zu weit stromaufwärts war, berichtigte mich jedoch wieder beizeiten. Ich machte andere falsche Manöver, und es gelang mir noch einmal, mich zu retten, endlich aber wurde ich so verwirrt und ängstlich, daß ich in den allerschlimmsten Fehler verfiel: Ich gelangte zu weit strom*abwärts*, bevor ich begann, das Schiff herumzuholen. Browns Gelegenheit war gekommen.

Sein Gesicht rötete sich vor Zorn, er tat einen Sprung, schleuderte mich mit einer Armbewegung quer durch das Steuerhaus, drehte das Ruder herum und begann einen Strom von Verwünschungen über mir auszugießen, der anhielt, bis er außer Atem war. Im Lauf seiner Rede gab er mir sämtliche Schimpfnamen, die ihm einfallen wollten, und ein paarmal dachte ich sogar, er werde anfangen zu fluchen – aber das hatte er nie getan und tat es auch jetzt nicht. „Verflixt und zugenäht" war das Äußerste, was er sich an Luxus beim Fluchen leistete, denn man hatte ihn zu einer gesunden Achtung vor künftigem Feuer und Schwefel erzogen.

Das war eine ungemütliche Stunde, da sich auf dem Hurrikandeck auch noch eine große Zuhörermenge befand. Als ich mich in dieser Nacht hinlegte, brachte ich Brown auf siebzehn verschiedene Arten um – lauter ganz neue.

19. Kapitel

BROWN UND ICH TAUSCHEN KOMPLIMENTE AUS

Zwei Fahrten später geriet ich in ernsthafte Unannehmlichkeiten. Brown steuerte, ich „drückte nach unten". Mein jüngerer Bruder erschien auf dem Hurrikandeck und rief Brown zu, er solle an der Landestelle etwa eine Meile stromabwärts anlegen. Brown gab nicht zu erkennen, daß er etwas gehört hatte. Aber so war er: Er ließ sich nie dazu herab, von einem Unterzahlmeister Notiz zu nehmen. Es war windig, Brown hörte schwer (obwohl er das nie zugab), und ich zweifelte sehr daran, daß er den Befehl vernommen hatte. Hätte ich zwei Köpfe gehabt, hätte ich etwas gesagt; da ich aber nur einen besaß, schien es mir vernünftig, auf ihn achtzugeben, und so schwieg ich.

Bald darauf fuhren wir auch tatsächlich an dieser Plantage vorbei. Kapitän Klinefelter erschien auf Deck und sagte: „Drehen Sie bei, Sir, drehen Sie bei! Hat Henry Ihnen nicht gesagt, Sie sollen hier anlegen?"

„*Nein*, Sir!"

„Ich hatte ihn doch deshalb hinaufgeschickt."

„Heraufgekommen ist er, und das war alles, was er fertiggebracht hat, der dreimal verflixte Esel. Gesagt hat er nichts."

„Hast *du* ihn denn nicht gehört?" fragte mich der Kapitän.

Natürlich wollte ich in diese Sache nicht hineingezogen werden, aber es ließ sich nicht vermeiden, und so antwortete ich: „Doch, Sir."

Ich wußte, was Browns nächste Äußerung sein würde, noch bevor er sie von sich gab. Sie lautete: „Halt den Mund! Du hast nichts dergleichen gehört!"

Ich schloß entsprechend der Anweisung den Mund. Eine Stunde darauf kam Henry ins Steuerhaus, ohne zu wissen, was inzwischen geschehen war. Er war ein äußerst anständiger Junge, und es tat mir leid, daß er kam, denn ich wußte, Brown würde kein Mitleid mit ihm haben. Brown fing gleich an: „He! Warum haste mir nicht gesagt, daß wir an der Plantage da anlegen sollten?"

„Ich habe es Ihnen doch gesagt, Mr. Brown."

„Das ist gelogen!"

Ich sagte: „Sie lügen. Er hat es Ihnen gesagt."

Brown starrte mich voll ehrlicher Überraschung an, und einen

Augenblick lang blieb ihm die Sprache weg, bevor er brüllte: „Dich nehme ich mir gleich vor!“ Dann schrie er Henry an: „Und du verläßt das Steuerhaus – raus mit dir!“

Das war Lotsengesetz und mußte befolgt werden. Der Junge drehte sich um und hatte schon einen Fuß auf der obersten Stufe draußen vor der Tür, als Brown in einem plötzlichen Wutanfall einen Kohleklumpen von gut zehn Pfund aufnahm und ihm nachsprang; ich aber stand mit einem schweren Hocker dazwischen und versetzte Brown einen schönen, kräftigen Hieb, der ihn umlegte.

Ich hatte das schlimmste aller Verbrechen begangen – hatte die Hand gegen einen Lotsen im Dienst erhoben! Ich nahm an, das Zuchthaus sei mir sicher und könne mir nicht sicherer sein, wenn ich weitermachte und meine Rechnung mit diesem Kerl beglich, solange ich Gelegenheit dazu hatte, deshalb ließ ich nicht von ihm ab und bearbeitete ihn geraume Zeit mit den Fäusten. Ich weiß nicht, wie lange – das Vergnügen daran ließ es mir wohl länger erscheinen, als es in Wirklichkeit war, endlich aber machte er sich frei, sprang auf und lief zum Ruder: eine sehr natürliche Sorge, denn die ganze Zeit über schoß der Dampfer mit einer Geschwindigkeit von fünfzehn Meilen die Stunde den Fluß hinab, ohne daß jemand am Ruder stand! Eagle Bend war jedoch bei diesem uferhohen Wasserstand zwei Meilen breit und entsprechend lang und tief, und das Schiff hielt von selbst genau in der Mitte stromabwärts und riskierte nichts. Trotzdem war es reines Glück – es hätte einem auch passieren können, daß es geradenwegs in den Wald hineinsauste.

Als Brown mit einem Blick festgestellt hatte, daß die „Pennsylvania“ sich nicht in Gefahr befand, packte er das große Fernglas wie eine Streitkeule und befahl mir mit einem Gebrüll, lauter als das Kriegsgeschrei der Comanchen, das Steuerhaus zu verlassen. Aber ich hatte jetzt keine Angst mehr vor ihm, anstatt zu gehen, blieb ich da und kritisierte seine Grammatik. Ich verbesserte seine wütenden Sätze und übertrug sie in gutes Englisch, wobei ich seine Aufmerksamkeit darauf lenkte, wie vorteilhaft sich ein reines Englisch von dem Mischmaschdialekt der Kohlengruben von Pennsylvania abhob, woher er stammte. In einem Kreuzfeuer bloßer Beschimpfungen hätte er natürlich großartig seinen Mann stehen können, für diese Art Streit aber war er nicht gerüstet; so legte er denn bald sein Fernglas beiseite, packte das Ruder, brummte kopfschüttelnd vor sich hin, und ich zog mich auf die Bank zurück. Der Lärm hatte alle auf das Hurrikandeck gelockt, und ich zitterte, als ich den alten Kapitän aus der Menge heraufblicken sah. Ich sagte mir: Jetzt ist's aus mit dir!, denn obgleich er in der Regel seiner Mannschaft gegenüber väterlich und nachsichtig war und bei kleineren Versäumnissen viel Geduld zeigte, konnte er doch recht streng sein, wenn der Fehler es verdiente.

Ich versuchte mir auszumalen, was er wohl mit einem Lotsenlehrling tun werde, der sich eines solchen Verbrechens schuldig gemacht hatte, begangen auf einem Schiff, das randvoll beladen war mit kostbarer Fracht und von Passagieren wimmelte. Unsere Wache war beinahe zu Ende. Ich dachte, ich sollte mich besser irgendwo verstecken, bis ich Gelegenheit fand, an Land zu schleichen. So drückte ich mich aus dem Steuerhaus, die Stufen hinunter, und wandte mich zur Tür der Texaskajüte; ich wollte gerade hineinschlüpfen, da stand ich vor dem Kapitän! Ich senkte den Kopf, und er stand mir einen Augenblick schweigend gegenüber, dann sagte er gewichtig: „Folge mir."

Ich lief in seinem Kielwasser, und er führte mich in seine Kabine am vorderen Ende des Texasdecks. Wir waren jetzt allein. Er schloß die achtere Tür, ging dann langsam zur vorderen und schloß auch sie. Er setzte sich, ich stand vor ihm. Eine kurze Weile sah er mich an, dann sagte er: „Du hast dich also mit Mr. Brown geprügelt?"

Ich antwortete niedergeschlagen: „Ja, Sir."

„Weißt du, daß das eine sehr ernste Sache ist?"

„Ja, Sir."

„Bist du dir bewußt, daß das Schiff ganze fünf Minuten lang steuerlos den Fluß hinunterfuhr?"

„Ja, Sir."

„Hast du ihn zuerst geschlagen?"

„Ja, Sir."

„Womit?"

„Mit einem Hocker, Sir."

„Stark?"

„Mittelmäßig, Sir."

„Hat es ihn umgehauen?"

„Er – er ist hingefallen, Sir."

„Hast du dann noch weitergemacht? Hast du es ihm noch mehr gegeben?"

„Ja, Sir."

„Was hast du getan?"

„Mit den Fäusten auf ihn eingeschlagen, Sir."

„Mit den Fäusten?"

„Ja, Sir.“

„Hast du ordentlich auf ihn eingeschlagen, das heißt kräftig?“

„Das kann man schon sagen, Sir.“

„Sakra, das freut mich. Hör mal, erzähl ja nicht weiter, daß ich das gesagt habe. Du hast dich eines großen Vergehens schuldig gemacht, und daß dir das auf diesem Schiff nicht noch einmal passiert. *Aber* – lauere ihm an Land auf! Prügle ihn tüchtig durch, hörst du? Die Kosten übernehme ich. Jetzt geh – und wohlgemerkt: Kein Wort davon zu irgend jemand. Nun troll dich! Du hast dich eines großen Vergehens schuldig gemacht, du Kröte!“

Ich schlüpfte hinaus, heilfroh, noch einmal davongekommen zu sein, und ordentlich erleichtert, und ich hörte, wie er vor sich hin lachte und sich auf die dicken Schenkel schlug, nachdem ich seine Tür zugemacht hatte.

Als Brown von seiner Wache kam, ging er sogleich zum Kapitän, der auf dem Boilerdeck mit ein paar Passagieren sprach, und verlangte, daß ich in New Orleans an Land gesetzt würde. Er fügte hinzu: „Ich rühre auf diesem Schiff kein Ruder mehr an, solange dieser Lehrjunge bleibt.“

Der Kapitän sagte: „Aber er braucht doch nicht dabei zu sein, wenn es Ihre Wache ist, Mr. Brown.“

„Ich will nicht mal auf demselben Schiff mit ihm bleiben. *Einer* von uns beiden muß an Land gehen.“

„Also gut“, sagte der Kapitän, „dann Sie“, und nahm sein Gespräch mit den Passagieren wieder auf.

Während der kurzen Zeit der restlichen Fahrt erfuhr ich, wie sich ein befreiter Sklave fühlt, denn das war ich nun selbst. Wenn wir an Anlegestellen lagen, lauschte ich George Ealers Flöte oder hörte zu, wie er aus einer seiner beiden Bibeln – nämlich Goldsmith und Shakespeare – vorlas, oder ich spielte Schach mit ihm – und hätte ihn dabei auch manchmal geschlagen, aber er nahm immer seinen letzten Zug wieder zurück und ließ das Spiel anders ausgehen.

20. Kapitel

EINE DAMPFERKATASTROPHE

Wir lagen drei Tage in New Orleans, aber es gelang dem Kapitän nicht, einen anderen Lotsen zu finden, und so schlug er vor, ich solle die Tageswache übernehmen und die Nachtwache George Ealer überlassen. Aber ich hatte Angst, ich hatte noch nie eine Wache allein übernommen und glaubte, ich würde gewiß bei der Einfahrt in irgendeinen Durchbruch in Schwierigkeiten geraten oder das Schiff in einem engen Einschnitt an einer Sandbarre auf Grund laufen lassen. Brown blieb auf seinem Posten, wollte aber nicht mit mir fahren. So gab mir der Kapitän eine Anweisung an den Kapitän der „A. T. Lacey" auf eine Passage nach St. Louis und sagte, dort werde er einen neuen Lotsen finden, und ich könnte dann meine Arbeit als Rudergänger wieder aufnehmen. Die „Lacey" sollte zwei Tage nach der „Pennsylvania" ablegen.

Am Abend vor der Abfahrt der „Pennsylvania" saßen Henry und ich bis Mitternacht auf einem Stapel Frachtgut am Uferdamm und schwatzten miteinander. Wir sprachen hauptsächlich über ein Thema, mit dem wir uns, glaube ich, zuvor noch nicht beschäftigt hatten: Dampferkatastrophen. Eine solche stand uns damals bevor, so wenig wir das auch vermuteten; das Wasser zu dem Dampf, der sie verursachen sollte, floß, während wir dort plauderten, an irgendeiner Landzunge fünfzehnhundert Meilen stromaufwärts vorbei – würde aber rechtzeitig an Ort und Stelle sein. Wir bezweifelten, daß Leute ohne jegliche Autorität im Falle eines Unglücks und der damit verbundenen Panik von großem Nutzen wären, sich aber immerhin irgendwie nützlich machen könnten, und so beschlossen wir, falls wir je ein Schiffsunglück erleben sollten, wenigstens an Bord zu bleiben und kleine Hilfsdienste zu leisten. Hieran dachte Henry später und handelte danach.

Die „Lacey" begann ihre Fahrt zwei Tage nach der „Pennsylvania". Als wir ein paar Tage später bei Greenville, Mississippi, anlegten, rief jemand: „Die ‚Pennsylvania' ist bei Ship Island in die Luft geflogen, und hundertfünfzig Menschen sind dabei umgekommen!"

In Napoleon, Arkansas, erhielten wir am selben Abend ein Extrablatt einer Zeitung aus Memphis, in dem Einzelheiten standen. Darin wurde mein Bruder erwähnt; es hieß, er sei unverletzt.

Weiter stromaufwärts bekamen wir ein späteres Extrablatt. Mein Bruder wurde wieder genannt, diesmal aber als Verletzter, für den keine Hoffnung bestand. Erst nachdem wir Memphis erreicht hatten, erfuhren wir alle Einzelheiten des Unglücks. Dies ist die traurige Geschichte:

Es war sechs Uhr morgens an einem heißen Sommertag. Die „Pennsylvania" fuhr langsam mit halber Dampfkraft nördlich von Ship Island, etwa sechzig Meilen unterhalb von Memphis, und hatte einen Holzprahm im Schlepptau, der rasch geleert wurde. George Ealer stand im Steuerhaus – allein, glaube ich; der Zweite Maschinist und ein Maschinistenlehrling hatten Wache im Maschinenraum, der Zweite Offizier Deckswache, George Black, Mr. Wood und mein Bruder, die Zahlmeister, schliefen, ebenso Brown und der Erste Maschinist, der Zimmermann, der Erste Offizier und ein Maschinistenlehrling. Kapitän Klinefelter saß auf dem Barbierstuhl, und der Barbier schickte sich an, ihn zu rasieren. An Bord befanden sich zahlreiche Kajütenpassagiere und drei- oder vierhundert Deckspassagiere – so hieß es damals –, und nur wenige von ihnen waren schon wach. Da nun fast alles Holz aus dem Prahm an Bord war, gab Ealer das Glockenzeichen „Volle Kraft voraus", und im nächsten Augenblick explodierten mit donnerndem Getöse vier der acht Kessel, und das ganze vordere Drittel des Schiffs flog gen Himmel! Der größte Teil mit den Schornsteinen fiel auf das Schiff zurück – ein Berg von durchlöchertem, formlosem Schrott –, und kurz darauf brach Feuer aus.

Viele Menschen wurden ziemlich weit geschleudert und fielen ins Wasser, darunter auch Mr. Wood, mein Bruder und der Zimmermann. Dieser lag noch auf seiner Matratze, als er fünfundsiebzig Fuß vom Schiff entfernt auf dem Wasser aufschlug. Von Brown, dem Lotsen, und George Black, dem Ersten Zahlmeister, hörte man nach der Explosion nie wieder etwas. Der Barbierstuhl, in dem Kapitän Klinefelter unverletzt saß, war stehengeblieben, die Lehne über dem Nichts – alles davor war mitsamt dem Deck verschwunden, und der verdutzte Barbier, gleichfalls unverletzt, stand mit einer Zehe über dem leeren Raum, rührte unbewußt weiter in seinem Seifenschaum und sagte kein Wort.

Als George Ealer vor sich die Schornsteine emporschießen sah, wußte er, was geschehen war; so verhüllte er sein Gesicht mit seinen Rockaufschlägen und hielt beide Hände fest darauf gepreßt, um diesen Schutz dort zu halten, damit ihm kein Dampf in Mund und Nase dringen konnte. Er hatte genügend Zeit, sich diesen Einzelheiten zu widmen, während er in die Luft flog und wieder herunterfiel. Schließlich landete er auf den nicht explodierten Kesseln, vierzig Fuß unterhalb des ehemaligen Steuerhauses, begleitet von seinem Ruderrad sowie einem Regen anderer Teile und in eine Wolke von siedendem Dampf gehüllt. All die vielen, die diesen Dampf eingeatmet hatten, starben – nicht einer überlebte. Ealer aber hatte keinen eingeatmet. Er rannte, so rasch er konnte, an die frische Luft, und als der Dampf sich verzogen hatte, kehrte er zurück, kletterte wieder auf die Kessel und sammelte geduldig alle seine Schachfiguren und die Teile seiner Flöte auf.

Inzwischen begann das Feuer bedrohlich zu werden. Schreie und Stöhnen erfüllten die Luft. Zahlreiche Menschen waren verbrüht worden und sehr viele verletzt; einem Mann hatte die Explosion ein Brecheisen durch den Körper getrieben – ich glaube, es war ein Priester. Er starb nicht sofort und litt ganz entsetzlich. Ein fünfzehnjähriger französischer Seekadett, Sohn eines französischen Admirals, hatte fürchterliche Verbrühungen, ertrug jedoch mannhaft seine Qualen. Der Erste und der Zweite Offizier waren auch schwer verbrüht, trotzdem aber standen sie auf ihrem Posten. Sie zogen den Holzprahm nach achtern, und zusammen mit dem Kapitän kämpften sie gegen eine außer sich geratene Horde von verängstigten Einwanderern, bis die Verwundeten dorthin geschafft und als erste in Sicherheit gebracht werden konnten.

Nachdem Mr. Wood und Henry ins Wasser gefallen waren, schwammen sie aufs Land zu, das nur ein paar hundert Yard weit entfernt lag; aber schon nach kurzer Zeit sagte Henry, er glaube, er sei nicht verletzt (was für ein unerklärlicher Irrtum!) und wolle deshalb zum Schiff zurückschwimmen, um die Verwundeten retten zu helfen. So trennten sie sich, und Henry kehrte um.

Jetzt breitete sich das Feuer rasend aus, und die unter den Trümmern Eingeschlossenen flehten jämmerlich um Hilfe. Alle Bemühungen, des Feuers Herr zu werden, erwiesen sich als aussichtslos; so wurden die Eimer bald fortgeworfen, und die Offiziere kamen mit Äxten und versuchten, die Eingeschlossenen herauszuhauen. Unter den Gefangenen befand sich ein Maschinistenlehrling; er sagte, er sei nicht verletzt, könne sich aber nicht befreien, und als er sah, daß das Feuer die Arbeitenden vermutlich vertreiben würde, flehte er, jemand möge ihn erschießen, um ihn vor einem schrecklicheren Tod zu bewahren. Das Feuer vertrieb die Leute mit den Äxten auch tatsächlich, und sie mußten das Flehen des Ärmsten hilflos anhören, bis die Flammen seinen Qualen ein Ende machten.

Das Feuer jagte alle in den Holzprahm, die darin Platz finden konnten, dann wurde das Schlepptau gekappt, und der Prahm sowie das brennende Schiff trieben den Fluß hinunter auf Ship Island zu. Der Prahm machte an der Inselspitze fest, und dort mußten seine halbnackten Insassen, ungeschützt in der brennenden Sonne, ohne Nahrung oder belebende Getränke und ohne Behandlung ihrer Wunden den Rest des Tages verbringen. Endlich kam ein Dampfer vorbei und brachte die Unglücklichen nach Memphis, und dort fanden sie sogleich großzügige Hilfe. Zu diesem Zeitpunkt war Henry bewußtlos. Die Ärzte untersuchten seine Verletzungen, und da sie sahen, daß sie tödlich waren, kümmerten sie sich natürlich vor allem um die Patienten, die gerettet werden konnten.

Vierzig Verwundete wurden auf Strohsäcken in einem großen öffentlichen Saal auf den Fußboden gebettet, darunter auch Henry. Täglich kamen die Damen von Memphis mit Blumen, Obst und allerlei Leckerbissen und Süßigkeiten und blieben da und pflegten die Verwundeten. Sämtliche Ärzte und Medizinstudenten übernahmen Wachdienst, und die übrigen Bewohner der Stadt spendeten Geld oder was sonst gebraucht wurde. Und Memphis verstand sich auf all diese Maßnahmen, denn vor seinen Toren hatten sich schon viele Katastrophen wie die der „Pennsylvania" ereignet, und es war in der mildtätigen Rolle des barmherzigen Samariters erfahrener als alle übrigen Städte am Strom.

Der Anblick, der sich mir bot, als ich in diesen großen Saal trat, war neu und befremdend. Zwei lange Reihen ausgestreckter Gestalten – im ganzen über vierzig – und alle Gesichter und Köpfe ein formloser Bausch lockerer Rohbaumwolle. Es war ein schauriger Anblick. Ich wachte dort sechs Tage und sechs Nächte, und was ich dort erlebte, war sehr niederdrückend. Täglich gab es ein besonders deprimierendes Ereignis: die Verlegung der zum Tode Verurteilten in einen gesonderten Raum. Das geschah, um die *Stimmung* der übrigen Patienten nicht zu beeinträchtigen, wenn sie einen der ihren im Todeskampf sahen. Der Todgeweihte wurde stets mit möglichst wenig Aufsehen hinausgebracht, und die Trage war immer hinter einer Wand von Helfern verborgen; das nützte aber nichts; alle wußten, was dieser Schwarm gebeugter Gestalten mit ihren gedämpften Schritten und langsamen Bewegungen bedeutete, und aller Augen folgten ihm wehmütig, und ein Schauder lief gleich einer Welle vor ihm her.

Viele arme Wesen sah ich, die in die „Todeskammer" getragen wurden, und erblickte sie danach nicht wieder. Aber mehr als einmal sah ich, wie man unseren Ersten Offizier dorthin brachte. Seine Verletzungen waren fürchterlich, besonders die Verbrühungen. Er war bis zur Gürtellinie in Leinöl und Rohbaumwolle gehüllt und sah nicht mehr wie ein Mensch aus. Häufig phantasierte er, und dann ließen ihn seine Schmerzen toben, brüllen und manchmal auch kreischen. Darauf, nach einer Periode stummer Erschöpfung, verwandelte seine verwirrte Phantasie den großen Raum plötzlich in eine Back und die vorübereilenden Krankenschwestern in die Schiffsmannschaft; er richtete sich auf und rief: „Macht mal dalli, macht dalli, ihr Fossilien, ihr Kriechtiere, ihr Sargträger ihr! Wollt ihr vielleicht den ganzen Tag lang den Hutvoll Ladung rausschaffen?“ Und dieser Explosion ließ er eine den Himmel verdeckende Eruption von Flüchen folgen, die nichts zu drosseln oder anzuhalten vermochte, bis sein Krater leer war. Hin und wieder riß er sich, wenn ihn diese Tobsuchtsanfälle packten, ganze Händevoll der Watte herunter und bot sein verbrühtes Fleisch den Blicken dar. Es war entsetzlich. Natürlich wirkte das schlimm auf die anderen – dieser Lärm und diese Zurschaustellung, und deshalb versuchten die Ärzte, ihm Morphium zu geben, um ihn zu beruhigen. Aber ob er nun bei Sinnen war oder nicht, er wollte es nicht nehmen. Er sagte, seine Frau sei durch diese verräterische Droge umgekommen, und lieber wolle er sterben als sie nehmen. Er hatte den Verdacht, die Ärzte täten sie ihm heimlich in die gewöhnliche Medizin und ins Trinkwasser – so nahm er keins von beiden mehr zu sich. Einmal hielt er nach zwei glutheißen Tagen ohne Wasser die Schöpfkelle in der Hand, und der Anblick der klaren Flüssigkeit und sein jämmerlicher Durst waren eine Versuchung, der zu widerstehen fast über seine Kräfte ging, aber er beherrschte sich, warf die Kelle fort und erlaubte danach keinem mehr, sie ihm zu bringen. Dreimal sah ich, wie er in die Todeskammer getragen wurde, bewußtlos und, wie man annahm, sterbend; jedesmal kam er jedoch zu sich, verfluchte seine Wärter und verlangte, daß sie ihn zurückbrächten. Er blieb am Leben und wurde wieder Erster Offizier auf einem Dampfer.

Aber er war der einzige, der in die Todeskammer kam und lebend aus ihr zurückkehrte. Dr. Peyton, ein leitender Arzt, mit all den Eigenschaften eines hochsinnigen, makellosen Charakters, tat alles für Henry, was ausgezeichnetes Wissen und langjährige Praxis zu tun vermochten; wie die Zeitungen jedoch schon zu Anfang geschrieben hatten, war bei der Art seiner Verletzungen jede Hilfe vergebens. Am Abend des sechsten Tages beschäftigte sich sein unsteter Geist mit fernabliegenden Dingen, und seine kraftlosen Finger zupften an der Bettdecke. Seine Stunde war gekommen. Wir trugen den armen Jungen in die Todeskammer.

21. Kapitel

EIN STÜCK MEINES LEBENSLAUFS

Nach angemessener Zeit erhielt ich mein Patent. Jetzt war ich selbständiger Lotse. Ich übernahm Gelegenheitsdienst; da ich kein Unheil dabei anrichtete, wurde die unregelmäßige Beschäftigung durch dauernde und langfristige Anstellungen abgelöst. Die Zeit verging reibungslos und erfolgreich, und ich nahm an – und hoffte –, ich würde bis zum Ende meiner Tage den Fluß befahren und am Ruder sterben, wenn meine Mission beendet sei. Aber da kam der Krieg, der Handel wurde eingestellt, und mit meiner Beschäftigung war es aus.

Ich mußte mir einen anderen Lebensunterhalt suchen. So wurde ich Bergmann in einer Silbermine in Nevada, danach Zeitungsreporter, danach Goldgräber in Kalifornien, als nächstes Reporter in San Francisco, dann Sonderberichterstatter auf den Hawaii-Inseln, darauf Reisekorrespondent in Europa und dem Orient, danach wissenverbreitende Leuchte auf dem Vortragspodium, und schließlich wurde ich Bucherkritzler und gehöre zum unverrückbaren Inventar unter den übrigen Felsen von Neuengland.

Mit diesen wenigen Worten habe ich die einundzwanzig langsam vorbeiziehenden Jahre zusammengefaßt, die kamen und gingen, seit ich zum letztenmal aus dem Fenster eines Steuerhauses geblickt hatte.

Wollen wir jetzt den Faden wieder aufnehmen.

22. Kapitel

ICH KOMME WIEDER ZUR SACHE

Nach einundzwanzigjähriger Abwesenheit verspürte ich ein sehr starkes Verlangen, den Fluß, die Dampfer und die Jungs wiederzusehen, die vielleicht noch übriggeblieben waren; ich beschloß also hinzufahren. Zu meiner Gesellschaft warb ich einen Dichter an und einen Stenographen, seine Berichte mitzuschreiben, und brach gegen Mitte April nach Westen auf.

Da ich Aufzeichnungen machen wollte, um sie dann zu veröffentlichen, dachte ich darüber nach, wie ich vorgehen sollte. Wenn man mich auf dem Fluß erkannte, könnte ich nicht so ungehindert kommen und gehen, sprechen, fragen und herumspähen wie als Unbekannter; ich erinnerte mich, daß es früher bei den Dampfschiffern üblich gewesen war, dem vertrauensseligen Fremden die phantastischsten, herrlichsten Lügen aufzutischen und den aufgeklärten Freund mit langweiligen, untauglichen Fakten abzuspeisen: So schlußfolgerte ich, vom geschäftlichen Standpunkt gesehen wäre es vorteilhafter, unsere Gruppe mit erdachten Namen zu tarnen. Der Gedanke war zweifellos gut, zog aber endlose Unannehmlichkeiten nach sich, denn obwohl Smith, Jones und Johnson leicht zu behaltende Namen sind, wenn man sie gerade nicht behalten muß, ist es fast unmöglich, sich auf sie zu besinnen, wenn sie gebraucht werden. Wie schaffen Verbrecher es nur, sich an funkelnagelneue Pseudonyme zu erinnern? Das ist ein großes Geheimnis. Ich war unschuldig, und doch gelang es mir nur selten, meinen neuen Namen parat zu haben, wenn ich ihn benötigte, und hätte ich noch ein Verbrechen, das mich zusätzlich verwirrte, auf dem Gewissen gehabt, wäre ich überhaupt nicht imstande gewesen, den Namen zu behalten.

Am 18. April um acht Uhr morgens fuhren wir mit der Pennsylvania-Eisenbahn ab.

Abends. Zum Thema Kleidung: Anmut und Gefälligkeit verschwinden allmählich, je weiter man sich von New York entfernt.

Dies finde ich unter meinen Notizen. Gleichgültig, in welche Richtung man fährt – die Tatsache bleibt bestehen. Ob man nach Norden, Süden, Osten oder Westen reist, spielt keine Rolle: Man kann morgens beim Aufstehen erraten, wie weit man gekommen ist, man braucht nur festzustellen, wie weit Anmut und Gefälligkeit zu diesem Zeitpunkt in der Garderobe der neu hinzugekommenen Reisenden abgenommen haben – ich meine nicht nur bei den Frauen, sondern bei beiden Geschlechtern. Vielleicht liegt es auch nur an der Art, wie sie *getragen* wird, und vermutlich ist es so, denn in den Provinzstädten gibt es viele Damen und Herren, deren Gewänder ausschließlich von den besten New Yorker Schneidern stammen, und doch hat dies keinen merklichen Einfluß auf die eine entscheidende Tatsache: daß ein geübtes Auge diese Leute niemals für New Yorker halten wird. Nein, wer in New York geboren und dort aufgewachsen ist, besitzt solch einen gottlosen Charme und Schick und Pfiff, den Kleidung allein nicht hervorbringen kann.

19. April. – Gelangten heute morgen in die Zone der Spitzbärte, zuweilen, jedoch nur selten, von Schnurrbärten begleitet.

Es mutet einen seltsam an, in solcher Menge auf eine vergangene, unkleidsame Mode zu stoßen; es war, als liefe man plötzlich einem längst vergessenen Bekannten in die Arme, von dem man angenommen hatte, er sei schon vor einer Generation gestorben. Der Spitzbart ist über einen weiten Teil des Landes verbreitet und wird vom felsenfesten Glauben an Adam und die biblische Schöpfungsgeschichte begleitet, dem die Angriffe der Wissenschaftler nichts anhaben konnten.

Nachmittags. Auf den Bahnhöfen haben die Lungerer *beide* Hände in den Hosentaschen; bisher konnten wir manchmal noch eine Hand außerhalb beobachten – hier nie. Das ist ein bedeutungsvoller geographischer Fakt.

Wenn die Lungerer den Charakter eines Landes bestimmten, wäre er natürlich noch bedeutungsvoller.

Bisher konnten wir auf dem ganzen Weg häufig beobachten, daß der Lungerer auf dem Bahnhof das eine Schienbein mit dem anderen Fuß kratzte; hier fehlen diese Restbestände eines Tätigkeitsdrangs. Sieht beunruhigend aus.

Mit der Zeit gelangten wir in die tabakkauende Zone. Vor fünfzig Jahren umfaßte die tabakkauende Zone die ganzen Vereinigten Staaten. Jetzt ist sie sehr eingeschrankt.

Als nächstes traten Schaftstiefel in Erscheinung. Jedoch nicht haufenweise. Später – den Mississippi weiter hinunter – wurden sie zur Regel. Aus den anderen Teilen der Vereinigten Staaten verschwanden sie mit dem Straßenschlamm; zweifellos werden sie auch aus den am Fluß gelegenen Ortschaften verschwinden, wenn es dort erst mal richtiges Pflaster gibt.

Wir erreichten St. Louis um zehn Uhr abends. Am Empfangstisch des Hotels nannte ich einen eiligst erfundenen falschen Namen, wobei ich einen armseligen Versuch machte, ungezwungen und sorglos zu wirken. Der Empfangschef stutzte und musterte mich auf die mitleidige Weise, auf die man einen anständigen Menschen mustert, den man in einer zweifelhaften Lage antrifft; dann sagte er: „Schon gut, ich weiß, was für ein Zimmer Sie haben möchten. Hab früher mal beim Empfang im ‚St. James' in New York gearbeitet."

Ein nicht gerade vielversprechender Beginn einer Schwindlerlaufbahn! Auf dem Weg zum Speiseraum begegneten wir zwei weiteren Männern, die ich von woandersher kannte. Wie seltsam und ungerecht das doch ist: Hartgesottene Betrüger reisen herum, halten unter meinem *nom de guerre* Vorträge, und niemand verdächtigt sie, aber wenn ein ehrlicher Mensch zu betrügen versucht, wird er sofort entlarvt.

Eins schien offensichtlich: Wir mußten uns schon am nächsten Tag flußabwärts einschiffen, wenn auch weiterhin in diesem Tempo Leute auftauchten, die man nicht irreführen konnte – eine unangenehme Enttäuschung, denn wir hatten gehofft, eine Woche in St. Louis zu bleiben. Das „Southern" ist ein gutes Hotel, und wir hätten die Zeit dort angenehm verbringen können. Es ist groß und bestens geführt, und seine Ausstattung ist nicht so zum Heulen wie die des riesigen „Palmer House" in Chicago. Gewiß, die Billardtische stammten noch aus der Älteren Silurischen Epoche und die Queues und Kugeln aus der Zeit nach dem Spät-Pliozän, aber das war geradezu erholsam und keineswegs ungemütlich, denn das Betrachten von Altertümern wirkt entspannend und heilend.

Was im Billardzimmer am offensichtlichsten fehlte, war die Anwesenheit des Flußschiffers. Falls er sich dort befand, hatte er sein Aushängeschild eingezogen; er hatte sich verkleidet. Ich sah nichts von dem großspurigen, herablassenden Gehabe, dem aufgeblasenen Protzen mit Geld und seiner prahlerischen Verschwendung, wodurch sich die Dampfschiffleute in vergangenen Tagen im Gedränge der Billardräume von St. Louis von den Landratten unterschieden. In jener Zeit waren die bekanntesten Schankräume stets voller Flußschiffer; von fünfzig anwesenden Spielern kamen wahrscheinlich dreißig bis fünfunddreißig vom Fluß. Aber ich vermutete, daß sich ihre Reihen gelichtet hatten und die Dampfschiffer keine Aristokratie mehr waren. Ja, zu meiner Zeit redeten sie den Barmann stets mit „Bill" oder „Joe" oder „Tom" an und schlugen ihm auf die Schulter. Ich wartete darauf, aber von den Leuten hier tat das keiner. Offensichtlich war der einstige Glanz in diesen einundzwanzig Jahren verblaßt und vergangen.

Als ich in mein Zimmer hinaufging, fand ich dort den „Rogers" genannten jungen Mann weinend vor. Rogers hieß er nicht, und auch nicht Jones, Brown, Dexter, Ferguson, Bascom oder Thompson, aber er hörte auf jeden dieser Namen, die einem im Notfall zur Hand waren, und tatsächlich auch auf jeden anderen, wenn er merkte, daß er gemeint war. Er sagte: „Was soll man denn hier machen, wenn man Wasser trinken will? Diesen Schlick runterschlucken?"

„Können Sie den nicht trinken?"

„Das schon, wenn ich Wasser hätte, womit ich ihn waschen könnte."

Da war nun etwas, was sich nicht verändert hatte; zwanzig

Jahre hatten den Mulattenteint dieses Wassers nicht im mindesten beeinträchtigt – vielleicht würden auch zwanzig Jahrhunderte nicht mehr Erfolg haben. Es stammt aus dem ungestümen, seine Ufer einreißenden Missouri, und jeder Becher voll enthält fast einen Acre Land in gelöster Form. Diese Tatsache habe ich vom Bischof der Diözese. Läßt man sein Glas eine halbe Stunde stehen, kann man das „Trockene“ vom Wasser scheiden, so leicht wie in der Schöpfungsgeschichte, und man wird sehen, daß beide gut sind: gut zu essen das eine, gut zu trinken das andere. Das „Trockene“ ist sehr nahrhaft, das Wasser äußerst gesund. Das eine stillt den Hunger, das andere den Durst. Die Einheimischen nehmen sie jedoch nicht getrennt zu sich, sondern zusammen – wie die Natur sie gemischt hat. Finden sie einen Zoll Schlick auf dem Boden eines Glases, dann rühren sie ihn um und nehmen einen Zug, als wäre es Haferschleim. Für einen Fremden ist es schwer, sich an diesen Brei zu gewöhnen, aber wenn er es einmal getan hat, zieht er ihn dem Wasser vor. Wirklich, so ist das. Für die Dampfschiffahrt ist er gut, und zum Trinken ist er gut, für alle übrigen Zwecke jedoch wertlos, außer für die Taufe.

Am nächsten Morgen fuhren wir im Regen durch die Stadt. Der Ort schien sich nur wenig verändert zu haben. Tatsächlich hatte er sich sehr verändert, er wirkte aber nicht so, denn ebenso wie in London und Pittsburgh kann man in St. Louis etwas Neues nicht dazu bringen, auch neu auszusehen; der Kohlenrauch verwandelt alles in Antiquitäten, kaum ist man damit fertig. Der Ort hatte sich etwa um die Hälfte vergrößert, seit ich dort meinen Wohnsitz hatte, und war jetzt eine Stadt von vierhunderttausend Einwohnern; trotzdem sah sie in ihrem Geschäftsviertel noch immer fast genauso aus wie zuvor. Allerdings bin ich sicher, daß es jetzt in St. Louis nicht mehr so viel Rauch gibt wie früher. Damals hing er als dichter, wogender, schwarzer Baldachin über der Stadt und verbarg den Himmel vor den Blicken. Dieser Schutzschirm ist jetzt sehr viel dünner; trotzdem ist aber dort noch immer genügend Rauch vorhanden, glaube ich – ich habe keinerlei Klagen gehört.

In den Außenbezirken freilich waren Veränderungen recht offensichtlich, besonders in der Architektur der Wohnhäuser. Diese geschmackvollen neuen Häuser sind vornehm, schön und modern. Sie stehen etwas voneinander entfernt, von grünem Rasen umgeben, während die Wohnhäuser der alten Zeit in Blocks aneinandergedrängt und sämtlich nach demselben Muster sind: alle mit den gleichen Fenstern unter einem Bogen schräg stehender

Backsteine – ein ganz hübscher Häusertyp, als er noch seltener zu sehen war.

Es gab auch eine weitere Veränderung – den Forest Park. Der war neu für mich. Er ist wunderschön, sehr ausgedehnt und hat den bemerkenswerten Vorzug, vorwiegend von der Natur geschaffen zu sein. Noch andere prächtige Parks sind entstanden, vor allem Tower Grove und die Botanischen Gärten, denn St. Louis zeigte früher als die meisten unserer Städte Interesse an solchen Verschönerungen.

Als ich St. Louis zum erstenmal sah, hätte ich es für sechs Millionen Dollar kaufen können, und es war der größte Fehler meines Lebens, daß ich es nicht getan habe. Es war bitter, jetzt diese von Kuppeln und Kirchtürmen überragte Metropole zu betrachten, diese geschlossene Fläche von Backstein und Mörtel, die sich nach allen Seiten in eine dunstige, unendliche Ferne erstreckte, und zu bedenken, daß ich diese Gelegenheit hatte vorübergehen lassen. Weshalb ich das getan hatte, scheint selbstverständlich heute auf den ersten Blick töricht und unerklärlich; damals jedoch hatte es Gründe gegeben, die mein Verhalten rechtfertigten.

Ein Schotte, der ehrenwerte Charles Augustus Murray, schrieb vor fünfundvierzig oder fünfzig Jahren: „Die Straßen sind schmal, schlecht gepflastert und schlecht beleuchtet." Die Straßen sind natürlich noch immer schmal, viele davon sind auch jetzt noch schlecht gepflastert, den Vorwurf einer schlechten Beleuchtung aber kann man ihnen heute nicht mehr machen. Damals war die „Neue Katholische Kirche" das einzige bemerkenswerte Bauwerk, und man forderte Mr. Murray erwartungsvoll auf, sie zu bewundern, mit ihrem „Porticus nach griechischem Vorbild, den ein im Verhältnis viel zu winziger Spitzturm und verschiedenerlei Verzierungen überragten", die zu beschreiben der phantasielose Schotte sich „gänzlich außerstande" fand, weshalb er dankbar war, als ihm ein deutscher Tourist mit dem Ausruf half: „Beim . . ., sie sehen genau wie Bettpfosten aus!" St. Louis ist heute mit stattlichen, stilvollen öffentlichen Gebäuden gut versehen, und die kleine Kirche, auf welche die Leute früher so stolz waren, hat schon lange ihre Bedeutung verloren. Dennoch würde dies Mr. Murray nicht überraschen, wenn er wiederkehren könnte, denn er sagte mit großer Zuversicht die künftige Größe von St. Louis voraus.

Je weiter wir auf unserer Besichtigungsfahrt kamen, um so deutlicher wurde mir bewußt, wie sehr die Stadt gewachsen war, seit ich sie das letztemal gesehen hatte; auch die kleineren Veränderungen wurden immer auffälliger und zahlreicher, übereinstimmend bezeugten sie Fortschritt, Energie und Wohlstand.

Aber die gewaltigste Veränderung hatte auf dem Kai stattgefunden. Diesmal als Abweichung von der Regel. Ein halbes Dutzend in tiefen Schlaf versunkener Dampfer, wo ich früher eine lückenlose Meile hellwacher gesehen hatte! Das war trübselig, das war schmerzlich. Die Abwesenheit des allgegenwärtigen munteren Dampfschiffers in den Billardsälen fand hier ihre Erklärung. Er war dort abwesend, weil es ihn nicht mehr gibt. Sein Beruf ist überlebt, seine Macht dahin, er ist aufgegangen in der großen Herde; er schindet sich im allgemeinen Getriebe, ein geschorener Simson und unauffällig. Ein halbes Dutzend lebloser Dampfer, eine Meile verödeter Kais, ein vom Whisky überwältigter Neger, schlafend in einer weiten lautlosen Leere ausgestreckt, wo einst dicht gedrängt die Armeen des Handels miteinander wetteiferten.* Ein trostloser Anblick.

„Uraltes Meer, tränenden Blicks,
Murmelnd mit schaumigen Lippen,
Klopft es an die verlassenen Kais
Und ruft nach verlorenen Schiffen."

Der Schleppdampfer und die Eisenbahn hatten ihr Werk verrichtet, hatten es gut und vollständig verrichtet. Auch die gewaltige Brücke, die sich über unseren Köpfen spannte, hatte ihr Teil zu dem Gemetzel und der Plünderung beigetragen. Dampfschiffer, die noch von früher übriggeblieben waren, erzählten mir mit schwacher Genugtuung, die Brücke zahle sich nicht aus. Freilich kann es für einen Toten kaum ein ausreichender Trost sein, zu erfahren, daß das Dynamit, das ihn umgelegt hat, nicht von so guter Qualität war, wie man angenommen hatte.

Das Pflaster längs des Flußufers war schlecht, der Bürgersteig ziemlich ausbesserungsbedürftig, Schlamm gab es im Überfluß. All das war vertraut und zufriedenstellend, aber die ehemaligen Heere von Rollwagen, die sich drängenden Menschenmengen und die Berge von Frachtgut waren verschwunden, und an ihrer Stelle herrschte Sabbatstille. Die dort seit undenklichen Zeiten stehende Meile von billigen, anrüchigen Kneipen war noch da, aber ihre Geschäfte gingen flau; die große Menge giftsaufender Iren hatte sich verzogen, und an ihrer Stelle gab es dort ein paar

* Vor fünfundvierzig Jahren schrieb Kapitän Marryat: „St. Louis hat 20 000 Einwohner. *Der Fluß bei der Stadt wimmelt von Dampfern, die dort in zwei und drei Reihen liegen.*"

Handvoll zerlumpter Neger, einige trinkend, einige betrunken, einige am Einnicken und andere schon fest eingeschlafen. St. Louis ist eine große, wohlhabende, vorwärtsstrebende Stadt, aber ihr Flußufer scheint ohne jede Hoffnung auf Wiederbelebung gestorben zu sein.

Die Dampfschiffahrt auf dem Mississippi wurde um 1812 geboren; nach dreißig Jahren hatte sie gewaltige Ausmaße angenommen, und in weniger als dreißig weiteren Jahren war sie tot! Ein seltsam kurzes Leben für ein so majestätisches Wesen. Natürlich ist sie nicht ganz und gar tot – ebensowenig wie ein lahmer Achtzigjähriger, der einst auf ebenem Boden zweiundzwanzig Fuß weit springen konnte, aber im Vergleich zu dem, was sie in der Kraft ihrer Jugend gewesen ist, kann man die Dampfschiffahrt auf dem Mississippi tot nennen.

Sie hatte die altmodische Kielbootschiffahrt vernichtet, indem sie die Frachtzeit bis New Orleans auf weniger als eine Woche verkürzt hatte. Die Eisenbahnen haben den Fahrgastverkehr mit dem Dampfschiff vernichtet, weil sie in zwei, drei Tagen schaffen, wozu ein Dampfer eine Woche brauchte, und die Schleppflotten haben den durchgehenden Frachtverkehr abgeschafft, indem sie sechs bis sieben Dampferladungen gleichzeitig flußabwärts ziehen, zu so geringen Kosten, daß eine Konkurrenz durch die Dampfer nicht mehr in Frage kommt.

Fracht- und Fahrgastlinienverkehr bleibt den Dampfern noch. Er liegt – auf den zweitausend Meilen des Flusses zwischen St. Paul und New Orleans – in den Händen von zwei oder drei straffen, kapitalkräftigen Großunternehmen, und dank einer fähigen, streng zweckmäßigen Leitung und Geschäftsmethode verdienen sie an den Überbleibseln des einst so mächtigen Wirtschaftszweiges, der Dampfschiffahrt, noch genügend Geld. Wie ich annehme, haben St. Louis und New Orleans durch die Veränderung keine materielle Einbuße erlitten; schlecht aber geht es dem Holzhändler!

Früher säumte er den Fluß auf dessen gesamter Länge; seine in dichten Reihen gestapelte Ware erstreckte sich längs der Ufer von einer Stadt bis zur nächsten, und er verkaufte jedes Jahr unzählige Klafter gegen Barzahlung, aber die einzelnen Dampfer, die noch übrig sind, fahren jetzt mit Kohle, und heutzutage ist der seltenste Anblick am Mississippi ein Holzstoß. Wo ist der ehemalige Holzhändler geblieben?

23. Kapitel

ICH REISE INKOGNITO

Ich hatte die Absicht, mich in jeder Stadt zwischen St. Louis und New Orleans ein bißchen aufzuhalten. Um das zu tun, mußten wir von Ort zu Ort mit den Kurzstrecken-Postdampferlinien fahren. Ein Plan, der leicht ausgedacht war und vor zwanzig Jahren auch leicht auszuführen gewesen wäre – jetzt aber keineswegs. Heutzutage liegen lange Wartezeiten zwischen den einzelnen Schiffen.

Ich wollte mit den interessanten alten französischen Siedlungen St. Genevieve und Kaskaskia, sechzig Meilen unterhalb von St. Louis, beginnen. Für diese Strecke war nur ein einziges Schiff angezeigt – ein Postdampfer aus Grand Tower. Immerhin, ein Schiff genügte, so gingen wir hinunter, es uns anzusehen. Es war ein ehrwürdiger Schrotthaufen und ein Schwindel obendrein, denn es spielte sich als bewegliches Eigentum auf, wo es doch auf seiner ganzen Länge so dick mit gutem, echtem Schmutz überkrustet war, daß es von Rechts wegen als Grundstück hätte versteuert werden müssen. In manchen Orten Neuenglands wäre sein Hurrikandeck hundertfünfzig Dollar der Acre wert gewesen. Auf seinem Vorderdeck lag recht guter Ackerboden, an geschützten Stellen ging in den Ritzen bereits die junge Weizensaat auf. Der Niedergang hatte eine trockene, sandige Struktur und hätte sich bei südlicher Lage und einem guten Untergrund sehr für den Weinbau geeignet. Der Boden auf dem Boilerdeck war dünn und steinig, aber ausreichend für Weidezwecke. Ein farbiger Junge hatte dort Wache – sonst war niemand zu sehen. Wir erfuhren von ihm, daß dieses geruhsame Fahrzeug wie angezeigt abfahren werde, „falls es lohnende Fracht“ habe; wenn nicht, werde es darauf warten.

„Hat es denn überhaupt schon Fracht geladen?“

„Aber woher ’n, Boß. Hat ja noch nich mal keine Fracht nich gelöscht. Is doch erst heut morgen eingelaufen.“

Er war nicht sicher, bis wann das Schiff lohnende Fracht geladen haben werde, glaubte aber, vielleicht morgen oder übermorgen. Das nützte uns keineswegs, und so mußten wir die neuartige Idee aufgeben, auf einer Farm flußabwärts zu fahren. Wir hatten noch einen zweiten Pfeil in unserem Köcher: Um fünf Uhr nachmittags ging ein Postdampfer nach Vicksburg ab, die „Gold Dust“. Wir buchten darauf bis Memphis und ließen den Gedanken, hier und dort Aufenthalt zu nehmen, als undurchführbar fallen. Das Schiff war ordentlich, sauber und komfortabel. Wir richteten uns auf dem Boilerdeck ein und kauften uns etwas billige Lektüre, um die Zeit totzuschlagen. Der Verkäufer war ein ehrwürdiger Ire mit wohlwollendem Gesicht und sehr gelenkiger Zunge. Von ihm erfuhren wir, daß er seit vierunddreißig Jahren in St. Louis wohnte und in dieser ganzen Zeit den Fluß noch nie überquert hatte. Dann ging er zu einem sehr fließend gehaltenen Vortrag voller klassischer Namen und Anspielungen über, der in seiner Geläufigkeit geradezu wunderbar anmutete, bis ziemlich offensichtlich wurde, daß er ihn nicht zum ersten und auch nicht zum fünfzigsten Mal hielt. Der Mann war ein rechtes Original und viel unterhaltsamer als die läppische Literatur, die er verkaufte. Eine zufällige Bemerkung über Iren in Zusammenhang mit Bier entlockte ihm folgendes Goldstück von Information: „Das trinken sie nicht, Sir. Das *können* sie nicht, Sir. Geben Sie einem Iren einen Monat lang Lagerbier zu trinken, und er ist hin. Ein Ire ist mit Kupfer ausgelegt, und Bier zerfrißt es. Aber Whisky poliert das Kupfer und ist seine Rettung, Sir."

Punkt acht Uhr legten wir achteraus ab und kreuzten den Fluß. Während wir uns in der dichten Finsternis langsam auf das Ufer zu arbeiteten, strahlte plötzlich von unserem Vorderdeck ein blendender Glanz weißen elektrischen Lichtes auf und beleuchtete das Wasser und die Lagerhäuser mit mittäglicher Helle. Wieder eine große Veränderung: keine flackernden, rauchenden, pechtropfenden, unzureichenden Fackelkörbe mehr – sie gehörten der Vergangenheit an. Als nächstes, anstatt zwanzig Mann zum Auslegen der Laufplanke herauszurufen, ließen zwei Mann und ein Hutvoll Dampf sie vom Ladebaum herab, an dem sie hing, fuhren sie aus und setzten sie genau auf der richtigen Stelle ab, und die ganze Sache war abgetan und erledigt, bevor in früherer Zeit ein Erster Offizier seinen Flucherzeuger aufgeladen und vorbereitend in Gang gebracht hätte. Warum man nicht an die neue, einfache Methode zum Bewegen von Laufplanken gedacht hatte, als der erste Dampfer gebaut wurde, ist ein Geheimnis, das einem zu der Erkenntnis verhilft, welch schwerfällig denkender Kloß der Durchschnittsmensch doch ist.

Wir fuhren schließlich um zwei Uhr morgens ab, und als ich um sechs Uhr aufstand, drehten wir gerade an einer felsigen Landzunge bei, auf der ein altes steinernes Lagerhaus stand – zumindest dessen Ruine; in der Nähe, im Schutz der belaubten Hügel, befanden sich zwei oder drei verkommene Wohnhäuser, aber Anzeichen menschlichen oder anderen tierischen Lebens waren nicht zu sehen. Ich fragte mich, ob mir der Fluß wohl aus dem Gedächtnis entfallen sei, denn ich hatte keinerlei Erinnerung an diesen Ort, auch die Form des Flußbettes war mir nicht vertraut; nirgends war etwas in Sicht, was mir bekannt vorkam. Ich war überrascht, enttäuscht und verärgert.

Wir setzten eine gutgekleidete Dame und einen Herrn sowie zwei ebenso gutgekleidete damenhafte junge Mädchen an Land, zusammen mit allerlei Reisetaschen aus Juchtenleder. Ein merkwürdiger Ort für solche Leute! Kein Wagen war zu ihrem Empfang da. Die Gesellschaft entfernte sich, als hätte sie auch keinen erwartet, und ging zu Fuß eine kurvenreiche Landstraße hinab.

Das Geheimnis fand jedoch seine Erklärung, als wir weiterfuhren, denn die Leute begaben sich offensichtlich in eine große Stadt, die zwei Meilen unterhalb dieser Landestelle hinter einem Flachskopf (das heißt, einer neuen Insel) eingeschlossen lag. Ich konnte mich auf diese Stadt nicht besinnen, sie nicht einordnen, ihren Namen nicht nennen. Allmählich geriet ich außer mir. Ich vermutete, es könnte St. Genevieve sein – und so war es auch. Der Leser stelle sich vor, was der exzentrische Fluß hier angerichtet hatte: Diesen riesigen, unnützen Flachskopf hatte er unmittelbar vor der Stadt aufgebaut, ihre Verbindung zum Fluß abgeschnitten, sie völlig eingefriedet und ein Landstädtchen aus ihr gemacht. Eine so schöne alte Stadt – sie hätte ein besseres Schicksal verdient. Sie wurde von den Franzosen gegründet und ist ein Überbleibsel aus einer Zeit, in der man von der Mündung des Mississippi bis nach Quebec reisen konnte und sich dabei den ganzen Weg über auf französischem Gebiet und unter französischer Herrschaft befand.

Bald darauf stieg ich zum Hurrikandeck hinauf und warf einen verlangenden Blick auf das Steuerhaus.

24. Kapitel

MEIN INKOGNITO PLATZT

Nachdem ich das Gesicht des wachhabenden Lotsen eingehend betrachtet hatte, war ich davon überzeugt, daß ich ihn noch nie gesehen hatte, und so stieg ich hinauf. Der Lotse musterte mich, ich musterte nochmals den Lotsen. Als diese übliche Einführung vorüber war, setzte ich mich auf die hohe Bank, und er drehte sich um und widmete sich wieder seiner Arbeit. Jede Einzelheit im Steuerhaus war mir vertraut, mit einer Ausnahme – einem Rohr mit breiter Öffnung unter der Brüstung. Ich zerbrach mir eine ganze Weile den Kopf über dieses Ding; dann gab ich es auf und fragte, wozu es sei.

„Um die Maschinenglocken zu hören."

Wieder eine gute Erfindung, auf die man schon vor einem halben Jahrhundert hätte kommen sollen. Das dachte ich, als der Lotse fragte: „Wissen Sie, wozu die Leine hier ist?"

Es gelang mir, diese Frage zu umgehen, ohne mich festzulegen.

„Sind Sie zum erstenmal in einem Steuerhaus?"

Ich wand mich unter dieser Frage hindurch.

„Wo kommen Sie her?"

„Aus Neuengland."

„Zum erstenmal im Westen?"

Ich schlängelte mich über diese Frage hinweg.

„Wenn Sie sich für so was interessieren, kann ich Ihnen sagen, wozu all die Sachen hier sind."

Ich antwortete, das würde mich freuen.

„Das hier", sagte er und legte die Hand auf die Leine einer Glocke für den Rückwärtsgang, „ist, um Feueralarm auszulösen, dies", die Hand auf einer Vorwärtsglocke, „dient dazu, den Texassteward zu rufen, dies hier", dabei zeigte er auf den Hebel der Dampfpfeife, „den Kapitän zu rufen", und so fuhr er fort, berührte einen Gegenstand nach dem anderen und spann ganz ruhig sein Lügengarn.

Ich hatte mich noch nie zuvor so als Passagier gefühlt. Ich dankte ihm gerührt für jede neue Auskunft und schrieb sie in mein Notizbuch. Der Lotse redete sich warm und nahm die Gelegenheit beim Schopf, mich weiter nach gutem altem Brauch zum besten zu halten. Zeitweilig hatte ich Angst, der Faden seiner Phantasie werde reißen, aber er zeigte sich jedesmal der Beanspruchung gewachsen, und er half sich glücklich durch. Er ging in ungezwungenen Etappen zu Enthüllungen über diese oder jene fabelhaften Exzentrizitäten des Stroms über und unterstrich sie mit etlichen ziemlich gigantischen Illustrationen. Wie der folgenden: „Sehen Sie den kleinen Felsblock, der dort drüben aus dem Wasser ragt? Als ich anfing, auf dem Fluß zu fahren, war er noch eine feste, über sechzig Fuß hohe und zwei Meilen lange Felsklippe. Ganz und gar weggewaschen bis auf das hier." (Dabei seufzte er.)

Ich spürte den starken Drang, ihm eins auszuwischen, aber ihn auf gewöhnliche Weise zu Fall zu bringen, schien mir zu zahm für ihn.

Einmal, als ein seltsam aussehendes Schiff mit einer am Ende eines Ladebaums schräg zum Himmel ragenden Kohlenschütte in der Ferne vorüberdampfte, lenkte er nebenbei meine Aufmerksamkeit darauf, wie auf einen Gegenstand, dessen man schon überdrüssig ist, und ließ die Bemerkung fallen, dies sei ein „Alligatorenschiff".

„Ein Alligatorenschiff? Wozu ist denn das?"

„Um Alligatoren rauszubaggern."

„Sind die so zahlreich, daß sie lästig werden?"

„Na, jetzt nicht mehr, weil die Regierung sie nicht aufkommen läßt, aber früher. Nicht überall, doch an bevorzugten Stellen, hier und dort, wo der Fluß breit und flach ist – wie bei Plum Point, Stack Island und so fort –, das waren die sogenannten Alligatorenbetten."

„Haben sie tatsächlich die Schiffahrt behindert?"

„Vor Jahren, ja, bei sehr niedrigem Wasserstand; da gab es kaum eine Fahrt, wo wir nicht auf Alligatoren aufliefen."

Mir schien, jetzt müsse ich tatsächlich meinen Tomahawk ziehen. Ich beherrschte mich jedoch und sagte: „Das ist sicher schrecklich gewesen."

„Freilich, es war eine der Hauptschwierigkeiten beim Lotsen. Es war so schwer, irgendwas über das Wasser zu sagen – die verd... Dinger sind dauernd in Bewegung –, nie liegen sie auch nur fünf Minuten still. Eine Windbarre kann man an ihrem Aussehen gleich erkennen, eine Lücke kann man erkennen und eine Sandbank – all das ist einfach, aber eine Alligatorenbarre ist kaum auszumachen. In neun von zehn Fällen läßt sich nicht sagen, wo die Fahrrinne liegt, und wenn Sie sie doch sehen, dann ist sie höchstwahrscheinlich nicht mehr dort, wenn *Sie* hinkommen; die Teufel haben inzwischen ihren Platz gewechselt. Natürlich hat es ab und an ein paar Lotsen gegeben, die Alligatorenwasser fast genauso gut ausmachen konnten, wie jedes andere Wasser, aber dazu brauchten sie Naturtalent, das war nichts, was man *lernen* konnte, das mußte angeboren sein. Warten Sie mal: So einer war Ben Thornburg und Beck Jolly und Squire Bell und Horace Bixby und Major Downing und John Stevenson und Billy Gordon und Jim Brady und George Ealer und Billy Youngblood – lauter erstklassige Alligatorenlotsen. Die konnten Alligatorenwasser aus ebenso großer Entfernung erkennen wie andere Christen Whisky. Ob sie es lesen konnten? Na, und wie. Ich wünschte nur, ich hätte so viele Dollar, wie sie Alligatorenwasser aus anderthalb Meilen Entfernung lesen konnten. Ja, und bezahlt machte sich's auch für sie. Ein guter Alligatorenlotse verdiente immer seine fünfzehnhundert Dollar im Monat. Andere Leute mußten nachts wegen der Alligatoren stilliegen, aber diese Burschen nie – die lagen überhaupt nie wegen irgendwas still, außer wegen Nebel. Das beste Alligatorenwasser konnten die *riechen* – so hieß es. Ob das stimmt oder nicht, weiß ich nicht, und ich denke, man hat schon alle Hände voll zu tun, wenn man sich bloß mit dem befaßt, was man selbst weiß, ohne noch rumzulaufen und anderer Leute Behauptungen zu unterstützen, wenn's auch genug Typen gibt, die sich da nicht zurückhalten, solange sie nur ein paar Schauergeschichten rausholen können. Das ist aber nicht der Stil von Robert Styles – drei Faden weit davon – vielleicht auch zweidreiviertel."

(Du meine Güte! War dies Rob Styles? Diese stattliche Gestalt mit Schnurrbart? Zu meiner Zeit ein ganz schmächtiger Lehrjunge. Wieviel hübscher er doch in den fünfundzwanzig Jahren geworden ist und wieviel gewandter in der edlen Kunst, die Tatsachen aufzublähen!) Nach diesen Betrachtungen sagte ich laut: „Ich stelle mir vor, daß es nicht viel nützte, die Alligatoren rauszubaggern, weil sie ja gleich wiederkommen konnten."

„Wenn Sie so viel Erfahrung mit Alligatoren hätten wie ich, würden Sie nicht so reden. Sie baggern einen Alligator einmal raus, und er ist *überzeugt*. Von dem hören Sie nichts mehr. Nicht um die Welt würde er zurückkommen. Wenn es etwas gibt, was ein Alligator nicht ausstehen kann, dann ist es, rausgebaggert zu werden. Außerdem werden sie nicht einfach aus dem Weg geschoben, die meisten Schütten wurden an Bord geleert und im Laderaum verfrachtet, und wenn man auf dem Weg nach New Orleans war, brachte man sie dorthin ins Regierungswerk."

„Wozu denn das?"

„Na, um Militärstiefel aus den Häuten zu machen. Alles staatliche Schuhwerk wird aus Alligatorhäuten gemacht. Das gibt die besten Stiefel der Welt. Die halten fünf Jahre und lassen kein Wasser durch. Die Alligatorenfischerei ist Regierungsmonopol. Sämtliche Alligatoren sind Eigentum der Regierung – genau wie die Immergrünen Eichen. Fällen Sie eine Immergrüne Eiche, müssen Sie der Regierung fünfzig Dollar Strafe zahlen; töten Sie einen Alligator, kommen Sie wegen Nichtanzeige des Verrats ins Kittchen, und Sie können von Glück sagen, wenn Sie nicht auch noch gehängt werden. Sind Sie Demokrat, geschieht das sowieso.

Der Bussard ist der heilige Vogel des Südens, den dürfen Sie nicht anrühren; der Alligator ist der heilige Vogel der Regierung, und Sie müssen ihn in Ruhe lassen."

„Laufen Sie jetzt noch manchmal auf Alligatoren auf?"

„O nein, das ist schon seit Jahren nicht mehr passiert."

„Warum werden dann die Alligatorenschiffe immer noch in Dienst behalten?"

„Einfach nur zu Patrouillenfahrten, weiter nichts. Sie fahren nur hin und wieder stromauf- und stromabwärts. Die heutige Generation von Alligatoren erkennt sie ebenso leicht wie ein Einbrecher eine Polizeistreife; wenn sie eins kommen sehen, brechen sie ihr Lager ab und verziehen sich in die Wälder."

Nachdem er die Sache mit den Alligatoren schön abgerundet, ausgeschmückt und glattpoliert hatte, ging er mühelos und ungezwungen zum Geschichtlichen über und berichtete von den gewaltigen Großtaten etlicher ihm bekannter Dampfschiffe der Vergangenheit und hielt sich vor allem lange bei der erstaunlichen Leistung eines seiner besonderen Lieblinge aus dieser vorzüglichen Flotte auf und setzte dann hinzu: „Das Schiff war die ‚Cyclone' – auf ihrer allerletzten Fahrt – sie ging dabei unter; Kapitän war Tom Ballou – der unsterblichste Lügner, der mir je begegnet ist. Nie schien er die Wahrheit sagen zu können, was auch immer für Wetter herrschte. Ja, er brachte einen richtig zum Schaudern. Er war tatsächlich das schändlichste Lügenmaul. Schließlich bin ich von ihm fort, ich konnte es nicht mehr aushalten. Das Sprichwort sagt: ‚Wie der Herr, so's Gescherr', und wenn Sie bei so einem Menschen bleiben, kommen Sie ganz unweigerlich nach und nach selbst in Verdacht. Er zahlte eine erstklassige Heuer, aber ich hab gesagt: ‚Was soll mir die Heuer, wenn mein Ruf in Gefahr ist?' Also hab ich die Heuer sausen lassen und mich lieber eisern an meinen Ruf gehalten. Hab's auch nie bereut. Ein guter Ruf ist mehr wert als alles andere, etwa nicht? So sehe ich die Sache. Er hatte mehr Selbstsuchtorgane als jemals sieben Mann zusammen – natürlich sämtlich auf der Heckbank seines Schädels verstaut, dort, wo sie hingehörten. Sie zogen mit ihrem Gewicht seinen Hinterkopf nach unten, so daß er stets die Nase in die Luft hielt. Die Leute glaubten, es sei vor Eitelkeit, aber das war's nicht – sondern vor Bosheit. Sah man nur seine Füße, glaubte man, er wär neunzehn Fuß groß; stimmte aber nicht, das kam, weil seine Füße unproportioniert waren. Zweifellos sollte er eigentlich neunzehn Fuß groß werden, falls seine Füße zuerst geschaffen wurden, aber so weit kam er nicht, er war nur fünf Fuß zehn Zoll groß. So war er, und so ist er. Nehmen Sie ihm die Lügen raus, dann schrumpft er auf die Höhe Ihres Huts zusammen, nehmen Sie ihm die Bosheit raus, und er verschwindet. Die ‚Cyclone' war ein Prachtstück von einem Schiff und so butterweich zu steuern wie kein andres, das je übers Wasser gezogen ist. Auf einem großen Fluß brauchte man sie bloß auf mittschiffs zu setzen und laufenzulassen, weiter war nichts zu tun. Sie hielt von allein die ganze Nacht über auf einen Stern zu, wenn man sie in Ruh ließ. Das Ruder spürte man überhaupt nicht. Dieses Schiff zu steuern war nicht mehr Arbeit, als bei einer Wahl in Südkarolina die Stimmen für die Republikaner zu zählen. Eines Morgens, auf ihrer allerletzten Fahrt, bei Tagesanbruch, hievte man ihr Ruderblatt an Bord, um es zu reparieren; ich wußte davon nichts, ich ließ sie achteraus vom Holzplatz auslaufen und schlängelte mich ganz fröhlich flußabwärts. Als ich etwa dreiundzwanzig Meilen weit gefahren war und an vier schrecklich gewundenen Stellen gekreuzt hatte ..."

„Ohne Ruder?"

„Ja, da erschien doch der alte Kapitän Tom auf Deck und fing an, mich herunterzuputzen, weil ich in so finsterer Nacht fuhr ..."

„So *finsterer Nacht*? Wieso, Sie haben doch gesagt ..."

„Egal, was ich gesagt habe – *jetzt* herrschte ägyptische Finsternis, wenn auch bald der Mond aufging und ..."

„Sie meinen die *Sonne* – denn ausgefahren sind Sie gerade bei Anbruch des ... Hören Sie mal! War das, bevor Sie den Kapitän wegen seiner Lügen verließen, oder ...?"

„Es war vorher, oh – lange vorher. Und wie gesagt, er ..."

„Aber war dies die Fahrt, auf der sie unterging, oder war ..."

„O nein, Monate später. Und der Alte also ..."

„Dann hat sie wohl *zwei* letzte Fahrten gemacht, denn Sie sagten ..."

Er trat vom Ruder zurück, wischte sich den Schweiß ab und sagte:

„Da!" (und nannte mich bei meinem Namen), „übernimm du es mal und lüge für 'ne Weile – du machst das viel geschickter als ich. Hier den Fremden und Arglosen zu spielen! Na, ich hab dich erkannt, noch bevor du sieben Worte gesprochen hast, und wollte mal rausbekommen, was du im Schilde führst. *Ausholen* wolltest du mich. Schön, ich hab dich gelassen, etwa nicht? Jetzt nimm das Ruder und mach die Wache zu Ende, das nächstemal wird ehrlich gespielt – dann brauchst du deine Passage nicht abzuarbeiten."

So endete die Sache mit dem falschen Namen. Und das noch keine sechs Stunden, nachdem wir aus St. Louis ausgelaufen waren! Jedenfalls aber hatte ich ein Vorrecht erlangt, denn von Anfang an hatte es mir in den Händen gejuckt, ein Ruder zu halten. Den Fluß hatte ich anscheinend vergessen, nicht aber, wie man einen Dampfer steuert, noch, meine Freude daran zu haben.

25. Kapitel

VON CAIRO BIS HICKMAN

Das Landschaftsbild von St. Louis bis Cairo – zweihundert Meilen – ist vielfältig und schön. Die Hügel hatten sich jetzt mit dem frischen Grün des Frühlings bekleidet und bildeten einen anmutigen und würdigen Rahmen für den breiten Strom, der zwischen ihnen dahinfloß. Unsere Fahrt begann vielverheißend mit einem vollendet schönen Tag bei leichter Brise und Sonnenschein, und unser Schiff ließ mit angemessener Geschwindigkeit die Meilen hinter sich.

In Chester, Illinois, fanden wir eine Eisenbahn vor; dazu hat die Stadt jetzt ein Gefängnis und schreitet auch sonst voran. In Grand Tower gab es gleichfalls eine Eisenbahn und ebenso in Cape Girardeau. Die Stadt Grand Tower hat ihren Namen von einer riesigen, gedrungenen Felsensäule, die – ein phantasievolles Werk der Natur – auf der Missouriseite des Flusses aus dem Wasser ragt und einer der malerischsten Punkte im Landschaftsbild dieser Gegend ist. Zu näheren und entfernteren Nachbarn hat der „Turm" den Devil's Bake-oven, wohl so genannt, weil er sonst niemandes Backofen besonders ähnlich sieht, und den Devil's Tea-table – ein großes Felsgebilde mit glatter Oberfläche und sich verjüngendem Weinglasstiel, das neben einem mit ganzen Girlanden von Blumen übersäten Steilhang etwa fünfzig oder sechzig Fuß hoch über dem Fluß thront und so weit einem Teetisch ähnelt, um jedermanns Ansprüchen zu genügen, sei er nun Teufel oder Christ. Weiter flußabwärts haben wir den Devil's Elbow und Devil's Race-course und noch eine Menge weiterer Besitztümer dieses Herrn, an die ich mich jetzt nicht erinnere.

In der Stadt Grand Tower ging es offenbar geschäftiger zu als in früherer Zeit, sie schien jedoch hier und dort ausbesserungsbedürftig zu sein und überall eine frische Schicht weißer Tünche zu benötigen. Immerhin war es erfreulich für mich, die alte Schicht noch einmal wiederzusehen. „Onkel" Mumford, unser Erster Offizier, sagte, die Stadt habe unter dem Hochwasser gelitten und zeige sich deshalb jetzt nicht in ihrem besten Licht. Aber er sagte, es sei nicht verwunderlich, daß sie keine Tünche auf sich verschwende, denn hier werde mehr Kalk und von besserer Qualität gewonnen als sonst irgendwo im Westen, und er setzte hinzu: „In einer Milchwirtschaft kann man nie Milch für seinen Kaffee bekommen und auf einer Zuckerplantage nie Zucker, und es wäre gegen jede Vernunft, in einer Stadt, in der Kalk gewonnen wird, Tünche zu suchen." Aus eigener Erfahrung wußte ich, daß die ersten beiden Feststellungen zutrafen, genau wie Leute, die Süßigkeiten verkaufen, sich nichts aus Süßigkeiten machen; darum war Onkel Mumfords abschließende Bemerkung glaubwürdig, daß „Leute, die Kalk herstellen, eher einen Hang zur Religion als zur Tünche haben". Onkel Mumford berichtete ferner, Grand Tower sei ein großes Kohleumschlagzentrum und eine wohlhabende Stadt.

Cape Girardeau liegt am Abhang eines Hügels und bietet einen hübschen Anblick. Am Fuße der Stadt, am Flußufer, liegt eine große Jesuitenschule für Knaben. Onkel Mumford erklärte, sie habe wegen ihrer Gründlichkeit einen so guten Ruf wie nur irgendeine ähnliche Anstalt in Missouri. Weiter oben in luftiger Höhe lag noch ein zweites College – ein helles neues Gebäude, das malerisch und seltsam mit Türmen und Türmchen verziert war – eine Art riesige Menage, komplett mit sämtlichen Gießern. Onkel Mumford sagte, Cape Girardeau sei das Athen von Missouri, und es gebe dort noch mehrere Colleges neben den schon erwähnten, alle in irgendeiner Weise auf religiöser Grundlage. Er lenkte meine Aufmerksamkeit auf das „stark und penetrant religiöse Aussehen der Stadt", wie er es nannte, aber ich konnte nicht erkennen, daß sie religiöser aussah als die anderen auf Hügeln gelegenen Städte, die ebenso abschüssig und aus den gleichen Backsteinen gebaut waren. Voreingenommenheit bringt die Menschen oft dazu, mehr zu sehen, als wirklich vorhanden ist.

Onkel Mumford fährt seit dreißig Jahren als Erster Offizier auf dem Fluß. Er ist ein Mensch mit praktischem Verstand und klarem Blick, hat beobachtet und allerlei Erfahrungen gesammelt, sich eine eigene Meinung gebildet und besitzt auch eine gerade noch wahrnehmbare Spur von poetischer Veranlagung, Redetalent, eine Brummbaßstimme und einen kleinen Vorrat an Flüchen, auf die er zurückgreift, wenn die Anforderungen seines Berufs etwas geistig Aufrüttelndes nötig machen. Er ist ein echter

Erster Offizier aus der gesegneten alten Zeit und geht so feierlich fluchend umher, wenn es für die Back Arbeit gibt, daß dem ehemaligen Dampfschiffer vor süßer, sanfter Sehnsucht nach den vergangenen Tagen, die nicht mehr wiederkehren, das Herz weich wird: „Los, auf ihr, he! Braucht ihr vielleicht den ganzen Tag dazu? Warum habt ihr denn nicht vorm Anmustern gesagt, daß eure Hinterläufe versteinert sind?" Seiner Mannschaft gegenüber ist er gleichbleibend gütig und gerecht, aber bestimmt; darum mögen sie ihn und bleiben bei ihm. Er trägt noch die nachlässige Kluft der alten Generation von Schiffsoffizieren; zur nächsten Fahrt jedoch wird die „Anchor Line" ihn wie auch alle übrigen Offiziere in eine Uniform stecken – eine schmucke blaue Marineuniform mit Messingknöpfen –, dann wird er ein völlig anderes Bild abgeben als jetzt.

Uniformen auf dem Mississippi! Das schlägt alle übrigen überraschenden Veränderungen zusammengenommen. Überraschend ist freilich noch etwas anderes: warum sie nicht schon vor fünfzig Jahren eingeführt wurden. Es ist eine so offensichtlich vernünftige Neuerung, daß man eigentlich schon früher darauf hätte kommen können. Fünfzig Jahre lang hat dort draußen der arglose Passagier, der Hilfe und Auskunft brauchte, den Ersten Offizier für den Koch und den Kapitän für den Barbier gehalten – und wurde dementsprechend rüde behandelt. Jetzt aber hat sein Dilemma ein Ende. Und auch das nun so viel bessere Aussehen des leitenden Schiffspersonals ist ein Vorteil, den das Zeitalter der Kleidungsreform mit sich bringt.

Ich steuerte die Biegung unterhalb von Cape Girardeau hinunter. Früher wurde sie „Rudergängerbiegung" genannt; einfach zu befahren und immer reichlich Wasser darin – ungefähr die einzige Stelle am Oberlauf des Flusses, wo man einem frischgebackenen Lehrling erlaubte, bei niedrigem Wasserstand ein Schiff zu steuern.

Thebes, an der Spitze der Grand Chain, und Commerce, an ihrem unteren Ende, waren Städte, die ich ohne Schwierigkeit wiedererkannte, denn sie hatten keine auffälligen Veränderungen durchgemacht. Und auch die „Chain" selbst nicht – was ja in der Natur der Dinge lag, da sie eine Kette von unter der Wasseroberfläche verborgenen Felsen ist, hervorragend angeordnet, um in schlimmen Nächten Dampfschiffe zu erbeuten und sie zu versenken. Dort liegt eine große Menge von Dampferwracks unsichtbar begraben, unter ihnen meine erste Freundin, die „Paul Jones"; sie hatte sich den Boden aufgerissen und ging unter wie ein Topf, so berichtete mir der Historiker – Onkel Mumford. Er sagte, sie habe eine graue Mähre und einen Priester an Bord gehabt. Das erklärte mir das Unglück zur Genüge und Mumford natürlich auch; er setzte hinzu: „Aber es gibt viele unwissende Leute, die über so was spotten und es Aberglauben nennen. Doch Sie werden immer feststellen, daß das Leute sind, die noch nie mit 'ner grauen Mähre und 'nem Priester gereist sind. Ich bin mal in solcher Gesellschaft flußabwärts gefahren. Wir liefen bei Bloody Island auf Grund, wir liefen bei Hanging Dog auf Grund, wir liefen auch hier gleich unterhalb von Commerce auf Grund, wir rammten den Beaver Dam Rock, wir gerieten in einen der schlimmsten Strudel im „Friedhof" hinter Goose Island, ein Bordarbeiter kam bei einer Prügelei um, uns platzte ein Kessel, eine Welle brach, ein Flammrohr fiel ein, wir liefen mit neun Fuß Wasser im Laderaum Cairo an – vielleicht auch mehr, vielleicht auch weniger. Ich erinnere mich noch daran, als wäre es gestern gewesen. Die Leute verloren vor Angst den Kopf. Als die Stadt in Sicht war, strichen sie die Mähre blau an und warfen den Priester über Bord, sonst wären wir gar nicht angekommen. Der Priester wurde aufgefischt und gerettet. Er gab selbst zu, daß er schuld hatte. Ich erinnere mich noch an alles, als wäre es gestern gewesen."

Daß diese Zusammenstellung – Priester und graue Mähre – Unheil hervorrufen soll, erscheint seltsam und auf den ersten Blick unglaubwürdig; aber die Tatsache ist mit so vielen unangreifbaren Beweisen untermauert, daß es wider alle Vernunft wäre, daran zu zweifeln. Ich selbst erinnere mich an einen Fall, wo ein Kapitän von zahlreichen Freunden davor gewarnt wurde, eine graue Mähre und einen Priester mitzunehmen; er aber blieb trotz allem, was sie sagten, bei seiner Absicht, und noch am selben Tag – es kann auch am nächsten gewesen sein –, manche berichten am nächsten, aber ich glaube, es war noch am selben Tag, betrank er sich, fiel in die Lukenöffnung und wurde als Leiche nach Hause getragen. Dies ist wortwörtlich wahr.

Von Hat Island ist nichts mehr übrig geblieben; es wurde bis zum letzten Zipfel fortgespült. Ich erinnere mich nicht einmal, an welcher Stelle des Flusses die Insel früher lag, nur daß es irgendwo zwischen St. Louis und Cairo gewesen ist. Es war eine schlimme Gegend in früheren Tagen – dort um Hat Island. Ein Farmer, der am Illinois-Ufer wohnte, sagte, die Wracks von neunundzwanzig Dampfern lägen in Sichtweite seines Hauses aufgereiht. Zwischen St. Louis und Cairo kommt durchschnittlich auf jede Meile ein Dampferwrack – zweihundert Wracks insgesamt.

Von Commerce an flußabwärts konnte ich große Veränderungen feststellen. Der Beaver Dam Rock war jetzt draußen in der Flußmitte und verursachte einen kräftigen Strudel; früher lag er nahe beim Ufer, und die Schiffe fuhren an seiner Außenseite vorbei. Eine große Insel, damals weit draußen in der Strommitte, hat sich an das Ufer von Missouri zurückgezogen, und Schiffe fahren nicht mehr nahe daran vorbei. Die Insel namens Jacket Pattern ist zu einem Keil abgewetzt und zur baldigen Zerstörung verurteilt. Goose Island ist ganz und gar verschwunden, bis auf einen kleinen Tupfen von der Größe eines Dampfers. Der gefährliche „Friedhof", zwischen dessen zahllosen Wracks wir uns früher langsam und vorsichtig unseren Weg suchten, liegt jetzt weit außerhalb der Fahrrinne und schreckt niemand mehr. Eine der früher die „beiden Schwestern" genannten Inseln ist gänzlich verschwunden, die andere, die nahe am Ufer von Illinois lag, befindet sich jetzt eine Meile weit entfernt auf der Seite von Missouri. Sie ist fest mit dem Ufer verbunden, und es bedarf scharfer Augen, um die Nahtstelle zu finden, aber ihr Boden gehört immer noch zu Illinois, und die Menschen, die darauf wohnen, müssen mit der Fähre übersetzen, die Landstraßen von Illinois in Ordnung halten und Steuern an Illinois zahlen – ein einzigartiger Zustand!

Bei der Flußmündung fehlten mehrere Inseln – fortgespült. Cairo war noch da – leicht auszumachen über die lange, flache Landzunge hinweg, an deren unterem Rand es liegt; wir mußten jedoch um sie herumdampfen, bevor wir ankamen. Die Nacht brach herein, während wir den „Oberen Fluß" verließen und auf die Fluten des Ohio trafen. Wir eilten ohne Furcht weiter, denn der verborgene Felsen, der früher genau im Weg lag, hat sich stromaufwärts weit weg von der Fahrrinne verlagert, oder vielmehr, ungefähr ein ganzer Landkreis von der Halbinsel an der Missouriseite ist in den Fluß gestürzt, und die Halbinsel von Cairo hat zugenommen und ihrer langen Zunge ein entsprechendes Stück hinzugefügt. Der Mississippi ist ein gerechter und unparteiischer Fluß; nie läßt er jemandes Farm über Bord gehen, ohne eine gleiche neue Farm für seinen Nachbarn zu bauen. Das läßt keine bösen Gefühle aufkommen.

Als wir in Cairo einliefen, hätten wir fast einen Dampfer versenkt, der unserer Dampfpfeife keine Beachtung schenkte und dann versuchte, durch unseren Bug hindurch zu kreuzen. Durch volle Fahrt zurück retteten wir ihn, was sehr schade war, denn er hätte sich literarisch gut verwerten lassen.

Cairo ist jetzt eine lebhafte Stadt von gediegenem, städtischem Aussehen, in bemerkenswertem Gegensatz zu seinem früheren Zustand, wie aus Mr. Dickens' Porträt hervorgeht. Man baute dort allerdings schon mit Ziegelsteinen, als ich es zum letztenmal sah – das war, als Oberst (jetzt General) Grant dort seine erste Truppe exerzieren ließ. Onkel Mumford sagt, die Büchereien und die Sonntagsschulen hätten in Cairo ebenso gute Arbeit geleistet wie die Maurer. Cairo hat einen lebhaften Handelsverkehr mit Eisenbahn und Schiff, und seine Lage am Zusammenfluß der beiden großen Ströme ist so günstig, daß es gar nicht umhinkann zu gedeihen.

Als ich am Morgen aufstand, waren wir an Columbus, Kentucky, vorbeigefahren und näherten uns Hickman, einer auf einem stattlichen Hügel thronenden hübschen Stadt. Hickman liegt in einem reichen Tabakanbaugebiet und erfreute sich früher eines lebhaften und einträglichen Handels mit diesem Produkt, das es aus einem großen Bezirk in seine Lagerhäuser aufnahm und per Schiff weitertransportierte. Onkel Mumford sagt aber, die Stadt habe eine Eisenbahn gebaut, um diesen Handel noch zu erleichtern, er glaube jedoch, sie habe ihn in der verkehrten Richtung erleichtert, und den größten Teil des Handels aus der Hand gegeben, indem sie den Tabak „längs des Schienenstrangs beim Schlafittchen nimmt, ohne ihn erst vor ihren Toren zu sammeln".

26. Kapitel

UNTER BESCHUSS

Unsere Gespräche drehten sich jetzt vor allem um den Krieg, denn wir erreichten inzwischen den oberen Rand des ehemaligen Kampfgebietes. Da wir Columbus soeben hinter uns gelassen hatten, sprachen wir viel über die berühmte Schlacht von Belmont. Mehrere Offiziere unseres Schiffs hatten in der Mississippi-Kriegsflotte gedient. Ich erhielt den Eindruck, daß sie sich bei dieser Tätigkeit zuerst scheußlich fremd vorgekommen waren, sich später aber daran gewöhnten, sich damit abfanden und mehr oder weniger heimisch fühlten. Einer unserer Lotsen gewann seine erste Kriegserfahrung im Gefecht von Belmont als Lotse auf einem Schiff im Dienst der Konföderierten. Ich hatte mich schon oft gefragt, was wohl ein Neuling bei seinem ersten Kampf empfinden mochte, so einsam und allein hoch droben in seinem

Steuerhaus, als Ziel für Hinz und Kunz, und niemanden neben sich, vor dem er sich hätte schämen können, feige zu wirken, wenn die Lage rings um ihn brenzlig und gefährlich wurde. So war die Geschichte dieses Lotsen für mich von Wert – sie füllte eine Lücke, die alle Berichte aus jener Zeit bis dahin leer gelassen hatten.

DIE ERSTE SCHLACHT DES LOTSEN

Er erzählte:

„Es war am 7. November. Das Gefecht begann um sieben Uhr morgens. Ich fuhr auf der ‚R. H. W. Hill'. Brachte eine Ladung Truppen aus Columbus herüber. Kehrte zurück und brachte eine Artilleriebatterie. Mein Partner sagte, er würde sich das Gefecht mal ansehen, und ich sollte mitkommen. Ich antwortete, nein, ich wär nicht scharf drauf; ich wolle es mir vom Steuerhaus aus ansehen. Er sagte, ich wär ein Feigling, und ging hinaus.

Dieses Gefecht war ein scheußlicher Anblick. General Cheatham befahl seinen Leuten, die Röcke auszuziehen und auf einen Haufen zu werfen, dann rief er: ‚Jetzt mir nach zur H . . . oder zum Sieg!' Ich hörte im Steuerhaus, wie er das rief, und dann galoppierte er los, an der Spitze seiner Truppen. Der alte General Pillow mit seinem weißen Haar auf einem Schimmel griff gleichfalls ein. Er führte seine Truppen so frisch wie ein Jüngling. Allmählich trieben die Soldaten der Nordstaaten die Rebellen zurück, und da kamen sie angerannt, rette sich wer kann, und den Letzten hole der Teufel! Sie kletterten den Deich hinunter und suchten Schutz. Ich saß da und ließ die Beine aus dem Fenster des Steuerhauses baumeln. Plötzlich hörte ich ein schwirrendes Geräusch neben meinem Ohr. Ich vermutete, es wär eine Kugel. Ich verlor keine Zeit mit Nachdenken, sondern kippte einfach hintenüber, landete auf dem Boden und blieb da liegen. Ringsum bummerten die Schüsse. Drei Kanonenkugeln fuhren durch den Schornstein, eine Kugel riß die Ecke des Steuerhauses ab, auf allen Seiten heulten und krepierten die Granaten. Ging ziemlich heiß her – ich wünschte, ich wär nicht gekommen. Ich lag dort auf dem Boden des Steuerhauses, und die Schüsse kamen immer häufiger. Ich kroch hinter den großen Ofen in der Mitte des Steuerhauses. Kurz darauf durchschlug eine Miniékugel den Ofen, streifte nur eben meinen Kopf und durchlöcherte meinen Hut. Ich dachte, es sei nun Zeit, von dort zu verschwinden. Der Kapitän stand mit einem rothaarigen Major aus Memphis – einem gutaussehenden Mann – auf dem Deck. Ich hörte ihn sagen, er wolle gern ablegen, ‚aber der Lotse ist tot'. Ich kroch hinüber nach Steuerbord, um die Glocke zum Rückwärtsgang zu läuten, richtete mich auf, sah mich um und entdeckte etwa fünfzehn Einschüsse in den Fensterscheiben; das war so schnell geschehen, daß ich es gar nicht bemerkt hatte. Ich sah aufs Wasser hinaus, und die Kugeln ließen es aufspritzen wie ein Hagelsturm. Ich hielt es für das beste, von hier zu verschwinden. Ich rutschte mit dem Kopf nach unten – nicht mit den Füßen, sondern mit dem Kopf nach unten – am Geitau vom Steuerhaus hinab; bevor ich auf dem Deck landete, sagte der Kapitän, wir müßten weg. So kletterte ich das Geitau wieder hinauf und gelangte auf den Boden des Steuerhauses. Mittlerweile hatten sie meinen Partner beim Kragen gepackt und von zwei Soldaten ins Steuerhaus hinaufbugsieren lassen. Jemand hatte gesagt, ich wäre tot. Er steckte den Kopf rein und wie er mich da am Boden liegen und nach den Glockenleinen langen sah, rief er: ‚Oh, zum T. . .l! Der ist ja gar nicht erschossen!', riß sich von den Leuten los, die ihn am Kragen hielten, und rannte nach unten. Wir blieben bis drei Uhr nachmittags dort und kamen dann unbehindert fort.

Als ich meinen Partner wieder zu Gesicht bekam, sagte ich: ‚Los, jetzt raus damit, sei ehrlich und sag mir die Wahrheit. Wo bist du hingegangen, dir das Gefecht ansehen?' Er antwortete: ‚Runter in den Laderaum bin ich gestiegen.'

Während dieses ganzen Gefechts habe ich mich fast zu Tode gefürchtet. Ich bekam kaum etwas mit, solche Angst hatte ich, aber, verstehen Sie, das wußte niemand außer mir. Am nächsten Tag ließ General Polk mich rufen und lobte mich für meinen Mut und mein tapferes Verhalten.

Ich hielt den Mund und beließ es dabei. Meiner Ansicht nach war es nicht so gewesen, aber es stand mir nicht zu, einem General zu widersprechen.

Bald darauf wurde ich krank, war erschöpft und mußte nach Hot Springs gehen. Als ich dort war, bekam ich eine Menge Briefe von Kommandeuren, die mir mitteilten, sie wollten mich gern zurückhaben. Ich lehnte ab, weil ich mich noch nicht gesund oder noch nicht kräftig genug fühlte, aber ich blieb still und behielt so meinen guten Ruf."

Eine einfache Geschichte und aufrichtig erzählt; aber Mumford sagte mir, dieser Lotse habe seine Furcht stellenweise ausgeschmückt – seine spätere Laufbahn während des Krieges sei Beweis dafür.

Wir fuhren den Durchbruch der Insel Nr. 8 hinab, und ich

ging nach unten und kam ins Gespräch mit einem Fahrgast, einem gutaussehenden Mann mit ungezwungenem Benehmen und intelligentem Gesicht. Wir näherten uns der Insel Nr. 10, die während des Krieges so berühmt war. Das Haus dieses Gentleman lag nicht weit von ihr am Flußufer. Ich unterhielt mich mit ihm über die Kriegszeiten; unser Gespräch kam aber schon bald auf die „Fehden", denn nirgendwo im Süden hat die Blutrache mehr in Blüte gestanden und zwischen den kriegführenden Familien länger angehalten als gerade in dieser Gegend. Der Gentleman sagte:

„Hierzulande hat's früher mehr als eine Fehde gegeben, aber die erste war wohl zwischen den Darnells und den Watsons. Heute weiß keiner nicht mehr, worum es beim ersten Streit eigentlich ging, ist ja schon so lange her; die Darnells und die Watsons wissen's nicht, falls noch einer davon am Leben ist, was ich nicht glaube. Manche sagen, 's wär wegen 'nem Pferd oder 'ner Kuh gewesen – jedenfalls war's 'ne Kleinigkeit, das Geld spielte dabei keine Rolle nicht – überhaupt nicht –, beide Familien waren reich. Man hätte die Sache ganz leicht ins Lot bringen können, aber nein, das ging nicht an. Da waren böse Worte gefallen, und deshalb konnte nur Blut die Sache wieder ins Lot bringen. Dieses Pferd oder diese Kuh, was auch immer, kostete sechzig Jahre Totschlag und Verstümmelung. Ungefähr jedes Jahr wurde entweder auf der einen oder auf der anderen Seite jemand erschossen, und sobald eine Generation umgelegt war, nahmen die Söhne die Fehde auf und hielten sie in Gang. Und genau, wie ich's Ihnen sage: Sie erschossen sich gegenseitig immer weiter, jahrein, jahraus – machten 'ne Art Religion draus, verstehen Sie –, bis sie eben schon lange vergessen hatten, um was es eigentlich ging. Jedesmal wenn ein Darnell 'nen Watson oder ein Watson 'nen Darnell zu fassen kriegte, kam einer von beiden zu Schaden – die Frage war bloß, wer dem andern zuvorkam. Vor den Augen der Familie schossen sie sich gegenseitig nieder. Sie lauerten sich nicht auf, aber wenn sie sich zufällig trafen, zogen sie die Pistole und ballerten los. Männer erschossen Jungs, Jungs erschossen Männer. Ein Mann erschoß 'nen zwölfjährigen Jungen – traf ihn zufällig im Wald und gab ihm keine Chance nicht. Hätte er ihm eine gegeben, dann hätte der Junge *ihn* erschossen. Beide Familien gehörten zur selben Kirche (hier in der Gegend sind alle fromm); während der ganzen fünfzig oder sechzig Jahre, die dieser Klamauk dauerte, kamen beide Sippen jeden Sonntag zum Gottesdienst. Sie wohnten auf beiden Seiten der Grenzlinie, und die Kirche lag bei 'ner Landestelle, die ‚Compromise' hieß. Die halbe Kirche und der halbe Chorgang standen in Kentucky, die andere Hälfte in Tennessee. Sonntags sah man die Familien – alle im Sonntagsstaat, Männer, Frauen und Kinder – im Gänsemarsch durch den Chorgang ziehen und sich still und ordentlich hinsetzen, der eine Haufe auf der Seite von Tennessee, der andere auf der von Kentucky; die Männer und die Jungs stellten ihre Gewehre griffbereit an die Wand, und dann stimmten allesamt ins Gebet und den Lobgesang ein. Freilich erzählt man sich, der Mann, der direkt am Chorgang saß, soll nicht zusammen mit den andern Familienmitgliedern niedergekniet sein, sondern so 'ne Art Wache gehalten haben. Ob's stimmt, weiß ich nicht, bin kein einz'ges Mal im Leben nicht in dieser Kirche gewesen, aber ich erinnere mich, daß die Leute das damals erzählten.

Vor zwanzig oder fünfundzwanzig Jahren überraschte eine der beiden Fehdefamilien einen neunzehnjährigen jungen Mann und knallte ihn ab. Ich weiß nicht mehr, ob's die Darnells oder die Watsons gewesen sind, oder die von 'ner andern Fehde; jedenfalls kam der junge Mann angeritten – ein Dampfer lag gerade da –, und das erste, was er sah, war 'ne ganze Bande von seinen Feinden. Er sprang hinter 'nem Holzstoß ab, aber sie ritten drum rum und ballerten los; er schoß zurück, und sie galoppierten und rissen ihre Pferde hoch und brüllten und knallten drauflos, was das Zeug hielt. Ich glaube, er verwundete zwei von ihnen, aber sie umzingelten ihn und jagten ihn in den Fluß, und als er stromaufwärts schwamm, verfolgten sie ihn am Ufer und schossen immerzu auf ihn, und wie er ans Ufer stieß, war er tot. Windy Marshall hat's mir erzählt. Er hat's gesehen. Er war der Kapitän von dem Schiff.

Vor Jahren sind die Darnells so dezimiert gewesen, daß der Alte und seine beiden Söhne beschlossen, die Gegend zu verlassen. Sie zogen los, um kurz oberhalb von Nr. 10 auf den Dampfer zu steigen; aber die Watsons bekamen Wind davon und erschienen genau in dem Moment, wo die beiden jungen Darnells mit ihren Frauen am Arm den Niedergang raufstiegen. Da ging die Schießerei los, und sie kamen kein Stück nicht weiter – wurden beide erschossen. Danach hatte der alte Darnell Streit mit dem Mann, der die Fähre führte, und der Fährmann hatte das Nachsehen – und starb. Aber seine Freunde durchlöcherten den alten Darnell – durchsiebten ihn mit Kugeln und machten ihm ein Ende."

Der Gentleman vom Lande, der mir diese Dinge erzählte, war

in Wohlstand und Komfort aufgewachsen, ein gescheiter Mensch, der eine höhere Schule besucht hatte. Seine ungenaue Grammatik war eine nachlässige Angewohnheit und nicht etwa Unwissenheit. Diese Gewohnheit ist unter gebildeten Leuten des Westens zwar nicht allgemein verbreitet, herrscht jedoch vor – wenn auch nicht in den großen Städten, so jedenfalls in den kleinen Orten, und das in einem nicht zu übersehenden und erstaunlichen Ausmaß. Ich habe einen Bewohner des Westens, der in jedem Land als hochgebildeter Mann gelten würde, sagen hören: „Schadet nicht, macht sowieso kein' Unterschied nicht." Eine dabei anwesende Dame, die ihr ganzes Leben dort verbracht hatte, hörte es, aber es fiel ihr nicht auf. Als ich sie später darauf hinwies, konnte sie sich zwar auf die Tatsache besinnen, gestand aber, die Worte hätten ihre Ohren nicht beleidigt – ein Eingeständnis, welches beweist, daß das Verbrechen, wenn gebildete Menschen eine so gotteslästerliche Grammatik aus solchem Munde anhören können, ohne sich der Tat bewußt zu werden, ziemlich weit verbreitet sein muß – so weit, daß die Ohren der Allgemeinheit daran gewöhnt und daher abgestumpft sind und auf derartige Beleidigungen nicht mehr wachsam und empfindlich reagieren.

Kein Mensch der Welt spricht mit fleckenlos reiner Grammatik – niemand hat je damit geschrieben –, *niemand*, weder in dieser Welt noch in der anderen (wenn man die Bibel für den zweiten Punkt als Beweis nimmt). Deshalb wäre es nicht gerecht, von den Leuten aus dem Tal des Mississippi grammatikalische Vollendung zu fordern; verlangen darf man jedoch von ihnen und von allen übrigen Menschen, daß sie davon Abstand nehmen, *bewußt* und *absichtlich* ihre Grammatik zu schänden.

Ich fand den Fluß bei der Insel Nr. 10 sehr verändert. Die Insel, wie ich sie in Erinnerung hatte, war etwa drei Meilen lang, eine Viertelmeile breit und dicht bewaldet gewesen; sie hatte vor dem Ufer von Kentucky gelegen – keine zweihundert Yard davon entfernt, würde ich sagen. Jetzt aber mußte man mit dem Fernglas danach suchen. Nichts war von ihr übriggeblieben als ein unscheinbarer kleiner Busch, und der stand nicht mehr in der Nähe des Ufers von Kentucky, sondern eindeutig drüben am entgegengesetzten Ufer, eine Meile weit weg. Während des Krieges war die Insel ein wichtiger Punkt, weil sie das Geschehen beherrschte, und da sie schwer befestigt war, hatte es daran kein Vorbeikommen gegeben. Sie lag damals zwischen den oberen und den unteren Divisionen des Heeres der Nordstaaten und hielt sie getrennt, bis schließlich über die Landzunge von Missouri eine Vereinigung stattfand. Da aber jetzt die Insel mit dieser Landenge verbunden ist, gibt es auf dem breiten Fluß hier kein Hindernis.

In diesem Raum fließt der Strom aus Kentucky nach Tennessee, zurück nach Missouri, dann wieder nach Kentucky und von dort zurück nach Tennessee. So ragen eine oder zwei Meilen des Staates Missouri in den Staat Tennessee hinein.

Die Stadt New Madrid machte einen sehr mitgenommenen Eindruck, sonst aber hatte sich an ihrem früheren Aussehen nichts verändert. Ihre Reihen von Holzhäusern standen noch immer in derselben alten flachen Ebene, umgeben von denselben alten Wäldern. Die Stadt war ebenso ruhig wie einst und anscheinend weder größer noch kleiner geworden. Es hieß, das Hochwasser habe sie vor kurzem überschwemmt und ihrem Aussehen geschadet. Diese Mitteilung überraschte mich, denn bei niedrigem Wasserstand ist das Flußufer dort sehr hoch (fünfzig Fuß), und zu meiner Zeit hatte man eine Überflutung stets für unmöglich gehalten. Das gegenwärtige Hochwasser von 1882 wird in der Geschichte des Stroms zweifellos mehrere Generationen lang berühmt bleiben, bis wieder eine ähnlich große Flut eintritt. Es überschwemmte alle ungeschützten Niederungen von Cairo bis zur Mündung, riß an vielen Stellen zu beiden Seiten des Flusses die Deiche weg, und als der Wasserstand am höchsten war, hatte der Mississippi in manchen Bezirken des Südens eine Breite von *siebzig Meilen* erreicht. Eine Anzahl Menschenleben waren zu beklagen, und unendlich viel Besitz ging verloren. Die Flut vernichtete die Ernte, spülte Häuser davon, und die obdachlosen Menschen waren gezwungen, mit ihrem Vieh auf verstreut in Feld und Wald liegenden Anhöhen Zuflucht zu suchen und unter Gefahren und Leiden zu warten, bis die Schiffe, die Regierung, örtliche Verwaltungen sowie der Unternehmungsgeist der Zeitungen gechartert hatten, zu ihnen gelangten und sie retten konnten. Monatelang stand der Besitz von zahlreichen Menschen unter Wasser, und die Ärmeren hätten zu Hunderten verhungern müssen, wäre nicht unverzüglich Hilfe gekommen.* Jetzt war der Pegelstand schon seit geraumer Zeit gefallen, trotzdem aber fanden wir die Ufer in der Regel noch unter Wasser.

* Eine ausführliche und interessante Beschreibung des großen Hochwassers, geschrieben an Bord eines vom „Times-Democrat“ in New Orleans ausgerüsteten Hilfsschiffs, ist im Anhang A zu finden.

27. Kapitel

EINIGE IMPORTIERTE ARTIKEL

Bei New Madrid begegneten wir zwei Dampfern. Zwei Dampfer auf einmal in Sicht! Heutzutage kein häufiger Anblick auf dem einsamen Mississippi. Die Verlassenheit dieser feierlichen, riesigen Wassermassen ist beeindruckend – und niederdrückend. Meile auf Meile und wieder Meile auf Meile läßt er seine schokoladenfarbenen Fluten zwischen den undurchdringlichen Wänden seines Waldes, zwischen fast unbewohnten Ufern dahinströmen, und nur selten stört ein Segel oder irgendein schwimmender Gegenstand die Oberfläche der leeren Wassereinöde und unterbricht ihre Monotonie; so vergeht der Tag, die Nacht bricht an, es wird wieder Tag – und immerfort das gleiche, Tag für Tag und Nacht für Nacht, eine majestätische, unveränderliche Gleichförmigkeit gelassener Ruhe, Stille, Teilnahmslosigkeit, Leere – Symbol der Ewigkeit, Verwirklichung des Himmels, wie ihn Priester und Propheten ausmalen und wie ihn die Guten und Gedankenlosen herbeisehnen!

Gleich nach dem Krieg von 1812 begannen Touristen aus England nach Amerika zu kommen, zuerst vereinzelt, dann in einer Art von Prozession, deren unverdrossener geduldiger Marsch durch das Land viele, viele Jahre lang anhielt. Jeder Tourist machte sich Notizen, fuhr nach Hause und veröffentlichte ein Buch – gewöhnlich ein besonnenes, wahrheitsgetreues, vernünftig und wohlwollend geschriebenes Buch, das unseren zartbesaiteten Vorfahren aber ganz als das Gegenteil vorkam. Ein Blick in die Bücher dieser Reisenden zeigt uns, daß sich der Mississippi in mancher Hinsicht nicht verändert hat, seit diese Fremden ihn besuchten, sondern sich ziemlich gleichgeblieben ist. Die Empfindungen, die sein Anblick in der Brust dieser Ausländer weckte, entsprachen natürlich nicht alle demselben Schema, sie *mußten* ja zuerst unterschiedlich sein, weil die Touristen der ersten Zeit auf ihre eigenen Gefühle angewiesen waren, während man sich in älteren Ländern stets Gefühle von seinen Vorgängern ausborgen kann. Und wohlgemerkt, Empfindungen aus dem Nichts herzustellen, gehört zu den schwierigsten Dingen in der Welt; es ist leichter, sieben Tatsachen zu erfinden als eine einzige Empfindung. Kapitän Basil Hall von der Royal Navy schrieb vor fünfzig Jahren:

„Hier erblickte ich zum erstenmal, was ich schon so lange zu sehen gewünscht hatte, und fühlte mich in diesem Moment reichlich für all die Mühe entschädigt, die ich auf einer so weiten Reise auf mich genommen hatte; ich stand und sah auf den vorbeiströmenden Fluß, bis es zu dunkel war, noch etwas zu unterscheiden. Aber erst, nachdem ich denselben Ort ein dutzendmal aufgesucht hatte, begriff ich die ganze Erhabenheit dieses Anblicks."

Das folgende sind Mrs. Trollopes Empfindungen. Sie schrieb ein paar Monate später im selben Jahr 1827 über ihre Einfahrt in die Mündung des Mississippi:

„Das erste Anzeichen, daß wir uns dem Lande näherten, war das Erscheinen dieses mächtigen Stroms, der seine schlammigen Wassermassen in das tiefe Blau des Golfs von Mexiko ergoß und sie mit ihm vermischte. Noch nie habe ich eine so ganz und gar trostlose Szene erblickt wie diese Einfahrt in den Mississippi. Hätte Dante sie gesehen, er hätte nach ihrer Schaurigkeit vielleicht Bilder eines zweiten Bolgia gezeichnet. Als einziges erhebt sich über den strudelnden Wassern der Mast eines Schiffs, das vor langer Zeit bei dem Versuch, die Barre zu überqueren, scheiterte und noch immer aufrecht steht – ein düsterer Zeuge vergangener Zerstörung und unheilverkündender Prophet einer künftigen."

Empfindungen des ehrenwerten Charles Augustus Murray (bei St. Louis), sieben Jahre später:

„Nur wenn man den mächtigen Strom fünfzig oder hundert Meilen hinauffährt und sich auch des Auges der Phantasie neben dem der Natur bedient, beginnt man, seine ganze Macht und Majestät zu erfassen. Man sieht, wie er ein endloses Tal fruchtbar macht und auf seinem Lauf die Trophäen seiner tausend Siege über den zerschmetterten Wald mit sich trägt – hier große Bodenmassen mit allem, was darauf wächst, fortreißt, dort Inseln bildet, die dazu bestimmt sind, irgendwann einmal in der Zukunft Wohnort von Menschen zu sein, und während der Betrachter sich in diese Aussicht versenkt, ist es an der Zeit, daran zu denken, daß der Fluß dort vor ihm bereits zwei- bis dreitausend Meilen weit geströmt ist und noch weitere tausenddreihundert zurücklegen muß, bevor er seinen Bestimmungsort, den Ozean, erreicht."

Der Leser möge nun die Empfindungen von Kapitän Marryat von der Royal Navy kennenlernen, eines Autors von Seegeschichten, der 1837, drei Jahre nach Mr. Murray, schrieb:

„Wohl nie hat es in den Annalen der Völker ein Jahrhundert so andauernder, hemmungsloser Verbrechen gegeben, wie sie sich aus der Geschichte des ungestümen, blutbesudelten Mississippi ablesen lassen. Der Strom selbst scheint geradezu vorbestimmt für die begangenen Taten. Er ist nicht schön anzusehen und Fruchtbarkeit spendend wie die meisten Flüsse, er ist kein Fluß, auf dessen Fluten der Blick gern verweilen möchte, und man kann auch nicht seine Ufer entlangwandern noch sich ohne Gefahr seiner Strömung anvertrauen. Er ist ein wilder, reißender, verheerender Fluß voller Schwemmboden, und nur wenige, die er in seine Wasser aufgenommen hat, tauchen wieder empor* oder können sich ohne die Hilfe eines freundlichen Baumstamms an seiner Oberfläche halten. Er beherbergt die schlechtesten, ungenießbarsten Fische, wie den Katzenwels und ähnliche Sorten, und kommt man stromabwärts, sind seine Ufer von den stinkenden Alligatoren besetzt, während sich der Panther im Röhricht an seinem Saum, für den Menschen fast undurchdringlich, sonnt. Der Mississippi ergießt seine ungestümen Fluten durch wilde Gebiete, bewachsen mit Bäumen von nur geringem Wert, außer als Brennholz; er reißt auf seinem Lauf ganze Wälder mit sich fort, die in tobendem Wirrwarr verschwinden, davongewirbelt vom Strom, der jetzt mit den Erdmassen beladen ist, die zuvor die Wurzeln ernährten, häufig das Flußbett verstopfen und seinen Lauf eine Zeitlang verändern, worauf der Strom, als sei er zornig über die Behinderung, ringsum das ganze Land überschwemmt und verwüstet und, sobald er sich wieder seinen Weg durch sein altes Bett erzwungen hat, die entwurzelten Monarchen des Waldes (auf deren Zweigen sich nie mehr ein Vogel niederläßt noch Waschbär, Opossum oder Eichhörnchen herumklettern) überall als Fallen aufpflanzt für die waghalsigen Schiffsleute, die seine Wasser mit Dampfkraft befahren und von diesen verborgenen Tücken, die sich durch die Planken bohren, hinabgezogen werden, ohne noch aufs Ufer halten und es erreichen zu können, bevor sie auf den Grund sinken. Angenehme Gedanken verbinden sich nicht mit dieser großen Gemeinschaftskloake des westlichen Amerika, die ihren Schlamm in den Golf von Mexiko ergießt und noch viele Meilen jenseits ihrer Mündung die klare blaue See verschmutzt. Er ist ein Fluß der Verheerung, und anstatt den Betrachter, wie andere schöne Flüsse, an einen Engel zu erinnern, der zum Nutzen der Menschen herabgestiegen ist, stellt man sich ihn als einen Teufel vor, dessen Dynamik allein die wunderbare Kraft des Dampfes bezwungen hat."

* Zu jener Zeit herrschte ein ziemlich verbreiteter alberner Aberglaube, daß der Mississippi weder einen Schwimmer trage noch die Leiche eines Ertrunkenen an die Oberfläche steigen lasse.

Für einen Menschen, der gewöhnt ist, mit der Feder umzugehen, ist das ziemlich ungeschliffene Literatur, jedoch als Panorama der Empfindungen, die der Anblick und die Traditionen dieser „großen Gemeinschaftskloake“ durch die Brust seines angesehenen Besuchers wallen ließ, ist es von Wert. Freilich wird dieser Wert, was die Statistik betrifft, durch Ungenauigkeiten beeinträchtigt, denn der Katzenwels ist durchaus ein Fisch, der allen Ansprüchen genügen dürfte, und es gibt keine Panther, die „für den Menschen undurchdringlich“ sind.

Noch später kommt Alexander Mackay vom Middle Temple, ein Rechtsanwalt, der eine bessere Verdauung hat und an Bord keinen Katzenwels erhält; er empfindet folgendes:

„Der Mississippi! Mit unbeschreiblicher Gemütsbewegung fuhr ich zum erstenmal auf seinen Wassern dahin. Wie oft hatte sich meine Phantasie in den Träumen meiner Schuljugendzeit und danach in meinen wachen Vorstellungen den stolzen Strom ausgemalt, wie er seine reißenden Fluten durch das grenzenlose Gebiet wälzt, dem er seinen Namen verliehen hat, und auf seinem Lauf zum Ozean die Gewässer fast aller Breitengrade der gemäßigten Zone in sich aufnimmt! Hier war er nun wirklich, und ich dampfte endlich gegen seine Strömung an. Ich blickte auf ihn mit jener Ehrerbietung, mit der ein jeder eine große Naturerscheinung betrachten muß.“

Soweit also die Empfindungen. Die Reisenden äußern sich, einer wie der andere, über die tiefe, lastende Einsamkeit und Trostlosigkeit des breiten Stroms. Kapitän Basil Hall, der ihn bei Hochwasser sah, schreibt:

„Zuweilen fuhren wir zwanzig bis dreißig Meilen, ohne eine einzige Behausung zu sehen. Ein Künstler auf der Suche nach Anregungen für ein Gemälde der Sintflut hätte sie hier in reichem Maß gefunden.“

Die Ersten sollen die Letzten sein und so fort. Vor genau zweihundert Jahren beendete der ursprünglich erste und tapferste aller ausländischen Touristen und Pioniere, der die Prozession anführte, seine beschwerliche, ermüdende Entdeckungsreise den feierlichen Lauf des großen Stroms hinab – La Salle, dessen Name überdauern wird, solange der Fluß selbst fließt. Wir zitieren Mr. Parkman:

„Und jetzt näherten sie sich dem Ende ihrer Reise. Am 6. April teilte sich der Strom in drei breite Arme. La Salle folgte dem westlichen und D'Autray dem östlichen Lauf, während Tonty den mittleren ‚Paß‘ wählte. Als La Salle den trüben Strom zwischen den niedrigen, sumpfigen Ufern hinabtrieb, wurde das Brackwasser zu Salzwasser und die Brise frisch vom Salzhauch des Meeres. Da öffnete sich vor seinem Blick der breite Busen des großen Golfs, dessen ruhelose Wellen grenzenlos, stimmlos, einsam wie am Tag seiner Geburt aus dem Chaos, ohne ein Segel, ohne ein Anzeichen des Lebens daherrollten."

La Salle errichtete auf einem Flecken festen Bodens eine Säule mit dem Wappen Frankreichs; die Franzosen traten unter Waffen an, und während die Indianer aus Neuengland und ihre Squaws in erstauntem Schweigen zusahen, sangen jene das „Te Deum", das „Exaudiat" und das „Domine, salvum fac regem".

Unter Musketengeknatter und Freudengeschrei ließ der siegreiche Entdecker dann die Säule aufstellen und verkündete mit lauter Stimme, daß er im Namen des Königs den Fluß und das weite von ihm bewässerte Land in aller Form in Besitz nehme. Die Säule trug die Inschrift:

LOUIS LE GRAND,
ROY DE FRANCE ET DE NAVARRE,
REGNE;
LE NEUVIEME AVRIL
1682

New Orleans beabsichtigte, in diesem Jahr den zweihundertsten Jahrestag des berühmten Ereignisses würdig zu feiern; als es aber soweit war, wurden alle Energien und überschüssigen Gelder der Stadt auf andere Weise gebraucht, denn da war das Land vom Hochwasser überflutet, das überall Zerstörung und Verwüstung anrichtete.

28. Kapitel

ONKEL MUMFORD MACHT SEINEM HERZEN LUFT

Den ganzen Tag über zogen wir flott stromabwärts und hatten den Fluß fast für uns. Früher wären wir bei solch einem Wasserstand an ganzen Acres von Holzflößen und Dutzenden großer Kohlenprahme vorbeigekommen, hin und wieder an kleinen Handelskähnen, die mit der gesamten Familie an Bord von Farm zu Farm hausieren fuhren, und gelegentlich vielleicht an einer Schute, die einen bescheidenen Hamlet & Co. auf Schauspieltournee beherbergte. Aber sie alle fehlten nun. Erst als der Tag schon fortgeschritten war, sahen wir einen Dampfer – einen einzigen und weiter keinen. Er lag in der bewaldeten Mündung des Obion im Schatten vor Anker. Das Fernglas enthüllte, daß er nach mir benannt war – oder daß sie nach mir benannt war, was immer der Leser vorzieht. Da ich dieser Art der Ehrung zum erstenmal begegnete, mag es entschuldbar sein, wenn ich sie erwähne und gleichzeitig die Behörden darauf aufmerksam mache, wie spät ich davon erfuhr.

Ich bemerkte eine erhebliche Veränderung des Flusses bei Insel Nr. 21. Sie war einst eine sehr große Insel und hatte draußen etwa in der Mitte des Stroms gelegen; jetzt aber ist sie fest mit dem Hauptufer verbunden und hat sich als Insel vom Geschäft zurückgezogen.

Als wir uns dem berüchtigten, schrecklichen Plum Point näherten, brach die Dunkelheit herein, aber das war in diesen modernen Zeiten kein Grund zum Schaudern. Denn jetzt hat die Bundesregierung den Mississippi in eine Art zweitausend Meilen langen Fackelzug verwandelt. Am Anfang und Ende jeder Stelle, an der gekreuzt werden muß, hat sie eine hellbrennende Lampe aufgestellt. Man befindet sich nun nie ganz im Dunkeln, immer ist ein Signalfeuer in Sicht, entweder vor einem, hinter einem oder gegenüber. Fast könnte man sagen, die Lampen seien dort Verschwendung. Dutzende von Kreuzpunkten sind beleuchtet, die nicht seicht waren, als sie eingerichtet wurden, und seither auch nie seicht gewesen sind und außerdem so leicht erkennbar und so gerade, daß ein Dampfer sie ohne jede Hilfe nehmen kann, wenn er sie nur einmal durchfahren hat. Natürlich sind Lampen an solchen Stellen nicht überflüssig; es ist so viel leichter und angenehmer für einen Lotsen, sich nach ihnen zu richten als nach einem Stück formloser Finsternis, das nicht stillhalten will, und zugleich spart das Schiff Geld, denn selbstverständlich kann es mehr Meilen zurücklegen, wenn das Ruder mittschiffs steht, als wenn es quer zum Heck steht und das Fahrzeug bremst.

Diese Beleuchtung hat jedoch die Lotsentätigkeit eines großen Teils ihrer Romantik beraubt. Dies und etliche andere Dinge haben ihr tatsächlich jede Romantik genommen. Zum Beispiel ist die Gefahr der Snags nicht mehr so groß wie einst. In unserer sachlichen Zeit patrouillieren die Räumschiffe der Regierung flußauf- und flußabwärts und ziehen dem Strom die Zähne; sie haben alle alten Ansammlungen von Stümpfen, die viele Stellen so schrecklich machten, beseitigt und lassen keine neuen entstehen. Wenn man früher das Schiff in einer dunklen Nacht aus der

Hand verlor und es auf die Wälder zu schoß, stand man große Angst aus, ebenso, wenn man in einem schmalen Durchbruch den Weg durch kompakte Finsternis suchte; jetzt aber ist all das anders – man schaltet seinen elektrischen Scheinwerfer ein, macht im Nu die Nacht zum Tage, und alle Gefahren und Ängste sind vorbei. Horace Bixby und George Ritchie haben die Stellen, an denen gekreuzt werden muß, auf einer Karte verzeichnet und mit dem Kompaß die Fahrtrouten festgelegt; sie haben eine Lampe erfunden, die zu dieser Karte gehört, und das Ganze patentieren lassen. Dank dieser Hilfsmittel kann man jetzt mit beträchtlicher Sicherheit und einer in früheren Tagen unbekannten Zuversicht im Nebel fahren.

Mit diesen vielen Signalleuchten, der Vertreibung der Snags, reichlich hellem Licht aus dem Kasten, das man, wenn nötig, stets einschalten kann, und mit einem Kartenkompaß gegen den Nebel ist die Lotsentätigkeit bei günstigem Wasserstand jetzt fast so ungefährlich und einfach wie das Lenken einer Postkutsche und kaum noch dreimal so romantisch.

Und jetzt, in dieser neuen Zeit unendlicher Veränderungen, hat die „Anchor Line“ den Kapitän über den Lotsen erhoben, indem sie ihm die größere Heuer zahlt. Das ging schon ziemlich weit, dabei ließ sie es jedoch nicht bewenden. Sie hat angeordnet, daß der Lotse die ganze Wache über auf seinem Posten zu bleiben hat, ob das Schiff nun unterwegs ist oder am Ufer liegt. Wir, einst die Aristokraten auf dem Fluß, können jetzt nicht mehr wie früher zu Bett gehen und schlafen, während hundert Tonnen Fracht an Bord geschleppt werden, o nein – wir müssen im Steuerhaus sitzen und obendrein noch wach bleiben. Tatsächlich, wir werden einfach wie Steuerleute und Maschinisten behandelt. Die Regierung hat unserem Beruf die Romantik genommen, die Schiffahrtsgesellschaft hat ihm Rang und Würde genommen.

Plum Point sah aus wie immer des Nachts, außer daß jetzt Leuchten zur Bezeichnung der Kreuzpunkte vorhanden waren, sowie viele andere Lampen auf der Landzunge und an ihren Ufern entlang. Sie blinkten auf der Flotte der Flußkommission der Vereinigten Staaten sowie in einer Siedlung, welche die Bundesbehörde für Büroräume und Unterkünfte der diensttuenden Angestellten an Land gebaut hat. Die Militäringenieure der Kommission haben es auf sich genommen, den Mississippi neu zu gestalten – eine Arbeit, die an Größe allein von der ursprünglichen Arbeit seiner Erschaffung übertroffen wird. Sie bauen hier und dort Flügeldeiche, um die Strömung abzulenken, Deiche, um das

Bett des Flusses einzuengen, und weitere Deiche, damit er darin bleibt; ungezählte Meilen den Mississippi entlang fällen sie auf einer Breite von fünfzig Metern den Wald, um die Ufer bis zur Niedrigwassermarke kahl zu schlagen und die dachartig abfallende Fläche mit Steinen zu beschweren, und an vielen Stellen haben sie die abbröckelnden Ufer mit Pfahlreihen geschützt. Wer den Mississippi kennt, wird sogleich versichern – nicht laut, aber für sich –, zehntausend Flußkommissionen mit allen Goldgruben der Welt hinter sich können diesen zügellosen Strom nicht bändigen, ihn nicht gängeln und einsperren, nicht zu ihm sagen: „Fließe hier!" oder „Fließe dort!" und ihn nicht zum Gehorsam zwingen, können kein Ufer retten, das er verurteilt hat, seinen Weg mit keinem Hindernis versperren, das er nicht niederreißen, über das er nicht hinwegtanzen und das er nicht verlachen wird. Freilich wird ein diskreter Mensch diese Dinge nicht laut sagen, denn nirgends gibt es bessere Ingenieure als die von West Point. Sie wissen alles Erlernbare, was es in ihrer Kunst zu wissen gibt, und da sie der Meinung sind, sie könnten diesen Fluß fesseln, ihm Handschellen anlegen und ihm befehlen, ist es für den Nichtwissenschaftler das Klügste, sich still zu verhalten, den Kopf einzuziehen und abzuwarten, bis jene soweit sind. Kapitän Eads hat ja mit seinen Hafendämmen an der Mündung des Mississippi eine Leistung vollbracht, die einfach unmöglich schien, und so trauen wir uns nicht mehr recht, Ähnliches von vornherein als unmöglich zu erklären. Sonst wären wir so vorlaut zu sagen, die Kommission könne sich ebensogut vornehmen, die Kometen zu kommandieren und sie in gesittete Bahnen zu zwingen, als zu versuchen, den Mississippi zu kommandieren, ein anständiges und vernünftiges Betragen anzunehmen.

Ich holte über diese und ähnliche Fragen Onkel Mumfords Meinung ein und gebe hier das Ergebnis wieder, stenographisch festgehalten und deshalb vollständig und genau, unter Auslassung einiger Bemerkungen, die an die Mannschaft gerichtet waren, wie etwa: „Wo, zum Kuckuck, wollt ihr denn jetzt mit dem Faß hin?", und die, wie mir schien, die Flüssigkeit der geschriebenen Darlegung unterbrachen, ohne sie dafür an Information und Klarheit zu bereichern. Ich habe nicht etwa gewagt, alle diese Zwischenbemerkungen zu streichen, sondern nur diejenigen ausgelassen, die offensichtlich nicht zur Sache gehörten; jedesmal dann, wenn eine vorkam, über die ich im Zweifel war, hielt ich es für das Sicherste, sie stehenzulassen.

ONKEL MUMFORDS ANSICHT

Onkel Mumford sagte:

„Solange wie ich Erster Offizier auf einem Dampfer bin – seit dreißig Jahren –, studiere und beobachte ich den Fluß hier. Mag sein, daß ich in West Point mehr darüber hätte erfahren können, aber wenn ich das glaube, will ich doch gleich WAS *lutscht ihr denn da an den Fingern rum? Greift euch mal das Fäßchen mit Nägeln!* Vier Jahre in West Point und jede Menge Bücher und Unterricht lernen einem bestimmt allerhand, schätze ich, aber den Fluß lernt es einem nicht. Geben Sie dieser Kommission einen von den kleinen europäischen Flüssen mit ihrem festen Untergrund und ihrem klaren Wasser, und es wäre einfach 'ne Feiertagsschicht für sie, den einzudämmen und einzupfählen und einzudeichen und ihn zahm zu kriegen und ihn rumzukommandieren und ihn hinzulenken, wohin sie ihn haben wollen, und zu erreichen, daß er auch da bleibt und immer tut, was sie ihm vorschreiben. Aber die Sorte Fluß ist der nicht. Diese Leute haben hier mit großer Zuversicht und den besten Absichten von der Welt angefangen, werden aber sehen, daß er sie im Stich läßt. Wie heißt es doch im Prediger Salomo VII, 13? Das sagt genug, um ihr Spielchen durcheinanderzubringen, oder? Nun sehen Sie sich bloß mal ihre Methoden an. Bei Devil's Island am Oberlauf wollten sie das Wasser in eine Richtung fließen lassen, und das Wasser wollte in eine andere. Also errichteten sie einen Steinwall. Aber was schert sich der Fluß um 'nen Steinwall? Als der fertig war, hat er ihn einfach eingebaucht, bis er durch war. Vielleicht können sie einen anderen Wall bauen, der halten wird, das heißt, da oben – aber hier unten nicht, das schaffen sie nicht. Hier am Unterlauf schlagen sie Pfähle ein, um das Wasser vom Ufer abzulenken, damit es die Böschung nicht wegreißt, aber fließt es dann nicht einfach drüber weg und reißt die Böschung woanders ein? Bestimmt. Wollen die etwa *sämtliche* Ufer mit Pfählen befestigen? Also, es käme billiger, wenn sie gleich Land kaufen und 'nen neuen Mississippi bauen würden. Jetzt pfählen sie den Bulletin-Flachskopf ein. Das wird nichts nützen. Wenn der Fluß auf diese Insel 'ne Hypothek hat, wird er sie bestimmt für verfallen erklären, ob nun mit Pfählen oder ohne. Dort weiter unten haben sie zwei Reihen Pfosten 'ne halbe Meile lang mitten durch eine trockene Sandbank gerammt, die vierzig Fuß aus dem Wasser ragt, wenn der Wasserstand niedrig ist. Was meinen Sie, wozu das gut sein soll? Wenn ich eine Ahnung hätte, würde ich doch gleich zum TUMMEL *dich mal, du Abkomme von 'nem Leichenkutscher! Raus mit dem Petroleum jetzt, dalli!* DALLI! Und sehen Sie sich bloß an, was die da unten in Milliken's Bend versuchen. In dem Abschnitt hat's einen Durchbruch gegeben, und Vicksburg sitzt in der Klemme. Ist jetzt eine Landstadt. Der Fluß verläuft nun weiter unten, zur Stadt hinauf können Schiffe nur noch bei Hochwasser fahren. Also, in der Biegung gegenüber der unteren Spitze von 103 wollen sie Flügeldeiche bauen, das Wasser rüber zu bugsieren, damit es die untere Inselspitze abschneidet und sich zu einem alten Graben durchwühlt, wo der Fluß ganz früher mal geflossen ist, und sie glauben, sie können das Wasser überreden, da lang zu fließen und wie vorher oberhalb von Vicksburg einzubiegen, um die Stadt wieder in die Welt zu holen. Das heißt, sie werden den ganzen Mississippi nehmen, ihn umdrehen und mehrere Meilen *stromaufwärts* fließen lassen. Na, Leute, die sich mit solch großartigen Ideen einlassen und sie ohne Krücken mit sich rumschleppen können, muß man bewundern; aber man braucht ja nicht zu glauben, daß sie solche Wunder auch *vollbringen* können, oder? Allerdings muß man auch nicht unbedingt glauben, daß sie's nicht können. Ich schätze, wenn man sich's leisten kann, ist es das Sicherste, dagegen zu wetten und dabei gleichzeitig in Vicksburg genug Grund und Boden zu kaufen, um sich schadlos zu halten, falls sie's doch schaffen. Die Regierung tut jetzt 'ne Menge für den Mississippi – gibt 'nen Haufen Geld für ihn aus. Als noch viertausend Dampfer und zehntausend Acre Kohlenschuten und Flöße und Handelskähne auf ihm fuhren, gab's von St. Paul bis New Orleans nicht eine Laterne, und die Snags staken dichter beieinander als Borsten auf 'nem Schweinerücken, und jetzt, wo's nur noch drei Dutzend Dampfer und weder Kahn noch Floß gibt, hat die Regierung alle Snags ausgerupft und die Ufer beleuchtet wie den Broadway, und ein Schiff ist auf dem Fluß so sicher wie im Himmelreich. Und ich schätze, wenn erstmal überhaupt keine Schiffe mehr übriggeblieben sind, wird die Kommission den alten Knaben so gänzlich umorganisiert und ausgebaggert und eingezäunt und aufgeräumt haben, daß die Schifffahrt einfach vollkommen und absolut gefahrlos und gewinnbringend sein wird, und jeder Tag wird ein Sonntag sein und alle Steuerleute Sonntagsschulleh . . . WAS, *zum Kuckuck, trödelt ihr denn da rum, ihr Sündenfrüchtchen, ihr Kinder der Verdammnis! Braucht ihr vielleicht 'n ganzes Jahr, die Tonne da an Land zu schaffen?*"

Während unserer Fahrt nach New Orleans und zurück führten wir viele Gespräche mit Flußschiffern und Pflanzern, mit Journalisten und Angestellten der Flußkommission – und kamen dabei zu widersprüchlichen, verwirrenden Ergebnissen. Nämlich:

1. Einige glaubten an den Plan der Kommission, das Flußbett willkürlich und für immer einzudämmen (und damit zu vertiefen), gefährdete Ufer zu schützen und so fort.

2. Einige glaubten, die Kommission sollte ihr Geld einzig und allein dafür ausgeben, das große Deichsystem auszubauen und instand zu halten.

3. Einige glaubten, je höher man die Deiche baue, desto höher werde der Grund des Flusses steigen, und folglich sei das Deichsystem ein Fehler.

4. Einige glaubten an den Plan, das überschüssige Wasser in den Lake Borgne abzuleiten, um den Fluß bei Hochwasser zu entlasten.

5. Einige glaubten an den Plan, im Norden Rückhaltebecken anzulegen, um den Mississippi in der Jahreszeit niedrigen Wasserstands aufzufüllen.

Wenn man dort unten auf einen Menschen trifft, der an eine dieser Theorien glaubt, darf man beim Gespräch mit dem nächsten getrost davon ausgehen, daß der *nicht* an diese Theorie glaubt, und mit ein bißchen Erfahrung steuert man diesen Kurs nicht mehr zweifelnd und zögernd, sondern mit der Zuversicht eines sterbenden Mörders – eines bekehrten, meine ich. Denn man hat dann mit beruhigender Gewißheit erkannt, daß man nie zwei Menschen nacheinander begegnen wird, die von derselben Theorie befallen sind. Nein, immer wird es dazwischen ein paar geben, die an den anderen kranken. Und geht man der Sache weiter nach, wird man noch einiges feststellen. Und zwar, daß es unter all diesen Leiden keins gibt, das nicht ansteckend ist, und man sich da, wo es herrscht, nicht aufhalten kann, ohne es sich zu holen. Man mag sich mit abschreckenden Fakten impfen, soviel man will – es nützt einem nichts; es scheint anzuschlagen, stimmt aber nicht. Im selben Moment, da man mit einem dieser Theoretiker Kontakt hat, sollte man sich darüber klar werden, daß es an der Zeit ist, die Quarantäneflagge hinauszuhängen.

Ja, man wird unweigerlich sein Opfer, aber es bringt einem nicht ausschließlich Schaden – nur teilweise; denn er ist wie ein Hausarzt, der kommt und den Ziegenpeter heilt und Scharlach hinterläßt. Ist der Mann zum Beispiel ein Anhänger der Lake-Borgne-Ableitungstheorie, wird er eine Wolke tödlicher Fakten und Statistiken aushauchen, die einem unter Garantie diese Krankheit auflädt, gleichzeitig wird er einen von jeder anderen der fünf Theorien heilen, die einem vielleicht vorher in den Organismus eingedrungen sind.

Ich habe alle fünf durchgemacht, und zwar schwer, doch fragt mich nicht, ihr trauernden Millionen, welche mich am meisten gequält hat oder welche den größten Krankenstand zu verzeichnen hatte, denn ich weiß es mitnichten. Diese zweite Frage kann tatsächlich niemand beantworten. Die Verbesserungen am Mississippi sind dort unten ein vielerörtertes Thema. An den Flußufern südlich von Cairo spricht jeder jeden Tag darüber, immer dann, wenn ihm die Gespräche über den Krieg mal Zeit dazu lassen, und jede der verschiedenen Haupttheorien hat ihre Armee eifriger Anhänger, aber, wie schon gesagt, es läßt sich nicht bestimmen, zu welcher die meisten Rekruten gehören.

In einem Punkt jedoch stimmen alle überein: Wenn der Kongreß genügend Gelder bewilligen wollte, käme ein ungeheurer Nutzen dabei heraus. Nun gut, seitdem wurden Gelder bewilligt – möglicherweise genügend, gewiß nicht zu viel. Hoffen wir, daß sich die Prophezeiung umfassend erfüllt.

Etwas wird der Leser ohne weiteres zugeben: daß ein Gutachten von Mr. Edward Atkinson über irgendein großes, das ganze Land betreffendes Wirtschaftsproblem als so maßgebend gelten kann, wie das in den Vereinigten Staaten bei der Meinung einer Einzelperson überhaupt möglich ist. Was er über die Verbesserungen am Fluß Mississippi zu sagen hat, ist im Anhang* zu finden.

Zuweilen enthüllt ein halbes Dutzend Zahlen blitzhaft die Bedeutung eines Gegenstands, die zehntausend kunstvolle Wörter, in der gleichen Absicht geäußert, schließlich nur unklar und schemenhaft gelassen hätten. Nachstehend ein solcher Fall – ein Abschnitt aus dem „Cincinnati Commercial".

„Der Schleppdampfer ‚Jos. B. Williams' befindet sich auf dem Weg nach New Orleans, mit zweiunddreißig Kähnen im Schlepp, die mit sechshunderttausend Scheffel (zu sechsundsiebzig Pfund der Scheffel) Kohle beladen sind, nicht eingerechnet der von ihm selbst benötigte Brennstoff – der größte Schleppzug, der jemals nach New Orleans oder anderswohin in der Welt gebracht wurde. Der Frachtbrief lautet bei drei Cent der Scheffel auf 18000 Dollar. Tausendachthundert Waggons zu je dreihundertdreiunddreißig Scheffel Ladung wären notwendig, um diese Kohlenmenge zu befördern. Bei 10 Dollar pro Tonne oder 100 Dollar pro Waggon, was auf dem Schienenweg für diese Entfernung ein angemessener

* siehe Anhang B

Preis wäre, beliefen sich die Frachtkosten auf 180 000 Dollar, d. h. 162 000 Dollar mehr per Eisenbahn als auf dem Wasserweg. Der Schleppzug wird die Entfernung von Pittsburgh bis New Orleans in vierzehn oder fünfzehn Tagen zurücklegen. Hundert Eisenbahnzüge zu je achtzehn Waggons wären nötig, um die Fracht dieses einen Schleppzugs von sechshunderttausend Scheffel Kohle zu transportieren, und sogar dann, wenn sie mit der für Expreßgüterzüge üblichen Geschwindigkeit führen, brauchte man einen ganzen Sommer, um sie mit der Eisenbahn zu befördern."

Wenn ein Fluß in gutem Zustand möglich macht, mit einer einzigen Schiffsladung 162 000 Dollar sowie einen ganzen Sommer an Zeit einzusparen, wird die Weisheit von Maßnahmen, die den Fluß in gutem Zustand halten, sogar für einen in Geschäftsdingen unerfahrenen Kopf offenkundig.

29. Kapitel

EIN PAAR MUSTEREXEMPLARE

Wir ließen die Gegend von Plum Point hinter uns, umfuhren Craighead's Point, glitten unangefochten an dem einst furchterregenden Fort Pillow vorbei, denkwürdig wegen des Massakers, das dort während des Krieges verübt wurde. Massaker sind in der Geschichte verschiedener christlicher Völker recht häufig anzutreffen, aber dieses ist fast das einzige, das man in der amerikanischen Geschichte finden kann; vielleicht ist es das einzige, das ein dieser gewaltigen, düsteren Bezeichnung entsprechendes Ausmaß erreicht. Wir haben das „Massaker von Boston" aufzuweisen, in dem zwei, drei Menschen getötet wurden, aber um etwas zu finden, was der Tragödie von Fort Pillow gleichkommt, müssen wir die angelsächsische Geschichte zusammenlegen und zweifellos selbst dann noch bis zu den Tagen und Großtaten von Richard Löwenherz, diesem edlen „Helden", zurückgehen, bevor es uns gelingt.

Mehr über die Absonderlichkeiten des Flusses. In vergangener Zeit verlief sein Bett oberhalb der Insel 37, an der Brandywine Bar vorbei und dann hinunter zur Insel 39. Veränderte danach seinen Lauf und führte von Brandywine hinunter durch den Vogelman-Durchbruch im Devil's Elbow zur Insel 39 – wobei ein Teil seines Laufs die alte Reihenfolge umkehrte, da der Fluß fünf, sechs Meilen hinauf- anstatt hinabfloß und im ganzen etwa fünfzehn Meilen Weg abschnitt.

Das geschah 1876. Dieser gesamte Bezirk wird jetzt Centennial Island genannt.

Nach der Überlieferung war die Insel 37 ein Hauptschlupfwinkel der einst berüchtigten „Murelbande". Diese war ein riesiger Bund von Räubern, Pferdedieben, Negerentführern und Fälschern, die vor fünfzig oder sechzig Jahren längs des Flusses ihr Unwesen trieben. Während wir zu Land nach St. Louis reisten, hörten wir fortwährend von Jesse James und seiner aufregenden Geschichte, denn er war gerade von einem Agenten des Gouverneurs von Missouri ermordet worden und nahm infolgedessen in den Zeitungen ziemlich viel Raum ein. Die Zeitungsjungen boten in den Eisenbahnzügen billige Hefte mit seinem Lebenslauf an. Ihnen zufolge war er das wunderbarste Wesen seiner Art gewesen, das je existiert hatte. Das war ein Irrtum. Murel kam ihm an Kühnheit, Dreistigkeit und Raubgier sowie an Grausamkeit, Brutalität, Herzlosigkeit, Tücke und allgemeiner, allumfassender Bosheit und Schamlosigkeit gleich und übertraf ihn in wichtigen Punkten. James betrieb Schurkerei en détail, Murel en gros. James' bescheidenes Genie träumte von nichts Höherem, als Überfälle auf Karren, Kutschen und ländliche Banken zu planen. Murel entwarf Projekte für Negeraufstände und für die Einnahme von New Orleans; darüber hinaus konnte dieser Murel gelegentlich sogar das Predigerpult besteigen und die Gemeinde erbauen. Was sind denn James und sein halbes Dutzend gewöhnlicher Gauner im Vergleich zu diesem imposanten Verbrecher der alten Zeit mit seinen Predigten, seinen geplanten Aufständen und Eroberungen von Städten, seinem majestätischen Gefolge von tausend Mann, die geschworen hatten, seinen bösen Willen in die Tat umzusetzen!

Hier ein, zwei Abschnitte über diesen Großunternehmer aus einem in Vergessenheit geratenen Buch, das vor einem halben Jahrhundert erschien:

Anscheinend ist er ein ebenso geschickter wie vollendeter Bösewicht gewesen. Er reiste meistens unter der Maske eines Wanderpredigers, und es heißt, seine Predigten seien „sehr zu Herzen gegangen" – seine Zuhörer waren so gebannt, daß sie vergaßen, nach ihren Pferden zu sehen, die während der Predigt von seinen Spießgesellen fortgeschafft wurden. Der Diebstahl von Pferden in einem Staat und ihr Verkauf in einem anderen war aber nur ein kleiner Teil ihres Geschäfts; das einträglichste war, Sklaven zum

Fortlaufen von ihren Herrn zu verleiten, um sie dann anderswo zu veräußern. Dies machten sie folgendermaßen: Sie erzählten einem Neger, wenn er sich bereit fände, seinem Herrn davonzulaufen und sich von ihnen verkaufen zu lassen, erhielte er einen Teil der für ihn gezahlten Summe, und kehrte er dann ein zweites Mal zu ihnen zurück, wollten sie ihn in einen freien Staat schikken, wo er in Sicherheit wäre. Die armen Teufel erfüllten diese Forderung, in der Hoffnung, Geld und Freiheit zu erhalten. Sie wurden an einen anderen Herrn verkauft und liefen wieder davon zu ihren Auftraggebern, und manchmal wurden sie auf diese Weise drei- oder viermal verkauft, bis jene drei-, viertausend Dollar an ihnen verdient hatten. Da sie aber danach eine Entdeckung zu befürchten hatten, beseitigten sie gewöhnlich den einzigen Zeugen, der gegen sie auftreten konnte, nämlich den Neger selbst, indem sie ihn ermordeten und seine Leiche in den Mississippi warfen. Selbst wenn sich nachweisen ließ, daß sie einen Neger vor seiner Ermordung gestohlen hatten, waren sie immer gewiß, der Bestrafung zu entgehen, denn sie verbargen die entflohenen Neger, bis eine öffentliche Bekanntmachung angeschlagen und für denjenigen, der ihn einfing, eine Belohnung ausgesetzt wurde. Eine solche Bekanntmachung ermächtigt eine Person, das Eigentum sicherzustellen, wenn es gefunden wird. Und dann wurde der Neger zu einem Treuhandvermögen, und wenn sie ihn verkauften, war das nur eine Veruntreuung, kein Diebstahl, und gegen Veruntreuung kann der Eigentümer nur zivilrechtlich vorgehen, was zwecklos war, da Schadenersatz nie geleistet wurde. Man könnte fragen, wieso Murel unter diesen Umständen der Lynchjustiz entging. Das ist aber nicht schwer zu verstehen, wenn wir feststellen, daß er *über tausend verschworene Helfershelfer* hatte, die sämtlich bereit waren, jedem Bandenmitglied, das sich in Schwierigkeiten befand, unverzüglich Hilfe zu leisten. Die Namen von Murels wichtigsten Helfershelfern erfuhr man von ihm selbst, wie, werde ich gleich erklären. Die Bande war aus zwei Schichten zusammengesetzt: den Anführern oder dem Rat, wie sie genannt wurden, die planten und sich miteinander absprachen, jedoch selten handelten; davon gab es etwa vierhundert. Die andere Schicht, die aktiven Agenten, Schläger genannt, zählte etwa sechshundertfünfzig Mann. Sie waren die Werkzeuge in den Händen des Rats, setzten sich allen Gefahren aus und erhielten nur einen kleinen Teil des Geldes; sie befanden sich in der Gewalt der Bandenführer, die sie jederzeit opfern würden, indem sie sie der Justiz auslieferten oder ihre Leichen im Mississippi versenkten. Der allgemeine Treffpunkt dieser Verbrecherbande lag auf der Arkansasseite des Flusses, wo sie ihre Neger in den Sümpfen und im Röhricht versteckten.

Dieser weitverzweigte Geheimbund richtete sehr großen Schaden an, aber die Pläne der Bande waren so gut ausgetüftelt, daß man nichts beweisen konnte, obwohl der stets aktive Murel überall verdächtigt wurde. Es ergab sich aber, daß ein junger Mann namens Stewart, der zwei von Murel fortgelockte Sklaven suchte, zu ihm stieß und sein Vertrauen gewann; er schwor den Eid und wurde als Mitglied des Generalrats in die Bande aufgenommen. Auf diese Weise kam alles an den Tag, denn Stewart wurde, obgleich er den Eid geleistet hatte, zum Verräter, und nachdem er von allem Kenntnis hatte, entlarvte er das ganze Unternehmen, gab die Namen aller Beteiligten an und konnte schließlich genügend Beweise gegen Murel vorbringen, daß dieser schuldig gesprochen und zu einer Zuchthausstrafe verurteilt wurde (Murel erhielt vierzehn Jahre Zuchthaus). Auf der von Stewart veröffentlichten Liste des großen Rats standen so viele Leute, die als ehrlich galten und in den verschiedenen Staaten einen geachteten Namen hatten, daß nichts unversucht blieb, um seine Behauptungen unglaubwürdig zu machen – er wurde verleumdet und mehr als ein Mordversuch gegen ihn unternommen. Infolgedessen war er gezwungen, die Südstaaten zu verlassen. Es ist jetzt jedoch mit Sicherheit erwiesen, daß alles der Wahrheit entsprach, und obgleich manche Leute Mr. Stewart vorwerfen, er habe seinen Eid gebrochen, versuchen sie nicht länger, die Richtigkeit seiner Enthüllungen zu leugnen. Ich will ein, zwei Abschnitte von dem zitieren, was Murel Mr. Stewart gestand, als beide zusammen unterwegs waren. Ich hätte noch erwähnen sollen, daß die Ziele Murels und seiner Kumpane nach seinem eigenen Bericht sehr weitgesteckt waren, denn sie hatten nichts Geringeres vor, als einen *Aufstand der Schwarzen gegen die Weißen anzuzetteln, New Orleans einzunehmen und zu plündern und sich zu Besitzern des Gebietes zu machen.* Folgendes sind einige Auszüge:

„Ich sammelte alle meine Freunde in der Gegend von New Orleans im Haus eines unserer dortigen Freunde, und wir hielten drei Tage lang Rat, bevor alle unsere Pläne unserer Vorstellung entsprachen. Dann beschlossen wir, die Rebellion auf alle Fälle durchzuführen und zu diesem Zweck so viele Freunde wie möglich zu gewinnen. Nachdem jedem seine Aufgabe zugeteilt war, machte ich mich auf den Weg nach Natchez – zu Fuß, da ich mein Pferd in New Orleans verkauft hatte, in der Absicht, mir unterwegs ein anderes zu stehlen. Ich ging vier Tage lang und hatte keine Gelegenheit, mir ein Pferd zu beschaffen. Am fünften Tag gegen zwölf Uhr war ich müde und machte an einem kleinen Fluß halt, um Wasser zu trinken und mich ein bißchen auszuruhen. Während ich auf einem Baumstamm saß und den Weg, dem ich gefolgt war, hinabsah, kam ein Mann auf einem gut aussehenden Pferd angeritten. Sobald ich ihn erblickte, entschloß ich mich, mir sein Pferd anzueignen, falls er Reisekleidung trug. Er ritt heran, und ich erkannte an seiner Ausrüstung, daß es tatsächlich ein Reisender war. Ich stand auf, richtete eine elegante Armeepistole auf ihn und befahl ihm abzusteigen. Er gehorchte; ich nahm sein Pferd beim Zügel, zeigte den kleinen Fluß hinunter und hieß ihn vor mir her gehen. Er ging ein paar hundert Meter weit und blieb dann stehen. Ich band das Pferd an und zwang ihn, sich auszuziehen, bis auf Hemd und Unterhose, und befahl ihm, mir den Rücken zuzukehren. Er sagte: ‚Wenn Sie entschlossen sind, mich umzubringen, lassen Sie mir Zeit zu beten, bevor ich sterbe.' Ich antwortete, ich hätte keine Zeit, mir sein Gebet anzuhören. Er drehte sich um und fiel auf die Knie, und ich schoß ihn in den Hinterkopf. Ich schlitzte ihm den Bauch auf, holte die Eingeweide heraus und versenkte ihn im Fluß. Dann durchsuchte ich seine Taschen, fand vierhundert Dollar und siebenunddreißig Cent sowie eine Anzahl Papiere, nahm mir aber nicht die Zeit, sie zu untersuchen. Ich versenkte die Brieftasche, die Papiere und seinen Hut im Fluß. Seine Stiefel waren funkelnagelneu und paßten mir ausgezeichnet; ich zog sie an und versenkte meine alten Schuhe. Ich rollte seinen Anzug zusammen und steckte ihn in seinen Mantelsack, da er ganz neu und aus erstklassigem Stoff war. Ich bestieg ein Pferd, wie ich es schöner nie geritten hatte, und begab mich in viel besserer Aufmachung als in den letzten fünf Tagen auf den Weg nach Natchez.

Ich und ein Mann namens Crenshaw nahmen vier gute Pferde und machten uns auf nach Georgia. Kurz bevor wir in die Cumberland Mountains kamen, schlossen wir uns einem jungen Burschen aus Südkarolina an, und Crenshaw wußte bald alles über seine Geschäfte. Er war nach Tennessee gereist, um eine Herde Schweine zu kaufen, als er aber dorthin kam, war Schweinefleisch teurer, als er gerechnet hatte, und er nahm Abstand vom Kauf. Daraus folgerten wir, daß er eine lohnende Beute sein mußte. Crenshaw blinzelte mir zu; ich verstand ihn. Crenshaw war schon einmal auf diesem Weg gereist, ich aber noch nie. Wir hatten auf dem Berg mehrere Meilen zurückgelegt, als wir in die Nähe eines tiefen Abgrunds kamen. Kurz davor bat Crenshaw mich um meine Peitsche, deren Stielende mit einem Pfund Blei gefüllt war. Ich gab sie ihm, er ritt nach vorn neben den Südkaroliner, versetzte ihm einen Schlag gegen den Kopf und warf ihn vom Pferd. Wir sprangen ab, durchsuchten seine Taschen und fanden zwölfhundertzweiundsechzig Dollar. Crenshaw sagte, er wisse eine Stelle, wo wir ihn verstecken könnten. Er packte ihn unter den Armen und ich bei den Füßen, und wir schafften ihn zu einer tiefen Spalte am Rand des Abgrunds, warfen ihn hinein, und er verschwand, dann warfen wir auch seinen Sattel hinein und nahmen sein Pferd mit, das zweihundert Dollar wert war.

Wir wurden ein paar Tage aufgehalten, und in dieser Zeit ging unser Freund in einen kleinen Ort der Nachbarschaft und sah dort eine Bekanntmachung über den Neger (ein Neger, der sich in unseren Händen befand) sowie eine Beschreibung der beiden Männer, die ihn verkauft hatten, mit Verdächtigungen gegen sie. Der Wind blies uns also ziemlich heftig ins Gesicht, und im Sturm ist einem jeder Hafen recht. Wir führten daher den Neger in dieser Nacht ans Ufer eines kleinen Flusses, der an der Farm unseres Freundes vorbeifließt, und Crenshaw schoß ihm in den Kopf. Wir nahmen seine Eingeweide heraus und versenkten ihn im Fluß.

Den anderen Neger hatte er am Fluß Arkansas zum dritten Mal für über fünfhundert Dollar verkauft, ihn dann gestohlen und seinem Freund übergeben, der ihn in einen Sumpf führte. Dann hatte Crenshaw die tragische Szene verschleiert und unter dem heiligen Schwur der Verschwiegenheit die Nachlese gehalten, denn ein solches Spiel ist nur möglich, wenn es für alle außer für die Bruderschaft ein Geheimnis bleibt. Er verkaufte den Neger alles in allem für beinah zweitausend Dollar und brachte ihn dann für immer außer Reichweite aller Verfolger, und sie können ihm kein Haar krümmen, es sei denn, sie fänden den Neger, und das können sie nicht, denn dessen Leiche hat schon längst so manche Schildkröte und so manchen Katzenwels gefüttert, und die Frösche haben so manchen lieben Tag lang seinem friedlich ruhenden Skelett ein Lied davon gesungen!"

Wir näherten uns Memphis, der Stadt, wo vor den Augen der Einwohner eine der berühmtesten Flußschlachten des Bürgerkriegs geschlagen wurde. Zwei Männer, unter denen ich während meiner Zeit auf dem Fluß gedient hatte, nahmen an diesem Kampf teil: Mr. Bixby, Cheflotse der Flotte der Nordstaaten, und

Montgomery, Kommodore der Flotte der Südstaaten. Beide waren während des Krieges aktiv an vielen Kämpfen beteiligt und genossen hohes Ansehen wegen ihres Muts und ihrer Tüchtigkeit.

Während wir auf Memphis zusteuerten, begannen wir nach einem Vorwand Ausschau zu halten, bis zum Ende der Fahrt an Bord der „Gold Dust" zu bleiben – bis Vicksburg. Wir waren so angenehm untergebracht, daß wir keine Veränderung wünschten. Ich hatte in Napoleon, Arkansas, einen ziemlich wichtigen Auftrag zu erledigen, aber vielleicht konnte ich das tun, ohne mich von der „Gold Dust" auszuschiffen. Ich sagte dies, und wir beschlossen, unser gegenwärtiges Quartier zu behalten.

Das Schiff sollte bis zehn Uhr am nächsten Morgen in Memphis bleiben. Es ist eine wunderschöne Stadt, eindrucksvoll auf einem den Fluß beherrschenden Felsenufer gelegen. Die Straßen sind gerade und breit, wenn auch nicht so gepflastert, daß sie wahnsinnige Bewunderung erweckten. Nein, die Bewunderung muß man vielmehr dem Kanalisationssystem der Stadt vorbehalten, das vollkommen genannt wird – nach einer kürzlich vorgenommenen Verbesserung, denn bis vor ein paar Jahren war es das genaue Gegenteil gewesen – nach einer Verbesserung infolge der Lehre, die man aus einem verheerenden Ausbruch des gelben Fiebers gezogen hat. In jenen schrecklichen Tagen wurden die Menschen zu Hunderten, zu Tausenden dahingerafft, und die Bevölkerung nahm durch Flucht und durch den Tod so ab, daß sich ihre Zahl um drei Viertel verringerte und eine Zeitlang so blieb. Das Geschäftsleben kam fast zum Erliegen, und die Straßen waren sonntäglich leer.

Hier ein Bild von Memphis aus dieser Unglückszeit, gezeichnet von einem deutschen Reisenden, der anscheinend Augenzeuge der Szenen war, die er beschrieb. Es stammt aus dem siebenten Kapitel seines Buchs, das vor kurzem in Leipzig herauskam: „Mississippifahrten" von Ernst von Hesse-Wartegg:

„Im August hatte das gelbe Fieber seinen Höhepunkt erreicht. Täglich fielen Hunderte der entsetzlichen Epidemie zum Opfer. Die Stadt war zu einem riesigen Friedhof geworden, zwei Drittel der Bevölkerung hatten den Ort verlassen, und nur die Armen, die Alten und die Kranken blieben zurück, eine sichere Beute für den heimtückischen Feind. Die Häuser waren geschlossen; vor vielen brannten kleine Lampen – ein Zeichen, daß der Tod hier eingetreten war. Oft lagen in einem einzigen Haus mehrere Tote; aus den Fenstern hing schwarzer Flor. Die Geschäfte blieben zugesperrt, denn ihre Eigentümer waren fortgegangen oder gestorben.

Ein furchtbares Übel! In kürzester Frist warf es selbst das kräftigste Opfer nieder und raffte es dahin. Ein leichtes Unwohlsein, dann eine Stunde lang Fieber, danach das scheußliche Delirium, und dann – der gelbe Tod! An den Straßenecken und auf den Plätzen lagen kranke Menschen, welche die Seuche plötzlich überwältigt hatte, und sogar Leichen – verzerrt und steif. Die Lebensmittel gingen zu Ende. Das Fleisch verdarb in wenigen Stunden in der stinkenden, verpesteten Luft und wurde schwarz.

Jämmerliches Klagen dringt aus vielen Häusern! Dann, nach einer Weile, verstummt es, und alles ist still; edle, aufopferungsbereite Männer kommen mit dem Sarg, nageln ihn zu und tragen ihn zum Friedhof. In der Nacht herrscht Stille. Nur die Ärzte und die Leichenwagen eilen durch die Straßen, und aus der Ferne kommt in Abständen das gedämpfte Rattern des Eisenbahnzuges, der in Windeseile, als sei er von Furien gejagt, an der von der Pest heimgesuchten Stadt vorbeirast, ohne zu halten."

Jetzt aber ist es dort recht lebendig. Die Einwohnerzahl übersteigt vierzigtausend und wächst, und der Handel gedeiht. Wir fuhren in der Stadt umher, besuchten den Park mit seiner geselligen Horde von Eichhörnchen, sahen die schönen Wohnhäuser, von Rosen umrankt und auch sonst recht einladend anzusehen, und erhielten ein gutes Frühstück im Hotel.

Ein blühender Ort ist diese Stadt der guten Samariter des Mississippi; sie ist ein bedeutender Markt für Maklergeschäfte, hat Gießereien, Maschinenbau, Fabriken, in denen Lastwagen, Kutschen und Baumwollsamenöl hergestellt wird, und soll in Kürze Baumwollspinnereien und Getreidespeicher erhalten.

Die Baumwollieferungen dorthin betrugen letztes Jahr fünfhunderttausend Ballen – eine Steigerung von sechzigtausend Ballen im Vergleich zum Vorjahr. Vom gesunden Handelszentrum dieser Stadt strahlen fünf Eisenbahn-Hauptstrecken aus, und eine sechste ist im Bau.

Dieses Memphis ist sehr verschieden von dem, das die nun längst verschwundene und vergessene Prozession von Touristen vor langer Zeit in ihren Büchern beschrieb. In den Tagen der jetzt unbekannten, einst aber berühmten und lebhaft gehaßten Mrs. Trollope scheint Memphis im wesentlichen aus einer einzigen langen Straße von Blockhäusern bestanden zu haben mit ein paar nach den Wäldern hin verstreut liegenden Hütten, hier und da einem Schwein und unendlich viel Schlamm. Das war vor fünfundfünfzig Jahren. Sie stieg im Hotel ab. Offensichtlich nicht das, in dem wir unser Frühstück einnahmen. Sie schreibt:

„Der Tisch war für fünfzig Personen gedeckt und fast voll besetzt. Sie aßen in absolutem Schweigen und mit einer so erstaunlichen Geschwindigkeit, daß ihre Mahlzeit buchstäblich beendet war, bevor wir begonnen hatten. Einzig die Geräusche von Messern und Gabeln waren zu hören, begleitet vom unaufhörlichen Chor des Hustens und so fort."

„Des Hustens und so fort." Das „und so fort" steht dort anstelle eines unerfreulichen Wortes – eines Wortes, das sie nicht immer mit dem Mantel der Nächstenliebe bedeckt, sondern zuweilen auch in Druck gibt. Der Leser wird es in der nachfolgenden Beschreibung eines Essens finden, das sie an Bord eines Dampfers, in Gesellschaft einer Menge aristokratischer Pflanzer einnahm – es waren wohlhabende, aus guten Familien stammende, unwissende Stutzer, herausgeputzt mit dem Flitter der üblichen harmlosen militärischen und gerichtlichen Titel jener alten Tage der billigen Aufschneiderei und des aufgeblasenen Scheins:

„Das völlige Fehlen sämtlicher üblicher Tischmanieren, die gierige Hast, mit der das Essen ergriffen und verschlungen wurde, die seltsame, ungehobelte Redeweise und Aussprache, das ekelhafte Spucken, bei dem es absolut unmöglich war, unsere Kleider vor einer Verunreinigung zu bewahren, ihre gräßliche Art, vom Messer zu essen, bis die ganze Klinge im Mund zu verschwinden schien, und die noch gräßlichere Weise, danach die Zähne mit einem Taschenmesser zu säubern, ließen uns keinen Moment vergessen, daß wir nicht von Generälen, Obersten und Majoren der alten Welt umgeben waren und die Stunde der Mahlzeit alles andere als eine Stunde des Genusses war."

30. Kapitel

SKIZZEN AM WEG

Der Fluß führte unterhalb von Memphis viel Wasser; es stand überall bis zum Uferrand und sehr häufig darüber; es ergoß sich über das Land, überschwemmte meilenweit Wälder und Felder bis ins Landesinnere, stellenweise fünfzehn Fuß hoch; ringsum Zeichen der Vernichtung mühseliger menschlicher Arbeit, die jetzt von neuem geleistet werden mußte – mit geringeren Mitteln und schwächerem Mut. Ein betrübliches Bild, das nicht enden wollte – Hunderte von Meilen weit. An manchen Stellen standen die Signalleuchten drei Fuß tief im Wasser am Rande dichter Wälder, die sich meilenweit ohne eine Farm, einen Holzplatz, eine Rodung oder sonst eine Unterbrechung hinzogen, was bedeutete, daß der Leuchtenwärter mit einem Kahn von weither kommen mußte, um seine Aufgabe zu erfüllen – und das häufig in scheußlichem Wetter. Man sagte mir jedoch, daß die Arbeit bei jeder Witterung zuverlässig getan wird, und nicht immer von Männern – zuweilen auch von Frauen, wenn der Mann krank oder abwesend ist. Die Regierung liefert das Petroleum und zahlt zehn oder fünfzehn Dollar im Monat für das Anzünden und Instandhalten der Laternen. Einmal im Monat teilt ein Regierungsschiff das Petroleum aus und zahlt die Löhne.

Die Gegend um Ship Island war ebenso waldig und unbewohnt wie eh und je. Die Insel ist keine mehr, sie hat sich fest an das Flußufer angeschlossen; Rollwagen fahren jetzt, wo früher Dampfer verkehrten. Nichts erinnert mehr an den Schiffbruch der „Pennsylvania". Sicher wird hier eines Tages ein Farmer mit dem Pflug ihr Skelett hervorholen und erstaunt sein.

Wir gelangten nun hinunter in den Bezirk der umherwandernden Neger. Diese armen Menschen konnten, als sie Sklaven waren, niemals reisen; so halten sie sich jetzt schadlos für das, was sie entbehrt haben. Sie bleiben auf einer Pflanzung, bis die Reiselust sie ergreift, dann packen sie ihre Sachen, rufen einen Dampfer an und machen sich davon. Nicht mit irgendeinem bestimmten Ziel, nein, fast jeder Ort ist ihnen recht, nur weiterziehen wollen sie. Die Lösung dieser Frage hängt vom Bargeld in ihrer Hand ab. Reicht es für eine Fahrt von fünfzig Meilen, gut, so sollen es fünfzig Meilen sein. Wenn nicht, tut es auch eine kürzere Flucht.

Zwei Tage lang kamen wir vielen solchen Anrufen nach. Manchmal standen dort ein paar baufällige Hütten, die das Hochwasser verfärbt hatte und in denen es von Farbigen wimmelte, während Weiße nirgends zu sehen waren; daneben hier und da graslose Flecken trockenen Bodens, ein paar gefällte Bäume und skelettdürre Rinder, Maulesel und Pferde, welche die Blätter fraßen und die Rinde abknabberten – anderes Futter gab es auf dem vom Hochwasser verwüsteten Land für sie nicht. Gelegentlich sahen wir auch einen alleinstehenden einsamen Schuppen einer Anlegestelle, daneben die Familie von Farbigen, die uns angerufen hatte. Groß und klein, alt und jung hockten auf dem spärlichen Stapel von Hausrat, der aus einer verrosteten Flinte, ein paar Bettbezügen, Truhen, etwas Blechgeschirr, Schemeln, einem verkrüppelten Spiegel, einem ehrwürdigen Lehnsessel und sechs bis acht temperamentlosen gelben Kötern von niederer Herkunft bestand, die mit Bindfäden an der Familie befestigt waren. Ihre Hunde müssen sie haben – ohne ihre Hunde können sie nicht fort. Dabei sind die Hunde nie dazu bereit, immer haben sie Einwände; so werden sie einer nach dem anderen in einer lächerlichen Prozession an Bord gezerrt, alle viere steif gegen die Landeplanke gestemmt, rutschen sie herauf, und der Kopf wird ihnen fast abgerissen, aber der Schlepper marschiert entschlossen voran, ganz auf seine Tätigkeit bedacht, den Strick des besseren Halts wegen über die Schulter gezogen. Manchmal wird ein Kind vergessen und am Ufer zurückgelassen, nie aber ein Hund.

Im Steuerhaus der übliche Flußklatsch. Insel 63 – eine Insel, hinter der es früher einen wunderschönen Durchbruch oder eine Passage gab. Wie man sich erzählte, hatte Jesse Jamieson auf der „Skylark" einmal bei einer Fahrt einen Lotsen zu Besuch an Bord, einen armen, alten, heruntergekommenen, ausgedienten Kerl – dem überließ er unterhalb von 63 bis zum Ende der Wache das Ruder. Der betagte Fahrensmann fuhr den Durchbruch hinauf und auf der Außenseite den Fluß stromabwärts, und so wieder und immer wieder, und nach drei Stunden ehrlichen Bemühens übergab er das Schiff dem ihn ablösenden Lotsen genau an derselben Stelle, an der er ursprünglich das Ruder übernommen hatte! Ein Schwarzer, der das Schiff etwa dreizehnmal vorbeifahren sehen hatte, sagte: „Du meine Güte, mich würd's nich wundern, wenn's ne ganze Linie gibt, die mit diesen ‚Skylarks' da fährt!"

Eine Anekdote, die illustriert, wie stark der Ruf eine Meinungsänderung beeinflußt: Die „Eclipse" war für ihre Schnelligkeit berühmt. Eines Tages fuhr sie vorüber; ein alter Schwarzer, am Ufer mit seinen eigenen Angelegenheiten beschäftigt, achtete nicht darauf, welches Schiff vorbeikam. Kurz danach fragte jemand:

„Irgend 'n Schiff stromaufwärts gefahren?"

„Ja, Sah."

„Ist's schnell gefahren?"

„Ach, so so – is vorbeigebummelt."

„Na, weißt du eigentlich, welches Schiff das war?"

„Nein, Sah."

„Aber Onkelchen, das war doch die ‚Eclipse'."

„Nein, tatsächlich? Na, sicher is sie's gewesen – ist ja auch *wie der Blitz* hier vorbeigeschossen."

Eine Geschichte, die das gewalttätige Wesen mancher Leute hier unten veranschaulicht: Während der ersten Wochen des Hochwassers wurden A.s Zaunstangen flußabwärts auf B.s Grundstück geschwemmt, und B.s Zaun landete, von einem Strudel flußaufwärts gespült, auf A.s Grundstück. A. sagte: „Lassen wir es, wie es ist – ich benutze deinen Zaun und du meinen." B. erhob Einspruch – wollte es so nicht haben. Eines Tages kam A. hinunter auf B.s Grundstück, um seinen Zaun zu holen. B. sagte: „Ich bring dich um!" und richtete seinen Revolver auf ihn. A. sagte: „Ich bin unbewaffnet." So warf B., der nichts Unbilliges tun wollte, seinen Revolver zu Boden, zog ein Messer und schnitt A. den Hals durch, richtete jedoch sein Hauptaugenmerk auf die vordere Seite und verfehlte deshalb die Halsschlagader. A. kämpfte sich herum, es gelang ihm, den fortgeworfenen Revolver in die Hand zu bekommen; er erschoß B. damit – und erholte sich von seiner Verletzung.

Es folgte noch weiterer Klatsch; danach gingen alle zum Nachmittagskaffee nach unten und ließen mich am Ruder allein. Kurz darauf erinnerte mich etwas an unsere letzte Stunde in St. Louis, die ich zum Teil achtern auf dem Hurrikandeck unseres Schiffes verbracht hatte. Dort war ein Fremder zu mir getreten und hatte mich in ein Gespräch verwickelt – ein munterer junger Bursche, der erzählte, er sei in einer Stadt im Innern von Wisconsin geboren und habe bis vor einer Woche noch nie einen Dampfer gesehen. Er berichtete auch, auf dem Weg herunter von La Crosse habe er sein Schiff so fleißig und mit so leidenschaftlichem Interesse besichtigt und untersucht, daß er nun in allem, vom Vordersteven bis zum Ruderblatt, beschlagen sei. Fragte mich, woher ich käme. Ich antwortete: „Aus Neuengland." – „Aha, ein Yank", sagte er und schwatzte unverzüglich weiter, ohne eine Bestätigung oder eine Verneinung abzuwarten. Er schlug sogleich vor, mir das ganze Schiff zu zeigen, mir die Bezeichnungen der verschiedenen Teile zu nennen und mir zu erklären, wozu sie dienten. Bevor ich einen Protest oder eine Entschuldigung anbringen konnte, war er schon mittendrin in seinem menschenfreundlichen Werk und plapperte munter drauflos, und als ich feststellte, daß er die Dinge falsch benannte und sich unfreundlich auf Kosten eines arglosen Fremden aus fernem Land lustig machte, hielt ich den Mund und ließ ihm seinen Willen. Er gab mir eine Unmenge falscher Auskünfte, und je weiter er ging, desto größere Kreise zog seine Phantasie und um so mehr genoß er seinen grausamen Betrug. Manchmal, wenn er mir eine besonders absurde und haarsträubende Lüge aufgetischt hatte, „platzte" er fast vor Lachlust, so daß er für eine Minute unter irgendeinem Vorwand zur Seite treten mußte, um keinen Verdacht bei mir zu erregen. Ich blieb getreulich neben ihm, bis er mit seiner Komödie zu Ende war. Dann erklärte er, er habe sich vorgenommen, mir alles über ein Dampfschiff zu „lernen" und es auch getan; falls er aber etwas übersehen habe, solle ich ihn ruhig fragen, er werde das Fehlende nachliefern. „Wenn Sie von irgendwas auf dem Schiff hier Bezeichnung und Zweck nicht kennen, kommen Sie getrost zu mir, ich sage es Ihnen." Ich erwiderte, das wolle ich tun, und empfahl mich, verschwand und näherte mich ihm wieder von einer anderen Seite, wo er mich nicht sehen konnte. Er saß da, mutterseelenallein, und krümmte und wand sich in einem nicht mehr zu beherrschenden Lachkrampf. Er mußte sich krank gelacht haben, denn danach ließ er sich mehrere Tage lang in der Öffentlichkeit nicht sehen. Inzwischen dachte ich nicht weiter an die Episode.

Was mich jetzt, als ich allein am Ruder stand, daran erinnerte, war der Anblick dieses jungen Burschen, der in der Tür des Steuerhauses stand, den Türknauf in der Hand, und mich schweigend und streng betrachtete. Ich weiß nicht, wann ich je einen Menschen gesehen habe, der so beleidigt aussah wie er. Er sagte nichts – stand nur da und guckte –, guckte vorwurfsvoll und überlegte. Schließlich machte er die Tür zu und wollte fortgehen, blieb eine Minute lang auf dem Texasdeck stehen, kehrte dann langsam zurück und nahm wieder in der Tür Aufstellung, mit dem gleichen bekümmerten Ausdruck im Gesicht; er blickte mich eine Weile mit mildem Vorwurf an und sagte dann:

„Sie haben sich doch von mir alles über den Dampfer lernen lassen, *oder*?"

„Ja", gestand ich.

„Das haben Sie doch, oder?"

„Ja."

„*Sie* sind doch der Mensch, der ... der ..."

Es verschlug ihm die Sprache. Pause – hilfloses Ringen um weitere Worte – dann gab er es auf, ihm entrang sich ein tiefempfundener kräftiger Fluch, und er machte sich endgültig davon. Danach sah ich ihn während der Reise noch mehrmals unter Deck, aber er blieb kalt, schenkte mir keinen Blick. Der Dummkopf! Wäre er nicht gleich zu Anfang so erpicht darauf gewesen, mir seinen witzlosen Streich zu spielen, hätte ich seine Gedanken in eine andere Richtung gelenkt und ihn davor bewahrt, diese mutwillige, dumme Flegelei zu begehen.

Ich ließ mich mit der Vier-Uhr-Wache wecken, denn auf dem Mississippi kann man im Sommer gar nicht genug Sonnenaufgänge erleben. Sie sind zauberhaft. Zuerst herrscht die Beredsamkeit der Stille, denn ringsum waltet brütendes Schweigen. Dann überwiegt ein bohrendes Gefühl der Einsamkeit, der Absonderung, des Abstands von den Sorgen und der Geschäftigkeit der Welt. Verstohlen schleicht sich die Dämmerung heran; die kompakten schwarzen Wände des Waldes verblassen zu weicherem Grau, weite Strecken des Flusses tun sich auf, offenbaren sich, das Wasser ist blank wie Glas, es läßt gespenstige kleine Nebelgirlanden aufsteigen, nicht der leiseste Windhauch ist zu spüren, nicht ein Blatt regt sich, die tiefe Stille ist unendlich befriedigend. Dann fängt ein Vogel an zu zwitschern, ein zweiter antwortet, und bald entwickelt sich das Gezwitscher zu einem jubelnden musikalischen Aufruhr. Man sieht die Vögel nicht, man bewegt sich einfach durch eine Luft voller Gesang, die selbst zu singen scheint. Wenn das Licht ein wenig heller geworden ist, entfaltet sich ein so sanftes, liebliches Bild, wie man es sich kaum vorstellen kann. Zu beiden Seiten das kräftige Grün der Massen von dichtem Laub; vorn wird es stufenweise immer blasser und blasser, am nächsten vorspringenden Kap, eine Meile oder mehr entfernt, hat sich die Färbung zum zarten, jungen Frühlingsgrün aufgehellt, das dahinterliegende Kap ist fast schon farblos, und das entfernteste, Meilen weit fort am Horizont, schlummert als bloßer kaum sichtbarer Dunst auf dem Wasser, fast nicht zu unterscheiden vom Himmel darüber und ringsum. Und der ganze Fluß ist ein Spiegel, der schattenhaft das Bild der Blätter, der gekrümmten Ufer und der zurückweichenden Vorgebirge wiedergibt. Ja, das alles ist wunderschön – sanft und üppig und wunderschön, und wenn dann die Sonne richtig hervorkommt und hier einen rosa Hauch, da einen Tupf Goldstaub und dort einen purpurnen Schleier ausbreitet, wo er die beste Wirkung hervorruft, dann weiß der Betrachter, daß er etwas gesehen hat, was der Erinnerung wert ist.

Wir hatten am frühen Morgen die Kentucky Bend vor uns – in alter Zeit Schauplatz eines merkwürdigen und tragischen Unglücks. Kapitän Poe besaß einen kleinen Heckraddampfer, auf dem er und seine Frau jahrelang zu Hause waren. Eines Nachts lief das Schiff am Beginn der Kentucky Bend auf einen Snag und sank mit erstaunlicher Geschwindigkeit; das Wasser stand schon hoch über dem Kajütenboden, als der Kapitän nach achtern gelangte. So hieb er von oben mit einer Axt eine Öffnung in die Kabine seiner Frau. Sie schlief in der oberen Koje; das Dach war dünner als angenommen, der erste Schlag schmetterte durch das verrottete Holz und spaltete ihr den Schädel.

Die Biegung ist jetzt gänzlich verlandet – das Ergebnis eines Durchbruchs, der auch die große und einst vielbefahrene Walnut Bend weit zurück in die Einsamkeit versetzte, abseits vom gewohnten Fahrwasser vorbeiziehender Dampfer.

Wir besuchten Helena und eine andere Stadt, von der ich zuvor noch nichts gehört hatte, da sie erst kürzlich geboren wurde – Arkansas City. Eine Eisenbahnlinie hat ihr zu ihrer Geburt verholfen: Die „Little Rock–Mississippi–Texas–Eisenbahn" berührt an dieser Stelle den Fluß. Wir fragten einen Passagier, der dort zu Hause war, was für ein Ort das sei. „Nun", antwortete er nach einigem Nachdenken mit der Miene eines Menschen, der sich Zeit lassen und genau sein will, „es ist die reinste H . . .e." Eine Beschreibung von photographischer Genauigkeit. Es gab dort ein paar Reihen und Gruppen schäbiger Holzhäuser und einen Vorrat von Schlamm, der ausgereicht hätte, die Stadt hundert Jahre lang gegen eine Knappheit an diesem Artikel abzusichern, denn das Hochwasser war erst vor kurzem zurückgegangen. In den Straßen standen hier und da Tümpel, und ein Dutzend primitiver Kähne lagen auf dem Trockenen, wo sie sich gerade befunden hatten, als das Wasser abfloß und die Menschen ihre Besuche und ihre Einkäufe wieder zu Fuß erledigen konnten. Trotzdem ist es ein blühender Ort mit fruchtbarem Ackerland dahinter, einem Getreidespeicher davor und auch einer schönen großen Mühle zur Gewinnung von Baumwollsamenöl. So eine Ölmühle hatte ich noch nie gesehen.

Baumwollsamen war zu meiner Zeit verhältnismäßig wertlos, aber jetzt erzielt er einen Preis von zwölf, dreizehn Dollar die Tonne, und nichts wird mehr weggeworfen. Das aus ihm gewonnene Öl ist farb- und geschmacklos und fast, wenn auch nicht ganz, geruchlos. Es wird behauptet, bei richtiger Behandlung komme es jedem beliebigen anderen Öl gleich und erfülle seinen Zweck bei billigeren Herstellungskosten als das billigste Original. Schlauberger verschifften es nach Italien, verfälschten es, versahen es mit Etiketts und brachten es als Olivenöl zurück. Dieser Handel wurde so gewaltig, daß Italien ihn mit einem Schutzzoll belegen mußte, um zu verhindern, daß seine eigene Ölindustrie ernstlichen Schaden erlitt.

Helena ist eine der am schönsten gelegenen Mississippistädte. Es thront auf der letzten, südlichsten Hügelgruppe, die man auf dieser Flußseite erblickt. Unter normalen Umständen ist es eine hübsche Stadt; aber das Hochwasser (oder möglicherweise das Sickerwasser) hatte es vor kurzem verwüstet, straßenweise waren die Schlammfluten in die Häuser eingedrungen, und deren Außenwände hatten von den Fundamenten aufwärts noch einen breiten Schmutzgürtel. Gestrandete und aufgegebene Kähne lagen überall herum, Bretterstege auf vier Fuß hohen Stelzen standen noch, die breiten Gehwege unten waren aufgeweicht und zerstört – ein paar darüberlaufende Männer hätten einen Blinden glauben machen können, ein Kavallerieangriff sei im Anzug. Überall stand schwarz und tief der Morast, und an vielen Stellen waren malariabrütende Tümpel stehenden Wassers zurückgeblieben. Eine Überschwemmung am Mississippi kommt, was Verwüstung und Verheerung angeht, gleich nach einem Brand.

Wir verbrachten an diesem sonnigen Sonntag dort eine angenehme Zeit – zwei ganze Stunden Freiheit an Land, während das Schiff seine Fracht löschte. In den hinteren Straßen waren nur wenige Weiße zu sehen, aber es gab eine Menge Farbige – zumeist Frauen und Mädchen, die fast ausnahmslos mit knallbunten neuen Kleidern von schickem, kunstvollem Stil und Schnitt ausstaffiert waren – im schreienden, vergnügten Gegensatz zum trübseligen Schlamm und den schwermutsvollen Pfützen.

Helena ist nach der Bevölkerungszahl die zweitgrößte Stadt von Arkansas; sie wird mit fünftausend angegeben. Das die Stadt umgebende Land ist außergewöhnlich ertragreich. Helena betreibt einen gut gehenden Baumwollhandel – es schlägt jährlich vierzig- bis sechzigtausend Ballen um –, hat einen bedeutenden Holz- und Getreidehandel, eine Gießerei, Ölmühlen, Maschinenfabriken und Waggonbaubetriebe – kurz, es sind dort eine Million Dollar in der Industrie investiert. Die Stadt liegt an zwei Eisenbahnlinien und ist das Handelszentrum eines weiten, blühenden Bezirks. Seine Bruttoeinnahmen, aus allen Quellen zusammengenommen, betragen dem „New Orleans Times-Democrat“ zufolge jährlich vier Millionen Dollar.

31. Kapitel

EIN DAUMENABDRUCK UND WAS SICH DARAUS ERGAB

Wir näherten uns Napoleon in Arkansas. So begann ich also an meinen Auftrag dort zu denken. Mittagszeit, dazu hell und sonnig. Das war ungünstig – jedenfalls nicht das beste, denn mein Auftrag gehörte nicht zu denen, die man (vorzugsweise) mittags erledigt. Je mehr ich darüber nachdachte, desto deutlicher wurde mir diese Tatsache bewußt – bald auf die eine, bald auf die andere Weise. Am Ende nahm sie die Form einer unmißverständlichen Frage an: Entspricht es dem gesunden Menschenverstand, den Auftrag am Tag zu erledigen, wenn du mit einem kleinen Opfer an Bequemlichkeit und Neigung die Nacht dazu benutzen kannst, ohne daß neugierige Augen in der Nähe sind? Das entschied die Sache. Klare Fragen und klare Antworten zeigen einem meistens den kürzesten Ausweg aus Verlegenheiten.

Ich holte meine Freunde in meine Kajüte und sagte, es tue mir leid, ihnen Ärger und Enttäuschung zu bereiten; aber nach reiflicher Überlegung scheine es mir wirklich das beste, unser Gepäck an Land zu bringen und die Nacht über in Napoleon zu bleiben. Sie äußerten unverzüglich und laut ihre Mißbilligung, und zwar in meuterischen Worten. Ihr Hauptargument war, wie immer in solchen Fällen seit Anbeginn aller Zeiten: „Aber Sie haben doch beschlossen und waren *einverstanden*, daß wir auf diesem Schiff bleiben" und so fort, als wäre man, wenn man einmal beschlossen hat, etwas Törichtes zu tun, verpflichtet, durch die Ausführung des Beschlusses gleich zwei törichte Dinge daraus zu machen. Ich probierte etliche besänftigende Taktiken an ihnen aus, mit einigermaßen gutem Erfolg; und das ermutigte mich, meine Bemühungen zu steigern. Um ihnen zu zeigen, daß nicht ich diesen ärgerlichen Auftrag veranlaßt hatte und deshalb keinesfalls dafür zu tadeln war, ging ich nach einiger Zeit zu der dazugehörigen Geschichte über, die im wesentlichen folgende war:

Ende letzten Jahres verbrachte ich einige Monate in München, in Bayern. Im November wohnte ich in Fräulein Dahlweiners Pension, Karlstraße 1a, mein Arbeitszimmer aber lag eine Meile entfernt im Haus einer Witwe, die durch Zimmervermieten ihren Unterhalt bestritt. Sie und ihre beiden kleinen Kinder kamen jeden Morgen zu mir herein und sprachen – auf meine Bitte – deutsch mit mir. Eines Tages besuchte ich auf einem Streifzug durch die Stadt eine der beiden Einrichtungen, in denen die Regierung die Leichen aufbewahren und überwachen läßt, bis die Ärzte entscheiden, daß sie endgültig tot und nicht scheintot sind. Ein gruseliger Ort, dieser weite Raum. In drei langen Reihen auf leicht schräggestellten Brettern auf dem Rücken ausgestreckt waren dort sechsunddreißig Leichen von Erwachsenen zu sehen – alle mit wachsbleichem, starrem Gesicht und alle in weiße Leichentücher gehüllt. An den Seitenwänden des Raums befanden sich Erkern gleichende tiefe Alkoven, und in jedem lagen mehrere marmorgesichtige kleine Kinder, ganz unter Hügeln von frischen Blumen versteckt und begraben, bis auf die Gesichter und die übereinandergelegten Hände. Jede dieser fünfzig reglosen Gestalten, die großen wie die kleinen, trug an einem Finger einen Ring, von dem ein Draht zur Decke und von dort zu einer Glocke in einem Wachtzimmer nebenan führte, wo Tag und Nacht ein Wächter sitzt, stets bereit, aufzuspringen und jedem aus der bleichen Gesellschaft zu Hilfe zu eilen, der, vom Tode erwacht, etwa eine Bewegung macht, denn auch die leiseste Bewegung läßt den Draht zucken und jene unheimliche Glocke läuten. Ich stellte mir vor, wie ich dort als Schildwache des Todes in der nur schleppend vergehenden Wache während einer vom Klagen des Windes erfüllten Nacht allein vor mich hin döse, und der unvermittelte Lärm jenes schrecklichen Rufs meinen ganzen Körper plötzlich in bebendes Gelee verwandelt. So erkundigte ich mich danach, fragte, was denn geschehe, wenn der Wächter starb und die auferstandene Leiche herbeikam und ihr Möglichstes tat, um seine letzten Augenblicke zu erleichtern? Man tadelte mich jedoch, weil ich an einem so feierlichen Ort der Trauer versuchte, eine müßige, frivole Neugier zu befriedigen, und ich ging mit demütig gesenkter Stirn meines Wegs.

Am nächsten Morgen erzählte ich der Witwe mein Abenteuer; da rief sie aus: „Kommen Sie mit! Ich habe einen Mieter, der Ihnen alles berichten wird, was Sie wissen möchten. Er ist dort Nachtwächter gewesen."

Er war ein Lebender, sah aber nicht so aus. Er lag im Bett, den Kopf von Kissen hochgestützt; sein Gesicht war eingefallen und bleich, er hielt die tief eingesunkenen Augen geschlossen, seine Hand, die auf der Brust lag, glich einer Klaue, so knochig und langfingrig war sie. Die Witwe begann mich ihm vorzustellen. Die Augen des Mannes öffneten sich langsam und funkelten böse aus den dunklen Höhlen; er runzelte finster die Stirn, hob die magere Hand und winkte uns gebieterisch fortzugehen. Die Witwe aber redete weiter, bis sie sich der Mitteilung entledigt hatte, daß ich Ausländer und Amerikaner war. Sofort veränderte sich das Gesicht des Mannes, es hellte sich auf, wurde sogar erwartungsvoll – und im nächsten Moment waren er und ich allein.

Ich begann das Gespräch in unbeholfenem Deutsch, er antwortete in recht geläufigem Englisch; danach gönnten wir der deutschen Sprache endgültig Ruhe.

Dieser Schwindsüchtige und ich wurden gute Freunde. Ich besuchte ihn täglich, und wir sprachen über alles. Zumindest über alles außer über Ehefrauen und Kinder. Sobald die Sprache auf Frau oder Kind von irgend jemand kam, geschah stets dreierlei. Einen Augenblick lang leuchtete in den Augen des Mannes ein höchst gütiger, liebevoller und zärtlicher Ausdruck auf, erlosch im nächsten, und an seine Stelle trat jener unversöhnliche Blick, der dort geflammt hatte, als ich ihn zum erstenmal die Lider öffnen sah, und drittens hörte er von diesem Augenblick an zu sprechen auf, den ganzen Tag über, lag schweigend, geistesabwesend und in Gedanken vertieft da, schien nichts von dem, was ich sagte, zu hören, und wenn ich mich verabschiedete, nahm er davon keine Notiz und offensichtlich auch weder mit den Augen noch mit dem Gehör wahr, daß ich das Zimmer verließ.

Nachdem ich zwei Monate lang täglich der einzige Vertraute dieses Karl Ritter gewesen war, sagte er eines Tages unvermittelt: „Ich will Ihnen meine Geschichte erzählen."

GESCHICHTE EINES STERBENDEN

Dann berichtete er das Folgende:

„Ich habe bisher nie aufgegeben. Aber jetzt ist es soweit. Ich werde sterben. Letzte Nacht bin ich mir darüber klargeworden, daß es sein muß, und zwar sehr bald. Sie sagen, Sie wollen in absehbarer Zeit Ihren Fluß wieder aufsuchen, sobald Sie Gelegenheit dazu finden. Also gut, dies und ein gewisses seltsames Erlebnis, das ich letzte Nacht hatte, veranlassen mich, Ihnen meine Geschichte zu erzählen – denn Sie werden an Napoleon in Arkansas vorbeireisen und um meinetwillen dort haltmachen und etwas Bestimmtes für mich tun – etwas, das Sie bereitwillig ausführen werden, wenn Sie meinen Bericht gehört haben.

Lassen Sie uns die Geschichte so kurz wie möglich machen, denn das hat sie nötig, sie ist lang. Sie wissen ja schon, wie es kam, daß ich nach Amerika ging und mich in dieser einsamen Gegend im Süden niederließ. Aber Sie wissen nicht, daß ich eine

Frau hatte. Sie war jung, schön, zärtlich und ach, so unendlich gut und sanft! Und unser kleines Mädchen war ihre Mutter in Miniatur. Von allen glücklichen Familien war unsere die glücklichste.

Eines Nachts – so gegen Ende des Krieges – erwachte ich aus einer dumpfen Lethargie und fühlte mich gebunden und geknebelt und die Luft voller Chloroformgeruch. Ich sah zwei Männer im Zimmer, und einer sagte heiser flüsternd zu dem anderen: ‚Ich hab ihr ja gesagt, ich würd's tun, wenn sie Lärm macht, und was das Kind betrifft ...'

Der andere unterbrach ihn mit leiser, fast weinerlicher Stimme: ‚Du hast doch gesagt, wir würden sie nur knebeln und ausrauben, ihnen nichts tun, sonst wär ich nicht mitgekommen.'

‚Hör auf mit dem Gejammer; ich hab den Plan ändern *müssen*, als sie aufgewacht sind. *Du* hast ja alles, was du konntest, getan, um sie zu beschützen, gib dich jetzt damit zufrieden. Los, hilf mir beim Rumstöbern.'

Beide Männer trugen Masken und grobe, zerlumpte ‚Nigger'-Kleidung, sie hatten eine Blendlaterne, und in ihrem Licht sah ich, daß dem weniger hartherzigen Räuber der Daumen der rechten Hand fehlte. Sie durchstöberten kurze Zeit meine ärmliche Hütte, dann sagte der Anführer in seinem lauten Flüsterton:

‚Das ist Zeitverschwendung – *er* soll sagen, wo's versteckt ist. Nimm ihm den Knebel ab und bring ihn zu sich.'

Der andere sagte: ‚Na schön, unter einer Bedingung: Er wird nicht erschlagen.'

‚Also gut, er wird nicht erschlagen – vorausgesetzt, er verhält sich still.'

Sie kamen auf mich zu. In dem Augenblick war draußen ein Geräusch zu hören – Stimmen und Hufgetrappel; die Räuber hielten den Atem an und lauschten, die Geräusche kamen langsam immer näher, und dann folgte ein Ruf:

‚Hallo, ihr da im Haus! Macht Licht, wir brauchen Wasser!'

‚Die Stimme vom Hauptmann, zum T ...!' sagte der Rohling mit dem weit hörbaren Geflüster, und beide Räuber flohen durch die Hintertür und machten im Laufen ihre Blendlaterne aus.

Der Fremde rief noch mehrmals und ritt dann vorbei – es schienen ein Dutzend Pferde zu sein – und ich hörte nichts weiter.

Ich bäumte mich auf, konnte mich aber nicht von meinen Fesseln befreien. Ich versuchte zu sprechen, doch der Knebel tat seinen Dienst, ich konnte keinen Laut von mir geben. Ich lauschte, ob ich die Stimme meiner Frau und meines Kindes hören konnte – lauschte lange und angestrengt, aber kein Laut kam von der anderen Seite des Zimmers, wo ihr Bett stand. Die Stille wurde mit jedem Augenblick schrecklicher, unheilverkündender. Glauben Sie, Sie hätten das eine Stunde lang aushalten können? Bedauern Sie mich, ich mußte es drei Stunden aushalten. Drei Stunden? Es waren drei Ewigkeiten! Jedesmal, wenn die Uhr schlug, meinte ich, es wären Jahre vergangen, seit ich sie das letztemal gehört hatte. Die ganze Zeit über kämpfte ich gegen meine Fesseln, und endlich um die Morgendämmerung kam ich frei, stand auf und reckte die steifen Glieder. Ich konnte schon ganz gut Einzelheiten unterscheiden. Über den Fußboden verstreut lagen die Sachen, die die Räuber auf der Suche nach meinen Ersparnissen dorthin geworfen hatten. Das erste, was meine besondere Aufmerksamkeit erregte, war eins von meinen Dokumenten, das ich den Brutaleren der beiden Rohlinge nach einem kurzen Blick hatte fortwerfen sehen. Es war Blut daran! Ich wankte zur anderen Seite des Zimmers. Ach, die Armen, Hilflosen, die keinem je etwas Böses getan – da lagen sie; ihre Not war zu Ende, meine begann.

Ob ich mich an die Justiz gewandt habe – ich? Loscht es etwa den Durst des Armen, wenn der König für ihn trinkt? Ach, nein, nein, nein! Ich wollte keine anmaßende Einmischung der Gerichte. Gesetze und Galgen konnten die Schuld nicht tilgen, die ich einzufordern hatte! Die Justiz sollte die Angelegenheit unbesorgt mir überlassen. Ich würde den Schuldner finden und die Schuld eintreiben. Wie ich das zuwege bringen wollte, fragen Sie? Wie es zuwege bringen und meiner so sicher sein, wo ich doch weder das Gesicht der Räuber gesehen, noch ihre natürliche Stimme gehört, noch irgendeine Ahnung hatte, wer sie sein mochten? Trotzdem aber *war* ich meiner Sache sicher – ganz und gar sicher, ganz und gar überzeugt davon. Ich hatte einen Anhaltspunkt – einen Anhaltspunkt, auf den Sie nichts gegeben hätten – einen Anhaltspunkt, der sogar einem Detektiv nicht viel weitergeholfen hätte, denn ihm fehlte das Geheimnis, wie er zu nutzen war. Ich komme gleich darauf zurück – Sie werden sehen. Fahren wir jetzt erst mal fort, und gehen wir die Dinge in der richtigen Reihenfolge durch. Da war ein Umstand, der mir von Anfang an einen Wink in eine bestimmte Richtung gab: Die beiden Räuber waren offensichtlich als Vagabunden verkleidete Soldaten, und zwar keine Rekruten, sondern Altgediente – Berufssoldaten vielleicht; sie hatten ihre soldatischen Manieren, Bewegungen, ihre Haltung keineswegs an einem Tag, in einem Monat oder auch in einem Jahr angenommen. So dachte ich, sprach aber nicht darüber. Und einer der beiden hatte gesagt: ‚Die Stimme des Hauptmanns, hol mich der T . . .!' – derjenige, dessen Leben ich haben wollte. In zwei Meilen Entfernung lagen mehrere Regimenter und zwei Schwadronen Kavallerie der Nordstaaten. Als ich erfuhr, daß Hauptmann Blakely von der Schwadron C in jener Nacht mit einer Eskorte bei uns vorbeigekommen war, sagte ich nichts, beschloß aber, meinen Mann in dieser Schwadron zu suchen. In Gesprächen beschrieb ich die Räuber geflissentlich und beharrlich als Vagabunden, Feldlagertroß, und unter dieser Sorte Menschen stellten die Leute vergebliche Nachforschungen an; niemand außer mir verdächtigte die Soldaten.

In geduldiger Arbeit fertigte ich mir nachts in meinem verödeten Heim aus verschiedenen Flicken und Stoffresten eine Verkleidung an; im nächsten Ort kaufte ich eine blaue Schutzbrille. Nach einiger Zeit, als das Militärlager abgebrochen und die Schwadron C hundert Meilen weiter nördlich nach Napoleon verlegt wurde, versteckte ich meinen kleinen Geldvorrat im Gürtel und machte mich in der Nacht auf den Weg. Als die Schwadron C in Napoleon einrückte, war ich schon dort. Ja, ich war dort mit einem neuen Beruf – als Wahrsager. Um nicht voreingenommen zu erscheinen, suchte ich mir in allen dort in Garnison liegenden Kompanien Freunde und wahrsagte ihnen, richtete meine Aufmerksamkeit aber hauptsächlich auf die Schwadron C. Gerade den Leuten, die zu ihr gehörten, erwies ich mich grenzenlos gefällig, es gab keinen guten Dienst, den ich ihnen nicht geleistet, kein Risiko, das ich ihretwegen nicht auf mich genommen hätte. Ich wurde zur bereitwilligen Zielscheibe ihrer Späße; das machte mich vollends beliebt bei ihnen, und ich wurde ihr besonderer Günstling.

Ich fand schon bald einen Gemeinen, dem ein Daumen fehlte – wie freute ich mich darüber! Und als ich feststellte, daß er der einzige in der ganzen Schwadron war, der einen Daumen verloren hatte, verschwanden meine letzten Zweifel; ich war *sicher*, mich auf der richtigen Spur zu befinden. Dieser Mann hieß Krüger, ein Deutscher. In der Schwadron gab es neun Deutsche. Ich beobachtete ihn, um seine Vertrauten ausfindig zu machen, aber er schien mit niemand besonders befreundet zu sein. Ich jedoch wurde sein Vertrauter und tat alles, um dieses Verhältnis zu stärken. Manchmal dürstete es mich so nach Rache, daß ich mich kaum zurückhalten konnte, auf die Knie zu fallen und ihn zu bitten, mir den Mann zu zeigen, der meine Frau und mein Kind ermordet hatte; aber es gelang mir, meine Zunge im Zaum zu halten. Ich nahm mir Zeit und wahrsagte weiter, wie sich die Gelegenheit bot.

Meine Ausrüstung war einfach: ein bißchen rote Farbe und ein Stück weißes Papier. Ich strich dem Kunden den Daumen an, machte davon auf dem Papier einen Abdruck, studierte ihn während der Nacht und verkündete dem Mann am nächsten Tag sein Schicksal. Was dachte ich mir bei diesem Unsinn? Folgendes: In meiner Jugend hatte ich einen alten Franzosen kennengelernt, der dreißig Jahre lang Gefängniswärter gewesen war, und der erzählte mir, daß es beim Menschen etwas gebe, was sich von der Wiege bis zum Grab niemals verändere – die Linien seines Daumens – und er erklärte, diese Linien stimmten bei keinen zwei Menschen völlig überein. Heutzutage photographieren wir einen neueingelieferten Sträfling und tun sein Bild zur späteren Verwendung ins Verbrecheralbum, aber dieser Franzose machte seinerzeit einen Abdruck vom Daumen eines neueingelieferten Verbrechers und hob ihn für später auf. Er erklärte stets, Bilder taugten nichts – spätere Verkleidungen könnten sie nutzlos machen. ‚Der Daumen ist das einzig Sichere‘, sagte er, ‚den kannst du nicht verkleiden.‘ Und er bewies seine Theorie auch immer am Beispiel meiner Freunde und Bekannten; sie traf stets zu.

Ich setzte die Wahrsagerei fort. Jede Nacht schloß ich mich mutterseelenallein ein und studierte mit einem Vergrößerungsglas die Daumenabdrücke des Tages. Stellen Sie sich den verzehrenden Eifer vor, mit dem ich über diesen verworrenen roten Spiralen hockte, neben mir jenes Dokument, das den Abdruck des rechten Daumens und der Finger des unbekannten Mörders trug, aufgedrückt mit dem – für mich – teuersten Blut, das je auf Erden vergossen wurde! Und immer, immer wieder mußte ich die gleichen enttäuschten Worte wiederholen: Werden sie denn *niemals* übereinstimmen?

Endlich aber wurde ich belohnt. Es war der Daumenabdruck des dreiundvierzigsten Mannes aus der Schwadron C, mit dem ich meinen Versuch angestellt hatte – des Gemeinen Franz Adler. Eine Stunde zuvor hatte ich weder den Namen des Mörders, noch seine Stimme, seine Gestalt, sein Gesicht oder seine Nationalität gekannt, jetzt aber wußte ich all das! Ich glaubte sicher sein zu können, denn die wiederholten Vorführungen des Franzosen waren ja eine so gute Bürgschaft. Es gab aber noch einen Weg, ganz sicher zu gehen. Ich besaß einen Abdruck von Krügers linkem Daumen. Am Morgen nahm ich den Mann, als er dienstfrei hatte, beiseite, und nachdem wir außer Sicht- und Hörweite von Zeugen waren, sagte ich bedeutungsvoll:

‚Ein Teil deines Schicksals ist so schlimm, daß ich es für besser hielt, wenn ich es nicht öffentlich verkündete. Du und ein anderer, dessen Schicksal ich letzte Nacht ergründet habe – der Gemeine Adler –, ihr habt eine Frau und ein Kind ermordet! Man ist euch auf der Spur. Innerhalb von fünf Tagen werdet ihr beide ermordet!'

Er fiel auf die Knie und verlor vor Angst fast den Verstand; fünf Minuten lang wiederholte er wie ein Wahnsinniger in demselben halb weinerlichen Tonfall, der zu meinen Erinnerungen an die Mordnacht in meiner Hütte gehörte, immer die gleichen Worte: ‚Ich hab's nicht getan, bei meiner Seele, ich hab's nicht getan, und ich habe versucht, *ihn* davon abzuhalten. Das hab ich, Gott ist mein Zeuge. Er hat es allein getan.'

Weiter wollte ich nichts. Ich bemühte mich, den Narren loszuwerden, aber nein, er klammerte sich an mich und flehte mich an, ihn vor dem Mörder zu retten. Er sagte: ‚Ich habe Geld versteckt – zehntausend Dollar – die Beute von Plünderung und Diebstahl; rette mich, sag mir, was ich tun soll, und du sollst es haben – bis zum letzten Penny. Zwei Drittel davon gehören meinem Vetter Adler, aber du kannst alles nehmen. Wir haben es versteckt, gleich als wir hierhergekommen sind. Aber gestern habe ich es an einer anderen Stelle untergebracht und ihm nichts gesagt – werd's ihm nicht sagen. Ich wollte desertieren und mich mit dem Ganzen davonmachen. Es ist Gold und schwer zu tragen, wenn man rennt und entwischen will, aber eine Frau, die vor zwei Tagen über den Fluß gegangen ist, um mir den Weg vorzubereiten, wollte mir damit folgen, und wenn ich keine Gelegenheit hätte, ihr das Versteck zu beschreiben, wollte ich ihr meine silberne Uhr in die Hand drücken oder sie ihr schicken, und sie hätte Bescheid gewußt. Hinten im Gehäuse liegt ein Zettel, auf dem alles steht. Hier, nimm die Uhr – sag mir, was ich tun soll!'

Er bemühte sich, mir die Uhr aufzudrängen, holte den Zettel heraus und erklärte ihn mir; da erschien in ein paar Meter Entfernung Adler auf der Bildfläche. Ich sagte zum armen Krüger: ‚Steck die Uhr weg, ich will sie nicht. Dir wird kein Leid geschehen. Geh jetzt, ich muß Adler wahrsagen. Nachher erkläre ich dir, wie du dem Mörder entfliehen kannst; inzwischen muß ich deinen Daumenabdruck noch mal studieren. Sag Adler nichts von all dem – sag niemand etwas.'

Voller Furcht und Dankbarkeit ging er fort, der arme Teufel!

Ich sagte Adler langatmig sein Schicksal voraus – absichtlich so langatmig, daß ich es nicht zu Ende bringen konnte; ich versprach, ihn in der Nacht auf seinem Wachposten aufzusuchen und ihm den wirklich wichtigen Teil zu eröffnen – den tragischen Teil, sagte ich – deshalb dürfte es nicht in Hörweite von Lauschern geschehen. Außerhalb der Stadt wurde immer eine Feldwache aufgestellt – eine Disziplinsache, nur der Form halber – es gab keinen Anlaß dafür, keinen Feind in der Nähe.

Gegen Mitternacht machte ich mich auf, ich kannte die Losung und suchte mir meinen Weg zu der einsamen Gegend, in der Adler Wache halten sollte. Es war so dunkel, daß ich, fast bevor ich ein Wort zu meinem Schutz sagen konnte, auf eine nur undeutlich sichtbare Gestalt stieß. Die Wache rief mich an, ich antwortete – beide im selben Augenblick. Ich setzte hinzu: ‚Ich bin es nur – der Wahrsager!' Dann schlich ich mich zu dem armen Teufel hin und stieß ihm ohne ein Wort meinen Dolch ins Herz! ‚Jawohl', sagte ich lachend, ‚das war wirklich der tragische Teil seines Schicksals!' Als er vom Pferd fiel, griff er nach mir, und meine blaue Schutzbrille blieb in seiner Hand; das Tier jagte davon und schleifte ihn mit, den Fuß im Steigbügel.

Ich floh durch die Wälder, und es gelang mir zu entkommen; die belastende Schutzbrille ließ ich in der Hand des Toten.

Das war vor fünfzehn oder sechzehn Jahren. Seitdem bin ich ziellos durch die Welt gezogen; manchmal hatte ich Arbeit und manchmal keine, manchmal Geld und manchmal nicht, immer aber war ich des Lebens überdrüssig und wünschte, es wäre vorüber, denn mit der Tat jener Nacht hatte sich mein Lebenswerk erfüllt, und mein einziger Trost, meine einzige Freude und Genugtuung in all diesen nicht endenwollenden Jahren blieb meine tägliche Überlegung: Ich habe ihn getötet!

Vor vier Jahren begann ich zu kränkeln. Ich war auf meinen ziellosen Wanderungen nach München gelangt. Da ich kein Geld hatte, suchte ich Arbeit und fand sie. Etwa ein Jahr lang erfüllte ich zuverlässig meine Pflicht und bekam dann den Posten des Nachtwächters in der Leichenhalle drüben, die Sie neulich aufgesucht haben. Der Ort entsprach meiner Stimmung. Er gefiel mir. Es gefiel mir, bei den Toten zu sein – gefiel mir, mit ihnen allein zu sein. Ich ging immer unter diesen starren Leichen umher und blickte stundenlang in ihre strengen Gesichter. Je später die Stunde, um so beeindruckender war es – ich zog die späten Stunden vor. Manchmal drehte ich das Licht herunter, das schuf die richtige Perspektive, verstehen Sie, und meine Phantasie konnte sich betätigen; immer riefen die undeutlich sich verlierenden Reihen der Toten seltsame, faszinierende Vorstellungen in mir wach. Vor zwei Jahren, in einer stürmischen Winternacht – ich war damals seit einem Jahr dort – saß ich ganz allein im Wachzimmer, durchfroren, steif und verdrossen; allmählich fiel ich in Halbschlaf, das Jammern des Windes und das Schlagen ferner Fensterläden drang leiser und immer leiser an meine unempfindlicher werdenden Ohren, als plötzlich und gellend diese Totenglocke über meinem Kopf zu läuten begann, daß mir das Blut in den Adern gerann! Der Schock lähmte mich fast, denn es war das erstemal, daß ich sie hörte.

Ich nahm mich zusammen und rannte in die Leichenhalle. Etwa in der Mitte der äußeren Reihe saß eine mit dem Leichentuch bekleidete Gestalt aufrecht und bewegte den Kopf langsam von einer Seite auf die andere – ein gruseliger Anblick! Sie wandte mir das Profil zu. Ich eilte zu ihr und blickte ihr ins Gesicht. Himmel, es war Adler!

Können Sie erraten, was mein erster Gedanke war? In Worte gekleidet, folgendes: ‚Anscheinend bist du mir also einmal entwischt – diesmal wird es anders aussehen!'

Offensichtlich litt dieser Kerl unter unvorstellbarer Angst. Überlegen Sie, was es heißt, mitten in diesem stummen Schweigen zu sich zu kommen und diese gräßliche Versammlung von Toten zu erblicken! Welche Erleichterung leuchtete in seinem mageren weißen Gesicht auf, als er eine lebende Gestalt vor sich sah! Und wie seine stumme Dankbarkeit noch inbrünstiger wurde, als sein Blick auf das lebenspendende Stärkungsmittel fiel, das ich in der Hand trug! Und dann stellen Sie sich das Entsetzen vor, das sich in seinem abgezehrten Gesicht ausdrückte, als ich das Stärkungsmittel hinter meinen Rücken hielt und spottend sagte: ‚So rede doch, Franz Adler – ruf die Toten hier an! Bestimmt werden sie dir zuhören und Mitleid haben – sonst aber ist niemand hier, der dich bemitleiden könnte!'

Er versuchte zu sprechen, aber der Teil des Leichentuchs, mit dem sein Kinn hochgebunden war, hielt fest und erlaubte es ihm nicht. Er versuchte, flehend die Hände zu heben, doch sie waren vor seiner Brust übereinandergelegt und zusammengebunden. Ich sagte: ‚Ruf nur, Franz Adler, daß dich die Schläfer in den weit entfernt liegenden Straßen hören und dir zu Hilfe kommen. Ruf und verlier keine Zeit, denn du hast nicht mehr viel Zeit zu verlieren. Was, du kannst nicht? Das ist schade, aber es macht nichts – es bringt ja nicht immer Hilfe herbei. Als du mit deinem Vetter eine hilflose Frau und ein Kind in einer Hütte in Arkansas ermordet hast – das waren meine Frau und mein Kind! –, schrien sie um Hilfe, wie du dich wohl erinnerst, aber es hat ihnen nichts genützt; du erinnerst dich doch, daß es ihnen nichts genützt hat, nicht wahr? Du klapperst ja mit den Zähnen – warum kannst du denn nicht rufen? Lockere doch die Binde mit den Händen – dann kannst du es. Aha, ich sehe – deine Hände sind gebunden, sie können dir nicht helfen. Wie merkwürdig sich die Dinge nach so langen Jahren wiederholen – denn in jener Nacht waren *meine* Hände gebunden, erinnerst du dich? Ja, ebenso gebunden wie jetzt deine – wie seltsam das ist! Ich konnte mich nicht frei machen. Es fiel dir nicht ein, mich loszubinden; es fällt mir nicht ein, dich loszubinden. Pst! Da kommen nächtliche Schritte! Sie kommen hierher! Horch, wie nahe sie sind. Man kann sie zählen – eins – zwei – drei. Da, sie sind genau hier draußen. Jetzt ist es Zeit für dich! Ruf doch, Mann, ruf! Das ist die einzige Chance zwischen dir und der Ewigkeit! Aha, siehst du, jetzt hast du zu lange gewartet – sie sind vorbei. Da – sie verklingen. Fort sind sie! Denk mal drüber nach – überlege – du hast zum letzten Mal die Schritte eines Menschen gehört. Wie eigentümlich muß das sein, einen so gewöhnlichen Laut zu hören und zu wissen, daß man einen ähnlichen nie wieder wahrnehmen wird.‘

Ach, mein Freund, die Qual in diesem vom Leichentuch umhüllten Gesicht versetzte mich in Ekstase! Ich dachte mir eine neue Tortur aus und wandte sie an, dabei half ich mit ein paar phantasievollen Lügen nach: ‚Dieser arme Krüger hat versucht, meine Frau und mein Kind zu retten; und als sich die Gelegenheit bot, habe ich mich ihm dankbar erwiesen. Ich habe ihn überredet, dich zu bestehlen, und mit einer Frau habe ich ihm geholfen, zu desertieren und sich in Sicherheit zu bringen.‘

Hinter der Angst im Gesicht meines Opfers wurde ein kaum wahrzunehmender Ausdruck des Erstaunens und des Triumphes erkennbar. Das verwirrte und beunruhigte mich.

Ich sagte: ‚Was denn – ist er nicht entkommen?‘

Verneinendes Kopfschütteln.

‚Nein? Was ist dann geschehen?‘

Die Befriedigung in dem vom Leichentuch umgebenen Gesicht wurde noch offensichtlicher. Der Mann versuchte, ein paar Worte zu murmeln – erfolglos – versuchte, mit seinen behinderten Händen etwas anzudeuten – es mißlang; er hielt einen Augenblick inne und neigte dann bedeutungsvoll den Kopf zu der Leiche hin, die ihm am nächsten lag.

‚Tot?‘ fragte ich. ‚Er ist nicht entkommen? Dabei erwischt und erschossen?‘

Verneinendes Kopfschütteln.

‚Was dann?‘

Wieder bemühte sich der Mann, mit den Händen etwas zu tun. Ich beobachtete ihn genau, konnte aber seine Absicht nicht erraten. Ich beugte mich vor und beobachtete ihn noch gespannter. Er hatte den Daumen gedreht und stieß ihn schwach gegen seine Brust.

‚Aha, erstochen, meinst du?‘

Bestätigendes Nicken, begleitet von einem unheimlichen, so teuflischen Lächeln, daß in meinem trägen Gehirn ein Licht aufging und ich rief:

‚Habe etwa ich ihn erstochen, in der Annahme, du wärst es? Denn dieser Stoß war für keinen andren als für dich gedacht.‘

Das bejahende Nicken des von neuem sterbenden Schurken war so freudig, wie seine vergehenden Kräfte es nur auszudrücken vermochten.

‚Ach, ich Elender, ich Elender, die mitleidige Seele umzubringen, die sich meinen Lieben in ihrer Hilflosigkeit als Freund erwies und sie gerettet hätte, wenn es ihr möglich gewesen wäre! Ach, ich Elender, ich Elender, ich Elender!‘

Ich glaubte, das dumpfe Glucksen eines spöttischen Lachens zu hören. Ich hob das Gesicht von den Händen und sah, wie mein Feind auf sein schräg stehendes Brett zurücksank.

Er brauchte eine befriedigend lange Zeit zum Sterben. Seine Vitalität war erstaunlich, seine Konstitution außergewöhnlich stark. Ja, er brauchte erfreulich lange dazu. Ich holte mir einen Stuhl und eine Zeitung, setzte mich neben ihn und las. Gelegentlich nahm ich einen Schluck Branntwein. Das war nötig wegen der Kälte. Zum Teil aber tat ich es, weil ich sah, daß er zu Anfang jedesmal, wenn ich nach der Flasche langte, glaubte, ich wolle ihm etwas daraus geben. Ich las laut, vor allem ausgedachte Berichte über Leute, die dem Grabe entkommen waren und ihre Lebenskraft zurückgewonnen hatten mit Hilfe von ein paar Löffeln Schnaps und einem warmen Bad. Ja, er hatte einen langsamen, schweren Tod – es dauerte drei Stunden und sechs Minuten von dem Augenblick an, als er die Glocke geläutet hatte.

Man ist der Meinung, in den ganzen achtzehn Jahren, seit die Totenwache eingeführt wurde, habe noch nie ein in ein Leichentuch gehüllter Gast einer bayrischen Leichenhalle seine Glocke geläutet. Nun, diese Annahme schadet keinem. Lassen wir es dabei.

Die Kälte in dieser Totenhalle war mir in die Knochen gedrungen. Sie ließ meine Krankheit, die bis zu jener Nacht allmählich nachgelassen hatte, wieder aufleben, so daß sie mich nicht mehr losließ. Dieser Mann hat meine Frau und mein Kind ermordet, und innerhalb der nächsten drei Tage wird er auch mich auf seine Liste gesetzt haben. Macht nichts! Gott – wie köstlich ist doch diese Erinnerung! Ich habe ihn erwischt, als er im Begriff war, dem Grab zu entkommen, und ihn wieder hineingestoßen!

Nach jener Nacht war ich eine Woche lang ans Bett gefesselt, aber sobald ich wieder aufstehen konnte, sah ich die Bücher der Totenhalle ein und suchte mir die Nummer des Hauses heraus, in dem Adler gestorben war. Eine elende Herberge. Ich dachte, als Krügers Vetter müßte er natürlich dessen Nachlaß in die Hände bekommen haben, und ich wollte Krügers Uhr haben, wenn ich konnte. Aber während meiner Krankheit waren Adlers ganze Habseligkeiten verkauft und verstreut worden, außer ein paar alten Briefen und wertlosem Kleinkram. Durch diese Briefe machte ich jedoch einen Sohn Krügers ausfindig, den einzigen Verwandten, den er hinterlassen hatte. Er ist jetzt dreißig Jahre alt, von Beruf Schuster und wohnt in Mannheim, Königstraße 14 – ein Witwer mit mehreren kleinen Kindern. Ohne ihm zu erklären, warum, bin ich seither für zwei Drittel seines Unterhalts aufgekommen.

Was nun die Uhr betrifft – sehen Sie, wie seltsam sich die Dinge fügen! Über ein Jahr lang spürte ich ihr in ganz Deutschland nach, mit beträchtlichem Aufwand an Kosten und Ärger, und endlich bekam ich sie. Bekam sie und war unendlich froh; ich öffnete sie und fand nichts darin! Nun, ich hätte wissen müssen, daß dieser Zettel nicht so lange drinbleiben würde. Natürlich gab ich nun die zehntausend Dollar verloren – gab sie verloren und ließ den Gedanken fallen, und das recht schweren Herzens, denn ich hatte sie für Krügers Sohn haben wollen.

Gestern nacht, als ich mich endlich damit abgefunden hatte, daß ich sterben muß, begann ich meine Vorbereitungen zu treffen. Ich fing an, alle überflüssigen Papiere zu verbrennen, und da fiel doch aus einem Packen von Adlers Schriftsachen, die ich vorher nicht gründlich durchgesehen hatte, dieser lang ersehnte Zettel! Ich erkannte ihn sofort. Hier ist er – ich übersetze ihn:

Backstein-Mietstall, Steinfundament, Stadtmitte, Ecke Orleans und Markt. Ecke gegenüber Gerichtsgebäude. Dritter Stein, vierte Reihe. Hinterließ dort Nachricht mit Mitteilung, wieviele kommen.

Da, nehmen Sie ihn und heben Sie ihn auf! Krüger erklärte mir, dieser Stein sei herausnehmbar und stecke an der Nordseite der Grundmauer, in der vierten Reihe von oben, der dritte Stein von Westen. Dahinter ist das Gold versteckt. Er sagte, der letzte Satz sei eine Tarnung zur Irreführung, für den Fall, daß der Zettel in die falschen Hände fiele. Wahrscheinlich hat er diesen Zweck bei Adler erfüllt.

Nun möchte ich Sie bitten, wenn Sie Ihre beabsichtigte Fahrt den Fluß hinab unternehmen, das verborgene Geld ausfindig zu machen und es Adam Krüger in Mannheim an die erwähnte Adresse zu schicken. Es wird ihn zum reichen Mann machen, und ich werde ruhiger in meinem Grab schlafen, wenn ich weiß, daß ich für den Sohn des Mannes, der versucht hat, meine Frau und mein Kind zu retten, getan habe, was ich konnte – obgleich ihn meine Hand unwissentlich niederstreckte, während mein Herz mich doch drängte, ihn zu beschützen und ihm dienlich zu sein."

32. Kapitel

VERFÜGUNG ÜBER EINEN UNVERHOFFTEN SCHATZ

„Das also war Ritters Bericht", sagte ich zu meinen beiden Freunden. Ein tiefes und beeindruckendes Schweigen folgte, das eine Weile anhielt, dann gaben beide Männer eine Feuerprobe aufgeregter und erstaunter Ausrufe über die merkwürdigen Ereignisse in dieser Erzählung von sich, die, begleitet von einer prasselnden Salve von Fragen, andauerte, bis die ganze Mannschaft so ziemlich außer Atem war. Worauf meine Freunde etwas abkühlten und sich im Schutz gelegentlicher Feuerstöße in Schweigen und abgrundtiefes Nachsinnen zurückzogen. Jetzt herrschte zehn Minuten lang Stille. Dann sagte Rogers träumerisch:

„Zehntausend Dollar!" Nach einer ausgedehnten Pause setzte er hinzu: „Zehntausend. Das ist ein Haufen Geld!"

Bald darauf fragte der Dichter: „Werden Sie es ihm sofort schicken?"

„Ja", sagte ich, „das ist aber eine merkwürdige Frage."

Keine Antwort. Nach einer kurzen Pause erkundigte sich Rogers zögernd: „*Alles?* Das heißt ... ich meine ..."

„*Selbstverständlich* alles."

Ich wollte noch etwas hinzusetzen, unterbrach mich aber – wurde unterbrochen durch eine ganze Kette von Gedanken, die in mir erwachten. Thompson redete, aber mein Geist war abwesend und erfaßte nicht, was er sagte. Ich hörte jedoch Rogers' Antwort:

„Trotzdem scheint es mir so. Das dürfte eigentlich durchaus genügen, denn ich sehe nicht, daß *er* irgend etwas getan hätte."

Kurz danach sagte der Dichter: „Wenn man es richtig betrachtet, ist es *mehr* als genug. Denken Sie nur – fünftausend Dollar! Die kann er ja im Leben nicht ausgeben! Und außerdem würde es ihm schaden – ihn vielleicht ruinieren, das muß man auch bedenken. Schon nach kurzer Zeit würde er das letzte verschwenden, seinen Laden zumachen, vielleicht anfangen zu trinken, seine mutterlosen Kinder mißhandeln, sonstwie auf Abwege geraten, immer weiter herunterkommen ..."

„Ja, so ist es", unterbrach ihn Rogers eifrig, „das habe ich schon hundertmal gesehen – ja, mehr als hundertmal. Geben Sie einem Mann wie dem Geld in die Hand, wenn Sie ihn kaputtmachen wollen – das genügt. Geben Sie ihm bloß Geld in die Hand, weiter brauchen Sie nichts zu tun, und wenn es ihn dann nicht hinabzieht, ihm nicht jede Rechtschaffenheit, jede Selbstachtung und überhaupt alles nimmt, kenne ich die menschliche Natur nicht – stimmt das nicht, Thompson? Und selbst wenn wir ihm ein *Drittel* davon geben – na, in weniger als sechs Monaten ..."

„Sagen Sie lieber, in weniger als sechs *Wochen*!" erklärte ich, warm werdend und ihn unterbrechend. „Es sei denn, die dreitausend Dollar würden für ihn festgelegt, so daß er nicht heran könnte, sonst würde er sechs Wochen ebensowenig durchhalten wie ..."

„*Natürlich* nicht", sagte Thompson. „Ich habe Bücher für solche Leute herausgegeben, und im selben Augenblick, in dem sie die Tantiemen in die Hand bekommen, vielleicht dreitausend, vielleicht zweitausend ..."

„Was soll dieser Schuster mit zweitausend Dollar, möchte ich wissen?" fiel ihm Rogers ernsthaft ins Wort. „Ein Mann, der vielleicht völlig zufrieden dort in Mannheim lebt, unter seinesgleichen, und sein Brot mit dem Appetit ißt, den allein fleißige Arbeit ihm geben kann, sich seines bescheidenen Lebens ehrlich, aufrecht, reinen Herzens freut und gesegnet ist – ja, ich sage gesegnet! – über all die Myriaden von Menschen hinaus, die sich in Seide kleiden und sich im leeren, künstlichen Ring gesellschaftlicher Narrheit bewegen – aber lassen Sie nur ein einziges Mal *diese* Versuchung vor ihm aufsteigen! Legen Sie einem solchen Mann fünfzehnhundert Dollar hin und sagen ..."

„Fünfzehnhundert Teufel!" rief ich. „*Fünf*hundert würden schon seine Grundsätze zersetzen, seinen Fleiß lähmen, ihn in die Schnapsbude und von da in die Gosse zerren, von dort ins Armenhaus, und dann in ..."

„*Wozu* uns dieses Verbrechen aufladen, Gentlemen?" unterbrach mich der Dichter in ernstem, beschwörendem Ton. „Er ist glücklich, da, wo er ist und so, wie er ist. Jedes Ehrgefühl, jedes Mitgefühl, jedes Gefühl für edle, heilige Wohltätigkeit warnt uns, fleht uns an, befiehlt uns, ihn in Ruhe zu lassen. Das ist wirkliche Freundschaft, das ist echte Freundschaft. Wir könnten auch einen anderen Weg wählen, der mehr hermachte, aber keiner wäre so wahrhaft gütig und weise, verlassen Sie sich darauf."

Nach einigen weiteren Diskussionen wurde offensichtlich, daß jeder von uns im tiefsten Herzen ein unangenehmes Gefühl bei dieser Lösung hatte. Augenscheinlich dachten alle, wenigstens etwas sollten wir dem armen Schuster schicken. Wir erörterten diesen Punkt lange und gründlich und beschlossen am Ende, ihm einen Mehrfarbendruck zu senden.

Jetzt aber, nachdem alles zufriedenstellend für alle Beteiligten geregelt zu sein schien, ergab sich eine neue Unannehmlichkeit: Es stellte sich heraus, daß diese beiden Männer erwarteten, sie bekämen den gleichen Anteil des Geldes wie ich. Das entsprach gar nicht meiner Vorstellung. Ich erklärte, wenn sie zusammen die Hälfte erhielten, könnten sie von Glück sagen. Rogers erwiderte:

„Wer hätte denn überhaupt etwas bekommen, wenn *ich* nicht gewesen wäre? Ich habe die erste Andeutung gemacht – andernfalls wäre alles an den Schuster gefallen."

Thompson sagte, er selbst habe genau in dem Augenblick, als Rogers davon sprach, das Gleiche gedacht.

Ich erwiderte scharf, die Idee wäre mir schon noch bald gekommen, auch ohne fremde Hilfe. Vielleicht sei ich langsam im Denken, dafür aber sicher.

Die Sache artete in einen Streit und dann in eine Prügelei aus, und alle wurden recht böse zugerichtet. Sobald ich mich wieder einigermaßen zusammengeflickt hatte, stieg ich ziemlich schlecht gelaunt zum Hurrikandeck hinauf. Dort traf ich auf Kapitän McCord und sagte so liebenswürdig, wie meine Stimmung es zuließ:

„Ich komme, mich zu verabschieden, Kapitän. Ich möchte in Napoleon an Land gehen."

„Wo wollen Sie an Land?"

„In Napoleon."

Der Kapitän lachte, aber als er sah, daß mir nicht zum Scherzen zumute war, hörte er auf und sagte: „Ist das etwa Ihr Ernst?"

„Mein Ernst? Na, und ob."

Der Kapitän blickte zum Steuerhaus hinauf und sagte: „Er will in Napoleon von Bord gehen."

„In *Napoleon*?"

„Sagt er."

– „Gerechter Strohsack!"

Onkel Mumford kam das Deck entlang. Der Kapitän sagte: „Onkel, hier ist ein Freund von Ihnen, der in Napoleon von Bord will."

„Na, beim . . .!"

Ich fragte: „Sagen Sie mal, was ist eigentlich los? Darf man vielleicht nicht in Napoleon an Land gehen, wenn man möchte?"

„Ja, zum Kuckuck – wissen Sie's denn nicht? Es gibt kein Napoleon mehr. Schon seit vielen, vielen Jahren nicht. Der Arkansas ist durchgebrochen, hat in der Stadt alles kurz und klein geschlagen und in den Mississippi gespült!"

„Die *ganze* Stadt fortgeschwemmt? Banken, Kirchen, Gefängnisse, Zeitungsredaktionen, das Gericht, das Theater, das Gebäude der Feuerwehr, den Mietstall – *alles*?"

„Alles! Eine Sache von fünfzehn Minuten oder so ähnlich. Hat kein Stück Haut und kein Haar, keinen Fetzen und keine Schindel übriggelassen. Nichts als den Rest von einem Schuppen und einen einzigen Schornstein. Unser Schiff fährt jetzt genau da, wo einst das Zentrum der Stadt lag – dort drüben steht der gemauerte Schornstein – das ist alles, was von Napoleon geblieben ist. Der dichte Wald dort rechts stand früher eine Meile hinter der Stadt. Werfen Sie einen Blick zurück – stromaufwärts – jetzt erkennen Sie die Gegend hier langsam wieder, nicht wahr?"

„Ja, jetzt erkenne ich sie tatsächlich wieder. Das ist ja das Erstaunlichste, was ich je gehört habe – bei weitem das Erstaunlichste – und ganz unerwartet."

Inzwischen hatten sich Mr. Thompson und Mr. Rogers mit Taschen und Schirmen eingestellt und schweigend die Mitteilungen des Kapitäns angehört. Thompson drückte mir einen halben Dollar in die Hand und sagte leise: „Mein Anteil am Mehrfarbendruck." Rogers tat das gleiche.

Ja, es war verblüffend, den Mississippi zwischen unbewohnten Ufern und genau an der Stelle dahinfließen zu sehen, wo ich vor zwanzig Jahren eine schöne, große, selbstzufriedene Stadt gesehen hatte. Eine, die Metropole eines ausgedehnten, wichtigen Bezirks gewesen war, eine Stadt mit einem großen bundesstaatlichen Marinelazarett, eine Stadt mit zahllosen Schlägereien und täglich einer gerichtlichen Untersuchung; eine Stadt, in der ich einst das hübscheste und gebildetste Mädchen des ganzen Mississippitals gekannt hatte, die Stadt, in der wir vor einem Vierteljahrhundert die erste gedruckte Nachricht über das furchtbare Unglück der „Pennsylvania" erhielten, nun keine Stadt mehr – verschlungen, verschwunden, dahin, die Fische zu füttern, und nichts mehr von ihr übrig als nur der Rest eines Schuppens und ein zerbröckelnder gemauerter Schornstein!

33. Kapitel

GETRÄNKE UND ETHIK

An der Insel 74, die nicht weit vom ehemaligen Napoleon liegt, hat eine Laune des Flusses die Gesetze der Menschen schlimm durcheinandergebracht und sie zu einer Posse gemacht. Zur Zeit, da Arkansas als Bundesstaat anerkannt wurde, reichte sein Hoheitsgebiet „bis zur Flußmitte" – eine sehr unbeständige Linie. Der Staat Mississippi beanspruchte es „bis zur Fahrrinne", ebenfalls eine unzuverlässige, veränderliche Linie. Insel 74 gehörte zu Arkansas. Nach einer gewissen Zeit stieß ein Durchbruch diese große Insel aus Arkansas hinaus, nicht aber in den Staat Mississippi hinein. Auf der einen Seite „Flußmitte", auf der anderen „Fahrrinne". Darin besteht, wie mir scheint, das Problem. Ob ich nun die Einzelheiten richtig erfaßt habe oder nicht – Tatsache ist jedenfalls, daß diese große, außerordentlich wertvolle Insel von viertausend Acre Land in die kalte Welt hinausgestoßen wurde und weder zum einen noch zum anderen Bundesstaat gehört, keinem von beiden Steuern zahlt und keinem Untertanentreue schuldet. Ein einziger Mann ist Besitzer der ganzen Insel und rechtens „der Mann ohne Vaterland".

Insel 92 gehört zu Arkansas. Der Fluß hat sie hinübergebracht und mit dem Staat Mississippi verbunden. Ein Schlaufuchs eröffnete dort ohne Lizenz von Mississippi einen Whiskyladen und bereicherte sich an der Kundschaft aus Mississippi unter dem Schutz von Arkansas (wo in jenen Tagen keine Lizenz nötig war.)

Unentwegt glitten wir in der gewohnten Einsamkeit den Fluß

hinunter – nur selten war ein Dampfschiff oder sonst etwas Bewegliches zu sehen. Die Szenerie wie immer: Wald, fast ununterbrochen zu beiden Seiten des Stroms, lautlose Einsamkeit. Hier und da ein, zwei Hütten auf einer kleinen Lichtung am grauen, graslosen Ufer – Hütten, die früher eine viertel oder halbe Meile weiter vorn gestanden hatten und die man, als die Ufer einstürzten, immer weiter und weiter nach hinten gerückt hatte. Wie zum Beispiel an Pilcher's Point, wo die Hütten innerhalb von drei Monaten um dreihundert Meter zurückversetzt wurden, wie man uns erzählte; aber die einstürzenden Ufer hatten sie schon eingeholt, und nun wurden sie von neuem nach hinten geschafft.

Napoleon hatte früher nicht viel von Greenville, Mississippi, gehalten, aber siehe da: Napoleon ist zu den Katzenwelsen gegangen, und hier liegt Greenville voller Leben und Geschäftigkeit, eine echte Zierde des Tals. Wie es heißt, hat es dreitausend Einwohner und einen Bruttoumsatz von zwei Millionen fünfhunderttausend Dollar im Jahr. Eine aufstrebende Stadt.

Auf dem Schiff drehten sich viele Gespräche um die „Calhoun Land Company", ein Unternehmen, von dem man günstige Ergebnisse erwartet. Oberst Calhoun, ein Enkel des Staatsmanns, ging nach Boston und gründete ein Syndikat, das im Bezirk Chicot in Arkansas ein großes Stück Land am Fluß – etwa zehntausend Acre – für den Anbau von Baumwolle kaufte. Der Plan sieht vor, auf der Grundlage von Barzahlungen zu arbeiten: Aus erster Hand zu kaufen und das eigene Produkt zu vermarkten, die Negerarbeiter zu einem geringen Profit, sagen wir acht bis zehn Prozent, mit Lebensmitteln und den notwendigen Dingen zu versehen, ihnen bequeme Unterkünfte und so fort zur Verfügung zu stellen und sie zu ermutigen, Geld zu sparen und an Ort und Stelle zu bleiben. Wenn sich dies als finanzieller Erfolg zeigt, was durchaus sicher zu sein scheint, beabsichtigt das Syndikat, in Greenville eine Bank zu gründen und zu einem niedrigen Zinssatz Geld auszuleihen – man spricht von sechs Prozent.

Die Schwierigkeit bestand bisher darin – ich zitiere Bemerkungen von Pflanzern und Dampfschiffern –, daß die Pflanzer, obwohl sie Eigentümer des Bodens waren, kein Barkapital besaßen; sie mußten sowohl den Boden als auch die Ernte mit Hypotheken belasten, um weiter im Geschäft zu bleiben. Infolgedessen geht der Kommissionshändler, der das Geld beschafft, einiges Risiko ein und verlangt hohe Zinsen – gewöhnlich zehn Prozent und dazu zweieinhalb Prozent für die Vermittlung. Der Pflanzer muß auch seine Vorräte über denselben Händler einkaufen und dafür

Kommission und Gewinn zahlen. Wenn er dann seine Ernte verschifft, schlägt der Händler seine Kommission, Versicherungsgebühren und so fort darauf. So beträgt der Anteil des Händlers an dieser Ernte alles in allem, vom Anfang bis zum Ende, etwa fünfundzwanzig Prozent.*

Ein Baumwollpflanzer schätzt die durchschnittliche Gewinnspanne beim Anbau in seinem Gebiet folgendermaßen ein: Ein Mann und ein Maulesel bearbeiten zehn Acre Baumwollfläche, die einen Ertrag von zehn Ballen Baumwolle im Wert von, sagen wir, fünfhundert Dollar einbringen; Produktionskosten etwa dreihundertfünfzig Dollar pro Acre. Heutzutage bringt auch der Baumwollsamen Gewinn; früher hatte er nur geringen Wert – und wo viel Transportaufwand nötig war, gar keinen. Auf sechzehnhundert Pfund Rohbaumwolle kommen vierhundert Pfund Zupffaser im Wert von etwa zehn Cent das Pfund und zwölfhundert Pfund Samen im Wert von etwa zwölf, dreizehn Dollar die Tonne. Vielleicht wird man in Zukunft nicht einmal die Stengel wegwerfen. Mr. Edward Atkinson sagt, daß auf jeden Ballen Baumwolle fünfzehnhundert Pfund Stengel kommen, diese sehr reich an Kalkphosphaten und Pottasche sind und vermahlen und mit Silofutter oder Baumwollsamenmehl vermengt (das zu fett ist, um in großer Quantität als Futter zu dienen), eine erstklassige Futtermischung ergeben, die reich an allen für die Erzeugung von Milch und Fleisch sowie für den Knochenaufbau notwendigen Bestandteilen ist. Bisher wurden die Stengel als Ärgernis betrachtet.

Es gibt Klagen darüber, daß sich der Pflanzer seit dem Krieg dem ehemaligen Sklaven gegenüber abweisend verhält; er will ausschließlich in einem kühlen Geschäftsverhältnis zu ihm stehen, in das sich keinerlei Gefühle einmischen sollen, er will selbst keinen Laden führen, um dem Bedarf des Negers nachzukommen und dessen Taschen zu beschützen, was diesen fähig und willens machen würde, zum Vorteil des Pflanzers an Ort und Stelle zu bleiben. Vielmehr überläßt er dieses Vorrecht irgendeinem haushälterischen Israeliten, der den gedankenlosen Neger und dessen Frau dazu verleitet, alle möglichen Dinge zu kaufen, die sie entbehren könnten – Monat für Monat zu hohen Preisen auf Kredit zu kaufen, der durch den Anteil des Negers an der heranreifenden Ernte gedeckt ist. Und am Ende der Saison gehört der Anteil

* „Aber was kann der Staat tun, wenn die Leute Zinssätzen von achtzehn bis dreißig Prozent unterworfen und dabei gezwungen sind, ihre Ernte noch vor der Aussaat zu diesem Satz selbst zu kaufen, um des „Vorrechts" willen, ihren gesamten Bedarf bei einhundert Prozent Profit einzukaufen?"

Edward Atkinson

des Negers dem Israeliten, der Neger hat außerdem noch Schulden, ist entmutigt, unzufrieden, ruhelos, und sowohl er wie der Pflanzer sind geschädigt, denn er wird das Dampfschiff besteigen und weiterwandern, und der Pflanzer muß an seiner Stelle einen Fremden anwerben, der ihn nicht kennt, dem er gleichgültig ist, der den Israeliten eine Saison lang mästen und seinem Vorgänger dann per Dampfer folgen wird.

Man hofft, die Calhoun Company wird durch die menschliche und schützende Behandlung ihrer Arbeiter zeigen, daß ihre Methode sowohl für den Pflanzer wie auch für den Neger die gewinnbringendste ist, und glaubt, eine allgemeine Anwendung dieser Methode wird darauf folgen.

Und wo so viele zu Wort kommen, soll da nicht auch der Barmann seine Meinung äußern? Er denkt nach, beobachtet, trinkt niemals, bemüht sich, sein Gehalt zu verdienen, und das würde er auch, wenn genügend Kundschaft da wäre. Er sagt, die Menschen hier in Mississippi und Louisiana schickten lieber jemand zum Oberlauf des Flusses, Gemüse einkaufen, als es selbst anzubauen, und an den Anlegestellen kämen sie an Bord und kauften beim Barmann Obst. Denkt, sie „kennen nichts außer Baumwolle", glaubt, sie wüßten nicht, wie man Gemüse und Obst anbaut – „jedenfalls die meisten nicht". Sagt, „ein Nigger wird, um eine Wassermelone zu holen, bis zur H . . . gehen." („H" ist alles, was ich in der Niederschrift des Stenographen finde – bedeutet wahrscheinlich „Halifax", obwohl mir das ein recht weiter Weg zu sein scheint, eine Wassermelone zu holen). Der Barmann kauft Wassermelonen am Oberlauf zu fünf Cent das Stück, nimmt sie flußabwärts mit und verkauft sie zu fünfzig Cent. „Weshalb mixt er den Negerarbeitern auf dem Schiff denn so komplizierte und farbenfreudige Drinks zusammen?"

Weil sie keine anderen wollen. „Sie wollen einen *großen* Drink haben – egal, woraus er gemacht ist, sie wollen für ihr Geld was haben. Geben Sie 'nem Nigger 'ne einfache Viertelpinte Branntwein zu 'nem halben Dollar für fünf Cent – rührt er die vielleicht an? Nein. Nicht genug drin. Aber mischen sie ihm 'ne Pinte von allem möglichen wertlosen Dreck zusammen und schütten Sie noch irgendein rotes Zeug hinein, damit es schön aussieht – das Rot ist die Hauptsache – und nicht mal für 'nen Zirkusbesuch würde er sein Glas absetzen." Der Ausschank auf allen Schiffen der „Anchor Line" ist von einer Firma gepachtet und ihr Eigentum. Sie liefert die Getränke aus ihrem eigenen Betrieb und stellt den Barmann „gegen Gehalt" an. Gute Schnäpse? Ja, auf manchen

Schiffen schon, auf denen, wo es die Sorte Passagiere gibt, die sie bestellen und sie auch bezahlen können. Auf den anderen Schiffen? Nein. Außer den Decksarbeitern und den Heizern ist niemand da, der sie trinkt. „Branntwein? Ja, Branntwein habe ich, und zwar in großen Mengen, aber von dem wollen Sie sicher keinen, es sei denn, Sie haben Ihr Testament gemacht." Es ist nicht mehr wie in früheren Zeiten. Damals reisten alle mit dem Dampfschiff, alle tranken und alle spendierten allen. „Jetzt fahren die meisten mit der Eisenbahn, und die übrigen trinken nicht." Früher war der Barmann selbst Besitzer der Bar, „und er war vergnügt, pfiffig, redselig, mit Juwelen behangen und der vornehmste Aristokrat an Bord – verdiente auf einer Fahrt zweitausend Dollar. Ein Vater, der seinem Sohn 'ne Bar auf 'nem Dampfer vermachte, vermachte ihm ein Vermögen. Jetzt vererbt er ihm Essen und Unterkunft, gewiß, und kostenlose Wäsche, wenn er mit einem Hemd pro Fahrt auskommt. Tja, wirklich, die Zeiten haben sich geändert. Und was soll ich Ihnen sagen: Bei der größten Schiffahrtslinie auf dem Oberlauf des Mississippi gibt's überhaupt keine Bar! Klingt wie'n Märchen, ist aber die steinharte Wahrheit!"

34. Kapitel

GROBES SEEMANNSGARN

Stack Island. Ich erinnerte mich an Stack Island und auch an Lake Providence, Louisiana – die erste ausgesprochen südlich aussehende Stadt, in die man auf dem Weg flußabwärts kommt; eben und tief gelegen, schattenspendende Bäume mit ehrwürdigen grauen Bärten aus Spanischmoos behangen, „der Ort hat so etwas Geruhsames, Besinnliches, Sonntägliches", kommentiert Onkel Mumford gefühlvoll – und treffend.

Ein Mr. H. versorgte uns mit verschiedenen Einzelheiten von Geschehnissen, die sich in dieser Gegend ereignet hatten und die ich kaum geglaubt hätte, wäre mir nicht bekannt gewesen, daß er Erster Offizier auf einem Dampfschiff war. Er fuhr mit uns als Passagier, wohnte in Arkansas City und wollte nach Vicksburg, um dort an Bord seines Schiffes zu gehen, eines kleinen Postdampfers, der auf dem Sunflower fuhr. Er war ein strenger Mensch und stand im Ruf, für einen Flußschiffer besonders wenig weltlich eingestellt zu sein. Unter anderem sagte er, Arkansas sei durch generationslange Übertreibungen hinsichtlich seiner

Mücken geschädigt und in seiner Entwicklung behindert worden. Man könne darüber lächeln und die Sache als belanglos abtun, sagte er, aber wenn man die Auswirkungen betrachte und bedenke, wie es die Einwanderer entmutigt und die Grundstückspreise herabgedrückt habe, dann sei sie alles andere als unbedeutend oder einfach mit einem Hüsteln und einem Spottwort abzutun. Man habe diese Mücken beharrlich als fürchterlich und zügellos beschrieben, während sie doch „in Wahrheit schwächlich, von unbedeutender Größe, geradezu sträflich schüchtern, empfindsam sind" und so weiter und so fort; man hätte glauben können, er spreche von seiner Familie. Zeigte er sich jedoch den Mücken von Arkansas gegenüber nachsichtig, so glich er das durch seine Strenge gegenüber denen von Lake Providence wieder aus, „diesen Kolossen von Lake Providence", wie er sie schließlich nannte. Er sagte, zwei von ihnen könnten einen Hund unterkriegen und vier einen Mann am Boden festhalten, und wenn keine Hilfe käme, würden sie ihn umbringen – „ihn abschlachten", wie er sich ausdrückte. Er erwähnte so nebenbei und doch bedeutsam „die Tatsache, daß einfache Lebensversicherungen in Lake Providence unbekannt sind – dort schließt man noch zusätzlich eine Versicherung gegen Mücken ab". Er erzählte viele bemerkenswerte Dinge über diese zügellosen Insekten. Unter anderem sagte er, er habe gesehen, wie sie versucht hätten, zu *wählen*. Als er bemerkte, daß uns diese Feststellung anscheinend ziemlich zu schaffen machte, schwächte er sie etwas ab und sagte, möglicherweise habe er sich in dieser Einzelheit geirrt, habe aber ganz sicher gesehen, wie sie in der Nähe von Wahllokalen „auf Stimmenfang gingen".

Es war noch ein zweiter Passagier da – ein Freund von H. –; der dessen harte Aussage gegen diese Mücken bestätigte und einige aufregende Abenteuer, die er mit ihnen erlebt hatte, in allen Einzelheiten zum besten gab. Die Geschichten waren ziemlich starker Tobak – nur ziemlich starker –, trotzdem unterbrach ihn Mr. H. immerfort mit einem kalten, unerbittlichen: „Halt mal – zieh davon fünfundzwanzig Prozent ab; jetzt sprich weiter", oder: „Halt mal – jetzt trägst du aber zu dick auf – streich's zusammen, streich's zusammen, du staffierst deine Angaben ein kleines bißchen zu sehr aus: Tatsachen muß man immer in ein Trikot stekken, nie in einen Ulster", oder: „Nochmals Pardon, wenn du auf diese Behauptung noch was raufIädst, mußt du dir zwei Leichter besorgen und das übrige ins Schlepptau nehmen, denn sie verdrängt schon jetzt alles Wasser im Fluß; halt dich an die Tatsachen – halt dich einfach an die nackten Tatsachen – für ein Buch brauchen diese Gentlemen die glasklare Wahrheit – nicht wahr, Gentlemen?“ Unter vier Augen erklärte er, man müsse auf diesen Menschen ständig aufpassen und ihn in seine Schranken weisen; diese Vorsichtsmaßnahme zu vernachlässigen, sei nicht angebracht, wie er, Mr. H., zu seinem Kummer erfahren habe. Er sagte: „Ich will Ihnen nichts vormachen: Er hat mir mal eine ganz ungeheuerliche Lüge aufgetischt, von der mein linkes Ohr anschwoll und so groß wurde, daß ich tatsächlich nicht mehr daran vorbeisehen konnte; monatelang blieb es so, und die Leute liefen meilenweit, um zu sehen, wie ich mich damit fächelte.“

35. Kapitel

VICKSBURG IN DER BÖSEN ZEIT

Früher dampften wir stromabwärts immer an der stolzen Hügelstadt Vicksburg vorbei, aber das können wir jetzt nicht mehr. Ein Durchbruch hat eine Landstadt daraus gemacht, wie auch aus Osceola, St. Genevieve und mehreren anderen Städten. Vor Vicksburg ist jetzt stehendes Wasser und eine große Insel. Man fährt auf der entgegengesetzten Seite der Insel flußabwärts, wendet und fährt dann zur Stadt hinauf, das heißt, bei hohem Wasserstand, bei niedrigem kann man das nicht und muß ein Stück weiter unten landen.

Noch immer sind Male und Narben als Erinnerungszeichen an Vicksburgs schwere Kriegserfahrungen geblieben – Erdwälle, von Kanonenkugeln zerschossene Bäume, Höhlenunterstände in den Mergelhügeln und anderes mehr. Die Höhlen leisteten während der sechswöchigen Beschießung der Stadt – vom 18. Mai bis zum 4. Juli 1863 – gute Dienste. Sie wurden von der Zivilbevölkerung, zumeist von Frauen und Kindern, benutzt, die nicht ständig in ihnen lebten, sondern sich bei Bedarf rasch dorthin in Sicherheit brachten. Es waren einfache Löcher, Tunnel, die man in die senkrechte Mergelwand getrieben hatte und die Y-förmig in den Hügel hinein abzweigten. Während dieser sechs Wochen war das Leben in Vicksburg vielleicht – aber halt, hier ist einiges Material, mit dem man es sich vergegenwärtigen kann.

Die Bevölkerung: siebenundzwanzigtausend Soldaten und dreitausend Zivilisten; die Stadt völlig von der Welt abgeschnitten – fest eingeschlossen, vorn von Kanonenbooten und im Rücken von Soldaten und Batterien – darum kein Warenaustausch mit der Außenwelt, kein Hinaus- und Hineingelangen, kein Lebewohl für einen scheidenden und kein Willkommensgruß für einen ankommenden Gast, keine Acres von Nachrichten aus aller Welt beim Frühstück – statt dessen der eintönige, langweilige Mangel an all diesen Dingen; darum auch kein Gerenne zu den Dampfern, die rauchend flußaufwärts oder flußabwärts in Sicht gelangen und auf die Stadt zu dampfen – denn es kommen keine, der Fluß liegt leer und ungestört da; kein Eilen und Drängen rund um den Bahnhof, kein Kampf von Horden lärmender Kutscher um Schwärme von verwirrten Reisenden – alles ruhig. Mehl zweihundert Dollar das Faß, Zucker dreißig, Mais zehn Dollar der Scheffel, Speck fünf Dollar das Pfund, Rum hundert Dollar die Gallone und anderes entsprechend. Infolgedessen kein Rumpeln und Lärmen von durch die Straßen rasenden Karren und Lastwagen, es gibt nichts für sie zu tun bei dieser Handvoll Zivilisten, deren Mittel versiegt sind; um drei Uhr früh Stille – solche Totenstille, daß man das rhythmische Stapfen eines Wachtpostens aus einer unmöglich scheinenden Entfernung hören kann; außerhalb der Hörweite dieses einsamen Lauts ist das Schweigen vielleicht vollkommen: Urplötzlich erschüttern krachende Donnerschläge der Artillerie den Boden, der Himmel ist von den fliegenden Geschossen kreuz und quer wie mit einem Spinngewebe roter Linien überzogen, und ein Regen von Eisenstücken geht auf die Stadt hernieder, auf die leeren Straßen, die wenige Augenblicke später nicht mehr leer sind, sondern gesprenkelt mit undeutlich sichtbaren Gestalten von Frauen und Kindern, die, außer sich vor Angst, aus Haus und Bett zu den Höhlen rennen, angefeuert durch die Soldaten, die mit grimmigem Humor rufen: „Ratten, in eure Löcher!" und lachen.

Der Kanonendonner wütet, Granaten heulen und zerbersten über den Köpfen, der Eisenregen prasselt herab, eine Stunde, zwei, drei, möglicherweise sechs Stunden lang, dann hört er auf, Stille folgt, aber die Straßen sind noch immer leer, die Stille hält an, nach und nach lugt hier und da und dort ein Kopf aus einer Höhle hervor und erkundet vorsichtig die Lage; da das Schweigen weiter anhält, folgen Körper den Köpfen, und ermattete, halberstickte Geschöpfe stehen in Gruppen zusammen, strecken die verkrampften Glieder, atmen dankbar in tiefen Zügen die frische Luft ein, schwatzen mit den Nachbarn aus der Höhle von nebenan, ziehen vielleicht bald darauf nach Hause oder bummeln durch die Stadt, wenn die Stille fortdauert, und werden über kurz oder lang wieder zu den Löchern eilen, wenn der Kriegssturm von neuem losbricht.

Da es nur dreitausend dieser Höhlenbewohner gibt – nicht mehr als die Bevölkerung eines Dorfes –, sollten sie einander nach ein, zwei Wochen nicht kennengelernt haben und so vertraut miteinander sein, daß die frohen oder traurigen Erlebnisse jedes einzelnen für alle von Interesse sein müßten?

Dies also ist das von der Geschichte überlieferte Material. Kann sich nicht fast jeder daraus ein Bild vom damaligen Leben in Vicksburg machen? Könnte ein nicht Dabeigewesener anderen, die gleichfalls nicht an den Ereignissen teilgenommen haben, diese besser schildern als ein Vicksburger, der sie selbst erlebt hat? Das scheint unmöglich zu sein, trotzdem sprechen einige Gründe dafür, daß es nicht unbedingt so sein muß. Die erste Schiffsreise ist für jeden ein Erlebnis, das von vielerlei überwältigenden neuen Erfahrungen geradezu strotzt – von neuen Erfahrungen, die in so starkem Gegensatz zu allen seinen früheren Erlebnissen stehen, daß sie seine Phantasie und sein Erinnerungsvermögen mit scheinbar unvergänglicher Gewalt packen. Mit Zunge oder Feder kann er einen Landbewohner die seltsame, aufregende Reise nacherleben lassen, ihn alles sehen und fühlen lassen. Wenn er aber damit wartet? Wenn er zehn Reisen nacheinander unternimmt, was dann? Nun, dann hätte die Sache an Farbe, Schwung und Neuheit verloren und wäre zu etwas Alltäglichem geworden. Der Mann hätte nichts zu erzählen, was den Puls eines Landbewohners schneller schlagen ließe.

Vor Jahren sprach ich mit zwei Leuten, die zur Zivilbevölkerung von Vicksburg gehört hatten – einem Mann und seiner Frau. Ich ließ sie die Geschichte auf ihre Art erzählen, und diese Menschen erzählten sie ohne jedes Feuer – fast ohne Anteilnahme.

Eine Woche des erstaunlichen Daseins in dieser Stadt hätte ihre Zunge vielleicht für immer beredt gemacht, aber sie hatten es sechs Wochen lang erlebt, und das nahm der Sache alles Neuartige – sie hatten sich daran gewöhnt, von Bomben aus ihrem Haus hinaus- und unter die Erde getrieben zu werden; es war zu etwas Alltäglichem geworden. Danach gab es für sie keine Möglichkeit mehr, jemals auf eine aufsehenerregende und interessante Weise darüber zu sprechen. Der Mann berichtete etwa Folgendes:

„Es war nun immerfort Sonntag. Sieben Sonntage in der Woche – für uns jedenfalls. Wir hatten nichts zu tun, und die Zeit schlich nur so dahin. Sieben Sonntage, alle irgendwann am Tage oder in der Nacht aufgespalten durch ein paar Stunden dieses schrecklichen Sturms von Feuer, Donner und Eisen. In der ersten Zeit sausten wir bedeutend schneller zu den Löchern als später. Beim ersten Mal vergaß ich die Kinder, und Maria brachte beide mit. Sobald sie in der Höhle in Sicherheit war, wurde sie ohnmächtig. Zwei oder drei Wochen später, als sie eines Morgens durch den Geschoßregen zu den Löchern lief, explodierte ein großes Geschoß in ihrer Nähe und bedeckte sie von oben bis unten mit Schmutz, und ein Eisensplitter riß ihr diesen Jagdbeutel vom Hinterkopf – ihren falschen Zopf. Da blieb sie doch stehen und hob ihn auf, bevor sie weiterrannte! Hatte sich schon dran gewöhnt, verstehen Sie. Wir wußten mit der Zeit eine ganze Menge über Geschosse, und von da ab gingen wir nicht immer in die Unterstände, wenn's nur ein leichter Beschuß war. Dann standen wir Männer müßig rum und schwatzten, und einer sagte vielleicht: ‚Da kommt sie', nannte nach dem Geräusch den Granatentyp und sprach dann weiter – wenn sie keine Gefahr bedeutete. Krepierte eine Granate dicht über uns, hörten wir zu sprechen auf und rührten uns nicht; ungemütlich, freilich, aber es war gefährlich, sich zu bewegen. War es vorüber und niemand verletzt, sprachen wir weiter – sagten vielleicht: ‚So ein Brummer!' oder gaben einen ähnlich belanglosen Kommentar, bevor wir weitersprachen. Vielleicht sahen wir aber auch ein Geschoß hoch über uns in der Luft hängen; in dem Fall stieß jeder rasch hervor: ‚Auf bald, Gents!' und machte sich davon. Viele, viele Male habe ich Gruppen von Damen gesehen, die ganz vergnügt in den Straßen spazierengingen und immer mit einem Auge die Geschosse oben beobachteten, und ich sah sie stehenbleiben, wenn sie nicht sicher waren, welche Richtung eine Granate nahm, und das Ergebnis abwarten, und danach schlenderten sie gemütlich weiter oder schossen los und suchten Deckung, je nachdem, wie ihr Urteil ausgefallen war. In manchen Städten liegen in den Straßen Papierfetzen und alle möglichen Abfälle rum. In unserer nicht, da lag zerfetztes Eisen rum. Manchmal sammelte ein Mann in seiner Nachbarschaft alle Splitter und die Blindgänger auf und legte sie in seinem Vorgarten zu 'ner Art Denkmal zusammen – manchmal bis zu einer Tonne. Glas gab's nicht mehr – Glas hielt einen solchen Beschuß nicht aus, es war durch die Erschütterungen rausgefallen. Leere Fenster in den Häusern – sahen aus wie die Augenhöhlen in einem Schädel. *Ganze* Scheiben waren so selten wie Nachrichten.

Sonntags hielten wir Gottesdienst. Zuerst kamen nicht viele, nach und nach aber war er ziemlich gut besucht. Ich hab's erlebt, daß die Predigt eine Minute lang aufhörte und alle ganz still dasaßen – keine Stimme zu hören, ungefähr so wie bei 'nem Begräbnis, und das um so mehr durch das schreckliche Getöse und Krachen draußen und über uns, und schon bald darauf, wenn man sich wieder verständlich machen konnte, ging der Gottesdienst weiter. Orgelmusik und Kirchenchöre vermischt mit einem Bombardement sind 'ne mächtig komische Zusammenstellung, jedenfalls zuerst. Eines Morgens, als wir aus der Kirche kamen, erlebten wir einen Unfall – der einzige, der je an 'nem Sonntag in meiner Nähe passierte. Ich schüttelte einem Freund, den ich eine Weile nicht gesehen hatte, gerade herzlich die Hand und sagte: ‚Kommen Sie heut abend nach dem Beschuß mal in unsrer Höhle vorbei, wir haben eine Pinte erstklassigen Wh ...' Whisky wollte ich sagen, wissen Sie, aber ein Geschoß unterbrach mich. Ein Brocken davon schlug dem Mann den Arm ab, und der baumelte in meiner Hand. Und wissen Sie, was mir am längsten im Gedächtnis bleiben und alles andere, Bedeutendes und Unbedeutendes, überdauern wird, schätze ich? Der filzige Gedanke, der mir damals kam: ‚Der Whisky *ist gerettet.*' Und doch war er irgendwie entschuldbar, verstehen Sie, denn Whisky war so knapp wie Diamanten, und wir hatten grade nur das bißchen, bekamen während der Belagerung auch nie mehr einen Schluck davon.

Manchmal waren die Höhlen schrecklich überfüllt und immer heiß und stickig. Ab und zu zwängten sich zwanzig oder fünfundzwanzig Leute in eine Höhle; man konnte sich nicht mal umdrehen, und die Luft so schlecht, daß man keine Kerze zum Brennen gebracht hätte. Eines Nachts wurde in einer dieser Höhlen ein Kind geboren. Stellen Sie sich das vor – na, es war, als wäre es in 'nem Koffer geboren worden.

Zweimal hatten wir sechzehn Leute in unsrer Höhle und öfter ein Dutzend. Ziemlich stickig da drin. Acht waren wir immer – acht gehörten rein. Hunger und Elend und Krankheit und Angst und Kummer und ich weiß nicht, was noch alles, fraßen sich so in sie ein, daß nach der Belagerung keiner mehr ganz so war wie vorher. Alle außer dreien starben innerhalb der nächsten zwei Jahre. Eines Nachts krepierte ein Geschoß vor dem Loch und brachte es zum Einstürzen und verstopfte es. Ging 'ne Weile ziemlich heiß her, bis wir uns ausgegraben hatten. Ein paar von uns wären beinah erstickt. Danach machten wir zwei Zugänge – hätten gleich daran denken sollen.

Mauleselfleisch? Nein, so weit runter kamen wir erst in den

letzten ein, zwei Tagen. Natürlich schmeckte es gut – alles schmeckt gut, wenn man am Verhungern ist."

Dieser Mann hatte Tagebuch geführt – sechs Wochen lang? Nein, nur die ersten sechs Tage. Am ersten Tag acht eng beschriebene Seiten, am zweiten fünf, am dritten eine – flüchtig geschrieben, am vierten drei bis vier Zeilen, ein, zwei Zeilen am fünften und sechsten Tag und am siebenten Tag das Tagebuch aufgegeben, da das Leben im schreckensvollen Vicksburg jetzt alltäglich und selbstverständlich geworden war.

Die Kriegsgeschichte von Vicksburg hat im allgemeinen für den Leser mehr Interessantes als die jeder anderen Stadt am Fluß. Sie ist reich an Abwechslung, an Ereignissen, an erregendem Geschehen. Vicksburg hielt sich länger als jede andere bedeutende Stadt am Fluß und erlebte den Krieg in allen seinen Phasen zu Land und zu Wasser: die Belagerung, die Minen, den Sturm, die Abwehr, den Beschuß, Krankheit, Gefangenschaft, Hungersnot.

Dort liegt der schönste Nationalfriedhof. Über dem großen Eingangstor steht die Inschrift:

HIER RUHEN IN FRIEDEN 16 600,
DIE IN DEN JAHREN 1861 BIS 1865
FÜR IHR LAND STARBEN.

Der Friedhof ist wunderbar gelegen, denn er befindet sich hoch oben und bietet einen weiten Ausblick über Land und Fluß. Er ist geschmackvoll in breiten Terrassen angelegt mit gewundenen Wegen und Pfaden und üppig mit subtropischen Büschen und Blumen geschmückt; in einem Teil hat man ein Stück natürlichen Wald in seinem ursprünglichen Zustand belassen, der deshalb so zauberhaft vollendet ist. Alles in diesem Friedhof verrät die Hand der Bundesregierung. Das Werk der Regierung zeichnet sich stets durch Vortrefflichkeit, Gediegenheit, Gründlichkeit und Durchdachtheit aus. Die Regierung leistet von Anfang an gute Arbeit und pflegt sie dann sorgsam.

Über gewundene Straßen – die häufig so tief zwischen senkrechten Wänden eingeschnitten waren, daß sie dachlosen Tunneln glichen, fuhren wir ein, zwei Meilen weit hinaus und suchten das Denkmal auf, das an der Stelle steht, wo die Übergabe von Vicksburg durch General Pemberton an General Grant stattfand. Da es aus Metall ist, wird es vor dem Abhacken und Absplittern bewahrt bleiben, das seinen marmornen Vorgänger so verunstaltet hat, aber das gemauerte Fundament ist am Zerbröckeln und wird mit der Zeit einstürzen. Das Denkmal überragt eine malerische Umgebung von bewaldeten Höhen und Schluchten und ist selbst auch recht malerisch, da es von blühendem Unkraut überwuchert ist. Der beschädigte Rest des Marmordenkmals wurde auf den Nationalfriedhof versetzt.

Auf der Straße, eine Viertelmeile stadtwärts, zeigte uns ein alter Farbiger voller Stolz einen Blindgänger, der seit dem Tag, an dem er während der Belagerung in seinem Garten niederging, dort lag. „Hier hab ich gestan'n, und hier hat der Hund gestan'n, und der Hund, der is auf die Bombe los und hat Streit mit ihr anfang wolln, aber ich nich; ich hab gesagt: ‚mach's dir man bequem hier, bleib da liegen, wo du bist, oder spreng das Haus in die Luft, ganz wie's dir paßt, aber *ich* hab was im Wald zu erledjen, hab ich.'"

Vicksburg ist eine Stadt mit ansehnlichen Geschäftsstraßen und angenehmen Wohnvierteln; es beherrscht den Handel auf den Flüssen Yazoo und Sunflower, schickt Eisenbahnlinien in mehrere Richtungen durch reiche landwirtschaftliche Gebiete und hat eine vielversprechende Zukunft in Wohlstand und Bedeutung vor sich.

Anscheinend sind fast alle am Fluß gelegenen Städte, die großen wie die kleinen, zu dem Schluß gekommen, daß sie von nun an, um Wohlstand und Aufstieg zu gewährleisten, hauptsächlich auf die Eisenbahn bauen müssen. Nach dieser Überlegung handeln sie. Die Zeichen stehen dafür, daß die nächsten zwanzig Jahre bemerkenswerte Veränderungen im Tal hervorbringen werden, in Hinsicht auf eine wachsende Bevölkerung und gesteigerten Wohlstand, intellektuellen Fortschritt und eine Liberalisierung der öffentlichen Meinung, die natürlicherweise damit einhergeht. Und doch werden die Städte am Fluß, wenn man nach der Vergangenheit urteilen darf, auch hier und da eine Gelegenheit finden, ihren eigenen Fortschritt zu hemmen und ihn verkümmern zu lassen, und sie auch nutzen. In den Tagen der Vorherrschaft der Dampfer sorgten sie für ihr eigenes Zurückbleiben mit Hilfe eines Systems von Liegegebühren, die so töricht gestaffelt waren, daß sie das, was man den Kleinverkehr für Frachten und Passagiere nennen könnte, verhinderten; den Schiffen wurden so hohe Anlegekosten auferlegt, daß sie es sich nicht leisten konnten, für ein, zwei Passagiere oder eine unbedeutende Frachtladung zu landen. Anstatt die Handelstätigkeit vor ihrer Tür zu ermutigen, entmutigten die Städte sie emsig und mit Erfolg. Sie hätten viele Schiffe und niedrige Gebühren haben können, aber ihre Politik machte wenig Schiffe und hohe Gebühren unumgänglich. Es war eine Politik, die von New Orleans bis St. Paul angewandt wurde und auch noch heute angewandt wird.

Wir hätten sehr gern eine Fahrt den Yazoo und den Sunflower hinauf unternommen – was zu jeder Zeit eine interessante Gegend war, besonders aber jetzt, weil wir die große Überschwemmung dort oben noch in vollem Ausmaß sehen konnten – aber wir waren fast sicher, daß wir auf dem Rückweg einen Tag oder länger auf ein Schiff nach New Orleans warten müßten und so sahen wir uns gezwungen, den Plan aufzugeben.

Hier eine Geschichte, die ich in jener Nacht an Bord des Schiffes hörte. Ich füge sie nur deshalb an dieser Stelle bei, weil sie gut ist, und nicht etwa, weil sie hierhergehörte – das tut sie keineswegs. Sie wurde uns von einem Passagier – einem College-Professor – erzählt, und er kam darauf im Lauf einer allgemeinen Unterhaltung, in der wir anfangs über Pferde gesprochen hatten; dann über Astronomie, danach über die Lynchjustiz, die man vor einem halben Jahrhundert in Vicksburg an Spielern ausübte, darauf über Träume und Aberglauben, die wir nach Mitternacht mit einem Disput über Freihandel und Schutzzölle beendeten.

36. Kapitel

DIE GESCHICHTE DES PROFESSORS

„Es war vor langer Zeit. Damals war ich noch kein College-Professor, sondern ein bescheidener junger Landvermesser, und die Welt lag vor mir – sich von mir vermessen zu lassen, falls das jemand gemacht haben wollte. Ich besaß einen Vertrag über die Vermessung einer Landstraße zu einer großen Goldgrube in Kalifornien und befand mich auf dem Seeweg dorthin – eine drei- bis vierwöchige Reise. Es gab eine Menge Passagiere, aber ich hatte ihnen sehr wenig zu sagen, meine Leidenschaften waren Lesen und Träumen, und ich mied Unterhaltungen, um diese Begierde zu stillen. An Bord gab es drei Berufsspieler – grobe, abstoßende Kerle. Ich sprach nie mit ihnen, konnte aber nicht umhin, sie ziemlich häufig zu sehen, denn sie spielten jeden Tag und jede Nacht in einem Salon des Oberdecks, und bei meinen Spaziergängen warf ich oft einen Blick durch die Tür, die einen Spalt offenstand, um dem Überschuß von Tabaksqualm und Flüchen Abzug zu gewähren. Sie waren eine üble und hassenswerte Gesellschaft, aber natürlich mußte ich mich mit ihr abfinden.

Noch ein anderer Passagier kam mir häufig vor Augen, denn er schien entschlossen zu sein, sich mit mir anzufreunden, und ich hätte ihn nicht loswerden können, ohne seine Gefühle zu verletzen, und das wollte ich keineswegs. Außerdem lag etwas Gewinnendes in seiner ländlichen Arglosigkeit und seiner strahlenden Gutherzigkeit. Als ich diesen Mr. John Backus zum ersten Mal sah, schloß ich aus seiner Kleidung und seinem Aussehen, daß er Viehmäster oder Landwirt aus den Hinterwäldern irgendeines Bundesstaates im Westen war – zweifellos aus Ohio – und später, als er mir seine Lebensgeschichte erzählte und ich entdeckte, daß er tatsächlich Viehzüchter aus dem Innern Ohios war, freute ich mich so über meinen Scharfsinn, daß ich mich für ihn erwärmte, weil er meinen Instinkt bestätigt hatte.

Er tauchte schließlich jeden Tag nach dem Frühstück an meiner Seite auf, um mir bei meinem Spaziergang zu helfen, und so teilte mir sein gut arbeitendes Mundwerk nach und nach alles über sein Geschäft, seine Aussichten, seine Familie, seine Verwandten, seine Politik mit – tatsächlich alles, was einen Backus betraf – einen lebenden oder einen toten. Und währenddessen hatte er, glaube ich, aus mir alles herausgeholt, was ich über meinen Beruf, meine Sippe, meine Ziele, meine Aussichten und mich selbst wußte. Er war ein Genie sanfter Überredungskunst und dies der Beweis dafür, denn es lag mir nicht, über meine Angelegenheiten zu reden. Ich sagte einmal etwas über Triangulation. Dieses imposante Wort gefiel seinem Ohr, er fragte, was es bedeutete, ich erklärte es. Danach überging er unauffällig und ohne beleidigend zu sein meinen Namen und nannte mich immer Triangel.

Wie er sich für Rindvieh begeisterte! Bei der bloßen Erwähnung eines Bullen oder einer Kuh leuchteten seine Augen auf, und seine flinke Zunge begann sich zu regen. Solange ich spazierte und zuhörte, spazierte auch er und redete; er kannte alle Zuchtrassen, liebte alle Zuchtrassen und schmeichelte allen mit liebevoller Zunge. Ich stapfte in stummem Jammer neben ihm her, solange die Rinderfrage erörtert wurde. Wenn ich es nicht mehr länger aushalten konnte, schaltete ich gewandt ein wissenschaftliches Thema ins Gespräch ein; dann strahlten meine Augen, und seine wurden matt, meine Zunge bewegte sich, und seine stand still, für mich war das Leben eitel Freude und für ihn nichts als Traurigkeit.

Eines Tages sagte er ein wenig zögernd und mit einiger Schüchternheit: ‚Triangel, würde es Ihnen etwas ausmachen, für eine Minute in meine Kajüte zu kommen, um über eine bestimmte Angelegenheit mit mir zu sprechen?'

Ich ging sogleich mit ihm. Dort angekommen, steckte er den Kopf hinaus, blickte vorsichtig den Salon hinauf und hinab, zog dann die Tür zu und schloß sie ab. Wir setzten uns aufs Sofa, und er sagte: ‚Ich will Ihnen 'nen kleinen Vorschlag machen, und wenn er Ihnen gefällt, könntes für uns beide 'ne ganz gute Sache sein. Sie fahren ja nicht zum Vergnügen nach Kalifornien und ich auch nicht, sondern von wegen der Geschäfte, stimmt's? Also, Sie können mir 'nen Gefallen tun und ich Ihnen auch, wenn wir klar kommen. Ich hab mir 'n paar Jahre mühselig mein Geld abgeknapst, es zusammengekratzt und zurückgelegt und hab alles hier bei mir.' Er schloß einen alten, mit Fell überzogenen Koffer auf, warf ein Chaos von schäbigen Kleidungsstücken beiseite und zog für einen Augenblick einen kleinen prallen Beutel heraus; dann begrub er ihn wieder und schloß den Koffer ab. Er dämpfte vorsichtig seine Stimme und fuhr leise fort: ‚Ist alles hier – runde zehntausend Dollar in Goldjungs. Meine kleine Idee ist nun die: Was ich über die Rinderzucht nicht weiß, lohnt sich auch nicht zu wissen. In Kalifornien läßt sich damit 'ne Stange Geld verdienen. Nun, ich weiß und Sie wissen, daß längs einer Strecke, die vermessen wird, kleine Grundstücke liegen, Bodenkeile genannt, die gratis und franko dem Vermesser zufallen. Sie brauchen Ihrerseits weiter nichts zu tun, als so zu vermessen, daß die Bodenkeile auf gutes, fettes Land fallen, und dann überlassen Sie sie mir, ich setze Vieh drauf, und herein rollt das Geld. Ich spucke Ihren Anteil an Dollars regelmäßig aus, und ...'

Es tat mir leid, seine blühende Begeisterung zum Welken zu bringen, das ließ sich jedoch nicht umgehen. Ich unterbrach ihn und sagte streng: ‚Die Art Vermesser bin ich nicht. Sprechen wir von etwas anderem, Mr. Backus.'

Es war geradezu erbarmungswürdig, seine Verlegenheit zu sehen und seine linkischen, beschämten Entschuldigungen anzuhören. Mir war es ebenso peinlich wie ihm – besonders, da er nicht im geringsten vermutet zu haben schien, an dem Vorschlag sei etwas Unanständiges. So beeilte ich mich, ihn zu trösten und verlockte ihn, sein Mißgeschick in einer Gesprächsorgie über Rindvieh und Metzgerei zu vergessen. Wir lagen gerade in Acapulco, und als wir an Deck gingen, war die Mannschaft glücklicherweise eben dabei, etliche Rinder in Schlingen an Bord zu hieven. Bakkus' Melancholie verschwand im Nu und mit ihr die Erinnerung an seinen kürzlich begangenen Schnitzer.

‚Nun sehen Sie sich das bloß mal an!' rief er. ‚Du meine Güte, Triangel, was würden wohl die Leute in Ohio dazu sagen? Würden ihnen nicht die Augen aus dem Kopf quellen, wenn sie sähen, wie man das Vieh hier behandelt? Etwa nicht?'

Alle Passagiere waren an Deck, um zuzusehen – sogar die Spieler –, und Backus kannte alle und war allen mit seinem Lieblingsthema auf die Nerven gefallen. Als ich mich entfernte, sah ich, wie einer der Spieler sich ihm näherte und ihn ansprach, dann ein zweiter, danach der dritte.

Ich blieb stehen, wartete und beobachtete; die Unterhaltung zwischen den vier Männern wurde fortgesetzt, es wurde ernst, Backus zog sich langsam zurück, die Spieler folgten ihm und hielten sich an seiner Seite. Mir war unbehaglich zumute. Als sie aber kurz darauf an mir vorbeigingen, hörte ich Backus, ärgerlich über die Belästigung, sagen: ‚Aber's hat doch keinen Zweck, Gentlemen, ich sag's Ihnen nochmal, was ich Ihnen schon ein halbes dutzendmal gesagt habe: Ich bin's von Haus aus nicht gewohnt und will's nicht riskieren.'

Ich fühlte mich erleichtert. Sein gesunder Verstand wird ihn hinreichend schützen, sagte ich mir.

Während der vierzehntägigen Fahrt von Acapulco bis San Francisco sah ich mehrmals, wie die Spieler eifrig auf Backus einsprachen, und einmal ließ ich ihm eine leise Warnung zukommen. Er kicherte zufrieden und sagte: ‚O ja, sie hängen sich mächtig an mich – wollen, daß ich ein Spielchen mache, nur so zum Spaß, sagen sie – aber du lieber Himmel, meine Leute haben mir nicht nur einmal, sondern ich schätze tausendmal eingeschärft, ich soll mich vor dieser Art Zweihufer hüten.'

Schließlich, zur festgelegten Zeit, näherten wir uns San Francisco. Das war in einer häßlichen, dunklen Nacht, der Wind wehte heftig, aber wir hatten keinen hohen Seegang. Ich war allein an Deck. Gegen zehn ging ich nach unten. Eine Gestalt trat aus der Spielhölle und verschwand in der Dunkelheit. Ich bekam einen Schock, denn ich war sicher, daß es Backus war. Ich rannte den Niedergang hinunter, sah mich nach ihm um, konnte ihn nicht finden und kehrte gerade rechtzeitig zurück an Deck, um eben noch zu sehen, wie er wieder in dieses verfluchte Nest der Verworfenheit eintrat. Hatte er endlich doch nachgegeben? Ich befürchtete es. Wozu war er nach unten gegangen? Um seinen Beutel mit den Münzen zu holen? Möglicherweise. Ich trat an die Tür, von bösen Ahnungen erfüllt. Sie stand einen Spalt offen, ich blickte hinein und sah ein Bild, das mich voll Bitterkeit wünschen ließ, ich hätte mich mehr darum gekümmert, meinen armen Rinderfreund zu retten, anstatt zu lesen und meine Zeit töricht zu verträumen. Er spielte. Schlimmer noch – er wurde reichlich mit Champagner traktiert und zeigte schon einige Auswirkungen. Er lobte den ‚Apfelmost', wie er ihn nannte, und sagte, jetzt, wo er ihn gekostet habe, glaube er fast, er würde ihn sogar trinken, wenn er Schnaps wäre, so gut schmecke er, so viel besser als alles, was ihm je zuvor über den Weg gekommen sei. Hierbei lächelten sich die Gauner verstohlen an, sie füllten alle Gläser, und während Backus seins ehrlich bis zur Neige austrank, taten sie nur so, gossen den Wein jedoch über die Schulter.

Ich konnte dieses Schauspiel nicht ertragen, deshalb ging ich nach vorn und gab mir Mühe, mich für das Meer und die Stimme des Windes zu interessieren. Aber nein, mein beunruhigtes Gemüt zog mich alle Viertelstunde wieder zurück, und jedesmal sah ich Backus seinen Wein treu und brav austrinken, während die anderen ihren weggossen. Es war die bedrückendste Nacht, die ich je verbracht hatte.

Mir blieb die einzige Hoffnung, daß wir bald unseren Ankerplatz erreichten – das würde dem Spiel ein Ende machen. Ich half dem Schiff, so sehr ich nur konnte, mit meinen Gebeten auf den Weg. Endlich glitten wir in voller Fahrt durch das ‚Golden Gate', und mein Herz schlug vor Freude höher. Ich eilte an jene Tür zurück und spähte hinein. Ach! Es gab nur wenig Hoffnung – Backus' Augen waren matt und blutunterlaufen, sein schweißbedecktes Gesicht war gerötet, seine Sprache weinselig und lallend, sein Körper schwankte mit der schlingernden Schiffsbewegung trunken hin und her. Er leerte noch ein Glas bis zum Grund, während die Karten ausgeteilt wurden.

Er nahm sein Blatt auf, warf einen Blick darauf, und seine trüben Augen erhellten sich für einen Moment. Die Spieler beobachteten es und zeigten ihre Befriedigung durch kaum merkliche Zeichen.

‚Wieviel Karten?'

‚Keine', sagte Backus.

Der eine Halunke – namens Hank Wiley – legte eine Karte ab, die anderen je drei. Das Bieten begann. Bis jetzt waren die Summen geringfügig gewesen – ein, zwei Dollar –, aber Backus fing nun mit einem Zehn-Dollar-Goldstück an. Wiley zögerte einen Augenblick, nahm dann die Wette an und überbot ihn um zehn Dollar. Die anderen beiden paßten.

Backus bot zwanzig Dollar darüber. Wiley sagte: ‚Ich halte mit und überbiete um *hundert*!‘ Dann lächelte er und langte nach dem Geld.

‚Lassen Sie's liegen!‘ sagte Backus mit betrunkenem Nachdruck.

‚Was soll das heißen, Sie wollen mithalten?‘

‚Mithalten? Freilich will ich, und ich überbiete noch um hundert.‘

Er faßte in die Innenseite seines Mantels und zeigte die Summe vor.

‚Oh, sieht Ihr Spielchen so aus, tatsächlich? Ich nehme Ihre Erhöhung an und überbiete um fünfhundert!‘ sagte Wiley.

‚Fünfhundert mehr!‘ sagte der törichte Bullentreiber, holte die Summe hervor und ließ sie auf den Haufen fallen. Die drei Verschwörer bemühten sich kaum, ihr Frohlocken zu verbergen.

Jetzt ließen sie alle Diplomatie und jeden Schein beiseite, scharf und schnell kamen die Ausrufe, und die gelbe Pyramide wuchs höher und immer höher. Zum Schluß lagen zehntausend Dollar vor aller Augen. Wiley warf einen Beutel voller Münzen auf den Tisch und sagte mit spöttischer Sanftheit:

‚Ich überbiete um fünftausend Dollar, mein Freund aus den ländlichen Bezirken – was sagen Sie *jetzt*?‘

‚Decken Sie Ihr Blatt *auf*‘, sagte Backus und hievte seinen Beutel mit Goldmunition auf den Tisch. ‚Was haben Sie?‘

‚Vier Könige, Sie verd. . . Narr!‘ sagte Wiley, warf seine Karten hin und legte die Arme um die Stapel von Münzen.

‚Vier *Asse*, Sie Esel!‘ rief Backus mit Donnerstimme und hielt den entsicherten Revolver auf seinen Mann. ‚Ich bin selber *Berufsspieler und habe euch Stümpern die ganze Fahrt über aufgelauert*!‘

Der Anker ging nieder: rumpel-di-pumm-pumm. Und die Reise war beendet.

Tja, ja – wie betrüblich ist doch die Welt! Einer der drei Spieler war Backus' ‚Kumpel‘. Er hatte die verhängnisvollen Karten ausgeteilt. Nach einer Abmachung mit den beiden Opfern hatte er Backus vier Damen geben sollen, aber, ach, er tat es nicht.

Eine Woche darauf stieß ich in der Montgomery Street zufällig auf den hochmodisch gekleideten Backus. Er sagte fröhlich, als wir uns trennten: ‚Ach, nebenbei gesagt, wegen dieser Bodenkeile brauchen Sie sich keine Mühe zu machen. Ich verstehe in Wirklichkeit überhaupt nichts von Rindern, außer dem, was ich in einer einwöchigen Lehrzeit, kurz bevor wir abfuhren, drüben in New Jersey aufschnappen konnte. Meine Rinderkultur und meine

Rinderbegeisterung haben ihre Schuldigkeit getan – ich werd' sie nicht mehr brauchen.'"

Am nächsten Tag trennten wir uns widerstrebend von der „Gold Dust" und ihren Offizieren, in der Hoffnung, das Schiff und alle diese Offiziere eines Tages wiederzusehen. Das aber sollte das Schicksal auf tragische Weise vereiteln.

37. Kapitel

DAS ENDE DER „GOLD DUST"

Denn drei Monate darauf, am 8. August, brachten die New Yorker Zeitungen, während ich eins der vorhergehenden Kapitel schrieb, folgende telegraphische Nachricht:

SCHRECKLICHES UNGLÜCK

SIEBZEHN MENSCHEN BEI EINER EXPLOSION AUF DEM DAMPFER „GOLD DUST" GETÖTET

Nashville, am 7. August. Aus Hickman, Kentucky, erreicht uns folgende Depesche:

„Auf dem Dampfer ‚Gold Dust' ereignete sich heute um drei Uhr eine Kesselexplosion, kurz nachdem er Hickman verlassen hatte. Siebenundvierzig Menschen wurden verbrüht und siebzehn werden vermißt. Man brachte das Schiff in der Gegenströmung gleich oberhalb der Stadt zum Landen, und die Kajütenpassagiere wurden dank der Bemühungen der Bürger an Land in Hotels und Privathäuser geschafft. Vierundzwanzig Verwundete lagen zeitweise in Holcombs Gemischtwarenladen und erhielten dort jede mögliche Fürsorge, bevor sie in bequemere Unterkünfte gebracht wurden."

Dann folgte eine Namensliste, aus der hervorging, daß sich unter den siebzehn Toten der Barmann und unter den siebenundvierzig Verletzten der Kapitän, der Erste Offizier, der Zweite Offizier, der Zweite und der Dritte Zahlmeister sowie Mr. Lem. Gray, Lotse, und mehrere Mitglieder der Mannschaft befanden.

Aus der Antwort auf ein persönliches Telegramm erfuhren wir, daß keiner von ihnen schwerverletzt war, außer Mr. Gray. Danach bestätigten Briefe diese Nachricht und teilten mit, Mr. Gray gehe es besser und er werde genesen. Spätere Briefe äußerten sich weniger hoffnungsvoll über seinen Fall, und schließlich kam die

Nachricht von seinem Tode. Ein guter Mann, ein sehr umgänglicher und bewährter Mann, der ein gütigeres Schicksal verdient hätte.

38. Kapitel

DAS WUNDERSCHÖNE HAUS

Wir buchten eine Passage nach New Orleans in einem Schiff aus Cincinnati oder aber auf einem Schiff aus Cincinnati – beides ist richtig; jenes ist die im Osten und dieses die im Westen übliche Ausdrucksweise.

Mr. Dickens hat sich geweigert, der Behauptung beizupflichten, Mississippidampfer seien „herrlich" oder gar „schwimmende Paläste" – Bezeichnungen, die man ihnen immer verliehen hatte und die bei der Bewunderung, mit der die Leute sie betrachteten, keine Übertreibung waren.

Mr. Dickens' Standpunkt war möglicherweise unanfechtbar, der Standpunkt der Leute war es ganz gewiß. Falls Mr. Dickens diese Schiffe mit den Kronjuwelen, dem Tadsch Mahal, dem Matterhorn oder sonst etwas Unbezahlbarem und Wundervollem, das er gesehen hatte, verglich, dann waren sie freilich nicht herrlich – dann hatte er recht. Die Leute aber verglichen sie mit dem, was *sie* gesehen hatten, und so bewertet, so beurteilt, waren die Schiffe tatsächlich herrlich – die Bezeichnung war treffend – war keineswegs überschwenglich. Die Leute hatten ebenso recht wie Mr. Dickens. Die Dampfer waren schöner als irgend etwas an Land. Verglichen mit den besseren Wohnhäusern und erstklassigen Hotels im Tal des Mississippi waren sie zweifellos „herrlich", waren sie „Paläste". Für ein paar Leute in New Orleans und St. Louis vielleicht nicht, aber für die große Mehrheit der Bevölkerung dieser Städte und für sämtliche Anwohner beider Flußufer zwischen Baton Rouge und St. Louis galten sie als Paläste, entsprachen sie den Träumen der Bürger von Herrlichkeit und befriedigten sie.

Jede Stadt, jedes Dorf längs dieser riesigen Strecke an beiden Flußufern hatte ein bestes Wohnhaus, ein elegantestes, ein herrschaftlichstes Wohnhaus – das Heim ihres wohlhabendsten und prominentesten Bürgers.

Es läßt sich leicht beschreiben: Großer grasbewachsener Hof mit weißgestrichenem Lattenzaun, ziemlich gut instand, vom Gartentor zur Haustür backsteingepflasterter Weg, großes quadratisches, zweistöckiges Holzhaus, weiß gestrichen und mit einem

Portikus wie ein griechischer Tempel, nur daß die imposanten kannelierten Säulen und ihre korinthischen Kapitäle eine jämmerliche Imitation aus angestrichener Weißfichte waren; eiserner Klopfer, Türknauf aus Messing – angelaufen, da nicht geputzt. Drinnen eine teppichlose Diele aus gehobelten Brettern, von ihr ausgehend, ein Wohnzimmer, fünfzehn mal fünfzehn Fuß groß – in einigen Fällen fünf oder zehn Fuß mehr, ein in der Wolle gefärbter Teppich, mitten im Zimmer ein Mahagonitisch, darauf eine Lampe mit grünem Papierschirm, die auf einem bratrostähnlichen Gebilde stand – von den jungen Damen des Hauses aus buntem Garn hergestellt und Lampenuntersatz genannt –, etliche Bücher, mit peinlicher Genauigkeit nach einem ererbten und unveränderlichen Plan aufeinandergestapelt und verteilt – unter ihnen Tupper, mit vielen Bleistiftbemerkungen, sowie auch „Freundschaftsgaben" und „Kranz der Zuneigung" mit ihrem seichten Schwachsinn, illustriert von allmählich verblassenden Kupferstichen in Schabmanier, dazu Ossian, „Alonzo und Melissa", vielleicht „Ivanhoe", auch ein „Album", gefüllt mit Original-„Gedichten" nach der Art „Du-hast-das-Herz-das-dich-liebte-verwundet", zwei, drei fromm-tugendhafte Werke – „Der Schäfer von der Salisbury-Ebene" und so fort, die laufende Nummer des keuschen, harmlosen „Godeys Buch für Damen", mit kolorierten Modedrucken von Wachsfiguren-Frauen, ihre Münder alle gleich – Lippen und Augenlider von derselben Größe – und bei jeder der fünf Fuß großen Frauen lugt ein zwei Zoll großer Keil unter dem Kleid hervor, der vorgibt, ihr halber Schuh zu sein. Polierter, luftdichter Eisenofen (eine neue, tödliche Erfindung), dessen Rohr in einem Brett verschwindet, das den ausrangierten guten, alten Kamin verschließt. Auf jeder Ecke des hölzernen Kaminsimses ein großer Korb mit Pfirsichen und anderen Früchten in Naturgröße, alle kunstlos aus Gips oder Wachs geformt und angemalt, damit sie den Originalen gleichen – was sie nicht tun. Über der Mitte des Simses eine Radierung: „Washington überquert den Delaware", an der Wand neben der Tür eine Kopie derselben, von einer der jungen Damen in Plattstichstickerei hergestellt – ein Kunstwerk, das Washington veranlaßt hätte, vor dem Übergang zurückzuschrecken, hätte er voraussehen können, wozu man ihn mißbrauchen würde. Klavier – eine verkleidete Kesselpauke – darauf und auf einem danebenstehenden Gestell Stapel von Notenheften, gebundene und ungebundene: „Die Schlacht bei Prag", „Der Vogelwalzer", „Der Arkansas-Reisende", „Bestreich den Bogen mit Kolophonium", „Die Marseillaise", „Auf einsamöder Insel“ (St. Helena), „Das letzte Bindeglied zerbrochen“, „Sie trug ein Rosenkränzlein beim letzten Rendezvous“, „Geh und vergiß mich, warum soll Kummer diese Stirn beschatten“, „Stunden, die teuer der Erinnerung waren“, „Lang, lang ist's her“, „Tage des Fernseins“, „Ein Leben auf Ozeans Wellen, ein Heim auf wogender Flut“, „Seevogel“ und aufgeschlagen auf dem Ständer, so wie die klagende Sängerin es hatte liegenlassen: „Zie-hie-he weiter, Silbermo-hond, führ den Rei-senn-denn auf seinen We-heg“ und so fort. Nachdenklich an das Klavier gelehnt eine Gitarre – eine, die den spanischen Fandango von selbst weiterspielt, wenn man ihn anspielt. Tolle Kunstwerke an den Wänden – ein frommer Spruch, im Hause hergestellt – zuweilen mit buntem Garn, zuweilen mit verblichenem Gras: Ahnherr des im modernen Handel angebotenen „Gott segne unser Heim“. An der Wand, in schwarzem Profilrahmen, weitere Kunstwerke, entworfen und ausgeführt von den jungen Damen des Hauses, nämlich scheußliche Bleistiftzeichnungen, zumeist Landschaften: ein See, ein einsames Segelboot, versteinerte Wolken, am Ufer prägeologische Bäume, anthrazitfarbener Abgrund – Name der Verbrecherin auffällig in der Ecke. Eine Lithographie: „Napoleon zieht über die Alpen“, eine Lithographie: „Das Grab auf St. Helena“. Stahlstiche: Trumbulls „Schlacht von Bunker Hill“ und „Ausfall aus Gibraltar“. Kupferstiche: „Moses schlägt an den Felsen“ und „Die Heimkehr des verlorenen Sohns“. In schwerem Goldrahmen eine Verleumdung der Familie in Öl: Papa, ein Buch haltend („Verfassung der Vereinigten Staaten“), Gitarre, von deren Hals blaue Bänder flattern, an Mama gelehnt, die jungen Damen als Kinder, in Pantöffelchen und gezackten Höschen – die eine umarmt ein Spielzeugpferd, die andere lockt ein Kätzchen mit einem Garnknäuel, und beide lächeln geziert zu Mama hinauf, die geziert zurücklächelt. Alle diese Personen von frischer, roher, roter Farbe – wie gehäutet. Gegenüber, in Goldrahmen, Großpapa und Großmama im Alter von dreißig und zweiundzwanzig, steif, altmodisch, mit hohem Kragen, Puffärmeln, kreidebleich vor einem Hintergrund aus undurchdringlicher ägyptischer Finsternis. Unter dem Glassturz einer französischen Uhr ein großer Strauß steifer Blumen aus leichenweißem Wachs. In der Ecke pyramidenförmige Etagere, die Fächer vorwiegend mit Nippsachen im Zeitgeschmack angefüllt, gruppiert nach dem bestmöglichen Effekt: eine Muschel, darauf eingeschnitten das Vaterunser, eine zweite Muschel, länglich oval, mit drei Zoll langer schmaler Öffnung von einem Ende bis zum anderen; darauf eingeschnitten ein schlecht getroffenes

Porträt von Washington – die Muschel hatte ursprünglich Washingtons Mund, der Künstler hätte darauf aufbauen sollen. Diese beiden sind Andenken an die lange zurückliegende Hochzeitsreise nach New Orleans und zum Französischen Markt. Andere Nippsachen: Kalifornische „Proben" – Quarz mit anhaftenden Goldteilchen, altes Medaillon aus Guineengold mit Haarlocke eines Ahnen darin, indianische Pfeilspitzen aus Feuerstein, ein Paar perlenbestickte Mokassins vom Onkel, der über die großen Ebenen gezogen ist, drei kleine „Alaun"-Körbe von unterschiedlicher Farbe – ein Geflecht aus Draht, mit Würfeln kristallisierten Alauns von Kandiszuckerform bedeckt – von den jungen Damen hergestellte Kunstwerke, deren Kopien und Duplikate auf allen Etageren des Landes zu finden sind; eine Versammlung ausgetrockneter Käfer und Schmetterlinge, mit Nadeln auf Karton gespießt, bemalter Spielzeughund, auf einem Blasebalg sitzend – läßt den Unterkiefer fallen und quietscht, wenn man ihn nach unten drückt – ein Hase aus Zuckerwerk – Glieder und Gestalt miteinander verschmolzen, nicht deutlich ausgeformt –, Zinnmedaille von einer Präsidenten-Wahlkampagne, Miniaturfigur eines sägenden Mannes aus Pappe, die, auf dem Ofenrohr angebracht, durch die Hitze zu sägen anfängt, kleiner Napoleon aus Wachs, aufgeklappte Daguerreotypien von schwach sichtbaren Kindern, Eltern, Vettern, Tanten und Freunden in sämtlichen Stellungen, außer in natürlichen – im Hintergrund keine Tempelsäulenhalle und keine künstliche, sich in die Ferne erstreckende Landschaft, die kamen erst später auf, mit der Photographie –, alle diese undeutlich erkennbaren Gestalten verschwenderisch mit Ketten und Ringen beladen – das Metall über jeden Zweifel erhaben, durch Streifen und Spritzer von leuchtender Goldbronze deutlich gemacht, alle viel zu glatt gekämmt, viel zu fein hergerichtet, und alle beengt in steifer Sonntagskleidung von einem Schnitt, bei dem sich der Betrachter nicht vorstellen kann, daß er jemals Mode war, Gatte und Gattin gewöhnlich zusammen angeordnet – der Gatte sitzend, die Gattin stehend, die Hand auf seiner Schulter –, und beide bewahren nach all den vielen Jahren des Verblassens noch einen sichtbaren Eindruck des ermunternden „Bitte recht freundlich" des Daguerreotypisten. Über der Etagere, durch eine schmale Leiste gestützt – Platz von besonderer Heiligkeit – eine Zumutung in Aquarell, ausgeführt von der jungen Nichte, die vor langer Zeit zu Besuch kam und starb. Jammerschade, denn im Laufe der Zeit hätte sie es vielleicht bereut. Roßhaarstühle, Roßhaarsofa, das ständig unter einem hinwegrutscht.

Wachstuchsrouleaus an den Fenstern, darauf mit Schablonen gemalte Milchmädchen und Schloßruinen in schreienden Farben. Vorhänge an protzigen Gardinenstangen aus geschmiedetem und vergoldetem Blech. Schlafzimmer mit Teppichen aus geflochtenen Stoffresten, Bettstellen mit Böden aus Bandgeflecht, in der Mitte eine Senke, da die Bänder gestrafft werden müßten, nach Schnupftabak riechendes Federbett – nicht häufig genug gelüftet –, Rohrstühle, Schaukelstuhl mit geflochtenem Holzspansitz, Spiegel an der Wand, so groß wie eine Schulwandtafel, in furniertem Rahmen, ererbte Kommode, Waschschüssel mit Wasserkanne – möglicherweise, jedoch nicht unbedingt –, Messingleuchter, Talgkerze, Lichtputzschere. Weiter nichts im Zimmer. Kein Badezimmer im Haus und kein Besucher zu erwarten, der jemals eins gesehen hat.

Dies war das Wohnhaus des bedeutendsten Bürgers, auf der ganzen Strecke von den Vorstädten von New Orleans bis zu den Randbezirken von St. Louis. Ging er an Bord eines großen, schönen Dampfers, so betrat er eine neue, wunderbare Welt: Die Schornsteinköpfe einer gespreizten Federkrone nachgebildet, und vielleicht sogar rot bemalt, Steuerhaus-, Hurrikandeck- und Boilerdeckgeländer sämtlich mit weißen, filigranen Holzschnitzereien in phantasievollen Mustern verziert, vergoldete Eicheln oben auf den Ladebäumen, vergoldete Geweihe über der großen Glocke, zuweilen auch ein prunkvolles symbolisches Bild auf dem Radkasten, ein großes, geräumiges Boilerdeck, blau gestrichen und mit Windsorsesseln ausgestattet; drinnen eine weitläufige schneeweiße „Kajüte", Porzellan-Türknauf und Ölgemälde an der Tür jeder Luxuskabine; gewundene Ornamente in Filigranarbeit, teilweise vergoldet, erstrecken sich entlang der Decke des ganzen Korridors, allerorten große Kronleuchter, jeder geradezu ein Aprilschauer aus glitzernden Glastropfen, überall liebliches, regenbogenfarbenes Licht, das durch die bunten Scheiben der Oberlichter einfällt – das Ganze ein langer strahlender Tunnel, ein verwirrender und die Seele labender Anblick! In der Damenkajüte ein rosa und weißer Wiltonteppich so weich wie Maisbrei und mit einem entzückenden Muster aus gigantischen Blumen. Dann das Hochzeitsgemach – der Kerl, der es sich ausgedacht hatte, war damals noch am Leben und nicht gehängt –, das Hochzeitsgemach also; sein protziger Kitsch mußte zwangsläufig einschüchternd auf die jetzt schon wankende Denkfähigkeit dieses „Hosianna!" rufenden Bürgers wirken. Jede Luxuskabine hatte ihre zwei bequemen, sauberen Kojen und vielleicht einen Spiegel sowie einen verborgenen Wandschrank, und manchmal waren sogar Waschschüssel und Kanne da sowie ein Stück Handtuch, das Fachleute von einem Moskitonetz zu unterscheiden vermochten – wenngleich diese Dinge für gewöhnlich nicht vorhanden waren und sich die hemdsärmeligen Passagiere beim Barbier in einer langen Reihe dort installierter Schüsseln reinigten, wo es auch öffentliche Handtücher, öffentliche Kämme und öffentliche Seife gab.

Man nehme den Dampfer, wie ich ihn soeben beschrieben habe, und man hat ihn in seinem besten, elegantesten, erfreulichsten, behaglichsten und zufriedenstellendsten Zustand. Nun überziehe man ihn mit einer alten, starrsinnigen Schmutzschicht, und man hat den Dampfer aus Cincinnati, von dem vor einer Weile die Rede war. Nicht überall – nur innen, denn in sämtlichen Abteilungen war er mit fähigen Offizieren besetzt, außer in der des Oberstewards.

Wasche man aber dieses Schiff und streiche es neu an, dann wäre es ungefähr ein Gegenstück zum gepriesensten Fahrzeug der stolzen alten Zeit, denn die Bauweise der Dampfer des Westens hat sich nicht verändert, und ebensowenig ihre Möblierung und Ausschmückung.

39. Kapitel

FABRIKATE UND FÄLSCHER

Wo der Fluß in der Gegend von Vicksburg früher korkenzieherartig verlief, fließt er jetzt verhältnismäßig gerade – die Folge eines Durchbruchs: Eine einst siebzig Meilen lange Strecke hat sich auf fünfunddreißig verkürzt. Das war eine Veränderung, die Vicksburgs Nachbarstadt Delta, Louisiana, ins Land hineinversetzte und ihre Karriere als Flußstadt beendete. Ihre gesamte Uferseite liegt jetzt an einer breiten Sandbarre, die dicht mit jungen Bäumen bewachsen ist – sie werden sich nach und nach zu einem üppigen Wald entwickeln und die verbannte Stadt gänzlich verbergen.

Zur vorgesehenen Zeit fuhren wir an Grand Gulf und Rodney vorbei, die durch den Krieg berühmt wurden, und erreichten Natchez – die letzte der schönen Hügelstädte, denn Baton Rouge, das noch kommen sollte, liegt nicht auf einem Hügel, sondern nur auf einer Bodenwelle. Das berühmte Natchez -under-the-hill hat sich in zwanzig Jahren nicht merklich verändert: Nach den Beschreibungen der Prozession von ausländischen Reisenden in alter Zeit zu urteilen, hat sich sein äußeres Bild auch in sechzig

Jahren nicht verändert, denn es ist noch immer klein, weit auseinandergezogen, schäbig. In den Tagen der Flußboote und der frühen Dampfschiffahrt hatte es in moralischer Hinsicht einen wüsten Ruf – unter dem Gesindel vom Fluß gab es damals massenhaft Trinkgelage, Raufereien sowie Mord und Totschlag. Aber Natchez-on-top-of-the-hill ist anziehend – ist es immer gewesen. Sogar Mrs. Trollope (1827) mußte seine Reize zugeben:

„An ein, zwei Punkten wird die ermüdende flache Linie von ‚Bluffs' unterbrochen, wie sie dort die sich in Abständen erhebenden Anhöhen nennen. Die Stadt Natchez liegt wunderschön auf einer dieser Bodenerhebungen. Der Kontrast, den der leuchtend grüne Hügel zur düsteren Linie des schwarzen Waldes bildet, der sich zu beiden Seiten erstreckt, die üppig wachsenden Melonenbäume, Fächerpalmen und Orangenbäume, die reiche Fülle süß duftender Blumen, die dort gedeihen, das alles läßt die Stadt wie eine Oase in der Wüste erscheinen. Natchez ist der nördlichste Punkt, an dem Orangen im Freien reifen und den Winter ohne Schutz überdauern. Mit Ausnahme dieses lieblichen Orts machten mir all die kleinen Städte und Dörfer, an denen wir vorbeifuhren, einen höchst schäbigen Eindruck."

Natchez hat wie alle seine nah und fern gelegenen Flußnachbarn jetzt Eisenbahnlinien und baut sie noch weiter aus – verlängert sie nach allen Seiten in die gesamte reiche Umgebung, die sein natürlicher Zubringer ist. Und wie Vicksburg und New Orleans hat es seine Eisfabrik; sie stellt täglich dreißig Tonnen Eis her. In Vicksburg und Natchez war Eis zu meiner Zeit so wertvoll wie Juwelen, die nur die Reichen tragen konnten. Jetzt aber kann jeder Beliebige es sich leisten. Ich besuchte eine der Eisfabriken in New Orleans, um festzustellen, welchen Anblick wohl die Polarzone bietet, wenn man sie zum Rand der Tropen hin vorzieht. Aber der Ort sah nicht beeindruckend aus. Er war weiter nichts als ein geräumiges Haus, an dessen einem Ende etliche unschuldige Dampfmaschinen standen und in dem ein paar große Porzellanrohre hierhin und dorthin führten. Nein, nicht Porzellan – es schien nur so, sie waren aus Eisen, aber das Ammoniak, das durch sie gepumpt wurde, hatte sie mit einer handbreiten, festen, milchweißen Eisschicht umgeben. Sie hätte schmelzen müssen, denn man brauchte in dieser Atmosphäre keine Winterkleidung, aber sie schmolz nicht; das Innere des Rohrs war zu kalt.

In den Boden versenkt standen zahllose Zinkkästen, die einen Fuß hoch und breit, zwei Fuß lang und am oberen Ende offen waren. Darin befand sich klares Wasser, und um jeden Kasten wurden Salz und andere geeignete Materialien gepackt; auch die Ammoniakgase ließ man auf irgendeine Weise – die mir ewig ein Geheimnis bleiben wird, denn es gelang mir nicht, das Verfahren zu begreifen – auf das Wasser einwirken. Während es in den Kästen nach und nach gefror, rührten Männer es hin und wieder mit einem Stock um, damit die Luftblasen aufstiegen, glaube ich. Andere Männer hoben ununterbrochen Kästen heraus, deren Inhalt hartgefroren war. Sie tauchten jeden einmal in eine Wanne mit kochendem Wasser, um den Eisblock aus seinem Blechsarg zu befreien; dann stürzten sie ihn auf einen offenen Lastwagen, und fertig war er für den Markt. Diese großen Blöcke waren hart, fest und kristallklar. In manchen hatte man üppige Sträuße frischer, leuchtender tropischer Blumen einfrieren lassen, in anderen anmutige, in Seide gekleidete französische Puppen und weitere hübsche Gegenstände. Diese Blöcke waren dazu bestimmt, aufrecht auf einer Platte in der Mitte einer Speisetafel zu stehen, um die tropische Luft zu kühlen und gleichzeitig als Schmuck zu dienen, denn die eingeschlossenen Blumen und Gegenstände waren wie durch Glasscheiben sichtbar. Ich erfuhr, daß diese Fabrik ihr Eis zu sechs oder sieben Dollar die Tonne mit Lastwagen in ganz New Orleans in den bescheidensten Haushaltsmengen an den Einzelhandel liefern und dabei ausreichend Gewinn machen konnte. Da dem so ist, könnten Eisfabriken auch im Norden ein gutes Geschäft machen, denn dort erhalten wir kein Eis zu solchen Bedingungen, wenn wir nicht wenigstens dreihundertfünfzig Pfund auf einmal abnehmen.

Die „Rosalie Yarn Mill" in Natchez hat eine Kapazität von 6000 Spindeln und 160 Webstühlen, und sie beschäftigt 100 Arbeitskräfte. Die „Natchez Cotton Mills Company" begann ihren Betrieb vor vier Jahren in einem zweistöckigen Gebäude auf einer Fläche von 50 x 190 Fuß mit 4000 Spindeln und 128 Webstühlen; das gesamte Kapital von 105 000 Dollar wurde in der Stadt aufgebracht. Zwei Jahre später erhöhten dieselben Aktienbesitzer ihr Kapital auf 225 000 Dollar, fügten dem Fabrikgebäude ein drittes Stockwerk hinzu, verlängerten es auf 317 Fuß und rüsteten es mit zusätzlichen Maschinen aus, so daß die Kapazität nun auf 10 300 Spindeln und 304 Webstühle stieg. Die Gesellschaft beschäftigt jetzt 250 Arbeiter, viele davon Einwohner von Natchez. „Der Betrieb verarbeitet 5000 Ballen Baumwolle im Jahr und stellt braunen Schirting, Lakenstoff und Drillich in bester Standardqualität her, und davon jährlich fünf Millionen Yard."* Eine

* Der „Times-Democrat" von New Orleans, 26. August 1882

geschlossene Handelsgesellschaft – die Aktien haben einen Wert von 5000 Dollar pro Anteil, kommen aber nicht auf den Markt.

Im Tal des Mississippi haben große und merkwürdige Veränderungen stattgefunden, sie waren jedoch zu erwarten; aber nicht erwartet hatte ich, daß Natchez und die anderen Städte am Fluß zu Hochburgen der Industrie und zu Eisenbahnknotenpunkten werden.

Da wir von Industrie sprechen, fällt mir ein Gespräch über dieses Thema ein, das ich an Bord des Schiffs aus Cincinnati hörte – ja belauschte. Ich erwachte aus unruhigem Schlaf, und ein undeutliches Stimmengewirr drang mir in die Ohren. Ich hörte zu – zwei Männer führten ein Gespräch; ihr Thema war anscheinend die große Überschwemmung. Ich blickte durch das offene Oberlicht hinaus. Die beiden Männer nahmen ein spätes Frühstück ein, sie saßen sich gegenüber und sonst niemand in der Nähe. Mit der Überschwemmung waren sie nach ein paar Worten fertig – sie hatten sie offenbar nur benutzt, um das Eis zu brechen und Bekanntschaft miteinander zu schließen; dann kamen sie auf Geschäfte zu sprechen. Bald stellte sich heraus, daß sie Vertreter waren – der eine aus Cincinnati, der andere aus New Orleans. Lebhafte Leute, energisch in ihren Bewegungen und ihrer Redeweise, der Dollar war ihr Gott, ihn zu erjagen ihre Religion.

„Was nun diesen Artikel hier betrifft“, sagte Cincinnati, schnitt in die angebliche Butter hinein und hielt eine Scheibe davon auf seiner Messerklinge, „der stammt von unserer Firma; sehen Sie sich ihn mal an, riechen Sie, kosten Sie. Machen Sie damit jede Probe, die Sie wollen. Nehmen Sie sich Zeit – es eilt nicht –, machen Sie's gründlich. So – na, was sagen Sie? Butter, nicht wahr? Weit gefehlt – ist Margarine. Allerdings, Sir, Margarine. Sie können sie nicht von Butter unterscheiden. Weiß der Kuckuck – nicht mal 'n Fachmann kann das. Stammt von unsrer Firma. Wir beliefern die meisten Schiffe im Westen damit; kaum eins hat auch nur ein Pfund Butter an Bord. Wir kommen Schritt für Schritt voran – vielmehr mit Siebenmeilenstiefeln, das ist das richtige Wort. Wir werden den gesamten Geschäftszweig in die Hand bekommen. Ja, und das Geschäft mit den Hotels ebenfalls. Sie werden bald den Tag erleben, wo Sie im Mississippi- und im Ohiotal außerhalb der Großstädte in keinem Hotel mehr auch nur eine Unze Butter auftreiben können. Wir stellen ja jetzt schon Tausende von Tonnen Margarine her. Und wir können sie so spottbillig verkaufen, daß das ganze Land sie nehmen *muß* – gar nicht zu umgehen, verstehen Sie. Butter kommt da nicht mit –

für die gibt's nicht die geringste Chance als Konkurrenz. Die Zeit für Butter ist vorbei – die wird von jetzt ab an die Wand gedrückt. Mit Margarine läßt sich mehr Geld verdienen als . . . ja, Sie können sich überhaupt nicht vorstellen, was wir für 'n Geschäft machen. In jeder Stadt von Cincinnati bis Natchez hab ich haltgemacht und aus jeder große Bestellungen nach Hause geschickt."

Und so weiter und so fort, zehn Minuten lang immer mit derselben Begeisterung. Dann legte New Orleans los und sagte:

„Freilich, eine erstklassige Imitation, gewiß doch, aber nicht die einzige erstklassige. Zum Beispiel macht man heutzutage aus Baumwollsamenöl ein Olivenöl, das Sie vom echten nicht unterscheiden können."

„Ja, das stimmt", erwiderte Cincinnati, „und 'ne Zeitlang war's auch ein Klassegeschäft. Man hat's nach Frankreich und Italien rübergeschickt und dann wieder zurückkommen lassen, mit dem Zollstempel der Vereinigten Staaten drauf, der es als echt bestätigte, und damit ließ sich ein Haufen Geld machen; aber dann haben Frankreich und Italien das Spiel verdorben – mußte natürlich so kommen. Die haben so 'nen saftigen Einfuhrzoll draufgeschlagen, daß das Baumwollsamen-Olivenöl die Preiserhöhung nicht durchhalten konnte, mußte klein beigeben und verschwinden."

„So, mußte es das, tatsächlich? Warten Sie mal 'ne Minute hier." Geht also in seine Kabine und bringt zwei langhalsige Flaschen zurück, zieht die Korken heraus und sagt: „Da, riechen Sie mal dran, kosten Sie mal, prüfen Sie die Flaschen genau, sehn Sie sich die Etiketts an. Die eine ist aus Europa, die andere ist nie draußen gewesen. In der einen ist europäisches Olivenöl, in der andren amerikanisches Baumwollsamen-Olivenöl. Sie auseinanderhalten? Können Sie natürlich nicht. Kann niemand. Wer Lust dazu hat, soll sich gern die Ausgabe und Mühe machen, sein Öl nach Europa und wieder zurück zu verfrachten – das ist sein gutes Recht; aber unsre Firma kennt 'nen Trick, der sechsmal soviel wert ist. Wir stellen das Ganze – vom ersten Startschuß an – selber in unsrer Fabrik in New Orleans her: Etiketts, Flaschen, Öl, alles. Nein, die Etiketts nicht – die kaufen wir im Ausland – bekommen sie dort spottbillig. Verstehen Sie, in jeder Gallone Baumwollsamenöl ist nur ein winziger Tropfen einer Essenz oder sowas, was ihm Geruch oder Geschmack oder was immer gibt – wenn Sie den rauskriegen, ist alles gut – dann können Sie ohne Schwierigkeit jede Sorte Öl, die Sie nur wollen, draus machen, und kein Mensch wird das echte vom falschen unterscheiden können. Nun, wir wissen, wie man diesen kleinen Bestandteil rauskriegt – und unsre Firma ist die einzige, die das kann. Und wir stellen ein Olivenöl her, das einfach tadellos ist – bei dem sich nichts nachweisen läßt! Wir machen auch ein Bombengeschäft, wie ich Ihnen leicht in meinem Auftragsbuch von dieser Fahrt zeigen könnte. Vielleicht werden Sie schon ziemlich bald Butter auf jedermanns Brot schmieren, aber wir werden vom Golf bis nach Kanada jedermanns Salat mit Baumwollsamenöl anmachen, das ist todsicher."

Cincinnati glühte und strahlte vor Bewunderung. Die beiden Gauner tauschten ihre Geschäftskarten aus und standen auf. Als sie den Tisch verließen, sagte Cincinnati: „Aber Sie brauchen doch die Zollstempel, oder? Wie bringen Sie denn das fertig?"

Die Antwort konnte ich nicht verstehen.

Wir fuhren an Port Hudson vorbei, dem Schauplatz, wo zwei der schrecklichsten Kriegsereignisse stattgefunden hatten – die Schlacht zwischen Farraguts Flotte und den Küstenbatterien der Konföderierten, in der Nacht des 14. April 1863, und zwei Monate später die denkwürdige Schlacht zu Land, die acht Stunden dauerte – acht Stunden außergewöhnlich heftigen und hartnäckigen Kampfes – und schließlich mit dem Zurückschlagen der Truppen der Nordstaaten unter großem Gemetzel endete.

40. Kapitel

SCHLÖSSER UND KULTUR

Baton Rouge war in Blumen gekleidet wie eine Braut – nein, mehr noch wie ein Gewächshaus. Denn wir befanden uns jetzt im absoluten Süden – keine Abweichungen, keine Kompromisse, keine Halbheiten. Die wohlriechenden Magnolienbäume auf dem Gelände des Kapitols sahen lieblich aus mit ihrem dichten, üppigen Blattwerk und ihren riesigen schneeballgleichen Blüten. Der Duft der Blüte ist sehr süß, aber so stark, daß man ihn aus einiger Entfernung genießen muß. Es sind keine für das Schlafzimmer geeigneten Blüten – sie könnten einen im Schlaf ersticken. Wir befanden uns nun zweifellos endlich im Süden, denn hier fängt das Gebiet des Zuckerrohrs an, und die Pflanzungen tauchten auf – weite grüne Ebenen; mittendarin zusammengedrängt die Zuckerraffinerie mit den Negerunterkünften. Und über uns eine Tropensonne und tropische Hitze in der Luft.

An diesem Punkt beginnt auch das Paradies des Lotsen: von

hier bis New Orleans ein breiter Fluß, von einem Ufer bis zum anderen reichlich Wassertiefe und nirgends Sandbänke oder Snags, keine treibenden Stämme noch Wracks im Weg.

Für das Gebäude des Kapitols ist vermutlich Sir Walter Scott verantwortlich, denn es ist kaum vorstellbar, daß man diese kleine Pseudoburg je gebaut hätte, wenn er nicht vor zwei Generationen die Menschen mit seinen mittelalterlichen Romanzen verrückt gemacht hätte. Der Süden hat sich noch immer nicht vom schwächenden Einfluß seiner Bücher erholt. Die Bewunderung für seine Phantasiehelden, ihr groteskes ritterliches Treiben und ihre romantischen Kindereien hat hier noch überlebt, und das in einer Atmosphäre, in der sich schon der bekömmliche Geruch des praktischen neunzehnten Jahrhunderts nach Baumwollfabriken und Lokomotiven bemerkbar macht. Auch die Spuren ihrer überschwenglichen Sprache und ähnlichen hohlen Humbugs sind noch nicht verschwunden. Es ist schon schlimm genug, daß jemals an diesem ansonsten ehrenhaften Ort eine weißgetünchte Burg mit Türmen und anderem Drum und Dran – innen und außen lauter unechte Dinge, die etwas vortäuschen, was sie nicht sind – gebaut wurde, aber noch viel schlimmer ist, sehen zu müssen, wie diese architektonische Fälschung in unseren Tagen restauriert und verewigt wird, wo es doch so leicht gewesen wäre, Dynamit das vollenden zu lassen, was ein barmherziges Feuer begonnen hatte, und dann mit dem Geld für die Restaurierung etwas Echtes zu bauen.

Baton Rouge besitzt jedoch kein Patent oder Monopol auf Burgimitationen. Die folgende Bemerkung stammt aus einer Annonce des „Weiblichen College“ von Columbia, Tennessee:

„Das Institutsgebäude ist seit langem berühmt als ein Muster auffallend schöner Architektur. Den Besucher entzücken seine Ähnlichkeit mit den alten Burgen der Lieder und Geschichten, seine mit Türmen und Türmchen bewehrten Mauern, seine efeuumrankten Veranden.“

Eine Schule in einer Burg einzurichten ist etwas Romantisches – ebenso romantisch, wie ein Hotel in einer Burg einzurichten.

Für sich allein genommen ist die Burgimitation ohne Zweifel harmlos und erträglich, aber als Symbol, als Erzeuger und Erhalter einer rührseligen mittelalterlichen Romantik hier in der Mitte des schlichtesten, robustesten und weitaus größten und würdigsten Jahrhunderts, das die Welt je erlebt hat, ist es zwangsläufig etwas Schädliches und Falsches.

Ein Auszug aus dem Prospekt eines „Weiblichen College“ in

Kentucky. „Weibliches College" klingt leidlich, aber da es nur der Kürze wegen auf so unvertretbare Weise formuliert wurde, scheint mir, „Sie-College" wäre besser gewesen – weil es noch kürzer ist und das gleiche bedeutet, das heißt, wenn einer der beiden Ausdrücke überhaupt etwas bedeutet:

„Der Rektor ist von Geburt, Erziehung, Bildung und Geisteshaltung Südstaatler; sämtliche Lehrer sind ihrer Geisteshaltung nach Südstaatler und mit Ausnahme derer, die aus Europa stammen, im Süden geboren und aufgewachsen. Da wir die Lebensweise des Südens für die höchste Zivilisationsform ansehen, die es auf diesem Kontinent gibt*, erhalten die jungen Damen eine Erziehung, die ganz den Vorstellungen des Südens von guten Manieren, Bildung, Fraulichkeit, Religion und Anstand entspricht;

* Einige Beispiele hierfür, die anzuführen der Schreiber des Inserats gedankenloserweise unterlassen hat:

„Knoxville, Tennessee, 19. Oktober. Heute morgen wurden wenige Minuten nach zehn Uhr General Joseph A. Mabry, Thomas O'Connor und Joseph A. Mabry jr. bei einem Schußwechsel getötet. Die Auseinandersetzungen begannen gestern nachmittag, als General Mabry Major O'Connor angriff und drohte, ihn zu töten. Dies geschah auf dem Jahrmarktsgelände, und O'Connor erklärte Mabry, dies sei nicht der geeignete Ort, ihre Unstimmigkeiten auszutragen. Darauf erklärte Mabry O'Connor, er werde nicht mit dem Leben davonkommen. Anscheinend war Mabry bewaffnet, O'Connor aber nicht. Die Ursache der Auseinandersetzungen war ein alter Streit wegen der Übertragung eines Grundstücks von Mabry an O'Connor. Im Lauf des Nachmittags sandte Mabry O'Connor die Mitteilung, er werde ihn niederschießen, sobald er ihm vor die Augen komme. Heute früh stand O'Connor am Eingang zur Mechanics' National Bank, deren Präsident er war. Auf der gegenüberliegenden Seite kamen General Mabry und ein anderer Gentleman die Gay Street herunter. O'Connor trat in die Bank, holte eine Schrotflinte, zielte sorgfältig auf General Mabry und schoß. Mabry fiel tot um, er war in die linke Seite getroffen. Während er stürzte, feuerte O'Connor einen zweiten Schuß ab und traf Mabry in den Oberschenkel. Nun holte O'Connor eine andere Flinte aus der Bank. Ungefähr zur selben Zeit kam Joseph A. Mabry jr., der Sohn General Mabrys, die Straße heruntergerannt, ohne daß O'Connor ihn sah, bis er nur noch vierzig Fuß von ihm entfernt war, da schoß der junge Mann eine Pistole ab, die Kugel traf O'Connor in die rechte Brust und durchschlug seinen Körper in der Nähe des Herzens. In dem Augenblick, da Mabry schoß, wandte sich O'Connor um und gab einen Schuß ab; die Ladung traf den jungen Mabry rechts in Brust und Seite. Mabry fiel um, von zwanzig groben Schrotkugeln durchlöchert, und fast im selben Augenblick fiel O'Connor ohne jeden Todeskampf leblos zu Boden. Mabry versuchte, sich aufzurichten, sank jedoch tot zurück. Die ganze Tragödie spielte sich innerhalb von zwei Minuten ab, und keiner der drei sprach noch, nachdem er von den Schüssen getroffen war. General Mabry hatte etwa dreißig grobe Schrotkugeln im Körper. Ein Passant trug durch eine Schrotkugel eine schmerzhafte Wunde am Oberschenkel davon und ein zweiter am Arm. Schrotkugeln durchlöcherten vier weiteren Männern die Kleidung. Die Sache rief große Erregung hervor, und Tausende von Menschen drängten sich in der Gay Street. General Mabry und sein Sohn Joe waren erst vor wenigen Tagen vom Mord an Moses Lusby und Don Lusby, Vater und Sohn, freigesprochen worden, die sie vor daher bieten wir ein erstklassiges weibliches College für den Süden an und bemühen uns um Gönner aus dem Süden."

He, Türmer, heda! Der Mann, der einen so selbstgefälligen Ton schmettern kann, schmettert ihn vermutlich von einer Burg herab.

Von Baton Rouge bis New Orleans säumen die großen Zuckerrohrplantagen den ganzen Weg über beide Seiten des Flusses und erstrecken sich meilenweit bis zu der bläulichen Mauer eines Waldes bärtiger Zypressen in der Ferne. Keine verlassenen Ufer mehr. Zu beiden Seiten des Stroms viele Wohnhäuser – auf lange Strecken stehen sie so dicht beieinander, daß der mächtige Fluß zu einer Art breiter Straße zwischen den beiden Gebäudereihen wird. Eine sehr anheimelnde, glücklich wirkende Gegend. Und

ein paar Wochen getötet hatten. Don Lusby hatte Will Mabry letzte Weihnacht umgebracht. Major Thomas O'Connor war Präsident der hiesigen Mechanics' National Bank und der begütertste Mann im Bundesstaat." (Telegramm der Associated Press).

„An einem Tag im vergangenen Monat erfuhr Professor Sharpe vom „Weiblichen College" in Somerville, Tennessee, ein ruhiger und gesitteter Mann, sein Schwager, ein Hauptmann Burton, habe gedroht, ihn umzubringen. Anscheinend hatte Burton bereits einen Menschen getötet und einem anderen sein Messer in die Brust gejagt. Der Professor bewaffnete sich mit einem doppelläufigen Gewehr und machte sich auf die Suche nach seinem Schwager; er traf ihn beim Billardspiel in einem Lokal und schoß ihn durch den Kopf. Wie der ‚Avalanche' von Memphis berichtet, fand das Verhalten des Professors in der Gemeinde fast allgemeine Billigung; da er wußte, daß das Gesetz machtlos war, ihn zu beschützen, habe er sich selbst geschützt.

Etwa zur gleichen Zeit stritten sich in North Carolina zwei junge Männer um ein Mädchen und schickten einander ‚feindliche Botschaften'. Freunde bemühten sich, sie zu versöhnen, aber ihre Mühe war vergebens. Am 24. trafen sich die beiden jungen Leute auf der Landstraße. Der eine hielt einen schweren Knüppel in der Hand, der andere eine Axt. Der Mann mit dem Knüppel kämpfte verzweifelt um sein Leben, aber es war von Anfang an ein aussichtsloser Kampf. Ein gut gezielter Hieb schlug ihm die Keule aus der Faust, und im nächsten Augenblick war er tot.

Um die gleiche Zeit trieben zwei junge Leute aus Virginia, Verkäufer in einem Eisenwarenladen in Charlottesville, die einflußreiche Verwandte hatten, ihren Schabernack miteinander und begannen sich zu prügeln. Peter Dick streute Charles Roads Pfeffer in die Augen, Roads verlangte, daß er sich entschuldigte, Dick weigerte sich, und sie waren übereinstimmend der Meinung, ein Duell sei unvermeidlich. Eine Schwierigkeit ergab sich jedoch: Die Gegner hatten keine Pistolen, und so spät am Abend ließen sich keine mehr beschaffen. Einer von beiden erklärte, Schlächtermesser täten es auch, und der andere nahm den Vorschlag an. Das Ergebnis war, daß Roads mit einer klaffenden Wunde im Bauch, die sich möglicherweise als tödlich erweisen kann, zu Boden fiel. Falls Dick verhaftet wurde, ist die Nachricht davon nicht bis zu uns gedrungen. Er sprach sein ‚tiefstes Bedauern' aus und wie uns ein Korrespondent der ‚Philadelphia Press' aus Staunton mitteilt, wurde alles nur Mögliche unternommen, die Sache zu vertuschen." (Auszüge aus der Presse) hin und wieder sieht man ein großes Herrenhaus mit Säulen und Portikus zwischen Bäumen wie in einer Laube eingeschlossen. Hier das Zeugnis von ein oder zwei Teilnehmern an der Prozession ausländischer Touristen, die vor einem halben Jahrhundert dort vorbeizogen. Mrs. Trollope berichtet:

„Die ununterbrochen flachen Ufer des Mississippi zogen sich oberhalb von New Orleans viele Meilen ohne jede Abwechslung hin, aber überall waren die graziöse, üppige Fächerpalme, die dunkle, edle Stechpalme und der helle Orangenbaum zu sehen, und es dauerte viele Tage, bis wir müde wurden, sie zu betrachten."

Kapitän Basil Hall:

„Die Landesgegend, die im unteren Teil von Louisiana an den Mississippi grenzt, ist überall dicht von Zuckerrohrpflanzern besiedelt, deren prunkhafte Häuser, graue Vorhallen, schmucke Gärten und zahlreiche Sklavendörfer, alle sauber und ordentlich, der Flußlandschaft ein äußerst wohlhabendes Aussehen verleihen."

Die gesamte Prozession malt das anziehende Bild in den gleichen Farben. Kein Wort braucht man an den fünfzig Jahre alten Beschreibungen zu verändern, um diese Gegend genau so zu beschreiben, wie sie heute aussieht – bis auf die „schmucke" Erscheinung der Häuser. Die weiße Tünche der Negerhütten ist jetzt verschwunden, der Farbanstrich an vielen, vielleicht den meisten großen Herrenhäusern, die einst so blendend weiß waren, ist abgeblättert, und sie machen einen heruntergekommenen, vernachlässigten Eindruck. Das ist der Pesthauch des Krieges. Vor einundzwanzig Jahren war längs der „Küste" alles schmuck und sauber und hell, genauso, wie es nach der Beschreibung dieser Reisenden 1827 ausgesehen hat.

Diese unglückseligen Reisenden! Die Leute hielten sie mit albernen, dummen Lügen zum besten und lachten sie dann aus, weil sie ihnen glaubten und sie drucken ließen. Sie erzählten Mrs. Trollope, die Alligatoren – oder Krokodile, wie sie sie nennt – seien entsetzliche Kreaturen, und sie bekräftigten diese Behauptung mit einer haarsträubenden Geschichte, nach der eins dieser verleumdeten Reptilien einmal nachts in die Hütte eines Siedlers gekrochen sei und eine Frau und fünf Kinder aufgefressen habe. Schon allein die Frau hätte für jeden auf herkömmliche Weise unmöglichen Alligator genügt, aber nein, diese Lügner mußten ihn dazu auch noch die fünf Kinder verschlingen lassen. Man sollte nicht meinen, daß Spaßvögel einer solch robusten Gattung empfindlich wären – jedoch sie waren es. Heutzutage kann man die Art, wie das Buch des gesetzten, ehrlichen, intelligenten, milden, mannhaften, barmherzigen, wohlmeinenden Kapitäns Basil Hall aufgenommen wurde, nur schwer verstehen und keinesfalls rechtfertigen. Mrs. Trollopes Bericht darüber mag den Leser vielleicht unterhalten, darum habe ich ihn in den Anhang aufgenommen.*

41. Kapitel

DIE METROPOLE DES SÜDENS

Das Vorfeld von New Orleans war mir vertraut, das allgemeine Bild unverändert. Durchfliegt man London mit einer Eisenbahn, von hohen Brückenbögen in die Luft erhoben, kann man lange Strecken durch die geöffneten Fenster der Obergeschosse in die Schlafzimmer sehen; die untere Hälfte der Häuser aber liegt auf einer niedrigeren Ebene und entzieht sich den Blicken der Reisenden. Ähnlich ist es bei hohem Wasserstand in der Gegend von New Orleans; das Wasser steht bis zum oberen Rand des Uferdamms, das Flachland dahinter liegt viel tiefer – wie der Boden einer Schüssel –, und während das Schiff hoch oben vorbeifährt, blickt man auf die Häuser hinab und in die oberen Fenster. Einzig die schwache Brustwehr aus Erde liegt zwischen den Menschen und der Vernichtung.

Die alten Salzlagerhäuser aus Backsteinen, die sich am oberen Ende der Stadt drängten, sahen aus, wie sie immer ausgesehen hatten – Lagerhäuser, die jedoch, seit ich sie das letztemal erblickte, ein Schicksal gehabt hatten, das an Aladins Wunderlampe erinnerte, denn als sich bei Kriegsausbruch ihr Besitzer abends zu Bett legte, waren sie mit Tausenden Säcken von gewöhnlichem Salz vollgepackt, im Wert von zwei Dollar pro Sack, und als er sich am nächsten Morgen erhob, stellte er fest, daß sich sein Berg Salz sozusagen in einen Berg Gold verwandelt hatte, so plötzlich und in so schwindelnde Höhe hatte die Nachricht vom Krieg den Preis der Ware emporgetrieben.

Die sich weit hinziehenden, aus Bohlen bestehenden Kais sahen unverändert aus und dort lagen ebenso viele Schiffe wie früher, die langen Dampferreihen jedoch waren verschwunden – natürlich nicht gänzlich, aber viel war davon nicht übriggeblieben.

Die Stadt selbst hatte sich nicht verändert, für das Auge jedenfalls nicht. Sie hatte zwar an Ausdehnung und Bevölkerung sehr

* Siehe Anhang C

zugenommen, der Anblick der Stadt aber war noch der gleiche. Schmutz und Papierabfälle bedeckten noch immer die Straßen, die tiefen, trogähnlichen Gossen neben den Bordsteinen waren noch immer halb voll stehenden Wassers, auf dessen Oberfläche eine Staubschicht lag, die Bürgersteige – im Zucker- und Schinkenspeckbezirk – noch immer mit Tonnen, Fässern und Fäßchen vollgestellt, die großen Blocks streng nüchterner Geschäftshäuser sahen noch ebenso staubig aus wie eh und je.

Die Canal Street gab sich eleganter, anziehender und erregender als früher, mit ihrer dahintreibenden Menschenmenge, ihren vielen vorbeieilenden Straßenbahnzügen und ihren breiten Veranden im ersten Stockwerk, die sich gegen Abend mit Herren und Damen füllten, welche nach der letzten Mode gekleidet waren.

Es gibt in der Canal Street nicht etwa „Architektur“: ganz allgemein gesprochen, gibt es in New Orleans überhaupt keine Architektur, außer auf den Friedhöfen. Es mutet seltsam an, dies von einer wohlhabenden, vorausschauenden und energiegeladenen Stadt mit einer Viertelmillion Einwohnern zu sagen, trifft jedoch zu. Zwar steht dort ein riesiges Bundeszollhaus aus Granit – es ist auch kostspielig genug und echt genug, aber an Verzierungen wird es von jedem Gasometer übertroffen. Es sieht aus wie ein Staatsgefängnis. Freilich wurde es vor dem Krieg gebaut. Man kann sagen, daß die Architektur in Amerika nach dem Krieg geboren wurde. New Orleans hatte, glaube ich, das Glück – und in einer Hinsicht das Pech –, in den letzten Jahren keine große Feuersbrunst erlebt zu haben. Sicher trifft dies zu. Wäre das Gegenteil der Fall gewesen, dann könnte man, denke ich, den „verbrannten Stadtbezirk“ an der grundlegenden Verbesserung seiner Architektur gegenüber den alten Formen erkennen. In Boston und in Chicago ist dies möglich. Vor dem Feuer war der „abgebrannt Bezirk“ von Boston nichtssagend, jetzt aber gibt es in keiner Stadt der Welt ein Geschäftsviertel, das es an Schönheit, Eleganz und geschmackvoller Ausführung überträfe oder ihm vielleicht auch nur gleichkäme.

New Orleans hat jedoch damit begonnen – sozusagen im gegenwärtigen Augenblick. Die neue Baumwollbörse wird, wenn sie fertig ist, ein stattliches, schönes Gebäude sein: massiv, ansehnlich, voller architektonischer Anmut; nirgends etwas Unechtes, kein falscher Schein, nichts Häßliches. Für die Stadt wird sie den vielfachen Wert ihrer Baukosten haben, denn sie wird ihresgleichen hervorbringen. Was bisher gefehlt hatte, war ein Modell, dem man nachstreben konnte, etwas, was Auge und Geschmack erzieht – sozusagen eine *Anregung*.

Die Stadt ist mit fortschrittlichen Männern gut versehen – mit denkenden, klugen, urteilsfähigen Männern. Der Kontrast zwischen dem Geist der Stadt und ihrer Architektur gleicht dem Kontrast zwischen Wachen und Schlafen. Anscheinend herrscht in allem, außer in diesem einen toten Punkt, „Hochkonjunktur". Das Wasser in den Gossen war früher abgestanden und schleimig, eine gewaltige Brutstätte von Krankheiten; aber jetzt werden die Gossen zwei- bis dreimal täglich durch ein starkes Pumpwerk geflutet und in vielen steht das Wasser niemals still, sondern fließt ständig. Auch andere sanitäre Verbesserungen wurden vorgenommen, mit so großem Erfolg, daß New Orleans Anspruch erhebt (während der langen Zeiträume zwischen den gelegentlichen Angriffen des gelben Fiebers), eine der gesündesten Städte in den Vereinigten Staaten zu sein. Eis gibt es jetzt in reichlichen Mengen für alle, es wird in der Stadt hergestellt. Hier herrscht eine lebhafte Geschäftstätigkeit, New Orleans betreibt einen ausgedehnten Handel über den Fluß, den Ozean und die Eisenbahn. Zur Zeit unseres Besuchs war es die mit elektrischen Lampen bestbeleuchtete Stadt im ganzen Land. In New Orleans gab es mehr elektrische Straßenlaternen als in New York und sehr viel bessere. Man erlebte diesen „abendlichen Mittag" nicht nur in der Canal Street und einigen benachbarten Hauptstraßen, sondern auf der ganzen fünf Meilen langen Uferstraße. Es gibt jetzt gute Klubs in der Stadt – einige von ihnen wurden erst kürzlich gegründet – und in West End sowie in Spanish Fort einladende moderne Vergnügungsstätten. Das Telefon ist weit verbreitet. Einen der bemerkenswertesten Fortschritte hat der Journalismus zu verzeichnen. Die Zeitungen, wie ich sie von früher kenne, waren keineswegs beeindruckend. Jetzt sind sie es. Geld wird ihnen in großzügiger Weise zur Verfügung gestellt. Sie erhalten ihre Nachrichten – koste es, was es wolle. Die Redakteure veröffentlichen keine abgedroschenen Allerweltsartikel, sondern Literatur. Als Beispiel der journalistischen Errungenschaften von New Orleans möchte ich erwähnen, daß der „Times Democrat" vom 26. August 1882 einen Jahresbericht über die Geschäftstätigkeit sämtlicher Städte im Tal des Mississippi enthielt – von New Orleans bis hinauf nach St. Paul, zweitausend Meilen. Diese Ausgabe der Zeitung bestand aus *vierzig* Seiten, die Seite zu sieben Spalten – zweihundertachtzig Spalten insgesamt, die Spalte zu fünfzehnhundert Wörtern – alles in allem vierhundertzwanzigtausend Wörter. Das heißt beinahe dreimal soviel Wörter wie in diesem Buch enthalten sind. Man darf dies voller Betrübnis mit der Architektur von New Orleans vergleichen.

Ich habe nur von der Architektur der öffentlichen Gebäude gesprochen. Am privaten Sektor dieses Artikels in New Orleans gibt es nichts zu beanstanden. Obwohl er so geblieben ist, wie er immer war. Alle Wohnhäuser sind aus Holz – im amerikanischen Teil der Stadt, meine ich – und alle sehen behaglich aus. Die im wohlhabenden Viertel sind geräumig, im allgemeinen schneeweiß gestrichen und haben gewöhnlich breite, von Dekorationssäulen gestützte Veranden oder Doppelveranden. Diese Herrenhäuser stehen inmitten großer Grundstücke und erheben sich, rosenumrankt, aus üppigen Massen von glänzendem, grünem Laub und bunten Blüten. Harmonischer können Häuser wohl nicht in ihre Umgebung passen, dem Auge nicht gefälliger sein oder anheimelnder und behaglicher wirken.

Man versöhnt sich schließlich sogar mit der Zisterne, einem mächtigen Behälter, grün gestrichen und manchmal zwei Stockwerke hoch, der sich, auf Stelzen stehend, an die Hausecke lehnt. Diese Zusammenstellung läßt einen an eine Verbindung von Herrenhaus und Brauerei denken, was einem zuerst sehr widersinnig vorkommt. Aber Brunnen sind dort nicht möglich, und so nehmen die Leute Regenwasser. Auch brauchbare Keller und Gräber* können sie nicht haben, da die Stadt auf „künstlichem" Boden gebaut ist, und so behelfen sie sich dann ohne beides; von den Lebenden beklagen sich nur wenige darüber und von den anderen keiner.

42. Kapitel

HYGIENE UND GEFÜHLE

Sie bestatten ihre Toten in Grabgewölben über der Erde. Diese Grüfte ähneln Häusern – zuweilen Tempeln; sie sind im allgemeinen aus Marmor, architektonisch anmutig und formschön, ihre Front liegt den Geh- und Fahrwegen des Friedhofs zugewandt, und wenn man unter Tausenden solcher Grüfte herumgeht und sieht, wie sich ihre weißen Dächer und Giebel nach allen Seiten hin in die Ferne erstrecken, erhält die Bezeichnung

* Die Israeliten werden in Gräbern bestattet – mit besonderer Genehmigung, vermute ich, nicht aus Notwendigkeit –, sonst aber niemand, außer den Mittellosen, die auf öffentliche Kosten beerdigt werden. Die Gräber sind nur drei, vier Fuß tief.

„Totenstadt" plötzlich Bedeutung. Viele dieser Friedhöfe sind schön und werden tadellos in Ordnung gehalten. Geht man vom Uferdamm oder den in seiner Nähe gelegenen Geschäftsstraßen auf einen Friedhof, denkt man bei sich: Wenn diese Leute dort unten in ihrem Leben ebenso ordentlich wohnten wie nach ihrem Tod, dann fänden sie viele Vorteile darin, und darüber hinaus würde ihr Viertel das Erstaunen und die Bewunderung der Geschäftswelt erregen. Frische Blumen in wassergefüllten Vasen stehen vor dem Portal vieler Grabgewölbe, pietätvoll von den Händen trauernder Eltern und Kinder, Gatten und Gattinnen dorthingestellt und täglich erneuert. Eine gedämpftere Form des Kummers findet ihren wohlfeilen und dauerhaften Mahner in der groben und häßlichen, aber unzerstörbaren „Immortelle", einem Kranz, einem Kreuz oder sonst einem Sinnbild aus schwarzen Leinenrosetten, zuweilen mit einer gelben Rosette am Schnittpunkt der Kreuzstäbe – einer Art Trauerbrosche, sozusagen. Die Immortellen verlangen keine Pflege, du hängst sie einfach auf, und fertig – läßt sie in Ruhe, und sie werden sich um deinen Kummer kümmern, besser als du es kannst, sie halten jeder Witterung erstklassig stand und sind so dauerhaft wie Kesselblech.

An sonnigen Tagen kriechen hübsche kleine Chamäleons – die graziösesten unter den mit Beinen versehenen Reptilien – über die marmorne Vorderseite der Grüfte und fangen Fliegen. Ihr Farbwechsel – was die Vielfältigkeit betrifft – entspricht nicht dem Ruf dieser Geschöpfe. Sie verändern ihre Farbe, wenn ein Mensch vorbeikommt und Immortellen aufhängt, aber das ist nichts – jedes rechtschaffen denkende Reptil würde das tun.

Ich will allmählich das Thema Friedhöfe verlassen. Ich habe mich die ganze Zeit über nach Kräften bemüht, zu seinem gefühlsbetonten Teil vorzudringen, aber es gelingt mir nicht. Ich glaube, es gibt gar keinen wahrhaft gefühlsbetonten Teil dabei. Es ist alles grotesk, gräßlich, schauderhaft. Friedhöfe mögen in vergangenen Zeiten zu rechtfertigen gewesen sein, als niemand wußte, daß für jeden Toten, den man in die Erde legt, wo er den Boden, die Pflanzenwurzeln und die Luft mit Krankheitskeimen übersättigt, fünf, fünfzig oder vielleicht auch hundert Menschen vor der Zeit sterben müssen; heute aber sind sie kaum noch zu rechtfertigen, da jedes Kind weiß, daß ein toter Heiliger eine hundert Jahre währende Laufbahn eines Mörders beginnt, sobald sich die Erde über seiner Leiche schließt. Das ist ein scheußlicher Gedanke. Die Reliquien der heiligen Anna droben in Kanada habenjetzt, nach neunzehnhundert Jahren, damit begonnen, dutzend weise Kranke zu heilen. Aber es ist ganz einfach eine erwiesene Tatsache, daß dieselben Reliquien innerhalb einer Generation nach dem Tod der heiligen Anna und ihrem Begräbnis mehrere Tausend Menschen *krank gemacht* haben. Deshalb ist diese Wundertätigkeit weiter nichts als eine Wiedergutmachung. Für eine Heilige ist die heilige Anna freilich ein etwas langsamer Zahler, aber lieber eine nach neunzehnhundert Jahren beglichene Schuld, die schon unter das Verjährungsgesetz fällt, als eine überhaupt nicht bezahlte; und die meisten Ritter vom Heiligenschein zahlen überhaupt nicht. Wenn man mal einen findet, der bezahlt – wie die heilige Anna –, findet man daneben hundertfünfzig, die sich jenes Gesetz zunutze machen. Und keiner zahlt mehr als das geschuldete Kapital – Zinsen zahlen sie nicht, weder Kapital- noch Zinseszinsen. Ganz kann ein Heiliger das Kapital niemals zurückzahlen, denn seine Leiche *bringt* Menschen *um*, während seine Reliquien bloß *heilen* – zum Leben erwecken sie die Toten nie. Dieser Teil der Rechnung bleibt stets unbeglichen.

Dr. F. Julius Le Moyne schrieb nach fünfzigjähriger medizinischer Tätigkeit:

„Die Beerdigung von Toten, die an Infektionskrankheiten gestorben sind, führt zu einer ständigen Belastung der Luft und zur Verseuchung des Wassers nicht nur mit den Keimen, die durch die einfache Verwesung aufsteigen, sondern auch mit den *spezifischen* Keimen der Krankheit, die zum Tode führte."

Die Gase (von beerdigten Leichen) steigen durch acht bis zehn Fuß Kies ebenso an die Oberfläche empor wie Kohlengas, und praktisch gibt es für ihr Entweichen keine Grenzen.

Während der Epidemie von 1853 in New Orleans berichtete Dr. E. H. Barton, daß die Sterblichkeit im Vierten Bezirk vierhundertzweiundfünfzig auf tausend Einwohner betrug – über doppelt soviel wie in jedem anderen. In diesem Bezirk lagen drei große Friedhöfe, auf denen man im vorhergegangenen Jahr über dreitausend Leichen beerdigt hatte. In anderen Bezirken schien die Nähe von Friedhöfen die Seuche zu verschlimmern.

Im Jahre 1828 bewies Professor Bianchi, daß das furchtbare Wiederaufleben der Pest in Modena durch Ausgrabungen auf einem Gebiet verursacht wurde, wo man *dreihundert Jahre* zuvor die Pestopfer beerdigt hatte. Mr. Cooper stellt in seiner Erklärung der Ursachen für einige Epidemien fest, daß das Öffnen des Pestfriedhofs von Eyam einen sofortigen Krankheitsausbruch zur Folge hatte. (North American Review, Nr. 3, Band 135.)

In einem Vortrag vor der Chicago Medical Society zur Befürwortung der Leichenverbrennung führte Dr. Charles W. Purdy etliche eindrucksvolle Vergleiche an, um zu zeigen, welche Belastung die Beerdigung der Toten für die Gesellschaft bedeutet:

„In den Vereinigten Staaten wird jährlich eineinviertelmal soviel Geld für Beerdigungen ausgegeben, wie die Regierung für staatliche Schulen bereitstellt. Im Jahre 1880 kosteten Beerdigungen dieses Land eine Summe, die ausgereicht hätte, die Verpflichtungen aus sämtlichen Geschäftszusammenbrüchen in den Vereinigten Staaten während desselben Jahres zu bezahlen und jedem Bankrotteur ein Kapital von achttausendsechshundertdreißig Dollar zur Weiterführung seines Geschäfts zu geben. Beerdigungen kosten jährlich mehr Geld, als der Wert der gesamten Ausbeute des Jahres 1880 an Gold und Silber in den Vereinigten Staaten betrug. Diese Zahlen schließen weder die Summen ein, die in Friedhöfen investiert und für Ruhestätten und Gedenksteine verausgabt werden, noch die Verluste durch Wertminderung von Grundstücken in der Nachbarschaft von Friedhöfen."

Für die reichen Leute erfüllte eine Feuerbestattung ihren Zweck ebenso wie eine Beerdigung, denn die damit verbundene Zeremonie könnte genauso kostspielig und prunkhaft ausgestattet werden wie eine Hindu-„Sati", und für die Armen wäre eine Feuerbestattung einer Beerdigung vorzuziehen, weil sie so billig ist* – so billig, bis die Armen anfangen, die Reichen nachzuahmen, was sie mit der Zeit sicher tun. Der Übergang zur Feuerbestattung würde uns von einem Sumpf abgedroschener Begräbniswitze befreien, auf der anderen Seite aber ließe er eine Menge verschimmelter alter Verbrennungswitze wiederaufleben, die zweitausend Jahre lang Ruhe genossen haben.

Ich habe einen farbigen Bekannten, der seinen Lebensunterhalt mit Gelegenheitsbeschäftigung und schwerer körperlicher Arbeit verdient. Mehr als vierhundert Dollar im Jahr verdient er nie, und da er eine Frau und mehrere kleine Kinder hat, muß er jeden Cent dreimal umdrehen, damit er schuldenfrei die zwölf Monate hindurch über die Runden kommt. Für einen solchen Mann ist eine Beerdigung eine finanzielle Katastrophe von enormem Ausmaß. Während ich an einem der vorhergehenden Kapitel schrieb, verlor dieser Mann ein kleines Kind. Er lief zusammen mit einem Freund auf der Suche nach einem Sarg, den er sich leisten konnte, die ganze Stadt ab. Er kaufte den allerbilligsten, den er fand, aus einfachem, gebeiztem Holz. Er kostete ihn *sechsundzwanzig Dollar*. Vermutlich hätte dieser Sarg nur vier ge-

* Vier oder fünf Dollar sind die Mindestkosten.

kostet, wenn man ihn gebaut hätte, um etwas Nützliches darin aufzubewahren. Der Mann und seine Familie werden diese Ausgabe noch viele Monate lang spüren.

43. Kapitel

DIE KUNST DES BEERDIGENS

Ungefähr um dieselbe Zeit traf ich auf der Straße einen Mann, den ich sechs oder sieben Jahre lang nicht gesehen hatte, und etwa folgendes Gespräch entspann sich:

„Sie sahen früher doch so traurig und hinfällig aus; jetzt aber durchaus nicht mehr. Wo haben Sie denn all diese Jugendlichkeit und diese sprudelnde Fröhlichkeit her? Geben Sie mir die Adresse."

Er kicherte heiter, nahm seine glänzende Angströhre ab und zeigte auf ein gefalztes, kreisrundes rosa Papier, das im Hutfutter klebte und worauf etwas gedruckt war, und er kicherte noch, während ich las: „J. B., Bestattungsinstitut." Dann stülpte er sich den Hut wieder auf, gab ihm einen respektlos schiefen Sitz leewärts und rief:

„Das ist der Grund! Als Sie mich kennenlernten, machte ich eine schwere Zeit durch – Versicherungsvertretung –, begreifen Sie, mächtig unregelmäßiges Geschäft! Ein großer Brand – na schön, zehn Tage lang lebhafte Abschlüsse, solange die Leute noch Angst haben, danach flaues Policengeschäft bis zum nächsten Brand. In 'ner Stadt wie der hier brennt's nicht oft genug – man hat so viele flaue Wochen hintereinander, daß man den Mut verliert. Aber darauf können Sie 'ne Wette eingehen – dies hier ist *das* Geschäft. Beim *Sterben* warten die Leute nicht auf Beispiele. Nein, Sir, sie fallen einfach um – in der Bestattungsbranche gibt es nicht einen flauen Moment. Ich habe bloß mit zwei oder drei kleinen alten Särgen und einem gemieteten Leichenwagen angefangen, und sehen Sie sich's *jetzt* mal an! Ich habe hier ein Geschäft aufgebaut, mit dem jeder – egal wer – zufrieden sein würde. Habe vor fünf Jahren zur Miete in einer Bodenkammer gewohnt; wohne jetzt in einem noblen Haus mit Mansardendach und allen Unannehmlichkeiten des modernen Komforts."

„Wird denn ein Sarg so gut bezahlt? Bringt er so viel ein?"

„Aber gehn Sie! Wie Sie reden!" Dann, mit einem vertraulichen Augenzwinkern, gedämpfter Stimme, die Hand bedeutsam auf meinen Arm gelegt: „Schauen Sie her, es gibt auf dieser Welt nur eine Sache, die niemals billig ist, und das ist ein Sarg. Es gibt auf dieser Welt nur eine Sache, bei der kein Mensch um den Preis zu feilschen versucht, und das ist ein Sarg. Es gibt auf dieser Welt nur eine Sache, bei der niemand sagt: ‚Ich werde mich ein bißchen umsehen, und wenn ich nichts Besseres finden kann, komme ich wieder vorbei und nehme ihn', und das ist ein Sarg. Es gibt auf der Welt nur eine Sache, wo keiner Tannenholz nimmt, wenn er sich Nußbaum leisten kann, und nicht Nußbaum, wenn er sich Mahagoni leisten kann, und nicht Mahagoni, wenn er sich Eisen mit silbernem Namensschild und Bronzegriffen leisten kann, und das ist ein Sarg. Und es gibt auf der Welt nur eine Sache, bei der man keinem wegen der Bezahlung nachlaufen muß, und das ist ein Sarg. Bestattungsinstitut? Also das ist das todsicherste Geschäft in der Christenheit und das piekfeinste.

Überlegen Sie doch mal. Ein reicher Mann wird stets nur das Allerbeste nehmen, was Sie haben, und da können Sie tüchtig draufschlagen – draufschlagen und ihm das Fell über die Ohren ziehen – nie wird er jammern. Und Sie übervorteilen 'nen armen Mann, und wenn Sie den richtig bearbeiten, ruiniert er sich für 'ne einzige Aufbahrung. Oder ganz besonders 'ne Frau. Zum Beispiel: Mrs. O'Flaherty kommt rein – Witwe –, wischt sich die Augen und stöhnt leise. Nimmt das Taschentuch von einem Auge, blinzelt tränenvoll über die Ware hin, sagt:

‚Und was verlangen Se denn für den da?'

‚Neununddreißig Dollar, Madam', sage ich.

‚Das ist eun feun hoher Preus, gewiß, aber Pat soll als der Gentleman begraben werden, der er gewesen ist, und wenn ich mir die Finger dafür abarbeiten muß. Ich will den haben, Sir.'

‚Ja, Madam', sage ich, ‚und es ist ein sehr guter Sarg, bestimmt nicht teuer, aber in diesem Leben müssen wir uns nach der Decke strecken, wie das Sprichwort sagt.' Und während sie Anstalten macht hinauszugehen, werfe ich so nebenbei ein: ‚Der hier mit dem weißen Satinfutter ist bildschön, aber ich fürchte – nun, fünfundsechzig Dollar sind ziemlich – ziemlich – aber egal. Ich habe mich verpflichtet gefühlt, zu Mrs. O'Shaughnessy zu sagen . . .'

‚Wolln Se velleicht sagen, daß Bridget O'Shaughnessy das Ebenbüld von diesem Schmuckkasten gekauft hat, um diesen versoffnen alten Teufel ins Fegefeuer zu verfrachten?'

‚Ja, Madam.'

‚Dann soll Pat in ebenso eunem in den Himmel reusen, und

wenn's den letzten Cent kostet, den die O'Flahertys aufbringen können, und hörn Se, tun Se noch 'n paar Extras dazu, ich zahle Ihn' auch noch 'n Dollar mehr.'

Und wenn ich über den Mietstall spreche, vergesse ich natürlich auch nicht zu erwähnen, daß Mrs. O'Shaughnessy für vierundfünfzig Dollar Lohnkutschen gemietet und Dennis' Begräbnis so elegant aufgezogen hat, als wär er 'n Herzog oder 'n Mörder gewesen. Und natürlich greift sie zu und übertrumpft die O'Shaughnessy noch mit vier Kutschen und einem Omnibus. Das war früher so, ist aber jetzt vorbei, das heißt in dieser Stadt hier. Die Iren haben bei ihren Beerdigungen soviel Kutschen zusammengeholt, daß sie nach der Beerdigung zwei Jahre lang in Lumpen gingen und am Hungertuch nagten; so ist der Priester dazwischengefahren und hat all dem ein Ende gemacht. Er erlaubt ihnen jetzt höchstens zwei Kutschen und manchmal sogar nur eine."

„Nun", sagte ich, „wenn Sie schon in gewöhnlichen Zeiten so unbeschwert und fröhlich sind, wie dann wohl erst während einer Epidemie?"

Er schüttelte den Kopf. „Nein, da sind Sie auf dem Holzweg. Epidemien haben wir nicht gern. Bei 'ner Epidemie springt nichts raus. Na, genauso meine ich's natürlich nicht, aber im Verhältnis zu normalen Zeiten springt nichts dabei raus. Können Sie sich nicht vorstellen, warum?"

„Nein."

„Denken Sie mal nach."

„Ich komme nicht darauf. Weshalb wohl?"

„Einfach wegen zwei Dingen."

„Nun, welche denn?"

„Das eine ist das Einbalsamiern."

„Und was ist das andere?"

„Eis."

„Wieso das?"

„Na, in normalen Zeiten stirbt einer, und wir bahren ihn in Eis auf – einen Tag, zwei Tage, vielleicht auch drei, damit seine Freunde zu ihm kommen können. Da wird viel gebraucht – es schmilzt rasch. Wir fordern Preise für dieses Eis wie für Juwelen und Preise wie im Krieg für Dienstleistungen. Wissen Sie nicht, daß man die Toten bei 'ner Epidemie rasch auf den Friedhof schafft, kaum daß sie aufgehört haben zu atmen? Kein Markt für Eis bei 'ner Epidemie. Auch nicht für's Einbalsamiern. Nehmen Sie mal 'ne Familie, die in der Lage ist, einbalsamiern zu lassen, dann haben Sie 'ne lohnende Sache. Sie können sechzehn verschiedene Arten erwähnen, wenn's genaugenommen auch bloß ein oder zwei Methoden gibt, und die Familie wird in jedem Fall die zum höchsten Preis nehmen. So ist nun mal die Natur des Menschen – die Natur des trauernden Menschen. Vernunft spielt da nicht mit, verstehn Sie. Für den Augenblick schert es sie einen Dreck. Sie wolln weiter nichts als körperliche Unsterblichkeit für den Dahingegangenen, und die Leute sind bereit, dafür zu zahlen. Sie brauchen weiter nichts zu tun, als ruhig Blut zu bewahren und dick aufzutragen. Die werden es schlucken. Na, Mann, nehmen Sie zum Beispiel 'nen Verstorbenen, den Sie nicht mal mehr verschenken könnten, und holen Sie Ihr Zeug zum Einbalsamiern raus und machen sich an die Arbeit, in zwei Stunden ist er dann glatt sechshundert Dollar wert – genau soviel. Da kommt nichts dran, bloß wenn einer während 'ner Hungersnot Ratten gegen Diamanten eintauscht. Verstehn Sie nicht, während 'ner Epidemie lassen sich die Leute keine Zeit zum Einbalsamiern. Nein, tun sie nicht, und das schadet dem Geschäft höllisch, wie wir sagen, so höllisch wie eine Heilung, versteh'n Sie? Unser kleiner Berufsspaß. Na, ich muß nun gehen. Melden Sie sich, wenn Sie es selbst mal nötig haben – ich meine, wenn Sie mal vorbeikommen."

In seiner fröhlichen Gutgelauntheit lieferte er die Übertreibungen selbst mit, falls es welche gab. Ich habe nichts hinzugefügt.

Mit der obigen kurzen Abhandlung über Beerdigungen wollen wir das Thema verlassen. Was mich betrifft, so hoffe ich, eine Feuerbestattung zu bekommen. Ich machte diese Bemerkung einmal meinem Pastor gegenüber, und er sagte auf eine Weise, die er anscheinend für beeindruckend hielt:

„Darüber würde ich mir keine Sorgen machen bei Ihren Aussichten."

Was wußte denn er davon – wo doch die Familie so dagegen ist.

44. Kapitel

STADTANSICHTEN

Das alte französische Viertel von New Orleans – früher das spanische Viertel – hat keinerlei Ähnlichkeit mit dem amerikanischen Teil der Stadt: dem amerikanischen Teil jenseits des dazwischenliegenden Geschäftszentrums aus Backstein. Die Häuser stehen in Blocks zusammengedrängt, sie sind von strenger Einfachheit, würdevoll, einheitlich in der Bauart mit hier und da einer angenehm wirkenden Abweichung; alle sind außen mit Putz versehen, und fast alle haben lange, von Eisengittern umgebene Veranden, die sich an den verschiedenen Stockwerken entlangziehen. Ihre größte Schönheit liegt in der satten, warmen, mehrfarbigen Tönung, mit der Zeit und Witterung den Putz bereichert haben. Sie harmoniert mit der gesamten Umgebung und sieht aus, als gehöre sie auf eine so natürliche Weise dorthin wie das Rot der Wolken zum Sonnenuntergang. Diese reizende Zierde läßt sich nicht erfolgreich nachahmen und ist auch sonst nirgends in Amerika zu finden.

Auch die Eisengitter sind eine Besonderheit. Ihr Muster ist oft überaus zierlich und anmutig, beschwingt und leicht – mit einer großen Zahl oder einem Monogramm in der Mitte –, ein zartes Spinngewebe von verwirrenden, verschlungenen Formen aus Schmiedeeisen. Die alten Gitter sind handgearbeitet, jetzt verhältnismäßig selten und dementsprechend kostbar. Sie sind zu Antiquitäten geworden.

Die Reisegesellschaft hatte das Vorrecht, zusammen mit dem feinsinnigsten literarischen Genius des Südens, dem Autor der „Grandissimes", durch diese alten Viertel von New Orleans zu streifen. In ihm hat der Süden einen meisterhaften Schilderer seines Innenlebens und seiner Vergangenheit gefunden. Die Erfahrung hat mich gelehrt, daß das ungeübte Auge und das unbeschriebene Gemüt den Süden tatsächlich in seinen Büchern besser kennenlernen und ihn mit größerem Gewinn betrachten und beurteilen kann als durch persönliche Bemühung.

Von Mr. Cable begleitet, der für einen sieht und beschreibt, erklärt und illustriert, ist eine Wanderung durch dieses alte Viertel ausgesprochen ein Hochgenuß. Man hat auch deutlich das Gefühl, nicht oder nur flüchtig gesehene Dinge zu spüren – deutlich, dabei aber unbeständig und dunkel –, man wirft einen Blick auf hervorstechende Züge, die feinen Schattierungen jedoch entgehen einem, oder man nimmt sie nur unvollständig durch das Auge der Phantasie wahr – sozusagen wie ein unwissender, kurzsichtiger Fremder, der die Ausläufer eines weiten, nebelhaft sich abzeichnenden Alpenhorizonts zusammen mit einem begeisterten und weitsichtigen Einheimischen durchwandert.

Wir besuchten das alte „Hotel St. Louis", in dem jetzt Gemeindebüros untergebracht sind. Es hat nichts übermäßig Bemerkenswertes, man kann aber genau wie von der Musikakademie in New York von ihm sagen, falls jemals einer Besen oder Schaufel darin benutzt hat, gibt es für diese Tatsache keinerlei Beweise mehr. Merkwürdig, daß man in der Musikakademie keine Kohlköpfe, kein Heu oder solche Dinge ernten kann, zweifellos nur deshalb nicht, weil die Bänke den Lichteinfall unterbrechen und es keine Möglichkeit gibt, die Saat mit der Hacke zu bearbeiten, außer in den Gängen. Die Tatsache, daß die Platzanweiser die kleinen Sträuße in ihrem Knopfloch an Ort und Stelle ziehen, zeigt, was sich tun ließe, wenn das Institut den richtigen landwirtschaftlichen Leiter hätte.

Wir besuchten auch die ehrwürdige Kathedrale und den hübschen Platz davor – die eine dämmrig in geistlichem Licht, der andere strahlend in dem der weltlichen Art und lieblich mit Orangenbäumen und blühenden Sträuchern geschmückt; dann fuhren wir in der heißen Sonne durch das Häuserdickicht und in die weite leere Ebene dahinter, mit den Landhäusern und den Wasserrädern zur Entwässerung der Stadt und den Gemeindewiesen, die von Kühen und Kindern bevölkert sind, vorbei an einem alten Friedhof, wo, wie man uns sagte, die Asche eines Piraten der alten Zeit liegt, aber wir glaubten es ihm und besuchten ihn nicht. Er war ein Pirat mit einer gewaltig blutigen Geschichte, und solange er sich unentdeckt in Zurückgezogenheit hielt, blieb ihm auch die Würde seines Namens und die Großartigkeit seines alten Berufs, und hoch und niedrig zollten ihm Achtung und Ehrerbietung, als er aber schließlich in die Politik hinabstieg und ein armseliger Ratsherr wurde, ließ ihn die Öffentlichkeit fallen, wandte sich von ihm ab und weinte. Als er starb, setzte sie ihm ein Denkmal, und nach und nach wurde er wieder geachtet; die Achtung gilt jedoch dem Piraten, nicht dem Ratsherrn. Heute erinnern sich die Getreuen und Großmütigen nur noch an das, was er einst gewesen war, und vergessen barmherzigerweise, was er wurde.

Von dort aus fuhren wir ein paar Meilen durch einen Sumpf, über eine erhöhte Straße mit Muschelschalendecke, die auf der einen Seite von einem Kanal, auf der anderen von einem dichten Wald gesäumt war, und hier und dort ragte in der Ferne mit winkligen Ästen und Moosbärten eine zottige Zypressenspitze empor und hob sich scharf gegen den Himmel ab, so wunderlich geformt wie die Apfelbäume auf japanischen Bildern. Das war unser Weg und seine Umgebung. Gelegentlich sahen wir einen gemütlich im Kanal dahinschwimmenden Alligator und gelegentlich malerisch am Ufer einen Farbigen, dessen statuenhaft starre Gestalt sich im stillen Wasser spiegelte und der darauf wartete, daß ein Fisch anbiß.

Und schließlich gelangten wir nach West End, einer Ansammlung von Hotels im Stil der üblichen Sommerurlaubs-Häuser, die ringsum von breiten Veranden umgeben waren und deren Türschwellen die Wellen des weiten, blauen Lake Pontchartrain beleckten.

Wir nahmen das Abendessen auf einer Parterre-Veranda über dem Wasser ein – als Hauptgericht gab es den berühmten Fisch Pompano, köstlich wie die minder verbrecherischen Formen der Sünde.

Jeden Abend kommen Tausende von Menschen mit dem Zug und dem Wagen nach West End und Spanish Fort, essen dort, lauschen den Musikkapellen, gehen im Freien unter den elektrischen Lampen spazieren, segeln auf dem See und unterhalten sich auf andere abwechslungsreiche Weise.

Wir hatten an weiteren Tagen und weiteren Orten noch mehr Gelegenheit, den Pompano zu kosten. Insbesondere bei einem Redaktionsfestessen in einem der Klubs in der Stadt. Dort gab es ihn in seiner höchsten Vollkommenheit, und er rechtfertigte seine Berühmtheit. In seinem Gefolge befand sich eine hohe Pyramide scharlachroter Krebse – große, so lang wie ein Daumen – zart, schmackhaft, appetitlich. Ebenso scharf geröstete Weißfische, dazu Krabben von ausgezeichneter Qualität und eine Schüssel kleiner Weichschalenkrebse von erlesenster Sorte. Die anderen Gerichte waren so, wie man sie wohl im Delmonico oder im Bukkingham Palast bekommt; die, von denen ich gesprochen habe, sind in gleicher Vollkommenheit nur in New Orleans zu haben, nehme ich an.

Im Westen und Süden gibt es eine neue Einrichtung: die Besenbrigade. Sie besteht aus jungen Damen, die sich einheitlich kleiden und wie die Infanterie exerzieren, doch mit einem Besen anstelle der Muskete. Es ist ein sehr hübscher Anblick, schon bei einer Privatvorstellung. Wenn sie auf einer Theaterbühne im flammenden Schein farbiger Lichter auftreten, muß es ein prächtiges, faszinierendes Schauspiel sein. Ich sah sie ihr vielfältiges Übungsprogramm voller Grazie und Feuer und mit bewundernswerter Präzision vorführen. Ich sah sie alles tun, was ein menschliches Wesen überhaupt mit einem Besen tun kann, außer fegen. Fegen sah ich sie nicht. Aber ich weiß, sie könnten es lernen. Was sie schon gelernt haben, beweist dies. Und sollten sie es jemals lernen und sich die Tchoupitoulas oder einige der anderen Straßen hinab auf den Kriegspfad begeben, würden diese Verkehrswege in wenigen Minuten ein stark verbessertes Aussehen annehmen. Die Mädchen selbst freilich nicht, und so wäre am Ende doch nichts dabei gewonnen.

Das Exerzieren fand im Washington-Artilleriegebäude statt. In diesem Gebäude sahen wir viele interessante Kriegsandenken. Auch ein schönes Ölgemälde, das Stonewall Jacksons letzte Unterredung mit General Lee darstellte. Beide Männer sind zu Pferde. Jackson ist gerade herbeigeritten und spricht Lee an. Das Bild ist sehr wertvoll, da die Porträts authentisch sind. Aber wie viele andere historische Gemälde sagt es nichts aus ohne die Beschriftung. Und die eine paßt genauso gut dazu wie irgendeine andere:

Erste Unterredung zwischen Lee und Jackson.
Letzte Unterredung zwischen Lee und Jackson.
Jackson stellt sich Lee vor.
Jackson nimmt Lees Einladung zum Essen an.
Jackson lehnt Lees Einladung zum Essen dankend ab.
Jackson entschuldigt sich wegen einer schweren Niederlage.
Jackson berichtet über einen großen Sieg.
Jackson bittet Lee um ein Streichholz.

Eine Geschichte freilich erzählt es, und zwar hinreichend, denn es sagt ganz deutlich und überzeugend aus: „Hier sind Lee und Jackson zusammen." Der Künstler hätte das Bild aussagen lassen, daß dies Lees und Jacksons letzte Unterredung ist, wenn er es gekonnt hätte. Aber er konnte es nicht – dazu gab es keine Möglichkeit. Zur Information ist ein gut leserliches Schild bei einem historischen Bild gewöhnlich mehr wert als eine Tonne an bedeutsamer Haltung und vielsagendem Ausdruck. In Rom stehen Leute von zarter, mitfühlender Natur weinend vor dem berühmten Bild „Beatrice Cenci am Tage vor ihrer Hinrichtung". Das zeigt, was ein Schild bewirken kann. Wäre ihnen das Bild nicht bekannt, würden sie es ungerührt betrachten und sagen: „Junges Mädchen mit Heuschnupfen; junges Mädchen, den Kopf in einem Beutel."

Der halbvergessene südliche Tonfall und die Auslassungen waren meinem Ohr ebenso angenehm wie früher. Ein Südstaatler spricht Musik. Zumindest ist es für mich Musik, aber ich wurde ja im Süden geboren. Der gebildete Südländer weiß mit einem „r" nichts anzufangen, außer am Wortbeginn. Er sagt „honah", „dinnah", „Gove'nuh", „befo' the waw" und so fort. Den Worten mag es in gedruckter Form für das Auge an Charme mangeln – für das Ohr aber haben sie ihn. Wann verschwand das „r" aus der Sprache der Südstaatler, und wie konnte es verschwinden? Der

Brauch, es auszulassen, war nicht vom Norden entlehnt und auch nicht von England ererbt. Viele Südstaatler – die meisten Südstaatler – setzen ein „y" in einige Worte, die mit dem K-Laut beginnen. Zum Beispiel sagen sie „Mr. K'yahtah" (Carter) und sprechen von „playing k'yahds" und „riding in the 'kyahs". Und sie haben die angenehme Gewohnheit – die im Norden schon lange abhanden gekommen ist –, häufig die respektvolle Anrede „Sir" zu benutzen. Anstatt des knappen Ja und des abrupten Nein sagen sie: „Yes, suh", „No, suh".

Aber es gibt einige unglückliche Wendungen, so „like" für „as" und das Hinzufügen von „at", wo es überflüssig ist. Ich hörte, wie ein gebildeter Gentleman sagte: „Like the flag-officer did." Sein Koch oder sein Butler hätten gesagt: „Like the flag-officer done." Man hört Gentlemen sagen: „Where have you been at?" Und folgendes ist die noch schlimmere Form, die ich einen zerlumpten Straßenjungen zu einem Kameraden sagen hörte: „I was a-ask'n' Tom whah you was a-sett'n at." Sogar die oberen Zehntausend sagen unachtsam „will", wenn sie „shall" meinen, und viele von ihnen sagen: „I didn't go to do it", was bedeutet: „I didn't mean to do it". Das im Norden übliche Wort „guess" – aus England importiert, wo es allgemein gebräuchlich war und jetzt von englischen Satirikern als original Yankee-Ausdruck angesehen wird, gebrauchen Südstaatler nur selten. Sie sagen „reckon". „Doesn't" existiert nicht in ihrer Sprache, sie sagen statt dessen „don't". Die Ungehobelten verwenden häufig „went" statt „gone". Das ist fast so schlimm wie das nördliche „hadn't ought". Dabei fällt mir ein, daß vor ein paar Tagen jemand hier in meiner Nachbarschaft (im Norden) eine Bemerkung von sehr merkwürdiger Art machte: „He hadn't ought to have went." Wie ist das? Ist das nicht ein richtiger Triumph? Die kombinierte Architektur dieses Halbbluts ist zu erkennen, ohne daß man danach fragen muß: ein Elternteil aus dem Norden, der andere aus dem Süden. Heute hörte ich eine Lehrerin fragen: „Where is John gone?" Diese Form ist so üblich, tatsächlich beinah so allgemein gebräuchlich, daß es künstlich geklungen hätte, falls sie „whither" statt „where" gesagt hätte.

Wir entdeckten ein ausgezeichnetes Wort – ein Wort, das eine Reise nach New Orleans wert ist – ein schönes, geschmeidiges, ausdrucksvolles, praktisches Wort: „Lagniappe". Es wird „Lannyyapp" ausgesprochen. Es ist spanisch – so sagte man. Wir fanden es am ersten Tag in der Überschrift einer Spalte mit verschiedenen gemischten Nachrichten im „Picayune", hörten es am zweiten Tag von zwanzig Leuten und fragten am dritten, was es bedeutete, übernahmen es und hatten am vierten genug Übung, es ungezwungen zu verwenden. Es hat eine begrenzte Bedeutung, aber ich glaube, die Leute erweitern sie ein bißchen, wenn es ihnen paßt. Es entspricht dem dreizehnten Brötchen in einem „Bäckerdutzend“. Es ist etwas, was gratis, als Zugabe, gegeben wird. Der Brauch entstand im spanischen Viertel der Stadt. Wenn ein Kind oder ein Dienstbote etwas in einem Laden kauft – oder sogar der Bürgermeister oder der Gouverneur, was weiß ich –, dann beendet er das Unternehmen mit den Worten: „Geben Sie mir etwas als Lagniappe.“

Der Kaufmann geht immer darauf ein, gibt dem Kind ein Stück Lakritze, dem Dienstboten eine billige Zigarre oder eine Rolle Garn, gibt dem Gouverneur – ich weiß nicht, was er dem Gouverneur gibt – Unterstützung wahrscheinlich.

Wenn man zum Trinken eingeladen wird – und das geschieht in New Orleans hin und wieder – und man sagt: „Was, schon wieder? Nein, ich habe genug“, dann sagt der andere: „Nur noch eins – als Lagniappe.“ Wenn der Liebhaber feststellt, daß er seine Komplimente um eine Kleinigkeit zu hoch auftürmt, und dem Gesicht der jungen Dame ansieht, daß seinem Gebäude ein Weglassen der letzten Schmeichelei zum Vorteil gereicht hätte, kleidet er sein „Ich bitte um Verzeihung, war nicht böse gemeint“ in die kürzere Form: „Oh, das als Lagniappe“. Wenn der Kellner im Restaurant stolpert und einem eine Viertelpinte Kaffee in den Nacken gießt, sagt er: „Als Lagniappe, Sah“, und holt eine zweite Tasse, ohne sie extra zu berechnen.

45. Kapitel

SPORTARTEN DES SÜDENS

Im Norden wird der Krieg in geselliger Runde einmal im Monat erwähnt, zuweilen sogar einmal in der Woche; aber als ausgesprochenes Thema der Unterhaltung wurde er längst außer Dienst gestellt. Dafür gibt es genügend Gründe. Wenn heute sechs Gentlemen an einem Essen teilnehmen, kann es leicht vorkommen, daß vier von ihnen – und möglicherweise auch fünf – überhaupt nicht im Feld gestanden haben. So sind die Chancen vier zu zwei oder fünf zu eins, daß der Krieg während des ganzen Abends überhaupt nicht zur Sprache kommt, und wenn doch, dann sind die Aussichten noch größer, daß es nur kurze Zeit dabei bleibt. Nimmt man zu der Gesellschaft sechs Damen hinzu, dann hat man sechs Menschen hinzugefügt, die von der schrecklichen Wirklichkeit des Krieges so wenig gesehen haben, daß sie ihnen schon seit Jahren keinen Stoff für eine Unterhaltung mehr bietet und sie jetzt des Themas „Krieg" rasch müde würden, wenn man es ins Gespräch brächte.

Im Süden liegt die Sache ganz anders. Dort hat jeder Mann, dem man begegnet, am Krieg teilgenommen, und jede Dame, der man begegnet, hat den Krieg erlebt. Der Krieg ist der Hauptgesprächsgegenstand. Er findet lebhaftes und ständiges Interesse, andere Themen nur so nebenbei. Ein Erwähnen des Krieges muntert eine lahme Gesellschaft auf und setzt ihre Zungen in Bewegung, wenn fast jeder andere Gegenstand erfolglos ist. Im Süden ist der Krieg das, was anderswo A. D. ist – für die Menschen dort ist er die Zeitenwende. Den ganzen Tag über hört man, wie Dinge eingeordnet werden: „nach 'm Krieg" oder „während 'm Krieg" oder „vorm Krieg" oder „gleich nach'm Krieg" oder „ungefähr zwei Jahre oder fünf Jahre oder zehn Jahre vorm Krieg" oder „nach'm Krieg". Das zeigt an, wie stark jeder Einzelne persönlich von jenem gewaltigen Ereignis betroffen wurde. Es vermittelt dem unerfahrenen Fremden eine bessere Vorstellung davon, welch großes allumfassendes Unheil eine Invasion ist, als er sie je durch die Lektüre von Büchern am Kaminfeuer gewinnen kann.

In einem Klub wandte sich eines Abends ein Gentleman zu mir um und sagte leise: „Natürlich haben Sie gemerkt, daß wir fast immer vom Krieg sprechen. Nicht etwa, weil wir sonst keine Gesprächsthemen hätten, sondern weil uns nichts anderes so stark interessiert. Und es gibt noch einen Grund: Im Krieg scheint jeder von uns in eigener Person die verschiedensten menschlichen Erfahrungen durchgemacht zu haben; infolgedessen kann man jedes x-beliebige Thema berühren, und es wird mit Gewißheit irgendeinen Zuhörer an etwas erinnern, was während des Krieges geschehen ist – schon spricht er davon. Natürlich bringt das die Rede wieder auf den Krieg. Sie mögen versuchen, an anderen Gegenständen festzuhalten, soviel Sie wollen, und wir alle mögen Sie dabei unterstützen, es kommt doch immer auf das gleiche heraus: Das ausgefallenste Thema würde jeden Mann mit Kriegserinnerungen überladen und ihn zum *Schweigen* bringen, und das Gespräch würde wohl bald ein Ende finden, weil man über banale Belanglosigkeiten nicht reden kann, wenn man eine brisante Tatsache oder Vorstellung im Kopf hat und darauf brennt, sie von sich zu geben."

Der Dichter saß ein wenig abseits und begann bald darauf ein Gespräch – über den Mond.

Der Gentleman, der sich mit mir unterhalten hatte, sagte leise zu mir: „Da, der Mond ist weit genug vom Kriegsschauplatz entfernt, aber Sie werden sehen, daß er irgend jemand an etwas erinnert, was den Krieg betrifft; in zehn Minuten ist der Mond als Thema zu den Akten gelegt."

Der Dichter sagte, er habe etwas Überraschendes festgestellt, er habe den Eindruck, hier unten in der Nähe des Äquators sei das Mondlicht viel stärker und heller als droben im Norden; er habe, als er New Orleans vor vielen Jahren besuchte, den Eindruck gehabt, der Mond . . ."

Unterbrechung vom anderen Ende des Zimmers: „Lassen Sie mich das erklären. Es erinnert mich an eine Anekdote. Seit dem Krieg hat sich alles verändert, zum Besseren oder zum Schlechteren, aber Sie werden hier unten Leute finden, geborene Murrköpfe, die überall nur eine Veränderung zum Schlechteren bemerken. Von dieser Sorte war eine alte Negerfrau. Eine junge New Yorkerin sagte in ihrer Gegenwart: ‚Was für einen wunderschönen Mond haben Sie doch hier unten!' Sie seufzte und sagte: ‚Ach, Gott segne Sie, mein Schatz, den hätten Sie erst mal vorm Krieg sehn solln!'"

Schon war das neue Gesprächsthema gestorben. Aber der Dichter ließ es auferstehen und gab ihm einen neuen Anlauf.

Darauf folgte eine kurze Diskussion, ob der Unterschied zwischen dem nördlichen und dem südlichen Mondlicht tatsächlich existiere oder nur Einbildung sei. Das Gespräch ging vom Mondlicht ungezwungen zu künstlichen Methoden des Vertreibens der Dunkelheit über. Dann erinnerte sich jemand daran, daß Farragut, als er in einer dunklen Nacht auf Fort Hudson zu steuerte – und den Kanonieren der Konföderierten das Zielen nicht erleichtern wollte –, keine Geschützlaternen führte, sondern die Decks seiner Schiffe weiß anstrich und so ein mattes, aber wertvolles Licht schuf, das es seinen Leuten ermöglichte, sich mit ziemlich großer Leichtigkeit zurechtzufinden. An diesem Punkt hatte der Krieg wieder das Wort – die zehn Minuten waren noch nicht ganz vorüber.

Es tat mir nicht leid, denn Gespräche über den Krieg von Leuten, die im Krieg gewesen sind, interessieren immer, wohingegen Gespräche über den Mond, geführt von einem Dichter, der nicht auf dem Mond gewesen ist, höchstwahrscheinlich langweilig sind.

An einem Sonnabendnachmittag besuchten wir in New Orleans einen Hahnenkampfplatz. Ich hatte noch nie einen Hahnenkampf gesehen. Dort waren Männer und Knaben jeden Alters und jeder Farbe, vieler Sprachen und Nationalitäten. Etwas fehlte jedoch zu meiner Überraschung: die traditionellen brutalen Gesichter. Es gab dort keine brutalen Gesichter. Solange noch kein Hahnenkampf stattfand, hätte man einem Fremden weismachen können, es handle sich um eine Gebetsversammlung, aber als es begonnen hatte, um einen Erweckungsgottesdienst – vorausgesetzt, man hätte dem Fremden die Augen verbunden –, denn das Geschrei war gewaltig.

Ein Neger und ein Weißer befanden sich im Ring, alle übrigen draußen. Die Hähne wurden in Säcken hereingebracht, und als das Signal zum Beginn ertönte, holten die beiden Sekundanten sie heraus, streichelten und liebkosten sie, hielten sie einander entgegen und ließen sie schließlich frei. Der große schwarze Hahn stürzte sich unverzüglich auf den kleinen grauen und hackte ihm mit seinem Sporn auf den Kopf. Der graue antwortete feurig. Dann brach das Babel des vielsprachigen Geschreis los und hörte von da an nicht mehr auf. Nachdem die Hähne einige Zeit gekämpft hatten, erwartete ich jeden Augenblick, daß sie tot umfielen, denn beide waren geblendet, rot vom Blut und so erschöpft, daß sie häufig hinstürzten. Sie wollten aber nicht aufgeben, und sterben wollten sie auch nicht. Alle paar Sekunden hoben der Neger und der Weiße sie auf, wischten sie ab, bliesen kaltes Wasser über sie, nahmen ihren Kopf in den Mund und hielten ihn dort für einen Augenblick – vielleicht, um das entfliehende Leben durch Wärme zurückzuholen – ich weiß es nicht. Dann wieder abgesetzt, torkelten die verendenden Geschöpfe tappend, mit hängenden Flügeln herum, fanden einander, führten aufs Geratewohl ein oder zwei Stöße und fielen erschöpft wieder hin.

Ich sah das Ende der Schlacht nicht. Ich zwang mich, es so lange zu ertragen, wie ich konnte, aber es war ein zu jämmerlicher Anblick; so gestand ich dies offen, und wir zogen uns zurück. Später hörten wir, daß der schwarze Hahn im Ring starb, kämpfend bis zuletzt.

Offensichtlich ist dieser „Sport" für jene, die damit vertraut sind, äußerst faszinierend. Ich habe nie gesehen, daß Leute an etwas mehr Spaß hatten als diese Versammlung an diesem Kampf. Das traf auf grauköpfige Alte ebenso zu wie auf zehnjährige Jungen. Sie rasten vor Begeisterung. Die Hahnenkämpfe sind eine unmenschliche Art der Unterhaltung, daran besteht kein Zweifel, trotzdem aber scheint es ein weit anständigerer und weniger grausamer Sport zu sein als die Fuchsjagd – denn den Hähnen gefällt er; sie empfinden und bereiten Vergnügen, was beim Fuchs nicht der Fall ist.

Wir assistierten – im französischen Sinne des Wortes – eines Tages bei einem Mauleselrennen. Ich glaube, mir machte dieser Wettlauf mehr Spaß als jedem anderen Maulesel dort. Er machte mir mehr Spaß als jeder andere Wettlauf von Tieren, den ich je gesehen hatte. Die Tribüne war gefüllt mit den Schönen und der Ritterschaft von New Orleans. Dieser Satz stammt nicht von mir. Er ist vom Reporter aus dem Süden. Der benutzt ihn seit zwei Generationen. Er benutzt ihn zwanzigmal am Tag oder zwanzigtausendmal am Tag oder millionenmal am Tag – je nach Bedarf. Er ist verpflichtet, ihn millionenmal am Tag zu benutzen, sollte er Gelegenheit haben, so häufig von achtbaren Männern und Frauen zu sprechen, denn er hat für diesen Zweck keinen anderen Satz zur Verfügung als nur den einen. Er wird seiner niemals müde, für ihn hat er immer einen angenehmen Klang. Es haftet ihm so etwas vornehm mittelalterlich Großartiges an, so ein Flitterglanz, der seiner großspurigen Barbarenseele gefällt. Hätte er sich im Palästina des Altertums befunden, dann hätte er nicht von „viel Volks“ gesprochen. Nein, er hätte gesagt: „Die Schönen und die Ritterschaft von Galiläa“ versammelten sich, der Bergpredigt zu lauschen. Höchstwahrscheinlich haben die Männer und Frauen des Südens diesen Satz inzwischen gründlich satt und würden eine Veränderung begrüßen, aber hier besteht keine unmittelbare Aussicht.

Der Redakteur von New Orleans hat einen kraftvollen, knappen, unverblümten Stil, er verschwendet keine Worte und drückt sich nicht überschwenglich aus. Nicht so sein Durchschnittskorrespondent. Im Anhang zitiere ich einen guten Brief, von geübter Hand geschrieben; der durchschnittliche Korrespondent aber schleudert einen Stil hin, der sich davon unterscheidet. Zum Beispiel:

Der „Times-Democrat“ schickte letzten April einen Rettungsdampfer einen der sumpfigen Flußarme hinauf. Dieser Dampfer landete dort irgendwo an einem Dorf, und der Kapitän lud einige Damen des Dorfs zu einer kurzen Fahrt ein. Sie nahmen seine Einladung an und kamen an Bord, und das Dampfschiff fuhr den Wasserlauf hinauf. Das war alles. Und das ist auch alles, was der Redakteur des „Times-Democrat“ daraus gemacht hätte. Es gab nur ein paar statistische Zahlen, und mehr hätte er nicht herausgeholt. Er hätte sie vermutlich sogar zu Kolonnen zusammengestellt, teils, um völlige Klarheit der Angaben zu sichern, und teils, um Platz zu sparen. Aber sein Sonderkorrespondent kennt andere Methoden, mit Statistiken umzugehen. Er wirft jede Zurückhaltung von sich und schwelgt in ihnen:

„Am Sonnabend in aller Frühe zierten die Schönen des Orts unsere Kajüte, und stolz auf die hübsche Fracht, glitt das tapfere kleine Schiff den versumpften Flußarm hinauf."

Siebenundzwanzig Wörter, um zu sagen, daß die Damen an Bord kamen, das Schiff ablegte und den Wasserlauf hinauffuhr, ist glatte Verschwendung von zwölf guten Wörtern, und außerdem zerstört es die Kompaktheit der Feststellung.

Womit der Reporter aus dem Süden nicht fertig wird, das sind die Frauen. Sie machen ihn unsicher, sie bringen ihn aus dem Gleichgewicht. Er ist schlicht, vernünftig und arbeitet einwandfrei, bis eine Frau in Sicht kommt. Das bringt ihn völlig durcheinander, sein Verstand torkelt, und er wird blumig und idiotisch. Beim Lesen des oben erwähnten Auszugs sollte man meinen, dieser Schüler Sir Walter Scotts sei ein Lehrling und wisse so gut wie nichts über den Umgang mit der Feder. Im Gegenteil: Er liefert in seinem langen Brief viele Beweise dafür, daß er sie recht gut zu handhaben weiß, wenn keine Frauen in der Nähe sind, welche die Kunstblumen-Manie bei ihm ausbrechen lassen. Zum Beispiel:

„Um vier Uhr zogen sich im Nordosten unheildrohende Wolken zusammen, und bald kam vom Golf her ein Wind auf, der jeden Augenblick heftiger wurde. Den Landeplatz jetzt zu verlassen war gefährlich, und es gab eine Verzögerung. Die Eichen schüttelten im Zerren des Windes lange Flechten ihrer Moosbärte ab, und in seinem Ehrgeiz, bedeutend größere Wassermassen nachzuäffen, schlug der versumpfte Flußarm Miniaturwellen. Eine Windpause erlaubte unsere Abfahrt, und wir dampften heimwärts, über uns ein tintenschwarzer Himmel, und der Wind wehte heftig. Als die Dunkelheit heranschlich, gab es nur wenige an Bord, die nicht wünschten, sie wären bald zu Hause."

Daran ist nichts Schlechtes. Es ist eine gute Beschreibung in gedrängter Form. Dabei war die Versuchung groß, in Schauermanier zu verfallen.

Aber kehren wir zum Maulesel zurück. Seit ich ihn verließ, habe ich herumgekramt und bin dabei auf einen ausführlichen Bericht über das Rennen gestoßen. Darin finde ich die von mir soeben ins Gespräch gebrachte Theorie bestätigt – nämlich, daß das Problem des Reporters aus dem Süden die Frauen sind – die FRAUEN, mit einem Zusatz von Walter Scott und seinen Rittern und Schönheit und Ritterlichkeit und so fort. Dieser Bericht ist ausgezeichnet, solange sich die Frauen daraus fernhalten. Sobald sie sich aber einmischen, haben wir folgendes tolle Ergebnis:

„Wahrscheinlich wird viel Zeit vergehen, bis die Damentribüne wieder ein solches Meer schaumhafter Lieblichkeit darbietet wie gestern. Die Frauen von New Orleans sind immer bezaubernd, nie aber so wie zu dieser Jahreszeit, wenn sie in ihren zarten Frühlingsgewändern einen Hauch balsamischer Frische und einen Duft unaussprechlicher Reinheit mitbringen. Sie standen so dichtgedrängt auf der Tribüne, daß so mancher Mann, der zu ihren Füßen umherging und keine Möglichkeit zur Annäherung sah, wie nie zuvor die Gefühle der Peri an der Pforte des Paradieses verstand und sich fragte, welche unschätzbare Gefälligkeit ihm wohl Zugang zu ihrer geheiligten Gegenwart verschaffen könnte. An ihren weißumhüllten Busen oder Schultern prangten die Farben des Ritters ihrer Wahl; und wären die tapferen Helden nicht auf unromantischen Mauleseln erschienen, hätte man sich vorstellen können, einem von König Artus' Galatagen beizuwohnen."

Dreizehn Maulesel waren es in der ersten Runde, alle Arten von Mauleseln, jede Tönung, Gangart, Veranlagung, Gestalt. Manche waren hübsche Tiere, manche nicht, manche waren glattgestriegelt, manche schon lange nicht mehr gebürstet worden, manche gaben sich unschuldig, munter und ausgelassen, manche steckten voller Bosheit und Tücke. Es hatte den Anschein, daß manche die Veranstaltung für Krieg und manche für Jux hielten, die übrigen nahmen es für eine religiöse Veranstaltung. Und jedes Maultier handelte auch dementsprechend. Das Ergebnis war ein völliger Mangel an Harmonie, den eine auffallende Verschiedenartigkeit – eine malerische und unterhaltsame Verschiedenartigkeit – reichlich wettmachte.

Sämtliche Reiter waren junge Gentlemen aus der feinen Gesellschaft. Sollte sich der Leser darüber Gedanken machen, wie es kommt, daß die Damen von New Orleans einer so bescheidenen Schwelgerei wie einem Mauleselrennen zusehen, dann ist es hiermit erklärt. Es ist eine Laune der vornehmen Welt – alle, die damit zu tun haben, sind Leute aus den vornehmen Kreisen.

Es ist ein großer Spaß und außerordentlich beliebt. Das Mauleselrennen ist eines der bedeutenden Ereignisse des Jahres. Es hat einige ziemlich schnelle Maulesel berühmt gemacht. Einer von ihnen mußte ausgeschlossen werden, weil er so schnell lief, daß er die Veranstaltung in ein Ein-Maulesel-Rennen verwandelte und ihr eine ihrer besten Eigenschaften raubte: die Verschiedenartigkeit. Aber hin und wieder tarnt ihn jemand mit einem neuen Namen und einer neuen Tönung und läßt ihn wieder starten.

Die Reiter kleiden sich in ein echtes Jockeykostüm aus leuchtendem Seidensatin und Samt.

Die dreizehn Maulesel liefen nach ein paar Fehlstarts gleichzeitig los und jagten mit ungeheurem Feuer davon. Da jeder Maulesel und jeder Reiter seine eigene Meinung darüber hatte, wie das Rennen zu gestalten sei und welche Seite der Bahn unter bestimmten Umständen die beste, wie oft die Bahn überquert werden müsse, wann ein Zusammenstoß herbeigeführt und wann er zu vermeiden sei, schufen diese sechsundzwanzig widerstreitenden Meinungen ein höchst phantastisches, malerisches Durcheinander, und das sich daraus ergebende Schauspiel war urkomisch.

Strecke: eine Meile, Zeit: 2.22. Acht der dreizehn Maulesel ausgeschieden. Ich hatte auf einen Maulesel gewettet, der bei umgekehrter Reihenfolge gewonnen hätte. Der zweite Lauf war sehr spaßig und ebenso das „Trostrennen für geschlagene Maulesel", das später folgte; aber der erste Lauf war in dieser Beziehung der beste.

Ich denke, das weitaus vergnüglichste aller Rennen ist eine Dampferwettfahrt, aber danach ist mir der lustige, ausgelassene Maulesellauf am liebsten. Zwei Dampfer unter Volldampf, die Kopf an Kopf dahinschießen, jeder Nerv angespannt – das heißt, jede Niete im Kessel – vom Bug bis zum Heck zitternd, bebend und stöhnend, aus den Rohren weißen Dampf speien, schwarzen Rauch aus den Schornsteinen quellen und Funken herabregnen lassen, während sie den Fluß in lange Streifen zischenden Schaums zerschneiden – das ist ein Sport, der einem vor Vergnügen den Atem stocken läßt. Im Vergleich dazu ist ein Pferderennen ziemlich zahm und farblos. Dabei könnte ein Pferderennen auf seine Weise vielleicht ganz erfreulich sein, wenn nicht die ermüdenden Fehlstarts wären. Aber freilich kommt nie jemand dabei um. Zumindest kam nie jemand um, wenn ich bei einem Pferderennen war. Gewiß, manche wurden zu Krüppeln, aber das tut wenig zur Sache.

46. Kapitel

BEZAUBERUNGEN UND BEZAUBERER

Um das größte Ereignis des Jahres in New Orleans – das Mardi-Gras-Fest – zu erleben, kamen wir zu spät. Ich habe dort vor vierundzwanzig Jahren den Umzug der „Mystischen Schar des Comus“ mit seinen Rittern, Edlen und dergleichen gesehen, die in eine seidene und goldene, in Paris hergestellte Pracht gekleidet waren – entworfen und gekauft nur für diese einzige Nacht, in ihrem Gefolge allerlei Riesen, Zwerge, Verwachsene und andere amüsante Wunderlichkeiten – ein überraschendes, wunderbares Schauspiel, wie sie im Licht ihrer rauchenden, flakkernden Fackeln feierlich und schweigend die Straße hinabzogen; aber es heißt, das Bild habe sich in jüngerer Zeit an Kosten, Pracht und Vielfalt noch erheblich gesteigert. Es gibt dabei eine Hauptfigur – „Rex“; und wenn ich mich richtig erinnere, ist weder dieser König noch jemand aus seinem großen Gefolge von Untertanen Außenstehenden bekannt. Alle diese Leute sind Gentlemen von Stand und Würden, und es ist eine Ehre, der Organisation anzugehören; so umgeben sie sich nur der Romantik halber mit einem Geheimnis und nicht wegen der Polizei.

Mardi-Gras ist natürlich ein Überbleibsel der französischen und spanischen Besetzung, aber ich glaube, daß ihm seine religiöse Seite jetzt so ziemlich abhanden gekommen ist. Sir Walter hat den Gentlemen mit Mönchskapuze und Rosenkranz einiges voraus, und er wird sich halten. Sein mittelalterliches Unternehmen, ergänzt von den Ungeheuern und Merkwürdigkeiten und den lieblichen Geschöpfen aus dem Märchenland, ist erfreulicher anzusehen als die armseligen Phantasiegebilde und Schaustellungen der ausgelassenen Pöbelhaufen der Priesterzeit und dient vielleicht genauso dem Zweck, den Tag zu betonen und die Menschen mahnend daran zu erinnern, daß die Gnadenfrist zwischen der weltlichen und der heiligen Jahreszeit abgelaufen ist.

Bis vor kurzem war dieses Mardi-Gras-Schauspiel ausschließlicher Besitz von New Orleans. Jetzt aber hat es sich nach Memphis, St. Louis und Baltimore ausgebreitet. Wahrscheinlich hat es seine Grenzen erreicht. Es könnte im praktischen Norden wohl kaum existieren, würde sich dort gewiß nur kurze Zeit halten – so wie es sich in London nur kurz halten würde. Denn seine Seele ist das Romantische, nicht das Komische und Groteske. Nähme man ihm das Romantisch-Geheimnisvolle, die Könige und Ritter, die großartig klingenden Titel, dann würde Mardi-Gras dort unten im Süden sterben. Gerade der Charakter, der es im Süden lebendig erhält – süßliche Romantik –, würde es im Norden oder in London töten. „Puck“ und „Punch“ und die allgemeine Presse würden darüber herfallen und es erbarmungslos lächerlich machen, und seine erste Vorstellung wäre auch seine letzte.

Gegen die Verbrechen der Französischen Revolution und Bonapartes lassen sich zwei Wohltaten als Ausgleich anführen: Die Revolution zerbrach die Ketten des ancien régime und der Kirche und machte aus einem Volk elender Sklaven eine Nation von freien Menschen; und Bonaparte führte ein, Verdienst vor Geburt zu stellen, und entkleidete das Königtum so gründlich der Göttlichkeit, daß gekrönte Häupter, während sie zuvor in Europa Gottheiten waren, seither nur Menschen sind und nie mehr Götter sein können, sondern nur noch Repräsentationsfiguren und für ihre Taten verantwortlich wie gewöhnliche Staubgeborene. Solche Wohltaten wiegen den Schaden auf, den Bonaparte und die Revolution zeitweise anrichteten, und machen die Welt zu ihrem Schuldner für diese großen, dauerhaften Dienste an der Freiheit, der Menschlichkeit und dem Fortschritt.

Dann kommt Sir Walter Scott mit seiner Verzauberung, hält allein mit seiner Macht diese Welle des Fortschritts auf und treibt sie sogar zurück; veranlaßt die Welt, sich in Träume und Hirngespinste zu verlieben, in verrottete, viehische Formen der Religion, in verrottete, verkommene Regierungssysteme, in die Dummheit und Hohlheit, die unechte Größe, den unechten Prunk, die unechte Ritterlichkeit einer hirn- und wertlosen, längst vergangenen Gesellschaft. Er hat maßlosen Schaden angerichtet – vielleicht mehr wirklichen und dauerhaften Schaden als sonst irgendein Mensch, der je geschrieben hat. Der größte Teil der Welt hat jetzt ein gutes Stück dieses Schadens überwunden, wenn auch bei weitem nicht den ganzen, aber in unserem Süden gedeiht er noch ziemlich kräftig. Vielleicht nicht so kräftig wie vor einem halben Menschenalter, aber immer noch kräftig. Dort ist die echte, gesunde Zivilisation des neunzehnten Jahrhunderts auf merkwürdige Weise vermischt und vermengt mit der mittelalterlichen Pseudozivilisation Walter Scottscher Prägung, und so haben wir den praktischen gesunden Menschenverstand, fortschrittliches Gedankengut und fortschrittliche Leistungen vermischt mit den Duellen, der schwülstigen Sprache und dem faden Romantizismus einer absurden Vergangenheit, die tot ist und um der Barmherzigkeit willen begraben sein sollte. Gäbe es nicht die Sir Walter-Krankheit, dann wäre der Charakter des Südstaatlers – oder Sprosses des Südens, nach Sir Walters steiferer Ausdrucksweise – gänzlich modern, anstatt halb modern und halb mittelalterlich, und der Süden wäre um eine ganze Generation weiter fortgeschritten, als er ist. Sir Walter war es, der jeden Gentleman im Süden vor dem Krieg zu einem Major oder Oberst, einem General oder einem Richter machte, und er war es auch, der diese Gentlemen dazu brachte, auf jenen falschen Lorbeer Wert zu legen. Denn er war es, der dort unten Rang und Kaste schuf, und die Ehrfurcht vor Rang und Kaste und den Stolz auf sie und die Freude daran. Der Sklaverei werden schon genügend Dinge angelastet, ohne daß man ihr auch noch diese Schöpfungen und Beiträge Sir Walters zuschreiben muß.

Sir Walter hatte einen so großen Anteil an der Charakterprägung des Südstaatlers, wie er vor dem Krieg existierte, daß er in großem Maß für den Krieg verantwortlich ist. Es scheint ein bißchen hart einem Toten gegenüber, zu sagen, wir hätten überhaupt keinen Krieg gehabt, wenn Sir Walter nicht gewesen wäre; trotzdem aber kann man vielleicht ein glaubwürdiges Argument vorbringen, um diese kühne Behauptung zu unterstützen. Der Südstaatler der amerikanischen Revolution besaß Sklaven und ebenso der Südstaatler des Bürgerkriegs, aber sie gleichen einander wie ein Engländer einem Franzosen. Dieser Charakterwandel läßt sich viel leichter von Sir Walters Einfluß herleiten als von jemand oder etwas anderem.

An einem oder zwei Anzeichen läßt sich beobachten, wie tief dieser Einfluß ging und wie stark er noch immer ist. Nimmt man eine vor vierzig oder fünfzig Jahren erschienene Literaturzeitung des Nordens oder des Südens zur Hand, findet man sie voller wortreicher, hohler, blumiger „Rhetorik“, Romantik und Gefühlsduselei – alles Sir Walter nachgeahmt und noch dazu reichlich schlecht – tatsächlich unschuldige Parodien seines Stils und seiner Methoden. Da diese Art Literatur in beiden Teilen des Landes Mode war, bestand Gelegenheit für den gerechtesten Wettbewerb, und infolgedessen hatte der Süden im Verhältnis zur Bevölkerung ebensoviele bekannte literarische Namen aufzuweisen wie der Norden.

Aber dies hat sich geändert, und heutzutage gibt es keinerlei Gelegenheit für einen gerechten Wettbewerb zwischen Norden und Süden. Denn der Norden hat sich des alten, aufgeblasenen Stils entledigt, während sich der Schriftsteller des Südens noch immer daran klammert – sich daran klammert und folglich nur einen begrenzten Markt für seine Ware hat. Im Süden gibt es natürlich jetzt ebensoviel schriftstellerisches Talent wie früher, aber unter den gegenwärtigen Bedingungen kann sein Werk nur geringe Verbreitung finden; die Autoren schreiben für die Vergangenheit, nicht für die Gegenwart, sie benutzen veraltete Formen und eine tote Sprache. Wenn aber ein genialer Südstaatler modernes Englisch schreibt, bewegt sich sein Buch nicht länger auf Krücken, sondern auf Flügeln; sie tragen es geschwind über ganz Amerika und England und durch die großen Verlage für englischsprachigen Nachdruck nach Deutschland – wie das Beispiel von Mr. Cable und „Onkel Remus" beweist, zwei der ganz wenigen Schriftsteller des Südens, die nicht im südlichen Stil schreiben. Anstatt nur zwei oder drei weithin bekannte literarische Namen sollte der Süden ein oder zwei Dutzend aufweisen – und das wird er, wenn Sir Walters Zeit vorbei ist.

Eine eigenartige Illustration des guten und schlechten Einflusses eines einzigen Buchs zeigt die Wirkung von „Don Quichotte" und von „Ivanhoe". Jener fegte die Bewunderung der Welt für den mittelalterlichen Ritterunsinn hinweg, und dieser stellte sie wieder her. Was unseren Süden betrifft, so ist das gute Werk, das Cervantes leistete, fast toter Buchstabe, so wirksam hat Scotts schädliches Werk es untergraben.

47. Kapitel

„ONKEL REMUS" UND MR. CABLE

Am Sonntagmorgen um sieben Uhr sollte Mr. Joel Chandler Harris („Onkel Remus") aus Atlanta ankommen; so erhoben wir uns, ihn zu begrüßen. Wir konnten ihn in der Menge der Ankömmlinge am Empfang des Hotels leicht unterscheiden, da er der Beschreibung entsprach, die wir aus einer vertrauenswürdigen Quelle hatten. Sie besagte, er sei von kleinem Wuchs, rothaarig und ein bißchen sommersprossig. Er war der einzige Mann in der Gesellschaft, dessen Äußeres diesem Steckbrief entsprach. Es hieß von ihm, er sei sehr schüchtern. Er ist ein schüchterner Mensch. Darüber herrscht kein Zweifel. An der Oberfläche mag das nicht sichtbar sein, aber die Schüchternheit ist da. Nach tagelanger Vertrautheit stellt man verwundert fest, daß sie noch immer ungefähr in gleicher Stärke vorhanden ist. Hinter ihr verbirgt sich ein feinsinniger und schöner Charakter, wie jeder weiß, der das Buch von „Onkel Remus" gelesen hat, und auch ein feinsinniges Genie, wie allen aus derselben Quelle bekannt ist. Es scheint, als spräche ich ziemlich offen über meinen Nächsten, aber indem ich zur Leserschaft spreche, spreche ich zu seinen persönlichen Freunden, und unter Freunden sind solche Dinge erlaubt.

Einige Kinder, die begierig zu Mr. Cables Haus geströmt waren, um einen Blick auf den berühmten Weisen und das Orakel der Kinderstuben der Nation zu erhaschen, enttäuschte er sicher. Sie sagten:

„Aber er ist ja weiß!"

Es machte ihnen Kummer. Um sie zu trösten, wurde also das Buch herbeigebracht, damit sie Onkel Remus' Geschichte vom Teer-Baby aus dem Munde von Onkel Remus selbst hören konnten – oder aus dem Munde dessen, was in ihren empörten Augen von ihm übriggeblieben war. Es ergab sich jedoch, daß er noch niemals vor Leuten gelesen hatte und zu schüchtern war, es jetzt zu wagen. Mr. Cable und ich lasen aus unseren Büchern vor, um ihm zu zeigen, wie leicht das Kunststück war; aber seine unsterbliche Schüchternheit hielt selbst dieser scharfsinnigen Strategie stand, und so mußten denn wir über Bruder Langohr lesen.

Mr. Harris müßte in der Lage sein, den Negerdialekt besser als jeder andere zu lesen, denn er ist der einzige Meister, der ihn schreiben kann, den das Land hervorgebracht hat. Mr. Cable ist der einzige Meister der französischen Dialekte im Lande, und er liest sie vollendet vor. Es war ein großes Vergnügen, ihn über Jean-ah Poquelin und über Innerarity und sein berühmtes „Kamälde", das „Louisihanna vär-weigärt den Eintriet in die Union" darstellt, lesen zu hören, und dazu Abschnitte eines hübsch nuancierten deutschen Dialekts aus einem Roman, der erst im Manuskript vorhanden war.

Im Gespräch stellte sich heraus, daß Mr. Cable in zwei Fällen groteske Unannehmlichkeiten gehabt hat, weil er in seinen Büchern beinahe unmögliche französische Namen verwandte, die trotzdem noch lebende und empfindliche Bürger von New Orleans zufällig trugen. Seine Namen waren entweder Erfindungen oder der uralten und längst überholten Vergangenheit entlehnt, ich weiß es nicht mehr genau, aber auf jeden Fall erschienen ihre lebenden Träger und fühlten sich ziemlich verletzt, weil man so übertrieben öffentlich die Aufmerksamkeit auf sie und ihre Angelegenheiten gelenkt hatte.

Mr. Warner und ich machten eine ähnliche Erfahrung, als wir das Buch mit dem Titel „Das vergoldete Zeitalter" schrieben.

Darin gibt es einen Menschen namens „Sellers". Ich erinnere mich nicht daran, wie sein Vorname ursprünglich gelautet hatte, jedenfalls gefiel er Mr. Warner nicht, und er wollte ihn verbessern. Er fragte mich, ob ich imstande sei, mir einen Menschen namens „Eschol Sellers" vorzustellen. Natürlich sagte ich, ohne anregende Mittel könne ich das nicht. Er erklärte, draußen im Westen sei er tatsächlich einem Mann begegnet, habe ihn selbst gesehen und ihm die Hand gegeben, der diesen unmöglichen Namen trug: „Eschol Sellers". Er setzte hinzu: „Das war vor zwanzig Jahren; sein Name hat ihn vermutlich inzwischen dahingerafft, und wenn nicht, wird er das Buch sowieso nie zu sehen bekommen. Wir werden seinen Namen beschlagnahmen. Der Name, den Sie verwenden, kommt häufig vor und ist deshalb gefährlich, wahrscheinlich tragen ihn tausend Sellerse, und die ganze Horde wird sich auf uns stürzen, aber Eschol Sellers ist ein ungefährlicher Name – so sicher wie ein Felsen."

So borgten wir uns diesen Namen, und ungefähr eine Woche, nachdem das Buch erschienen war, stattete uns einer der würdevollsten, stattlichsten und am aristokratischsten aussehenden weißen Männer, die je gelebt haben, einen Besuch ab, mit der schrecklichsten Verleumdungsklage in der Tasche, die je ... nun, kurz gesagt, wir erhielten seine Erlaubnis, eine Auflage von zehn Millionen* Exemplaren des Buchs einzustampfen und den Namen in künftigen Auflagen in „Beriah Sellers" umzuwandeln.

48. Kapitel

ZUCKER UND POSTGEBÜHREN

Eines Tages begegnete ich auf der Straße dem Mann, den ich von allen am meisten zu sehen wünschte – Horace Bixby, einst Lotse unter mir – oder vielmehr über mir – und jetzt Kapitän des großen Dampfers „City of Baton Rouge", der neusten und schnellsten Erwerbung der „Anchor Line". Dieselbe schlanke Gestalt, dieselben krausen Locken, derselbe elastische Gang, dieselbe Flinkheit, derselbe entschlossene Blick und die dazugehörige entschlossene Hand, dieselbe militärisch gerade Haltung; an Gürtelumfang keinen Zoll gewonnen oder verloren, an Gewicht keine Unze zu- oder abgenommen, kein weißes Haar. Es ist merk-

* Zahlen nach dem Gedächtnis und wahrscheinlich ungenau. Ich glaube, es waren mehr.

würdig, einen Mann von fünfunddreißig Jahren zu verlassen, nach einundzwanzig Jahren wiederzukommen und ihn noch immer im Alter von fünfunddreißig vorzufinden. Ich habe so etwas, glaube ich, noch nie zuvor erlebt. Ein paar Krähenfüße waren schon da, aber sie zählten fast nicht, denn sie fielen nicht auf.

Sein Schiff hatte soeben angelegt. Ich wartete schon mehrere Tage darauf, in der Absicht, mit ihm nach St. Louis zurückzufahren. Der Kapitän und ich schlossen uns einer Gesellschaft von Ladies und Gentlemen an, Gäste Major Woods, und begaben uns mit einem schnellen Schleppdampfer vierundfünfzig Meilen flußabwärts zu Exgouverneur Warmoths Zuckerplantage. Unterhalb der Stadt lag eine Anzahl verrotteter, wackeliger, abgetakelter alter Dampfschiffe, von denen ich keins je zuvor gesehen hatte. Sie waren alle gebaut, abgenützt und ausrangiert worden, seit ich das letztemal hier war. Das gibt einem wirklich eine Vorstellung von der Vergänglichkeit eines Mississippidampfers und der Kürze seines Daseins.

Sechs Meilen unterhalb der Stadt zeigte man uns einen dicken, stark beschädigten Ziegelschornstein, der über die Magnolienbäume und Immergrünen Eichen hinausragte, das Denkmal, das eine dankbare Nation zur Erinnerung an die Schlacht von New Orleans – den Sieg Jacksons über die Briten am 8. Januar 1815, errichtet hatte. Der Krieg war schon beendet gewesen, die beiden Nationen hatten Frieden geschlossen, aber die Nachricht hatte New Orleans noch nicht erreicht. Hätten wir zu jener Zeit den Kabeltelegraphen gehabt, wäre dieses Blut nicht vergossen, dieses Leben nicht unnütz geopfert worden, und noch besser: Jackson wäre wahrscheinlich nie Präsident geworden. Wir haben den Schaden, den wir durch den Krieg von 1812 erlitten, überwunden, nicht aber so manche Schäden, die uns Jacksons Präsidentschaft brachte.

Die Plantage der Warmoth' nimmt eine große Fläche ein, und die Gastfreundschaft des Warmothschen Herrenhauses hat den gleichen großen Maßstab. Wir sahen hier zum ersten Mal Dampfpflüge bei der Arbeit. Die Zugmaschine bewegt sich auf ihren eigenen Rädern bis zu dem gewünschten Ort, dann hält sie an und zieht mit Hilfe eines Drahtseils den riesigen Pflug zwei-, dreihundert Meter weit über das Feld zwischen den Reihen des Zukkerrohrs hindurch zu sich heran. Das Ding schneidet anderthalb Fuß tief in den schwarzen Humusboden ein. Der Pflug sieht aus wie eine umgekehrte Längsschiffbrasse eines Hudsondampfers. Wenn der schwarze Steuermann auf dem einen Ende sitzt, neigt sich dieses zum Boden, während das andere hoch in die Luft ragt. Diese große Wippe schwankt und schlingert wie ein Schiff auf See, und nicht einmal jeder Zirkusreiter könnte sich darauf halten.

Die Pflanzung erstreckt sich über zweitausendsechshundert Acre, davon sind sechshundertfünfzig mit Zuckerrohr bepflanzt, außerdem gibt es einen ertragreichen Orangenhain mit fünftausend Bäumen. Das Zuckerrohr wird auf eine moderne, komplizierte wissenschaftliche Weise angebaut, die zu knifflig und komplex ist, als daß ich sie zu beschreiben versuchte; aber sie ergab im letzten Jahr vierzigtausend Dollar Verlust. Die anderen Einzelheiten habe ich vergessen. Die diesjährige Ernte wird jedoch tausend oder tausendzweihundert Tonnen Zucker bringen, und daher hat der Verlust vom vergangenen Jahr nichts mehr zu bedeuten. Diese mühseligen und kostspieligen wissenschaftlichen Methoden bringen einen Ertrag von anderthalb Tonnen und danach von zwei Tonnen pro Acre, und das ist drei- oder viermal soviel wie der Ertrag zu meiner Zeit.

Die Entwässerungsgräben wimmelten überall von kleinen Krebsen, sogenannten Fiddlers. Man sah sie nach allen Richtungen seitwärts davoneilen, sobald sie ein beunruhigendes Geräusch hörten. Eine teure Plage, diese Krebse, denn sie bohren sich in den Damm und zerstören ihn.

Die große Zuckerraffinerie war ein Urwald von Bottichen und Tanks, von Fässern und Filtern, von Pumpen, Rohren und Maschinen. Der Prozeß der Zuckerherstellung ist äußerst interessant. Zuerst hievt man das Zuckerrohr in die Zentrifugen und preßt den Saft heraus, dann läßt man ihn auf die Verdampferpfannen laufen, um die Fasern auszusondern, danach durch Filter aus Knochenkohle, um den Alkohol zu entfernen, darauf durch die Klärtanks, um die Melasse abzuscheiden, hiernach durch das Granulierungsrohr, um ihn zu verdichten, und schließlich durch die Vakuumpfanne, um das Vakuum zu beseitigen. Jetzt ist er fertig für den Markt. Ich habe diese Einzelheiten aus dem Kopf flüchtig hingeworfen. Das sieht einfach und leicht aus. Man täusche sich jedoch nicht. Zucker zu machen ist in Wirklichkeit eine der schwierigsten Sachen der Welt. Und ihn richtig zu machen ist fast unmöglich. Wenn der Leser einige Jahre lang hin und wieder seinen eigenen Vorrat überprüft und das Ergebnis auf einer Tabelle vermerkt, wird er feststellen, daß von zwanzig Leuten keine zwei Zucker machen können, ohne daß Sand hineingerät.

Wir hätten zur Flußmündung hinunterfahren können, um Kapitän Eads' großes Werk, die Hafendämme, zu besichtigen, wo der Strom zwischen Wände eingepreßt und damit auf sechsundzwanzig Fuß vertieft worden ist, aber wir hielten es für sinnlos, dorthin zu fahren, da beim gegenwärtigen Wasserstand alles überflutet und nichts zu sehen wäre.

Wir hätten die alte, einzigartige Kleinstadt Pilot-Town aufsuchen können, die, wie es heißt, auf Pfählen im Wasser steht und wo der gesamte Verkehr mit dem Kahn abgewickelt wird, bis hin zur Teilnahme an Hochzeiten und Bestattungen, und wo die kleinsten Knaben und Mädchen mit dem Ruder so geschickt umgehen wie nichtamphibische Kinder mit dem Fahrrad.

Wir hätten noch eine Anzahl anderer Dinge unternehmen können, aber da unsere Zeit begrenzt war, fuhren wir nach Hause zurück. Die Fahrt den funkelnden Strom hinauf, über den der Wind strich, war ein reizvolles Erlebnis und wäre hinreichend sentimental und romantisch gewesen, hätte es nicht die Unterbrechungen durch den Lieblingspapageien des Bugsierdampfers gegeben, dessen unermüdliche Kommentare über Landschaft und Passagiere stets prosaisch und häufig unanständig waren. Er verfügte auch im Übermaß über jenes mißtönende, ohrenzerreißende metallische Gelächter, das bei seiner Gattung häufig ist – ein maschinenfabriziertes Gelächter, ein Frankenstein-Gelächter, dem die Seele fehlt. Er ließ es jeder sentimentalen Bemerkung und jedem ergreifenden Lied folgen. Er gackerte es mit scheußlicher Energie nach „Heimgekehrt, heimgekehrt aus fernem fremden Land" und sagte, er „würde keinen verd... Pfifferling für 'nen Schleppkahn voll von solchem Mist" geben. Romantik und Gefühl können einer solchen Entmutigung nicht lange standhalten, deshalb hörten Gesang und Gespräche bald auf, was den Papagei so entzückte, daß er sich vor Freude heiser fluchte.

Dann begaben sich die männlichen Mitglieder der Gesellschaft aufs Vorderdeck, um zu rauchen und zu plaudern. Darunter waren mehrere alte Dampfschiffer, und von ihnen erfuhr ich einiges über das Schicksal meiner früheren Freunde vom Fluß während meiner langen Abwesenheit. Ich erfuhr, daß ein Lotse, für den ich gesteuert hatte, Spiritist geworden ist und seit über fünfzehn Jahren jede Woche einen Brief von einem verstorbenen Verwandten erhält, über ein New Yorker spiritistisches Medium namens Manchester – das Porto nach der Entfernung abgestuft: vom örtlichen Postamt im Paradies bis New York fünf Dollar, von New York bis St. Louis drei Cent. Ich besinne mich sehr gut auf Mr. Manchester. Ich suchte ihn vor zehn Jahren einmal mit zwei Freunden auf, von denen sich einer nach einem verstorbenen Onkel erkundigen wollte. Dieser Onkel hatte sein Leben vor einem halben Dutzend Jahren auf eine besonders gewaltsame und ungewöhnliche Weise verloren: Ein Zyklon hatte ihn etwa drei Meilen weit fortgerissen und mit ihm einen Baum umgestoßen, dessen Stamm am unteren Ende vier Fuß Durchmesser hatte und der fünfundsechzig Fuß hoch war. Diesen Triumph überlebte er nicht. Bei der eben erwähnten Séance befragte mein Freund seinen verblichenen Onkel durch Mr. Manchester, und der verblichene Onkel schrieb seine Antworten nieder, wobei er Mr. Manchesters Hand und Bleistift benutzte. Nachfolgendes ist ein ziemlich gutes Beispiel der gestellten Fragen und auch des albernen Gewäschs, das Manchester als Antwort lieferte, mit der Behauptung, es stamme von dem Gespenst. Wenn dieser Mann nicht der erbärmlichste Betrüger ist, den es gibt, dann bin ich ihm eine Abbitte schuldig.

Frage: „Wo befindest du dich?"

Antwort: „In der Welt der Geister."

F: „Bist du glücklich?"

A.: „Sehr glücklich. Vollkommen glücklich."

F.: „Womit unterhältst du dich?"

A.: „Führe Gespräche mit Freunden und anderen Geistern."

F.: „Was sonst noch?"

A.: „Sonst nichts. Mehr ist nicht nötig."

F.: „Worüber sprecht ihr?"

A.: „Darüber, wie glücklich wir sind, und über Freunde, die wir auf Erden zurückgelassen haben, und wie wir sie zu ihrem Besten beeinflussen können."

F.: „Wenn alle Freunde auf Erden ins Land der Geister gelangt sind, welchen Gesprächsstoff werdet ihr dann haben? Nur wie glücklich ihr alle seid?"

Keine Antwort. Eine Erklärung erfolgt, daß Geister alberne Fragen nicht beantworten.

F.: „Wie kommt es, daß Geister, die eine Ewigkeit mit albernen Beschäftigungen verbringen und dies als Glückseligkeit hinnehmen, bei albernen Fragen zum Thema so empfindlich sind?"

Keine Antwort.

F.: „Würdest du gern zurückkehren?"

A.: „Nein."

F.: „Würdest du das unter Eid aussagen?"

A.: „Ja."

F.: „Was eßt ihr dort?"

A.: „Wir essen nicht."

F.: „Was trinkt ihr?"
A.: „Wir trinken nicht."
F.: „Was raucht ihr?"
A.: „Wir rauchen nicht."
F.: „Was lest ihr?"
A.: „Wir lesen nicht."
F.: „Kommen alle guten Menschen an euren Ort?"
A.: „Ja."
F.: „Du kennst ja meine gegenwärtige Lebensweise. Kannst du mir noch irgend etwas vorschlagen, etwa ein Verbrechen, das mir die annehmbare Sicherheit gibt, woandershin zu kommen?"
Keine Antwort.
F.: „Wann bist du gestorben?"
A.: „Ich bin nicht gestorben. Ich bin entschlummert."
F.: „Na schön, dann also: Wann bist du entschlummert? Seit wann bist du im Geisterland?"
A.: „Wir haben hier kein Zeitmaß."
F.: „Wenn du auch in deinem gegenwärtigen Zustand und deiner Umgebung gleichgültig und ungewiß gegenüber Daten und Zeitspannen sein magst, so hat das doch nichts mit deinem früheren Zustand zu tun. Damals hattest du Daten. Nach einem davon frage ich. Du bist an einem bestimmten Tag in einem bestimmten Jahr dahingegangen. Stimmt das etwa nicht?"
A.: „Ja."
F.: „Dann nenne den Tag des Monats."
(Viel Umherfuchteln mit dem Bleistift von seiten des Mediums, eine Weile begleitet von heftigen, ruckhaften Zuckungen des Kopfs und des Körpers. Schließlich eine Erklärung, daß Geister häufig Daten vergessen, da solche Dinge bedeutungslos für sie sind.)
F.: „Dann hat der hier tatsächlich das Datum seines Übergangs ins Geisterland vergessen?"
Eingeständnis, daß dies der Fall sei.
F.: „Das ist aber sehr merkwürdig. Nun dann, in welchem Jahr war es?"
(Weiteres Umherfuchteln, Zuckungen, idiotische Krämpfe von seiten des Mediums. Schließlich die Erklärung, der Geist habe das Jahr vergessen.)
F.: „Das ist ja ungeheuerlich. Laß mich dir noch eine Frage, eine letzte Frage stellen, bevor wir uns auf Nimmerwiedersehen trennen, denn selbst wenn es mir nicht gelingt, dein Asyl zu meiden, wird ein Zusammentreffen dort als solches nicht zählen, weil

du mich und meinen Namen bis dahin womöglich vergessen hast. Bist du eines natürlichen Todes gestorben oder wurdest du durch eine Katastrophe niedergemäht?"

A.: (Nach langem Zögern und vielen Wehen und Krämpfen): „Eines natürlichen Todes."

Dies beendete die Unterredung. Mein Freund sagte dem Medium, sein Verwandter sei, als er in diesem Jammertal wandelte, mit einem außergewöhnlichen Intellekt und einem absolut unfehlbaren Gedächtnis begabt gewesen, und es scheine doch sehr schade, daß man ihm nicht gestattet habe, zu seiner eigenen Unterhaltung im Reich der ewigen Zufriedenheit und zum Erstaunen und der Bewunderung der übrigen Bevölkerung dort einige Fetzen davon zu behalten.

Dieser Mensch hatte viele Kunden – hat sie noch immer. Er erhält Briefe von Geistern aus allen Teilen der Geisterwelt und verteilt sie über das ganze Land durch die Post der Vereinigten Staaten. Die Briefe sind voller Ratschläge – Ratschläge von „Geistern", die nicht einmal so viel wissen wie eine Kaulquappe – und diese Ratschläge werden von den Empfängern mit gläubiger Hingabe befolgt. Einer dieser Kunden war ein Mann, den die Geister (wenn man den findigen Mr. Manchester so mit der Pluralform beschreiben darf) lehrten, ein verbessertes Eisenbahn-Waggonrad zu erfinden. Das ist eine recht plumpe Beschäftigung für einen Geist, aber es ist eine höhere und gesündere Tätigkeit, als ewig darüber zu reden, „wie glücklich wir sind".

49. Kapitel

EPISODEN AUS DEM LOTSENLEBEN

Im Verlauf der Schleppdampfergespräche erfuhr ich, daß von fünf meiner früheren Freunde, die den Fluß verlassen hatten, vier in die Landwirtschaft gegangen waren. Natürlich nicht, weil sie für den Ackerbau besonders begabt gewesen wären und daher als Farmer größere Aussichten als in anderen Berufen gehabt hätten – der Grund ihrer Wahl ist vielmehr anderswo zu suchen. Zweifellos wählten sie die Landwirtschaft, weil sie ein Leben in Zurückgezogenheit und Abgeschlossenheit vor unerwünschten Fremden bietet – wie die Einsiedelei des Steuerhauses. Und zweifellos wählten sie sie auch deshalb, weil sie in tausend dunklen Sturmnächten voller Gefahren das flimmernde Licht einsamer

Farmhäuser gesehen hatten, während das Schiff vorbeizog, und sich die Ruhe, Sicherheit und Gemütlichkeit einer solchen Zuflucht in solcher Zeit ausgemalt hatten, und so war nach und nach der Traum von diesem Leben der Abgeschiedenheit und des Friedens in ihnen entstanden als Inbegriff dessen, was sie ersehnten, wonach sie strebten, was sie sich verdienen und schließlich genießen wollten.

Aber ich habe nie gehört, daß einer dieser Lotsenfarmer jemand mit seinen Erfolgen in Erstaunen versetzt hätte. Ihre Farm gewährt ihnen nicht ihren Unterhalt – sie unterhalten ihre Farm. Der Lotsenfarmer verschwindet jedes Jahr gegen Frühlingsbeginn vom Fluß und läßt sich dort bis zum nächsten Frost nicht mehr blicken. Dann erscheint er wieder in abgetragenem Homespun-Anzug, kämmt sich die Strohreste aus dem Haar und mustert für den Winter als Lotse an. Auf diese Weise zahlt er die Schulden ab, die er während der Jahreszeit des Ackerbaus mit seiner landwirtschaftlichen Tätigkeit zustande gebracht hat. So ist seine Knechtschaft gegenüber dem Fluß nur halb gebrochen; während der härtesten Jahreshälfte ist er noch immer sein Sklave.

Einer dieser Männer kaufte eine Farm, zog sich aber nicht auf sie zurück. Dazu war er zu gewitzt. Er hatte nicht vor, eine Farm herunterzuwirtschaften, indem er sie mit seiner eigenen Unwissenheit betrieb. Nein, er gab die Farm in die Hände eines Fachmanns, der sie auf der Basis von Anteilen bearbeiten sollte: Von jeweils drei Wagenladungen Mais sollte der Fachmann zwei und der Lotse die dritte erhalten. Am Ende der Saison erhielt der Lotse jedoch keinen Mais. Der Fachmann erklärte, für *seinen* Anteil habe es nicht gereicht. Die Farm bringe nur zwei Fuhren hervor.

Etliche Lotsen, die ich kannte, hatten Abenteuer erlebt – in einigen Fällen mit glücklichem Ausgang, aber nicht in allen. Kapitän Montgomery, für den ich gesteuert hatte, als er Lotse war, hatte während der großen Schlacht von Memphis den Oberbefehl über die Flotte der Konföderierten; als sein Schiff unterging, schwamm er an Land, kämpfte sich durch einen Zug Soldaten hindurch und rettete sich voller Tapferkeit mit knapper Not. Er war immer ein kaltblütiger Mensch gewesen – nichts vermochte seine Gelassenheit zu erschüttern. Einmal, als er Kapitän der „Crescent City" war, steuerte ich das Schiff in New Orleans in den Hafen und erwartete jeden Augenblick Befehle vom Hurrikandeck, erhielt aber keine. Ich hatte die Maschinen gestoppt, und damit endete meine Vollmacht und Verantwortung. Es war

Abend – trübes Dämmerlicht; der Hut des Kapitäns thronte über der großen Glocke, und ich nahm an, dessen intellektueller Teil befinde sich darunter, aber das stimmte nicht. Der Kapitän war sehr streng, deshalb ließ ich mir nicht einfallen, ohne Befehl eine Glocke anzurühren. Ich hatte die Pflicht, das Schiff stetig auf seinem unheilvollen Kurs zu halten und die Folgen sich selbst zu überlassen – und das tat ich. So schossen wir an den Hecks einiger Dampfer vorbei und gelangten näher und immer näher heran – der Zusammenstoß mußte jeden Augenblick erfolgen – und noch immer bewegte sich dieser Hut nicht – denn ach, der Kapitän war in der Texaskajüte eingeschlummert ... Die Lage wurde äußerst brenzlig und unangenehm. Ich glaubte, der Kapitän werde nicht rechtzeitig auftauchen, um das unterhaltsame Ereignis zu sehen. Aber er kam. In dem Augenblick, als wir ins Heck eines Dampfers fuhren, trat er an Deck und sagte mit himmlischer Ruhe: „Beide Maschinen zurück", was ich tat, aber ein kleines bißchen zu spät, denn im nächsten Moment schmetterten wir mit gewaltigem Krachen durch die dünne Außenhülle des anderen Schiffs. Der Kapitän verlor mir gegenüber hinterher kein Wort über die Sache, außer der Bemerkung, ich hätte richtig gehandelt und er hoffe, unter gleichen Umständen würde ich nicht zögern, ebenso zu handeln.

Einer der Lotsen, die ich zu meiner Zeit auf dem Fluß gekannt hatte, war eines sehr ehrenhaften Todes gestorben. Sein Schiff geriet in Brand, und er blieb am Ruder, bis er das Fahrzeug am Ufer und in Sicherheit hatte. Dann verließ er es mit brennender Kleidung über das Bugbord und ging als Letzter an Land. Er starb zwei, drei Stunden darauf an seinen Verletzungen und war das einzige Todesopfer.

In der Geschichte der Mississippilotsen finden sich sechs oder sieben Beispiele für solches Märtyrertum und ein halbes Hundert Fälle, in denen der Lotse dem gleichen Schicksal nur ein oder zwei Sekunden, bevor es zu spät war, entkam, aber *es gibt kein Beispiel, daß einer seinen Posten verlassen hätte, um sein Leben zu retten, während sein Ausharren das Leben anderer vor der Vernichtung hätte bewahren können, indem er seins opferte.* Diese edle Tatsache verdient niedergeschrieben zu werden, und das in Kursivschrift.

Der Lotsenlehrling wird schon frühzeitig ermahnt, alle Gefahren, die mit dem Beruf des Lotsen zusammenhängen, zu verachten und jede Todesart der tiefen Schande vorzuziehen, seinen Posten zu verlassen, solange er noch irgendeine Möglichkeit hat, sich nützlich zu machen. Und diese Ermahnungen prägen sich ihm so unauslöschlich ein, daß selbst auf junge, nur halbflügge Lotsen Verlaß ist: Sie werden am Ruder aushalten und dort sterben, wenn die Umstände es erfordern. Auf dem Friedhof von Memphis ist ein junger Bursche begraben, der vor vielen Jahren im White River am Ruder starb, um das Leben anderer Menschen zu retten. Er sagte zum Kapitän, wenn das Feuer ihm Zeit lasse, eine Sandbank, die in einiger Entfernung lag, zu erreichen, könnten alle gerettet werden; am Steilufer des Flusses zu landen, aber sicher viele das Leben kosten. Er erreichte die Sandbank und setzte das Schiff in seichtem Wasser auf Grund; bis dahin aber hatten ihn die Flammen eingeschlossen, und als er durch sie entrinnen wollte, erlitt er tödliche Verbrennungen. Man hatte ihn aufgefordert, früher zu fliehen, aber er hatte geantwortet, wie es sich für einen Lotsen geziemt: „Ich gehe nicht fort. Wenn ich gehe, wird niemand gerettet. Wenn ich bleibe, wird keiner sterben außer mir. Ich bleibe."

An Bord befanden sich zweihundert Menschen, und niemand kam um bis auf den Lotsen. Früher stand auf dem Friedhof von Memphis ein Denkmal für diesen jungen Burschen. Während wir auf unserem Weg flußabwärts in Memphis Aufenthalt hatten, wollte ich es suchen, aber unsere Zeit war so knapp bemessen, daß ich umkehren mußte, bevor ich mein Ziel erreicht hatte.

Aus den Gesprächen auf dem Schleppdampfer erfuhr ich, daß Dick Kennet tot war – vor Memphis bei einer Explosion umgekommen; daß etliche andere, die ich gekannt hatte, im Krieg gfallen waren – ein oder zwei am Ruder niedergeschossen; daß ein anderer, mein ganz besonderer Freund, für den ich auf vielen Fahrten am Steuerrad gestanden hatte, vor Jahren eines Abends in New Orleans sein Haus verließ, um in einem entfernten Teil der Stadt Geld einzukassieren, und nie wieder gesehen wurde – ermordet und in den Fluß geworfen, nimmt man an –, daß Ben Thornburg schon lange tot ist und ebenso sein ungestümer Lehrling, mit dem ich mich auf jeder Tageswache gestritten hatte. Ein unbekümmerter, tollkühner Kerl war er gewesen und immer in Teufels Küche, immer im Begriff, Unfug zu stiften. Eines Tages brachte ein Passagier aus Arkansas einen riesigen Bären mit an Bord und kettete ihn an ein Rettungsboot auf dem Hurrikandeck. Thornburgs Lehrling fand keine Ruhe, bis er hingegangen war und den Bären losgemacht hatte, um „mal zu sehen, was er macht". Er erfuhr es sogleich. Der Bär jagte ihn immer wieder rings um das Deck, meilenweit, während eine Zuschauermenge von zweihundert neugierigen Gesichtern durch die Gitter grinste;

endlich riß der Bär dem Jungen den Rockschoß ab, lief damit in die Texaskajüte und zerkaute ihn. Die Freiwache verschwand eilends und überließ dem Bären die Kajüte. Bald wurde es ihm zu einsam, und er trabte hinaus, auf der Suche nach Zerstreuung. Er durchstreifte das ganze Schiff – besuchte jeden Teil, vor sich eine Vorhut fliehender Menschen und hinter sich totenstille Leere, und als ihn sein Eigentümer endlich einfing, waren beide die einzigen sichtbaren Lebewesen weit und breit – alle übrigen hatten sich versteckt, und das Schiff war eine Einöde.

Ich hörte, daß einer meiner Lotsenfreunde im Jahre 1869 infolge eines Herzschlags am Ruder tot umfiel. Der Kapitän befand sich in diesem Augenblick an Deck. Er sah, wie das Schiff auf das Ufer zuschoß, rief und erhielt keine Antwort; er rannte hinauf und fand den Lotsen tot am Boden liegen.

Mr. Bixby wurde in der Biegung von Madrid bei einer Kesselexplosion in die Luft geschleudert; er war nicht verletzt, aber der andere Lotse kam um.

George Ritchie flog vor Memphis bei einer Explosion vom Ruder fort in den Fluß und wurde bewegungsunfähig. Das Wasser war sehr kalt; er klammerte sich an einen Baumwollballen – vorwiegend mit den Zähnen – und trieb stromabwärts, bis er fast ganz erschöpft war, da wurde er von ein paar Decksarbeitern gerettet, die sich auf einem Teil des Wracks befanden. Sie rissen den Ballen auf und packten ihn in die Baumwolle, wärmten ihn so wieder ins Leben zurück und brachten ihn glücklich nach Memphis. Er ist nun einer von Bixbys Lotsen auf der „Baton Rouge".

Ins Leben eines Dampfschiff-Zahlmeisters, der jetzt gestorben ist, war ein Stück Romantik gekommen – das zwar etwas grotesk, aber doch Romantik war. Als ich ihn kannte, war er ein haltloser junger Verschwender, ungestüm, gutherzig, von sorgloser Freigebigkeit, der ziemlich offensichtlich seine Möglichkeiten schon früh auf törichte Weise zu vertun und es zu nichts zu bringen versprach. In einer Stadt im Westen wohnten ein reicher und kinderloser alter Ausländer und seine Frau, und bei dieser Familie lebte ein anmutiges junges Mädchen – halb als Freundin, halb als Dienstmädchen. Der junge Zahlmeister, von dem ich gesprochen habe – er hieß nicht George Johnson, aber nennen wir ihn für diesen Bericht so – lernte das junge Mädchen kennen, und sie sündigten miteinander; der alte Ausländer ertappte sie und machte ihnen Vorwürfe. Da sie sich schämten, logen sie und sagten, sie seien verheiratet – sie hätten sich heimlich trauen lassen. Das heilte die verletzten Gefühle des alten Ausländers, er vergab ihnen und segnete sie. Nun konnten sie ihre Sünde fortsetzen, ohne sie zu verbergen. Nach einiger Zeit starb die Frau des Ausländers, und er folgte ihr bald. Die Freunde der Familie versammelten sich, um sie zu betrauern, und unter den Trauergästen saßen die beiden jungen Sünder. Das Testament wurde eröffnet und feierlich verlesen. Daraus ging hervor, daß der alte Mann jeden Penny seines großen Vermögens *Mrs. George Johnson* vermacht hatte! Und eine solche gab es nicht. Da beeilten sich die jungen Sünder, etwas sehr Törichtes zu tun: Sie ließen sich von einem unbekannten Friedensrichter trauen und veranlaßten ihn, die Urkunde vorzudatieren. Es führte zu nichts. Die entfernten Verwandten strömten herbei, deckten sehr schnell und mit erstaunlicher Leichtigkeit das gefälschte Datum auf und trugen das Vermögen davon; sie ließen die Johnsons ganz rechtmäßig, gesetzlich und unwiderruflich in ehrbarer Ehe aneinandergekettet, jedoch mit keinem Penny gesegnet, zurück. Das sind die wahren Tatsachen; nicht jeder Roman baut sich auf einer so effektvollen Situation auf.

50. Kapitel

DER „WAHRE JACOB“

Wir kamen auf Kapitän Isaiah Sellers zu sprechen, der nun schon viele Jahre tot ist. Er war ein Prachtmensch, ein hochherziger Mann und sowohl an Land wie auf dem Fluß sehr geachtet. Hochgewachsen, gut gebaut, von angenehmem Aussehen; noch im Alter – wie er in meinem Gedächtnis lebt – hatte er so schwarzes Haar wie ein Indianer, so zuverlässige Augen und eine so ruhige Hand, so starke Nerven und eine so klare Urteilskraft wie nur irgendeiner aus der Bruderschaft der Lotsen, ob jung oder alt. Er war der Patriarch der Zunft; vor den Tagen der Dampfschiffe war er Kielbootlotse gewesen und schon zu einer Zeit Dampfschifflotse, bevor auch nur einer der übrigen Dampfschifflotsen, die zu jener Zeit, von der ich spreche, noch lebten, jemals ein Ruder betätigt hatte. Folglich brachten ihm seine Lotsenbrüder eine Ehrfurcht entgegen, wie sie berühmten Überlebenden eines vergangenen Zeitalters stets von ihren Berufsgefährten entgegengebracht wird. Er war sich seines Ansehens bewußt, und vielleicht fügte das seiner natürlichen Würde, die freilich schon von sich aus steif genug war, noch eine Spur Steifheit hinzu.

Er hinterließ ein Tagebuch, aber anscheinend ging es nicht bis zu seiner ersten Dampferfahrt zurück, die er, wie es hieß, 1811 unternahm, dem Jahr, in dem das erste Dampfschiff die Wasser des Mississippi aufrührte. Bei seinem Tode entnahm ein Korrespondent des „Republican" von St. Louis diesem Tagebuch folgende Notizen:

„Im Februar 1825 musterte er in Florence, Alabama, auf dem Dampfer ‚Rambler' an und machte in jenem Jahr auch drei Fahrten nach New Orleans und zurück – dies auf der ‚General Carrol', die zwischen Nashville und New Orleans fuhr. Während er auf diesem Schiff tätig war, führte Kapitän Sellers das Anschlagen der Glocke als Signal zum Werfen des Lots ein; vorher hatte der Lotse den Matrosen unten seine Befehle immer zugerufen, wenn gelotet werden mußte. Die Nähe der Back zum Steuerhaus erleichterte dies zweifellos, wie anders aber ist es auf einem unserer heutigen Paläste!

Im Jahre 1827 finden wir ihn an Bord der ‚President', eines Schiffs von 285 Tonnen, das zwischen Smithland und New Orleans pendelte. Dort schiffte er sich 1828 auf der ‚Jubilee' ein, und auf diesem Dampfer fuhr er zum erstenmal als Lotse die Tour nach St. Louis. seine erste Wache hatte er von Herculaneum bis St. Genevieve. Am 26. Mai 1836 fuhr er bis Pittsburgh und zurück als verantwortlicher Lotse auf dem Dampfer ‚Prairie' – einem Schiff von vierhundert Tonnen, dem ersten Dampfer mit einer Luxuskabine, den man je in St. Louis sah. 1857 führte er das Signal für sich begegnende Schiffe ein, das mit einigen leichten Veränderungen bis zum heutigen Tag allgemein üblich ist und sogar vom Kongreß gesetzlich angeordnet wurde.

Als allgemeine Notizen zur Flußgeschichte führen wir folgende Randbemerkungen aus seinem Logbuch an:

Im März 1825 fuhr General Lafayette mit dem Niederdruckdampfer ‚Natchez' von New Orleans nach St. Louis.

Im Januar 1828 liefen zu Ehren von General Jacksons Besuch in der Stadt einundzwanzig Dampfer vom Kai in New Orleans aus.

Im Jahre 1830 schaffte die ‚North American' die Strecke von New Orleans bis Memphis in sechs Tagen – beste bis dahin registrierte Zeit. Inzwischen wurde sie in zwei Tagen und zehn Stunden geschafft.

1831 bildete sich der Durchbruch vom Red River.

1832 machte der Dampfer ‚Hudson' die Fahrt vom White River bis Helena, eine Strecke von fünfundsiebzig Meilen, in zwölf

Stunden. Dies gab unmittelbar interessierten Kreisen Anlaß zu vielen Gesprächen und Mutmaßungen.

1839 bildete sich der Durchbruch am Great Horseshoe.

Bis zur gegenwärtigen Zeit – in einer Spanne von fünfunddreißig Jahren – hat Kapitän Sellers, wie wir anhand seines Tagebuchs feststellen, vierhundertsechzig Fahrten von New Orleans und zurück unternommen, was eine Entfernung von einer Million einhundertviertausend Meilen oder einen Tagesdurchschnitt von sechsundachtzig Meilen ergibt."

Immer, wenn Kapitän Sellers sich einer Gruppe schwatzender Lotsen näherte, breitete sich dort eine frostige Stimmung aus, und die Gespräche verstummten. Der Grund war der: Sobald sich sechs Lotsen zusammenfanden, gab es unter ihnen stets einen oder zwei, die erst seit kurzem flügge waren, und die älteren taten sich dann immer vor diesen armen Burschen „dicke" und ließen sie auf schmerzhafte Weise fühlen, wie unerfahren sie noch waren, von wie jungem Adel und bescheidenem Rang, indem sie endlos und nebelhaft von früheren Erfahrungen auf dem Fluß sprachen und darauf bedacht waren, alles so weit wie möglich zurückzuverlegen, damit die Neuen ihre Neuheit auch recht ätzend spürten und die alten Hasen entsprechend beneideten. Und wie blähten diese selbstgefälligen Kahlköpfe sich da auf und prahlten und schwindelten und verlegten die Ereignisse um zehn, fünfzehn, zwanzig Jahre zurück, und wie genossen sie die Wirkung, die sie bei den staunenden und neiderfüllten Jungen erzielten!

Und vielleicht trat gerade bei diesem erfreulichen Stand der Dinge die stattliche Gestalt von Kapitän Isaiah Sellers, des wahren und einzig echten Sohns der Vorzeit, würdevoll in ihre Mitte. Man stelle sich das Ausmaß des Schweigens vor, das sich sogleich ausbreitete! Und man stelle sich die Gefühle jener Kahlköpfe vor und das Frohlocken ihrer Zuhörer von eben, wenn der greise Kapitän ganz nebenbei und gleichgültig Bemerkungen, die ihm seine Erinnerungen eingaben, fallen ließ – über Inseln, die verschwunden, über Durchbrüche, die entstanden waren, ein Menschenalter, bevor der älteste Kahlkopf der Runde je den Fuß in ein Steuerhaus gesetzt hatte!

Unzählige Male erschien dieser alte Fahrensmann in der oben beschriebenen Weise auf dem Schauplatz und verbreitete Unheil und Demütigung. Sollte man den Lotsen Glauben schenken, dann legte er die Zeit seiner Inseln stets in die nebelhafte Frühzeit der Flußgeschichte; nie benutzte er dieselbe Insel zweimal, und nie verwandte er eine Insel, die noch vorhanden war oder nannte eine mit einem Namen, den einer der Anwesenden wegen seines fortgeschrittenen Alters schon gehört haben konnte. Sollte man den Lotsen glauben, dann achtete er immer peinlich genau auf kleine Einzelheiten; zum Beispiel sprach er niemals vom „Staat Mississippi" – nein, er sagte: „Als der Staat Mississippi da war, wo jetzt Arkansas ist", und er sprach niemals nur allgemein von Louisiana oder Missouri, wobei er einen ungenauen Eindruck hinterlassen könnte, nein, er sagte: „Als Louisiana weiter stromaufwärts lag", oder: „Als Missouri auf der Seite von Illinois war".

Der alte Herr hatte keine literarischen Neigungen oder Fähigkeiten, aber er verfaßte kurze Artikel mit einfachen, praktischen Informationen über den Fluß, zeichnete sie „MARK TWAIN" und sandte sie an die in New Orleans erscheinende „Picayune". Diese Artikel gaben Wasserhöhe und Zustand des Flusses an, waren genau und wertvoll, und soweit enthielten sie kein Gift. Aber wenn der Kapitän davon sprach, wie der Fluß heute an einer bestimmten Landspitze stand, flocht er recht gern als kleine Bemerkung ein, daß er seit neunundvierzig Jahren das erstemal das Wasser an eben dieser Landspitze so hoch oder so niedrig gesehen habe, und hin und wieder erwähnte er die Insel Soundso und setzte in Klammern hinzu „verschwand im Jahre 1807, wenn ich mich recht erinnere". In diesen sich auf die Vorzeit beziehenden Zwischenbemerkungen lag Gift und Bitterkeit für die anderen alten Lotsen, und sie machten sich immer mit schonungslosem Spott über die „Mark Twain"-Artikel lustig.

Der Zufall ergab, daß eine dieser Bemerkungen* zum Gegenstand meines ersten Zeitungsartikels wurde. Ich zog ihn lang und breit, sehr lang und breit, ins Lächerliche und spann dabei meine Hirngespinste bis zu achthundert oder tausend Wörtern aus. Ich war zu dieser Zeit noch Lehrjunge. Ich zeigte mein Machwerk einigen Lotsen, sie sandten es schleunigst voller Eifer zum Abdruck nach New Orleans an das „True Delta". Das war sehr bedauerlich, denn es gereichte keinem zum Nutzen; und es versetzte einem guten Menschen einen Stich ins Herz. Mein Gekritzel enthielt nichts Bösartiges, aber es machte sich über den Kapitän lu-

* Das Originalmanuskript von des Kapitäns eigener Hand ist mir aus New Orleans zugesandt worden. Es lautet wie folgt:

Vicksburg, 4. Mai 1859

„Meine Meinung zum Nutzen der Bürger von New Orleans: Der Wasserstand hier oben ist gegenwärtig höher als je seit 1815. Meiner Ansicht nach wird er noch vor dem 1. Juni in der Canal Street auf vier Fuß ansteigen. Mrs. Turners Plantage an der Spitze von Big Black Island steht ganz unter Wasser, und das war seit 1815 nicht mehr der Fall.

J. Sellers"

stig. Es machte sich über einen Mann lustig, für den so etwas neu, befremdend und furchtbar war. Damals wußte ich nicht, was ich jetzt weiß, daß sich kein Schmerz mit dem vergleichen läßt, den ein Privatmensch empfindet, wenn er zum ersten Mal gedruckt lächerlich gemacht wird.

Kapitän Sellers erwies mir die Ehre, mich seit diesem Tag aus tiefstem Herzen zu verabscheuen. Wenn ich sage, er erwies mir die Ehre, dann sind das keine leeren Worte. Es war durchaus eine echte Ehre, in den Gedanken eines so großen Mannes wie Kapitän Sellers anwesend zu sein, und ich hatte Verstand genug, es zu schätzen und darauf stolz zu sein. Von einem solchen Mann geliebt zu werden, war eine Auszeichnung, viel größer aber war die, von ihm gehaßt zu werden, denn er liebte Dutzende von Leuten, jedoch nur meinetwegen blieb er nächtelang wach, um seinen Groll zu hegen.

Er veröffentlichte keinen Artikel mehr, solange er lebte, und unterschrieb nie wieder etwas mit „Mark Twain". Als der Fernschreiber die Nachricht von seinem Tod brachte, hielt ich mich an der Pazifikküste auf. Ich war frischgebackener Journalist und brauchte einen „nom de guerre", da beschlagnahmte ich also den abgelegten des greisen Fahrensmannes und tue seitdem mein Bestes, zu bewahren, was er in seinen Händen gewesen ist: Zeichen, Symbol und Garantie dafür, daß man auf alles, was mit ihm unterschrieben ist, als auf den Inbegriff der Wahrheit felsenfest bauen kann. Zu sagen, in welchem Maß mir das gelungen ist, wäre unbescheiden von mir.

Der Kapitän empfand einen rechtschaffenen Stolz auf seinen Beruf, und ihm galt seine unveränderliche Liebe. Er bestellte sein Grabdenkmal schon bei Lebzeiten und bewahrte es zu Hause auf, bis er tatsächlich starb. Es steht jetzt über seiner Ruhestätte auf dem Bellefontaine-Friedhof in St. Louis. Er ist darauf in Marmor abgebildet, aufrecht als Lotse im Dienst am Ruder; und es ist würdig, hier seinen Platz zu haben und sich der Kritik zu stellen, denn es ist das Sinnbild eines Mannes, der im Leben dort ausgeharrt hätte, bis er zu Asche verbrannt wäre, wenn die Pflicht es erfordert hätte.

Den großartigsten Anblick während unserer ganzen Mississippifahrt erhielten wir, als sich unser Schleppdampfer New Orleans näherte. Es war die geschwungene Wasserfront der „Crescent City", der „Halbmondstadt", erstrahlend im blendendweißen Glanz von fünf Meilen elektrischer Lampen. Ein überwältigender und wunderschöner Anblick.

51. Kapitel

REMINISZENZEN

An einem herrlich heißen Tag schifften wir uns auf der „City of Baton Rouge“ nach St. Louis ein, nachdem freilich der Hauptzweck meines Besuchs nur auf eine recht schwächliche Weise erfüllt war. Ich hatte gehofft, hundert Dampfschiffleute aufzuspüren und mich mit ihnen zu unterhalten, wurde aber auf eine so angenehme Art in das gesellige Leben der Stadt einbezogen, daß ich nur zu bloßen Fünfminutengesprächen mit zwei Dutzend Vertretern der Innung gekommen war.

Ich saß auf der Bank im Steuerhaus, als wir achterwärts ausliefen und uns zur Fahrt „ausrichteten“ – das Schiff machte auf die altmodische Art halt zu einem „guten Anlauf“; während – gleichfalls auf die altmodische Art – schwarzer Rauch aus dem Schornstein quoll. Dann kamen wir in Schwung, hatten schon bald volle Fahrt und brausten davon. Alles war so selbstverständlich und vertraut – auch der Anblick der Ufer –, als hätte es in meinem Leben auf dem Fluß keine Unterbrechung gegeben. Ein Lehrjunge war da, und ich vermutete, daß er jetzt das Ruder übernehmen werde, was auch geschah. Kapitän Bixby trat ins Steuerhaus. Der Lehrjunge fuhr nun an die Dampferreihe heran. Er machte mich nervös, denn er ließ zwischen unserem Schiff und den anderen Dampfern zuviel Wasser. Ich wußte genau, was jetzt geschehen mußte, denn ich konnte in meinem eigenen Leben zurückblättern und die Eintragung nachlesen. Der Kapitän sah ihm eine halbe Minute lang schweigend zu, übernahm dann selbst das Ruder und schob das Schiff so dicht heran, daß es auf Handbreite an den Dampfern vorbeifuhr. Das war genau die gleiche Unterstützung, die er mir vor ungefähr einem Vierteljahrhundert am selben Fleck gegeben hatte, als ich zum allerersten Mal aus dem Hafen von New Orleans herausdampfte. Es bereitete mir ein großes, aufrichtiges Vergnügen, zu sehen, wie es sich wiederholte, mit einem anderen Opfer.

Wir schafften es in zweiundzwanzigeinhalb Stunden bis Natchez (dreihundert Meilen) – bei weitem die schnellste Fahrt, die ich je auf dieser Wasserstrecke gemacht hatte.

Am nächsten Morgen kam ich mit der Vier-Uhr-Wache herauf und sah zu, wie Ritchie im Nebel ein halbes dutzendmal erfolgreich kreuzte und sich dabei nach der Karte mit den Markierungen richtete, die Bixby selbst ausgearbeitet und sich patentieren lassen hatte. Dies bewies zur Genüge den großen Wert der Karte.

Als sich der Nebel allmählich zu heben begann, bemerkte ich, daß die Spiegelung eines Baumes in sechshundert Meter Entfernung im glatten Wasser des überfluteten Ufers stärker und schwärzer war als der geisterhafte Baum selbst. Die gespenstig blassen Bäume, undeutlich durch den sich zerteilenden Nebel sichtbar, waren ein wunderhübscher Anblick.

In Natchez erlebten wir ein heftiges Gewitter, ein zweites in Vicksburg und noch eins etwa fünfzig Meilen unterhalb von Memphis. Sie hatten eine altmodische Energie, wie ich sie schon lange nicht mehr gewöhnt war. Das dritte Unwetter begleitete tobender Wind. Als wir den Sturm kommen sahen, machten wir am Ufer fest, und außer mir verließen alle das Steuerhaus. Der Wind beugte die jungen Bäume und wandte die helle Unterseite der Blätter nach oben; eine Bö jagte in rascher Folge die andere, peitschte die Zweige heftig auf und nieder, hin und her, schuf eilende Wellen von wechselndem Grün und Weiß, je nachdem, welche Seite der Blätter gerade zu sehen war, und diese Wellen rasten hintereinander her wie auf einem windgeschüttelten Haferfeld. Keine Farbe ringsum wirkte mehr ganz natürlich – die kompakte Wolkendecke droben belastete alle Tönungen mit einem bleiernen Anflug. Der Strom war bleifarben, ebenso der gesamte Hintergrund, und sogar die weit in die Ferne reichenden Reihen der Schaumkämme bekamen von der dunklen, satten Atmosphäre, durch die ihre ausschwärmenden Legionen stampften, eine stumpfe Schattierung. Anhaltender Donner betäubte die Ohren, eine Entladung folgte auf die andere in nur kurzen Intervallen, immer schärfer, immer höher, dem Ohr immer unerträglicher wurde das Knallen, die Blitze kamen ebenso fleißig wie die Donnerschläge und bewirkten Effekte, die das Auge bezauberten und elektrisierende Schauer, gemischt aus Entzücken und Furcht, in ununterbrochener Folge zitternd durch jeden Nerv des Körpers jagten. Der Regen goß in unglaublichen Strömen herab, die ohrenzerreißenden Donnerschläge krachten näher und immer näher, der Wind steigerte seine Wut und begann Äste und Baumwipfel abzureißen und ließ sie durch den Raum segeln. Das Steuerhaus fing an zu schwanken, sich zu dehnen, zu knacken und zu schwingen, und ich ging in den Schiffsraum hinunter, um nach der Uhr zu sehen.

Man macht immer ziemlich viel Aufhebens von den Alpengewittern, aber die, welche ich in den Alpen zu erleben das Glück hatte, kamen an einige aus dem Tal des Mississippi nicht heran. Vielleicht habe ich die Alpen nicht ihre volle Kraft entfalten sehen, und falls sie den Mississippi schlagen können, möchte ich es auch gar nicht.

Während dieser Fahrt stromauf entdeckte ich einen kleinen „Flachskopf" (einen Säugling unter den Inseln), eine halbe Meile lang, der sich im Lauf der letzten neunzehn Jahre gebildet hatte. Da genügend Zeit war, neunzehn Jahre dem Bau eines bloßen Flachskopfs widmen zu können, wozu dann ursprünglich die Erschaffung des ganzen Erdballs in sechs Tagen durchhetzen? Wahrscheinlich wäre die Welt, hätte man sich gleich mehr Zeit genommen, richtig gemacht worden, und dieses ewige Verbessern und Reparieren wäre dann jetzt nicht notwendig. Aber wenn man eine Welt oder ein Haus übereilt errichtet, wird man nach und nach ziemlich sicher feststellen, daß man hier und da einen Flachskopf, einen Besenschrank oder sonst eine kleine Annehmlichkeit ausgelassen hat, die später hinzugefügt werden muß, gleichgültig, mit wieviel Kosten und Ärger.

Wir hatten bei der Fahrt stromaufwärts mehrere dunkle Nächte hintereinander, und immer, wenn wir landeten und die Bäume plötzlich mit dem hellen Aufstrahlen des elektrischen Lichts überfluteten, konnten wir eine eigenartige Wirkung beobachten: Hunderte Vögel flogen sofort aus dem glänzenden grünen Blätterdach auf und schossen hierhin und dorthin durch die weißen Strahlen, und oft begann ein Singvogel zu zwitschern. Wir nahmen an, daß sie diesen prächtigen künstlichen Tag für echt hielten.

Unsere Fahrt mit diesem aufs beste in Ordnung gehaltenen Dampfer war wunderschön, und wir bedauerten, daß sie so schnell zu Ende ging. Mit Fleiß und Rührigkeit gelang es uns, fast alle alten Freunde aufzuspüren. Einer jedoch fehlte – er hatte vor zwei Jahren seine letzte Reise angetreten – wohin auch immer. Aber ich brachte alles über ihn in Erfahrung. Sein Fall half mir zu begreifen, welch anhaltende Wirkung ein ganz nebensächliches Ereignis haben kann. Als er Schmiedelehrling in unserem Ort war und ich noch ein Schuljunge, hielten sich zwei junge Engländer für eine Weile in der Stadt auf, und eines Tages kleideten sie sich in billige Fürstengewänder und führten mit wahnsinnigem Kraftaufwand und gewaltigem Spektakel vor der Ortsjugend den Schwertkampf aus „Richard III." auf. Der Schmiedelehrling war dabei, und das Gift der Schauspielerei drang ihm in die Knochen. Dieser große, grobschlächtige, unwissende, stumpfsinnige Tölpel war der Bühne verfallen, und zwar unrettbar. Er verschwand und tauchte bald darauf in St. Louis auf. Dort traf ich ihn zufällig. Er stand versonnen an einer Straßenecke, die rechte Hand auf die Hüfte gestützt, das Kinn auf dem linken Daumen, den Kopf gesenkt und die Stirn gefurcht, den Schlapphut ins Gesicht gezogen – und bildete sich ein, er sei Othello oder eine ähnliche Bühnengestalt, bildete sich ein, die vorübergehende Menge bemerke seine tragische Pose und sei von Ehrfurcht ergriffen.

Ich trat zu ihm und bemühte mich, ihn aus den Wolken herunterzuholen, es gelang mir aber nicht. Er teilte mir jedoch bald beiläufig mit, er gehöre zum Ensemble des Walnut Street-Theaters, und er versuchte, das gleichgültig zu sagen, aber die Gleichgültigkeit war dünn und ließ einen gewaltigen Jubel durchscheinen. Er sagte, er habe an diesem Abend eine Rolle im „Julius Cäsar", und falls ich hinkommen wolle, könne ich ihn sehen. Und ob ich hinkommen wollte! Ich sagte, nicht einmal, wenn ich tot wäre, würde ich mir das entgehen lassen.

Von Erstaunen überwältigt ging ich davon und dachte bei mir: Wie merkwürdig! Diesen Burschen haben *wir* immer für einen Trottel gehalten, aber kaum kommt er in eine große Stadt, wo Intelligenz und Anerkennung reichlich vorhanden sind, wird sofort das unter dieser schäbigen Hülle verborgene Talent entdeckt und prompt willkommen geheißen und geehrt.

Ich ging aber an diesem Abend enttäuscht und beleidigt aus dem Theater, denn ich hatte meinen Helden nicht einmal flüchtig zu sehen bekommen, sein Name stand auch nicht auf dem Programm. Am nächsten Morgen traf ich ihn auf der Straße, und bevor ich den Mund aufmachen konnte, fragte er: „Hast du mich gesehen?"

„Nein, du bist ja nicht dagewesen."

Er sah erstaunt und enttäuscht aus und sagte:

„Doch, ich war da, wirklich! Ich war ein römischer Soldat."

„Was für ein Soldat?"

„Na, haste denn die römischen Soldaten nicht gesehn, die hinten in einer Reihe standen und manchmal im Gänsemarsch um die Bühne gezogen sind?"

„Meinst du vielleicht die römische Armee? Diese sechs Decksarbeiter in Sandalen und Nachthemd, mit Blechschild und Blechhelm, die herummarschierten und sich dabei gegenseitig in die Hacken traten, unter dem Kommando des spinnenbeinigen Schwindsüchtigen, der ebenso angezogen war wie sie?"

„Genau die! Genau die! Ich war einer von die römischen Soldaten. Ich war der vorletzte. Vor einem halben Jahr war ich immer der letzte, aber ich bin befördert worden."

Nun, man erzählte mir, der arme Kerl sei bis zuletzt römischer Soldat geblieben – vierunddreißig Jahre lang. Manchmal teilte man ihm eine „Sprechrolle" zu, wenn auch keine schwierige. Man konnte ihm zutrauen, aufzutreten und zu sagen: „Mylord, der Wagen ist bereit", wagte man aber, noch einen oder zwei Sätze hinzuzufügen, so überforderte das sein Gedächtnis, und es war damit zu rechnen, daß er steckenblieb. Dabei hatte der arme Teufel geduldig über dreißig Jahre lang den Hamlet einstudiert, und er lebte und starb in dem Glauben, eines Tages werde man ihn auffordern, ihn zu spielen!

Und all das war die Folge jenes flüchtigen Besuchs der jungen Engländer in unserem Ort vor so langen, langen Jahren! Was für ausgezeichnete Hufeisen hätte dieser Mensch machen können, wären jene Engländer nicht gewesen, und was für einen unzulänglichen römischen Soldaten hatte er abgegeben!

Ein, zwei Tage nach unserer Ankunft in St. Louis schlenderte ich die Fourth Street entlang, als ein grauköpfiger Mann an mir vorbeiging, leicht zusammenfuhr und stehenblieb, dann zurückkam, mich gründlich und mit gerunzelter Stirn musterte und endlich äußerst schroff sagte: „Hör mal, *hast du nun endlich was zu trinken aufgetrieben?*"

Ein Verrückter, dachte ich zuerst. Aber plötzlich erkannte ich ihn. Ich strengte mich so an zu erröten, daß jeder einzelne meiner Muskeln gespannt war, und antwortete so liebenswürdig und gewinnend, wie ich nur konnte: „Hab ein bißchen lange gebraucht, bin aber eben da angelangt, wo es was gibt. Komm mit rein und hilf mir!"

Er ließ sich erweichen und sagte, wenn ich eine Flasche Champagner spendierte, sei er einverstanden. Er erzählte, er habe meinen Namen in der Zeitung gelesen, alles stehen- und liegenlassen und sich auf den Weg gemacht, um mich zu finden, und koste es ihn auch das Leben, mir eine zufriedenstellende Antwort auf diese Frage zu entreißen oder mich umzubringen. Wobei seine soeben gezeigte Schroffheit eher gespielt als echt war.

Dieses Wiedersehen rief mir die Unruhen in St. Louis vor ungefähr dreißig Jahren ins Gedächtnis zurück. Ich hatte dort damals eine Woche in einer Pension verbracht und diesen jungen Burschen zum Flurnachbarn gehabt. Wir sahen einiges von den Kämpfen und den Metzeleien und gingen dann schließlich eines

Abends in ein Waffendepot, wo sich nach einem Aufruf zweihundert junge Leute versammelt hatten, um sich bewaffnen zu lassen und unter dem Kommando eines Offiziers gegen die Aufrührer vorzugehen. Wir exerzierten bis ungefähr zehn Uhr abends; dann kam die Nachricht, der Pöbel befinde sich in einem sehr starken Haufen am unteren Ende der Stadt und fege alles vor sich her. Unsere Abteilung rückte sogleich aus. Die Nacht war sehr heiß und meine Muskete sehr schwer. Wir marschierten und marschierten, und je mehr wir uns dem Kriegsschauplatz näherten, um so heißer wurde mir und um so größer wurde mein Durst. Ich ging hinter meinem Freund, und so bat ich ihn schließlich, meine Muskete zu halten, während ich mal eben aus der Reihe treten und etwas zu trinken auftreiben wollte. Dann schwenkte ich ab und ging nach Hause. Um ihn machte ich mir natürlich keine Sorgen, denn ich wußte ja, er war jetzt so gut bewaffnet, daß er ohne Schwierigkeit für sich selbst sorgen konnte. Hätte ich irgendwie daran gezweifelt, dann hätte ich mir noch eine Muskete für ihn ausgeborgt. Am nächsten Morgen verließ ich ziemlich früh die Stadt, und wenn diesem grauhaarigen Mann nicht neulich in St. Louis zufällig mein Name in der Zeitung begegnet wäre, weshalb er sich bemüßigt fühlte, mich ausfindig zu machen, dann trüge ich bis zum Grab die quälende Ungewißheit mit mir herum, ob er die Unruhen heil überstanden hatte oder nicht. Ich weiß, ich hätte mich vor dreißig Jahren danach erkundigen sollen. Und das wäre auch geschehen, wenn ich die Musketen gehabt hätte, aber unter diesen Umständen schien er mir besser ausgerüstet, die Nachforschungen anzustellen, als ich.

An einem Montag, ungefähr um die Zeit unseres Besuchs in St. Louis, brachte der „Globe-Democrat" zwei Seiten Sonntagsstatistik, aus der hervorging, daß am Tage zuvor 119 448 Einwohner von St. Louis den Früh- und den Spätgottesdienst und 23 102 Kinder die Sonntagsschule besucht hatten. So begingen also 142 550 Personen von den insgesamt 400 000 Einwohnern der Stadt den Tag auf religiöse Weise. Ich fand diese Zahlenangaben in zusammengefaßter Form in einem Telegramm der Associated Press und hob sie mir auf. Daraus ging hervor, daß St. Louis in höherem Maße in der göttlichen Gnade lebte, als es zu meiner Zeit von sich hätte behaupten können. Aber jetzt, da ich die Zahlen genau betrachte, kommt mir der Verdacht, daß der Fernschreiber sie wohl verstümmelt hat. Es kann ja nicht sein, daß es in der Stadt mehr als 150 000 Katholiken gibt; die anderen 250 000 müssen als Protestanten eingestuft werden. Von diesen 250 000 besuchten nach jenem fragwürdigen Telegramm nur 26 362 die Kirche und die Sonntagsschule, von den 150 000 Katholiken dagegen 116 188.

52. Kapitel

EINE SCHWÄRENDE WUNDE

Plötzlich kam mir der Gedanke: Ich habe ja Mr. Brown noch gar nicht ausfindig gemacht.

Nach diesem Satz will ich ein wenig von der direkten Linie meines Themas abschweifen und einen kleinen Abstecher unternehmen. Ich möchte ein Geheimnis enthüllen, das ich seit neun Jahren mit mir herumschleppe und das mir zur Last geworden ist.

Bei einem bestimmten Anlaß vor neun Jahren hatte ich sehr bewegt gesagt: „Wenn ich St. Louis je wiedersehe, mache ich Mr. Brown, den Getreidehändler, ausfindig und bitte ihn um die Ehre, ihm die Hand schütteln zu dürfen."

Anlaß und Umstände waren folgende: Ein Freund von mir, ein Pfarrer, kam eines Abends und sagte:

„Ich habe hier einen höchst bemerkenswerten Brief, den ich Ihnen vorlesen möchte, falls ich das kann, ohne daß mich die Rührung überwältigt. Ich muß aber ein paar Erklärungen vorausschicken. Dieser Brief stammt von einem ehemaligen Dieb und Vagabunden, einem Mann von niedrigster Herkunft und schlechtester Erziehung, der ganz und gar mit Verbrechen besudelt und in abgrundtiefer Unwissenheit befangen ist, aber – Gott sei es gedankt! – eine Fundgrube puren Goldes in sich verborgen trägt, wie Sie sehen werden. Sein Brief ist an einen Einbrecher namens Williams gerichtet, der in einem bundesstaatlichen Zuchthaus eine neunjährige Strafe absitzt. Williams war ein besonders dreister Einbrecher und übte dieses Gewerbe einige Jahre aus, endlich aber wurde er gefaßt und kam ins Gefängnis, um in einer Stadt auf seinen Prozeß zu warten, wo er nachts in ein Haus eingebrochen war und den Eigentümer mit dem Revolver gezwungen hatte, ihm achttausend Dollar in Staatsanleihen auszuhändigen. Williams war keineswegs von gewöhnlicher Herkunft, er hatte die Harvard-Universität absolviert und stammte aus einer guten, in Neuengland ansässigen Familie. Sein Vater war Pfarrer. Während er im Gefängnis saß, fing er an zu kränkeln und war in Gefahr, schwindsüchtig zu werden. Diese Tatsache sowie die Gelegenheit zum Nachdenken, die ihm die Einzelhaft bot, tat ihre Wirkung – ihre natürliche Wirkung. Er begann ernsthaft nachzudenken, die Erziehung seiner Kindheit machte sich geltend und übte einen starken Einfluß auf seinen Verstand und sein Herz aus. Er machte Schluß mit seinem alten Leben und wurde zum ernsten Christen. Einige Damen der Stadt hörten davon, besuchten ihn, unterstützten ihn durch ermutigende Worte bei seinen guten Vorsätzen und bestärkten ihn, sein neues Leben fortzusetzen. Der Prozeß endete mit einem Schuldspruch und seiner Verurteilung zu neun Jahren Haft im bundesstaatlichen Zuchthaus, wie ich schon sagte. Dort lernte er den armen Kerl kennen, von dem ich zu Anfang sprach, Jack Hunt, der Schreiber des Briefs, den ich Ihnen vorlesen will. Sie werden sehen, daß die Bekanntschaft für Hunt Früchte trug. Als Hunt seine Strafe abgesessen hatte, ging er nach St. Louis, und von dort schrieb er seinen Brief an Williams. Der Brief gelangte natürlich nicht weiter als bis zur Zuchthausverwaltung; Gefangene erhalten nur selten die Genehmigung, Post von draußen zu empfangen. Die Aufsichtsbeamten lasen diesen Brief, vernichteten ihn jedoch nicht. Sie brachten es nicht übers Herz. Sie lasen ihn etlichen Leuten vor, und schließlich gelangte er in die Hände der Damen, von denen ich eben sprach. Neulich traf ich einen alten Freund, einen Pfarrer, der den Brief gesehen hatte und ganz erfüllt davon war. Schon allein die Erinnerung daran bewegte ihn so, daß er nur mit zitternder Stimme davon reden konnte. Er versprach, mir eine Abschrift zu besorgen, und hier ist sie – eine genaue Abschrift, mit allen Unvollkommenheiten des Originals. Darin kommen viele Jargonausdrücke vor – Gaunersprache –, aber ihre Bedeutung wurde in Klammern von den Anstaltsbeamten dazwischengesetzt:

,St. Louis, den 9. Juni 1872

Mr. W. – Freund Charlie, wenn ich dich so nennen darf – ich weiß du bist erstaunt einen Brief von mir zu bekommen, aber ich hofe du bist nicht sauer, weil ich dir schreibe. Ich möchte dir meinen dank sagen für die art, wie du mit mir gesprochen hast, als ich im Kittchen saß – es hat mich dazu geführt zu fersuchen ein besserer mensch zu werden; ich glaube du hast gedacht ich achte nicht auf das was du sagtest & auf den ersten Sprung ging's auch nicht aber ich wußte du bist ein mensch wo große Arbeit mit guten läuten geleistet hat & kein strokopf & keiner wo bloß rumquatscht und alle jungs wissen das.

Ich habe mir immer nachts überlegt was du gesagt hast & deshalb habe ich 5 monate bevor meine zeit um war aufgehört zu fluchen weil ich kapiert hatte es führt zu nichts – am tag wo meine zeit um war und du mir sagtest wenn ich aussteigen (aufhören zu stehlen) & 3 monate lang sauber bleiben würde wäre das das beste was ich jemals im leben gemacht habe. Der anstaltsbeamte ferpaßte mir ein büllet nach hier & in der bahn dachte ich weiter über das nach was du mir gesagt hast, habe mich aber nicht entschieden. Wie wir nach Chicago kamen stauchte ich in der bahn einer alten frau ihr leder (entwendete ihr die Handtasche) ich hatte es noch nicht richtig da wünschte ich schon ich hättes nicht getan denn eine weile forher hatte ich mich entschieden drei monate lang sauber zu bleiben wie du gesagt hast doch ich fergaß es als ich sah daß das Leder zu schnappen (leichte Beute) war aber ich blieb an ihr dran & als sie auf einer zwischenstation ausstieg sagte ich madamchen haben sie was ferloren? & sie kriegte spitz (entdeckte) daß ihr leder futsch (fort) war – ist es das sage ich und gebe es ihr – so was, wenn sie kein ehrlicher mensch sind, sagt sie, doch ich hatte nicht genug mumm so was mit anzuhören und so bin ich rasch weg. Wie ich hier ankam hatte ich noch 1 dollar und 25 cent übrig und keine arbeit nicht drei tage lang weil ich nicht stark genug bin als decksschwein (Decksarbeiter) auf nen dampfer zu gehen. Am nachmittag vom 3. tag spuckte ich meine letzten 10 cent für 2 monde (große runde Schiffszwiebäcke) & käse aus & fühlte mich ziemlich mau – ich dachte ich müßte wieder stauchen gehen (Taschendiebstahl begehen) – da dachte ich dran wie du mal sagtest man soll zum liebengott beeten wenn man in der klemme sitzt & ich dachte ich werds jedenfalls mal fersuchen aber wie ichs fersucht habe blieb ich gleich anfangs stecken & alles was ich rausbringen konnte war: liebergott gib einem armen kerl eine schankse 3 monate lang sauber zu bleiben um Christiwillen, amen, und das dachte ich beim gehen immer und immer wieder – etwa eine stunde danach war ich in der 4. straße & was da paßierte ist die ursache warum ich hier bin wo ich jetzt bin und was ich dir erzählen werde befor ich mit dem brief zu ende bin. Wie ich so ging hörte ich einen mächtigen Lärm und sah ein pferd mit einem wagen und 2 kindern drin wegrennen & ich grapschte mir vom bürgersteig einen deckel vonner kiste & rannte mitten auf die straße & wie das pferd kam haute ich ihm damit eins übern schädel so doll ich konnte – das brett zersplitterte in stücke & das pferd lief ein bißchen langsamer & ich packte die zügel & zog seinen kopf runter bis es stehenblieb – der gentleman wo sein besitzer war kam angerannt &

sowie er sah daß die kinder inordnung waren schüttelte er mir die hand & gab mir einen grünen lappen fon 50 dollar & ich mußte dran denken wie ich den liebengott gebeeten hatte mir zu helfen & war so baff ich konnte nicht mal die zügel fallen lassen & kein wort sagen – er sah daß noch was war & kam zurück zu mir & sagte, mein junge sind sie verletzt? & da kam mir doch der gedanke ihn um arbeit zu bitten & ich bat ihn den schein zurückzunehmen & mir arbeit zu geben – da sagte er springen sie hier mit rein, darüber wollen wir reden, aber behalten sie das geld – er fragte mich ob ich mit pferden umgehen kann & ich sagte ja, da ich mich früher viel in mietstellen rumgetrieben habe & oft beim pferdestriegeln & kutschieren geholfen habe, er sagte er brauchte jemand für diese arbeit & würde mir 16 dollar im Monat & unterkunft & mein essen geben. Kannst du glauben die schankse habe ich nicht sausen lassen & die nacht saß ich lange in meiner kleinen kammer überm stall & dachte über mein fergangenes Leben nach & was gerade paßiert war & da fiel ich einfach auf meine knie & dankte dem liebengott für die arbeit & damit er mir hilft sauber zu bleiben, damit er dich segnet weil du mich dazu angestiftet hast, & am nächsten morgen tat ich das nochmal und besorgte mir neue klamotten (Kleidung) & eine bibel denn *ich habe mich entschlossen* nach allem wo der liebegott für mich getan hat will ich jeden abend und jeden morgen die bibel lesen und ihn bitten ein auge auf mich zu haben. Wie ich so eine woche da war kam Mr. Brown (so heißt er) eines abends in meine kammer & sah mich die bibel lesen & da fragte er mich ob ich Christ wäre & ich sagte nein – da fragte er mich wie es kommt daß ich die bibel lese anstatt zeitungen & bücher – Na Charlie da hab ich gedacht ich schenke ihm lieber vonanfangan reinen wein ein & so hab ich ihm alles erzählt wie ich im gefängnis war & über dich & wie ich schon fast aufgegeben hatte arbeit zu suchen & der liebegott mir die arbeit verschaft hat wie ich ihn drum gebeeten hatte & die einzige metode wie ichs ihm zurückzahlen kann ist die bibel lesen & sauber bleiben & ich hab ihn gebeten mir 3 monate lang eine schankse zu geben – er sprach lange wie ein fater mit mir & sagte zu mir ich könnte bleiben & da fühlte ich mich besser als je zufor in mein Leben, denn ich war Mr. Brown gleich vonanfangan ehrlich gekommen & brauche jetzt keine angst mehr haben daß einer singt (sein vergangenes Leben aufdeckt) & mir meine arbeit vermasselt – am nächsten morgen rief er mich in seine biblotek & sprach nochmal ofen mit mir & riet mir jeden tag ein bißchen zu lernen & er würde mir jeden abend ein oder 2 stunden helfen &

er gab mir ein rechenbuch ein lesebuch ein erdkundebuch & ein schreibheft & hört mich jetzt jeden abend ab – er läßt mich jeden morgen zum gebet ins haus kommen & hat dafür gesorgt daß ich in der sonntagsschule in ihre bibelstunde mit aufgenommen wurde & es gefällt mir da sehr gut denn es hilft mir meine bibel besser ferstehen.

Charlie, jetzt sind die 3 monate sauber bleiben seit 3 monaten um & wie du gesagt hast es ist das beste was ich jemals im leben gemacht habe & ich habe gleich nochmal von forn angefangen, nur es steht beigott mir zu helfen daß es mein lebenlang anhält Charlie – ich schreibe dir den brief hier um dir zu sagen daß ich glaube Gott hat mir meine sünden verziehen & deine gebeete angehört denn du hast mir ja gesagt du wirst für mich beeten – ich weiß ich lese seine schrift gern & erzähle ihm alle meine sorgen & ich weiß er hilft mir denn ich habe eine menge schanksen zum stehlen aber ich hab nicht so lust drauf wie früher & jetzt macht es mir mehr spaß zur kirche zu gehen als ins teater & früher war das anders – unsere pastoren & andre läute sprechen oft mit mir & vor einem monat wollten sie daß ich in die kirche eintrete aber ich sagte nein jetzt nicht fielleicht irre ich mich über meine gefühle, ich will noch ein bißchen warten aber jetzt fühle ich daß Gott mich gerufen hat & am ersten sonntag im juli trete ich in die kirche ein – lieber freund ich wollte ich brächte es fertig dir zu schreiben was ich fühle aber das kann ich noch nicht – du weißt ja daß ich im kittchen lesen & schreiben gelernt hab & ich bin noch nicht weit genug damit so zu schreiben wie ich rede – ich weiß daß ich hier drin nicht alle wörter richtig geschrieben habe & noch eine menge andre fehler aber ich weiß du wirst das entschuldigen denn du weißt ja ich bin in einem armenhaus aufgewaxen bis ich weggelaufen bin & habe nie erfahren wer mein fater & meine mutter waren & ich kenne meinen richtigen namen nicht & hoffe du bist nicht sauer auf mich aber da ich ebensofiel recht auf einen namen habe wie jeder andre hab ich mir deinen zugelegt denn ich weiß du willst ihn nicht benutzen wenn du rauskommst & du bist der mensch von dem ich am meisten in der welt halte; so hoffe ich du bist nicht sauer – es geht mir gut, ich bringe 10 dollar im monat auf die bank zu den 25 von den ersten 50 dollar – wenn du je was dafon oder alles haben willst laß es mich wissen & es gehört dir ich wollte du würdest mir erlauben jetzt was zu schicken. Ich schicke dir mit diesem brief eine kwitung für ein jahresabonemank von ‚Littles Living Age‘ – ich wußte nicht was du gern haben möchtest & sagte es Mr. Brown &

er meinte es würde dir wohl gefallen – ich wollte ich wäre in deiner nähe damit ich dir zu den feiertagen was schnudelichtes (Lekkerbissen) schicken könnte, von hier aus würde es bei dem wetter schlecht werden aber zum nächsten Danksagungsfest schicke ich dir trotzdem ein paket – nächstewoche nimmt mich Mr. Brown als hilfsbote in sein geschäft & will mich befördern sowie ich ein bißchen mehr weiß – er hat einen großen getreideladen, angroh. Ich habe vergessen dir von meiner missionsschule zu erzählen von der sonntagsschulstunde – die schulstunde ist sonntagsnachmittags – ich bin an zwei sonntagnachmittagen losgegangen & hab sieben krabben aufgelesen (kleine Jungen) & sie dazu überredet mit reinzugehen. Zwei von ihnen wußten genausowenig wie ich & ich hab sie in einer klasse untergebracht wo sie was lernen können – ich weiß selbst nicht fiel aber da diese krabben nicht lesen können komme ich gut mit ihnen zurecht, ich passe auf sie auf indem ich sie jeden sonntag $^1/_2$ stunde vor dem schulanfang hole, ich hab auch 4 medchen dazu überredet mitzukommen. Erzähl Mack & Harry von mir falls sie hierherkommen wollen wenn ihre zeit rum ist besorge ich ihnen gleich arbeit – ich hoffe du entschuldigst diesen langen brief & all die fehler – ich wollte ich könnte dich besuchen denn ich kann nicht so schreiben wie ich reden würde – ich hoffe das warme wetter tut deiner lunge gut – als du geblutest hast hatte ich angst du würdest sterben – grüße alle jungs von mir & erzähl ihnen wie es mir geht – es geht mir gut & alle hier sind so freundlich zu mir wie sie nur können – Mr. Brown wird dir mal schreiben – ich hoffe du wirst mir irgendwann mal schreiben, der brief hier ist von deinem treuen freund

C. W.
den du als Jack Hunt kennst.

Ich schicke dir die karte von Mr. Brown mit. Sende deinen brief für mich an ihn.'"

Dies war echte Beredsamkeit, unwiderstehliche Beredsamkeit, ohne jede Ziererei oder Ausschmückung. Selten hat mich etwas Geschriebenes so tief bewegt. Der Lesende trug das ganze mit schleppender, häufig versagender Stimme vor, und dabei hatte er sich bemüht, seiner Gefühle Herr zu werden, indem er den Brief mehrmals für sich allein las, bevor er sich damit in Gesellschaft wagte. Er übte sich an mir, um festzustellen, ob irgendwelche Hoffnung bestand, daß er in der Lage wäre, das Dokument in seiner Gebetsstunde mit halbwegs angemessener Gefühlsbeherrschung vorzulesen. Das Ergebnis war nicht gerade vielversprechend. Er beschloß jedoch, es darauf ankommen zu lassen und wagte es. Er schaffte es ganz ordentlich bis zum Ende, aber seine Zuhörerschaft brach schon bald in Schluchzen aus, das bis zum Schluß anhielt.

Der Ruhm des Briefs verbreitete sich über die Stadt. Ein Amtsbruder des Pastors kam, sich das Dokument auszuleihen, nahm es ungekürzt in seine Predigt auf, hielt sie an einem Sonntagmorgen vor zwölfhundert Menschen, und der Brief ließ sie in ihren eigenen Tränen fast ertrinken. Hierauf nahm auch mein Freund ihn in eine Predigt auf und trat am Sonntagmorgen damit vor seine Gemeinde. Wieder erzielte der Brief einen Triumph. Das ganze Haus weinte wie ein Mann.

Mein Freund fuhr während der Sommerferien in die Angelgebiete unserer britischen Nachbarn im Norden und nahm diese Predigt mit, da er dort möglicherweise eine brauchen konnte. Eines Tages wurde er gebeten, eine Andacht zu halten. Die kleine Kirche war voll. Unter den Anwesenden befanden sich der jetzt verstorbene Dr. J. G. Holland, der verstorbene Mr. Seymour von der „New York Times", Mr. Page, der Philanthrop und Temperenzler, und ich glaube auch Senator Frye aus Maine. Der wunderbare Brief tat seine gewohnte Wirkung, alle Leute waren erschüttert, alle Leute weinten. Dr. Holland flossen die Tränen ununterbrochen in Strömen die Wangen hinab, und fast das gleiche läßt sich von allen übrigen sagen. Mr. Page war von dem Brief so begeistert, daß er sagte, er wolle nicht eher ruhen, bis er eine Pilgerfahrt in jenes Zuchthaus unternommen und mit dem Mann gesprochen habe, der einen Gefährten im Unglück dazu hatte inspirieren können, ein so unbezahlbares Traktat zu schreiben.

Ach, dieser unglückselige Page! Und noch ein zweiter Mann. Wären sie nur in Jericho dabeigewesen, dann hätten sie diesen Brief durch die ganze Welt posaunt, und er hätte tausend Jahre lang die Herzen aller Völker angerührt, und vielleicht hätte nie jemand herausgefunden, daß er nichts als Humbug und die schändlichste, schamloseste, raffinierteste Gaunerei war, die je ausgeheckt wurde, um arme, vertrauensselige Sterbliche hinters Licht zu führen!

Der Brief war reiner Schwindel: Das ist die Wahrheit. Und alles in allem genommen ein Schwindel, der wohl kaum seinesgleichen findet. Er war vollendet, abgerundet, symmetrisch, vollständig, kolossal!

Der Leser erfährt es an dieser Stelle, wir aber erfuhren es erst, als einige Meilen und Wochen zwischen diesem Stand der Dinge und uns lagen. Mein Freund kehrte aus den Wäldern zurück, und er sowie andere Pastoren und Laienprediger begannen neue Zuhörermengen mit ihren eigenen Tränen und denen besagter Zuhörer zu überschwemmen; ich bat dringend um die Erlaubnis, den Brief in einer Zeitschrift zu veröffentlichen und über die wäßrige Geschichte seiner Triumphe zu berichten; zahllose Leute erhielten Abschriften des Briefs mit der Erlaubnis, sie zwar handschriftlich, nicht jedoch gedruckt umgehen zu lassen, Kopien wurden nach Hawaii und in andere ferne Gegenden versandt.

Eines Tages befand sich, als der abgegriffene Brief verlesen und darüber geweint wurde, Charles Dudley Warner in der Kirche. Hinterher ließ er an der Kirchentür dem Seelsorger einen besonders kalten Eisberg den Rücken hinuntergleiten, indem er fragte: „Wissen Sie denn, ob dieser Brief echt ist?"

Dies war das erstemal, daß Verdacht geäußert wurde, aber er hatte die scheußliche Wirkung, die ein erster Verdacht gegen Idole stets hervorruft.

„Wieso – was läßt Sie daran zweifeln, daß er echt ist?"

„Nichts besonderes, außer daß er allzu sauber, geschlossen, fließend und gut zusammengefügt ist für einen unwissenden Menschen und eine ungeübte Hand. Ich glaube, ein gebildeter Mann hat ihn geschrieben."

Der literarische Künstler hatte den literarischen Mechanismus aufgespürt. Wenn der Leser sich jetzt den Brief ansieht, wird er ihn selbst aufspüren – er ist in jeder Zeile zu beobachten.

Unverzüglich begab sich der Pastor davon, den aufsprießenden Samen des Verdachts in der Seele, und schrieb an einen Geistlichen, der in der Stadt wohnte, wo Williams im Gefängnis gesessen und sich bekehrt hatte; er bat um Aufklärung und fragte auch, ob ein literarisch Tätiger (womit er mich meinte) den Brief veröffentlichen und die Geschichte berichten dürfe. Kurz darauf erhielt er folgende Antwort:

An Herrn Pastor . . .

Mein lieber Freund, was den „Brief des Sträflings" betrifft, so kann es an seiner Echtheit keinen Zweifel geben. „Williams", an den er gerichtet wurde, saß bei uns im Gefängnis ein und versicherte, er sei bekehrt worden, und Pastor . . ., der Anstaltsgeistliche, hatte großes Vertrauen in die Echtheit seiner Wandlung – soviel man in einem solchen Fall überhaupt haben kann.

Der Brief wurde an eine unserer Ladies – sie ist Lehrerin an der Sonntagsschule – gesandt, entweder durch Williams selbst oder wahrscheinlich durch den Anstaltsgeistlichen des bundesstaatlichen Zuchthauses. Sie war sehr peinlich berührt, daß die Sache so bekannt wurde, denn es könnte als Vertrauensbruch aufgefaßt werden oder Williams schaden. Was die Veröffentlichung betrifft, so kann ich dazu keine Erlaubnis erteilen; wenn freilich Namen und Schauplätze ausgelassen werden, und besonders, wenn der Brief außer Landes geschickt wird, können Sie, glaube ich, die Verantwortung für seine Veröffentlichung übernehmen.

Es ist ein wundervoller Brief, den nicht einmal ein genialer Christ und noch viel weniger ein Nichtgeweihter jemals hätte schreiben können. Er offenbart das Wirken der Gnade des Herrn im Menschenherzen, und dies in einem sehr entwürdigten und sündhaften Herzen, bezeugt damit ihren Ursprung und tadelt unseren schwachen Glauben an ihre Macht, es mit jeder Form der Sündhaftigkeit aufzunehmen.

„Mr. Brown" aus St. Louis soll, wie mir berichtet wurde, aus Hartford stammen. Dienen alle, die Sie aus Hartford aussenden, dem Herrn ebenso gut?

P. S. Williams befindet sich noch immer im bundesstaatlichen Zuchthaus, wo er eine lange Haft – von neun Jahren, glaube ich – verbüßt. Er war krank und von der Schwindsucht bedroht, aber in der letzten Zeit habe ich mich nicht nach ihm erkundigt. Die erwähnte Lady steht, wie ich annehme, mit ihm in Briefwechsel und wird sich ganz gewiß um ihn kümmern.

Dieser Brief kam ein paar Tage, nachdem er geschrieben wurde, an – und schon stiegen Williams' Aktien wieder. Mr. Warners gemeiner Verdacht wurde ins kühle, kühle Grab versenkt, wohin er anscheinend gehörte. Es war sowieso ein Verdacht, der sich auf bloße „innere" Beweise stützte, und wenn man sich auf „innere" Beweise einläßt, dann ist das ein weites Feld und ein Spiel, bei dem zwei mitspielen können, wie jener andere „innere" Beweis zeigt, den der Schreiber der oben zitierten Zeilen feststellte: „Es ist ein wundervoller Brief, den nicht einmal ein genialer Christ und noch viel weniger ein Nichtgeweihter jemals hätte schreiben können."

Ich hatte jetzt die Erlaubnis zur Veröffentlichung – vorausgesetzt, ich ließ Namen und Schauplätze aus und sandte meinen Bericht außer Landes. So wählte ich dazu also eine australische Zeitschrift, weil sie hinreichend weit außer Landes erschien, und machte mich ans Schreiben meines Artikels. Und die Pastoren setzten die Wasserpumpen wieder in Betrieb und ließen den Brief den Schwengel betätigen.

Inzwischen aber hatte Bruder Page die Dinge in Bewegung gebracht. Das Zuchthaus hatte er nicht besucht, aber eine Kopie des berühmten Briefes an den Seelsorger dieser Anstalt gesandt und, wie es scheint, gleichzeitig um Auskunft gebeten. Er erhielt eine Antwort, die vier Tage später als die beruhigende Epistel jenes anderen Bruders geschrieben wurde, und bevor ich meinen Artikel beendet hatte, gelangte sie in meine Hände. Das Original liegt gegenwärtig vor mir, und ich füge es hier bei. Es strotzt nur so von äußerst gediegenen „inneren" Beweisen.

Bundesstaatliches Zuchthaus, Pfarrbüro
den 11. Juli 1873

Lieber Bruder Page,

anbei übersende ich Ihnen den mir freundlicherweise geliehenen Brief. Ich fürchte, seine Echtheit kann nicht bestätigt werden. Er ist angeblich an einen hiesigen Gefangenen gerichtet. Kein solcher Brief an einen Häftling ist hier jemals eingegangen. Alle eintreffende Post wird von den Anstaltsbeamten sorgfältig gelesen, bevor sie den Sträflingen ausgehändigt wird, und ein solcher Brief könnte nicht vergessen werden. Außerdem ist Charles Williams kein Christ, sondern ein liederlicher verlorener Sohn, voller Verschlagenheit, dessen Vater Diener des Evangeliums ist. Sein Name ist ein Deckname. Ich freue mich, Ihre Bekanntschaft gemacht zu haben. Ich arbeite an einem Vortrag über das Leben, durch Gefängnisgitter gesehen, und würde ihn gern in Ihrer Nachbarschaft halten.

Und so endet dieses kleine Drama. Mein armer Artikel wanderte ins Feuer, obwohl das Material jetzt reichhaltiger und zuverlässiger war als zuvor, doch rings um mich gab es Interessierte, die zwar vorher eine Veröffentlichung ersehnt hatten, bei diesem Stand des Spiels aber einstimmig für Vertuschung waren. Sie sagten: „Warten Sie ab – die Wunde ist noch zu frisch". Plötzlich verschwanden alle Kopien des berühmten Briefes, außer meiner, und von da an setzte in den Kirchen wieder die altgewohnte Dürre ein. Im allgemeinen grinsten die Leute in der Stadt von einem Ohr zum anderen, aber es gab auch Orte, wo kein Grinsen zu sehen und es gefährlich war, den Brief des ehemaligen Sträflings zu erwähnen.

Ein Wort der Erklärung: „Jack Hunt", der angebliche Schreiber des Briefs, war eine Phantasiegestalt. Der Einbrecher Williams – Absolvent der Harvard-Universität und Sohn eines Geistlichen – hatte den Brief eigenhändig an sich selbst geschrieben, ihn aus dem Gefängnis schmuggeln und Personen zustellen lassen, die ihn bei seiner Bekehrung unterstützt und ermutigt hatten und bei denen er wußte, daß zweierlei gesichert war: Die Echtheit des Briefes würde weder bezweifelt noch irgendwie untersucht werden, und sein wesentlicher Punkt würde bemerkt werden und wertvolle Ergebnisse nach sich ziehen, nämlich eine Bewegung für Mr. Williams' Begnadigung und seine Entlassung aus dem Zuchthaus ins Leben rufen.

Dieser „wesentliche Punkt" wurde so klug, so beiläufig eingeworfen und gleich wieder fallengelassen, am Schluß des Briefs, ganz unbetont, daß einem unbeteiligten Leser niemals der Verdacht käme, dies sei Herz und Kernstück der Epistel, falls er ihn überhaupt zur Kenntnis nahm. Das hier ist der wesentliche Punkt: „Ich hoffe das warme wetter tut deiner lunge gut – *als du geblutet hast hatte ich angst du würdest sterben* – grüße alle jungs" und so fort.

Das ist alles – nur kurz erwähnt – ohne jeden Nachdruck. Nichtsdestoweniger war er für ein Auge bestimmt, das ihn sogleich erkennen mußte, und mit der Absicht verfaßt, ein gütiges Herz zu bewegen, sich um die Entlassung eines armen, gebesserten und geläuterten Menschen zu bemühen, den die Schwindsucht in ihren grausamen Klauen gepackt hielt.

Als mir der Brief vor neun Jahren zum erstenmal vorgelesen wurde, hatte ich das Gefühl, er sei der bemerkenswerteste, der mir bis dahin begegnet war. Und er nahm mich so für „Mr. Brown" aus St. Louis ein, daß ich sagte, wenn ich jemals wieder in jene Stadt käme, wollte ich mich auf die Suche nach diesem ausgezeichneten Mann machen und den Saum seines Gewandes küssen, falls es neu war. Nun, da war ich also wieder nach St. Louis gekommen, aber nach Mr. Brown fahndete ich nicht, denn ach, die vor so langer Zeit angestellten Nachforschungen hatten bewiesen, daß der wohltätige Brown gar nicht existierte, ebensowenig wie Jack Hunt, sondern bloße Erfindung dieses begabten Schurken Williams war – Einbrecher, Absolvent von Harvard, Sohn eines Geistlichen.

53. Kapitel

DIE STADT MEINER KINDHEIT

Wir buchten Passagen auf einem der schnellen Dampfer der „St. Louis und St. Paul Packet Company" und begannen die Fahrt stromaufwärts.

Als ich in meiner Kindheit die Mündung des Missouri zum erstenmal sah, lag sie nach Schätzung der Lotsen zwei- bis dreiundzwanzig Meilen oberhalb von St. Louis. Die Auswaschung der Ufer hat sie seither acht Meilen weiter flußabwärts gebracht, und nach Aussage der Lotsen wird der Strom in den nächsten fünf Jahren durchbrechen und seine Mündung noch fünf Meilen weiter hinunter verlegen, wonach sie dann nur noch zehn Meilen von St. Louis entfernt sein wird.

Bei Einbruch der Nacht passierten wir den großen, blühenden Ort Alton in Illinois und vor der nächsten Morgendämmerung die Stadt Louisiana in Missouri – zu meiner Zeit ein verschlafenes Nest, jetzt aber ein belebter Eisenbahnknotenpunkt – freilich sind heute alle Städte dort draußen Eisenbahnknotenpunkte. Ich konnte den Ort nicht gleich wiedererkennen. Das erstaunte mich, denn als ich mich im Jahr 61 von der Rebellenarmee zurückzog, trat ich einen geordneten Rückzug nach Louisiana an – zumindest einen einigermaßen geordneten für jemand, der noch nicht gelernt hatte, sich den Kriegsregeln entsprechend zurückzuziehen, und der sich auf sein Naturtalent verlassen mußte. Mir schien er als erster Versuch eines Rückzugs nicht schlecht gelungen. Während des ganzen Feldzugs hatte ich keinen Vormarsch gemacht, der sich annähernd damit vergleichen ließ.

Den Fluß überspannte hier eine Eisenbahnbrücke, die ganz mit funkelnden Lichtern besetzt war – ein sehr schöner Anblick.

Um sieben Uhr in der Frühe erreichten wir Hannibal in Missouri, wo ich meine Knabenzeit verbracht habe. Vor fünfzehn Jahren hatte ich es einmal flüchtig wiedergesehen und ebenso sechs Jahre zuvor, beide Male aber so kurz, daß es kaum zählte. Die einzige Vorstellung, die mir von der Stadt im Gedächtnis haftete, war die Erinnerung an sie, wie ich sie vor neunundzwanzig Jahren verlassen hatte. Dieses Bild stand noch so deutlich und lebendig vor mir wie eine Photographie. Ich trat an Land mit dem Gefühl eines Menschen, der aus einer längst vergangenen Generation wiederkehrt. Ich konnte mir ungefähr vorstellen, was die Gefangenen der Bastille empfunden haben müssen, als sie nach Jahren der Gefangenschaft herauskamen, auf Paris blickten und feststellten, wie seltsam sich vor ihren Augen Vertrautes und Fremdes mischte. Ich sah die neuen Häuser – sah sie recht deutlich – aber sie beeinträchtigten das alte Bild in meiner Vorstellung nicht, denn durch die massiven Backsteine und den Mörtel hindurch sah ich ganz deutlich die verschwundenen Häuser, die früher hier gestanden hatten.

Es war Sonntagmorgen, und alle Leute lagen noch im Bett. So ging ich denn durch die leeren Straßen, sah noch immer die Stadt, wie sie gewesen war, und nicht, wie sie jetzt ist, erkannte hundert vertraute Gegenstände, die gar nicht mehr existierten, und begrüßte sie im Geiste mit Handschlag. Zum Schluß stieg ich auf den Holiday's Hill, um einen Gesamtüberblick zu haben. Nun lag die ganze Stadt unter mir ausgebreitet, ich konnte jeden Fleck, jede Einzelheit erkennen und einordnen. Natürlich war ich ziemlich bewegt. Ich dachte: Viele von denen, die ich einst an dieser ruhigen, geborgenen Stätte meiner Kindheit kannte, sind jetzt im Himmel und ein paar, wie ich vermute, an jenem anderen Ort.

Die Dinge um mich herum und vor mir gaben mir das Gefühl, wieder ein Knabe zu sein, sie überzeugten mich, daß ich wieder ein Knabe sei und bloß einen ungewöhnlich langen Traum geträumt hätte, aber meine Überlegungen verdarben all das, denn sie zwangen mich zu sagen: Ich sehe dort unten fünfzig alte Häuser, und in jedes einzelne könnte ich hineingehen und darin einen Mann oder eine Frau finden, die ein Säugling oder noch gar nicht geboren war, als ich diese Häuser das letztemal sah, oder eine Großmutter, die damals eine dralle junge Braut war.

Von diesem vorteilhaften Punkt aus ist der weite Blick flußauf- und flußabwärts über die bewaldete Ebene von Illinois in die Ferne wunderschön – wohl eine der schönsten Aussichten am Mississippi, denke ich, und das ist eine gewagte Behauptung, denn die achthundert Meilen Flußlandschaft zwischen St. Louis und St. Paul bieten in ununterbrochener Folge ein reizvolles Bild nach dem anderen. Mag sein, daß meine Zuneigung zu dem hier Beschriebenen mein Urteil zu seinen Gunsten beeinflußt, ich kann es nicht sagen. Wie dem auch sei – für mich war es hinreichend schön und hatte vor allen anderen Freunden, die ich wieder begrüßen wollte, den Vorteil, daß es sich nicht verändert hatte und noch immer so jung und frisch, so hübsch und anmutig war wie eh und je, während die Gesichter der anderen nun alt sein würden, voller Narben aus den Feldzügen des Lebens, gezeichnet von ihren Schmerzen und Niederlagen, und nichts Erhebendes für mein Gemüt hätten.

Ein alter Herr auf seinem Morgenspaziergang kam des Wegs; wir unterhielten uns über das Wetter und gingen dann allmählich zu anderen Dingen über. Ich konnte mich nicht an sein Gesicht erinnern. Er sagte, er wohne hier seit achtundzwanzig Jahren. Da war er also nach meiner Zeit hergekommen, und ich hatte ihn noch nie gesehen. Ich stellte ihm verschiedene Fragen – als erstes über einen meiner Kameraden aus der Sonntagsschule – was war aus ihm geworden?

„Er hat ein College im Osten mit Auszeichnung abgeschlossen, ist irgendwohin in die Welt gezogen, und nichts, was er anfaßte, hatte Erfolg. Seit Jahren schon hat man nichts mehr von ihm gehört, und man nimmt an, er ist vor die Hunde gegangen."

„Er war intelligent und ein vielversprechender Junge."

„Ja, aber es zählt nur, was aus einem geworden ist."

Ich erkundigte mich nach einem anderen Jungen, dem allerbegabtesten in der Schule unseres Orts, als ich ein Kind war.

„Der hat gleichfalls sein Studium mit Auszeichnung an einem College im Osten abgeschlossen, aber das Leben hat ihn ständig in jeder Schlacht besiegt, und er ist schon vor Jahren in einem der Territorialgebiete als geschlagener Mann gestorben."

Ich fragte nach einem weiteren unserer hellen Köpfe.

„Der hat Erfolg, hat immer welchen gehabt und wird immer welchen haben, glaube ich."

Ich bat um Auskunft über einen jungen Burschen, der während meiner Knabenzeit in die Stadt gekommen war, um sich auf einen akademischen Beruf vorzubereiten.

„Der hat umgesattelt, bevor er fertig war – von der Medizin auf Jura oder von Jura auf Medizin – und dann wieder auf was anderes; danach ging er für ein Jahr fort und kam mit einer jungen Frau wieder, er fing an zu trinken, dann heimlich zu spielen. Schließlich brachte er seine Frau und seine beiden Kinder zu ihrem Vater und ging auf und davon, nach Mexiko; er kam immer weiter herunter und starb schließlich dort ohne einen Cent für ein Leichentuch und ohne einen Freund bei seiner Beerdigung."

„Schade, denn er war der gutherzigste, fröhlichste und hoffnungsvollste junge Bursche, den es je gegeben hat."

Ich nannte einen anderen Jungen.

„Oh, dem geht's gut. Er lebt noch hier, hat eine Frau und Kinder und ist wohlhabend."

Das gleiche Urteil über einige andere Jungen.

Ich nannte drei Schulmädchen.

„Die beiden ersten wohnen hier, sind verheiratet und haben Kinder. Die dritte ist schon lange tot – hat nie geheiratet."

Ich nannte voller Rührung eine meiner ersten Jugendlieben.

„Ihr geht's gut. War dreimal verheiratet – zwei Ehemänner hat sie begraben und sich vom dritten scheiden lassen, und wie ich hörte, will sie jetzt irgendwo in Colorado einen alten Knacker heiraten. Sie hat einen Haufen Kinder – hier und überall verstreut."

Die Antwort auf einige andere Fragen war kurz und bündig: „Im Krieg gefallen."

Ich nannte noch einen Jungen.

„Na, *der* Fall ist ganz kurios. Jeder Mensch in der Stadt hat gewußt, daß dieser Junge ein vollendeter Hohlkopf war, ein richtiger Blödmann, ganz einfach ein dummer Esel, kann man sagen. Jeder wußte es und jeder sagte es. Nun, und wenn dieser selbe Junge nicht heute der bekannteste Anwalt im ganzen Staat Missouri ist, will ich Demokrat sein!"

„Tatsächlich?"

„Tatsächlich. Ich sage Ihnen die Wahrheit."

„Wie erklären Sie das?"

„Erklären? Da gibt es keine Erklärung, außer: Wenn Sie einen gottverd... Schwachkopf nach St. Louis schicken und denen dort nicht sagen, daß er ein gottverd... Schwachkopf ist, dann werden die es nie merken. Eins ist sicher – wenn ich einen gottverd... Schwachkopf hätte, wüßte ich, was ich mit ihm machen wollte: ihn nach St. Louis verfrachten, dort ist der beste Markt der Welt für die Art Besitz. Na, wenn Sie sich die Sache mal von allen Seiten ansehen, sie so richtig auf der Zunge zergehen lassen und darüber nachdenken, steckt das nicht alles in den Sack, was Sie je gehört haben?"

„Nun ja, es sieht so aus. Aber meinen Sie nicht, daß vielleicht die Leute von Hannibal diejenigen waren, die sich in dem Jungen getäuscht haben, und nicht die von St. Louis?"

„Ach, Unsinn. Die Hiesigen haben ihn von der Wiege an gekannt – sie haben ihn viel besser gekannt als diese Idioten in St. Louis ihn je gekannt haben *können.* Nein, wenn Sie irgendwelche gottverd... Schwachköpfe haben, die Sie zu Geld machen wollen, dann befolgen Sie meinen Rat – schicken Sie sie nach St. Louis."

Ich erwähnte noch eine große Anzahl Leute, die ich früher gekannt hatte. Einige waren tot, einige fortgezogen, einige hatten ihr Glück gemacht, einige es zu nichts gebracht, aber bei etwa einem Dutzend war die Antwort tröstlich:

„Wohlhabend – leben hier – überall in der ganzen Stadt wohnen ihre Kinder."

Ich fragte nach Miß ...

„Ist vor drei oder vier Jahren in einem Irrenhaus gestorben. Hat es nie mehr verlassen, nachdem sie einmal drin war, und immer sehr gelitten; hat nie wieder auch nur einen Zipfel von ihrem Verstand zurückbekommen."

Wenn er die Wahrheit sagte, handelte es sich hier tatsächlich um eine große Tragödie. Sechsunddreißig Jahre lang in einer Irrenanstalt, weil sich ein paar junge Dummköpfe einen Spaß machen wollten! Ich war damals ein kleiner Junge und sah, wie diese albernen jungen Damen sich auf Zehenspitzen in das Zimmer schlichen, wo Miß ... um Mitternacht bei einer Lampe saß und las. Das Mädchen, das diesen Zug anführte, war in ein Leichentuch gehüllt und trug eine Teigmaske; sie stahl sich hinter das Opfer, tippte ihm auf die Schulter, und Miß ... sah auf, schrie und fiel dann in Zuckungen. Sie erholte sich nicht wieder von dem Schreck, sondern wurde wahnsinnig. Heutzutage kommt es einem unbegreiflich vor, daß die Menschen noch vor so kurzer Zeit an Geister glaubten. Aber sie taten es.

Als ich nun nach sämtlichen Bekannten gefragt hatte, die mir einfallen wollten, erkundigte ich mich schließlich nach *mir selbst.*

„Ach, der hat's zu was ganz Ordentlichem gebracht – noch so ein Fall von einem gottverd... Schwachkopf. Hätten sie den nach St. Louis geschickt, dann hätt er's noch schneller geschafft."

Mit großer Befriedigung bemerkte ich jetzt, wie weise es gewesen war, daß ich diesem offenherzigen Gentleman zu Anfang gesagt hatte, mein Name sei Smith.

54. Kapitel

VERGANGENHEIT UND GEGENWART

Dort oben wieder allein, suchte ich mir in der fernen Stadt weiter alte Häuser heraus und rief ihre früheren Bewohner aus der modrigen Vergangenheit zurück. Unter diesen Gebäuden erkannte ich bald Lem Hacketts (fiktiver Name) Vaterhaus. Im Nu trug es mich um mehr als ein Menschenalter zurück und setzte mich mitten in einer Zeit ab, als die Geschehnisse des Lebens nicht die natürlichen, logischen Folgen großer, allgemeingültiger Gesetze, sondern ausdrücklicher Befehle waren, hinter denen besondere, ganz bestimmte Absichten steckten – teils mit dem Ziel, zu strafen, teils zu mahnen und die gewöhnlich örtliche Anwendung fanden.

Als ich ein kleiner Junge war, ertrank Lem Hackett – an einem Sonntag. Er fiel aus einem leeren Prahm, auf dem er gespielt hatte. Da er mit Sünde beladen war, sank er auf den Grund wie ein Amboß. Er war der einzige Junge im Ort, der in dieser Nacht schlief. Wir anderen lagen alle wach und bereuten. Wir hatten die Auskunft, die uns am Abend von der Kanzel aus erteilt wurde, daß es sich in Lems Fall um ein besonderes Strafgericht handelte, gar nicht nötig, wir wußten es schon. In dieser Nacht tobte ein heftiges Gewitter, und es wütete pausenlos fast bis zum Morgengrauen. Der Wind toste, die Fenster klapperten, der Regen fegte in prasselnden Strömen über das Dach, und in immer kürzeren Abständen wurde die tintenschwarze Dunkelheit der Nacht unterbrochen, einen zitternden Augenblick lang traten die Häuser der gegenüberliegenden Straßenseite grell weiß und blendend hervor, dann schloß sich die undurchdringliche Finsternis wieder, und ein ohrenbetäubender Donnerschlag folgte, der alles ringsum in Fetzen und Splitter zu reißen schien. Ich saß zitternd und bebend im Bett, wartete auf den Weltuntergang und rechnete fest mit ihm. Für mich lag nichts Merkwürdiges, nichts Widersinniges darin, daß der Himmel um Lem Hacketts willen einen solchen Tumult veranstaltete. Das schien mir richtig und angebracht. Es gab für mich keinen Zweifel, daß sich sämtliche Engel versammelt hätten, den Fall dieses Jungen zu beraten, und die Bombardierung unseres armseligen kleinen Nests befriedigt und zustimmend beobachteten. Nur ein Gedanke beunruhigte mich aufs höchste, daß diese Konzentration des himmlischen Interesses auf unseren Ort zwangsläufig die Aufmerksamkeit der Beobachter auf Leute unter uns lenken mußte, die sonst vielleicht jahrelang nicht aufgefallen wären. Ich dachte, daß ich nicht nur zu diesen Leuten gehörte, sondern auch gerade derjenige sei, den man mit größter Wahrscheinlichkeit entdecken werde. Das konnte nur ein Ergebnis haben: Ich würde mit Lem zusammen im Feuer braten, noch bevor es die Kälte des Flusses einigermaßen aus ihm herausgewärmt hätte. Ich wußte, das wäre nur recht und billig. Ich begünstigte diese Aussicht für mich auch fortwährend durch ein Gefühl heimlicher Bitterkeit gegenüber Lem, weil er diese verderbliche Aufmerksamkeit auf mich gelenkt hatte; aber ich konnte nichts dagegen tun, dieser sündige Gedanke hatte sich ganz gegen meinen Willen in meiner Brust eingenistet. Jedesmal, wenn ein Blitz aufzuckte, hielt ich den Atem an und dachte, nun sei es um mich geschehen. In meiner Angst und meinem Jammer begann ich häßlicherweise andere Jungen vorzuschlagen und Handlungen von ihnen zu erwähnen, die schlimmer waren als meine und ganz besonders Strafe verdienten, und ich bemühte mich, mir selbst vorzumachen, ich täte das nur zufällig und ohne jede Absicht, die himmlische Aufmerksamkeit auf sie und von mir ab zu lenken. Sehr scharfsinnig kleidete ich diese Hinweise in die Form betrübter Erinnerungen und scheinheiliger Gebete, man möge die Sünden dieser Jungen ungestraft durchgehen lassen: „Vielleicht bereuen sie." – „Es stimmt zwar, daß Jim Smith ein Fenster eingeschlagen und es dann abgeleugnet hat, aber vielleicht hat er es nicht böse gemeint. Und obwohl Tom Holmes mehr schlimme Ausdrücke gebraucht als irgendein anderer Junge im Ort, hat er doch wahrscheinlich die Absicht, in sich zu gehen – wenn er das auch nie gesagt hat. Und zwar ist es wahr, daß John Jones einmal sonntags ein kleines bißchen geangelt hat, gefangen hat er nichts weiter als einen winzigen nutzlosen Schlammwels, und vielleicht wäre das gar nicht so schrecklich gewesen, wenn er ihn wieder ins Wasser geworfen hätte – wie er sagte, was er aber nicht tat. Ein Jammer – wenn sie diese schlimmen Sachen bloß bereuen wollten, aber vielleicht tun sie's noch."

Während ich mich so schändlich bemühte, die Aufmerksamkeit auf diese armen Kerle zu lenken – die zweifellos im selben Moment die himmlische Aufmerksamkeit auf mich lenkten, obwohl mir dieser Verdacht überhaupt nicht kam –, hatte ich unachtsam meine Kerze brennen lassen. Dies war nicht der richtige Augenblick, auch die nebensächlichsten Vorsichtsmaßnahmen zu vernachlässigen. Es gab keinen Anlaß, mich noch zusätzlich bemerkbar zu machen – so löschte ich denn das Licht aus.

Das wurde eine lange Nacht für mich und vielleicht die qualvollste, die ich je verbracht habe. Ich litt unter entsetzlichen Gewissensbissen wegen Sünden, von denen ich wußte, daß ich sie begangen hatte, und wegen anderer, deren ich zwar nicht sicher, aber bei denen ich doch überzeugt war, daß ein Engel sie zu meinen Lasten in einem Buch vermerkt hatte, da er weiser war als ich und so wichtige Angelegenheiten nicht dem Gedächtnis anvertraute. Nach einiger Zeit kam mir der Gedanke, ich hätte in einer Hinsicht einen ganz törichten und unheilvollen Fehler begangen; zweifellos hatte ich nicht nur meine eigene Vernichtung besiegelt, indem ich die Aufmerksamkeit auf die anderen Jungen lenkte, sondern auch ihre bereits vollendet! Gewiß hatte der Blitz sie inzwischen alle in ihren Betten erschlagen! Die Qual und die Angst, die mich bei diesem Gedanken packten, ließen meine bis dahin ausgestandenen Leiden im Vergleich geradezu unwesentlich erscheinen.

Die Dinge hatten sich ernsthaft zugespitzt. Ich nahm mir vor, sofort ein neues Blatt in meinem Leben aufzuschlagen und beschloß auch, gleich am nächsten Tag der Kirche beizutreten – falls ich es noch erleben sollte, die Sonne aufgehen zu sehen. Ich nahm mir vor, der Sünde in allen ihren Formen zu entsagen und von nun an bis in Ewigkeit ein edles, untadeliges Leben zu führen. Ich wollte pünktlich in der Kirche und in der Sonntagsschule sein, die Kranken besuchen, den Armen Körbe mit Lebensmitteln bringen (nur um die vorgeschriebenen Bedingungen zu erfüllen, obwohl ich wußte, daß es bei uns niemand gab, der so arm gewesen wäre, daß er mir den Korb nicht zum Dank für meine Mühe an den Schädel gehauen hätte), ich wollte anderen Jungen den rechten Weg zeigen und die sich daraus ergebenden Prügel demütig hinnehmen, ich wollte ganz und gar von Traktaten leben, ich wollte in die Kneipe eindringen und den Trunkenbold ermahnen und schließlich, falls ich dem Schicksal derer entging, die schon frühzeitig zu gut für diese Welt sind, wollte ich Missionar werden.

Bei Tagesanbruch ließ das Unwetter nach, und ich schlummerte langsam ein, mit einem Gefühl der Verpflichtung gegenüber Lem Hackett, weil er so unverhofft zur ewigen Verdammnis eingegangen war und auf diese Weise ein noch viel schrecklicheres Unglück verhindert hatte – meinen eigenen Untergang.

Als ich mich aber nach einer Weile gestärkt erhob und feststellte, daß die anderen Jungen alle noch am Leben waren, hatte ich das unklare Gefühl, das Ganze sei vielleicht falscher Alarm gewesen und der Tumult habe nur Lem und keinem anderen gegolten. Die Welt sah so strahlend und ungefährlich aus, daß es an sich gar keinen Grund mehr gab, ein neues Blatt in meinem Leben aufzuschlagen. Ich war an diesem Tag ein bißchen schweigsam und vielleicht auch noch am nächsten, dann aber verlor ich die Absicht, mich zu bessern, langsam aus dem Gedächtnis, und ich führte wieder ein friedliches, unbeschwertes Leben – bis zum nächsten Gewitter.

Das ereignete sich ungefähr drei Wochen später und war für mich das unerklärlichste Gewitter, das ich je mitgemacht hatte, denn am Nachmittag jenes Tages war „Dutchy" ertrunken. Dutchy ging in unsere Sonntagsschule. Er war ein deutscher Junge, ein ungewöhnlich linkischer Tolpatsch, aber er war aufreizend brav und hatte ein fabelhaftes Gedächtnis. Eines Sonntags erweckte er den Neid aller Jugendlichen und wurde zum Gesprächsstoff des bewundernden Ortes, weil er dreitausend Bibelverse hersagte, ohne ein Wort auszulassen, und gleich am nächsten Tag ging er hin und ertrank.

Die Umstände machten seinen Tod besonders eindrucksvoll. Wir badeten alle in einem schlammigen Wasserlauf, in dem es eine tiefe Grube gab, und in dieser Grube hatten die Böttcher einen Stapel frischer Hickorystäbe für Faßreifen zum Einweichen etwa zwölf Fuß unter Wasser versenkt. Wir tauchten und probierten, „wer am längsten unten bleiben kann". Wir schafften es, indem wir uns an den Reifenstäben festhielten. Dutchy machte seine Sache so kläglich, daß ihn jedesmal, wenn sein Kopf über Wasser erschien, Gelächter und Spott begrüßten. Endlich schienen ihn unsere Sticheleien verletzt zu haben, und er bat uns, am Ufer stehenzubleiben, ihn fair zu behandeln und ehrlich zu zählen – „nur dieses eine Mal freundschaftlich und nett zu sein und beim Zählen nicht zu mogeln, um ihn auslachen zu können." Wir blinzelten einander verräterisch zu, und alle sagten: „Na schön, Dutchy, mach los, wir sind fair."

Dutchy tauchte ins Wasser, aber anstatt mit dem Zählen anzufangen, folgten die Jungen einem ihrer Anführer, rannten zu einer Reihe von Brombeerbüschen, die in der Nähe standen, und versteckten sich dahinter. Sie stellten sich vor, wie gedemütigt Dutchy wäre, wenn er nach einer übermenschlichen Anstrengung auftauchte, den Ort schweigend und leer vorfände und niemand da wäre, ihm Beifall zu spenden. Bei diesem Gedanken „platzten" sie fast vor Vergnügen und brachen immerfort in unterdrücktes Kichern aus. Die Zeit verging, und schließlich sagte einer, der durch die Dornbüsche blickte, erstaunt:

„Nanu, er ist ja immer noch nicht aufgetaucht." Das Gelächter erstarb.

„Jungs, das ist aber mal prima getaucht", sagte einer.

„Ist ganz egal. Um so schöner der Spaß, den wir mit ihm treiben", erwiderte ein anderer.

Dem folgten noch ein oder zwei Bemerkungen, dann verstummten sie. Die Gespräche hatten aufgehört, und alle spähten durch die Ranken. Es dauerte nicht lange, und die Gesichter der Jungen begannen unruhig, dann ängstlich und schließlich erschrocken auszusehen. Noch immer rührte sich nichts im ruhigen Wasser. Die Herzen begannen zu pochen, die Gesichter zu erblassen. Alle kamen wir schweigend hervor und stellten uns ans Ufer; entsetzt blickten wir abwechselnd einander an und auf das Wasser.

„Jemand muß runter und nachsehen!"

Ja, das war klar – aber keiner wollte diese grausige Aufgabe übernehmen.

„Strohhalme ziehen!"

Wir zogen sie mit so zitternden Händen, daß wir kaum wußten, was wir taten. Das Los fiel auf mich, und ich tauchte hinab. Das Wasser war schlammig und ich konnte nichts sehen, aber ich tastete zwischen den Reifenstäben herum und hielt auf einmal ein schlaffes Handgelenk gepackt, das nicht reagierte – und wenn, dann hätte ich es nicht gemerkt, so rasch ließ ich es vor Schrekken fahren.

Der Junge hatte sich zwischen den Reifenstäben verfangen und war dort hilflos steckengeblieben. Ich floh an die Oberfläche und überbrachte die furchtbare Nachricht. Einige von uns wußten, daß er vielleicht wiederbelebt werden konnte, wenn man ihn sofort herauszog, aber daran dachten wir überhaupt nicht. Wir dachten an gar nichts, und da wir nicht wußten, was zu tun war, taten wir nichts – nur die kleineren Knaben weinten jämmerlich und wir alle fuhren wie verrückt in unsere Sachen, zogen an, was uns gerade in die Hände kam, und meistens die Innenseite nach außen oder das Oberteil zuunterst. Dann liefen wir davon und schlugen Alarm, aber keiner von uns kehrte zurück, um das Ende der Tragödie mit anzusehen. Wir hatten Wichtigeres zu besorgen: Wir rannten nach Hause und verloren keinen Augenblick, uns auf ein besseres Leben vorzubereiten.

Schließlich brach die Nacht herein. Da entlud sich dieses gewaltige und völlig unerklärliche Gewitter. Ich war ganz durcheinander, ich konnte es mir nicht erklären. Hier schien ein Irrtum vorzuliegen. Die Elemente waren entfesselt – sie tobten und rüttelten und flammten in blinder Wut. Ich ließ allen Mut und jede Hoffnung fahren, und immer wieder rumorte mir der trübselige Gedanke im Kopf herum: Wenn schon ein Junge, der dreitausend Verse auswendig kann, nicht den Anforderungen genügt, welche Aussicht hat dann irgend jemand anders?

Natürlich zweifelte ich keinen Augenblick daran, daß das Gewitter Dutchy galt, noch daß er oder irgendein anderes unbedeutendes Wesen solch einer majestätischen Kundgebung von oben wert sei; das einzige, was mir Kopfzerbrechen bereitete, war, welche Lehre daraus gezogen werden mußte, denn der Vorfall überzeugte mich, daß es vergeblich wäre, ein neues Blatt in meinem Leben aufzuschlagen, da ja selbst Dutchy mit all seinen Vollkommenheiten kein Entzücken erweckte. Gegen diesen Jungen mußte ich unweigerlich hoffnungslos abfallen, wie sehr ich mich auch anstrengen mochte. Trotzdem aber schlug ich dieses Blatt auf – eine früh anerzogene Furcht zwang mich dazu –, dann jedoch folgten störend Tage voller Fröhlichkeit und Sonnenschein, und innerhalb eines Monats war ich wieder so weit hinabgesunken, daß ich von neuem ebenso verloren und unbeschwert war wie je zuvor.

Die Frühstückszeit näherte sich, während ich diese Träume träumte und mir das vergangene Geschehen zurückrief; so wandte ich mich denn wieder der Gegenwart zu und stieg den Hügel hinab.

Auf meinem Weg durch die Stadt zum Hotel sah ich das Haus, in dem ich meine Kindheit verbracht hatte. Zum heutigen Tarif sind die Menschen, die jetzt darin wohnen, nicht mehr wert als ich, aber zu meiner Zeit hätten sie mindestens fünfhundert Dollar pro Kopf gekostet. Es sind Farbige.

Nach dem Frühstück ging ich wieder allein aus, um ein paar Sonntagsschulen aufzusuchen und die jetzige Schülergeneration mit ihren Erzeugern zu vergleichen, die mit mir zusammen dort gesessen und mich wahrscheinlich zum Vorbild genommen hatten – wenn ich mich hieran auch heute nicht mehr erinnern kann. Zu meiner Zeit hatte auf dem großen Platz eine schäbige kleine Backsteinkirche gestanden, die das Alte Schiff Zions“ hieß und die ich als Sonntagsschüler besucht hatte; den Ort fand ich ohne weiteres, nicht aber die alte Kirche – sie war verschwunden, und an ihrer Stelle stand ein schmuckes und ziemlich heiteres neues Gebäude. Ich fand die Schüler besser gekleidet und besser aussehend als früher; daher glichen sie ihren Vorfahren nicht, und so kamen mir ihre Gesichter nicht vertraut vor. Trotzdem aber betrachtete ich sie mit großem Interesse und sehnsüchtiger Wehmut, und wenn ich ein Mädchen gewesen wäre, hätte ich geweint, denn sie waren ja die Sprößlinge jener Jungen und Mädchen, vertraten sie und nahmen den Platz derer ein, von denen ich einige mit Inbrunst geliebt und andere mit Inbrunst gehaßt hatte, die mir alle aber aus dem ersten oder dem zweiten Grunde teuer gewesen waren vor so vielen, vielen Jahren – mein Gott, wo waren die wohl geblieben!

Ich war ganz ergriffen und wäre dankbar gewesen, wenn ich mich hätte ungestört satt sehen dürfen, aber ein kahlköpfiger Superintendent, der früher mein wuschelköpfiger Sonntagsschulkamerad gewesen war, erkannte mich, und ich erzählte den Kindern einen Haufen schrecklichen Unsinn, um die Gedanken zu verbergen, die mich bewegten und die ich nicht hätte aussprechen können, ohne Gefühle zu verraten, die dem allgemeinen Bild von mir widersprochen hätten.

Unvorbereitet Reden zu halten gehört nicht zu meinen Talenten, und ich war entschlossen, jeder weiteren Gelegenheit dazu aus dem Weg zu gehen; aber in der nächsten größeren Sonntagsschule saß ich ganz hinten in der Versammlung, und deshalb fand ich mich sehr gern bereit, für einen Augenblick ans Rednerpult zu treten, um mir die Schüler richtig ansehen zu können. Im Eifer des Gefechts fiel mir keine der alten, idiotischen Ansprachen ein, mit denen Besucher mich immer beleidigt hatten, als ich dort Schüler war, und das tat mir leid, denn es hätte mir Zeit und Vorwand gegeben, dort herumzutrödeln und lange und ausgiebig das zu betrachten, was ich mir erlaube, als die stattlichste Ansammlung frischer, junger Schönheit zu beschreiben, die in keiner anderen Sonntagsschule dieser Größe ihresgleichen hat. Da ich nur sprach, um sie betrachten zu können und den wahllosen Unsinn einzig und allein ausdehnte, um die Betrachtung zu verlängern, glaubte ich, ich sollte diese niederen Beweggründe eingestehen, und so tat ich es denn auch.

Falls es in einer dieser Sonntagsschulen einen Musterknaben gab, bekam ich ihn nicht zu sehen. Der Musterknabe meiner Zeit – wir hatten nur diesen einen – war untadelig: hatte untadelige Manieren, war untadelig gekleidet, benahm sich untadelig, war von untadeliger Sohnesliebe und nach außen hin von untadeliger Frömmigkeit, aber im Grunde seines Herzens war er ein selbstgefälliger Pedant, und was die Füllung seines Schädels betrifft, so hätte man sie mit der Füllung einer Pastete vertauschen können, ohne daß jemand zu Schaden gekommen wäre, außer der Pastete. Das über jeden Tadel erhabene Wesen jenes Burschen war jedem Jungen im Ort ein ständiger Tadel. Alle Mütter bewunderten ihn, und deren sämtliche Söhne verabscheuten ihn. Ich erfuhr, was aus ihm wurde, aber da es für mich eine Enttäuschung bedeutete, will ich auf Einzelheiten nicht eingehen. Er hatte Erfolg im Leben.

55. Kapitel

EINE BLUTRACHE UND ANDERES

Während meines dreitägigen Aufenthalts in der Stadt erwachte ich jeden Morgen mit dem Gefühl, ich sei ein Junge – denn in meinen Träumen waren alle Gesichter wieder jung und sahen aus wie früher, zu Bett aber ging ich jeden Abend als Hundertjähriger – denn inzwischen hatte ich diese Gesichter gesehen, wie sie jetzt sind.

Natürlich erlebte ich zu Anfang einige Überraschungen, bis ich mich an den veränderten Stand der Dinge gewöhnt hatte. Ich begegnete jungen Damen, die sich überhaupt nicht verändert zu haben schienen, aber dann ergab sich, daß sie die Töchter der jungen Damen waren, die ich meinte – manchmal auch ihre Enkelinnen. Erfährt man, daß eine fünfzigjährige Fremde Großmutter ist, dann hat das nichts Überraschendes, ist es aber eine Person, die man als kleines Mädchen gekannt hat, dann kommt einem das unmöglich vor. Man sagt sich: Wie kann denn ein kleines Mädchen Großmutter sein? Es braucht seine Zeit, bis man sich damit abfindet und einem klar wird, daß, während man selbst alt geworden ist, auch die Freunde nicht stehengeblieben sind.

Ich beobachtete, daß nicht die Männer, sondern die Frauen sich am meisten verändert hatten. Ich traf Männer, die dreißig Jahre nur wenig verwandelt hatten, ihre Frauen aber waren alt geworden. Sie waren vortreffliche Frauen, und vortrefflich sein ist sehr aufreibend.

Es hatte einen Sattler gegeben, den ich gern wiedersehen wollte, aber er war nicht mehr da. Schon seit Jahren tot, hieß es. Ein, zweimal am Tag war dieser Sattler die Straße hinuntergestürmt und hatte sich unterwegs den Rock angezogen: Da wußten alle, daß ein Dampfer einlief, und außerdem wußten alle, daß John Stavely weder Besuch noch irgendwelche Fracht mit dem Schiff erwartete, und auch Stavely muß gewußt haben, daß alle im Bilde waren, aber das änderte für ihn nichts – es machte ihm Spaß, vor sich selbst zu tun, als erwarte er mit diesem Schiff hunderttausend Tonnen Sättel, und so hatte er weiter sein ganzes Leben lang Freude an dem Gedanken, er werde pünktlich zur Stelle sein, um diese Sättel in Empfang zu nehmen und zu quittieren, falls sie durch ein Wunder doch kämen. Eine boshafte Zeitung in Quincy nannte unsere Stadt stets spöttisch „Stavelys Anlegestelle“. Stavely war eines der ersten Objekte meiner Bewunderung. Ich beneidete ihn um den Ansturm seiner eingebildeten Geschäfte und die Art, wie er ihn vor Fremden auffällig zur Schau stellen konnte, während er die Straße hinunterrannte, im Kampf mit seinem wehenden Rock.

Mein größter Held war jedoch ein Tischler – ein gewaltiger Lügner, aber das wußte ich nicht, ich glaubte ihm jedes Wort. Er war ein romantischer, sentimentaler, melodramatischer Schwindler, und sein Gehabe flößte mir Ehrfurcht ein. Ich erinnere mich noch lebhaft, wie er mich das erstemal ins Vertrauen zog. Er hobelte ein Brett, legte ab und zu eine Pause ein, stieß einen tiefen Seufzer aus, murmelte hin und wieder ein paar abgebrochene Sätze vor sich hin – verworren und unverständlich – zuweilen aber entfuhr ihm ein Ausruf, der mich frösteln ließ und mir wohltat; einer davon lautete: „O Gott, es ist sein Blut!" Ich saß auf dem Werkzeugkasten und bewunderte den Tischler, demütig schaudernd, denn ich glaubte, er sei voller Verbrechen. Endlich sagte er leise:

„Mein kleiner Freund – kannst du ein Geheimnis wahren?"

Ich beteuerte es eifrig.

„Ein düsteres, schreckliches?"

Ich beruhigte ihn hierüber.

„Dann will ich dir ein paar Dinge aus meiner Vergangenheit erzählen, denn, ach, ich *muß* mein schuldbeladenes Herz ausschütten, sonst komme ich um!"

Er ermahnte mich noch einmal, „so stumm wie das Grab" zu sein und erzählte mir dann, er sei ein „Mörder mit blutbesudelten Händen". Er setzte den Hobel ab, streckte die Hände vor, betrachtete sie traurig und sagte:

„Schau, mit diesen Händen habe ich dreißig Menschen umgebracht!"

Die Wirkung, die das auf mich hatte, feuerte ihn an, und er gab sich mit Inbrunst und Energie seinem Thema hin. Er blieb nicht beim Allgemeinen, sondern ging in Einzelheiten. Er begann mit seinem ersten Mord, beschrieb ihn, erklärte, welche Maßnahmen er getroffen hatte, um jeden Verdacht von sich abzulenken, dann ging er zu seiner zweiten Meuchelei über, seiner dritten, seiner vierten und so fort. Er hatte seine Morde stets mit einem Jagdmesser begangen, und mir sträubten sich die Haare, als er es plötzlich herausriß und mir zeigte.

Am Ende der ersten Séance ging ich beladen mit sechs seiner schrecklichen Geheimnisse nach Haus, und sie waren meinen Träumen sehr förderlich, die seit einiger Zeit recht flau wurden.

Ich besuchte ihn immer wieder an meinen freien Samstagen; tatsächlich verbrachte ich den ganzen Sommer bei ihm – den für mich wertvollen Teil. Er verlor nie an Faszination, denn jeden folgenden Mord stattete er mit neuen, erregenden Schauerlichkeiten aus. Immer nannte er Namen, Daten, Orte und alles, was dazu gehörte. Dabei bemerkte ich allmählich zwei Dinge: daß er seine Opfer in allen Teilen der Erde getötet hatte und daß sie immer Lynch hießen. Die Vernichtung der Lynchs ging Samstag für Samstag gelassen weiter, bis sich die ursprünglichen dreißig auf sechzig vermehrt hatten – und von noch weiteren sollte ich hören. Da gewann meine Neugier die Oberhand über meine Schüchternheit, und ich fragte, wieso alle diese zu Recht bestraften Leute den gleichen Namen trügen.

Mein Held erklärte, dieses düstere Geheimnis habe er noch keiner Menschenseele enthüllt, aber er habe das Gefühl, mir könne er vertrauen, und deshalb wolle er sein trauriges, verpfuschtes Leben vor mir ausbreiten. Er habe ein Mädchen geliebt, das „zu lieblich für diese Welt“ gewesen sei und seine Zuneigung „mit all der süßen Innigkeit ihres reinen, edlen Charakters“ erwidert habe. Aber er habe einen Rivalen gehabt, einen „niedrigen käuflichen Schurken“ namens Archibald Lynch, der erklärte, das Mädchen müsse ihm gehören, oder er werde „seine Hände in ihr rotes Herzblut tauchen“. Der Tischler, „arglos und glückselig im Traum seiner jungen Liebe befangen“, maß der Drohung keine Bedeutung bei, sondern führte seinen „goldhaarigen Liebling zum Altar“, und dort wurden die beiden vereint, und dort wurde in dem Augenblick, als der Geistliche die Hand segnend über ihre Häupter hielt, auch die grausige Tat begangen – mit einem Messer – und die Braut fiel ihrem Gatten tot zu Füßen. Und was tat der Gatte? Er zog das Messer heraus, kniete neben der Leiche seiner verlorenen Liebe nieder und schwor, „sein Leben der Ausrottung all jenes menschlichen Abschaums zu weihen, der den verhaßten Namen Lynch trägt“.

Das also war es. Von da an bis zum heutigen Tag hatte er die Lynchs verfolgt und niedergemetzelt – zwanzig Jahre lang. Immer hatte er dazu dasselbe geheiligte Messer benutzt, mit ihm hatte er die Lynchs reihenweise hingemordet, und mit ihm hatte er auf der Stirn jedes Opfers ein besonderes Zeichen hinterlassen – ein tief eingeritztes Kreuz. Er sagte:

„Das Kreuz des geheimnisvollen Rächers ist in Europa und Amerika, in China, Siam und den Tropen, im Eismeer und den Wüsten Asiens, auf der ganzen Erde bekannt. Wo immer ein

Lynch im entferntesten Winkel des Erdballs auftauchte, dort sah man das geheimnisvolle Kreuz, und die es erblickten, schauderten und sagten: ‚Das ist sein Zeichen, er ist hier gewesen.' Du hast von dem geheimnisvollen Rächer gehört – sieh ihn dir an, denn vor dir steht kein Geringerer als er! Aber hüte dich – kein Sterbenswörtchen zu irgendeinem Menschen. Schweige und warte ab. Eines Morgens wird diese Stadt schreckerfüllt zusammenströmen, um eine blutige Leiche zu betrachten, auf ihrer Stirn wird das entsetzliche Zeichen zu sehen sein, und sogar Männer werden erzittern und flüstern: ‚Er ist hier gewesen – das ist das Zeichen des geheimnisvollen Rächers!' Du wirst hierherkommen, aber ich werde verschwunden sein, und du wirst mich nie mehr wiedersehen."

Dieser Esel hatte zweifellos den „Jibbenainosay" gelesen, und der hatte ihm den armen romantischen Kopf verdreht; aber da ich das Buch damals noch nicht kannte, nahm ich seine Spinnerei für bare Münze und hegte keinerlei Verdacht, daß er ein Plagiator war.

In unserer Stadt wohnte jedoch ein Lynch, und je mehr ich über dessen nahenden Untergang nachdachte, desto weniger konnte ich schlafen. Offensichtlich war meine Pflicht, ihn zu retten, und noch offensichtlicher und wichtiger war die Pflicht, etwas Schlaf zu finden; so wagte ich schließlich, Mr. Lynch aufzusuchen und ihm mitzuteilen, was ihm bevorstand – unter dem Siegel der Verschwiegenheit. Ich riet ihm zu „entfliehen" und erwartete unbedingt, daß er es täte. Aber er lachte mich aus, und damit nicht genug: Er führte mich hinunter in die Werkstatt des Tischlers, hielt ihm voller Hohn und Verachtung eine Strafpredigt über seine dumme Großsprecherei, ohrfeigte ihn, veranlaßte ihn, niederzuknien und Abbitte zu leisten, und dann ging er davon und ließ mich dort angesichts dieses billigen, jämmerlichen Überbleibsels dessen zurück, der in meinen Augen noch vor so kurzer Zeit ein majestätischer, unvergleichlicher Held gewesen war. Der Tischler blähte sich auf, schwenkte sein Messer und verurteilte diesen Lynch in seinem üblichen feurigen Stil zum Untergang, und seine schicksalsschwangeren Worte hatten nichts an Schwulst verloren, aber auf mich wirkte all das nicht länger – für mich war er nun kein Held mehr, sondern nur noch ein armer, törichter, entlarvter Schwindler. Ich schämte mich seiner, schämte mich auch meinetwegen; ich verlor jedes Interesse an ihm und kam nie wieder in seine Werkstatt. Es war ein sehr schwerer Verlust für mich, denn er war der größte Held gewesen, den ich je gekannt hatte. Der Mensch muß einiges Talent besessen haben, denn ein paar seiner eingebildeten Mordtaten waren so lebhaft und dramatisch beschrieben, daß ich mich noch heute an all ihre Einzelheiten erinnere.

Die Menschen von Hannibal haben sich nicht gründlicher verändert als die Stadt selbst. Sie ist kein Nest mehr, sie ist eine Stadt mit einem Bürgermeister, einem Stadtrat, einem Wasserwerk und vermutlich auch mit Schulden. Sie hat fünfzehntausend Einwohner, ist ein blühender, geschäftiger Ort und gepflastert wie der übrige Westen und Süden – wo eine gepflasterte Fahrbahn und ein befestigter Bürgersteig etwas so Seltenes sind, daß man ihre Existenz bezweifelt, wenn man sie wirklich einmal sieht. Hannibal ist jetzt Knotenpunkt des üblichen halben Dutzends Eisenbahnlinien und besitzt einen neuen Bahnhof, der hunderttausend Dollar gekostet hat. Zu meiner Zeit hatte die Stadt kein besonderes Merkmal und als Handelsplatz keine Bedeutung; der tägliche Postdampfer setzte gewöhnlich einen Fahrgast ab und kaufte einen Katzenwels ein, und er nahm wieder einen Passagier sowie einen Hut voll Fracht mit, jetzt aber hat sich ein lebhafter Holzhandel entwickelt, der unter anderem einen umfangreichen gemischten Handel nach sich zog. Viel Geld geht nun dort von Hand zu Hand.

Der Bear Creek, der Bärenbach – der vielleicht so heißt, weil er immer so völlig bar aller Bären gewesen ist – fließt jetzt ungesehen unter Inseln und ganzen Kontinenten von gestapeltem Holz, und nur ein Sachverständiger kann ihn finden. Früher ertrank ich regelmäßig jeden Sommer darin, und dann zog mich irgendein zufälliger Feind wieder heraus, ließ das Wasser aus mir ab, blies mich auf und setzte mich wieder in Gang; jetzt aber ist kein Stück Bach, in dem jemand ertrinken könnte, mehr unbesetzt. Seinerzeit war er eine berühmte Brutstätte von Schüttelfrost und Fieber. Ich kann mich an einen Sommer erinnern, in dem alle Bewohner der Stadt gleichzeitig daran erkrankten. Viele Schornsteine wurden heruntergeschüttelt, und sämtliche Häuser standen derartig schief, daß die Stadt neu gebaut werden mußte. Der Spalt oder die Schlucht zwischen Lover's Leap und dem westlich davon gelegenen Hügel ist nach Annahme der Wissenschaftler durch Gletscher entstanden. Das ist ein Irrtum.

Ein oder zwei Meilen unterhalb von Hannibal liegt am steilen Felsenufer eine interessante Höhle. Ich hätte sie gern wieder aufgesucht, fand aber keine Zeit dazu. In meiner Jugend hatte der damalige Besitzer sie in ein Mausoleum für seine vierzehnjährige

Tochter umgewandelt. Die Leiche dieses armen Kindes wurde in einen mit Alkohol gefüllten Kupferzylinder gesteckt und dieser in einem der finsteren Höhlengänge aufgehängt. Der Deckel des Zylinders ließ sich abheben, und wie es hieß, zerrten oftmals Touristen der niedrigeren Gattung das Antlitz der Toten hervor, betrachteten es und machten ihre Bemerkungen darüber.

56. Kapitel

EINE JURISTISCHE FRAGE

Das Schlachthaus an der Mündung des Bear Creek ist verschwunden und ebenso das kleine Gefängnis (oder „Kittchen"), das einst in seiner Nähe stand. Ein Bürger fragte mich: „Erinnern Sie sich noch, als Jimmy Finn, der Trunkenbold des Orts, im Kittchen verbrannte?"

Man beachte, wie die Geschichte im Lauf der Zeit und mit Hilfe des schlechten Gedächtnisses der Menschen verfälscht wird. Jimmy Finn verbrannte nicht im Kittchen, sondern starb eines natürlichen Todes in einer Lohgrube, durch das Zusammenwirken von Delirium tremens und Selbstentzündung. Wenn ich sage, eines natürlichen Todes, dann meine ich, für Jimmy Finn war es natürlich, so zu sterben. Das Opfer im Kittchen war kein Ortsansässiger, er war ein armer Fremder, ein harmloser, vom Whisky besudelter Vagabund. Über seinen Fall weiß ich mehr als sonst jemand – in jenen vergangenen Tagen wußte ich zuviel darüber, als daß ich gern davon gesprochen hätte. Dieser Landstreicher wanderte an einem kühlen Abend durch die Straßen, eine Pfeife im Mund, und bat um ein Streichholz. Er erhielt weder Streichhölzer noch eine höfliche Behandlung, im Gegenteil: Ein Trupp böser kleiner Buben lief hinter ihm her und belustigte sich damit, ihn zu hänseln und zu ärgern. Ich machte mit; schließlich aber rührte eine Bitte des Wandersmanns um Nachsicht mit einem mitleiderregenden Hinweis auf seine Verlassenheit und Einsamkeit an das bißchen Schamgefühl und Anstand, das noch in mir vorhanden war, und ich ging ihm Streichhölzer holen; dann machte ich, daß ich nach Hause und ins Bett kam, mit schwerbelastetem Gewissen und nicht gerade unbekümmertem Gemüt. Ein, zwei Stunden später nahm der Marshal den Mann fest und sperrte ihn ins Kittchen – wobei Marshal eine hochtrabende Bezeichnung für einen Schutzmann ist, aber so lautete sein Titel. Um zwei Uhr morgens läuteten die Kirchenglocken Feueralarm, und alle standen auf, ich auch. Der Vagabund hatte seine Streichhölzer verhängnisvoll benutzt; er hatte seinen Strohsack angezündet, und die Eichenholzwand des Raums hatte Feuer gefangen. Als ich ankam, standen dort zweihundert Männer, Frauen und Kinder dichtgedrängt; wie festgenagelt vor Entsetzen, starrten sie auf die vergitterten Gefängnisfenster. Hinter den Eisenstäben stand, verzweifelt an ihnen rüttelnd und um Hilfe schreiend, der Vagabund; er hob sich wie ein schwarzer Gegenstand vor der Sonne ab, so grell und intensiv war das Licht hinter seinem Rücken. Dieser Marshal war nicht aufzufinden, und er hatte den einzigen Schlüssel. Rasch wurde ein Rammbock improvisiert, und seine donnernden Schläge gegen die Tür klangen so ermutigend, daß die Zuschauer in laute Bravorufe ausbrachen und die barmherzige Schlacht gewonnen glaubten. Dem war aber nicht so. Die Bohlen waren zu stark, sie gaben nicht nach. Es hieß, der Mann habe sich noch im Tode fest an die Gitterstäbe geklammert, und in dieser Stellung hätten ihn die Flammen eingehüllt und verzehrt. Ob das stimmt, weiß ich nicht. Was gesehen wurde, nachdem ich sein Gesicht, das flehend durch das Gitter blickte, erkannt hatte, sahen andere – nicht ich.

Ich aber sah dieses Gesicht in dieser Stellung noch lange danach jede Nacht vor mir, und ich hielt mich für ebenso schuldig an seinem Tod, als hätte ich ihm die Streichhölzer allein zu dem Zweck gegeben, sich damit zu verbrennen. Ich zweifelte nicht daran, daß ich gehängt würde, wenn meine Verbindung mit dieser Tragödie herauskäme. Die Ereignisse und Eindrücke jener Zeit sind mir ins Gedächtnis eingebrannt, und sie zu betrachten, erheitert mich heute ebenso, wie sie mich damals peinigten. Wenn jemand von der grausigen Sache sprach, war ich sofort ganz Ohr und lauschte gespannt auf jedes Wort, immer in Furcht und Erwartung, daß ich verdächtigt wurde, und mein schuldbewußtes Gewissen reagierte so fein und empfindsam, daß es oft sogar hinter der beiläufigsten Bemerkung Verdacht zu entdecken glaubte, oder in einem Gesichtsausdruck, in Gesten und Blicken, die keinerlei Bedeutung hatten, mich aber trotzdem in panischer Angst zitternd davontrieben. Und wie elend war mir zumute, wenn jemand wie zufällig und ohne jede Absicht die Bemerkung fallen ließ „Ein Mord will ans Tageslicht!“ Für einen Zehnjährigen schleppte ich eine ziemlich drückende Last mit mir herum.

Die ganze Zeit über vergaß ich aber völlig, daß ich ja die hartnäckige Angewohnheit hatte, im Schlaf zu sprechen. Eines Nachts jedoch wachte ich auf und sah, daß mein Schlafgenosse – Sid, mein jüngerer Bruder – aufrecht im Bett saß und mich beim Licht des Mondes betrachtete. Ich fragte:

„Was ist los?"

„Du sprichst so viel, daß ich nicht schlafen kann."

Im Nu saß ich auf, mit zusammengeschnürter Kehle und gesträubtem Haar.

„Was habe ich gesagt? Schnell – raus damit – was habe ich gesagt?"

„Nichts besonderes."

„Du lügst – du weißt alles!"

„Was alles?"

„Das weißt du sehr gut. *Darüber*."

„Worüber? Ich weiß nicht, wovon du redest. Ich glaube, du bist krank oder verrückt oder irgend so was. Jedenfalls bist du jetzt wach, da will ich schlafen, solange ich 'ne Möglichkeit dazu habe."

Er schlief ein, und ich lag da, in kalten Schweiß gebadet, und wälzte diese neue Angst in dem wirbelnden Chaos herum, das meinen Verstand abgelöst hatte. Mich bedrückte die Frage: Wieviel hatte ich verraten? Wieviel wußte er? Schrecklich diese Ungewißheit! Schließlich aber kam mir ein Gedanke: Ich wollte meinen Bruder wecken und ihn mit einem hypothetischen Fall auf die Probe stellen. Ich rüttelte ihn wach und sagte:

„Nimm mal an, ein Mann kommt zu dir, betrunken . . ."

„Das ist ja Blödsinn – ich bin nie betrunken."

„Ich meine doch nicht dich, du Idiot – ich meine den Mann. Nimm an, ein *Mann* kommt zu dir, betrunken, und borgt sich ein Messer aus oder einen Tomahawk oder einen Revolver und du hast vergessen, ihm zu sagen, daß er geladen ist, und . . ."

„Wie willst du denn einen Tomahawk laden?"

„Ich meine nicht den Tomahawk und habe auch nicht *gesagt*, den Tomahawk, ich habe gesagt, den Revolver. Unterbrich mich nicht dauernd, es geht um was Ernstes. Ein Mann ist umgebracht worden."

„Was? Hier in der Stadt?"

„Ja, hier in der Stadt."

„Na, erzähl weiter, ich sage kein Wort mehr."

„Also dann, nimm an, du hast vergessen, ihm zu sagen, er soll vorsichtig damit umgehen, weil er geladen ist, und der Mann ist weggegangen und hat sich mit dem Revolver erschossen, hat damit rumgespielt, verstehst du, und es wahrscheinlich aus Versehen gemacht, er war ja betrunken. Nun – wäre das Mord?"

„Nein, Selbstmord."

„Nein, nein, ich meine nicht, was er gemacht hat, sondern was du gemacht hast. Wärst du ein Mörder, weil du ihm den Revolver überlassen hast?"

Nach tiefem Nachdenken kam die Antwort: „Nun, ich würde denken, irgendwie wäre ich schuldig – vielleicht wäre es Mord – ja, wahrscheinlich Mord – aber ich bin nicht ganz sicher."

Mir wurde ziemlich unbehaglich zumute. Immerhin, es war kein maßgebendes Urteil. Wie es schien, mußte ich ihm den wirklichen Fall auseinandersetzen – es gab wohl keinen anderen Ausweg. Ich wollte es aber vorsichtig tun und auf verdächtige Wirkungen ein wachsames Auge haben. Ich sagte:

„Ich habe mir den Fall nur ausgedacht, aber jetzt komme ich auf den wirklichen. Weißt du, wie es kam, daß der Mann im Kittchen verbrannt ist?"

„Nein."

„Hast du keine Ahnung?"

„Nein, überhaupt keine."

„Schwörst du, daß du tot umfallen willst, wenn du eine hast?"

„Ich schwöre, daß ich tot umfallen will."

„Nun, die Sache war so: Der Mann wollte Streichhölzer haben, um sich die Pfeife damit anzuzünden. Ein Junge holte ihm welche. Und mit diesen Streichhölzern hat der Mann das Kittchen angesteckt und sich selbst verbrannt."

„Tatsächlich?"

„Tatsächlich. Nun, was glaubst du, ist der Junge ein Mörder?"

„Laß mich mal nachdenken. Der Mann war betrunken?"

„Ja, er war betrunken."

„Sehr betrunken?"

„Ja."

„Und der Junge wußte das?"

„Ja, das wußte er."

Eine lange Pause folgte. Dann kam das harte Urteil: „Wenn der Mann betrunken war und der Junge das wußte, hat der Junge diesen Mann ermordet. Das ist mal sicher."

Matte, scheußliche Gefühle krochen durch alle Fasern meines Körpers, und ich kam mir vor wie ein Mensch, der vom Richterstuhl sein Todesurteil vernimmt. Ich wartete, was mein Bruder als nächstes sagen würde. Ich glaubte zu wissen, was nun käme, und ich hatte recht. Er sagte:

„Ich weiß, wer der Junge ist."

Ich hatte nichts dazu zu sagen, und so sagte ich nichts. Ich schauderte nur. Dann setzte er hinzu:

„Ja, noch eh du mir die Hälfte von der Sache erzählt hast, habe ich schon gewußt, wer der Junge war: Es war Ben Coontz!"

Ich erhob mich aus meinem Zusammenbruch wie ein vom Tode Auferstandener. Ich fragte voller Bewunderung:

„Wie in aller Welt hast du denn das bloß erraten?"

„Du hast es mir im Schlaf erzählt."

Ich dachte bei mir: Das ist ja großartig. Die Gewohnheit muß gepflegt werden.

Mein Bruder schwatzte unschuldig weiter: „Als du im Schlaf gesprochen hast, hast du immerzu was von ‚Streichhölzern' gemurmelt, woraus ich nicht klug geworden bin; aber als du eben angefangen hast, von dem Mann und dem Kittchen und den Streichhölzern zu erzählen, ist mir eingefallen, daß du im Schlaf zwei- oder dreimal Ben Coontz erwähnt hast, und da habe ich mir dies und jenes zusammengereimt, verstehst du, und gleich gewußt, daß Ben Coontz den Mann verbrannt hat."

Ich pries überschwenglich seine Klugheit. Kurz darauf fragte er: „Wirst du ihn dem Gericht übergeben?"

„Nein", sagte ich. „Ich glaube, das wird ihm eine Lehre sein. Natürlich werde ich ihn im Auge behalten, denn das muß schon sein, aber wenn er so was in Zukunft bleiben läßt und sich bessert, soll keiner sagen können, ich hätte ihn verraten!"

„Wie gut du bist."

„Nun, ich gebe mir Mühe. Weiter kann ein Mensch in einer Welt wie dieser nichts machen."

Und jetzt, da meine Bürde auf andere Schultern abgewälzt war, schwanden meine Ängste bald dahin.

Am Tag, bevor wir Hannibal verließen, erfuhr ich etwas Merkwürdiges: Wie erstaunlich sich die Zeit an jenem Längengrad dehnt. Ich lernte es von einem der bescheidensten Menschen – dem farbigen Kutscher eines meiner Freunde, der drei Meilen vor der Stadt wohnt. Er sollte mich abends um halb acht Uhr im Park Hotel abholen und mich hinausfahren. Aber er verpaßte die Zeit beträchtlich – kam erst um zehn. Er entschuldigte sich mit folgenden Worten:

„Die Zeit is fast annerthalb Stunn langsamer aufm Land als inner Stadt; Sie komm' noch zeitig genug an, Boß. Manchmal ziehn wir sonntags ganz früh los zur Kirche und komm' so richtig mittn inner Predigt an. Zeitunnerschied. Kann man sich einfach nich ausrechn'."

Ich hatte zwar zweieinhalb Stunden verloren, aber eine Tatsache, die vier wert war, dazu gelernt.

57. Kapitel

EIN ERZENGEL

Von St. Louis an nordwärts gibt es all die ermunternden Anzeichen der rührigen, energischen, intelligenten, wohlhabenden, praktischen Bevölkerung des neunzehnten Jahrhunderts. Die Menschen träumen nicht, sie arbeiten. Das glückliche Ergebnis zeigt sich ringsum deutlich im gediegenen Äußeren der Dinge und dem allgemeinen Eindruck eines gesunden und behaglichen Lebens.

Quincy ist ein bemerkenswertes Beispiel dafür: eine lebendige, hübsche, gut organisierte Stadt, die heute ebenso wie früher an Kunst, Literatur und anderen höheren Dingen interessiert ist.

Eine Ausnahme aber ist Marion City. Es hat sich in ganz unerklärlicher Weise rückwärts entwickelt. Diese Metropole schien soviel zu versprechen, daß ihre Planer gleich zu Anfang voller Zuversicht an ihren Namen die Bezeichnung „City" anfügten; das war jedoch eine schlechte Prophezeiung. Als ich vor fünfunddreißig Jahren Marion City zum erstenmal sah, bestand es aus einer Straße und fast – oder genau – sechs Häusern. Jetzt besteht es aus nur noch einem Haus, und das, schon halb verfallen, ist im Begriff, den anderen fünf in den Fluß zu folgen.

Zweifellos lag Marion City zu nahe bei Quincy. Es hatte auch noch einen anderen Nachteil: Es war auf einer flachen, schlammigen Niederung unterhalb der Hochwassermarke erbaut, während sich Quincy hoch oben am Abhang eines Hügels erhebt. Gleich zu Anfang hatte Quincy Aussehen und Gewohnheiten einer Musterstadt in Neuengland, und das hat es noch immer: breite, saubere Straßen, schmucke, adrette Wohnhäuser und Rasenflächen, elegante Villen, stattliche Gebäudeblocks mit Geschäften. Und es gibt dort weite Jahrmarktsplätze, einen gepflegten Park, dazu viele angenehme Fahrwege, eine Bibliothek, Lesesäle, zwei Colleges, ein paar schöne und kostspielig ausgestattete Kirchen und ein grandioses Gerichtsgebäude, dessen Anlagen die Fläche eines ganzen Platzes einnehmen.

Die Stadt hat dreißigtausend Einwohner. In Quincy gibt es einige bedeutende Fabriken, und vielerlei Waren werden in großen Mengen hergestellt.

La Grange und Canton sind aufstrebende Städte, aber ich vermißte Alexandria. Man sagte mir, es stehe unter Wasser, würde aber im Sommer auftauchen und erblühen.

Keokuk war leicht wiederzuerkennen. Ich habe dort im Jahre 1857 gewohnt – ein hervorragendes Jahr für Grundstücksgeschäfte. Der „Boom" war einfach großartig. Alle kauften, alle verkauften – außer den Witwen und den Geistlichen, die halten immer fest, und wenn dann die Flut verebbt, sitzen sie auf dem Trockenen. Alles, was einem städtischen Baugrundstück glich, gleichgültig, wie es gelegen war, ließ sich verkaufen, und zwar zu einem Preis, der auch dann noch hoch gewesen wäre, wenn der Boden anstelle von Rasen mit Dollarnoten bedeckt gewesen wäre.

Die Stadt hat jetzt fünfzehntausend Einwohner, und sie kommt mit gesundem Wachstum auch weiterhin voran. Es war Nacht – wir konnten keine Einzelheiten erkennen, und das bedauerten wir, denn Keokuk stand im Ruf, eine schöne Stadt zu sein. In früherer Zeit lebte es sich dort angenehm, und zweifellos hat es sich in dieser Hinsicht weiter- und nicht zurückentwickelt.

Ein gewaltiger Bau, der zu meiner Zeit dort im Entstehen war, ist nun fertiggestellt. Es ist der Kanal durch die Stromschnellen. Er ist acht Meilen lang, dreihundert Fuß breit und an keiner Stelle weniger als sechs Fuß tief. Sein Mauerwerk ist von der majestätischen Bauart, die gewöhnlich das Kriegsministerium kennzeichnet und wird die Zeit überdauern wie ein römisches Aquädukt. Der Bau hat vier oder fünf Millionen Dollar gekostet.

Nachdem wir ein, zwei Stunden mit alten Freunden verbracht hatten, fuhren wir weiter stromaufwärts. In Keokuk trieb sich vor langer Zeit gelegentlich jenes unstete Genie Henry Clay Dean herum. Ich glaube, ich habe ihn nur einmal gesehen, aber als ich dort wohnte, wurde viel von ihm gesprochen. Folgendes erzählten die Leute von ihm:

Er begann sein Leben arm und ohne jede Bildung. Aber er bildete sich selbst – auf den Bordsteinen von Keokuk. Er setzte sich immer mit einem Buch auf einen Bordstein, ohne auf das Rattern des Verkehrs und das Getrampel der vorüberziehenden Menge zu achten oder es überhaupt wahrzunehmen, und vertiefte sich stundenlang in seine Studien, wobei er seine Haltung kein einziges Mal veränderte, außer daß er hin und wieder die Knie anzog, um einen Karren ungehindert vorbeizulassen, und wenn er ein Buch durchgelesen hatte, war ihm dessen Inhalt, so schwer verständlich er auch sein mochte, ins Gedächtnis eingebrannt und blieb sein dauernder Besitz. Auf diese Weise eignete er sich einen großen Vorrat an vielseitigem Wissen an und hatte es in seinem Kopf so in Schubfächern eingelagert, daß er es jederzeit abrufen konnte.

Seine Kleidung unterschied sich in keiner Weise von der eines Vagabunden vom Kai, höchstens darin, daß sie noch zerlumpter und zusammengewürfelter war, und ein Stück noch schlechter zum anderen paßte, wodurch sie auf eine noch bizarrere Weise malerisch wirkte und etliche Schmutzschichten mehr aufwies. Aus diesem Bauwerk konnte niemand auf den überlegenen Geist im Obergeschoß schließen.

Er war ein guter Redner – schon von Natur aus und später geübt durch Erfahrung und Praxis. War er unterwegs zur Stimmenwerbung, dann wirkte sein Name wie ein Magnet, der die Farmer aus einem Umkreis von fünfzig Meilen zu seiner Rednertribüne zog. Sein Thema war stets die Politik. Er benutzte keine Notizen, denn ein Vulkan braucht keine Notizen. Im Jahre 1862 berichtete mir ein Sohn des verstorbenen Mr. Claggett, des hervorragenden Bürgers von Keokuk, folgende Begebenheit um Dean:

Der Krieg erregte die Gemüter in Keokuk (1861), und für einen bestimmten Tag war im Athenäum eine große Massenversammlung angekündigt. Ein berühmter auswärtiger Redner sollte zu den Versammelten sprechen. Das Haus war schon zum Bersten voll von Zuhörern beiderlei Geschlechts, die vor Hitze fast umkamen, aber die Bühne blieb leer – der berühmte auswärtige Redner hatte seinen Anschluß verpaßt. Die Menge wurde ungeduldig und mit der Zeit ärgerlich und aufsässig. Da entdeckte ein geplagter Veranstalter Dean auf einem Bordstein, erklärte ihm seine Notlage, nahm ihm sein Buch fort, zog ihn eilends durch den Hintereingang in das Gebäude und erklärte ihm, er solle auf die Bühne gehen, um das Vaterland zu retten.

Alsbald senkte sich eine plötzliche Stille auf die murrende Versammlung hinab, und aller Augen richteten sich auf einen einzigen Punkt: die breite, leere, teppichlose Bühne. Da erschien eine Gestalt, deren Anblick kaum einem Dutzend der Anwesenden vertraut war: die Vogelscheuche Dean in stockfleckigen Schuhen mit schiefen Absätzen, ungleichfarbenen und rutschenden Sokken, den antiken Resten einer zerrissenen Hose, die viel zu kurz war und mehrere Zoll nackter Knöchel sehen ließ, aufgeknöpfter Weste, gleichfalls zu kurz, darunter eine enthüllte Zone schmutziger, zerknitterter Wäsche über dem Hosenbund, mit offener Hemdbrust, langem, schwarzem Tuch, das er wie einen Verband rings um den Hals gewunden trug, einem blauen, kurzschwänzigen Rock, dessen Schöße ihm bis zum Kreuz reichten und dessen Ärmel vier Zoll der Unterarme ungeschützt ließen, und einer kleinen Soldatenmütze mit steifem Rand, die auf einer Spitze des

Auswuchses von – nun, welches Auswuchses auch immer, hing. Diese Gestalt trat feierlich auf die Bühne hinaus und mit ruhigem, gemessenem Schritt ganz nach vorn, blieb dort stehen und musterte träumerisch und ohne ein Wort zu sagen das Publikum. Das Schweigen der Überraschung behauptete sich einen Augenblick lang, dann wurde es von einem kaum hörbaren Murmeln der Heiterkeit gebrochen, das wie eine flutende Welle über das Meer von Gesichtern lief. Die Gestalt rührte sich nicht, in gedankenvolle Betrachtung versunken. Eine neue Welle schwoll an – diesmal Lachen. Ihr folgte eine weitere, dann eine dritte – diese letzte schon schallendes Gelächter.

Und nun trat der Fremde einen Schritt zurück, nahm die Soldatenmütze ab, warf sie in die Kulissen und fing an mit Besonnenheit zu sprechen. Niemand hörte zu, alle lachten und zischelten. Der Redner sprach weiter, ohne sich beirren zu lassen, traf schon bald mit einer Bemerkung ins Schwarze, und sie schuf Ruhe und Aufmerksamkeit. Rasch nacheinander ließ er ihr weitere verblüffende Äußerungen folgen, erwärmte sich für seine Sache, und seine Worte begannen hervorzuströmen, anstatt nur tropfenweise zu fallen, er erhitzte sich immer mehr und entlud sich schließlich in Blitz und Donner – und jetzt brach das Publikum in Beifall aus, den der Redner gar nicht beachtete, sondern er hämmerte weiter, wickelte die schwarze Binde von seinem Hals und warf sie, noch immer donnernd, fort, kurz darauf entledigte er sich seines kurzschwänzigen Rocks und schleuderte ihn beiseite, wurde feuriger und immer feuriger, schleuderte dem Rock schließlich die Weste nach und stand dann eine Unendlichkeit da wie ein zweiter Vesuv, spie Rauch und Flammen, Lava und Asche, ließ Bimsstein und Schlacke regnen und die moralische Welt Schlag auf Schlag durch einen intellektuellen Ausbruch nach dem anderen erbeben, während sich die tobende Menge geschlossen erhob und ihm mit einem nicht enden wollenden Beifallssturm unter wirbelndem Schneegestöber von winkenden Taschentüchern antwortete.

„Als Dean kam“, sagte Claggett, „dachten die Leute, er sei ein entflohener Irrenhäusler, aber als er ging, dachten sie, er sei ein entflohener Erzengel.“

Burlington, die Heimat des geistreichen Burdette, ist ebenfalls eine Hügelstadt und auch wunderschön – ohne Zweifel –, ein ansehnlicher, blühender Ort mit fünfundzwanzigtausend Einwohnern, umgeben von einem Gürtel geschäftiger Fabriken fast jeder erdenklichen Art. Es war außerdem – im Augenblick – eine sehr nüchterne Stadt – denn ein sehr ernüchterndes Gesetz wurde gerade beraten: ein Gesetz, das die Herstellung, Ausfuhr, Einfuhr, den Kauf, Verkauf, das Leihen, Verleihen, Stehlen, Trinken, Riechen oder den Besitz durch Eroberung, Erbschaft, Absicht, Zufall sowie aus sonstigen Gründen aller und jeder der Menschheit bekannten schädlichen Getränke außer Wasser im Staate Iowa untersagte. Diese Maßnahme hatte die Zustimmung sämtlicher vernünftiger Leute im Staat, nicht aber die des Hohen Gerichts.

Burlington besitzt alle Einrichtungen einer fortschrittlichen, modernen Stadt, die einer zweckmäßigen, klugen Verwaltung dienen, einschließlich einer Berufsfeuerwehr – etwas, was nicht einmal die große Stadt New Orleans aufzuweisen hat – statt dessen benutzt sie noch immer dieses Überbleibsel aus der Antike, das freiwillige System.

In Burlington atmet man, wie in all diesen Städten am Oberlauf des Stroms, eine zukunftsfrohe Luft, die einem in der Nase prickelt. Vor kurzem wurde dort ein Theater gebaut, das in starkem Gegensatz zu den schäbigen Schuppen steht, die gewöhnlich den Städten von der Größe Burlingtons als Schauspielhaus dienen.

Wir hatten keine Zeit, in Muscatine an Land zu gehen, sondern betrachteten es bei Tage vom Schiff aus. Ich hatte dort vor vielen Jahren eine Weile gewohnt, aber jetzt kam mir der Ort recht wenig vertraut vor, und so nehme ich an, daß er der Stadt, wie ich sie kannte, ganz und gar entwachsen ist. Ich weiß, er ist es tatsächlich, denn ich erinnere mich an ihn als an ein kleines Nest – und das ist er jetzt nicht mehr. Am besten aber erinnere ich mich an einen Verrückten, der mich dort eines Sonntags draußen auf dem Feld abfing, ein Schlächtermesser aus seinem Stiefel zog und mir drohte, mich damit in Stücke zu zerschneiden, wenn ich nicht zugäbe, daß er der einzige Sohn des Teufels sei. Ich versuchte einen Kompromiß zu erreichen, indem ich zugab, er sei das einzige Mitglied dieser Familie, das ich bisher kennengelernt hatte, aber das stellte ihn nicht zufrieden – halbe Maßnahmen genügten ihm nicht; ich sollte sagen, er sei der einzige und alleinige Sohn des Teufels – und dabei wetzte er sein Messer am Stiefel. Mir schien es nicht lohnend, wegen so einer Kleinigkeit Schwierigkeiten zu machen, und so schwenkte ich zu seiner Ansicht über und bewahrte meine heile Haut. Kurz darauf ging er seinen Vater besuchen, und da er seither nicht wieder aufgetaucht ist, nehme ich an, daß er sich noch dort befindet.

Ich erinnere mich an Muscatine – auf noch angenehmere

Weise – wegen seiner Sommersonnenuntergänge. Ihresgleichen habe ich weder diesseits noch jenseits des Ozeans gesehen. Sie benutzten den breiten, glatten Strom als Leinwand und malten darauf jeden vorstellbaren Traum von Farben – von der marmorierten Zartheit und Durchsichtigkeit des Opals zu immer kräftiger ansteigender Fülle bis ganz hinauf zu blendenden purpurnen und scharlachfarbenen Feuersbrünsten, die das Auge entzückten, es aber gleichzeitig anstrengten. Im ganzen Gebiet des oberen Mississippi sind diese außergewöhnlichen Sonnenuntergänge ein vertrautes Bild. Dies ist wahrhaftig das Land der Sonnenuntergänge – ganz gewiß hat kein anderes ein so gutes Anrecht auf den Namen. Auch die Sonnenaufgänge sollen außerordentlich schön sein. Ich weiß es nicht.

58. Kapitel

AUF DEM OBERLAUF DES FLUSSES

Jetzt ziehen die großen Städte in dichter Folge vorbei und dazwischen ganze Prozessionen blühender Farmen anstelle von trostloser Einöde. Stunde um Stunde dringt das Schiff immer weiter in den großen, volkreichen Nordwesten vor, und mit jedem neuen Teil, der sich dem Betrachter enthüllt, wächst sein Erstaunen und seine Achtung. Solche Menschen mit solchen Errungenschaften zwingen einen zur Anerkennung. Dies ist ein unabhängiger Menschenschlag, der selbständig denkt und hierzu auch befähigt ist, weil er aus gebildeten, aufgeklärten Leuten besteht; sie lesen und halten sich auf dem laufenden über die besten und neuesten Gedanken, befestigen jeden schwachen Punkt in ihrem Land mit einer Schule, einem College, einer Bibliothek und einer Zeitung und leben unter dem Gesetz. Sorgen um die Zukunft eines solchen Menschenschlags wären nicht angebracht.

Dieses Gebiet hier ist neu – so neu, daß man sagen kann, es befindet sich noch im Säuglingsalter. An dem, was es bereits geleistet hat, während es noch zahnt, läßt sich voraussagen, welche Wunder es in der vollen Kraft seiner reifen Jahre vollbringen wird. Es ist so neu, daß der ausländische Tourist noch nichts von ihm gehört und es noch nicht besucht hat. Sechzig Jahre lang ist er zwischen St. Louis und New Orleans stromauf und stromab gedampft, dann nach Hause gefahren und hat sein Buch geschrieben, im Glauben, er hätte alles gesehen, was am Fluß sehenswert war oder was es irgendwo zu sehen gab. In keinen sechs von all diesen Büchern werden die Städte am Oberlauf erwähnt – aus dem einfachen Grunde, weil die fünf oder sechs Reisenden, die in diese Gegend vordrangen, herkamen, bevor jene Städte geplant wurden. Der letzte (1878) unternahm gleichfalls die althergebrachte vorschriftsmäßige Fahrt – es war ihm noch nicht zu Ohren gekommen, daß es nördlich von St. Louis irgend etwas gab.

Dort gab es jedoch etwas. Dort gab es dieses erstaunliche Gebiet, das nur so strotzte von großen Städten, die sozusagen erst vorgestern geplant und am nächsten Morgen erbaut wurden. An die zwanzig von ihnen zählen zwischen tausendfünfhundert und fünftausend Einwohner. Dazu haben wir Muscatine mit zehntausend, Winona mit zehntausend, Moline mit zehntausend, Rock Island mit zwölftausend, La Crosse mit zwölftausend, Burlington mit fünfundzwanzigtausend, Dubuque mit fünfundzwanzigtausend, Davenport mit dreißigtausend, St. Paul mit achtundfünfzigtausend, Minneapolis mit über sechzigtausend Bewohnern.

Der ausländische Tourist hat nie von diesen Städten gehört, in seinen Büchern finden sich keine Aufzeichnungen darüber. Sie sind über Nacht, während er schlief, emporgeschossen. So neu ist dieses Gebiet, daß ich, der ich verhältnismäßig jung bin, es doch an Jahren übertreffe. Als ich geboren wurde, hatte St. Paul eine Bevölkerung von drei Personen, Minneapolis hatte genau ein Drittel davon. Die damalige Bevölkerung von Minneapolis ist vor zwei Jahren gestorben, und als dieser Mann starb, hatte er sich in vierzig Jahren um neunundfünfzigtausendneunhundertneunzig Personen vermehrt. Er hatte die Fruchtbarkeit eines Froschs.

Ich muß erklären, daß die oben genannten Einwohnerzahlen von St. Paul und Minneapolis mehrere Monate alt sind. Beide Städte sind jetzt viel größer. Tatsächlich habe ich soeben in einer Zeitung eine Schätzung gesehen, die jener Stadt einundsiebzigtausend und dieser achtundsiebzigtausend Bewohner zuschreibt. Das vorliegende Buch kann seine Leser erst in sechs oder sieben Monaten erreichen; keine der angegebenen Zahlen wird dann noch viel wert sein.

Wir werfen einen kurzen Blick auf Davenport, eine weitere schöne Stadt, die einen Hügel krönt – ein Satz, der auf alle diese Städte zutrifft, denn sie alle sind hübsch, gut gebaut, sauber, ordentlich, dem Auge gefällig und erfreulich für den Geist, und alle liegen auf Hügeln. Deshalb wollen wir diesem Satz etwas Ruhe gönnen. Bei den Indianern gibt es eine Überlieferung, nach der Marquette und Joliet im Jahre 1673 an dem Platz, wo jetzt Davenport liegt, ihr Lager aufgeschlagen haben. Der nächste Weiße lagerte dort hundertsiebzig Jahre später – im Jahre 1843. Davenport hat seine dreißigtausend Einwohner innerhalb der letzten dreißig Jahre zusammengebracht. Heute schickt es mehr Kinder in seine Schulen, als vor dreiundzwanzig Jahren seine ganze Einwohnerschaft betrug. Es hat das am Oberlauf des Flusses übliche Kontingent an Fabriken, Zeitungen und Lehranstalten, es hat Telefon, Ortstelegraph, eine elektrische Alarmanlage, eine hervorragende Berufsfeuerwehr, bestehend aus sechs mit Haken und Leitern ausgerüsteten Zügen und vier Dampf-Feuerspritzen, und es hat dreißig Kirchen. Davenport ist die offizielle Residenz zweier Bischöfe – eines episkopalischen und eines katholischen.

Davenport gegenüber liegt am Fuß der Upper Rapids die blühende Stadt Rock Island. Eine große Eisenbahnbrücke verbindet die beiden Städte – eine der dreizehn, die zwischen St. Louis und St. Paul den Mississippi und die Lotsen ärgern.

Die reizvolle Insel Rock Island, drei Meilen lang und eine halbe Meile breit, gehört der Bundesregierung, und sie hat sie in einen herrlichen Park verwandelt, indem sie die natürlichen Reize künstlich erhöht und die schönen Wälder mit vielen Meilen von Fahrwegen durchzogen hat. Fast in der Inselmitte kann man durch die Bäume auf zehn große, vierstöckige Steingebäude sehen, von denen jedes einen Acre Land einnimmt. Das sind die Regierungswerkstätten, denn das Unternehmen Rock Island ist ein nationaler Rüstungsbetrieb und ein Waffenarsenal.

Wir fahren weiter den Fluß hinauf – immer durch die bezaubernde Landschaft, am Oberlauf des Mississippi gibt es keine andere, und kommen an Moline vorbei, einem Zentrum riesiger Industrieanlagen, sowie an Clinton und Lyons, großen Holzumschlagplätzen, und gelangen bald darauf nach Dubuque, das in einem erzreichen Gebiet liegt. Die Bleiminen sind sehr ergiebig und ausgedehnt. Dubuque hat viele Betriebe, darunter eine Pflugfabrik, zu deren Kundschaft die gesamte Christenheit gehört. Das jedenfalls teilte mir ein Vertreter der Firma mit, der auf dem Schiff reiste.

„Zeigen Sie mir irgendein Land unter der Sonne, wo die Leute wirklich was vom Pflügen verstehen, und wenn ich Ihnen dann nicht unser Firmenzeichen auf dem Pflug zeige, den sie verwenden, will ich den Pflug aufessen und nicht mal ‚Woostershyre-Sauce' dazu verlangen, um ihn ein bißchen schmackhaft zu machen."

Dieser ganze Teil des Flusses ist reich an indianischer Geschichte und Überlieferung. Black Hawk war in dieser Gegend einst ein mächtiger Name, ebenso wie weiter flußabwärts Keokuk. Ein paar Meilen unterhalb von Dubuque befindet sich Tête de Mort – Totenkopffelsen oder -klippe –, auf dessen Spitze die Franzosen vor langer Zeit eine Schar Indianer trieben und sie dort umzingelten, wo sie den sicheren Tod vor Augen hatten – nur die Todesart konnten sie wählen: entweder verhungern oder vom Felsen springen und sich selbst töten. Black Hawk nahm gegen Ende seines Lebens die Gewohnheiten der Weißen an, und als er starb, wurde er in der Nähe von Des Moines auf christliche Art, nach indianischer Sitte abgewandelt, beerdigt, das heißt, gekleidet in eine christliche Militäruniform und mit einem christlichen Spazierstock in der Hand, aber in sitzender Stellung. Früher hatte man zusammen mit einem Häuptling stets ein Pferd begraben. Der Ersatz durch einen Spazierstock zeigt, daß der stolze Charakter Black Hawks tatsächlich gedemütigt war und er erwartete, im Jenseits zu Fuß zu gehen.

Wir stellten fest, daß das Wasser des Mississippi oberhalb von Dubuque olivgrün war – von schöner, satter Tönung und in der Sonne halb durchsichtig. Natürlich war das Wasser nirgends so klar und rein wie zu anderen Jahreszeiten, denn jetzt, im Stadium des Hochwassers, war es getrübt und verunreinigt durch den Schlamm von den abbrechenden Ufern.

Die majestätischen Felsen, die in diesem Landstrich den Fluß überragen, bezaubern den Betrachter durch die Anmut und Vielfalt ihrer Formen und die sanfte Schönheit ihres Schmucks. Die steilen, grünen Hänge, die unmittelbar hinter dem Ufer ansteigen, sind gekrönt von einem hohen Zinnenwall aus zerklüfteten, wie mit Türmen bewehrten Felsen in wunderbar warmen, weichen Farben – hauptsächlich dunkelbraun und dunkelgrün, doch mit Spritzern von anderen Tönen. Und dazu der glänzende Fluß, der sich hier- und da- und dorthin windet, sein Lauf dann und wann von Gruppen bewaldeter Inseln unterbrochen, die von silbernen Kanälen durchzogen sind; hin und wieder gewahrt das Auge flüchtig ein paar ferne, auf Landzungen schlummernde Dörfer, Flöße, die verstohlen im Schatten der Wände von Bäumen dahingleiten, und weiße Dampfer, die hinter entlegenen Kaps entschwinden. Und alles ist so still und geruhsam wie in einem Traumland und hat nichts Diesseitiges an sich – nichts, woran man irgendwelchen Ärger oder Sorgen aufhängen könnte.

Bis der profane Zug angebraust kommt – und das tut er schon bald –, mit seinem teuflischen Kriegsgeschrei, dem Rumpeln und

Rattern seiner hastenden Räder die geheiligte Stille in Stücke und Fetzen zerreißt, und sogleich ist man wieder in dieser Welt, und ein mit ihr verbundener Ärger zu deiner Unterhaltung auch gleich zur Hand: Denn es kommt dir in den Sinn, daß dies ja die Eisenbahnlinie ist, deren Aktien immer dann fallen, wenn man sie gekauft hat, und nachdem man sie abgestoßen hat, gleich wieder steigen. Mich schaudert noch heute bei dem Gedanken, daß ich meine Aktien einmal beinahe überhaupt nicht mehr losgeworden wäre. Es muß scheußlich sein, mit einer Eisenbahn am Hals sitzen zu bleiben.

Vom Dampferdeck aus ist die Lokomotive von St. Louis bis St. Paul fast den ganzen Weg über zu sehen – achthundert Meilen. Diese Eisenbahnen haben sich auf die Dampfschiffahrt verheerend ausgewirkt. Der Zahlmeister unseres Schiffs war schon Zahlmeister auf Dampfern, bevor diese Bahnlinien gebaut wurden. In jenen Tagen war der Bevölkerungszustrom so groß und der Güterverkehr so lebhaft, daß die Schiffe den Anforderungen an ihre Beförderungskapazität nicht mehr genügen konnten; infolgedessen traten die Kapitäne sehr unabhängig und hochmütig auf – ziemlich „fatzkenhaft", wie Onkel Remus sagen würde. Der Zahlmeister faßte den Unterschied zwischen damals und heute folgendermaßen in wenigen Worten zusammen:

„Schiff landet – Kapitän auf dem Hurrikandeck – mächtig steif und gerade – wie mit eisernem Ladestock im Kreuz – Glacéhandschuhe, Angströhre, Scheitel bis zum Hinterkopf – Mann an Land lüftet den Hut und sagt:

‚Habe achtundzwanzig Tonnen Weizen, Käpt'n – würden mir 'nen großen Gefallen tun, wenn Sie die mitnehmen wollten!'

Kapitän sagt: ‚Ich nehme zwei', und würdigt ihn nicht mal eines Blicks.

Heutzutage aber lüftet der Kapitän seinen alten Schlapphut, lächelt bis hinter die Ohren, bringt eine Verbeugung zustande, bei der ihn kein Ladestock behindert, und sagt:

‚Freut mich, Sie zu sehen Smith, freut mich sehr – Sie sehen gut aus – hab Sie schon seit Jahren nicht mehr so gesehen – was haben Sie denn für uns?'

‚Nix', sagt Smith und behält den Hut auf, dreht sich einfach um und spricht mit jemand anders.

O ja, vor acht Jahren saß der Kapitän noch obenauf, aber jetzt ist Smith an der Reihe. Vor acht Jahren fuhr ein Schiff immer mit vollbesetzten Kabinen flußaufwärts, und die Leute lagen zu fünft oder sechst übereinander auf dem Kabinenboden, und dazu noch 'ne ordentliche Decksladung Einwanderer und als Zugabe unter Deck Erntearbeiter. Um 'ne Erste-Klasse-Kabine zu bekommen, mußte man 'n Adelswappen mit sechzehn Feldern und 'nen Stammbaum von vierhundert Jahren nachweisen oder aber mit dem Nigger, der dem Kapitän die Stiefel putzte, persönlich bekannt sein. Jetzt ist das aber alles anders geworden: Oben Erste-Klasse-Kabinen in Mengen, unter Deck keine Erntearbeiter mehr – jetzt gibt's Patentgarbenbinder, und Erntearbeiter werden nicht mehr eingestellt – sie sind dorthin gezogen, ‚wo das Geißblatt rankt' – und zwar nicht per Dampfer, sondern per Zug."

Hier oben in diesem Gebiet begegneten uns ganze Acre zusammenhängender Holzflöße, die flußabwärts schwammen – aber sie trieben nicht auf die altmodische Weise gemächlich dahin, bemannt mit fröhlichen, sorglosen Scharen fiedelnder, Lieder singender, Whisky trinkender, „Break-down" tanzender Lumpenkerle, nein, das ganze wurde von einem starken Heckraddampfer auf moderne Art geschwind vorangeschoben, und die kleinen Mannschaften bestanden aus ruhigen, ordentlichen Männern, die den Eindruck machten, als gingen sie besonnen ihren Geschäften nach, und gar nichts Romantisches mehr an sich hatten.

Irgendwo in dieser Gegend durchfuhren wir in einer dunklen Nacht ein paar äußerst enge und gewundene Inseldurchbrüche mit Hilfe des elektrischen Lichts. Hinter uns undurchdringliche Finsternis – wie ein Damm ohne jeden Riß, vor uns eine Biegung des schmalen Wasserarms, der sich zwischen dichten Blätterwänden hindurchkrümmte, sie berührten zu beiden Seiten fast unseren Bug, und hier trat jedes einzelne Blatt und jede einzelne Kräuselwelle in ihrer natürlichen Farbe hervor, überflutet von einem so blendenden Schein, als habe das Mittagslicht sich vielfach verstärkt. Der Effekt war merkwürdig und schön und dabei sehr eindrucksvoll.

Wir ließen Prairie du Chien – gleichfalls einer der Rastplätze Pater Marquettes – hinter uns, und nach einigen Stunden Fahrt durch eine abwechslungsreiche, liebliche Landschaft erreichten wir La Crosse. Das ist eine Stadt mit zwölf- bis dreizehntausend Einwohnern, elektrisch beleuchteten Straßen und Gebäuden, die stattlich und auch architektonisch wertvoll genug sind, um in jeder beliebigen Großstadt Eindruck zu machen. La Crosse ist eine vortreffliche Stadt, und wir nützten die Stunde, die uns zur Verfügung stand, sie ausgiebig zu durchstreifen, obgleich das Wetter regnerischer als nötig war.

59. Kapitel

LEGENDEN UND LANDSCHAFTEN

In La Crosse erweiterten wir unsere Passagierliste um mehrere Fahrgäste, unter anderem um einen alten Gentleman, der mit den ersten Siedlern in diese nordwestliche Gegend gekommen war und jeden Winkel davon kannte. Verzeihlicherweise war er darauf auch sehr stolz. Er sagte:

„Von hier bis St. Paul werden Sie Landschaften finden, die den Hudson weit hinter sich lassen. Da haben Sie Queen's Bluff – siebenhundert Fuß hoch und ein so imposanter Anblick, wie er Ihnen kaum irgendwo begegnet, und Trempeleau Island, eine Insel, der, glaube ich, in ganz Amerika keine andere gleicht, denn sie ist ein gigantischer Berg mit abschüssigen Hängen, wimmelt von indianischen Überlieferungen und wimmelte früher von Klapperschlangen; wenn Sie den richtigen Sonnenstand abpassen, bietet sich Ihnen ein Bild, das Ihnen unvergeßlich bleiben wird. Und oberhalb von Winona haben Sie liebliche Prärien, und dann kommen die Thousand Islands, und die sind überwältigend schön. Grün? So grünes Laub haben Sie überhaupt noch nicht gesehen, und so dichtes auch nicht – es sieht aus, als schwämmen tausend Plüschkissen auf einem Spiegel – bei ruhigem Wasser; und dann die gewaltigen Steilufer zu beiden Seiten des Flusses – zerklüftet, rauh, düster – genau der richtige Rahmen – man braucht immer einen kräftigen Rahmen, wissen Sie, um die Schönheit eines zarten Bildes zu unterstreichen und sie hervortreten zu lassen."

Der alte Gentleman erzählte uns auch ein paar rührende indianische Legenden – jedoch keine sehr beeindruckenden.

Nach diesem Abstecher in die Geschichte kehrte er zur Landschaft zurück und beschrieb sie bis in die kleinsten Einzelheiten, von den Thousand Islands bis St. Paul, und er nannte die Namen mit solcher Geläufigkeit und tänzelte mit so behender und selbstsicherer Leichtigkeit auf seinem Thema dahin, wuchtete hier und da ein dreitonnenschweres Wort mit einer so selbstzufriedenen Miene hinein, als wolle er sagen: Das-ist-gar-nichts, das-kann-ich-jederzeit-wenn-ich-will, und überraschte uns in wohlüberlegten Intervallen mit einer so unheimlichen Beredsamkeit, daß mir nach einer Weile der Verdacht kam . . .

Aber gleichgültig, welcher Verdacht mir kam. Hören wir ihn an:

„Zehn Meilen oberhalb von Winona gelangen wir nach Fountain City. Es schmiegt sich sanft an den Fuß von Klippen, die ihre erhabene Stirn jupitergleich dem tiefblauen Firmament entgegenrecken und sie in den jungfräulichen Lüften baden, die keine andere Berührung als die von Engelsschwingen kennen.

Dann gleiten wir etwa zwölf Meilen durch silbrige Gewässer, inmitten lieblicher und überwältigender Naturschauspiele, die das Herz in anbetende Bewunderung versetzen, und danach stoßen wir auf Mount Vernon, das sechshundert Fuß hoch liegt, mit der romantischen Ruine eines einst erstklassigen Hotels weit droben im Schatten der Wolken, welche die schwindelnden Höhen wie mit Flecken überziehen – einziges Überbleibsel des einst blühenden Mount Vernon, einer Stadt aus der ersten Zeit, die jetzt öde und gänzlich verlassen ist.

Und so fahren wir weiter. Wir eilen vorbei am Chimney Rock, einer eindrucksvollen Felsensäule von sechshundert Fuß Höhe, und kurz bevor wir in Minnieska anlegen, erweckt ein höchst auffälliges Vorgebirge, das über fünfhundert Fuß hoch emporragt, unsere Aufmerksamkeit – die ideale Bergpyramide. Seine konische Gestalt, die mit dichtem Wald umgürteten Seiten und der Gipfel, der einem Kegel gleicht, wecken im Beobachter Erstaunen über das Wirken der Natur. Von seiner schwindelnden Höhe bietet sich meilenweit eine prachtvolle Aussicht über die darunterliegenden Wälder, Ströme, Felsgestade, Hügel und Täler. Können wir uns eine großartigere Flußlandschaft vorstellen, während wir vom höchsten Punkt des Steilufers über die Täler auf dieses bezaubernde Bild hinabblicken? Die urtümliche Unberührtheit und die ehrfurchterweckende Einsamkeit dieser erhabenen Schöpfung der Natur und ihres Gottes rufen Gefühle einer grenzenlosen Bewunderung hervor, und die Erinnerung daran prägt sich, nach welcher Seite wir auch blicken, dem Gedächtnis unauslöschlich ein.

Als nächstes haben wir den Lion's Head und den Lioness's Head, gemeißelt von der Hand der Natur, den berückenden Fluß zu schmücken und zu beherrschen, und sogleich darauf weitet sich der Strom, und unserem Blick enthüllt sich plötzlich eine ganz bezaubernde, überwältigende Aussicht auf das vor uns liegende Tal: zerklüftete Berge, die vom Gipfel bis zum Fuß in grüne Wälder gehüllt sind, ebenes Prärieland und in seinem Schoß das schöne Wabasha, die Stadt der heilenden Wasser, des mächtigen Feindes der Brightschen Krankheit, und jenes großartigste Werk der Natur, den unvergleichlichen Lake Pepin – all dies vereint sich zu einem Bild, auf dem das Auge des Reisenden ungezählte

Stunden mit ungestilltem und nicht zu stillendem Entzücken ruhen möchte.

Und so ziehen wir dahin und gelangen nach einiger Zeit zu jenen majestätischen Kuppeln, dem mächtigen Sugar Loaf und dem erhabenen Maiden's Rock, dem ein romantischer Aberglaube eine Stimme zuschreibt, und oft glaubt der dunkelhäutige Paddler, während sein Birkenkanu beim Anbruch der Dämmerung in seiner Nähe vorübergleitet, die leise, süße Musik der längst dahingeschiedenen Winona zu hören – des Lieblings indianischer Lieder und Legenden.

Danach erscheint Frontenac vor unserem Blick, der reizende Erholungsort für abgespannte Sommerfrischler, dann das fortschrittliche Red Wing und – beeindruckend und überwältigend in seiner einsamen Erhabenheit – Diamond Bluff; nach ihm Prescott und St. Croix, und sodann überrascht uns der Anblick der Kuppeln und Türme von St. Paul, dem gigantischen jungen Häuptling des Nordens, der mit Siebenmeilenschritten dem Fortschritt vorauseilt, als Bannerträger der höchsten und neuesten Zivilisation, der sich seinen nützlichen Weg mit dem Tomahawk des Unternehmergeistes bahnt, das Kriegsgeschrei der christlichen Kultur ertönen läßt, der Trägheit und dem Aberglauben den stinkenden Skalp abreißt, um sie durch den Dampfpflug und das Schulhaus zu ersetzen – stets dehnen sich vor ihm unfruchtbare Gesetzlosigkeit, Unwissenheit, Verbrechen und Verzweiflung, stets blühen hinter ihm Gefängnis, Galgen und Predigerkanzel, und stets ..."

„Sind Sie mal mit einer Panoramaschau gereist?"

„Ich habe früher in dieser Eigenschaft gewirkt."

Mein Verdacht hatte sich bestätigt.

„Reisen Sie gegenwärtig immer noch damit herum?"

„Nein, sie ist bis zur Eröffnung der Herbstsaison eingelagert. Jetzt helfe ich, Material für einen Touristenführer zusammenzustellen, den die St. Louis & St. Paul Packet Company diesen Sommer zum Nutzen der Reisenden ihrer Linie herausgeben will."

„Als Sie über Maiden's Rock sprachen, erwähnten Sie die längst dahingeschiedene Winona, den Liebling indianischer Lieder und Legenden. Ist das die Jungfrau des Felsens? Und sind die beiden durch eine Sage miteinander verbunden?"

„Ja, durch eine sehr tragische und schmerzliche. Vielleicht die berühmteste und dramatischste von allen Legenden des Mississippi."

Wir baten ihn, sie uns zu erzählen. Mühelos wechselte er von seinem Plauderton über zu seinem Vortragsstil, und seine Walze rollte folgendermaßen weiter:

„Ein kleines Stück oberhalb von Lake City befindet sich ein berühmter Ort, der als Maiden's Rock bekannt und nicht nur ein malerischer Fleck, sondern auch wegen des Ereignisses, das ihm seinen Namen gab, von Romantik umwoben ist. Noch vor wenigen Jahren war seine Umgebung ein bevorzugter Aufenthaltsort der Sioux-Indianer, da es dort gute Fischfang- und Jagdmöglichkeiten gab, und sie waren in dieser Gegend immer in großer Anzahl zu finden. Unter den Familien, die sich häufig hier aufhielten, gab es auch eine, die zum Stamm der Wabasha gehörte. We-no-na (die Erstgeborene) war der Name einer Jungfrau, die ihrem Liebsten aus derselben Schar Treue gelobt hatte. Ihre gestrengen Eltern hatten jedoch ihre Hand einem anderen versprochen, einem berühmten Krieger, und sie bestanden darauf, daß sie ihn heiratete. Sie legten den Tag fest, zum großen Kummer We-nonas. Scheinbar beugte sie sich der Entscheidung und begleitete ihre Eltern zu dem Felsen, um für das Fest Blumen zu pflücken. Als sie dort angekommen waren, lief We-no-na zum Gipfel hinauf, stellte sich an seinen Rand, hielt den Eltern, die unten standen, ihre Grausamkeit vor, stimmte dann einen Sterbegesang an, stürzte sich hinab und zerschmetterte sie auf dem darunterliegenden Felsen."

„Zerschmetterte wen – ihre Eltern?"

„Ja."

„Na, das war ja wirklich eine tragische Angelegenheit, wie Sie sagten. Und außerdem hat sie etwas dramatisch Überraschendes an sich, auf das ich nicht gefaßt war. Sie ist eine ausgesprochene Verbesserung gegenüber der abgegriffenen Form indianischer Legenden. An den Ufern des Mississippi gibt es fünfzig Liebessprung-Felsen, von deren Gipfel sich enttäuschte indianische Mädchen hinabgestürzt haben; aber das hier ist von allen der einzige Sprung, der richtig und befriedigend endete. Was wurde denn aus Winona?"

„Sie war ziemlich durchgerüttelt und zerschlagen, aber sie raffte sich auf und verschwand, bevor der amtliche Leichenbeschauer an dem schicksalsschweren Ort anlangte, und es heißt, sie suchte und heiratete ihren wahren Liebsten und wanderte mit ihm in ferne Lande, wo sie fortan glücklich lebte – ihr sanfter Charakter gereift und geläutert durch den romantischen Zwischenfall, der sie so früh der milden Führung einer liebenden

Mutter und eines schützenden väterlichen Arms beraubt und sie freundlos der kalten Barmherzigkeit einer tadelsüchtigen Welt überlassen hatte."

Ich freute mich, die Beschreibung der Landschaft durch den Vortragskünstler zu hören, denn sie half mir, das, was ich von ihr sah, zu würdigen, und mir vorzustellen, was wir durch den Anbruch der Nacht versäumten.

Wie der Vortragskünstler sagte, verknüpfen sich mit dieser ganzen Gegend viele indianische Sagen und Überlieferungen. Ich erinnerte ihn jedoch daran, daß die Leute diese Tatsache gewöhnlich einfach nur erwähnten – und einem damit den Mund wäßrig machten – und es dann wohlweislich dabei beließen. Warum? Weil es den Eindruck weckte, diese Sagen seien reich an Begebenheiten und Phantasie – ein angenehmer Eindruck, der sich prompt verlieren würde, wenn man die Geschichten erzählte. Ich zeigte ihm eine Menge Literatur dieser Art, die ich gesammelt hatte, und er gab zu, es sei klägliches Zeug, äußerst armseliger Plunder, und ich wagte hinzuzufügen, daß die Legenden, die er uns erzählt hatte, zur gleichen Art gehörten, mit der einzigen Ausnahme der bemerkenswerten Geschichte von Winona. Er pflichtete dem bei, sagte aber, wenn es mir gelänge, das Buch von Mr. Schoolcraft aufzutreiben, das vor etwa fünfzig Jahren erschienen und jetzt zweifellos vergriffen sei, fände ich darin etliche indianische Dichtungen, die keineswegs arm an Begebenheiten und phantasielos seien; die Geschichten im „Hiawatha" gehörten dazu und stammten aus Schoolcrafts Buch, in dem es auch noch andere gebe, die Mr. Longfellow wirkungsvoll in Verse hätte setzen können. Zum Beispiel sei darin die Sage vom „Unsterblichen Haupt" enthalten. Erzählen könne er sie nicht, denn viele der Einzelheiten seien ihm nur noch blaß in Erinnerung, aber er empfehle mir, das Buch ausfindig zu machen, dann wüchse meine Achtung vor der Phantasie der Indianer. Er erklärte, diese Sage, wie auch die meisten anderen Geschichten in dem Buch, seien unter ihnen an diesem Teil des Mississippi verbreitet gewesen, als er seinerzeit in die Gegend kam; Schoolcrafts Mitarbeiter an seinem Buch hätten sie unmittelbar von den Lippen der Indianer gehört und mit peinlicher Genauigkeit niedergeschrieben, ohne eigene Verschönerungen hinzuzufügen.

Ich habe das Buch gefunden. Der Vortragskünstler hatte recht. Es gibt darin mehrere Legenden, die seine Worte bestätigen. Ich gebe hier zwei davon wieder: „Das unsterbliche Haupt" und „Peboan und Seegwun, eine Allegorie der Jahreszeiten". Diese wurde im „Hiawatha“ verwandt, aber es lohnt sich, sie in der ursprünglichen Form zu lesen, wenn auch nur, um zu sehen, wie wirkungsvoll ein echtes Gedicht sein kann, auch ohne die Hilfe und den Reiz von poetischem Versmaß und Rhythmus.

PEBOAN UND SEEGWUN

Am Ufer eines zugefrorenen Stroms saß ein alter Mann allein in seinem Wigwam. Der Winter ging dem Ende entgegen, und sein Feuer war fast erloschen. Er sah sehr betagt und sehr verlassen aus. Altersweiß war sein Haar, und er zitterte an allen Gliedern. Tag für Tag verging in Einsamkeit, und er hörte nichts als das Brausen des Sturms, der den frischgefallenen Schnee vor sich herfegte.

Eines Tages, als sein Feuer gerade ausgehen wollte, näherte sich ein schöner Jüngling seiner Wohnstatt und trat ein. Seine Wangen waren gerötet vom jugendlichen Blut, seine Augen blitzten voller Lebhaftigkeit, und ein Lächeln spielte um seine Lippen. Er ging mit leichtem, raschem Schritt. Um seine Schläfen hatte er einen Kranz von duftendem Gras gewunden, anstatt des Stirnbands eines Kriegers, und in der Hand trug er einen Blumenstrauß.

„Ah, mein Sohn“, sagte der alte Mann, „ich freue mich, dich zu sehen. Komm herein! Komm herein und erzähl mir, welche Abenteuer du erlebt hast und in welche fremden Länder du gezogen bist, um sie dir anzuschauen. Laß uns die Nacht miteinander verbringen. Ich will dir von meinem Heldenmut berichten, von meinen Taten und von dem, was ich vollbringen kann. Du sollst das gleiche tun, und es wird uns unterhalten.“

Dann zog er eine seltsam gedrechselte altertümliche Pfeife aus seinem Beutel, stopfte sie mit Tabak, den eine Mischung aus bestimmten Blättern milde gemacht hatte, und reichte sie seinem Gast. Als diese Zeremonie beendet war, begannen sie zu sprechen.

„Ich hauche meinen Atem“, sagte der alte Mann, „und der Strom steht still. Das Wasser wird starr und hart wie durchsichtiger Stein.“

„Ich atme“, sagte der Jüngling, „und Blumen sprießen auf der Ebene.“

„Ich schüttele mein Haar“, erwiderte der alte Mann, „und Schnee bedeckt das Land. Auf mein Geheiß fallen die Blätter von den Bäumen, und mein Atem bläst sie davon. Die Vögel steigen vom Wasser auf und fliegen in ein fernes Land. Die Tiere verbergen sich vor meinem Hauch, und sogar der Boden wird hart wie Feuerstein."

„Ich schüttele meine Locken", antwortete ihm der Jüngling, „und warme, sanfte Regenschauer fallen auf die Erde. Die Pflanzen stecken den Kopf aus dem Boden und glänzen vor Entzücken wie Kinderaugen. Meine Stimme ruft die Vögel zurück. Die Wärme meines Hauchs entfesselt die Ströme. Wo ich gehe, erfüllt Musik die Haine, und Freude herrscht in der ganzen Natur."

Endlich ging die Sonne auf. Sanfte Wärme begann sich zu verbreiten. Die Zunge des alten Mannes verstummte. Auf dem Dach der Hütte sangen Rotkehlchen und Blauvogel. Vor der Tür begann der Strom zu murmeln, und die Frühlingsbrise trug den Duft von sprießenden Gräsern und Blumen herbei.

Das Tageslicht enthüllte dem Jüngling, wer sein Gastgeber war. Er blickte ihn an und sah das eisige Gesicht Peboans*. Ströme begannen ihm aus den Augen zu fließen. Als die Sonne kräftiger wurde, sank seine Gestalt in sich zusammen, und bald war sie gänzlich dahingeschmolzen. An der Stelle seines Herdfeuers blieb nichts als die Miskodeed**, eine kleine weiße Blume mit rosa Rand, eine der frühesten Arten unter den nördlichen Pflanzen.

„Das unsterbliche Haupt" ist eine ziemlich lange Geschichte, aber sie entschädigt durch merkwürdige Einfälle, Märchenwunder, Vielfalt des Geschehens und Zügigkeit des Ablaufs für das, was ihr an Kürze fehlt.***

60. Kapitel

BETRACHTUNGEN UND FOLGERUNGEN

Wir gelangten nach St. Paul, dem Ausgangshafen der Schiffahrt auf dem Mississippi, und dort endete unsere zweitausend Meilen lange Reise von New Orleans. Mit dem Dampfer dauert sie etwa zehn Tage. Wahrscheinlich schafft man es mit dem Zug schneller. Ich nehme es an, weil ich weiß, daß man mit der Eisenbahn von St. Louis bis Hannibal – eine Strecke von mindestens hundertzwanzig Meilen – in sieben Stunden gelangen kann. Das ist besser als zu Fuß gehen – es sei denn, man hat es eilig.

* des Winters
** Epigaea repens
*** Siehe Anhang D

Da die Jahreszeit während unseres Aufenthalts in New Orleans fortgeschritten war, fielen dort bereits die Blütenblätter der Rosen und der Magnolien, aber hier in St. Paul fiel Schnee. In New Orleans hatten wir zuweilen das Gefühl gehabt, als atmeten wir den sengenden Hauch über einem Krater; hier in St. Paul war uns häufig, als atmeten wir den erstarrenden Hauch über einem Gletscher.

Ich will mit diesen Angaben niemand verblüffen. Nein, es ist durchaus natürlich, daß es in Orten, die auf zweitausend Meilen voneinander entfernten Breitengraden liegen, schroffe Klimaunterschiede gibt. Dies ist mein Standpunkt, und ich vertrete ihn und bleibe dabei, was auch immer die Zeitungen schreiben. Die Zeitung hält es nicht für natürlich, und jedes Jahr einmal, im Februar, stellt sie mit nur schlecht verhohlenem Ausrufungszeichen fest, daß, während wir hier oben gegen Schnee und Eis ankämpfen, die Leute dort unten im Süden sich frische Erdbeeren und Erbsen schmecken lassen, die Kallas im Freien blühen und die Menschen über das warme Wetter klagen. Nie hört die Zeitung auf, sich darüber zu wundern. Regelmäßig jeden Februar erwischt es sie von neuem. Das muß seinen Grund haben, und dabei muß es sich wohl um eine Ablösung am Redaktionstisch handeln. Mit ein und demselben Wunder kann man ein Individuum nicht öfter als zweimal überraschen – nicht mal mit dem Februarmirakel des südlichen Klimas; tauscht man aber alle ein, zwei Jahre die Mitarbeiter der Redaktion aus und vergißt, sie gegen die jährliche klimatische Überraschung zu impfen, dann passiert immer wieder das gleiche. Jedes Jahr wird ein neuer Redakteur von der Krankheit befallen und danach gegen ihre Wiederkehr geschützt sein, aber die Zeitung schützt das nicht. Nein, die Zeitung ist stets in der gleichen schlimmen Lage – ewig wird sie ihren neuen Redakteur haben, und so wird sie in jedem Februar, solange sie erscheint, wieder einen Ausbruch der Erdbeer-Überraschung durchmachen. Der neue Redakteur ist zu heilen, die Zeitung selbst nicht. Ein vom Kongreß erlassenes Gesetz – aber nein, der Kongreß könnte die Erdbeer-Überraschung gar nicht untersagen, ohne auf fragwürdige Weise seine Befugnisse zu überschreiten. Vielleicht könnte ein Verfassungszusatz die Sache regeln, und das ist wahrscheinlich der beste und schnellste Weg, damit fertigzuwerden. Kraft eines solchen Zusatzes könnte der Kongreß ein Gesetz erlassen, wonach jede erstmalige Zuwiderhandlung mit lebenslänglicher Haft und jede weitere mit einer langsamen Todesart bestraft wird, dann hätten wir zweifellos bald unsere Ruhe.

Gleichzeitig könnte man den Zusatz und das nachfolgende Gesetz auch auf mehrere andere verwandte Mißbräuche anwenden, wie auf den jährlichen Veteranen-der-mit-Washington-angefangen-jedem-Präsidenten-seine-Stimme-gegeben-hat-und-gestern-zu-Fuß-mit-so-strahlendem-Auge-und-so-festem-Schritt-wie-nur-je-zum-Wahllokal-ging, und auf zehn oder elf weitere ermüdende alljährliche Wunder dieser Art, wie dem des Ältesten-Freimaurers, des Ältesten-Druckers, des Ältesten-Baptistenpredigers, der Ältesten-Alten-Herrn-der-Alma-mater, der Geburt-von-Drillingen und so weiter und so fort. Danach würde England die Sache übernehmen und ein Gesetz erlassen, das die weitere Verwendung von Sidney Smiths Witzen verbietet, und einen Beauftragten ernennen, der sich neue ausdenkt. Dann wäre das Leben ein süßer Traum von Ruhe und Frieden, und die Völker würden aufhören, sich nach dem Himmel zu sehnen.

Jedoch, ich schweife vom Thema ab. St. Paul ist eine wunderbare Stadt. Es besteht aus massiven, mit echten Back-und Natursteinen gebauten Wohnblocks und sieht aus, als beabsichtige es stehenzubleiben. Die Post wurde vor sechsunddreißig Jahren eingerichtet, und wenn der Postbote einen Brief erhielt, brachte er ihn gelegentlich zu Pferde nach Washington und erkundigte sich, was er damit machen sollte. So lautet die Legende. In jenem Jahr wurden zwei Holzhäuser erbaut, und die Bevölkerungszahl vergrößerte sich um mehrere Personen. Eine kürzlich erschienene Ausgabe der führenden Zeitung von St. Paul, der „Pioneer Press", bringt einige statistische Angaben, die einen lebhaften Kontrast zu jenem früheren Zustand bilden, nämlich: Bevölkerung im Herbst des laufenden Jahres (1882) 71000, Anzahl der beförderten Briefe im ersten Halbjahr 1 209 387, Anzahl der im vergangenen Dreivierteljahr gebauten Häuser 989, ihre Kosten 3 186 000 Dollar. Die Menge der beförderten Briefe, im Vergleich zu den entsprechenden sechs Monaten des Vorjahrs, nahm um fünfzig Prozent zu. Im letzten Jahr betrugen die Kosten für Neubauten in der Stadt über 4 500 000 Dollar. Die Stärke St. Pauls liegt in seinem Handel. Es ist (ich meine „er" ist) natürlich eine Industriestadt – wie alle Städte in diesem Gebiet –, aber „er" ist besonders stark auf dem Gebiet des Handels. Im letzten Jahr belief sich sein Großhandelsumsatz auf über 52 000 000 Dollar.

St. Paul hat ein Zollhaus und baut gegenwärtig ein kostspieliges Kapitol als Ersatz für das kürzlich abgebrannte – denn es ist die Hauptstadt des Staates. Es gibt dort unzählige Kirchen, und nicht etwa von der billigen, ärmlichen Sorte, sondern von der, wie sie der reiche Protestant erbaut, von der Sorte, die das arme irische „Dienstmädchen“ mit Vorliebe errichtet. Welche Leidenschaft hat doch das arme irische Dienstmädchen für den Bau majestätischer Kirchen! Für unsere Architektur ist das eine feine Sache, aber nur allzuoft erfreuen wir uns an seinen stattlichen Tempeln, ohne der Spenderin selbst auch nur einen einzigen Gedanken der Anerkennung zu widmen. Anstatt darüber nachzudenken, daß „jeder Ziegel und jeder Stein in diesem schönen Gebäude Schmerz oder Pein, eine Handvoll Schweiß und Stunden schwerster Anstrengung bedeuten – den Beitrag, den die Armut mit ihrem Rücken, ihrer Stirn und ihren Knochen geleistet hat“, sind wir gewöhnt, diese Dinge völlig zu vergessen und nur den gewaltigen Bau selbst zu preisen, ohne einen einzigen lobenden Gedanken an seine bescheidene Erbauerin zu verschwenden, für deren großes Herz und geschrumpfte Börse er das Sinnbild ist.

Dies ist ein Land der Bibliotheken und Schulen. St. Paul besitzt drei öffentliche Bibliotheken; sie enthalten insgesamt etwa vierzigtausend Bände. Es hat hundertsechzehn Schulgebäude und zahlt jährlich über siebzigtausend Dollar an Lehrergehältern.

Es gibt dort einen ungewöhnlich schönen Bahnhof; er ist tatsächlich so groß, daß er zuerst in seinen Ausmaßen ein bißchen übertrieben wirkte, nach ein paar Monaten stellte man aber das Gegenteil fest! Dieser Fehler soll behoben werden.

St. Paul ist hoch gelegen, etwa siebenhundert Fuß über dem Meeresspiegel. Es liegt so hoch, daß sich von seinen Straßen ein weiter Ausblick über Fluß und Niederungen bietet.

Es ist wirklich eine ganz wunderbare Stadt und noch nicht vollendet. Alle Straßen sind mit Baumaterial versperrt, das so rasch wie möglich zu Häusern verarbeitet wird, um Platz für weiteres zu schaffen – denn andere Leute drängen darauf zu bauen, sobald sie die Straße benutzen können, um dort ihre Backsteine zu stapeln und sie damit zu verstopfen.

Wie erhebend und schön ist doch der Gedanke, daß der erste Pionier der Zivilisation, der Bahnbrecher der Zivilisation, nie das Dampfschiff, nie die Eisenbahn, nie die Zeitung, nie die Sonntagsschule und nie der Missionar ist, sondern stets der Whisky! Das ist eine Tatsache. Der Leser möge nur in der Geschichte blättern, dann wird er es feststellen. Der Missionar kommt nach dem Whisky – ich meine, er trifft ein, nachdem der Whisky eingetroffen ist; als nächste kommen der arme Einwanderer mit Axt, Hacke und Gewehr, der Händler, dann der gemischte Massenansturm, danach der Spieler, der Bandit, der Straßenräuber samt ihren Sündenkumpanen beiderlei Geschlechts, als nächster erscheint der schlaue Fuchs, der eine alte Konzession aufgekauft hat, die alles Land einschließt, das bringt den Klüngel der Rechtsanwälte auf den Plan, und die Selbstschutzbürgerwehr bringt den Leichenbestatter. Alle diese Interessengruppen rufen die Zeitung ins Leben, die Zeitung gibt sich mit Politik und dem Bau einer Eisenbahn ab, sie alle tun sich zusammen und bauen eine Kirche sowie ein Gefängnis – und siehe! Die Zivilisation hat sich für immer im Land niedergelassen. Aber, wie der Leser sieht, war der Whisky der Bahnbrecher bei diesem nützlichen Werk. Immer ist er es. Es war typisch für einen Ausländer – und entschuldbar bei einem Ausländer –, diese große Wahrheit nicht zu kennen und in die Astronomie hinüberzuwandern, um ihr ein Symbol zu entleihen. Wäre er aber mit den Tatsachen vertraut gewesen, hätte er gesagt:

„Westwärts zieht der Krug des Empires seinen Weg . . ."

Dieser große Bahnbrecher erschien im Juni 1837 auf dem Gelände des heutigen St. Paul. Jawohl, zu genau diesem Zeitpunkt baute Pierre Parrant, ein Kanadier, dort die erste Hütte, entkorkte seinen Krug und begann den Indianern Whisky zu verkaufen. Das Ergebnis steht vor uns.

Alles, was ich über die Neuheit, die Lebhaftigkeit, den raschen Fortschritt, den Reichtum, die Intelligenz, die schöne und gediegene Architektur und den allgemeinen Schneid und Schwung und Lebensmut von St. Paul gesagt habe, gilt auch für seine nahegelegene Nachbarin Minneapolis – mit dem Zusatz, daß es von beiden Orten der größere ist.

Noch vor ein paar Monaten lagen diese außergewöhnlichen Städte zehn Meilen voneinander entfernt, aber sie wuchsen so rasch, daß sie sich möglicherweise inzwischen vereinigt haben und mit einem einzigen Bürgermeister auskommen. Zumindest wird sich innerhalb der nächsten fünf Jahre ein so festes Band von Gebäuden zwischen ihnen hinziehen und sie miteinander verknüpfen, daß ein Fremder dann nicht mehr sagen kann, wo der eine siamesische Zwilling anfängt und der andere aufhört. Zusammen werden sie eine Einwohnerzahl von zweihundertfünfzigtausend haben, wenn sie weiter so wachsen wie jetzt. Dann wird dieses Bevölkerungszentrum am oberen Ende des Schiffsverkehrs auf dem Mississippi mit dem Bevölkerungszentrum an seinem unteren Ende, mit New Orleans, um die Einwohnerzahl wetteifern.

Minneapolis liegt an den St. Anthony-Fällen, die sich fünfzehnhundert Fuß quer über den Fluß erstrecken und eine Fallhöhe von zweiundachtzig Fuß haben – eine Wasserkraft, die künstlich in einen geschäftlich unschätzbaren Wert verwandelt wurde, wenn auch ein wenig zum Nachteil der Fälle als Naturschauspiel oder als Hintergrund, vor dem man sich photographieren lassen kann.

Dreißig Getreidemühlen liefern im Jahr zwei Millionen Tonnen erstklassiges Mehl; zwanzig Sägewerke produzieren jährlich zweihundert Millionen Fuß Schnittholz, daneben gibt es Wollspinnereien, Baumwollspinnereien, Ölmühlen sowie Fabriken, die Papier, Schiebefensterrahmen, Nägel, Möbel, Fässer und anderes herstellen, in sozusagen unermeßlicher Anzahl. Die großen Getreidemühlen hier und in St. Paul wenden das „neue Verfahren" an und zerquetschen den Weizen zwischen Walzen, anstatt ihn zu zermahlen.

In Minneapolis laufen sechzehn Eisenbahnlinien zusammen, und täglich kommen dort fünfundsechzig Personenzüge an oder fahren ab.

Wie in St. Paul, blüht in dieser Stadt der Journalismus. Hier erscheinen drei große Tageszeitungen, zehn Wochen- und drei Monatszeitschriften.

Minneapolis hat eine Universität mit vierhundert Studenten – und, besser noch, sie bemüht sich nicht nur um die Belehrung des einen Geschlechts. Die Stadt hat sechzehn öffentliche Schulen in Gebäuden, die fünfhunderttausend Dollar gekostet haben, mit sechstausend Schülern und hundertachtundzwanzig Lehrern. Es gibt auch siebzig Kirchen, und weitere sind geplant. Die Banken vereinigen ein Kapital von drei Millionen Dollar, und der Großhandel der Stadt erreicht fünfzig Millionen Dollar im Jahr.

In der Nähe von St. Paul und Minneapolis gibt es mehrere Sehenswürdigkeiten: Fort Snelling, eine Festung, die auf einem hundert Fuß hohen Felsufer gebaut ist, die Minnehaha-Fälle, der White-Bear Lake und noch einiges mehr. Die malerischen Minnehaha-Fälle sind hinreichend berühmt – sie brauchen von mir in dieser Hinsicht keine Unterstützung. Der White-Bear Lake ist weniger bekannt. Es ist ein wunderschöner See, und alles, was im Staat reich und tonangebend ist, benutzt ihn als Sommerfrische. Er hat sein Klubhaus, sein Hotel mit modernen Errungenschaften und Annehmlichkeiten, seine hübschen Sommerhäuser und bietet reichlich Gelegenheit zum Angeln, zur Jagd und zu angenehmen Spazierfahrten. Rings um St. Paul und Minneapolis liegen ein Dutzend kleinere Erholungsorte, aber der White-Bear Lake ist *die* Sommerfrische. Mit diesem See ist eine ganz blödsinnige indianische Legende verknüpft. Ich würde der Versuchung, sie hier abzudrucken, widerstehen, wenn ich es fertigbrächte, aber das übersteigt meine Kraft. Der Reiseführer nennt den Überlieferer der Legende und lobt seine „geläufige Feder". Lassen wir ohne weiteren Kommentar und ohne noch Zeit zu verlieren besagte geläufige Feder auf den Leser los:

EINE LEGENDE UM DEN WHITE-BEAR LAKE

Jedes Frühjahr, vielleicht seit einem Jahrhundert oder seit es ein Volk von roten Menschen gibt, sucht eine Schar Indianer eine Insel in der Mitte des White-Bear Lake auf, um dort Ahornzucker zu gewinnen.

Wie die Überlieferung berichtet, liebte einst vor vielen Sommern, als sie auf dieser Insel weilten, ein junger Krieger die Tochter seines Häuptlings und warb um sie, und wie es heißt, liebte auch die Jungfrau den Krieger. Ihre Eltern hatten ihm ihre Hand jedoch immer wieder verweigert, denn der alte Häuptling behauptete, der junge Mann sei nicht tapfer, und seine betagte Gattin nannte ihn ein Weib!

Die Sonne war wieder hinter dem ‚Zuckerbusch' untergegangen, und der helle Mond stieg hoch am blauen Himmel auf, da nahm der junge Krieger seine Flöte und ging allein hinaus, noch einmal die Geschichte seiner Liebe zu singen; der sanfte Wind bewegte leise die beiden flotten Federn seines Kopfputzes, und als er auf den Stamm eines schrägstehenden Baumes stieg, fiel der feuchte Schnee in schweren Klumpen von seinen Füßen. Er hob die Flöte an die Lippen, und seine Decke glitt ihm von den wohlgeformten Schultern; sie lag halb auf dem Schnee unter ihm. Er stimmte sein seltsames, wildes Liebeslied an, doch bald spürte er die Kälte, und als er hinter sich nach seiner Decke griff, legte eine unsichtbare Hand sie ihm sacht um die Schultern – die Hand seiner Liebsten, seines Schutzengels. Sie setzte sich neben ihn, und in diesem Augenblick waren sie glücklich, denn der Indianer hat ein Herz für die Liebe, und sie erfüllt ihn mit ebenso edlem Stolz wie seine Freiheit, die ihn zum Kind des Waldes macht. Wie die Legende berichtet, hatte ein großer, weißer Bär, der vielleicht glaubte, der Polarschnee und das trübe Winterwetter reichten überallhin, seine Wanderung nach Süden angetreten. Schließlich gelangte er ans Nordende des Sees, der jetzt seinen Namen trägt, trabte das Ufer hinunter und kam geräuschlos durch den tiefen, nassen Schnee zur Insel. Das war im selben Vorfrühling, als sich die Liebenden ihr Stelldichein gaben. Sie hatten ihren ersten Zufluchtsort verlassen und saßen nun in den Ästen einer großen Ulme, die sich weit über den See neigte. (Der Baum steht noch immer dort und weckt allgemein Neugier und Interesse). Aus Furcht, entdeckt zu werden, sprachen sie fast im Flüsterton, sie erhoben sich gerade, um rechtzeitig ins Lager zurückzukehren und keinen Verdacht zu erregen, da stieß die Jungfrau einen Schrei aus, der im Lager zu hören war; sie sprang auf den jungen Krieger zu, griff nach seiner Decke, aber ihr Fuß trat fehl, und sie fiel mit der Decke in die gewaltigen Pranken des wilden Ungetüms. Im Nu waren sämtliche Männer, Frauen und Kinder der Schar am Ufer, alle jedoch unbewaffnet. Geschrei und Jammern entrang sich jedem Mund. Was war zu tun? Inzwischen hielt das weiße, wilde Untier die entsetzte Jungfrau mit seinem gewaltigen Griff umklammert und liebkoste seine kostbare Beute, als wäre es an derartige Szenen gewöhnt. Ein einziger gellender Schrei des liebenden Kriegers übertönt alle Schreie von Hunderten seiner Stammesbrüder, er stürzt davon zu seinem Wigwam und ergreift sein getreues Messer, ist fast mit einem einzigen Satz wieder auf dem Schauplatz der Angst und des Entsetzens, rennt den schrägstehenden Baum hinauf zu der Stelle, wohin sein Schatz fiel, und springt mit der wahnsinnigen Wut eines gereizten Panthers auf seine Beute hinab. Das Tier wandte sich um, und mit einem einzigen Hieb seiner riesigen Pranke brachte es die Liebenden Herz an Herz; im nächsten Augenblick aber öffnete der Krieger mit einem Stich seiner Klinge dem Tod die scharlachfarbenen Schleusen, und der sterbende Bär ließ seine Gefangene fahren.

In jener Nacht gab es keinen Schlaf für die Schar oder für die Liebenden, und während Jung und Alt um den Kadaver des toten Ungetüms tanzten, wurde dem tapferen Krieger eine weitere Feder überreicht, und bevor noch ein Mond vergangen war, hatte sein Herz einen lebendigen Schatz hinzugewonnen. Ihre Kinder spielten viele Jahre lang auf dem Fell des weißen Bären – von dem der See seinen Namen empfangen hat –, und noch lange dachten die Jungfrau und der tapfere Krieger an die schreckliche Szene und an die Rettung, die sie vereint hatte, denn Kis-se-me-pa und Ka-go-ka konnten ihr Zusammentreffen mit dem riesigen Ungetüm, das sie fast in die ewigen Jagdgründe gesandt hatte, niemals vergessen.

Das ist eine vertrackte Angelegenheit. Zuerst fiel sie vom Baum herunter – sie und die Decke, und der Bär fing sie auf und liebkoste sie – sie und die Decke –, dann fiel sie wieder hinauf auf den Baum und ließ die Decke unten; inzwischen geht der Liebhaber Kriegsgeschrei ausstoßend nach Hause und kommt mit einem „Kampfsporn" gewappnet zurück, erklettert den Baum, springt auf den Bären hinab, das Mädchen springt ihm nach – anscheinend, denn sie befand sich ja auf dem Baum – nimmt ihren Platz neben der Decke in den Pranken des Bären wieder ein, der Liebhaber rammt sein Messer in den Bären hinein und rettet – wen? Die Decke? Nein – keineswegs. Man wird äußerst gespannt und aufgeregt wegen dieser Decke, und dann, ganz plötzlich, wenn es scheinbar auf den glücklichen Höhepunkt zugeht, wird man glatt enttäuscht – nichts als das Mädchen gerettet! Wobei man an dem Mädchen gar nicht interessiert ist, denn sie spielt ja nicht die Hauptrolle in der Legende. Trotzdem aber – da steht man nun und muß dort bleiben, denn auch wenn man tausend Jahre lebt, wird man nie erfahren, wer nun die Decke bekommen hat. Ein Toter könnte eine bessere Legende zusammenbringen. Und ich meine auch keinen frisch Verstorbenen – ich meine einen, der schon viele Wochen tot ist.

Wir machten uns nun auf den Heimweg, und in wenigen Stunden waren wir im erstaunlichen Chicago – einer Stadt, in der die Leute immerfort die Wunderlampe reiben und die Geister herbeirufen, sich neue unmögliche Dinge ausdenken und sie zustande bringen. Für den gelegentlichen Besucher ist der Versuch, mit Chicago Schritt zu halten, aussichtslos – es wächst schneller über seine Prophezeiungen hinaus, als er sie machen kann. Es ist immer ganz neu, denn nie ist es das Chicago, das man gesehen hat, als man das letztemal hier durchkam. Die Pennsylvania-Bahn eilte mit uns nach New York, ohne sich unterwegs im Fahrplan auch nur um zehn Minuten zu verspäten; und hier endete eine der erfreulichsten Fünftausendmeilenreisen, die zu unternehmen ich je das Glück hatte.

ANHANG

A

(Aus dem „New Orleans Times Democrat“ vom 29. März 1882)

Fahrt mit dem Rettungsschiff des „Times Democrat“
durch das Überschwemmungsgebiet

Am Donnerstagmorgen um neun Uhr verließ die „Susie“ den Mississippi und fuhr in den Old River oder die jetzt so genannte Mündung des Red River ein. Zur Linken ergoß sich eine Überschwemmungsflut durch und über die Schutzdeiche der Chandlerschen Pflanzung, den nördlichsten Punkt der Pfarrgemeinde Point Coupée. Das Wasser bedeckte das ganze Gelände, obgleich die Deiche erst vor kurzem gebrochen waren. Das Vieh hatte man auf einen großen Prahm getrieben, und dort drängten sich die Tiere, als wir vorbeifuhren, ohne Futter zusammen und warteten auf ein Schiff, das sie abschleppte. Auf der rechten Flußseite liegt Turnbull's Island und darauf eine große Plantage, von der es früher hieß, sie sei eine der fruchtbarsten im Staat. Bei gewöhnlichem Hochwasser hat die Überschwemmung sie bisher immer verschont, jetzt aber zeigen nur große Wasserflächen an, wo Felder lagen. Hier und da konnte man den Kamm des Schutzdeichs sehen, zumeist aber war dieser gänzlich überflutet.

Die Bäume haben ein grüneres Blätterkleid angelegt, seit das Wasser eingebrochen ist, und die Wälder sehen kräftig und frisch aus, aber dieser für das Auge erfreuliche Anblick wird durch die endlose Wasserwüste aufgehoben. Wir legen eine Meile nach der anderen zurück, und ringsum nichts als Bäume, die bis zu den Ästen in den Fluten stehen. Hin und wieder steigt ein Schlangenhalsvogel auf und fliegt vor uns her, hinein in die lange Allee des Schweigens. Zuweilen flitzt ein Kanu aus dem Gebüsch und überquert den Red River auf seinem Weg hinaus zum Mississippi, aber die Paddler mit den traurigen Gesichtern wenden sich niemals nach unserem Dampfer um. Das Stampfen des Schiffs ist Musik in dieser schwermütigen Stille, die einen ganz sonderbar berührt. Es ist nicht die Schwermut tiefer Wälder oder dunkler Höhlen, sondern eine merkwürdige Art feierlicher Stille und imponierender Scheu, die einen zwingt, sie wahrzunehmen. Wir kamen an diesem Morgen an zwei Negerfamilien vorbei, deren Flöße in den Weiden festgemacht hatten. Offensichtlich gehörten sie zum wohlhabenden Stand, denn sie führten einen Vorrat von Maismehl und drei oder vier Schweine bei sich. Ihre Flöße waren etwa zwanzig Quadratfuß groß, und vor einem improvisierten Schutzdach hatten sie Erde aufgeschüttet und darauf ihr Feuer entfacht.

Die Strömung des Atchafalaya war sehr reißend, denn der Mississippi zeigt eine Vorliebe für diese Richtung, die man nur zu sehen braucht, um sich von den verzweifelten Bemühungen dieses Flusses um einen abgekürzten Weg zum Golf zu überzeugen. Kleine Boote, Kähne, Kanus und dergleichen sind sehr begehrt, und viele werden von Negerpiraten gestohlen, die sie dorthin schaffen, wo sie den höchsten Preis erzielen. Wie mir Mr. C. P. Ferguson erzählte, ein Pflanzer aus der Nähe von Red River Landing, dessen Besitz soeben überschwemmt wurde, gibt es im Hinterland dieses Ortes viel Leid. Die Neger hatten gar nicht mehr mit einem Deichbruch gerechnet, da der obere Damm so lange standgehalten hatte, als es dann aber doch geschah, waren sie jenem hilflos ausgeliefert. Am Donnerstag holte man eine Anzahl von ihnen aus Bäumen und von Hüttendächern herunter und brachte sie an Land, aber viele befinden sich noch dort.

Man weiß den Anblick des Erdbodens nicht zu schätzen, bis man ein Überschwemmungsgebiet durchquert hat. Auf See erwartet man ihn nicht und hält nicht nach ihm Ausschau, hier aber, inmitten der wogenden Blätter, der schattigen Waldschneisen, der kaum noch sichtbaren Hausdächer, erwartet man ihn. Hier wüßte man sogar den Anblick eines Friedhofs zu schätzen, wenn die Grabhügel aus dem Wasser ragten. Nur eine freie Fläche zwischen den Bäumen läßt den Fluß erkennen, das ist alles. Von Fort Adams auf dem linken Ufer des Mississippi bis zum Ufer von Rapides Parish hat er eine Breite von ungefähr sechzig Meilen. Ein großer Teil dieses Gebiets war bestelltes Land, besonders längs des Mississippi und im Hinterland des Red River. Als wir in den Red River einfuhren, trafen wir auf eine starke Querströmung, die dieselbe Richtung wie der Mississippi nahm.

Nach einer Fahrt von mehreren Stunden erreichten wir den Black River. Und schon bald sahen wir Zeichen der Not. Alle Weiden entlang der Ufer waren ihrer Blätter beraubt; ein Mann, mit dem der Berichterstatter sprach, sagte, er habe hundertfünfzig Rinder und hundert Schweine besessen. Beim ersten Anzeichen des Hochwassers habe er begonnen, sie in das fünfunddreißig Meilen entfernte Hügelgebiet von Avoyelles zu treiben, jedoch fünfzig seiner besten Rinder und sechzig Schweine verloren. Der Black River ist sogar dann recht malerisch, wenn seine Ufer unter Wasser stehen. Ein dichter Bestand von Eschen, Gummibäumen und Hickory macht sie fast undurchdringlich, und dort, wo eine Allee zwischen den Bäumen den Blick freigibt, sind nur die undeutlichen Umrisse ferner Stämme in der Dunkelheit zu unterscheiden.

Ein paar Meilen flußaufwärts betrug die Wassertiefe auf den Ufern volle acht Fuß, und überall waren die Dächer von Hütten zu sehen, die der starken Strömung noch immer standhielten. Hier und da bildete eine umgestürzte Hütte, die von Treibholz umgeben war, möglicherweise den Kern einer künftigen Insel.

Um Kohle zu sparen, denn es war ausgeschlossen, daß wir diesen Brennstoff während der Expedition an irgendeinem Punkt, den wir anliefen, auftreiben konnten, hielten wir nach einem Holzstapel Ausschau. Als wir um eine Landzunge bogen, schoß dahinter ein Kanu hervor, das ein Junge geschickt paddelte, und am Bug saß ein fünfzehnjähriges Mädchen mit hübschem Gesicht, wunderschönen schwarzen Augen und ernsthaftem Benehmen. Der Junge bat um eine Zeitung; wir warfen sie ihm zu, und das Paar steuerte sein Miniaturfahrzeug hinaus in die Dünung des Dampfers.

Kurz danach paddelte ein kleines Mädchen, das gewiß nicht älter als zwölf Jahre war, in einem winzigen Kanu zu uns heraus und handhabte es mit der Gewandtheit eines alten Seefahrers. Die Kleine sah eher aus wie eine Indianerin als wie ein weißes Kind und lachte, als wir fragten, ob sie keine Angst habe. Sie sei in einem Kanu groß geworden und könne überallhin fahren. Sie fahre jetzt hinaus, um Weidenblätter für das Vieh zu pflücken, und sie zeigte auf ein in der Nähe stehendes Haus, in dem das Wasser drei Zoll hoch über dem Fußboden stand. An der Hintertür war ein etwa dreißig Quadratfuß großes Floß festgemacht, auf dem in einer Art Pferch an die sechzehn Kühe und zwanzig Schweine standen. Die Familie klagte nicht, außer darüber, daß sie ihr Vieh verlor, und brachte uns sogleich in einer Schute eine Ladung Holz.

Von hier bis zum Mississippi gibt es auf fünfzehn Meilen keinen einzigen Flecken Land über dem Wasserspiegel, und nach Westen hin fünfunddreißig Meilen weit nichts als die Wasserflut des Flusses. Der Black River war am Donnerstag, dem 23., tagsüber um eindreiviertel Zoll gestiegen und schwoll während der Nacht noch mehr an. Jetzt, da wir weiter stromaufwärts kommen, werden die Anwesen zahlreicher, liegen aber noch immer meilenweit voneinander entfernt. Fast alle sind verlassen und die Nebengebäude fortgeschwemmt. Um die düstere Stille noch trostloser zu machen, scheinen fast sämtliche Lebewesen fortgezogen zu sein, und kein Vogelgezwitscher, kein Keckern eines Eichhörnchens ist in der Einsamkeit zu hören. Hin und wieder wirft ein trübsinniger Hornhecht seinen Schwanz hoch und verschwindet dann im Fluß, sonst aber ist alles still – die Stille der Einöde. Den Fluß hinab treibt jetzt ein sauber weißgetünchter Hühnerstall, dann ein Bündel sorgfältig zugehauener Zaunslatten, eine Tür und ein aufgedunsener Kadaver, auf dem zwei Bussarde feierlich Wache halten – die einzigen Vögel, die zu sehen sind –; sie fressen sich an dem Aas satt, das sie vorbeiträgt. Ein Bilderrahmen mit einer billigen Lithographie von einem Soldaten zu Pferde berichtet im Vorüberschwimmen von einem Heim, in das das Wasser eingedrungen ist und es dieses Schmucks beraubt hat.

Da bei Einbruch der Dunkelheit die Weiterfahrt zu gewagt gewesen wäre, suchten wir uns eine Stelle am Rande des Waldes und vertäuten das Schiff für die Nacht an einem hohen Gummibaum.

Ein hübscher Viertelmond breitete ein angenehmes Licht über Wald und Fluß und schuf ein Bild, das eine bezaubernde Landschaftsstudie abgäbe, falls ein Künstler es auf seine Leinwand bannen könnte. Das Stampfen der Maschinen hatte aufgehört, das Zischen des entweichenden Dampfs war verstummt, die ringsum herrschende Stille hüllte uns ein – und was für eine Stille! Gewöhnlich kann man nachts im Wald das Quaken von Fröschen und das Summen von Insekten oder das Fallen von Ästen hören, hier aber war die Natur stumm. Aus den dunklen Einschnitten – den Chorgängen dieser Kathedrale – drang kein Laut, und sogar das Plätschern der Strömung erstarb.

Am Freitagmorgen waren bei Tagesanbruch alle Mann auf den Beinen, und wir fuhren den Black River hinauf. Der Morgen war schön, und der Fluß, der bemerkenswert gerade verläuft, hatte sein lieblichstes Gewand angelegt. Die Blüten des Hagedorns erfüllten die Luft mit köstlichem Duft, und an den Ufern zwitscherten munter ein paar Vögel. Die Bäume waren höher, und der Wald schien älter zu sein als weiter flußabwärts. Wir kamen häufiger an Feldern vorbei als in der Nähe der Mündung, aber das gleiche Schauspiel bot sich uns: Räucherschuppen, die draußen auf den Weideplätzen dahintrieben, Negerhütten, die an einer Eiche hängengeblieben waren, so daß die bescheidene Wohnstätte gerade noch ihre Dachrinne über dem Wasser sehen ließ. Die Sonne erhob sich in karminroter Pracht, und die Bäume erglänzten in ihren verschiedenen Grüntönen. Nirgends ist auch nur ein Fußbreit Erde zu sehen, und das Wasser steigt anscheinend immer höher, denn es reicht jetzt bis hinauf zu den Ästen der höchsten Bäume. Überall auf unserem Weg sind die Weiden an den Ufern ihrer Blätter beraubt und zeigen an, wie lange die Menschen schon dieses Futter für ihr Vieh einsammeln. Wir fragten einen alten Mann in einem Kanu, wie die Weidenblätter seinen Rindern bekämen. Er hielt in seiner Arbeit inne, schüttelte trübselig den Kopf und sagte: „Nun, Sir, es reicht gerade, um ihre Körperwärme zu halten, und mehr erwarten wir nicht, aber für die Schweine ist es schlimm, besonders für die Ferkel. Sie nehm' mächtig rasch ab, aber was solln wir machen? Weiter haben wir nichts."

Dreißig Meilen oberhalb der Mündung des Black River erstreckt sich das Wasser von Natchez am Mississippi bis hinüber zu den Tannenhügeln von Louisiana dreiundsiebzig Meilen weit, und es gibt da kaum einen Fleck, auf dem es nicht zehn Fuß hoch steht. Die Strömung am oberen Black River verläuft nach Westen. Sie ist tatsächlich so stark, daß die Wasser des Red River aus dem Gebiet von Calcasieu hinabgetrieben wurden und die des Black River ungefähr fünfzehn Meilen oberhalb seiner Mündung in den Red River fließen, was selbst die ältesten Dampfschiffer noch nie erlebt haben. Alles Wasser, das wir jetzt sehen, stammt aus dem Mississippi.

Bis hinauf nach Trinity oder vielmehr bis Troy, das ein wenig darunter liegt, sind die Leute fast alle fortgezogen, und die Dagebliebenen haben gerade noch genug für ihren unmittelbaren persönlichen Bedarf. Ihr Vieh aber leidet Not und stirbt rasch weg, denn die Enge auf den Flößen und das Futter führen zu Krankheiten.

Nach kurzem Aufenthalt fuhren wir weiter und kamen schon bald in ein Gebiet, wo es viele offene Felder und zahlreiche verstreut liegende Hütten gab. Hier bot sich uns ein weiteres Bild der Not. Im Innern der Häuser hatten die Bewohner aus Kisten eine Plattform gebaut, auf die sie die Möbel gestellt hatten. Die Bettpfosten hatten sie oben abgesägt, denn die Decke befand sich nur vier Fuß über dem improvisierten Fußboden. Die Gebäude sahen aus, als böten sie wenig Sicherheit, und drohten jeden Moment abzutreiben. Neben den Häusern standen Rinder völlig teilnahmslos bis zum Bauch im Wasser. Sie rührten sich nicht von der Stelle, sondern warteten geduldig auf Hilfe. Der Anblick war jammervoll, und die armen Tiere müssen gewiß sterben, wenn sie nicht bald gerettet werden. Rinder unterscheiden sich hierin von Pferden. Wenn ein Pferd merkt, daß keine Hilfe kommt, schwimmt es davon, um Futter zu suchen, ein Rind dagegen bleibt stehen, wo es ist, bis es vor Erschöpfung ins Wasser fällt und ersäuft.

Um halb eins wurden wir von einem Prahm angerufen, der sich innerhalb der Uferlinie befand. Wir drehten bei, legten uns längsseits, und General York stieg zu uns an Bord. Er war gerade mit dem Abtransport von Vieh beschäftigt und hieß das Schiff des „Times Democrat“ herzlich willkommen, denn wie er sagte, werde es dringend gebraucht. Er erklärte, die Berichte über die Not seien keineswegs übertrieben. Die Leute befänden sich in einer Lage, die man sich kaum vorstellen könne. Das Wasser stehe so hoch, daß die Häuser Gefahr liefen, fortgeschwemmt zu werden. Es sei schon bis zu den Dachrinnen gestiegen, und wenn es diesen Punkt erreicht habe, könnten sie jeden Augenblick mitgerissen werden. Wenn das geschehe, gäbe es viele Todesopfer. Der General sprach von den furchtlosen Anstrengungen vieler Menschen bei dem Bemühen, ihr Vieh zu retten, er glaube aber, gute fünfundzwanzig Prozent der Tiere seien umgekommen. Zweitausendfünfhundert Menschen hätten bereits Lebensmittelrationen aus Troy am Black River erhalten, und er habe eine Menge Vieh abgeschleppt, eine sehr große Zahl aber sei noch draußen geblieben und leide schreckliche Not. Das Wasser stehe jetzt achtzehn Zoll höher als 1874, und zwischen Vidalia und den Hügeln von Catahoula gebe es kein Land.

Um zwei Uhr erreichte die „Susie“ Troy, fünfundsechzig Meilen oberhalb der Mündung des Black River. Auf der linken Seite fließt dort der Little River zu, gleich danach der Ouachita, und auf der rechten der Tensas. Diese drei Flüsse bilden den Black River. Troy oder vielmehr ein Teil von ihm erstreckt sich über und rings um drei große indianische Erdhügel von kreisrunder Form, die beim gegenwärtigen Pegelstand etwa zwölf Fuß aus dem Wasser ragen. Sie haben einen Durchmesser von ungefähr hundertfünfzig Fuß und liegen an die zweihundert Meter voneinander entfernt. Die Häuser sind alle zwischen diese Erdhügel gebaut, und infolgedessen steht das Wasser darin achtzehn Zoll über den Fußböden.

Diese Anhöhen, von den Ureinwohnern vor Hunderten von Jahren errichtet, sind meilenweit die einzigen Zufluchtsstätten. Als wir dort ankamen, fanden wir sie voll von dürrem Vieh, das sich kaum noch auf den Beinen halten konnte. Alles stand durcheinander – Schafe, Schweine, Pferde, Maultiere und Rinder. Einen dieser Hügel hatte man jahrelang als Friedhof benutzt, und heute sahen wir, neben marmornen Grabsteinen gelagert, abgemagerte Kühe nach einem Maismahl, das General York geliefert hatte, zufrieden wiederkäuen. Hier, wie schon weiter flußabwärts, fiel uns auf, wie bemerkenswert geschickt die Frauen und Mädchen ihre kleinen Pirogen handhaben. Die Kinder paddelten in den heikelsten Fahrzeugen mit der Lässigkeit von Könnern.

General York hat ein vollkommenes System von Rettungsmaßnahmen organisiert. Wo Hilfe verlangt wird, überprüft er die Lage persönlich, stellt fest, was getan werden muß, und schickt dann sogleich seine beiden gecharterten Schiffe mit Lastkähnen an Ort und Stelle, wo das Vieh aufgeladen und zu den Tannenhügeln und dem Hochland von Catahoula geschleppt wird. Troy hat er zu seinem Hauptquartier gemacht, hierher kommen die Schiffe und holen Futtervorräte für das Rindvieh. Auf der gegenüberliegenden Seite des Little River, der zur Linken aus dem Black River abzweigt, und zwischen ihm und dem Ouachita befindet sich die Stadt Trinity, die stündlich von Zerstörung bedroht ist. Sie liegt viel tiefer als Troy, und das Wasser steht acht bis neun Fuß hoch in den Häusern. Eine starke Strömung fließt hindurch, es ist erstaunlich, daß nicht schon längst alle Häuser fortgeschwemmt wurden. Für die Einwohner sowohl von Troy als auch von Trinity ist gesorgt, ein Teil ihres Viehs aber muß noch mit Futter versehen werden.

Sobald die „Susie" Troy erreichte, übergaben wir sie General York zur Beschleunigung seines Rettungswerks. Fast ihre gesamten Vorräte wurden, um das Schiff leichter zu machen, auf einem der Erdhügel entladen, und es wandte sich stromabwärts, den Menschen dort unten Hilfe zu bringen. Bei Tom Hoopers Farm, wenige Meilen hinter Troy, nahm es einen großen Prahm mit ungefähr fünfzig Stück Vieh an Bord ins Schlepptau. Die Tiere wurden gefüttert und kamen bald wieder etwas zu Kräften. Heute fahren wir auf den Little River, wo die Not am größten ist.

Samstagabend, am 25. März.

Unter der Leitung General Yorks begannen wir in aller Frühe die Fahrt den Black River hinab, um alles Vieh, das wir erreichen konnten, herauszuschaffen. Auf dem Weg flußabwärts ließen wir an einem zentral gelegenen Ort einen mitgeschleppten Prahm zurück; von dort aus stakten ihn Männer ins Hinterland der Pflanzungen und nahmen alles erreichbare Vieh an Bord. Auf dem Dachboden eines Schuppens für Baumwollentkörnungsmaschinen fanden sie siebzehn Stück, und nachdem sie einen Landesteg gebaut hatten, führten sie die Tiere ohne Schwierigkeiten in den Prahm hinunter. Ihr Korrespondent stieg zusammen mit dem General in ein Boot und ließ sich zu einem kleinen Haus mit zwei Zimmern rudern, in dem das Wasser zwei Fuß hoch stand. In einer der beiden großen Stuben drängten sich die zur Farm gehörenden Pferde und Kühe, während in der anderen auf einem über dem Fußboden errichteten Gerüst die Witwe Taylor und ihr Sohn saßen. Im Zimmer schwammen ein oder zwei Kanus umher, jederzeit zur Benutzung bereit. Nachdem man den Prahm herangebracht hatte, wurde eine Seitenwand des Hauses eingeschlagen, denn das war die einzige Möglichkeit, die Tiere herauszuholen, und die Rinder wurden an Bord getrieben. Wie in allen Fällen, fragte General York die Familie, ob sie von hier fort wolle, und teilte ihr mit, daß Major Burke vom „Times-Democrat" zu diesem Zweck die „Susie" heraufgeschickt habe. Mrs. Taylor erwiderte, sie danke Major Burke, wolle aber versuchen auszuharren. Die unglaubliche Zähigkeit, mit der die Menschen hier an ihrem Heim festhalten, übersteigt unser Verständnis. Ein kleines Stück flußabwärts, sechzehn Meilen von Troy entfernt, erreichte uns die Nachricht, Mr. Tom Ellis' Haus sei in Gefahr, und seine ganze Familie befinde sich darin. Wir dampften unverzüglich dorthin, und uns bot sich ein trauriges Bild. Aus der Fensterhälfte, die sich noch über Wasser befand, schaute die kränkelnde Mrs. Ellis heraus, und in der Tür standen ihre sieben Kinder, das älteste noch keine vierzehn Jahre alt. Die eine Seite des Hauses hatten sie den Arbeitstieren, an die zwölf Stück, sowie den Schweinen überlassen. Im angrenzenden Zimmer hauste die Familie, und das Wasser reichte bis zwei Zoll unterhalb der Seitenwände der Betten. Der Ofen stand unter Wasser, und gekocht wurde auf einem darauf entzündeten Feuer. Das Haus drohte jeden Moment einzustürzen, die eine Seite sackte schon ab, und das Gebäude sah tatsächlich nur noch wie eine Schale aus. Als das Schiff dort anlangte, kam Mr. Ellis in einer Piroge heraus, und General York erklärte ihm, er sei gekommen, um ihn zu retten; das Schiff des „Times-Democrat" stehe zu seiner Verfügung und könne seine Familie sogleich zu den Hügeln bringen. Ein Prahm werde dann am Montag das Vieh bergen, denn bis dahin hätten er und seine Leute zu tun. Trotz der jämmerlichen Lage, in der sich Mr. Ellis und seine Familie befanden, wollte er nicht fort. Er sagte, er warte lieber bis Montag und nehme das Risiko auf sich, daß das Haus einfalle. Die Kinder an der Tür sahen ganz zufrieden aus und schienen sich wenig aus der Gefahr, in der sie schwebten, zu machen. Das sind nur zwei Beispiele unter vielen. Nach Wochen der Not und der Entbehrungen klammern sich die Leute immer noch an ihre Häuser und verlassen sie erst, wenn zwischen der Wasseroberfläche und der Zimmerdecke kein Platz mehr bleibt, ein Gerüst zu bauen, auf dem sie stehen können. Es schien unfaßbar, aber ihnen lag mehr an ihrem alten Heim als an ihrer Sicherheit.

Nachdem wir das Haus der Ellis' verlassen hatten, legten wir als nächstes bei dem der Oswalds an. Hier schleppten wir den Prahm zum Schuppen für die Entkörnungsmaschinen, wo fünfzehn Stück Vieh auf Gerüsten im Wasser standen, und da ihre Köpfe über den oberen Rand des Eingangs ragten, erwies es sich als unmöglich, sie herauszuholen, ohne einen Teil der Schuppenwand einzuschlagen, und so nahm man Äxte und hieb eine Öffnung. Nach vieler Mühe wurden die Pferde und die Maulesel dann auf dem Prahm in Sicherheit gebracht.

Überall, wo wir Halt machen, kommen drei, vier oder mehr Pirogen und berichten über Vieh, das anderswo in Not ist. Obwohl sehr viele Leute einen Teil ihrer Herden schon vor einiger Zeit in die Hügel getrieben haben, ist doch immer noch eine große Zahl dort geblieben, und General York, der mit unbezwinglicher Energie arbeitet, wird sie bis Dienstag zu den Tannenhügeln schaffen lassen.

Auf dem ganzen Black River besuchten Dutzende von Pflanzern die „Susie" und berichteten von den gleichen Leiden und Verlusten, wie wir bereits gehört hatten. Ein alter Pflanzer, der seit 1844 am Fluß lebt, sagte, noch nie habe es ein solches Hochwasser gegeben, und er sei überzeugt, daß über ein Viertel des Viehs krepiert sei. Glücklicherweise sorgten die Leute als erstes für ihr Arbeitsvieh und brachten Pferde und Maultiere an einen sicheren Platz, wenn sie einen finden konnten. Da der Fluß noch immer steigt, letzte Nacht um zwei Zoll, sind sie gezwungen, die

Tiere nach den Hügeln hinauszuschaffen; eben darum ist die Arbeit General Yorks von so großem Wert. Von Tagesanbruch bis in die späte Nacht fährt er von einem Ort zum anderen, muntert die Menschen durch freundliche Worte auf und gibt ruhig und überlegt seine Anordnungen.

Am ganzen Fluß erzählt man sich eine unerfreuliche Geschichte über einen Kaufmann aus New Orleans. Anscheinend haben die Pflanzer seit mehreren Jahren mit diesem Menschen Handel getrieben, und viele hatten noch Guthaben bei ihm. Als die Überschwemmung kam, schrieben sie an ihn und bestellten Kaffee, Gries und andere Dinge des täglichen Bedarfs. Auf diese Briefe kam keine Antwort; sie schrieben von neuem, aber der Händler verweigerte seinen alten Kunden, deren Plantagen unter Wasser standen, sogar das Nötigste, das sie für ihren Lebensunterhalt brauchten. Es erübrigt sich zu sagen, daß er jetzt am Black River nicht beliebt ist.

Die Hügel, die ich bereits als Zufluchtsort für die Menschen und das Vieh erwähnte, liegen im Kreis Catahoula, vierundzwanzig Meilen vom Black River entfernt.

Nachdem wir den Prahm voller Rinder geladen hatten, nahmen wir die siebenköpfige Familie T. S. Hoopers an Bord, die nicht länger in ihrem Wohnhaus bleiben konnte, und wir bringen sie jetzt den Little River hinauf zu den Hügeln.

Das Hochwasser steigt noch immer

Troy, am 27. März 1882, mittags.

Das Hochwasser steigt hier um etwa dreieinhalb Zoll alle vierundzwanzig Stunden, und Regen hat eingesetzt, der es noch verstärken wird. General York ist der Meinung, wir sollten uns jetzt vor allem bemühen, Menschenleben zu retten, da durch das Anschwellen der Fluten viele Häuser in Gefahr sind. In wenigen Minuten wollen wir den Tensas hinauffahren, dann umkehren und den Black River wieder hinunter, um Familien herauszuholen. Es gibt hier nicht ausreichend Dampfer zum Transport, um dem Notstand abzuhelfen. Der General hat drei Schiffe gemietet, mit Lastkähnen im Schlepp, aber die Nachfrage zum Abtransport des Viehs ist größer, als sie schaffen können. Alle arbeiten Tag und Nacht, und die „Susie“ legt kaum irgendwo länger als eine Stunde an. Das ansteigende Wasser bedeutet für Trinity eine große Gefahr, und man erwartet jeden Augenblick, daß ein paar von den

Häusern davongeschwemmt werden. Troy liegt ein bißchen höher, aber auch dort stehen alle Gebäude im Wasser. Aus Berichten erfuhren wir, daß flußabwärts eine Frau und ein Kind fortgespült und zwei Hütten weggeschwemmt wurden. Es sind dieselben, deren Bewohner sich vorgestern noch weigerten, sie zu verlassen. Es ist kaum zu glauben, wie völlig passiv sich die Leute verhalten.

Bisher ist noch keine Nachricht vom Dampfer „Delia" eingetroffen, und man nimmt an, daß er es war, der gestern im Sturm auf dem Catahoula-See unterging. Er müßte jetzt hier sein, ist aber nicht angekommen. Sogar die Postverbindung ist gänzlich ungewiß, und ich schicke diesen Bericht mit einem Boot nach Natchez, damit Sie ihn erhalten. Genaue Auskünfte über die vorige Ernte und Ähnliches einzuholen, ist unmöglich, denn die Leute, die über diese Dinge gut Bescheid wissen, sind fort, und die Dagebliebenen haben keinen Überblick auf diesem Gebiet.

General York läßt ausrichten, daß die bisherigen Lebensmittelrationen verdoppelt und unverzüglich hergesandt werden müssen. Irgendwelche Schätzungen sind unmöglich, denn die Menschen fliehen zu den Hugeln, so rasch steigt das Wasser. Die hiesigen Anwohner befinden sich in einem Zustand der Aufregung, den man gesehen haben muß, um ihn zu ermessen, und eine völlige Demoralisierung hat eingesetzt.

Wollte man Lebensmittel für bestimmte Bezirke hierherleiten, gäbe es keine Gewißheit, daß sie verteilt werden, deshalb ist alles nach Troy als dem zentralen Punkt zu schicken; der General wird dann ordnungsgemäß darüber verfügen. Er hat hundert Zelte angefordert, und wenn alle, die jetzt auf dem Weg sind, zu den Hügeln gehen, werden zweihundert gebraucht werden.

B

Der Zustand, in dem sich dieses reiche Tal des unteren Mississippi seit dem Kriegsende befindet, gehört zu den beklagenswertesten unter den schlimmen Folgen des Krieges. Gerechterweise vernichtet wurde nicht nur der Scheinbesitz an Sklaven, sondern auch viel von dem, was Sklavenarbeit aufgebaut hatte, wurde zerstört oder stark beschädigt – insbesondere das System der Schutzdeiche.

Wer sich mit diesem Thema nicht befaßt hat, könnte annehmen, eine so bedeutende Verbesserung wie der Bau und die Instandhaltung der Deiche sei unverzüglich von den jeweiligen Bundesstaaten übernommen worden. Was aber kann der Bundesstaat tun, wenn die Menschen Zinssätzen von achtzehn bis dreißig Prozent unterworfen und darüber hinaus gezwungen sind, ihre Ernte schon vor der Aussaat zu verpfänden, für das Privileg, ihren gesamten Bedarf bei einer Gewinnspanne von hundert Prozent einzukaufen?

Auch bei oberflächlicher Betrachtung ist offensichtlich, daß die Regulierung des Mississippi, wenn überhaupt, nur von der Landesregierung und nicht von den einzelnen Bundesstaaten durchgeführt werden kann. Der Fluß muß als Einheit behandelt werden; seine Regulierung läßt sich unter einem geteilten, in Abschnitte getrennten Verwaltungssystem nicht bewerkstelligen.

Ebensowenig sind die besonders interessierten Bundesstaaten in der Lage, sich untereinander zu den notwendigen Maßnahmen zusammenzuschließen. Die Arbeit muß ganz oben am Fluß beginnen, mindestens bei Cairo, wenn nicht noch weiter oben, und nach einem konsequenten Generalplan auf dem gesamten Flußlauf ausgeführt werden.

Um die Grundelemente des Unternehmens zu begreifen, bedarf es keiner technischen oder wissenschaftlichen Kenntnisse, falls man ihm nur ein bißchen Zeit und Aufmerksamkeit widmet; und nachdem eine Mississippikommission gebildet wurde, die, wie es bei der bestehenden Kommission der Fall ist, aus äußerst fähigen Männern verschiedenster Berufe zusammengesetzt ist, sollte man doch wohl ihr Urteil als bindend akzeptieren, soweit man überhaupt eine vorher ausgearbeitete Bau- oder Regulierungstheorie als bindend betrachten kann.

Man darf nicht vergessen, daß zu diesem Ausschuß die Generäle Gilmore, Comstock und Suter vom Pionierkorps der Vereinigten Staaten, Professor Henry Mitchell (der kompetenteste Spezialist auf dem Gebiet der Gewässerkunde) vom Bundesamt für Küsteninspektion, B. B. Harrod, Wasserbaudirektor des Staates Louisiana, Jas. B. Eads, dessen Erfolg bei den Deichen in New Orleans eine Garantie seiner Fähigkeit bietet, und Richter Taylor aus Indiana gehören.

Es wäre eine Anmaßung, wollte ein einzelner, so tüchtig er auch sein mag, das Urteil eines solchen Ausschusses angreifen.

Die Regulierungsmethode, welche die Kommission vorschlägt, ergibt sich sowohl aus den Erfahrungen des Wasserbaus als auch aus Beobachtungen der Natur, wo sie unseren Bedürfnissen entgegenkommt. So wie in der Natur der Wuchs von Bäumen und ihr Hang, wenn sie unterspült werden, quer über die Böschung zu fallen, dem Ufer Halt geben und der Fahrrinne an manchen Stellen eine gewisse Tiefe und Dauerhaftigkeit sichern, sind auch in dem Projekt des Wasserbauingenieurs die Verwendung von Holz und Buschwerk sowie die Förderung von Waldwuchs die Hauptmerkmale. Der Vorschlag lautet, den Fluß, wo er übermäßig breit ist, durch zunächst niedrige Faschinendämme zu verengen, die aber ständig höher werden, sobald der Flußschlamm sich unter ihrem Schutz absetzt, und sie dann schließlich in einem solchen Winkel abzuschrägen, daß ohne Schwierigkeiten Weiden darauf wachsen können. Die Arbeit enthält auch viele Einzelheiten hinsichtlich der Form dieser Schutzdämme und ihrer Anordnung zu einer Folge von Ablagerungsbecken, deren Beschreibung eine Vorstellung davon nur erschweren könnte. Am größeren Teil des Flußlaufs werden Verengungsbauten überflüssig sein, aber fast sämtliche Ufer an der konkaven Seite der Biegungen müssen gegen Auswaschungen durch die Strömung befestigt werden, sowie viele besonders gefährdete Punkte am gegenüberliegenden Ufer. Man könnte diese Arbeiten, die der Erhaltung dienen, allgemein Verkleidungsarbeiten nennen, und auch zu ihnen soll größtenteils Gestrüpp verwandt werden, das zu zusammenhängenden Teppichen verflochten oder mit einem Drahtnetz verwoben ist. Dieses Verfahren wurde erfolgreich am Missouri angewandt, und in manchen Fällen sind diese Verkleidungen derartig mit Sinkstoffen bedeckt und mit Weiden bewachsen, daß man sie als dauerhaft ansehen darf. Zum Beschweren der Matten will man in kleinen Mengen Geröll benutzen, und an einigen Stellen muß die so errichtete Böschung zwischen Hoch- und Niedrigwasser mehr oder weniger mit Steinen gepflastert werden.

Jeder, der am Rhein gewesen ist, hat ähnliche Maßnahmen wie die eben erwähnten beobachtet, und tatsächlich war bei den meisten europäischen Flüssen mit Schwemmufern eine ähnliche Behandlung im Interesse der Schiffahrt und der Landwirtschaft erforderlich.

Der Deich ist das krönende Werk der Uferverkleidung, wenn er auch nicht unbedingt mit ihr verbunden sein muß. Er kann ein kurzes Stück hinter dem verkleideten Ufer errichtet werden, bildet aber die unbedingt notwendige Brustwehr. Ohne eine vollständige Beherrschung aller Stadien läßt sich der Fluß bei Hochwasser und bei Niedrigwasser nicht regulieren und in eine einzige ständige Rinne zwingen, und sogar gegen ein anomales

Ansteigen des Wassers muß vorgesorgt werden, weil es sonst den Deich in Gefahr brächte, denn wenn es erst einmal mit voller Gewalt hinter die Verkleidung gelangte, würde es auch sie fortreißen.

Aus dem allgemeinen Grundsatz, daß die jeweilige Uferschräge eines Flusses Ergebnis und Maß des Widerstandes seines Betts ist, geht hervor, daß ein schmaler, tiefer Strom eine weniger schräge Böschung haben muß, da er im Verhältnis zu seinem Inhalt weniger Reibungsfläche hat, das heißt, weniger Umfang im Verhältnis zur Querschnittsfläche. Letzten Endes besteht die Wirkung von Deichen und Verkleidungen, die das Hochwasser eindämmen und alle Stadien des Wasserstandes unter Kontrolle bringen, darin, daß sie das Flußbett vertiefen und die Böschung abfallen lassen. Die erste Wirkung der Deiche besteht in einer Erhöhung des Wasserspiegels, da sie aber die Strömung verstärkt, bewirkt sie unweigerlich eine Vergrößerung des Querschnitts, und wenn man verhindert, daß dies auf Kosten der Ufer geschieht, muß der Flußgrund nachgeben und die Form der Stromrinne sich so verbessern, daß sie diese größere Wassermenge bei geringerem Anstieg aufnehmen kann. Tatsächlich sind die Erfahrungen, die man am Mississippi mit Deichen ohne gleichzeitige Uferbefestigungen gemacht hat, gut gewesen, und auf Grund der in den Berichten der Kommission erbrachten Beweise kann niemand daran zweifeln, daß wir heute, wenn man mit den ersten Deichen auch die Ufer verkleidet und sie auf diese Weise vervollständigt hätte, einen auch bei Niedrigwasser schiffbaren Fluß und ein sicheres Hinterland hätten, das vor Überschwemmungen bewahrt bliebe.

Natürlich wäre es unlogisch, daraus zu schließen, der eingedämmte Fluß könne jemals sein Hochwassergefälle soweit senken, daß Deiche überflüssig würden, aber man hofft, den Fluß als Wasserabzug mit Hilfe dieser seitlichen Einengung in seiner Form so zu verbessern, daß er sogar in den seltenen Fällen, wenn das Hochwasser durch das gleichzeitige Ansteigen vieler Nebenflüsse entsteht, Abfluß haben wird, ohne Deiche von gewöhnlicher Höhe zu zerstören. Die tatsächliche Aufnahmefähigkeit einer durch Schwemmboden verlaufenden Wasserrinne hängt von ihrem Fassungsvermögen während eines Hochwassers ab; das bezieht sich jedoch nicht auf ein außergewöhnliches Hochwasser, sondern nur auf das regelmäßige.

Es lohnt sich kaum, auf Pläne einzugehen, die eine Entlastung des Mississippihochwassers durch das Anlegen neuer Abflüsse vorsehen; denn diese sensationellen Vorschläge haben nur bei gedankenlosen Köpfen Zustimmung gefunden und werden von Wasserbauingenieuren keineswegs unterstützt. Bestünde das Flußbett aus Gußeisen, wäre es vielleicht notwendig, Öffnungen für überschüssiges Wasser zu schaffen; da der Boden aber nachgibt und die beste Abflußform eine einzige tiefe Rinne ist, die ja das niedrigste Verhältnis vom Umfang zur Querschnittsfläche bietet, kann es kaum eine unklügere Methode geben als eine Vervielfachung der Abflußwege.

Bei der obigen Darstellung habe ich mich bemüht, so gedrängt wie möglich und soweit die Wichtigkeit des Themas es zuließ, die allgemeinen Bestandteile des Problems und die Grundzüge der vorgeschlagenen Regulierungsmethode wiederzugeben, welche die Mississippikommission bestätigt hat.

Der Verfasser kann nicht umhin, es selbst als ein wenig anmaßend zu empfinden, wenn er versucht, die Fakten darzulegen, die ein Unternehmen betreffen, bei dem höchstes wissenschaftliches Können erforderlich ist, aber es geht hier um eine Sache, die jeden Bürger der Vereinigten Staaten interessiert, und um eine der Methoden des Wiederaufbaus, die Zustimmung finden sollte. Hierbei handelt es sich um Beseitigung der Kriegsfolgen, bei der es keine privaten Vorteile und auch keine Entschädigungen gäbe, es sei denn im Fall von Zerstörungen durch den Krieg, die durchaus von der Bevölkerung des ganzen Landes wiedergutgemacht werden sollten.

Boston, am 14. April 1882 Edward Atkinson

C

Aufnahme von Kapitän Basil Halls Buch in den Vereinigten Staaten

Da ich nun fast am Ende unserer Reise angelangt bin, möchte ich, bevor ich zum Schluß komme, noch einmal erwähnen, was ich für einen der hervorstechendsten nationalen Charakterzüge der Amerikaner halte, nämlich ihre hochgradige Empfindlichkeit und Verletzbarkeit gegenüber allem, was über sie gesagt oder geschrieben wird. Das bemerkenswerteste Beispiel, das ich hierfür anführen kann, ist wohl die Wirkung, die das Erscheinen von Kapitän Basil Halls Buch „Reisen durch Nordamerika“ bei fast allen Leserschichten erzeugt hat. Es war tatsächlich eine Art moralisches Erdbeben, und die Erschütterungen, in die es die Gefühle der ganzen Republik von einem Ende der Staaten zum anderen versetzte, waren noch keineswegs abgeklungen, als ich das Land im Juli 1831, zwei Jahre nach dem Schock, verließ.

Ich befand mich in Cincinnati, als diese Bände erschienen, beschaffte mir aber erst im Juli 1830 ein Exemplar. Ein Buchhändler, an den ich mich wandte, erklärte mir, bevor ihm etwas über den Charakter des Werks bekannt gewesen sei, habe er ein paar Exemplare geführt, aber nachdem er nun den Inhalt kenne, werde nichts ihn dazu bringen, noch ein einziges Stück zu verkaufen. Andere Vertreter seines Berufs müssen jedoch weniger Skrupel gehabt haben, denn das Buch wurde in Groß- und Kleinstädten, in Dörfern und Weilern, auf Dampfschiffen und in Postkutschen gelesen, und ein solches Kriegsgeschrei erhob sich, wie ich es noch bei keiner Gelegenheit jemals zuvor gehört hatte.

Ein brennendes Verlangen nach Anerkennung und die feinfühlige Empfindsamkeit dem Tadel gegenüber galten, glaube ich, schon immer als liebenswürdige Charakterzüge, aber der Zustand, in den das Erscheinen von Kapitän Halls Werk die Republik versetzte, zeigt deutlich, daß diese Gefühle, wenn sie auf die Spitze getrieben werden, eine Schwäche erzeugen, die auf Blödheit hinausläuft.

Es war sehr verblüffend, wie Männer, die in anderen Dingen ein einigermaßen gutes Urteil hatten, ihre Meinung über dieses Buch äußerten. Noch nie habe ich von einem Beispiel gehört, wo die Leidenschaften den gesunden Menschenverstand, der sich im allgemeinen in einer nationalen Kritik äußert, derartig überwältigt hatten. Ich spreche nicht vom Mangel an Gerechtigkeit und einer unvoreingenommenen, weitherzigen Auslegung – die waren vielleicht kaum zu erwarten. Es heißt von anderen Völkern, sie hätten eine empfindliche Haut, aber die Bürger der Staaten besitzen anscheinend überhaupt keine – sie zucken schon zusammen, sobald ein leises Lüftchen sie anweht, wenn es nicht von Lobhudelei gemildert ist. Daher war es nicht besonders überraschend, daß die scharfsinnigen, überzeugenden Äußerungen eines Reisenden, der, wie sie wußten, Gehör fände, gereizt aufgenommen wurden. Auffallend daran war erstens das Übermaß der Wut, in die sie sich hineinsteigerten, und zweitens die kindischen Erfindungen, mit denen sie die, wie sie sich einbildeten, grobe Behandlung zu deuten versuchten.

Nicht zufrieden mit der Erklärung, die Bände enthielten von

Anfang bis Ende kein wahres Wort (eine Behauptung, die ich fast jedesmal hörte, wenn die Rede auf sie kam), machte sich das ganze Land auch ans Werk, die Gründe herauszufinden, weshalb Kapitän Hall in die Vereinigten Staaten gekommen war und weshalb er sein Buch veröffentlicht hatte.

Mit ebensoviel Bestimmtheit und Ernst, als stehe die Mitteilung in einem offiziellen Bericht, habe ich sagen hören, die britische Regierung habe Kapitän Hall allein zu dem Zweck ausgesandt, der wachsenden Bewunderung Englands für die Regierung der Vereinigten Staaten entgegenzuwirken – er sei im Auftrag des Finanzministeriums gekommen und habe nur aus Gehorsam gegenüber seinen Befehlen etwas zu beanstanden gefunden.

Ich gebe dies nicht als den Klatsch eines Klüngels wieder; ich bin davon überzeugt, daß es die Meinung eines sehr beträchtlichen Teils des Landes ist. Dieses eigentümliche Volk ist so tief durchdrungen von der Vorstellung, niemand könne es ohne Bewunderung ansehen, daß es nicht die Möglichkeit zugibt, jemand könne ehrlich und aufrichtig etwas Tadelnswertes an ihm und seinem Land finden.

Viele der amerikanischen Zeitschriften sind, glaube ich, in England gut bekannt, und deshalb brauche ich sie hier nicht zu zitieren, aber manchmal wundere ich mich darüber, daß ihnen noch nie eingefallen ist – keiner von ihnen –, Obadjas Verwünschung in klassisches Amerikanisch zu übertragen; hätten sie es getan, dann wäre ihnen unendlich viel Mühe erspart geblieben, indem sie an die Stelle von „er, Obadja" – „er, Basil Hall" in Klammern gesetzt hätten.

Ich kann die Neugier kaum beschreiben, mit der ich mich schließlich an die Lektüre dieser fürchterlichen Bände machte, und noch weniger kann ich meine Überraschung über ihren Inhalt richtig ausdrücken. Wenn ich sage, daß ich nicht eine einzige übertriebene Feststellung darin gefunden habe, dann genügt das keineswegs. Jemand, der das Land kennt, kann unmöglich übersehen, daß Kapitän Hall ernsthaft nach Dingen gesucht hat, die er bewundern und empfehlen konnte. Wenn er lobt, geschieht es mit sichtlichem Vergnügen, und wenn er tadelt, dann offensichtlich nur zögernd und zurückhaltend, ausgenommen dort, wo rein patriotische Beweggründe ihn veranlassen, unverblümt auszusprechen, was zum Wohl seines Landes bekannt werden muß.

Tatsächlich sah Kapitän Hall das Land von seiner vorteilhaftesten Seite. Da er natürlich mit Einführungsschreiben an die vornehmsten Persönlichkeiten sowie mit der noch einflußreicheren

Empfehlung seines eigenen Rufs ausgerüstet war, wurde er von einem Ende der Staaten zum anderen in großem Salonstil und mit Gepränge empfangen. Er sah das Land in Galakleidung und hatte wenig oder gar keine Gelegenheit, es zu beurteilen, wenn es nicht das Heilige Abendmahl eingenommen hatte, nicht geölt und gesalbt war und ihm alle seine Unvollkommenheiten auf der Stirn geschrieben standen, wie meine Familie und ich es nur allzuoft gesehen haben.

Kapitän Hall hatte auf jeden Fall ausgezeichnete Möglichkeiten, sich mit der Regierungsform und den Gesetzen bekannt zu machen und darüberhinaus auch in Unterhaltungen mit den hervorragendsten Bürgern die besten mündlichen Erläuterungen darüber zu hören. Diese Gelegenheit nahm er ausgezeichnet wahr; nichts Wichtiges begegnete seinem Blick, dem er nicht jene analytische Aufmerksamkeit widmete, die nur ein erfahrener, einsichtiger Reisender seinem Gegenstand schenken kann. Das macht sein Buch äußerst interessant und wertvoll; ich bin jedoch zutiefst davon überzeugt, daß ein Mensch von gleichem Scharfsinn, der die Vereinigten Staaten besuchte und ohne andere Mittel als die alltäglichen Begegnungen des gewöhnlichen Lebens den Nationalcharakter kennenlernen wollte, einen unendlich schlechteren Eindruck von der im Lande herrschenden moralischen Atmosphäre erhielte, als Kapitän Hall ihn anscheinend gewann, und ich neige sehr zu der Ansicht, daß Kapitän Hall ohne seine Zurückhaltung eine weit tiefere Entrüstung hätte äußern müssen, als er sie über viele Seiten des amerikanischen Charakters ausgedrückt hat, den er gut kannte, wie er bei anderen Gelegenheiten zeigte. Offenbar hat er sich aber zur Regel gemacht, nur gerade soviel von der Wahrheit festzustellen, daß sie beim Leser eine richtige Vorstellung hinterläßt und den empfindlichen Leuten, über die er schreibt, möglichst wenig Kummer zufügt. Er legt seine Ansichten und seine Gefühle dar und überläßt es dem Leser, zu schließen, daß er aus guten Gründen darauf gekommen ist, erspart jedoch den Amerikanern die Bitterkeit einer ausführlichen Beschreibung der Umstände.

Wenn jemand beliebt zu sagen, meiner Ansicht liege irgendeine bösartige Abneigung gegen zwölf Millionen Fremde zugrunde, muß ich das auf mich nehmen; und wenn es sich nur um ein müßiges Spintisieren handelte, forderte ich ganz gewiß nicht die Schmähungen, gegen die ich dieser Feststellung wegen gewappnet sein muß, heraus. So ist es aber nicht.

Die Offenheit, mit der Kapitän Hall sich ausdrückt und die er augenscheinlich empfindet, verkennen die Amerikaner als Ironie, oder sie begegnen ihr ganz und gar mit Mißtrauen; die Tatsache, daß er Leuten, die ihm Freundlichkeit gezeigt haben, keinen Kummer bereiten will, weisen sie höhnisch als Affektiertheit zurück, und obwohl sie im innersten Herzen sehr gut wissen müssen, wie unendlich viel mehr sie seiner Gnade ausgeliefert waren, als er zu verraten beliebte, geben sie vor – sogar sich selbst gegenüber –, er habe die schlechten Züge ihres Charakters und ihrer Einrichtungen übertrieben, wo er sie doch in Wirklichkeit mit einer Milde hat davonkommen lassen, die zu ihm passen mag, sowenig sie sie auch verdient hatten, während er gleichzeitig ihre Vorzüge eifrig übertrieben hat, wo immer es ihm irgendwie gelang, etwas für sie Vorteilhaftes zu finden.

D

Das unsterbliche Haupt

In einer entlegenen Gegend des hohen Nordens lebten einst ein Mann und seine Schwester, die nie ein menschliches Wesen zu Gesicht bekommen hatte. Selten, wenn überhaupt, gab es für den Mann einen Anlaß, von zu Hause fortzugehen, denn wenn er das Bedürfnis nach Nahrung empfand, brauchte er sich nur ein kleines Stück von seiner Behausung zu entfernen und dort an einer bestimmten Stelle seine Pfeile mit ihren Widerhaken in den Boden zu stecken. Er erklärte seiner Schwester, wo er die Pfeile eingesetzt hatte, und am Morgen ging sie auf die Suche; stets fand sie dann einen jeden von ihnen im Herzen eines Rehs. Nun mußte sie die Tiere nur noch in ihren Wigwam schleifen und ihre Mahlzeiten zubereiten. So lebte sie, bis sie zur Frau herangewachsen war. Da sagte ihr Bruder, der Iamo hieß, eines Tages zu ihr: „Schwester, es naht die Zeit, wo du krank werden wirst. Hör auf meinen Rat. Tust du es nicht, kann das meinen Tod bedeuten. Nimm die Geräte, mit denen wir unser Feuer entfachen. Geh ein Stück von unserem Wigwam fort und zünde dir ein eigenes Feuer an. Wenn du Nahrung brauchst, sage ich dir, wo du sie findest. Du mußt für dich allein kochen und ich für mich. Wenn du krank bist, versuch nicht, in die Nähe des Wigwams zu kommen oder irgendwelche Gegenstände herzubringen, die du benutzt. Gib acht, daß du die Geräte, die du brauchst, an deinem Gürtel befestigst, denn du weißt ja nicht, wann die Zeit kommt. Was mich betrifft, so muß ich mich behelfen, so gut ich kann." Seine Schwester versprach, ihm in allem, was er gesagt hatte, zu gehorchen.

Bald darauf mußte ihr Bruder von zu Hause fortgehen. Sie war allein in ihrem Wigwam und kämmte sich das Haar. Sie hatte gerade den Gürtel abgelegt, an dem ihre Geräte befestigt waren, als plötzlich das Ereignis eintrat, auf das ihr Bruder sie hingewiesen hatte. Sie rannte aus dem Wigwam, vergaß jedoch in der Eile ihren Gürtel. Sie hatte Angst zurückzukehren, stand eine Weile unschlüssig da und überlegte. Endlich beschloß sie, zurückzukehren und ihn zu holen. Denn sie dachte: Mein Bruder ist nicht zu Hause, und ich bleibe ja nur einen Augenblick, um den Gürtel zu nehmen. Sie kehrte um. Rasch lief sie hinein, packte ihn und kam eben heraus, als sie ihren Bruder erblickte. Er wußte, was geschehen war. „Ach", sagte er, „habe ich dir nicht gesagt, du sollst achtgeben? Jetzt aber hast du mich getötet." Sie wollte fort, ihr Bruder sagte jedoch: „Was kannst du denn jetzt noch tun? Das Unheil ist bereits geschehen. Geh hinein und bleib, wo du immer gewesen bist. Was soll nur aus dir werden? Du hast mich getötet."

Dann legte er sein Jagdgewand und seine Ausrüstung beiseite, und bald darauf begannen seine beiden Füße schwarz zu werden, so daß er sich nicht mehr fortbewegen konnte. Doch er leitete seine Schwester weiter an, wohin sie die Pfeile stecken sollte, damit sie immer Nahrung hätte. Dic Entzündung breitete sich aus und hatte nun schon seine unterste Rippe erreicht, da sprach er: „Schwester, mein Ende ist nahe. Du mußt tun, was ich dir sage. Du siehst dort meinen Medizinbeutel und daran gebunden meine Streitkeule. Darin sind alle meine Medizingegenstände, mein Federschmuck und meine Farben zur Kriegsbemalung. Sobald die Entzündung meine Brust erreicht hat, ergreifst du meine Streitkeule. Sie hat eine scharfe Spitze, und du schneidest mir das Haupt ab. Wenn es von meinem Körper frei ist, nimm es und steck den Hals in den Beutel, den du an einem Ende aufmachen mußt. Häng ihn dann an seinen früheren Platz. Vergiß meinen Bogen und meine Pfeile nicht. Einen Pfeil nimmst du, um dir Nahrung zu beschaffen. Die übrigen binde in meinen Beutel und häng ihn dann so auf, daß ich zur Tür schauen kann. Ab und zu werde ich mit dir reden, aber nicht sehr oft." Seine Schwester versprach von neuem, ihm zu gehorchen.

Nach kurzer Zeit war seine Brust angegriffen. „Jetzt nimm die Keule", sagte er, „und schlag mir das Haupt ab." Sie fürchtete sich, aber er hieß sie, sich ein Herz zu fassen. „Schlag zu!“ sagte er, und auf seinem Gesicht lag ein Lächeln. Sie nahm all ihren Mut zusammen, führte den Schlag und trennte ihm den Kopf ab. „Jetzt tu mich dorthin, wo ich es dich geheißen habe“, sagte das Haupt. Angstvoll führte sie alle seine Befehle aus. Das Haupt behielt sein Leben, blickte sich wie sonst in der Hütte um und befahl seiner Schwester an die Stellen zu gehen, wo sie Fleisch verschiedener Tiere zu ihrer Nahrung finden könnte. Eines Tages sagte das Haupt: „Die Zeit ist nicht mehr fern, da ich aus dieser Lage befreit werde und viel Schlimmes zu erleiden habe. So hat es der höchste Manito bestimmt, und ich bin gezwungen, alles geduldig zu ertragen.“ In diesem Zustand müssen wir nun das Haupt verlassen.

In einem entfernten Teil des Landes lag ein Dorf, das eine große, kriegerische Schar Indianer bewohnte. In diesem Dorf lebte eine Familie von zehn jungen Männern – Brüdern. Im Frühling dieses Jahres schwärzte der Jüngste von ihnen sich das Gesicht und fastete. Seine Träume waren günstig. Als sein Fasten beendet war, ging er in der Nacht heimlich seine Brüder holen, damit niemand im Dorf sie belauschte und herausfand, wohin sie gehen wollten. Zwar konnte man ihre Trommel hören, aber das war nichts Ungewöhnliches. Nach den herkömmlichen Formalitäten erzählte er ihnen, wie vielversprechend seine Träume gewesen waren und daß er sie zusammengerufen habe, um zu erfahren, ob sie ihn auf einem Kriegszug begleiten wollten. Alle antworteten, sie kämen mit ihm. Der drittälteste Bruder, der für seine Wunderlichkeit bekannt war, packte seine Streitkeule, als sein Bruder ausgeredet hatte, und sprang auf. „Ja“, rief er, „ich komme mit, und so werde ich mit denen umgehen, gegen die ich kämpfe!“ Und er versetzte dem Pfosten in der Mitte des Wigwams einen Hieb und stieß ein Kriegsgeschrei aus. Die anderen sagten: „Sachte, sachte, Mudjikewis, wenn du in anderer Leute Wigwam bist!“ Da setzte er sich nieder. Dann ergriffen sie der Reihe nach die Kriegstrommel, sangen ihre Lieder und nahmen zum Abschluß ein Festmahl ein. Der Jüngste ermahnte sie, ihre Absichten nicht ihren Frauen zuzuflüstern, sondern sich heimlich auf den Zug vorzubereiten. Alle versprachen, ihm zu gehorchen, und Mudjikewis als erster.

Die Zeit für ihren Aufbruch war gekommen. Sie ließen die Nachricht umgehen, sich in einer bestimmten Nacht zu versammeln und sogleich fortzuziehen. Mudjikewis verlangte lauthals seine Mokassins. Seine Frau fragte ihn mehrmals nach dem Grund. „Außerdem hast du doch ein gutes Paar an“, sagte sie.

„Schnell, schnell", erwiderte er, „wenn du es denn unbedingt wissen mußt – wir begeben uns auf einen Kriegszug; mach also rasch." So gab er das Geheimnis preis. In dieser Nacht versammelten sie sich und brachen auf. Schnee bedeckte die Erde, und sie gingen die ganze Nacht, aus Furcht, daß die anderen ihnen folgten. Als der Tag anbrach, nahm der Führer etwas Schnee, formte daraus einen Ball, warf ihn in die Luft und sagte: „So habe ich im Traum Schnee fallen sehen, und niemand konnte meine Spur verfolgen." Er hieß sie, sich dicht beisammenzuhalten, damit sie einander nicht verloren, denn nun begann es in großen Flocken zu schneien. So nahe sie auch hintereinandergingen, sie konnten sich nur mit Mühe sehen. Es schneite weiter den ganzen Tag und die darauffolgende Nacht, und so war es unmöglich, ihre Spuren zu verfolgen.

Sie waren nun schon mehrere Tage unterwegs, und Mudjikewis ging immer als letzter. Eines Tages rannte er plötzlich vor, stieß das Saw-saw-quan* aus und schmetterte seine Streitkeule gegen einen Baum; der brach in Stücke, als habe ihn ein Blitz getroffen. „Brüder", sagte er, „so werde ich mit denen umgehen, gegen die wir kämpfen." Der Führer antwortete: „Sachte, sachte, Mudjikewis – der, gegen den ich dich führe, ist nicht zu verachten!" Mudjikewis blieb wieder zurück und dachte bei sich: Nanu! Nanu! Wer kann das wohl sein, gegen den er uns führt? Er hatte Angst und schwieg. Tag für Tag zogen sie weiter, bis sie zu einer weiten Ebene kamen, an deren Rand menschliche Gebeine in der Sonne bleichten. Der Führer sprach: „Es sind die Knochen derjenigen, die vor uns dorthin gegangen sind. Noch nie ist einer zurückgekehrt und hat die traurige Geschichte ihres Schicksals berichtet." Wieder verlor Mudjikewis die Geduld, stürmte vor und stieß den gewohnten Schrei aus. Er rannte zu einem hohen Felsblock, der aus dem Boden ragte, versetzte ihm einen Schlag, und der Fels brach in Stücke. „Seht, Brüder", sagte er, „so werde ich mit denen umgehen, gegen die wir kämpfen!" – „Schön ruhig bleiben", sagte wieder der Führer. „Der, gegen den ich euch führe, läßt sich nicht mit dem Felsen vergleichen."

Mudjikewis blieb nachdenklich zurück und sagte sich: Ich möchte bloß wissen, wer das sein kann, den er angreifen will; und er fürchtete sich. Noch immer erblickten sie die Gebeine toter Krieger, die dorthin gezogen waren, wohin auch sie jetzt gingen, und von denen einige bis zu der Stelle zurückgelangt waren, an der sie die ersten Knochen gesehen hatten; weiter hatte keiner je

* Kriegsgeschrei

fliehen können. Endlich kamen sie auf eine Anhöhe, von der aus sie einen gewaltigen Bären erkennen konnten, der in der Ferne auf einem Berg schlief.

Der Abstand zu ihm war sehr groß, aber die Riesenhaftigkeit des Tieres machte ihn deutlich sichtbar. „Da!" sagte der Führer, „zu ihm führe ich euch; hier beginnen unsere Sorgen, denn er ist ein Mishemokwa und ein Manito. Er ist es, der besitzt, was wir so hochschätzen (nämlich Wampum) und das zu gewinnen die Krieger, deren Gebeine wir sahen, ihr Leben opferten. Ihr dürft euch nicht fürchten – seid mannhaft. Wir werden ihn schlafend vorfinden." Dann schritt der Führer voran und berührte den Gürtel, den das Tier um den Hals trug. „Das hier müssen wir bekommen", sagte er, „es enthält das Wampum." Nun baten sie den Ältesten, er möge versuchen, ob er den Gürtel über den Kopf des Bären streifen konnte, der fest zu schlafen schien, denn er ließ sich durch ihre Bemühung, den Gürtel zu erlangen, nicht im geringsten stören. Alle strengten sich umsonst an, bis der Zweitjüngste an die Reihe kam. Er versuchte es, und der Gürtel glitt fast über den Kopf des Untiers, weiter aber konnte er ihn nicht bewegen. Dann unternahm der Jüngste, ihr Führer, den Versuch, und ihm gelang es. Er legte die Beute dem Ältesten über den Rücken und sagte: „Jetzt rasch weg von hier!", und sie liefen fort. Wenn der eine vom Gewicht des Gürtels müde wurde, löste ihn ein anderer ab. So rannten sie, bis sie die Gebeine aller zuvor hierhergelangten Krieger hinter sich gelassen hatten und schon ein Stück weiter waren, da blickten sie sich um und sahen, daß das Ungetüm sich langsam erhob. Es stand eine Weile da, bis es sein Wampum vermißte. Dann hörten sie sein schreckliches Gebrüll, das wie ferner Donner anschwoll und nach und nach den ganzen Himmel erfüllte; darauf hörten sie es sprechen und sagen: „Wer hat gewagt, mir mein Wampum zu stehlen? Die Erde ist nicht groß genug, daß ich sie nicht fände!" Und der Bär kam vom Berg herunter, um sie zu verfolgen. Bei jedem seiner Sprünge erzitterte der Boden wie bei einem Erdbeben. Schon bald näherte er sich der Schar. Sie aber behielten den Gürtel, gaben ihn von einem zum anderen weiter und sprachen sich gegenseitig Mut zu; der Bär kam jedoch rasch immer näher. „Brüder", sagte der Führer, „hat keiner von euch beim Fasten von irgendeinem freundlichen Geist geträumt, der euch helfen und behüten würde?" Tiefes Schweigen folgte. „Nun", sagte er, „als ich fastete, träumte ich, ich sei in unmittelbarer Todesgefahr, und da sah ich einen kleinen Wigwam, aus dem sich oben Rauch kräuselte. Dort wohnte ein alter Mann, und in meinem Traum half er mir; möge es nur bald wahr werden", sagte er, stürzte voran und stieß den eigentümlichen Schrei aus – ein Geheul, das wie tief aus dem Magen kommt und Checaudum heißt. Sie gelangten auf eine Anhöhe, und siehe, da war ein Wigwam zu sehen, aus dem sich oben Rauch kräuselte. Das verlieh allen neue Kraft, und sie rannten darauf zu und traten ein. Der Führer sagte zu dem alten Mann, der im Wigwam saß: „Nemesho, hilf uns, wir fordern deinen Schutz, denn der große Bär wird uns töten." – „Setzt euch und eßt, meine Enkel", sagte der alte Mann. „Wer ist ein großer Manito? Es gibt keinen außer mir. Aber laßt mich nachschauen." Er öffnete die Tür des Wigwams – und siehe, da sah er das wütende Tier in geringer Entfernung mit langsamen, aber gewaltigen Sätzen herankommen. Er schloß die Tür. „Ja", sagte er, „er ist tatsächlich ein großer Manito. Meine Enkel, durch euch werde ich mein Leben verlieren; ihr habt mich um meinen Schutz gebeten, und ich habe ihn euch zugesagt, so werde ich euch also beschützen, komme, was da wolle. Wenn der Bär an der Tür des Wigwams anlangt, müßt ihr zur anderen Tür hinauslaufen." Dann streckte er die Hand zur Wand des Wigwams aus, neben der er saß, holte einen Beutel hervor und öffnete ihn. Er nahm zwei kleine, schwarze Hunde heraus und setzte sie vor sich nieder. „Die benutze ich beim Kämpfen", sagte er und begann dem einen mit beiden Händen die Flanken zu streicheln. Der Hund schwoll so stark an, daß er mit seinem Körper bald den ganzen Wigwam ausfüllte, und er hatte lange, kräftige Zähne. Als er seine volle Größe erreicht hatte, knurrte er, und im selben Augenblick sprang er, wie vom Instinkt geleitet, zur Tür hinaus und griff den Bären an, der mit dem nächsten Sprung den Wigwam erreicht hätte. Ein fürchterlicher Kampf entbrannte. Der Himmel hallte wider vom Gebrüll der schrecklichen Ungetüme. Bald stürzte sich auch der andere Hund ins Getümmel. Die Brüder befolgten bei dem Angriff den Rat des Alten und flohen zur anderen Seite des Wigwams hinaus. Sie waren noch nicht weit gekommen, als sie das Todesgeheul des einen Hundes hörten und bald darauf das des zweiten. „Nun", sagte der Führer, „der alte Mann wird ihr Schicksal teilen, also rennt – der Bär wird bald hinter uns her sein." Sie liefen mit neuer Kraft, denn sie hatten von dem Alten zu essen bekommen, aber schon kurz darauf war der Bär wieder zu sehen und näherte sich ihnen rasch. Von neuem fragte der Führer seine Brüder, ob sie nichts zu ihrer Sicherheit tun könnten. Alle blieben stumm. Der Führer rannte weiter und rief wie zuvor im Laufen: „Mir träumte, in großer Not hülfe mir ein alter Mann, ein Manito; wir werden bald seinen Wigwam sehen." Sie faßten Mut und liefen weiter. Kurz darauf erblickten sie die Behausung des alten Manito. Sie traten sogleich ein und forderten seinen Schutz; sie berichteten, ein Manito verfolge sie. Der alte Mann setzte ihnen Fleisch vor und sagte: „Eßt! Wer ist ein Manito? Es gibt keinen Manito außer mir, es gibt keinen, vor dem ich mich fürchte", und die Erde erzitterte, als das Ungetüm sich näherte. Der Alte öffnete die Tür und sah es herankommen. Er schloß sie langsam wieder und sagte: „Ja, meine Enkel, ihr habt mich in Not gebracht." Er nahm seinen Medizinbeutel, holte seine kleinen Streitkeulen aus schwarzem Stein daraus hervor und sagte zu den jungen Männern, sie sollten auf der anderen Seite zum Wigwam hinausrennen. Als er die Keulen berührte, wurden sie sehr groß, und der alte Mann trat in dem Augenblick hinaus, da der Bär die Tür erreichte. Dann versetzte er ihm mit der einen Keule einen Schlag; sie brach in Stücke, und der Bär stolperte. Der Alte wiederholte den Versuch mit der anderen Streitkeule, und auch sie zerbrach, aber der Bär stürzte besinnungslos zu Boden. Jeder Hieb, den der alte Mann gegen ihn führte, dröhnte wie ein Donnerschlag, und das Geheul des Bären setzte sich fort, bis es den ganzen Himmel erfüllte.

Die jungen Männer waren ziemlich weit gerannt, bevor sie sich umblickten. Sie stellten fest, daß der Bär sich von den Schlägen erholte. Zuerst bewegte er die Pfoten, und dann sahen sie ihn sich aufrichten. Der alte Mann teilte das Schicksal des anderen, denn nun hörten sie sein Schreien, als er in Stücke zerrissen wurde. Wieder nahm das Ungetüm die Verfolgung auf und kam rasch näher. Noch immer verloren die jungen Männer nicht den Mut und rannten weiter; aber der Bär war schon so nahe, daß der Führer sich von neuem an seine Brüder wandte; sie vermochten jedoch nichts zu tun. „Nun", sagte er, „meine Träume werden bald erschöpft sein, nach diesem hier habe ich nur noch einen." Er lief weiter und rief seinen Schutzgeist an, ihm zu helfen. „Einmal träumte ich, ich befände mich in einer schlimmen Lage", sagte er, „da kam ich an einen großen See, und am Ufer lag ein halb aufs Land gezogenes Kanu mit zehn Paddeln bereit. Habt keine Angst", rief er, „wir sind bald dort!" Und so war es, genau wie er gesagt hatte. Sie kamen an den See, erblickten das Kanu mit zehn Paddeln und legten sogleich ab. Kaum hatten sie die Mitte des Sees erreicht, sahen sie den Bären am Ufer ankommen. Er erhob sich auf die Hinterbeine und schaute um sich. Dann watete er ins

Wasser; als er aber keinen Grund mehr spürte, kehrte er zurück und begann den See zu umrunden. Inzwischen hielt sich die Schar unbeweglich in der Mitte und beobachtete ihn. Er lief rings um den See, bis er schließlich wieder zu der Stelle kam, an der er seine Runde begonnen hatte. Nun fing er an, das Wasser auszusaufen, und sie bemerkten, daß sich rasch eine Strömung bildete, die in seinen geöffneten Rachen lief. Der Führer feuerte sie an, mit aller Kraft an das entgegengesetzte Ufer zu paddeln. Als sie nur noch wenig vom Land entfernt waren, hatte sich die Strömung so verstärkt, daß sie sie zurückriß und alle ihre Bemühungen, das Ufer zu erreichen, vereitelte.

Nun sprach der Führer wieder und forderte sie auf, ihr Schicksal mannhaft zu tragen. „Jetzt ist es an der Zeit, Mudjikewis", sagte er, „deine Tapferkeit zu zeigen. Fasse Mut und setz dich in den Bug des Kanus, und wenn es an das Maul des Bären gelangt, probiere die Wirkung deiner Keule auf seinem Kopf aus." Mudjikewis gehorchte und hielt sich bereit zuzuschlagen, während der Führer, der das Kanu steuerte, es auf den geöffneten Rachen des Ungetüms zulenkte.

Sie schossen rasch vorwärts und waren eben im Begriff, in das Maul des Bären hineinzufahren, als Mudjikewis ihm einen gewaltigen Schlag auf den Kopf versetzte und das Saw-saw-quan ertönen ließ. Dem Bären knickten die Beine ein, und er fiel um, von dem Hieb betäubt. Bevor aber Mudjikewis den Schlag wiederholen konnte, spie das Untier alles Wasser, das es getrunken hatte, mit solcher Kraft wieder aus, daß das Kanu pfeilschnell ans andere Ufer schoß. Sie verließen es sogleich und flohen weiter, immer weiter, bis sie gänzlich erschöpft waren. Wieder erzitterte der Boden, und bald darauf sahen sie das Untier dicht hinter sich. Ihr Mut sank, und sie wollten schon aufgeben. Der Führer bemühte sich, sie durch Wort und Tat aufzumuntern, und er fragte sie von neuem, ob ihnen nichts einfalle und sie nichts zu ihrer Rettung unternehmen könnten, und wie zuvor schwiegen alle. „Dann ist dies das letztemal, daß ich meinen Schutzgeist anrufen kann", sagte er. „Wenn wir jetzt keinen Erfolg haben, ist unser Schicksal besiegelt." Er rannte weiter, rief mit größtem Nachdruck seinen Schutzgeist an und stieß seinen Schrei aus. „Wir werden bald zu dem Ort kommen, wo mein letzter Schutzgeist wohnt", teilte er seinen Brüdern mit, „zu ihm habe ich großes Vertrauen. Habt ja keine Furcht, auf keinen Fall, sonst lähmt euch die Angst die Glieder. Bald haben wir seinen Wigwam erreicht. Lauft, lauft!" rief er.

Kehren wir nun zu Iamo zurück. Er hatte die ganze Zeit in derselben Lage verbracht, in der wir ihn verließen. Das Haupt unterwies die Schwester, wohin sie die Zauberpfeile stecken mußte, um sich Nahrung zu beschaffen, und sprach nur in langen Zwischenräumen. Eines Tages sah die Schwester, daß seine Augen wie vor Freude aufglänzten. Endlich sprach das Haupt. „Ach, Schwester", sagte es, „in was für eine jämmerliche Lage hast du mich doch gebracht! Bald, sehr bald wird eine Schar junger Männer herkommen und mich um Hilfe bitten – aber ach, wie kann ich sie ihnen geben, wo ich es doch so gern getan hätte? Trotzdem aber nimm zwei Pfeile und stecke sie dorthin, wohin du sonst immer die anderen gesteckt hast, und bereite Fleisch zu und koche es, bevor sie eintreffen. Wenn du sie kommen und meinen Namen rufen hörst, geh hinaus und sage: ‚Ach, leider hat ihn schon vor langer Zeit ein Unglück ereilt, schuld daran bin ich!' Wenn sie trotzdem näher kommen, bitte sie herein und setze ihnen Fleisch vor. Und jetzt mußt du meine Anweisungen ganz genau befolgen. Wenn der Bär sich nähert, geh hinaus und tritt ihm entgegen. Du nimmst meinen Medizinbeutel, meinen Bogen, meine Pfeile und mein Haupt mit. Dann mußt du den Sack aufbinden und alle meine Farben vor dir ausbreiten, meinen Kriegsschmuck aus Adlerfedern, die getrockneten Haarbüschel und alles, was sonst noch darin ist. Sobald der Bär herankommt, nimmst du diese Gegenstände einen nach dem anderen und sagst zu ihm: ‚Dies sind die Farben meines verstorbenen Bruders' und so fort mit allen übrigen Dingen, und du wirfst sie nacheinander, so weit du kannst. Die Kraft, die sie enthalten, wird ihn zum Taumeln bringen, und um ihn endgültig zu erledigen, nimmst du mein Haupt, schleuderst es ebenfalls so weit wie möglich und rufst dabei laut: ‚Sieh, das ist das Haupt meines verstorbenen Bruders!' Dann wird er leblos umfallen. Inzwischen haben die jungen Männer gegessen, und du rufst sie, dir zu helfen. Dann müßt ihr den Kadaver in Stücke schneiden – ja, in kleine Stücke – und ihn in alle vier Winde zerstreuen, denn wenn ihr das nicht tut, erwacht er wieder zum Leben." Sie versprach, alles genauso auszuführen. Sie hatte gerade genug Zeit, das Fleisch zuzubereiten, als die Stimme des Führers schon zu hören war, der Iamo um Hilfe anrief. Die Frau ging hinaus und sagte, was ihr Bruder sie geheißen hatte. Die Schar der Krieger aber rannte zum Wigwam, da sie hart verfolgt wurden. Sie bat sie hinein und setzte ihnen Fleisch vor. Während sie aßen, hörte sie das Untier sich nähern. Sie band den Medizinbeutel auf, nahm das Haupt und hielt alles für die Ankunft des Bären bereit.

Als er heran war, handelte sie genau nach ihrem Auftrag, und noch bevor sie die Farben und die Federn aufgebraucht hatte, begann der Bär zu taumeln, kam aber trotzdem noch näher auf die Frau zu. Nun nahm sie, dem Befehl gehorchend, das Haupt und schleuderte es, so weit sie konnte. Als es über die Erde rollte, strömte ihm das Blut, durch die Aufregung bei dieser schrecklichen Szene in Wallung geraten, aus Mund und Nase. Der taumelnde Bär fiel gleich darauf mit gewaltigem Krachen zu Boden. Nun rief sie um Hilfe, und die jungen Männer kamen herausgerannt, nachdem sie einen Teil ihrer Kraft und ihres Muts zurückgewonnen hatten.

Mudjikewis trat vor, stieß einen Schrei aus und versetzte dem Bären einen Schlag auf den Kopf. Dies wiederholte er, bis der nur noch ein Brei von Hirn zu sein schien, während die anderen das Tier so rasch wie möglich in ganz kleine Stücke zerschnitten und sie dann in alle Himmelsrichtungen zerstreuten. Bei dieser Beschäftigung blickten sie zufällig dorthin, wohin sie die Fleischstücke geworfen hatten, und o Wunder, sie sahen kleine schwarze Bären, wie wir sie bis zum heutigen Tage kennen, sich erheben und in alle Richtungen davonlaufen. Das Land war bald von diesen schwarzen Tieren bevölkert. Von jenem Untier stammt die heutige Rasse der schwarzen Bären ab.

Nachdem die Brüder ihren Verfolger auf diese Weise überwältigt hatten, kehrten sie in den Wigwam zurück. Inzwischen hatte die Frau die Gegenstände, die sie benutzt hatte, und das Haupt aufgesammelt und wieder in den Beutel gesteckt. Das Haupt aber sprach nicht wieder, wahrscheinlich war die Anstrengung bei der Überwältigung des Untiers zu groß gewesen.

Da die jungen Männer für ihre Flucht soviel Zeit gebraucht und dabei ein so weites Land durchquert hatten, gaben sie den Gedanken auf, jemals wieder in ihre Heimat zurückzukehren, und da es hier reichlich Wild gab, beschlossen sie, zu bleiben, wo sie waren. Eines Tages entfernten sie sich eine gute Strecke vom Wigwam, um zu jagen, und ließen das Wampum bei der Frau. Die Jagd war sehr erfolgreich, und wie alle jungen Männer, wenn sie unter sich sind, belustigten sie sich mit Gesprächen und Scherzen. Da sagte einer von ihnen: „Wir haben so viel Spaß ganz allein gehabt; laßt uns doch unsere Schwester fragen, ob sie uns nicht erlaubt, das Haupt hierherzubringen, da es ja noch lebt. Vielleicht hat es Freude daran, uns reden zu hören und in unserer Gesellschaft zu sein. Bringt unserer Schwester inzwischen etwas zu essen. Sie gingen hin und baten um das Haupt. Sie sagte, sie sollten es nur mitnehmen, und sie brachten es in ihre Jagdgründe und bemühten sich, es zu belustigen, aber sie sahen seine Augen nur hin und wieder vergnügt aufleuchten. Eines Tages, während sie in ihrem Lager beschäftigt waren, griffen fremde Indianer sie unerwartet an. Das Gefecht zog sich lange hin und war blutig; sie erschlugen viele Feinde, aber die waren noch immer in dreißigfacher Übermacht. Die jungen Männer kämpften verzweifelt, bis alle getötet waren. Dann zogen sich die Angreifer auf einen Hügel zurück, um ihre Leute zu sammeln und die Vermißten und Gefallenen zu zählen. Einer dieser jungen Männer war zurückgeblieben, und als er die anderen einholen wollte, gelangte er an die Stelle, wo das Haupt aufgehängt war. Wie er sah, daß es allein noch lebte, schaute er es sich eine Weile voller Furcht und Erstaunen an. Er nahm es jedoch herab und öffnete den Beutel; er freute sich sehr über die schönen Federn und steckte sich eine davon an den Kopf.

Unterwegs wippte sie anmutig über ihm, bis er seine Schar erreicht hatte; da warf er das Haupt und den Beutel auf die Erde und berichtete den anderen, wie er alles gefunden hatte und daß der Beutel voller Farben und Federn war. Alle sahen sich das Haupt an und spotteten darüber. Viele der jungen Männer nahmen sich die Farben und bemalten sich; einer packte das Haupt beim Haar und sagte: „Schau nur, du häßliches Ding, und sieh dir deine Farben auf den Gesichtern von Kriegern an."

Die Federn aber waren so schön, daß viele sie sich gleichfalls an den Kopf steckten. Dann beleidigten sie das Haupt von neuem auf allerlei Weise, das mußten aber die, welche die Federn benutzt hatten, mit dem Tode bezahlen. Nun befahl ihnen der Häuptling, außer dem Haupt alles fortzuwerfen. „Wenn wir nach Hause kommen, werden wir sehen, was wir damit machen können", sagte er. „Wir wollen versuchen, ob wir es dazu bringen können, die Augen zu schließen."

Als sie heimgekehrt waren, brachten sie das Haupt in den Wigwam der Ratsversammlung, hingen es vor dem Feuer auf und befestigten es mit eingeweichten Rohlederriemen, die durch das Feuer schrumpfen und straff werden mußten. „Dann werden wir ja sehen", sagten sie, „ob wir es nicht dazu bringen können, die Augen zu schließen."

Inzwischen hatte die Schwester mehrere Tage lang darauf gewartet, daß die jungen Männer das Haupt zurückbrächten; endlich wurde sie ungeduldig und machte sich auf die Suche nach ihm. Die jungen Männer fand sie dicht beieinander liegend – tot und von Wunden bedeckt. Um sie herum lagen überall verstreut eine Anzahl anderer Leichen. Sie suchte nach dem Haupt und dem Beutel, aber sie waren nirgends zu finden. Sie klagte laut und weinte, und sie schwärzte sich das Gesicht. Dann ging sie hierhin und dorthin, bis sie zu der Stelle kam, von wo man das Haupt entfernt hatte. Danach stieß sie auf den Zauberbogen und die Pfeile, da die jungen Männer, die ihre magische Kraft nicht kannten, sie hatten liegenlassen. Sie dachte, sie würde das Haupt ihres Bruders finden und gelangte auf eine Anhöhe; dort entdeckte sie etliche seiner Farben und Federn. Sie hob sie sorgsam auf und hängte sie bis zu ihrer Rückkehr an einen Ast.

In der Dämmerung erreichte sie den ersten Wigwam eines sehr weitläufigen Dorfs. Hier wandte sie einen Zauber an, der unter Indianern gebräuchlich ist, wenn sie eine gute Aufnahme finden möchten. Als sie sich an den alten Mann und die Frau, die den Wigwam bewohnten, um Hilfe wandte, empfingen sie sie freundlich. Sie teilte ihnen mit, weshalb sie gekommen war. Der alte Mann versprach, ihr zu helfen, und er erzählte ihr, daß das Haupt vor dem Ratsfeuer hing und die Häuptlinge des Dorfs es mit ihren jungen Männern ständig bewachten. Jene würden als Manitos angesehen. Sie sagte, sie wolle das Haupt nur anschauen und wäre schon zufrieden, wenn sie bloß an die Tür des Wigwams gelangen könne. Sie wußte, daß sie nicht genügend Macht besaß, es mit Gewalt zu nehmen. „Komm mit", sagte der Indianer, „ich bringe dich hin." Sie gingen und setzten sich dort in der Nähe der Tür nieder. Der Ratswigwam war voller Krieger, die sich mit Spielen vergnügten und ständig ein Feuer unterhielten, um das Haupt zu räuchern und, wie sie sagten, Dörrfleisch daraus zu machen. Sie sahen, daß sich das Haupt bewegte, und da sie nicht wußten, wie sie das deuten sollten, sprachen sie: „Ha, ha, es fängt an, die Wirkung des Rauchs zu spüren." Die Schwester sah von der Tür her zu ihm auf, und ihr Blick begegnete dem ihres Bruders; da rollten Tränen die Wangen des Hauptes hinab. „Aha", sagte der Häuptling, „habe ich mir doch gedacht, daß wir dich schließlich zu etwas kriegen. Schaut nur, schaut es euch an – es vergießt Tränen!" sagte er zu denen, die um ihn herum saßen, und alle lachten und verspotteten das Haupt. Als der Häuptling sich umblickte und die Frau sah, fragte er nach einer Weile den Mann, der mit ihr gekommen war: „Wen hast du denn da? Diese Frau habe ich in unserem Dorf noch nie gesehen." – „Doch", sagte der Mann, „du hast sie schon gesehen; sie ist eine Verwandte von mir und geht selten aus. Sie hält sich in meinem Wigwam auf und hat mich gebeten, mit mir hierherkommen zu dürfen.“ In der Mitte des Wigwams saß einer von jenen jungen Männern, die immer mit dem Mundwerk voraus sind und sich vor anderen gern spreizen und brüsten. „Aber ja“, sagte er, „ich habe sie schon oft gesehen, und zu dem Wigwam gehe ich fast jeden Abend, um ihr den Hof zu machen.“ Alle übrigen lachten und setzten ihre Spiele fort. Der junge Mann wußte nicht, daß seine Lüge für die Frau von Nutzen war, die auf diese Weise davonkam.

Sie kehrte in den Wigwam des Mannes zurück und machte sich sogleich auf den Weg in ihre Heimat. Als sie den Ort erreichte, wo sich die Leichen ihrer Adoptivbrüder befanden, legte sie sie zusammen, die Füße nach Osten. Dann nahm sie ein Beil, das sie bei sich trug, warf es in die Luft und rief: „Brüder, steht darunter auf, sonst fällt es auf euch!“ Das tat sie dreimal und beim dritten Mal erhoben sich alle Brüder.

Mudjikewis rieb sich die Augen und reckte sich. „Nanu, ich habe ja verschlafen“, sagte er. „Keineswegs“, sagte einer der anderen, „weißt du denn nicht, daß wir alle getötet wurden und uns unsere Schwester wieder zum Leben erweckt hat?“ Die jungen Leute nahmen die Leichen ihrer Feinde und verbrannten sie. Kurz darauf machte sich die Schwester auf, um ihnen aus einem fernen Land Ehefrauen zu holen – woher, wußten sie nicht, aber sie kehrte mit zehn jungen Frauen zurück, die sie den jungen Männern gab, beim Ältesten beginnend. Mudjikewis trat unruhig hin und her, aus Furcht, er bekäme nicht diejenige, die ihm gefiel. Aber er wurde nicht enttäuscht, denn sie war für ihn bestimmt. Und sie paßten gut zueinander, denn sie war eine Zauberin. Dann zogen alle in einen sehr großen Wigwam, und ihre Schwester erklärte ihnen, nun müßten sich die Frauen abwechselnd jede Nacht zu ihres Bruders Haupt begeben und versuchen, es loszubinden. Alle sagten, das wollten sie gern tun. Die Älteste versuchte es als erste und flog rauschend durch die Lüfte.

Um die Morgendämmerung kehrte sie zurück. Sie hatte keinen Erfolg gehabt, sondern nur einen einzigen Knoten lösen können. Alle kamen an die Reihe, und allen gelang es jeweils nur, einen Knoten aufzuknüpfen. Als aber die Jüngste ging, machte sie sich an die Arbeit, sobald sie den Wigwam erreicht hatte, und obgleich der immer von Indianern besetzt war, hatte sie doch nie jemand sehen können. Seit zehn Nächten war der Rauch nun nicht emporgestiegen, sondern hatte den Wigwam erfüllt und sie hinausgetrieben. In dieser letzten Nacht trieb er alle hinaus, und die junge Frau trug das Haupt davon.

Die jungen Leute und die Schwester hörten die junge Frau durch die Lüfte kommen, und sie hörten sie sagen: „Bereitet den Körper unseres Bruders vor", und sobald sie das vernahmen, gingen sie zu einem kleinen Wigwam, in dem Iamos schwarzer Körper lag. Seine Schwester begann, in den Hals einzuschneiden, dort, wo sie das Haupt abgetrennt hatte. Sie schnitt so tief, daß er zu bluten anfing, und die anderen trieben die Schwärze aus dem Körper, indem sie ihn rieben und mit Medizin bestrichen. Inzwischen brachte die junge Frau, die das Haupt herbeitrug, mit Einschnitten in den Hals auch diesen zum Bluten.

Sobald sie angelangt war, preßten sie es fest an den Körper, und mit Hilfe von Medizin und verschiedenen anderen Mitteln gelang es ihnen, Iamo in all seiner früheren Schönheit und Männlichkeit wiederherzustellen. Alle frohlockten über das glückliche Ende ihrer Leiden, und nachdem sie eine Zeitlang fröhlich miteinander verbracht hatten, sagte Iamo: „Jetzt will ich das Wampum verteilen." Er holte den Gürtel, der es enthielt, und beginnend mit dem Ältesten, gab er es zu gleichen Teilen aus. Der Jüngste aber bekam das Prächtigste und Schönste, denn der hintere Teil des Gürtels enthielt die kostbarsten und seltensten Stücke.

Sie erfuhren, daß sie nun, da alle einmal gestorben und wieder zum Leben erwacht waren, nicht mehr zu den Sterblichen, sondern zu den Geistern gehörten, und alle erhielten verschiedene Stellungen in der unsichtbaren Welt zugewiesen. Jedoch nur Mudjikewis' Stellung wurde angegeben. Er sollte für immer den Westwind lenken, der seither allgemein Kebeyun genannt wird. Sie erhielten den Befehl, den Bewohnern der Erde, soweit es in ihrer Macht lag, Gutes zu tun, nicht an ihre Leiden bei der Beschaffung des Wampum zu denken und alles mit freigebiger Hand auszuteilen. Und ihnen wurde auch befohlen, alle Körner und Muscheln von heller Färbung als Friedenssymbole heiligzuhalten, während die von dunklerer Farbe zu Leid und Krieg führen sollten.

Dann begaben sich die Geister unter Gesang und Rufen auf den Flug zu ihrem jeweiligen Wohnsitz in der Höhe; Iamo aber stieg mit seiner Schwester Iamoqua hinab in die Tiefe.

NACHWORT

Mark Twains „Leben auf dem Mississippi" gehört – ebenso wie sein berühmtes Jugendbuch „Tom Sawyers Abenteuer" – zu den hervorragendsten Denkmälern der regionalen Heimatkunst, einer literarischen Bewegung, die unmittelbar nach dem amerikanischen Bürgerkrieg (1861–1865) einsetzte, in den folgenden Jahrzehnten erstarkte und ein wesentliches Bindeglied zwischen der ausklingenden Romantik und dem aufkommenden bürgerlichen Realismus bildete.

So einheitlich die heutigen Vereinigten Staaten einem flüchtigen Betrachter erscheinen mögen, ursprünglich stellten sie ein durchaus mannigfaltiges Gebilde dar. Neben den naturgemäß vorhandenen topographischen und klimatischen Verschiedenheiten gab es innerhalb der einzelnen Großräume des riesigen Landes tiefgehende, historisch begründete Unterschiede wirtschaftlicher, politischer, ethnologischer, kultureller und sprachlicher Art, die in der Mitte des neunzehnten Jahrhunderts durch verschiedene Ereignisse akzentuiert wurden. Die durch den Sieg der kapitalistischen Nordstaaten äußerlich wiederhergestellte Einheit der Union vermochte die weiterbestehenden Differenzen nicht zu verdecken. Der fundamentale Gegensatz zwischen dem teilweise industrialisierten Norden und dem vorwiegend landwirtschaftlichen Süden blieb erhalten. Die weiße Bevölkerung der ehemaligen Sklavenhalterstaaten fühlte sich nach den militärischen Niederlagen erst recht als ein einheitlicher Block, der durch die im Süden verhaßte Rekonstruktionspolitik der Republikaner eher gefestigt als gespalten wurde. In den aufblühenden Gebieten am Pazifischen Ozean wuchs eine Generation heran, die über die gesellschaftlichen Diktate Neuenglands lachte. Im Bereich der Felsengebirge bildeten sich neue Staaten heraus, und unter den Bewohnern südlich der Großen Seen gewann die Überzeugung Raum, daß der Mittlere Westen das Herz Amerikas werden würde. Ökonomische und weltanschauliche Ursachen führten dazu, daß die lokalen Eigenheiten und die regionalen Besonderheiten einzelner Gebiete betont und deutlich hervorgehoben wurden.

Die von Walt Whitman (1819–1892) in der Vorrede zu dem Gedichtband „Grashalme“ an die amerikanischen Dichter gerichtete Aufforderung, Amerika zu besingen, verhallte ungehört. Die meisten Schriftsteller fühlten sich hierfür nicht zuständig oder lehnten ein solches Ansinnen als undurchführbar ab. In dem wenig beachteten Essay „Was Paul Bourget von uns hält“ machte sich Mark Twain ungewollt zum Sprachrohr der Regionalisten, indem er erklärte, ein Künstler solle nicht versuchen, das Leben der ganzen Nation in *einem* Buch darzustellen; er möge sich damit begnügen, das Dasein einer Gruppe von Menschen in einem bestimmten Gebiet – vorzugsweise seiner engeren Heimat – zu beobachten, zu erfassen und realistisch widerzuspiegeln. Andere Schriftsteller müßten für ihre Region ein Gleiches tun. Erst eine Vielzahl von Werken dieser Art werde ein getreues Bild vom Leben der gesamten Nation ergeben. Den gleichen Grundgedanken vertrat der aus Indiana stammende Edward Eggleston (1837–1902), ein Vorkämpfer der Heimatkunstbewegung, als er im Jahre 1892 schrieb: „*Der* amerikanische Roman – von den Literaturkritikern so sehnsüchtig erwartet – erscheint in Sektionen.“

Angeregt durch die Schriften des positivistisch orientierten Franzosen Hippolyte Taine (1828–1893), beseelt von dem Wunsch, bei allen Lesern ein Gefühl der Liebe für ihre Heimat zu erwecken, unwillig, die aufregende Gegenwart künstlerisch zu gestalten, und unfähig, die lokale Enge zu durchbrechen und zu einem Verständnis historischer Prozesse zu gelangen, gingen in den siebziger und achtziger Jahren immer mehr amerikanische Schriftsteller dazu über, in Romanen und Kurzgeschichten ein ihnen aus ihrer Jugend wohlbekanntes und vertrautes Gebiet, die damals dort lebenden Menschen, ihre Sprache, Sitten und Gebräuche darzustellen. Nahezu jeder Landstrich der Vereinigten Staaten fand seinen Sänger. Bret Harte (1836–1902) machte das Publikum im Osten der USA mit den zerklüfteten Sierras, den Lagern der Goldgräber sowie mit den Desperados, Spielern und Dirnen Kaliforniens vertraut. Harriet Beecher-Stowe (1811 bis 1896) – desinteressiert am weiteren Schicksal der formal befreiten Onkel Toms – widmete sich dem Schreiben neuenglischer Dorfgeschichten. Hamlin Garland (1860–1940), der als Kind die schwere Arbeit der Kleinbauern kennengelernt hatte, wählte die eintönigen Prärien von Wisconsin und Iowa zum Schauplatz seiner Kurzgeschichten. Der im farbenfreudigen New Orleans aufgewachsene George Washington Cable (1844–1925) nahm die zypressenbestandenen Bayous von Louisiana, Thomas Nelson Page (1853–1922) die einstmals blühenden Plantagen des alten aristokratischen Virginia und Mary Murfree (1850–1922) die Gebirgsdörfer ihres Heimatstaates Tennessee als authentischen Hintergrund. Samuel Langhorne Clemens, der alle anderen Repräsentanten der Bewegung wie ein Riese überragte, erkor das Mississippibecken und den mächtigen Strom selbst zum Ort der Handlung seiner bedeutendsten Bücher.

Er dürfte den kilometerbreiten „Vater der Gewässer" – so nannten die Indianer den größten Wasserlauf des nordamerikanischen Kontinents – zum erstenmal im Jahre 1839 erblickt haben, als der Jurist und Lokalpolitiker John Clemens mitsamt seiner mehrköpfigen Familie, darunter der vierjährige Samuel, aus dem winzigen Flecken Florida im Staate Missouri nach der aufstrebenden kleinen Hafenstadt Hannibal übersiedelte. Der Strom, an dessen Ufern der Knabe seine Kindheit verbrachte, faszinierte ihn frühzeitig und übte auch in späteren Jahren, als aus dem schmächtigen, rothaarigen Bürschlein längst der berühmte Schriftsteller Mark Twain geworden war, eine starke Anziehungskraft auf ihn aus. Für den Jungen Sam, der zusammen mit seinen Spielgefährten Will Bowen, John Briggs und Tom Blankenship Glasscocks Eiland und die Schildkröteninsel erforschte, in „geliehenen" Booten ruderte, sich heimlich auf lange, aus hellen Kiefernstämmen zusammengefügte Flöße schlich, im Sommer die Fluten durchschwamm, im Winter auf Schlittschuhen die Eisdecke überquerte und sich, sobald ein Schiff anlegte, am Hafen herumtrieb, schien die von den Höhen des Holliday's Hill silberglänzende, in Wirklichkeit gelblichbraune Wasserstraße der Weg in die weite Welt und zu lockenden Abenteuern zu sein. Im vierten Kapitel des vorliegenden Bandes gesteht Mark Twain, daß er, wie die meisten Jungen in Hannibal, von dem brennenden Wunsch erfüllt war, das Leben an Bord eines der schwimmenden Paläste – als solche mußten ihm die stattlichen weißen Raddampfer vorkommen – kennenzulernen. Kajütenjunge, Matrose, Heizer, Kapitän oder gar Lotse zu sein war in seinen Augen der Inbegriff irdischen Glücks. Dabei reizte den unter ärmlichen Verhältnissen aufgewachsenen Knaben neben dem fürstlichen Einkommen und der prächtigen Kleidung vor allen Dingen das Ansehen, das ein Lotse innerhalb der Gesellschaft des alten Südwestens genoß.

Sein Kindheitstraum ging am 9. April 1859 in Erfüllung. Er erhielt nach knapp zweijähriger Lehrzeit unter dem erfahrenen Horace Bixby, der nur zögernd eingewilligt hatte, dem jungen Clemens gegen gute Bezahlung die Navigationskünste beizubringen, ein Lotsenpatent und versah in der Folgezeit auf mindestens zehn verschiedenen Raddampfern Dienst. So schwer die Lehrjahre gewesen sein mögen, in deren Verlauf er sich Tausende von Fakten über den unberechenbaren „Old Man River" einprägen mußte, die Mühe, der Fleiß und die Ausdauer machten sich schließlich bezahlt. Die im Jahre 1859 an seinen Bruder Orion gerichteten Briefe verraten, daß der neue Beruf und der damit verbundene Wohlstand sowohl Sams Ehrgeiz als auch sein Geltungsbedürfnis befriedigte.

Über die fachlichen Qualitäten des Lotsen Clemens ist wenig bekannt. Albert Bigelow Paine, Mark Twains Biograph, will die Welt glauben machen, der Vierundzwanzigjährige sei einer der fähigsten und besten Navigatoren des Mississippi gewesen. Die Urteile von Zeitgenossen – einschließlich der Äußerungen seines Lehrmeisters – bestätigen Paines Behauptung nicht. Sie sind unterschiedlich und widerspruchsvoll. Auch Mark Twains Briefe, Tagebücher und die Selbstbiographie geben hierüber keinen Aufschluß. Der Autor hat sich zwar im Alter häufig über die auf dem Strom verbrachten Jahre geäußert und sie als die schönste Zeit seines Lebens bezeichnet, aber nichts über seine Fähigkeiten am Steuer ausgesagt. Die Tatsache, daß ihm zu einer Zeit, da viele junge Lotsen arbeitslos waren, so berühmte Schiffe wie die „City of Memphis" anvertraut wurden, berechtigt jedoch zu der Schlußfolgerung, daß Samuel Clemens zumindest gute Leistungen vollbracht hat.

Die Sezession von Louisiana aus dem Verband der Vereinigten Staaten, die Gründung der südlichen Konföderation und der Ausbruch des Bürgerkrieges im April des Jahres 1861 brachten den Verkehr auf dem Mississippi zum Erliegen und nötigten die Lotsen – sofern sie es nicht vorzogen, auf einem Kriegsschiff Dienst zu tun –, einen anderen Beruf zu ergreifen. Samuel Clemens war nicht gewillt, sein Leben in einem weithin sichtbaren und exponierten Lotsenhaus zu riskieren. Auf der „Uncle Sam", einem der letzten Schiffe, das nach dem Ausbruch der Feindseligkeiten von New Orleans nach St. Louis gelangte, kehrte er in seine Heimatstadt Hannibal zurück, um wenige Wochen später sein Glück in dem Gold- und Silberland Nevada zu suchen.

Den Plan, seine Erlebnisse auf dem Mississippi literarisch zu verwerten, scheint Mark Twain, wie aus einem Brief vom 20. Februar 1866 zu entnehmen ist, bereits im Fernen Westen gefaßt zu haben. Er nahm nach dem großen Publikumserfolg, den der Autor mit dem 1872 veröffentlichten Reisebuch „Durch dick und dünn" errang, erstmals feste Gestalt an und beschäftigte ihn noch im Herbst des Jahres 1874, als William Dean Howells – Schriftsteller, Kritiker und Redakteur des „Atlantic Monthly" – Samuel Clemens bat, einen Beitrag für die Januarnummer des einflußreichen literarischen Magazins zu verfassen. Aber aus unerklärlichen Gründen kam Mark Twain nicht auf den Gedanken, den alten Plan bei dieser günstigen Gelegenheit zu verwirklichen. Offenbar glaubte er, der Stoff könne nur in Buchform bewältigt werden und eigne sich überdies nicht für die Leser eines kultivierten Magazins. Noch am 24. Oktober schrieb er an seine Gattin: „Wenn ich dazu komme, das Mississippibuch zu schreiben, dann gib acht! ... Ich wette, es wird ein Knüller." Unter dem gleichen Datum teilte er Howells mit, er habe sich vier Wochen lang vergeblich den Kopf zerbrochen, um ein interessantes Thema zu finden, und gebe den Versuch nunmehr auf.

Er sollte jedoch – bedingt durch einen Anstoß von außen – seine Meinung am gleichen Tag ändern. Während eines Spazierganges, den er mit seinem Freunde Joseph Hopkins Twichell durch die herbstlich bunten Wälder in der Nähe von Hartford in Neuengland unternahm, gab Mark Twain einige Abenteuer aus seiner Lotsenzeit zum besten. Twichell, begeistert von dem Gehörten, überzeugte ihn, daß es sich um ein jungfräuliches literarisches Sujet handele, das wert sei, in einem Magazin veröffentlicht zu werden. Nunmehr griff der Autor die Anregung auf, erbot sich, eine Reihe von Artikeln über das Leben auf dem Mississippi aus der Sicht eines Lotsen zu liefern, und vollendete schon wenige Tage später den ersten Beitrag, das vierte Kapitel des vorliegenden Bandes. Noch immer unsicher über die Aufnahme, die seine Berichte bei dem kritischen Publikum Bostons erfahren würden, räumte Mark Twain Howells das Recht ein, sie abzulehnen, zu kürzen oder völlig umzuarbeiten. Der erfahrene, mit dem Geschmack der neuenglischen Leserschaft wohl vertraute Redakteur tat nichts dergleichen. Er forderte den Autor vielmehr auf, ihm nach Möglichkeit jeden Monat einen weiteren Beitrag dieser Art zu liefern, denn in einer Zeit, als die regionale Heimatkunstbewegung ihren Siegeszug durch die Vereinigten Staaten antrat und in allen literarischen Magazinen eine Verherrlichung des alten Südens einsetzte, waren Mark Twains Reminiszenzen der ideale Lesestoff für die Abonnenten des „Atlantic Monthly". Sie hatten sich an Bret Hartes äußerlich zerlumpten, mit einem goldenen Herzen ausgestatteten kalifornischen Desperados erfreut, John Hayes „Pike County Balladen" verschlungen und würden – davon war William Dean Howells überzeugt – Mark Twains Mischung von Humor, Lokalkolorit, Romantik und Realismus gutheißen. Als Überschrift für die gesamte Artikelserie empfahl er „Alte Zeiten auf dem Mississippi". Mark Twain stimmte diesem Vorschlag zunächst ohne Vorbehalte zu. Bald darauf meldete er jedoch Bedenken an, weil ihm der Titel zu allgemein und deshalb irreführend zu sein schien. Er wolle, so schrieb er am 3. Dezember 1874 an Howells, nicht über die Geschichte des Stromes berichten und alle Zeiten des Lebens an und auf dem Mississippi beleuchten, sondern ausschließlich vom Lotsen und seiner verantwortungsvollen Tätigkeit erzählen. Infolgedessen sei es angebracht, einen Hinweis auf den Lotsen in die Überschrift aufzunehmen. Howells verwarf jedoch verschiedene vom Autor empfohlene Titel und behielt „Alte Zeiten auf dem Mississippi" bei.

Mark Twain ging mit der ihm eigenen Begeisterung ans Werk und vollendete in kürzester Zeit mehrere Skizzen. Je mehr er sich in die Vergangenheit vertiefte und je intensiver er sich mit seinen Jugenderlebnissen beschäftigte, desto stärker wurde in ihm der Wunsch, den „Vater der Ströme" wiederzusehen. Kurz entschlossen schlug er Howells vor, eine gemeinsame mehrwöchige Dampferfahrt auf dem Mississippi zu unternehmen, um verblaßte Erinnerungen aufzufrischen und neue Eindrücke zu sammeln. Zu seinem größten Leidwesen ließ sich der Plan zu diesem frühen Zeitpunkt nicht verwirklichen. Auch ohne die gewünschten Anregungen empfangen zu haben, beschäftigte sich Mark Twain so intensiv mit dem Thema, daß er am 26. Januar 1875 in einem Brief erklärte, die ursprünglich vorgesehenen sechs oder neun Kapitel stellten einen ganz bescheidenen Anfang dar. Der Stoff wachse ständig unter seinen Händen. Er sei so interessant und nehme einen solchen Umfang an, daß er ihn nur in Form eines Buches bewältigen könne. Deshalb habe er mit seinem Verleger Elisha Bliss eine entsprechende Vereinbarung getroffen. Es blieb bei der Absicht. Mark Twain war, wie so oft, vom Schwunge der Begeisterung zu weit getragen worden. Insgesamt erschienen zwischen Januar und Juli 1875 sieben Beiträge in dem von Howells geleiteten Magazin. Dann traten andere literarische Projekte in den Vordergrund und ließen den Plan, ein Werk über den zweitgrößten Strom der Welt zu schreiben, in Vergessenheit geraten.

Sechs Jahre nach dem Erscheinen von „Alte Zeiten auf dem Mississippi" bestürmte der Bostoner Verleger James R. Osgood Mark Twain, der inzwischen alle Beziehungen zu Elisha Bliss und der „American Publishing Co." gelöst hatte, die im „Atlantic Monthly" veröffentlichte Skizzenreihe zu einem Buch nach dem Vorbild des Erlebnisberichtes „Durch dick und dünn" zu erweitern. Samuel Clemens, des hektischen Treibens im Osten der Vereinigten Staaten müde und obendrein auf Ausschau nach zusätzlichen Einkünften, erklärte sich dazu bereit, zumal der Vorschlag des Verlegers ihm eine Möglichkeit eröffnete, den seit langem gehegten Wunsch, den „Old Man River" zu besuchen, endlich in die Tat umzusetzen. Da William Dean Howells auch diesmal verhindert war, seinen Freund zu begleiten, begab sich Mark Twain im April des Jahres 1882 mit James R. Osgood und einem Sekretär namens Roswell Phelps nach St. Louis, dem bedeutendsten Hafen am Mittellauf des Mississippi, wo sie Plätze auf dem Flußdampfer „Gold Dust" buchten.

Um nicht ständig von Reportern interviewt und von Autogrammjägern belästigt zu werden, entschloß sich der Autor, unter falschem Namen zu fahren. Am 2. April schrieb er an den Schriftsteller Joel Chandler Harris, mit dem er sich in New Orleans treffen wollte: „Meine Bewegungen müssen völlig geheimgehalten werden; andernfalls bin ich nicht in der Lage, das Material zu sammeln, das ich für mein Buch benötige." Obwohl sein Inkognito schon nach wenigen Stunden an Bord der „Gold Dust" gelüftet wurde, verlief die Reise erfolgreich. Im Gespräch mit dem Lotsen und den Passagieren, bei der Besichtigung des Schiffes und bei Streifzügen durch die Hafenstädte, die der Dampfer anlief, hatte er Gelegenheit, seine Erinnerungen aufzufrischen, Vergleiche anzustellen und sich Notizen zu machen. In dem exotisch anmutenden New Orleans, das ihn schon in jungen Jahren fasziniert hatte, nahm er an den Sportveranstaltungen und Volksbelustigungen teil, führte Ausflüge nach den Inlandseen durch, traf sich mit George Washington Cable und Joel Chandler Harris und studierte bei festlichen Empfängen die Innendekoration der Paläste ebenso gründlich wie den Charakter und die Gepflogenheiten ihrer Bewohner.

Während der Rückreise auf der „City of Baton Rouge", einem der prachtvollsten Schiffe der stark dezimierten Mississippiflotte, erhielt Mark Twain weitere Anregungen für das geplante Buch, zumal er in dem Lotsen des Luxusdampfers seinen alten Lehrmeister Horace Bixby wiedererkannte, mit dem er sich stundenlang über die alten Zeiten unterhalten konnte.

Das nächste Ziel dieser Fahrt in die Vergangenheit war Hannibal, das St. Petersburg aus „Tom Sawyers Abenteuer". Einerseits ließen die Stätten seiner Kindheit, der Aufenthalt bei seinem Schulkameraden Garth und Gespräche, die er mit inzwischen ergrauten Jugendfreunden führte, eine Fülle halbvergessener Erinnerungen in Mark Twain wach werden; andererseits bedrückten sie ihn und stimmten ihn traurig. „Die Welt, die ich in ihrer blühenden Jugend kannte", schrieb er an seine Frau, „ist jetzt alt, gebeugt und melancholisch. Ihre einst weichen Wangen sind ledern und voller Runzeln, das Feuer in ihren Augen ist erloschen." Und in sein Notizbuch trug er ein: „Ach, leider hat sich in Hannibal alles verändert. Es gibt keine Romantik der Schiffahrt mehr."

Ein Rest wehmütiger Stimmung blieb in Mark Twain zurück, als er auf dem Oberlauf des Mississippi, der ihm bis dahin völlig unbekannt geblieben war, allerorten Anzeichen der rasch vorwärtsschreitenden Industrialisierung gewahrte. Doch ließ ihm die Vielzahl neuer Eindrücke nur noch hin und wieder Zeit, vergangener Romantik nachzutrauern. Von St. Paul aus trat das Trio, nachdem es mehr als vier Wochen auf dem Strom zugebracht hatte, die Heimreise an.

Sofort nach seiner Rückkehr begann Mark Twain das gesammelte Material zu sichten und auszuwerten, um das geplante Buch auf den mit James R. Osgood vereinbarten Umfang zu bringen. Seine Hoffnung, mit der Arbeit rasch voranzukommen, erwies sich als trügerisch. Obwohl er auf die im „Atlantic Monthly" veröffentlichte Artikelserie zurückgreifen konnte, die er fast unverändert als Kapitel 4 bis 17 übernahm, bereitete ihm kein anderes Buch soviel Mühe, Ärger und Verdruß wie „Leben auf dem Mississippi".

Ursprünglich trug sich der Autor – das geht aus Notizbuchaufzeichnungen eindeutig hervor – mit dem Gedanken, nur die Abenteuer zum besten zu geben, die er als angehender Lotse erlebte. Von dieser Absicht zeugen auch die Kapitel 18 bis 20, in denen er seinen Streit mit Brown schildert, von der Explosionskatastrophe auf der „Pennsylvania" berichtet, den Tod Henrys beschreibt und – zumindest andeutungsweise – den Leser an seinen Gewissensqualen teilnehmen läßt. Diese drei Abschnitte sind von dem gleichen Geist durchdrungen, der die Beiträge im „Atlantic Monthly" auszeichnet. Mit Henrys Tod endet der erste Teil des Werkes. Das folgende 21. Kapitel, das ausschließlich biographische Daten enthält, markiert den Beginn eines gänzlich neuen Teils. Es läßt sich bestenfalls als ein Bindeglied zwischen Vergangenheit und Gegenwart auffassen. Was den Autor veranlaßt haben mag, seinen ursprünglichen Plan aufzugeben und dem Buch einen völlig anderen Charakter zu verleihen, ist nicht bekannt. Offenbar hatte er den Born der Erinnerung restlos ausgeschöpft.

Auch das Schreiben der übrigen neununddreißig, episodenhaften Charakter tragenden Kapitel, in denen er seine Reiseeindrücke vom April des Jahres 1882 wiedergibt, fiel ihm, da er ständig in Zeitnot war, schwer. „Die Last des Vertrages", beklagte er sich am 30. Oktober in einem Brief an William Dean Howells, „ist unerträglich. Ich halte sie nicht länger aus!" Je näher der vertraglich vereinbarte Termin für die Ablieferung des Manuskriptes heranrückte, desto gereizter wurde Mark Twain. Schließlich ging er dazu über, ganze Abschnitte aus eigenen, unveröffentlichten Büchern, aus Reiseberichten, Nachschlagewerken und Zeitungen wörtlich zu übernehmen. Notizbucheinträge lassen erkennen, daß ihm insbesondere der Anfang von „Leben auf dem Mississippi" Schwierigkeiten bereitete. Er löste das Problem mit Hilfe von zwei einleitenden Kapiteln, in denen der Leser an Hand einer Fülle von geographischen und historischen Fakten mit der Geschichte des Stromes bekannt gemacht wird. Um die erforderliche Atmosphäre zu schaffen, ließ er einen Auszug aus „Huckleberry Finns Abenteuer" folgen. Auch die Kapitel 26 und 38 stammen teilweise aus dem zum damaligen Zeitpunkt noch unvollständigen Meisterwerk. Im Anhang untergebrachte Zeitungsberichte und Legenden dienten ebenfalls als Füllsel. Nach Abschluß des Manuskripts teilte er, noch immer gereizt, Howells mit: „Ich interessiere mich für nichts mehr, was mit diesem elenden, gottverdammten Buch zusammenhängt."

Der befreiende Gefühlsausbruch war verfrüht. Auf Wunsch der Verlagsleitung mußte er mehrere Abschnitte streichen und andere kürzen oder umarbeiten. Von Änderungen wurden in erster Linie solche Kapitel betroffen, in denen Mark Twain Kritik an Mißständen in den Südstaaten, an der Korruption und an der Dummheit der Kongreßmitglieder geübt hatte. Nachdem mehr als 15 000 Wörter dem Korrekturstift zum Opfer gefallen waren, kam das Buch im Mai des Jahres 1883 auf den Markt.

Im ersten Teil von „Leben auf dem Mississippi" machte Mark Twain – ganz im Stile der Regionalisten – seine Landsleute nicht nur mit dem verträumten Hafenstädtchen Hannibal vertraut, sondern bezog das gesamte Tal des majestätischen Stromes von Missouri bis an den Golf von Mexiko in den Kreis seiner Betrachtungen ein, wobei er vor ihren Augen Bilder aus der Vergangenheit erstehen ließ. Die Zeit, als Flach- und Kielboote der wichtigsten Verkehrsader des amerikanischen Kontinents das Gepräge gaben, hat Mark Twain nicht erlebt, denn seit 1811, jenem Jahr, in dem Nicholas Roosevelt das erste Dampfschiff von Pittsburgh nach New Orleans brachte, verloren die Flachboote an Bedeutung. Nur die Kohlenbarken von Ohio, Holzprahme und lange Flöße vom oberen Stromgebiet konkurrierten noch mit den Dampfschiffen. Wenngleich der Autor verschiedentlich Rückblicke hält und im dritten Kapitel das Treiben, die Sitten und die Sprache von Kielbootleuten und Flößern vorführt, so gilt sein Hauptaugenmerk der Tätigkeit des Lotsen auf den stattlich anzuschauenden Raddampfern.

Der von unfreundlichen Kritikern erhobene Vorwurf, Mark Twain habe lediglich Bruchstücke aus seinen Erinnerungen wahllos aneinandergereiht, erweist sich bei einer genaueren Analyse des Werkes als haltlos. In den Kapiteln 4 bis 20 – sie bilden das Herzstück des Buches – wird die Entwicklung des Autors vom verspielten, romantisch veranlagten Knaben zum ernsten, verantwortungsbewußten Mann geschildert. Ohne daß „Leben auf dem Mississippi" eine Handlung im eigentlichen Sinne des Wortes aufweist, stellt jedes Kapitel eine weitere Etappe im Reifeprozeß des Jünglings dar. Indem Mark Twain den jungen Sam alle Schwierigkeiten erleben läßt, die durch Stromschnellen, Riffe, Sandbänke, im Wasser liegende Bäume, Wracks, Durchbrüche, Flut, Niedrigwasser, Nebel, Sturm, Gewitter, Eisgang, Havarien oder Kesselexplosionen hervorgerufen werden, kann er dem Leser Hunderte von Einzelheiten über den Strom, die Navigationskunst und die Tätigkeit des Lotsen vor Augen führen, ohne ihn zu langweilen. Wo der Stoff zu spröde zu werden drohte, griff der Autor auf die Situationskomik zurück. Dabei verschmähte er es nicht, auf Kosten der eigenen Person, das heißt des Lehrlings Samuel Clemens, zu lachen.

Mark Twain hat, wie einer seiner Kritiker einmal sagte, sein ganzes Leben lang Literatur unter dem Deckmantel der Selbstbiographie und Selbstbiographie im Gewande von Literatur geschrieben. Der erste Teil von „Leben auf dem Mississippi" bestätigt die Richtigkeit dieser Behauptung. Hier finden wir die gleiche Mischung von Dichtung und Wahrheit wieder, die „Durch dick und dünn" und „Tom Sawyers Abenteuer" auszeichnet. Obwohl die Kapitel 4 bis 20 vorwiegend autobiographischer Natur sind, dürfen sie nicht als ein authentischer Erlebnisbericht angesehen werden, denn Mark Twain machte in mehr als einem Falle vom Rechte des Dichters Gebrauch, wichtige Ereignisse aus seinem Leben anders wiederzugeben, als sie sich tatsächlich zugetragen hatten. So deutet er am Schluß des 4. Kapitels an, seine Eltern hätten ihn daran gehindert, den Lotsenberuf zu erlernen. Deshalb sei er schließlich ausgekniffen und habe sich fest vorgenommen, „nie wieder nach Hause zurückzukehren, ehe ich nicht als Lotse glorreich Einzug halten könnte". In Wahrheit verlief Samuel Clemens' Entwicklung ganz anders. Er blieb in Hannibal, wurde im Alter von dreizehn Jahren in die Geheimnisse einer Setzerei eingeweiht, erlernte das Druckerhandwerk, half seinem Bruder, eine Zeitung herauszugeben, begab sich 1852 auf Wanderschaft, arbeitete im Osten der Vereinigten Staaten in verschiedenen Druckereien und dachte, als er sich im April des Jahres 1857 in Cincinnati auf dem Flußdampfer „Paul Jones" einquartierte, um nach Südamerika zu fahren, gar nicht mehr daran, Lotse zu werden.

Im 6. Kapitel erklärt der Autor: „(In New Orleans) machte ich zwei Entdeckungen. Erstens, daß in den nächsten zehn bis zwölf Jahren wohl kaum ein Schiff nach der Amazonasmündung abgehen würde, und zweitens, daß die neun oder zehn Dollar, die ich noch in der Tasche hatte, für eine so unmögliche Erforschung, wie ich sie plante, nicht ausreichten." Deshalb habe er sich nach einem neuen Beruf umschauen müssen und sei auf den Gedanken gekommen, Horace Bixby zu bestürmen, ihn als Lehrling anzunehmen. In Wirklichkeit traf er schon lange vor der Ankunft der „Paul Jones" in New Orleans mit dem Lotsen ein entsprechendes Abkommen. Auch seinen Versuch, beim Leser den Eindruck hervorzurufen, er sei, als er anheuerte, ein unerfahrener Grünschnabel gewesen, der nur nebelhafte Vorstellungen von den Pflichten eines Lotsen besaß, braucht niemand ernst zu nehmen. Samuel Clemens, der am Strom aufgewachsen war, wußte sehr wohl, auf was für ein Unterfangen er sich einließ, welche Aufgaben seiner harrten und was für Anforderungen an ihn gestellt werden würden. Daß er im 6. und in den folgenden Kapiteln bewußt die Rolle einer siebzehnjährigen unwissenden Landratte spielte, hat zwei Gründe. Einmal wollte er dem Leser all die Schwierigkeiten vor Augen führen, die ein angehender Lotse meistern mußte; zum anderen kam es ihm darauf an, möglichst oft eine komische Wirkung zu erzielen.

Ein besonders charakteristisches Beispiel für Mark Twains Neigung, Dichtung und Wahrheit zu vermischen, bietet das 50. Kapitel, in dem er sich über Isaiah Sellers, den Nestor der Mississippi-Schiffahrt, ausläßt und darlegt, wie er sich im Fernen Westen dessen Pseudonym angeeignet habe. Ganz abgesehen davon, daß Sellers' Artikel nicht, wie Mark Twain behauptet, in der „Picayune", sondern im „True Delta" erschienen, sind in New Orleans bis zum heutigen Tage keine mit einem Pseudonym „Mark Twain" unterzeichneten Beiträge entdeckt worden. Überdies verwendete Samuel Clemens diesen Decknamen bereits am 3. Februar 1863, während Isaiah Sellers erst im folgenden Jahre starb.

Das Bild, das Mark Twain im ersten Teil des Buches vom Leben auf dem Mississippi entwirft, ist nicht vollständig, da er wesentliche ökonomische und politische Aspekte ignoriert. Zwar weiß er im 15. Kapitel von der Gründung der ersten Lotsengesellschaft zu berichten, aber über die erbitterten Konkurrenzkämpfe zwischen den einzelnen Reedereien, über Korruptionsskandale, Bestechung und Sabotage schweigt er sich aus. Die schneeweiß oder knallig bunt angestrichenen Raddampfer waren oftmals aus dem minderwertigsten Material hergestellt und wurden um eines möglichst hohen Profites willen häufig so überlastet, daß Schiffskatastrophen nicht ausblieben. Auch die Wettfahrten, von denen Mark Twain im 16. Kapitel aussagt, daß sie das ganze Mississippital in verzehrende Spannung und Aufregung versetzten, wurden im Interesse der Reeder durchgeführt, für die sich der Ruhm, das schnellste Schiff zu besitzen, in klingender Münze bezahlt machte.

Überging Mark Twain die ökonomischen Probleme aus Unkenntnis, so verschwieg er das lasterhafte Treiben am Strom bewußt, um die prüden Leser des „Atlantic Monthly" nicht zu schockieren. In den rasch aufblühenden Städten am Mississippi lebten keineswegs nur brave Bürger, biedere Hausfrauen und ehrenwerte Kaufleute, sondern auch Gauner, Diebe und Verbrecher jeder Art. Die Hafenviertel von New Orleans, Natchez, Memphis und St. Louis wimmelten von Kneipen, Spielhöllen und Hurenhäusern. Schlägereien, Vergewaltigungen, Raubüberfälle und Morde gehörten keineswegs zu den Seltenheiten. Auf den Passagierdampfern selbst gaben sich Bauernfänger, Falschspieler und Dirnen ein Stelldichein, die Hinterwäldler und andere unerfahrene Reisende um ihre Barschaft erleichterten. Geschäftstüchtige Händler sorgten für einen Überfluß an Alkohol, und die auf den

Schiffen angestellten Kellnerinnen pflegten es mit der Moral nicht allzu genau zu nehmen.

Von alledem erfährt der Leser nichts. Die von Mark Twain heraufbeschworene Welt von einst erscheint unproblematisch und idyllisch. In der Erinnerung kam dem gehetzten Autor die Zeit, die er auf dem Strom verbrachte, wie ein verlorenes Paradies vor. Deshalb idealisierte er die Vergangenheit und überging geflissentlich die unerquicklichen Seiten des Lebens am Strom. So liegt trotz der realistischen Darstellung der Landschaft und der unter den primitivsten Verhältnissen durchgeführten Navigationskunst ein rosiger Schimmer der Romantik über dem ersten Teil von „Leben auf dem Mississippi".

Der zweite Teil des Buches – ein für Mark Twain typischer Reisebericht nach dem Vorbild von „Die Arglosen im Ausland" – fällt, vom künstlerischen Standpunkt aus betrachtet, gegenüber den einheitlicher und geschlossener wirkenden Kapiteln 4 bis 20 ab. Dafür ist er in kulturhistorischer Hinsicht äußerst wertvoll, führt er doch dem Leser in eindrucksvoller Art und Weise den Wandel vor Augen, der sich zwischen dem Ausbruch des Sezessionskrieges und Mark Twains Mississippifahrt im Jahre 1882 am und auf dem Strome vollzogen hatte.

Im tiefen Süden war trotz der verheerenden militärischen Niederlage, der Sklavenbefreiung, der Rekonstruktion und der allmählich beginnenden Industrialisierung vieles beim alten geblieben. Die Mentalität der weißen Bewohner, so glaubte Mark Twain feststellen zu können, hatte sich nicht wesentlich verändert. Ausgehend von der Überzeugung, daß die reaktionären Ansichten der herrschenden Klasse und die überlieferten Traditionen jeden Fortschritt im Süden verzögern, kritisierte er sie, wo immer sich die Gelegenheit dazu bot. Das Hauptangriffsziel bildeten jedoch nicht die ökonomischen und die politischen Verhältnisse, sondern die kulturellen Institutionen sowie die Unsitten und Gebräuche der Südstaatler. Ihre Hochachtung vor Kaste, Rang und Titeln findet er ebenso lächerlich wie ihre Großmannssucht. Die weitverbreiteten morbiden Ehrbegriffe verwirft er wegen der hieraus resultierenden blutigen Familienfehden, Duelle und Morde. Wo der Verlag ihm die Möglichkeit nahm, die mit Ignoranz und Feigheit gepaarte Selbstgefälligkeit und Arroganz der herrschenden Klasse des Südens ausführlich zu geißeln, machte er von Fußnoten Gebrauch. Die unechte Protzgotik südlicher Architektur war Mark Twain ebenso zuwider wie verschiedene „Sport"-Veranstaltungen, Karnevalsvergnügen, die schwülstige, blumige Sprache der Reporter und die wortreiche, inhaltsarme Eloquenz der Dichter. Auf diesem Gebiet ließ der Autor, der bereits früher in humoristischen Skizzen den Romantizismus lächerlich gemacht, die Epigonen der romantischen Bewegung angegriffen und selbst ihre repräsentativen Vertreter aufs Korn genommen hatte, seinem Zorn freien Lauf. Als Inbegriff der literarischen Lüge und als Symbol aller Verfälschungen erschien ihm Sir Walter Scott. Infolgedessen gibt er dem schottischen Romancier für nahezu alle Mißstände im Süden und für die negativen Eigenschaften der weißen Bewohner die Schuld, wobei er sich zu der unsinnigen Behauptung verstieg, Walter Scott sei verantwortlich für den amerikanischen Bürgerkrieg. Der „Züchtung und Erhaltung rührseliger Mittelalterromantik" stellt er den „heilsamen Geruch des praktischen neunzehnten Jahrhunderts" gegenüber, das er als das nüchternste, kraftvollste, größte und würdigste Jahrhundert bezeichnet, das die Welt bisher gesehen hat.

Mark Twains Enthusiasmus ist verständlich, wenn man sich den gigantischen wirtschaftlichen Aufschwung vergegenwärtigt, der sich nach 1865 in der Neuen Welt vollzog. Mit der zeitweiligen ökonomischen und politischen Entmachtung der südlichen Großgrundbesitzer räumte die siegreiche kapitalistische Klasse der USA das größte Hindernis aus dem Wege, das die volle Entfaltung der Produktivkräfte gehemmt hatte. Nunmehr konnte die Industrialisierung in einem atemberaubenden Tempo durchgeführt werden. Riesige Fabrikanlagen schossen wie Pilze aus der Erde, der Anteil der Vereinigten Staaten an der Weltindustrieproduktion stieg von siebzehn auf dreißig Prozent, täglich wurden neue Erfindungen angemeldet, transkontinentale Eisenbahnlinien verbanden Kalifornien mit der Ostküste, auf dem immer dichter werdenden Schienennetz strömten Hunderttausende von europäischen Einwanderern in das Landesinnere, und die Einwohnerzahlen der Dörfer und Städte erhöhten sich sprunghaft. Da der Sezessionskrieg nicht nur den Fabrikbesitzern des Nordens, sondern auch den Weizenfarmern im oberen Mississippibecken hohe Profite gebracht und zu einer beschleunigten Mechanisierung der Landwirtschaft beigetragen hatte, bahnten sich auch im Mittleren Westen wirtschaftliche Umwälzungen großen Ausmaßes an.

Mark Twain, der die geruhsame Atmosphäre der Vorkriegsära noch in guter Erinnerung hatte, begrüßte die meisten dieser Veränderungen aus vollem Herzen. Sie faszinierten und bewegten ihn, wie die Schlußkapitel des vorliegenden Bandes verraten, in denen er sich mit unverhohlenem Stolz über neue Städte ausläßt, die so rasch emporgewachsen sind, daß ausländische Touristen noch nichts von ihnen gehört haben, über Bibliotheken, Schulhäuser, Postämter, Bahnhöfe, elektrisch beleuchtete Straßen, technische Errungenschaften und über die vielen Verbesserungen in der Flußschiffahrt. Nur hier und dort mischt sich in die Bewunderung ein Tropfen Wehmut darüber, daß der Ausbau des Eisenbahnnetzes den Schiffsverkehr auf dem Strom fast gänzlich zum Erliegen brachte.

Obwohl Mark Twain die komplizierten Wechselbeziehungen zwischen Ware und Kapital zeit seines Lebens nicht begriff, jahrzehntelang die bürgerliche Scheindemokratie für die bestmögliche Regierungsform hielt und sich selbst zu einem auf Profit erpichten Unternehmer entwickelte, kritisierte er alle Verfalls- und Auflösungserscheinungen des Kapitalismus, soweit er sie erkannte. Dabei diente ihm – wie schon in seinen frühesten Skizzen – das Lachen als schärfste Waffe. Musterbeispiele für die feine Ironie, den bissigen Spott, die funkelnde Satire und den bitteren Sarkasmus stellen der Monolog des Leichenbestatters, das Zwiegespräch der beiden Vertreter und die Ausführungen über den Whisky als Wegbereiter der westlichen Zivilisation dar.

Verstand es Mark Twain im ersten Teil des vorliegenden Bandes trotz einer gewissen Romantisierung des Lotsenberufes und einer spürbaren Idealisierung der Vergangenheit, die Atmosphäre des Lebens auf dem Mississippi vor dem Bürgerkrieg lebendig werden zu lassen und dem Lotsen, von dessen Können, Pflichtbewußtsein und Kaltblütigkeit das Schicksal eines jeden Schiffes und der Passagiere abhängig waren, ein bleibendes Denkmal zu setzen, so schuf er im zweiten Teil ein kulturhistorisch bedeutsames, realistisches Bild von jener Epoche der amerikanischen Geschichte, in der die Technik und die Industrie ihren Einzug in den Mittleren Westen der Vereinigten Staaten hielten.

Karl-Heinz Schönfelder

ANMERKUNGEN

Seite 5

Missouri – Der Missouri (indian. „Schlammfluß") ist 4720 km lang.

Sankt-Lorenz-Strom – Der 3100 km lange Sankt-Lorenz-Strom fließt im Südosten von Kanada.

Territorien – Verwaltungsmäßig erfaßte Gebiete, die noch nicht als Staaten der Union angehörten und nur begrenzte Rechte besaßen.

„Pässe" – Bezeichnung für die Mündungsarme des Mississippi.

Seite 6

Bayou – In den Südstaaten gebräuchliche Bezeichnung für sumpfige Abwässer und kleinere Nebenarme von Flüssen.

Kapitän Marryat – Frederick Marryat (1792–1848), englischer Marineoffizier und Schriftsteller; schrieb unter anderem viele Seeromane. In seinem 1839 veröffentlichten Buch „A Diary in America" (Ein Tagebuch aus Amerika), der Frucht einer zweijährigen Reise durch die Vereinigten Staaten, äußerte er sich oft abfällig über Land und Leute.

Seite 7

einen freien Mann aus ihm machen – Das Territorium Missouri war auf Grund des sogenannten Missouri-Vergleichs von 1820 als Sklavenhalterstaat in die Union aufgenommen worden. Das gegenüberliegende Illinois dagegen gehörte zu den Staaten, in denen Sklaverei verboten war.

La Salle – René-Robert Cavelier, Sieur de La Salle (1640–1687), französischer Forscher und Entdecker. Im Jahre 1682 nahm er für Frankreich vom Mississippibecken Besitz und nannte es zu Ehren Ludwigs XIV. Louisiana. Bei einem späteren Versuch, an der Mississippimündung eine Kolonie zu gründen, wurde er, inzwischen zum Vizekönig von Nordamerika ernannt, von Meuterern ermordet.

Seite 8

De Soto – Hernando De Soto (1496–1542), spanischer Seefahrer und Eroberer; spielte eine große Rolle bei der Entdeckung des inneren Kuba und der Eroberung Perus. Von 1539 bis zu seinem Tode durchzog er auf der Suche nach Gold den südöstlichen Teil Nordamerikas.

Seite 8

Niederlage Franz' I. vor Pavia – Bei den Kämpfen um die Vorherrschaft in Europa wurde der französische König Franz I. (1494–1547) am 24. 2. 1525 bei Pavia von den Truppen Karls V. gefangengenommen und mußte sich einem Verzicht auf seine Ansprüche in Italien unterwerfen.

Tod Raffaels – Der hervorragende Maler der italienischen Hochrenaissance, Raffaelo Santi, starb im Jahre 1520.

Bayard – Bei den Kämpfen in Italien zwischen Franz I. und Karl V. am 20. 4. 1524 fiel der französische Feldherr Pierre du Terrail, Seigneur de Bayard (geb. 1476). Wegen seiner Tapferkeit erhielt er den Beinamen Chevalier sans peur et sans reproche (Ritter ohne Furcht und Tadel).

Vertreibung der Johanniter – Der geistliche Ritterorden der Johanniter oder Hospitalbrüder, der sich seit 1309 auf der Insel Rhodos festgesetzt hatte, mußte 1522 den Angriffen Sultan Suleimans II. weichen. Er erhielt dann Malta als Lehen und nahm den Namen Malteserorden an.

Jesuitenorden noch kein Jahr alt – Der 1534 zur Abwehr der Reformation und zur Festigung der katholischen Macht von Ignatius von Loyola (um 1492–1556) gestiftete Jesuitenorden wurde 1540 bedingt und 1543 unbedingt vom Papst bestätigt. Mit 1541 ist das Jahr gemeint, in dem Loyola zum ersten Ordensgeneral gewählt wurde.

Sixtinische Kapelle – Nach dem Papst Sixtus IV. genannte päpstliche Hauskapelle im Vatikan, die besonders wegen Michelangelos Deckengemälde und seines Riesenfreskos des Jüngsten Gerichts (1534–1541) berühmt ist.

Katharina von Medici – Die aus einem geadelten italienischen Kaufmannsgeschlecht stammende Gattin Heinrichs II. von Frankreich wurde 1519 geboren.

Benvenuto Cellini – (1500–1571), italienischer Bildhauer und Goldschmied der Spätrenaissance, arbeitete an verschiedenen europäischen Fürstenhöfen. Berühmt ist seine (von Goethe ins Deutsche übersetzte) Selbstbiographie.

Seite 9

Konzil von Trient – Zur Beseitigung der durch die Reformation entstandenen kirchlichen Wirren wurde 1542 eine allgemeine Versammlung der höheren katholischen Geistlichkeit einberufen, die in drei Perioden bis 1563 tagte und mit ihrer Abweisung der Reformvorschläge die beiden Bekenntnisse für immer trennte.

Heinrich VIII. – Als Heinrich VIII. (1491–1547) vom Papst die Scheidung von seiner ersten Frau, Katharina von Aragon, verweigert wurde, nahm er das als äußeren Anlaß, England aus dem Verband der römischen Kirche zu lösen und deren Güter zu konfiszieren. Er verfolgte alle, die ihn nicht als Oberhaupt der neuen anglikanischen Kirche anerkennen wollten, darunter auch den Bischof von Rochester, John Fisher (1459–1535). Heinrich VIII. heiratete dann noch fünfmal; zwei seiner Frauen ließ er hinrichten.

Seite 9

Verbrennung des Servetus – Wegen seiner Angriffe gegen die Dreieinigkeitslehre wurde der spanische Arzt und Theologe Miguel Serveto (geb. 1511) von Katholiken wie Reformierten verfolgt und auf Betreiben Calvins am 27. 10. 1553 in Genf als Ketzer verbrannt.

Bartholomäusnacht – In der Nacht vom 24. 8. (dem Bartholomäustag) 1572 wurden auf Veranlassung der Königsmutter, Katharina von Medici, alle Pariser Hugenotten grausam niedergemetzelt.

Rabelais hatte noch nichts veröffentlicht – Der französische Dichter François Rabelais (1494–1553) gab die einzelnen Teile seines phantastisch-satirischen Romans „Gargantua und Pantagruel" erst ab 1543 unter seinem Namen heraus. Die beiden ersten Bücher waren schon in den dreißiger Jahren unter Pseudonym erschienen.

„Don Quichotte" – Der satirische Roman des spanischen Schriftstellers Miguel de Cervantes Saavedra (1547–1616) wurde 1614 veröffentlicht.

Oliver Cromwell – (1599–1658), Führer der Puritaner in der bürgerlichen englischen Revolution; wurde vier Jahre nach der Hinrichtung Karls I. (1649) zum Lordprotektor ernannt und leitete bis zu seinem Tode die englische Republik.

Seite 11

Joliet – Louis Joliet (1645–1700), in Amerika geborener französischer Pelzhändler und Forscher; unternahm außer dem hier geschilderten Versuch, das Mississippital für Frankreich zu erschließen, noch verschiedene Expeditionen ins nordöstliche Kanada.

Marquette – Jacques Marquette (1637–1675), französischer Jesuitenpater und Missionar.

Green Bay – Bucht am nordwestlichen Ende des Michigansees.

Mr. Parkman – Francis Parkman (1823–1893), amerikanischer Historiker. Mark Twain zitiert aus dessen 1869 erschienenem Werk „La Salle and the Discovery of the Great West" (La Salle und die Entdeckung des großen Westens).

Seite 13

Henri de Tonty – oder Tonti (um 1650–1704), italienischer Entdecker; kam im Jahre 1678 mit La Salle nach Kanada.

Tontine – Früher besonders in romanischen Ländern gebräuchliche Form der Leibrente mit gegenseitiger Beerbung der Teilnehmer; benannt nach dem neapolitanischen Arzt Lorenzo Tonty, der zwar nicht ihr Erfinder war, aber die Tontine in Frankreich einführte.

Neuengland – Sammelbezeichnung für den Nordosten der USA mit den Staaten Maine, New Hampshire, Vermont, Massachusetts, Rhode Island und Connecticut.

Seite 14

amerikanische Erben – Frankreich mußte 1763 seine amerikanischen Kolonien abtreten; England erhielt Kanada sowie alles Land östlich des

Mississippi, Spanien das westliche Louisiana. Letzteres fiel 1800 wieder an Frankreich zurück, doch schon drei Jahre später sah sich Napoleon infolge Geldverlegenheit gezwungen, es für die Summe von 15000000 Dollar an die USA zu verkaufen. Der Erwerb Louisianas, das damals bis an die Rocky Mountains reichte und aus dem später fünfzehn Bundesstaaten geformt wurden, gilt als größter Landkauf der Geschichte.

Seite 15

Itasca-See – Kleiner See in Minnesota, aus dem der Hauptquellstrom des Mississippi entspringt.

Seite 17

im Westen – Gemeint ist der heutige Mittlere Westen der USA

Seite 22

Juba – Lärmender Tanz der Negersklaven in den Südstaaten.

Breakdown – Lebhafter Tanz mit schiebenden, schlurfenden Bewegungen; wahrscheinlich ebenfalls bei den Negern des Südens entstanden.

Seite 32

Texasdeck – Oberstes Deck eines Mississippidampfers mit dem Steuerhaus und den Räumen für die Offiziere. Die Kajüten und Salons wurden nach den verschiedenen Bundesstaaten benannt, und da die Unterkünfte für die höheren Dienstgrade am größten waren, trugen sie den Namen des größten Staates (Texas).

Boilerdeck – Über den Kesseln liegender Teil des Oberdecks.

Hurrikandeck – Eine Art Oberdeck auf amerikanischen Flußdampfern.

Seite 44

Massa – Verkürzte Form von „master“ (Herr) im Negerenglisch.

Seite 47

an die Tage des Commonwealth erinnerten – An die elf Jahre der republikanischen Regierung von der Hinrichtung Karl I. (1649) bis zur Restauration (1660); Anspielung auf die Hutmode der Puritaner.

Faden – Ursprünglich der Körperlänge des Mannes entsprechendes, hauptsächlich für Tiefenmessungen benutztes Maß; 1 Faden = 183 cm.

Snag – Im Flußbett festliegender Baumstamm oder großer Ast, dessen eines Ende hochsteht und eine Gefahr für die Schiffe bildet.

Seite 60

Niagarafälle – Die Wassermassen des Niagara stürzen in zwei Hauptfällen herab. Die Höhe des östlichen, amerikanischen Falles beträgt 47 m, die des kanadischen 44 m.

Seite 75

Flachskopf – Neu entstandene, von Gestrüpp überwucherte Insel.

Seite 77

schwojt – Unter „schwojen" versteht man das Drehen des Schiffes vor Anker.

Ree – Seemännisches Wendekommando.

Seite 78

Duchten – Querbänke in Ruderbooten.

Seite 84

Allegheny – Einer der beiden Quellflüsse des Ohio.

Seite 108

„Hail Columbia" – (engl.) Heil Columbia; Titel eines patriotischen amerikanischen Liedes, das Joseph Hopkinson (1770–1842) im Jahre 1798 verfaßte.

Seite 117

„Entstehung der Arten" – Anspielung auf die Entwicklungslehre des englischen Biologen Charles Darwin (1809–1882), nach der sich die heutige Tier- und Pflanzenwelt im Laufe der Erdgeschichte durch Variation, natürliche Zuchtauslese und Vererbung aus niedrigsten Lebewesen entwickelt hat und somit Mensch und Affe verwandt sind.

Oolith-Silurische Epoche – Scherzhafte Prägung Mark Twains zur Bezeichnung irgendeiner frühen geologischen Epoche.

Seite 131

Goldsmith – Oliver Goldsmith (1728–1774), englischer Dichter, Verfasser des Romans „The Vicar of Wakefield" (Der Landpfarrer von Wakefield).

Seite 137

unter den übrigen Felsen von Neuengland – Anspielung auf die seinerzeit in Neuengland, dem damaligen geistigen Zentrum Amerikas, lebenden Philosophen, Dichter und Schriftsteller Ralph Waldo Emerson, Oliver Wendell Holmes, John Russell Lowell, John Greenleaf Whittier und andere.

Seite 139

nom de guerre – (franz.) Pseudonym.

Seite 142

der ehrenwerte Charles Augustus Murray – (1806–1895), englischer Schriftsteller. Die Zitate stammen aus seinem Werk „Travels in North America during the Years 1834, 1835 and 1836" (Reisen in Nordamerika während der Jahre 1834, 1835 und 1836). – Ehrenwert (Honourable) ist ein Ehrentitel für die Mitglieder des Unterhauses und die titellosen Söhne des englischen Hochadels.

Seite 143

geschorener Simson – Nach der biblischen Überlieferung lag die übermenschliche Kraft des hebräischen Nationalhelden Simson in seinem Haupthaar. Als ihm dieses durch eine List seiner Geliebten, der Philisterin Delila, geschoren wurde, war er hilflos und fiel seinen Feinden zum Opfer.

„Uraltes Meer ..." – Strophe aus einem Gedicht des amerikanischen Malers und Dichters Thomas Buchanan Read (1822–1872).

Seite151

der heilige Vogel des Südens – Anspielung auf die Vorherrschaft der Demokratischen Partei in den Südstaaten. In der Zeitung „Union" erschienen Nachrichten von Wahlerfolgen der Demokraten stets in Begleitung eines Holzschnittes, der einen Siegesadler abbildete.

Seite 152

die Stimmen für die Republikaner – In Südkarolina, dem Staat, der zuerst die Union verließ, hatte die Demokratische Partei die absolute Mehrheit. Republikaner gab es nur in einer verschwindend kleinen Zahl.

Seite 158

Mr. Dickens' Porträt – Der englische Dichter Charles Dickens (1812 bis 1860) hatte 1842 die USA besucht. In seinen noch im selben Jahr veröffentlichten „American Notes" (Amerikanische Notizen) sowie in dem Roman „Martin Chuzzlewit" äußerte er sich wenig günstig über die Amerikaner und ihre Institutionen.

Grant – Ulysses Simpson Grant (1822–1885), General und späterer Oberbefehlshaber der Nordstaaten im Bürgerkrieg; von 1869 bis 1877 Präsident der USA. Mark Twain verlegte später seine Memoiren.

Schlacht von Belmont – Am 7.11.1861 besiegten die Truppen der konföderierten Südstaaten unter General Polk die Armeen der Nordstaaten.

Seite 159

Miniékugel – Von dem französischen Offizier Claude Etienne Minié 1849 erfundenes Expansionsgeschoß.

Seite 165

Krieg von 1812 – Krieg zwischen den jungen USA und England, der nach zweieinhalb Jahren durch den Frieden zu Gent beigelegt wurde.

Kapitän Basil Hall – (1788–1844), englischer Seeoffizier und Weltreisender. Nach einem längeren Amerikaaufenthalt veröffentlichte er 1829 das dreibändige Werk „Travels in North America" (Reisen in Nordamerika), in dem er die amerikanischen Einrichtungen vom konservativen Standpunkt aus beurteilte, was in den Vereinigten Staaten mit einem Proteststurm beantwortet wurde.

Royal Navy – Offizieller Name der englischen königlichen Marine.

Seite 166

Mrs. Trollope – Frances Trollope (1779–1863), englische Schriftstellerin; lebte mehrere Jahre in den USA. Ihre dort gewonnenen Eindrücke verarbeitete sie zu einigen Novellen und dem Buch „Domestic Manners of the Americans“ (Landessitten der Amerikaner), das 1832 erschien.

Bolgia – Soviel wie Höllenschlund; Name der zehn Abteilungen des achten Höllenkreises in Dantes „Göttlicher Komödie“.

Seite 168

Alexander Mackay – (1796–1844), englischer Jurist, Schriftsteller und Herausgeber von Zeitschriften.

Middle Temple – Eines der vier Londoner Kollegien der Rechtsgelehrten und Jurastudenten.

Seite 169

Te Deum – (lat.) Dich, Herr (loben wir); aus frühchristlicher Zeit stammender Dankeshymnus.

Exaudiat – (lat.) (Herr) erhöre; Einzugsgesang aus dem Psalm 27,7 für den 6. Sonntag nach Ostern.

Domine, salvum fac regem – (lat.) Herr, laß es dem König wohlergehen; Lied, das früher sonntags in den Kirchen Frankreichs gesungen wurde.

Louis le Grand … – (franz.) Unter der Herrschaft Ludwigs des Großen, Königs von Frankreich und Navarra, neunten April 1682.

Hamlet & Co. – Anspielung auf die zahlreichen wandernden Schauspielertruppen, die im 19. Jahrhundert im damaligen Westen der Vereinigten Staaten Szenen aus Shakespeares Dramen aufführten.

Seite 172

West Point – Im Staate New York liegende, 1802 gegründete Militärakademie der Vereinigten Staaten.

Kapitän Eads – Jacob Buchanan Eads (1820–1887), berühmter amerikanischer Brücken- und Wasserbauingenieur.

Seite 173

Prediger Salomo VII, 13 – Die betreffende Bibelstelle lautet: Siehe an die Werke Gottes, denn wer kann das schlicht machen, was er krümmt?

Seite 176

Edward Atkinson – (1827–1905), amerikanischer Erfinder und Industrieller; Verfasser zahlreicher wirtschaftswissenschaftlicher Werke.

Seite 177

Fort Pillow – Als das von Unionstruppen eroberte Fort Pillow im April 1864 durch die Konföderierten gestürmt wurde, richteten die Angreifer nach der Übergabe unter der zur Hälfte aus Negern bestehenden Besatzung sowie unter den dort untergebrachten Zivilisten ein Blutbad an, dem mehrere hundert Menschen zum Opfer fielen.

Seite 177

„Massaker von Boston" – Am 5. 3. 1770 eröffnete eine britische Wache das Feuer auf eine angreifende Volksmenge und tötete dabei vier Personen, was unter den Amerikanern eine starke Empörungswelle gegen die englische Kolonialherrschaft auslöste.

Richard Löwenherz – Beiname des gewalttätigen, seiner Tapferkeit wegen aber oft als Ideal eines Ritters hingestellten englischen Königs Richard I. (1157–1199).

Seite 178

Jesse James – Jesse Woodson James (geb. 1847), berühmter amerikanischer Desperado. Er begann als Bankräuber, legte sich später auf das Anhalten und Ausplündern ganzer Eisenbahnzüge und wurde, nachdem er fünfzehn Jahre sein Unwesen getrieben hatte, am 3. 4. 1882 in St. Joseph von einem seiner eigenen Leute verraten und hinterrücks erschossen.

Seite 183

Ernst von Hesse-Wartegg – (1851–1918), Weltreisender und Schriftsteller; besuchte mehrere Male Nord- und Südamerika. Die „Mississippifahrten", die Frucht einer 1878 unternommenen Reise, erschienen 1881.

Seite 188

Yank – Kurzform von Yankee, in Amerika meist spöttisch gemeinte Bezeichnung für einen Neuengländer.

Seite 211

ein Enkel des Staatsmanns – Gemeint ist der Enkel des Senators, Außenministers und Vizepräsidenten John Caldwell Calhoun (1782–1850), eines der eifrigsten Vertreter der Südstaaten und Verfechter der Sklaverei.

Seite 217

Gallone – Englisches und amerikanisches Hohlmaß; 1 Gallone = 4,543 l.

Seite 230

Tadsch Mahal – Marmormausoleum aus dem 17. Jahrhundert bei Agra in Vorderindien; gilt als eines der schönsten und harmonischsten Bauwerke der Welt.

Seite 231

Tupper – Martin Farquhar Tupper (1810–1889), englischer moralisierender Schriftsteller. Hier ist seine in Versform verfaßte „Proverbial Philosophy" (Sprichwörtliche Philosophie) gemeint, die von 1839 bis 1876 in vier Serien erschien und in Amerika so beliebt wurde, daß sie bis 1881 in einer Million Exemplaren verbreitet war.

Seite 231

Ossian – Gemeint sind die 1762 zum erstenmal erschienenen und angeblich aus dem Gälischen übersetzten schwermütig-düsteren Lieder Ossians, eines keltischen Sagenhelden aus dem 3. Jahrhundert, die besonders die deutsche Dichtung bis zur Romantik stark beeinflußten, später jedoch als Fälschungen des Schotten James Macpherson (1738–1796) entdeckt wurden.

„Alonzo und Melissa“ – „The Asylum, or, Alonzo and Melissa“ (Das Asyl oder Alonzo und Melissa), 1811 erschienener sentimentaler Schauerroman von Isaac Mitchel (um 1759–1812), einem der ersten amerikanischen Romanciers.

„Ivanhoe“ – Der wohl am meisten gelesene historische Roman des englischen Dichters Sir Walter Scott (1771–1832), gegen dessen vermeintliche Verherrlichung des Ritterwesens Mark Twain stets so heftig zu Felde zog.

„Schäfer von der Salisbury Ebene“ – „The Shepherd of Salisbury Plain“, moralisierendes Traktat der englischen Schriftstellerin Hannah More (1745 –1833).

„Godeys Buch für Damen“ – „Godey's Lady's Book“, von Louis Antoine Godey (1804–1878) gegründete Monatszeitschrift, die von 1830 bis 1898 erschien und die Geschmacksbildung der Amerikaner beeinflußte.

„Washington überquert den Delaware“ – Dieses bekannteste Gemälde des deutschen Historienmalers Emanuel Leutze (1816–1868), das in unzähligen Stichen und Lithographien in den USA verbreitet ist, stellt eine berühmte Episode aus dem Revolutionskrieg dar. George Washington (1732–1799), amerikanischer Oberbefehlshaber und späterer erster Präsident der Vereinigten Staaten, war Weihnachten 1776 trotz mehrerer unglücklicher Gefechte über den Delaware gegangen und konnte dadurch in der Schlacht bei Trenton eine entscheidende Wendung der Kriegslage herbeiführen.

Seite 232

Trumbulls „Schlacht von Bunker Hill“ – Das Bild des amerikanischen Malers John Trumbull (1756–1813) schildert einen der ersten blutigen Zusammenstöße zwischen amerikanischen Kolonisten und englischen Truppen; das am 16. 6. 1775 ausgetragene Gefecht auf dem Bostoner Hügel Breed's Hill, den die siegreichen Angreifer irrtümlich für den Bunker Hill hielten.

Seite 234

Wiltonteppich – Teppich mit velourartiger Bindung, zuerst in der englischen Stadt Wilton hergestellt.

Seite 240

Farraguts Flotte – David Glasgow Farragut (1801–1870), Admiral der Nordstaaten, brach mit seiner Flotte am 24. 4. 1862 nachts durch die Sperrforts am Mississippi und nahm New Orleans ein.

Seite 240
mit dem Zurückschlagen der Truppen der Nordstaaten – Einen Monat später mußte sich Port Hudson, die letzte Schlüsselstellung des Südens am Mississippi, jedoch ergeben.

Seite 251
Hindu-„Sati“ – Sati (sanskr.) In Indien Bezeichnung für eine Witwe, die sich mit der Leiche ihres Gatten verbrennen läßt.

Seite 256
Autor der „Grandissimes“ – George Washington Cable (1844–1925), führender Schriftsteller der sogenannten Lokalkoloritschule; tritt in seinen Skizzen und Romanen, die das bunte Leben von New Orleans schildern, für die Rechte der Farbigen ein. Der Roman „The Grandissimes“ (Die Grandissimes) erschien 1880. Cable und Mark Twain unternahmen gemeinsam mehrere Vortragsreisen.

Seite 258
Delmonico – Berühmtes Speiserestaurant in New York.

Seite 259
Stonewall Jackson – Thomas Jonathan Jackson (1824–1863), volkstümlichster General der Konföderierten. Den Beinamen Steinwall-Jackson erwarb er sich durch sein unerschütterliches Verhalten in der Schlacht am Bull Run.
General Lee – Robert Edmund Lee (1807–1870), Oberbefehlshaber der Südstaaten; gilt als hervorragendster Feldherr des Bürgerkriegs, obwohl er im April 1865 vor Grant kapitulieren mußte.
Beatrice Cenci – (1577–1599), Tochter eines römischen Edelmannes; wurde enthauptet, weil sie an der Ermordung ihres lasterhaften und grausamen Vaters beteiligt war. Das Bild ist von Guido Reni (1575–1642).

Seite 267
die Peri an der Pforte des Paradieses – Anspielung auf eine Verserzählung aus dem Poem „Lalla Rookh“ des irischen Dichters Thomas Moore (1779–1852). Dort sucht eine Peri (feenhaftes Wesen der späteren persischen Sage) nach den kostbaren Gaben, mit denen sie sich wieder Zugang zu den Gefilden der Seligen verschaffen kann, aus denen sie verwiesen wurde.
Artus – Legendärer keltischer König aus dem 6. Jahrhundert, der nach der Überlieferung an seiner Tafelrunde die hervorragendsten Ritter versammelte.

Seite 269
Mardi-Gras – Französischer Name für Fastnacht.
Comus – Griechisch-römischer Dämon der Lustbarkeit, der Gelage, des Schwärmens und der Umzüge.

Seite 270

„Puck" – Satirisches Wochenblatt, das von 1877 bis 1918 erschien.

„Punch" – Seit 1841 in London erscheinende, nach der Hauptfigur des englischen Puppenspiels benannte satirische Wochenschrift.

ancien régime – (franz.) alte Regierung; Bezeichnung für das vor der Revolution herrschende feudalabsolutistische System in Frankreich.

Seite 272

Onkel Remus – Gemeint ist Joel Chandler Harris (1848–1908), Verfasser gelungener Skizzen aus dem Leben der Neger. Trotz des großen Erfolges seiner in zahlreichen Bänden erschienenen Verse und Erzählungen, in deren Mittelpunkt meist der gute alte Neger Onkel Remus steht, blieb Harris im Wesen stets der einfache Provinzjournalist.

Seite 273

Jean-ah Poquelin und Innerarity – Gestalten aus Cables „Old Creole Days" (Alte Tage der Kreolen) und „The Grandissimes".

Roman, der erst im Manuskript vorhanden war – Es handelt sich um „Dr. Sevier", erschienen 1883.

Mr. Warner – Charles Dudley Warner (1829–1900), Journalist und Schriftsteller. Der mit Mark Twain verfaßte gesellschaftskritische Roman „The Gilded Age" (Das vergoldete Zeitalter) erschien 1873.

Seite 275

Sieg Jacksons – General Andrew Jackson (1767–1845) erwarb sich durch seine Verteidigung von New Orleans ungeheure Popularität und wurde 1829 und 1833 zum Präsidenten der USA gewählt. Auf ihn geht unter anderem das teilweise noch heute herrschende sogenannte Beutesystem zurück, das heißt der Grundsatz, daß mit dem Präsidenten die gesamte Verwaltung wechseln und diese der siegreichen Partei zufallen müsse.

Seite 277

Frankenstein-Gelächter – Anspielung auf die Titelgestalt von Mary Wollstonecraft Shelleys (1797–1851) Roman „Frankenstein, or, the Modern Prometheus" (Frankenstein oder Der neue Prometheus), einem künstlichen Menschen.

Seite 286

Lafayette – Der französische General und Staatsmann Gilbert Motier, Marquis de Lafayette (1754–1834), der in der amerikanischen Revolution ruhmreich auf seiten der Union gekämpft hatte, weilte von 1824 bis 1825 als „Gast der Nation" in den USA und wurde in einem Triumphzug durch das Land geführt.

Seite 292

der Schwertkampf aus „Richard III." – Anspielung auf Shakespeares Drama, V, 4.

Seite 295

Associated Press – Eine der größten kapitalistischen Nachrichtenagenturen der Welt mit Sitz in New York.

Seite 296

Harvard-Universität – In Cambridge bei Boston liegende älteste und berühmteste amerikanische Universität; 1636 als Stiftung des Puritaners John Harvard gegründet.

Seite 301

Danksagungsfest – Amerikanischer gesetzlicher Feiertag (letzter Donnerstag im November); geht auf die Erntedankgottesdienste der ersten Ansiedler zurück.

Seite 302

„New York Times" – Von H.J. Raymond im Jahre 1851 gegründete Zeitung, die heute zu den einflußreichsten kapitalistischen Blättern der Welt gehört.

Jericho – Anspielung auf die Posaunen von Jericho. Vgl. Josua VI, 1–27.

Seite 307

die Gefangenen der Bastille – Anspielung auf die Erstürmung des Pariser Staatsgefängnisses am 14.7.1789 durch das Volk, den Beginn der Französischen Revolution.

Seite 322

„Jibbenainosay" – „Nick of the Woods, or, the Jibbenainosay" (Nick aus dem Walde oder Der Jibbenainosay), 1837 erschienener, sehr populärer Abenteuerroman von Robert Montgomery Bird (1806–1854), in dem ein Quäker ganz allein einen Rachekrieg gegen die Indianer von Kentucky führt, die seine Frau und seine Kinder umgebracht haben.

Seite 332

Burdette – Robert Joseph Burdette (1844–1914), amerikanischer humoristischer Journalist; trug den Beinamen Burlington-Falkenauge.

Seite 337

Black Hawk – (1767–1838), berühmter und gefürchteter Häuptling der Sauk-Indianer; kämpfte im Krieg von 1812 auf englischer Seite gegen die Amerikaner und wurde nach der Niedermetzelung seines Stammes im Jahre 1832 dem regierungstreuen Häuptling Keokuk des Nachbarstammes der Fox-Indianer als Gefangener übergeben.

Seite 341

Brightsche Krankheit – Entzündliche, meist chronische Nierenerkrankung; benannt nach dem englischen Arzt Dr. Richard Bright, der ihre Symptome 1827 als erster beschrieb.

Seite 342

mit einer Panoramaschau gereist – Anspielung auf die um 1840 aufgekommenen Teil- oder Ganzpanoramen vom Mississippi, die mitunter so riesig waren, daß sie mehrere Kilometer Leinwand bedeckten, und mit denen Schausteller und Vortragskünstler durchs Land reisten.

Seite 343

Sioux-Indianer – Konföderation verschiedener Indianerstämme, die im Gebiet der heutigen Staaten Wisconsin, Minnesota und Dakota beheimatet waren.

Seite 344

Mr. Schoolcraft – Henry Rowe Schoolcraft (1793–1864), Ethnograph und langjähriger Indianerkommissar; Verfasser zahlreicher völkerkundlicher Schriften über die nordamerikanischen Indianer.

„Hiawatha" – „The Song of Hiawatha" (Das Lied von Hiawatha), Epos des amerikanischen Dichters Henry Wadsworth Longfellow (1807 bis 1882), der aber den sagenumwobenen Mohawk-Häuptling Hiawatha aus dem 16. Jahrhundert, den Stifter des Fünf-Völker-Bundes der Irokesen, in Anlehnung an Schoolcraft mit dem Kulturheroen eines anderen Stammes verwechselt.

Seite 348

Sidney Smith – (1771–1845), englischer Schriftsteller und Zeitschriftenherausgeber; berühmt durch seine oft nachgeahmten Witze und Bonmots.

Seite 350

„Westwärts zieht der Krug des Empires seinen Weg" – Anspielung auf ein Gedicht des englischen Philosophen George Berkeley (1684–1753), dessen erste Zeile „Westwärts nimmt der Kurs des Empires seinen Lauf" in Amerika jedoch meist in der falschen Form zitiert wird: „Westwärts nimmt der Stern des Empires seinen Lauf."

Seite 371

Obadjas Verwünschung – Anspielung auf den biblischen Propheten Obadja, der die Strafe für die schadenfrohen Edomiter und die Erlösung Israels weissagte.

Seite 375

Manito – Indianischer Name für einen die Natur beherrschenden Gott oder Geist.

Seite 377

Mishemokwa – Indianische Bezeichnung für ein übernatürliches Wesen.

Wampum – Auf Schnüren aufgereihte Muschelschalen, die den Indianern als Zahlungsmittel und Schmuck dienen.

INHALT